KB220431

요한복음 강해 II

요한복음 강해 II

제임스 몽고메리 보이스 지음
서문 강 옮김

쉴만한물가

●이 책은 The Gospel of John, AN EXPOSITIONAL COMMENTARY by James Montgomery Boice(Grand Rapids, MI : Zondervan Publishing Co., 1976) 제2권의 완역이다.

11

차 례

머리말

저는 제 이 요한복음 강해설교 제 2 권의 머리말을 쓰면서 기쁨으로 하나님께 감사하고 있습니다. 이 책의 머리말을 쓸 때 제 1 권(1 : 1~ 4 : 54의 강해)이 발행되었으며, 제 3 권(9~12장의 강해)의 원고가 완성되었기 때문입니다.

때로, 그런 느린 속도로 강해하다 보면 아이디어가 고갈되지 않느냐는 질문을 받곤 합니다. 저는 그런 질문을 받을 때마다 정반대의 경우라고 답변합니다. 매주마다 강해하면 아이디어가 고갈되어가거나 진부해져 가기는 커녕, 갈수록 요한의 글에 자극을 받으며, 오히려 내 편에서 아무리 노력해도 요한복음의 모든 깊은 진리까지 파고 들어가지 못하거나 제가 알고 싶어하는 것을 적당하게 간파해 내지 못해 못내 아쉬울 때가 많습니다. 이 제 2 권의 경우, 특히 6장에 대한 연구작업을 하다가 개혁주의 신앙(또는 칼빈주의)의 5대 요점으로 요약되는 은혜의 교리들 속으로 더 깊이 들어감을 발견했고, 그 결과 크게 축복을 받았습니다. 그 밖에도 다른 축복들이 많았습니다. 이 제 2 권에 실린 강해와 더불어, 전에는 몰랐던 스펄젼(C. H. Spurgeon)의 저작의 가치를 재발견하였고, 그의 설교를 사랑하게 되었읍니다. 이 강해집의 내용으로 깊이 들어가면 갈수록 그에게 빚진 것들이 많이 나타날 것입니다.

제 1 권의 경우처럼, 필요할 경우 본문을 따라 곧 바로 강해해나가다 멈춰 그 본문이 암시하는 주제들에 대해서 무언가 보다 더 구체적으로 논의하였습니다. 제 1 권에서는 증거와 세례의 문제에 대해 그렇게 하여 모두 여덟 강(講)의 지면에 걸쳐 논의하였었읍니다(제 1 권 16

~23강). 이 제2권에서는 여덟 강 이상이 그와 유사한 방식으로 할 애되었읍니다. 안식일을 지키는 문제와 기독교 예배일로서 주일을 기리는 문제를 대비하여 관찰하였고(3~6강), 성경교리에 대해서도 그렇게 하였읍니다(창 12~15). 14강부터 다루어지는 성경교리 문제에 대해서는 1968년 3월 15일 Christianity Today에 보다 상세한 내용으로 소개하였읍니다.

제1권에서 이 요한복음 강해를 다섯 권으로 나누어 발행하려는 이유로써 요한복음 개요를 밝혔는데, 여기서도 계속 그 개요를 따르고 있읍니다. 제1권은 빛되신 예수 그리스도가 세상에 오신 것을 다루고(1~4장), 제2권은 종교지도자들이 가진 그리스도에 대한 고조되는 적대감 문제를 다룹니다(5~8장), 이는 안식일 문제와 연관되는데, 그래서 앞에서 지적하였듯이 제2권에서는 안식일 문제를 길게 논의하였읍니다. 제3권은 예수께서 이스라엘 사람들 중에서 자신에게 속한 사람들을 불러내시기 시작하시는데, 소경으로 난 자를 부르신 일을 필두로 그 일이 소개됩니다(9-12장), 제4권은 주님의 마지막 강화(講話)를 다룹니다(13-17장), 제5권은 그리스도 지상생애 마지막 부분에 일어난 사건들을 내용으로하며 부활로 그 대단원의 막을 내립니다(18~21장).

제가 이 강해집의 원고를 작성하는 일은 제게 있어서 가장 어려운 작업이었읍니다. 예를 들어서 상담이나 설교나, 여행이나, 그 밖의 내 목회사역의 범위에 해당하는 다른 많은 평상적인 활동보다도 훨씬 힘겨웠읍니다. 그런데도 이 일은 중요하였읍니다. 그것이 하나님의 말씀을 연구하는 자들에겐 큰 복이 될 것을 믿습니다. 이 책을 내느라 함께 수고한 이들이 있읍니다. 내 비서인 캐실리 휠스터 양은 내 모든 원고를 정성스레 편집하고, 출판하는 여러 단계를 잘 보살펴 주었읍니다. 그런 모든 사람에 대해 감사합니다. 하나님께서 그 모든 자들과 제 노력을 축복하사 하나님의 말씀을 더욱 더 광범하고 온전하게 알리시옵소서. 이 책의 인간저자에게 속한 것은 재빨리 잊혀지고, 하나님께 속한 것만이 많은 열매를 맺어 영원토록 살아남기를 간절히 기도합니다.

진실로 "그리스도시요 살아 계신 하나님의 아들" 되신 이에게 영광
이 있을지어다. 아멘 아멘.

제임스 몽고메리 보이스
필라델피아에서

1

그리스도와 유대교

"그후에 유대인의 명절이 있어 예수께서 예루살렘에 올라가시니라"(요 5 : 1).

제 5 장부터 요한복음의 새로운 대목이 시작됩니다. 요한복음의 첫 번째 주요 대목처럼, 이 두번째 대목도 5 장에서 8장까지 네장에 걸쳐 있읍니다. 주로 이 대목은 예루살렘에 있는 유대 지도자들이 주 예수 그리스도를 반대하여 일어서는 문제와, 그들의 대적을 대처하시는 그리스도의 반응을 다룹니다. 이 대목이 새로운 대목이라는 사실이 중요합니다. 왜냐하면 만일 이 대목과 처음 대목(1~4장) 사이의 차이점들을 인식한다면, 하나님을 섬기기 위해서 우리가 어떻게 견디어야 하는지에 대한 교훈을 얻게 될 것이기 때문입니다.

이 세상의 삶 속에서는 어떤 확고한 목적을 가지지 않으면 좀체로 성취되는 일이 거의 없읍니다. 만일 시저가 확고한 목적이 없었으면 가울(Gaul)을 정복하지 못했을 것이고, 아인슈타인도 상대성원리를 발견하지 못했을 것입니다. 또한 미국이 확고한 목적을 가지지 못했다면 인간을 달에 착륙시키지 못했을 것입니다. 또한 다른 위대한 업적을 남겼던 수천 수만의 사람들이 어떤 정해진 확고한 목적이 없었다면 그러한 일을 이룩하지 못했을 것입니다.

세속적인 문제에 있어서도 그것이 진리이지만, 영적인 면에서도 그것은 진리입니다. 많은 그리스도인들이 주님의 뜻을 좇겠다는 확고한 결의를 가지고 살기보다는 되는 대로 살아가는 것처럼 보이는데 그만 거기서 어려움이 야기됩니다. 그처럼 수 많은 사람들이 그러한 확고한 목적을 세우지 못하고 있습니다. 그 말은, 어떤 일을 시작해놓고 금방 중단해 버린다든지, 매일 성경을 공부하기로 결심해놓고 한 주간도 안가서 그만 둔다든지, 그리스도를 증거할 마음의 열정을 일으키기는 하지만 증거의 현장에서 다른 사람들이 자기들에게 보이는 적대감의 표증을 처음으로 만나자마자 그만두어버리는 일 같은 것을 의미합니다.

어째서 많은 그리스도인들이 이와 같이 살아가는 것입니까? 어째서 우리는 견뎌내는 인내력이 부족합니까? 물론 그 질문에 대하여 여러 가지로 답할 수 있을 것입니다. 그러나 두 가지 주요한 이유가 있는데, 그것은 대적을 만나는 일과 성공의 위험입니다. 주 예수 그리스도께서 삶을 통해서 아버지의 뜻을 성취하겠다고 결심했을 때 바로 그 두 가지 위험이 따라왔었다고 저는 확신합니다. 또한 그러한 두 위험을 어떻게 대처하셨는가를 연구함으로써 우리는 도움을 얻을 수 있다고 확신합니다. 단도직입적으로 말해서, 이 두 가지 위험 중 첫번째 위험이 요한복음 5 장에 나타나는데, 그리스도와 그 가르침을 반대하고 나서는 유대 관원들의 문제가 다루어집니다. 반면에 두번째 위험 ─성공의 위험─은 6 장에서 나타납니다.

5 장과 6 장 끝에 가보면, 예수께서는 하나님이 자기 앞에 세워두신 그 길을 흔들리지 않고 견고하게 따라가고 계심을 발견하게 됩니다. 곧 그 길은 십자가의 길입니다.

유대의 엘리트

요한복음 5 장은, 우리로 하여금 단번에 새로운 부류의 사람들에게 시선을 집중시키게 하는 문장으로 시작됩니다. 요한은, "그 후에

유대인의 명절이 있어 예수께서 예루살렘에 올라가시니라"고 쓰고 있
읍니다. 새로운 부류의 사람들은 "유대인들"이었읍니다. 그러나 그
말이 유대 사람들 전체를 뜻하는 것으로 이해해서는 안됩니다. 다시
말하면 그 어휘는 민족적인 구분을 나타내는 말이 아니라는 뜻입니
다. 요한이 "유대인"이라 말할 때, 예루살렘에 본거지를 둔 유대 관
원들을 가리키고 있읍니다. 예수님과 일차적으로 갈등을 겪게 되는
사람들이 바로 그들이었읍니다.

"유대인"(원어는 '유대인들'이라고 복수로 되어 있지만 우리 말
개역성경에는 단수로 취급되어 있음 —역자주) 이란 표현은 다른 세 복
음서에서는 결코 일상적인 표현이 아닙니다. 이 세 복음서는 때로 그
어구를 사용합니다. 그것도 "유대인의 왕"이라는 표현을 할 때 가장
자주 사용합니다. 그러나 그것은 고작해야 6 회 정도 밖에 되지 않
습니다. 요한복음에서는 경우가 전혀 다릅니다. 이 요한복음에서는
그 어구가 70회나 나타납니다. 어떤 경우에서는 그 말이 사용되는 대
다수의 용례가 중성(中性)으로 나타난다는 것은 사실입니다. 또는
"구원이 유대인에게서 남이니라"(4 : 21) 라는 그리스도의 진술에서와
같이, 그 용법은 꽤 칭찬받을만한 가치를 부여하는 것이기도 하였읍
니다. 그러나 일반적으로 그 어휘가 사용될 때는 그리스도와 복음을
반대했던 종교 지도자들을 비평적으로 말하는데 사용합니다. 그래서
요한은 민족적인 의미에서의 유대적인 갈릴리 사람들과 그들의 차이
를 분명히 나타내고 있읍니다. 그러나 요한은 그들을 유대인이라 부
르지 않고 예루살렘에 있는 "유대인"이라 부릅니다. 더구나 예루살렘
에 관하여 그가 "유대인"이라 칭한 지도자들과 그밖에 다른 사람들
사이를 구분하고 있읍니다. 예를 들어서, 눈먼 사람의 부모들이 분명
히 유대 민족에 속한 사람이었지만 그 사람들더러 "유대인"이라 부르
지 않습니다. 오히려 그 부모들이 어떤 방면에서 반감을 드러냈다고
말하고 있읍니다. 왜냐하면 그들은 종교적인 지도자들을 뜻하는 "유
대인들을 두려워하였기" 때문입니다(9 : 22).

이제는 그리스도의 때에 존재했던 이 질시에 차고 적대적인 유대

교 지도자들을 묘사하고 있읍니다. 요한복음 1장에서 4장까지에 보면, 나라의 주요한 부류의 사람들 거의 대부분이 그리스도에게 대해 이미 호의적인 반응을 나타냈다는 걸 발견하게 됩니다 — 세례 요한의 제자들과 다른 유대인들, 사마리아인들, 갈릴리 사람들, 심지어 (4장에 따르면) 헤롯을 섬기는 사람들 중에 어떤 이들 마저도 그리스도께 호의적인 반응을 나타냈다는 걸 발견할 수 있읍니다. 오직 한 가지 예외가 있었는데 그것은 유대 지도자들이었읍니다.

요한복음이 바로 이 시점에서 그리스도와 이 사람들 사이의 갈등을 서둘러 다루는 데는 역사적인 이유가 있는 것으로 보입니다. 그것은, 그리스도께서 지난번의 예루살렘을 방문했던 때로부터, 이 5장에 기록된 예루살렘의 방문 사이의 기간 동안에 중요한 여러 가지 사건들이 일어났다는 단순한 이유입니다. 요한이 일반적으로 "그 후에" 라는 어구로써 지시하는 이른바 시간성의 간격이 있읍니다. 그 기간 동안 문제의 여러 사건들이 일어났던 것입니다.

그러면 어떠한 일들이 일어났읍니까? 첫째로, 유대 나라에 대해서 로마 정책이 변하게 되어 폭동과 전쟁의 위험이 크게 가중되었읍니다. 셈족에 반감을 가지고 있는 로마의 사령관 세자너스(Sejanus)는 빌라도를 통해서 산헤드린 공회로부터 사형범에 대한 재판권을 박탈했고, 그 결과 산헤드린 공회는 전정(殿廷)에 있는 박석이란 재판석을 포기해야만 했으며, 산헤드린 공회 전체가 성전 산 위에 있는 안나스의 궁정으로 옮겨가야했읍니다. 우리는 이러한 변화에 대한 결과가 몇년 내에 나타나는 것을 발견합니다. 산헤드린 공회가 예수 그리스도를 사형에 처해달라고 빌라도에게 요청하지 않으면 안되었음을 보니 말입니다. 둘째로, 유대 지도자들 사이에서 보다 비관적인 관점을 가지고 핍박과 고난의 시대를 예고하는 사람들이 있었는데, 그들을 주도하는 셀롯당의 활동이 두드러지게 나타나게 되었읍니다. 그것은 부분적으로 로마 정부의 행동의 결과라고도 할 수 있읍니다. 삭개의 아들 요한난이라는 랍비는 장차 성전이 멸망할 것을 예언했으며, 랍비인 사독은 예루살렘 보전을 위하여 사십년 부분금식을 시작했었읍니다. 결국 그 금식은 예루살렘 성이 티투스의 휘하에 있는 로마주 둔군에 의해서 함락되고 파멸당했을 때 그만 끝나버리고 말았읍니다. 성경적인 관점에서 볼 때 가장 의미 있는 사건은 그리스도의 선구자인 세례 요한의 체포와 끔찍한 처형이었읍니다. "요한이 아직 옥에 갇히지 아니하였다"고 말하는 요 3 : 24와, 과거시제로 요한의 사역에 대해서 말하는 5 : 33~35를 비교하면 그점을 발견하게 됩니다.

그처럼 혼란한 역사의 격동기에 유대교 지도자들이 예수님의 출현을 새로운 큰 위험요인으로 생각하며 거부반응을 나타냈다는 것은 전혀 놀랄 일이 아닙니다. 예수님께서 자기들이 개인적으로 내린 율법 해석을 묵살하고 하나님 아버지와 자기를 동일시함으로써 자기의 행동을 변호하셨을 때, 그들의 적대감이 심화되었다는 걸 이해할만 합니다. 여기에서 큰 적대감이 발생한 것입니다. 그러나 예수님께서는 이러한 적대감 때문에 아버지께서 자기 앞에 닦아놓은 길을 벗어나지는 않으셨읍니다.

여러분은 누구에게 반대를 받으면 단념해 버립니까? 만일 이러한 죄악적인 세상 가운데서 하나님을 위해서 살기로 작정하였거나, 예수님을 아직 알지 못하는 사람들에게 예수 그리스도를 알려 주어야겠다고 작정하신다면, 여러분은 어떠한 대적이라도 만나게 될 것을 확신해야 합니다. 아마 여러분은 이미 그러한 적대감을 체험하였을 것입니다. 여러분은 그러한 적대감을 만났을 때 그리스도인의 삶과 증거의 진로를 벗어났읍니까? 그렇게 하셨다면 예수님의 본을 따라 그 본궤도로 돌아올 필요가 있읍니다.

하나도 원망 없이

예수 그리스도께서는 유대 지도자들의 적대감을 보고 하나님께서 자기 앞에 놓으신 길에서 벗어나지 아니하셨읍니다. 또한 당신의 사역에 대한 사고방식을 통해서 그러한 원망을 산출하지도 아니하셨읍니다. 불행히도, 그리스도의 제자들에게 원망하는 일이 자주 나타났읍니다. 아마 여러분들에게도 그러할 것입니다. 대적을 만났다고해서 자기들이 가는 길을 벗어나지는 않았지만, 원망하는 마음을 품은 나머지 섬김을 위한 여러 좋은 기회들을 크게 제한시켰고, 자기들의 삶을 어둡게 하였던 그리스도인들을 저는 보았읍니다. 어떤 학자들이 주장하는 바에 따르면 초대교회 가운데서 유대교와 관련해서 이러한 일이 일어났다는 것을 바로 이 시점에서 주목하는 것은 흥미있읍니다. 요한의 비평적인 어조로 "유대인"이라 일컬음 받는 사람들과 관련하여 일어난 일이 어떤 반향을 일으켰는지 여기서 발견해야 된다는 걸 주목하는건 참 흥미가 있읍니다. 다른 말로 해서 어떤 학자들은 기독교의 반셈족주의(anti-Semitism)는 신약성경에 기원을 둔다고 말하고 있읍니다. 그리고 오늘날의 그리스도인들이 그러한 자료를 참조하여 자기들의 잘못을 버릴 때에만 그 기독교의 반셈족적인 기풍이 제거될 수 있다고 주장하고 있다는 말씀입니다.

　저는 이점을 명백히 해줄 몇 가지의 참고사항을 말씀드리겠읍니다. 최근에 벤시온 복서라는 유명한 유대 랍비는 자기가 쓴 책에서 "기독교의 반셈족적인 오류의 역사적인 근원을 찾으려면 신약의 기본적인 가르침으로 가봐야 한다"고 주장합니다. 사무엘 산드멜이란 랍비는 그의 또 다른 책에서 그와 유사하게 주장합니다. "신약의 많은 부분에서 우리 유대인들을 악한 존재로 묘사하고 있다. 우리 모두를 그렇게 몰아붙이든지 또는 우리 중 어떤 자들을 그렇게 말하고 있다. 매우 최근에 와서야 그점이 잘못된 것을 광범하고 깊게 느끼고들 있다. 아직도 당신네들 기독교인들 가운데는 이 점에 전혀 무감각하여 성경 책에 나오는 대로 받아들인다는 사실을 인식해야 한다."

　랍비들만이 그러한 주장을 하는 건 아니었읍니다. 사실 프로테스탄트들도 그와 똑 같은 비난의 소리를 높였읍니다. 심지어 더 강한 언어로 말하는 적도 있읍니다. 'Journal of the American Academy of Religion'의 편집장인 로이 에카르트(Roy Eckhardt)는, '세상에서 학식 있다고 생각되는 모든 주석가마다 신약성경이 반유대교적인 요소들과 반셈족적인 요소들을 지니고 있다는 사실을 부정할 수 없다'고 진술합니다. 그는 요한 사도나 바울 사도나 또는 다른 사람의 글 속에 "반셈족적인 단어들"이 있다는 것을 비난해야 한다고 그리스도인들을 촉구합니다. 샌프란시스코 신학교의 노엘 프리드먼(Noel Freedman)도 또 다른 전선을 구축하면서, "신약은 반셈족적인 책에 불과하다"고 외쳐댔습니다. 유니온 신학교의 프레드릭 그랜트(Frederick C. Grant)도 "유대교와 기독교의 곤경"이라는 책 서문에서 그런식의 주장을 폈습니다. 자기가 우리 시대에서 간파한바, 유대인을 향한 전통적인 태도가 전도되어 "때가 되면 반셈족주의적인 자세를 형식적으로 비판하는 것보다 더 나아가게 될 것이며, 성경해석에서 불가능한 문자주의와 율법주의를 비난하는 데까지 나아가거나, 아니면 성경을 전혀 해석하지 않는 데까지 나아가게 될 것이다"라고 자기의 희망을 표현했습니다.

정말 그렇습니까? 신약성경이 반셈족적입니까? 그리스도인들이든 유대인들이든 이러한 책을 쓴 사람들이 세상에서 반 유대적인 선입견을 불식시키려는 노력에 쏟는 그 열의를 누구라도 감탄하지 않을 수 없습니다. 흑인에 대한 잘못된 선입견이나 반셈족주의적인 그릇된 태도가 이제 와서 패퇴당한다는 것은 정말 너무 때가 늦은 감이 있다는 걸 의심할 수는 없습니다. 그러나 동시에 이러한 접근방식이 성경적인 관점을 바로 나타내는지, 또한 그러한 접근방식이 제시하는 처방이 합당한 것인지를 물어야합니다. 사실상, 어떤 프로테스탄트 성경해석자들이 성경을 다루는 거만한 방식은 그러한 국면에 대해 무감각하도록 부채질하여, 결국은 그 문제를 해결할 하나의 확실한 소망을 배제시켰다는 것을 부인할 수 없습니다.

첫째로, 신약성경이 반셈족적이라고 말하는 것은 전혀 근거가 없습니다. 신약성경이, 여러 세기 동안 존재했던 선입관으로 제약을 받아왔던 현대인의 귀에는 반셈족적인 것으로 들린다는 건 사실입니다. 신약성경은 유대인들이 사도 시대에 보편적으로 예수님을 자기들의 메시야와 구주로 믿지 못한 사실을 말하고 있습니다. 또한 신약성경은 그 불신앙을 슬퍼합니다. 그러나 그러한 걸 가지고 반셈족적인 것이라고 판단해버린다면, 이방인들이 믿지 못한 것을 진술하는 부분은 반이방적이라고 생각해야 할 것입니다. 사실 신약성경기자들은 자기들의 동족이 그리스도 안에서 사람들을 구원하시는 하나님의 행사를 알리는 "좋은 소식"을 환영치 못하는 걸 보고 크게 번민하였읍니다. 당대의 비성경적인 어느 문헌 어느 곳에도, 바울이 말했던 것처럼 자기가 저주를 받아 유대인들이 구원을 받게 된다면 그것마저도 만족하게 여기겠다고 한 글이 전혀 보이지 않습니다(롬 9 : 3 참조).

비평가들은, 요한이 "유대인"을 예수님을 십자가에 못박은 자들로 언급한다는 사실이 반셈족적인 요소를 나타내는 것이라고 상상했읍니다. 그러나 우리가 보았듯이 요한이 그 말을 쓸 때 민족적인 명칭으로 쓴 게 아니라 정치적인 명칭으로 쓴 것입니다. 요한 자신도 유대인이었고, 다른 사도들처럼 자기가 유대인이라는 사실을 자랑하였읍니다.

둘째로, 확실한 성경적인 흐름을 비난하는 현대의 판단은 신약성경에서 유대인에 관하여 말하는 긍정적인 사항들을 전적으로 간과하는 것 같습니다. 심지어 가장 반셈족적인 진술을 한다고 비판당하는 성경기자들이 유대인에 대해서 긍정적으로 말한 요점들도 묵과해 버리는 것 같습니다. 바울은 예리한 변증, 특히 어렵게 설립해 놓은 교회들을 전복시키고 있었던 유대교에 속한 사람들을 대항하여 편 예리한 변증적인 논증 때문에 가장 반셈족적인 기자로 판단받습니다. 그러나 유대교의 이점들을 가장 분명히 밝힌 사람이 바울입니다. "그런즉 유대인의 나음이 무엇이냐?"라고 물은 다음에 "범사에 많으니 첫째는 저희가 하나님의 말씀을 맡았음이니라"(롬 3 : 1, 2)라고 말합니다. "저희는 이스라엘 사람이라 저희에게는 양자됨과 영광과 언약들과 율법을 세우신 것과 예배와 약속들이 있고 조상들도 저희 것이요 육신으로하면 그리스도가 저희에게서 나셨으니 저는 만물 위에 계셔 세세 찬양을 받으실 하나님이시라"(롬 9 : 4, 5), 이걸 보면 분명히 반셈족적인 태도가 아닙니다. 오히려, 역사 속에서 하나님께서 유대인들을 대접하신 이래 비상한 관심을 가지고 있음을 보여주는 것이며, 유대인들을 통해서 모든 사람들에게 영적 유업이 베풀어졌다는 것을 크게 적용시키고 있읍니다.

더구나, 유대인 전체가 예수님을 믿지 않았다면 과거에 하나님께서 유대인들을 통해서 역사하신 바로 그 방식 때문에 신약 저자들은 의아하게 생각했을 것입니다. 이 점은 광범한 논평을 일으키는 요점입니다. 바울의 의중에는, 하나님께서 지금은 이방인들을 통해서 역사하고 계시며 다른 백성들을 불러내시며, 교회를 이루시는 것처럼 보인다는 사실이 너무나 예기치 못한 일이고 놀라운 일이라서 그 점을 창세 이래 감취어져 온 "비밀"로 부를 수 밖에 없다는 생각을 한 것입니다.

결국, 신약성경도 이스라엘 사람들이 장래에 받을 큰 특권을 지시하고 있읍니다. 오늘날 유대인들 가운데 많은 사람들이 메시야를 영접하듯이 이스라엘 나라 전체가 메시야를 영접할 때가 올 것을 지시하고 있읍니다. 에카르트는, 예수께서 이스라엘 사람들이 고대하였고 지금도 고대하고 있는 그런 유의 메시야가 아니기 때문에 이스라엘의 메시야는 아니라고 주장합니다. 그러나 그것은 그릇된 논리입니다. 만일 그렇게 말한다면, 거의 모든 이방인들이 구주를 원하지 않고 있으니 예수님은 이방인들의 구주도 아니라고 말해야 할 판입니다. 그리스도인은 그러한 두 결론을 모두 다 배격하며, 사람들이 예수님을 배척한다 할지라도 예수님은 진정 메시야와 구주라고 주장해야 합니다. 그리고 구주를 필요로하는 자기의 긴박성을 알지 못하는 사람들의 어리석음이 그 점을 가장 잘 드러낸다고 주장해야 합니다. 더 나아가, 바울의 글(롬 9∼11장)과 요한의 글(요한계시록)을 바로 읽으면, 내내 역사를 통해서 하나님께서 유대 백성들을 보존하셔서 마지막 날에는 그들이 하나님을 크게 증거할 수 있게 된다고 주장하게 될 것입니다.

우리의 모본

이상의 모든 것을 종합하여 결론을 내리라면, 예수 그리스도는 자기를 대적하는 이스라엘 지도자들의 적대감에 대하여 분통을 터뜨린 나머지 그들의 비평을 견디다 못해 십자가로 나가는 길을 포기하는 그러한 식의 반응을 나타내지 아니하셨읍니다. 우리는 그러한 반대를 대응하시는 주님의 모습 속에서 우리 자신이 따라야 할 본을 발견하게 됩니다.

우리는 이러한 두 위험을 어떻게 피해야겠읍니까? 대답은 오직 한 가지입니다. 즉 예수님에게서 시선을 떼지 말아야합니다. 존 번연은 천로역정에서 그것을 우화적으로 잘 묘사했읍니다. 순례자가 길 양쪽에 사슬에 묶인 두 마리의 맹수가 버티고 있는 길을 용케 죽지 않고 피해나가는 장면을 통해서 그 점을 잘 그려 주었읍니다. 그는 자기 앞에 보이는 빛을 바라보고 똑바로 걸어나가 죽음을 면했읍니다. 그리스도는 우리의 빛이십니다. 그의 빛이 우리가 따를 길 위에 비추이고 있읍니다. 성경은 우리의 목적을 방해할 수 있는 모든 것을 벗어버리고 삶의 경주를 경주하라고 권면하면서, "믿음의 주요 또 온전케 하시는 이 예수를 바라보자 저는 그 앞에 있는 즐거움을 위하여 십자가를 참으사 부끄러움을 개의치 아니하시더니 하나님 보좌 우편에 앉으셨느니라"(히 12 : 2) 라고 말합니다.

2

세번째 이적

"예루살렘에 있는 양문 곁에 히브리 말로 베데스다라 하는 못이
있는데 거기 행각 다섯이 있고 그 안에 많은 병자, 소경, 절뚝발
이, 혈기 마른 자들이 누워(물의 동함을 기다리니 이는 천사가 가
끔 못에 내려와 물을 동하게 하는데 동한 후에 먼저 들어가는 자
는 어떤 병에 걸렸든지 낫게 됨이러라) 거기 삼십 팔년 된 병자
가 있더라 예수께서 그 누운 것을 보시고 병이 벌써 오랜 줄 아
시고 이르시되 네가 낫고자 하느냐 병자가 대답하되 주여 물이
동할 때에 나를 못에 넣어 줄 사람이 없어 내가 가는 동안에 다
른 사람이 먼저 내려가나이다 예수께서 가라사대 일어나 네 자리
를 들고 걸어가라 하시니 그 사람이 곧 나아서 자리를 들고 걸어
가니라"(요 5 : 2~9).

오 늘날의 "체제"가 빈궁한 사람들에게는 가장 불리하게 작용하면
서도, 그것을 가장 적게 필요로 하는 사람들은 도와주는 것 같
이 보이는 경우가 많음을 인식하는 건 별로 새로운 일이 아닙니다.
경제적인 측면에서 부자는 더 부자가 되고 가난한 자는 더 가난한 자
가 된다고 말할 때 그 경우를 언급하는 셈입니다. 흔히 좋은 교육을
받은 사람들이 더 좋은 교육을 받게 됩니다. 실업과 영세민의 악순
환을 당하고 있는 사람들은 흔히 복지가 전무(全無)한 차원으로 더

깊게 빠져들어가는 일이 흔합니다. 어떤 의미에서, 그 원리를 종교의
영역에도 적용시키는 사람들도 있읍니다. "하나님은 스스로 돕는 자
를 돕는다"고 말할 때 그런 식의 적용을 시도하고 있는 셈입니다. 물
론 그것은 그릇된 일입니다. 그것이 현대인의 사상구조 속에 어찌나
깊이 뿌리박혀 있던지 제가 방금 인용한 "하나님은 스스로 돕는 자를
돕는다"라는 진술이 성경 속에 있다고들 억지를 부리는 사람들이 있
읍니다.

사실 그 정반대입니다. 왜냐하면 하나님의 말씀의 위대한 원리 중
에 전능하신 하나님은 무능한 자를 도우신다는 원리가 있기 때문입니
다. 복음은 모든 사람을 위한 것입니다. 그러나 그 말은 영적으로 스
스로 무엇을 해볼 수 없는 여러분과 저 같은 사람에게 구원이 베풀
어진다는 뜻에 불과합니다.

인간의 궁핍

요한복음 5장은 이 원리에 대한 위대한 성경적인 여러 표현들 중
하나를 담고 있읍니다. 그것은 요한복음에 기록된 이적 중 세번째 경
우로써 예수 그리스도께서 불구자를 걷게 하시는 이적입니다. 요한이
그 이적을 기록한 데는 두 가지 이유가 있다고 봅니다. 첫째는, 이 이
적을 기점으로 해서 유대 지도자들이 예수님께 분을 내며 불신앙과
적의를 나타내기 시작하였던 것입니다. 요한복음은 바로 여기서부터
그 유대 지도자들의 대적을 다루기 시작합니다. 둘째로, 그 이적의
이야기는 예수님께서 약하고 무능한 사람들에게 오셔서 그들을 구원
하신 모습을 예증한다는 측면도 있읍니다. 이야기의 그 국면은 예수
님과 유대 지도자들 사이에서 자라나기 시작한 그 적의에 대한 기록
의 기점에서 특히 뚜렷이 부각되어 나타납니다. 왜냐하면 그 지도자
들은 마땅히 그리스도를 영접해야 했던 사람들이고, 그 지도자들 가
운데서 주님께서 가장 광대한 역사를 행하셔야 마땅하다고도 할만큼
생각되는 그런 사람들이기 때문입니다. 그러나 그들은 무감각하였고,
오히려 그리스도께서는 일반대중들 가운데서 행하셨읍니다.

요한은, 예수께서 유대인의 명절에 예루살렘에 올라가셨을 때 이 모든 일이 일어났다고 말하고 있습니다. 그 명절이 어느 것인지는 몰라도 이스라엘의 종교적인 명절 가운데 하나였을 것입니다. 그때 예수님께서는 아무도 대동하지 아니하고 혼자 계셨던 것이 분명합니다. 왜냐하면 어떤 제자도 예수님과 함께 있었다는 언급이 없기 때문입니다. 예수님께서 예루살렘에 가셨을 때 베데스다 연못 옆을 지나시다가 거기서 운신하지 못하고 누워 있는 사람을 보셨읍니다. 요한은 그 연못이 행각 다섯으로 두른 연못이라고 말하고 있습니다.

이 시점에서 멈추어서서 요한이 여기서 언급하는 베데스다 연못은 오늘날 고고학자들에게도 알려졌다는 걸 주목하는 것은 흥미 있습니다. 요한복음을 비평하는 사람들이 한때 책의 연대를 훨씬 뒤로 잡기도 하였고, 바로 이 베데스다 연못이 언급된다는 걸 기초로 해서 요한복음 기자가 그리스도 때에 예루살렘이 어떠하였던가를 잘 몰랐던 것이 분명하다고 논증하기도 했었읍니다. 그들은 베데스다라는 이름으로 불리워지는 연못에 대해서 들어본 사람이 하나도 없었다고 주장했읍니다. 그외에도 고대로부터 행각 다섯으로 둘러싸여 있는 연못이 있다는 소리를 들어보지 못했다는 것입니다. 그러나 "베드 에사타인" (Beth Eshatain)이란 이름이 사해 두루마리 속에 싸잡혀 들어있던 구리 두루마리에 나타났읍니다. 그 명칭은 베데스다라는 명칭을 알려 주었읍니다. 보다 더 중요한 것은 그 연못 자체가 발견되었다는 것입니다. 사실, 베데스다 연못(지금은 성(聖)안네의 연못으로 알려진)은 여러 개의 행각으로 둘러싸여 있는 연못이 나란히 쌍둥이처럼 놓여 있읍니다. 그래서 거기에는 다섯 행각이 있습니다―둘레에 네 행각이 있고 그 연못을 반으로 나누는 행각이 하나 더 있습니다. 사도 요한은 그리스도 때에 병든 사람이 바로 그 연못에 모여들었다고 기록하고 있읍니다. 그때 그 사람들은 천사가 간헐적으로 물을 동한다고 믿고, 그런 일이 있을 때마다 가장 먼저 발을 들여놓는 사람이 치료받는다고 믿고 있었다는 것입니다.

요한이 그려주는대로 그 모습은 가련한 한 폭의 그림입니다. 그러

나 인류의 절망적인, 정말 비참하기 짝이 없는 절망적인 조건을 극화
하는 묘사를 첨가하고 있다는 것을 인식하면 그 모습은 더욱 더 처량
해 보입니다.

 "예루살렘에 있는 양문 곁에 히브리 말로 베데스다라 하는 못이 있
는데 거기 행각 다섯이 있고 그 안에 많은 병자, 소경, 절름발이, 혈
기 마른 자들이 누워 물의 동함을 기다리니"(5 : 2, 3), 이 묘사는 얼
마나 많은 것을 함축하는 묘사인가요! 이 묘사는 사실상 이중적인
묘사입니다. 첫째로, 사람들은 무능한 자로 일컬어지고 있읍니다. 다
시 말하면 스스로 어쩔 힘이 없는 존재로 묘사되고 있다는 말씀입니
다. 그런 다음에 사람들의 불능이 세개의 어휘로 더 뚜렷이 드러납니
다. 요한은 그 사람들이 소경이요, 절름발이요, 혈기 마른 자들이라
고 말합니다.

 이것이 바로 예수 그리스도로 말미암은 하나님의 은혜를 떠나 있는
인류의 모습입니다. 인간들 속에 새 생명을 불어넣으시는 그 행동을
하시기 전에 하나님께서는 인간들을 어떻게 보십니까? 로마서 5 : 6
이 이 질문에 대한 답변입니다. 로마서 5 : 6은, 그리스도께서 "경건
치 않은 자를" 위하여 죽으셨을 때 우리는 "연약하였었다"고 말합니
다. 미국 표준개정역(ASV)과 로마 카톨릭의 공동 번역은 이 구절을
번역하되, 우리가 "약했을(weak) 때" 하나님의 사랑이 우리에게 나
타났다고 말하고 있읍니다. 윌리암스와 굳스피드(Williams and Go-
odspeed) 번역성경은 "도울 이가 없는"(helpless) 상태였다고 번역
하고 있습니다. 필립스 번역은 "힘없는(powerless)"이라는 영어를
사용합니다. 그 외에, 헬라어 렉시콘은, 여기서 사용된 헬라어가 "유
약하고, 힘이 없는, 어떤 큰 일을 성취해낼 수 없는, 사람들 중에서
권세 없는, 옳은 일을 하기에 힘이 부치는" 등의 의미를 가진다고 말
합니다. 다른 말로 해서, 영적으로 우리 자신을 위하여 어떠한 일을
할 수 없는 처지에 있을 때, 그리스도께서 우리를 위해서 죽으셨다고
하나님은 말씀하십니다.

 우리가 "할 수 없는"이라는 말을 여기서 사용하지만, 그 말이 어떤

의미를 지시하는지 매우 주의해야 합니다. 예를 들어서, 다른 어떤 일이 일어나지 않으면 어떤 것을 할 수 없다는 의미로 조건적인 불가능을 시사하는 경우가 있습니다. 이 달치 월부금을 지불할 수 없다고 말할 수 있으나, 그 월부금을 부을 수 있도록 어떤 예기치 아니한 돈을 받을 수도 있기 때문에 그것은 조건적인 불가능입니다. 마치 그것은 내가 이미 하고 있는 일을 "그만 두지 않으면" 부업을 하는 것이 불가능하다고 말하는 것과 같은 방식으로 그 말을 사용하고 있는 것입니다. 또는 귀마개를 "착용하지 않고는" 시끄러워서 일을 할 수 없다고 말하는 경우에도 해당됩니다. 저는 이러한 경우를 무한정하게 제시할 수 있습니다. 어떤 다른 일이 없으면 불가능한 일들이 무한정하게 많이 있기 마련이기 때문입니다.

그러나 환경의 영향을 전혀 받을 수 없기 때문에 여전히 불가능한 채로 남아 있는 매우 다른 범주에 속한 불가능이 있습니다. 어떤 것이 진실하면서도 동시에 거짓일 수는 없습니다. 2 더하기 2는 5가 될 수 없으며, 2×2는 6이 될 수 없습니다. 검은 것이 흰 것일 수가 없습니다. 존재하는 어떤 것이 동시에 존재하지 않을 수 있다는 것도 불가능한 논리입니다. 하나님께서는 불능한 상태에 있는 사람을 이러한 불가능의 범주 속에 넣습니다. 곧 사람이 스스로 하나님을 만족시킬 수 있는 것을 전혀 할 수 없다고 선언하실 때 말입니다.

이 시점에서 "불능인"이라는 말이 "불가능"이라는 말과 같은 라틴어에서 왔다는 입장에서 볼 때는 사람은 아무 것도 할 수 없습니다. 인간은 제 힘으로 어쩔 수 없는 존재입니다.

우리는 이 진리들이 인간이 영적으로 할 수 없는 것이 무엇인지를 말해주는 여러 구절들에서 요약되어 있는 것을 발견합니다. "육에 속한 사람은 하나님의 성령의 일을 받지 아니하나니 저에게는 미련하게 보임이요 또 깨닫지도 못하나니 이런 일은 영적으로라야 분변함이니라"(고전 2:14). 예수님께서는 자기 시대의 사람들에게 "어찌하여 내 말을 깨닫지 못하느냐?"라고 물으셨습니다. 그런 다음에 "이는 내 말을 들을 줄 알지 못함이로다"(요 8:43)라 답변하셨습니다. 베드

로도, 하나님의 도움이 없이는 사람이 죄를 안지을 수 "없다"고 썼
읍니다(벧후 2 : 14).

소경, 절름발이, 혈기 마른 자

　논리상 어느 사람이라도 요한이 이 시점에서 무엇을 가르치고 있는
지 그 요점을 알아내려고 해야합니다. 요한은 베데스다 못가의 무리
들의 성격을 세 어휘로 구분하여 표현해나가고 있읍니다. 그 세 어휘
는 역시 우리들의 상태를 특징지어 말하고 있읍니다. 첫번째 어휘는
"소경"이라는 말입니다. 예수께서는 요한복음 3장에서 니고데모에게
"사람이 거듭나지 아니하면 하나님 나라를 볼 수 없다"(3 : 3)고 하
실 때 이 눈멂에 대해서 말씀하신 것입니다. 다시 종교 지도자들에
게 "너희가 소경 되었더라면 죄가 없으려니와 본다고 하니 너희 죄가
그저 있느니라"(9 : 41)고 하실 때에도 역시 그 눈멂에 대해서 말씀
하셨읍니다.

　두번째 어휘는 "절름발이"입니다. 그것은 소경이면 자연히 빠져드
는 결과입니다. 사람이 소경이라면 생명으로 인도하는 좁은 길을 어
떻게 걸어가겠읍니까? 예수님께서는 "나를 보내신 아버지께서 이끌
지 아니하면 아무라도 내게 올 수 없다"(6 : 44)고 선언하심으로써
사람이 영적인 의미로 행할 수 없음을 말씀하신 것입니다.

　끝으로, 요한은 인간성이 "말라버렸다"(마비되었다)고 말합니다.
"내가 일어나야겠는데 너무 지쳐서 팔을 들 수 없다. 마비증세를 느
낀다"고 말하는 사람을 본 적이 없읍니까? 영적인 차원에서 정확히
그러합니다. 해야할 일이 있다는 것을 아는 데는 문제가 없읍니다. 우
리는 다 의로워야 합니다. 우리는 다 예수 그리스도를 닮아야 합니다.
우리가 그러한 표준들에 대해서 생각할 때 우리는 혈기 마른 사람 처
럼 보입니다. 확실히, 우리는 사도 바울과 같이 말할 수 있읍니다.
그는 자기 삶 속에서 역사하시는 하나님의 능력을 떠나면 자신이 어
떠한가를 쓰고 있읍니다. "내 속 곧 내 육신에 선한 것이 거하지 아
니하는 줄을 아노니 원함은 내게 있으나 선을 행하는 것은 없노라"

(롬 7 : 18).

은혜

우리가 이 본문의 모습을 심각하게 취급하면 절망적인 그림입니다. 그런데도 그것은 하나님의 은혜의 복음에 대한 영광스러운 전조입니다. 왜냐하면 그러한 사람들—불구자, 소경, 절름발이, 혈기 마른 자—에 대하여 우리는 무엇을 읽습니까? 예수 그리스도께서 그 많은 병든 사람들의 무리를 향하여 나아가서서 삼십 팔년 동안 불구자 생활을 했던 한 사람을 보셨습니다. 그리스도께서 그들 가운데 계셨지만 아무도 그를 알아보지 못하였습니다. 왜냐하면 그들은 영적으로 소경이었기 때문입니다. 그밖에도, 물의 움직임에 대한 미신에 자기들의 소망을 걸고 있었기 때문입니다. 아무도 그를 맞으러 일어나지 못했습니다. 왜냐하면 그들은 절름발이였기 때문입니다. 아무도 소망 있는 손을 벌리지 못했습니다. 그들은 혈기 마른 자들이었기 때문입니다. 그럼에도 불구하고 예수님께서는 그들 가운데 계시면서 죄인들 중에서 가장 소망 없는 이 사람을 치료하셨습니다.

"네가 낫고자 하느냐?"라고 예수님은 그에게 물으십니다.

그 누운 불구자는 대답합니다. "물이 동할 때에 나를 못에 넣어 줄 사람이 없어 내가 가는 동안에 다른 사람이 먼저 내려가나이다."

예수께서 "일어나 네 자리를 들고 걸어가라"고 명하십니다. 대번에 그 사람은 나았고 예수께서 명하신대로 했습니다.

오늘날 하나님께서 바로 그러한 방식으로 죄인들을 구원하십니다. 만일 우리의 구원이 그를 알아보는 우리의 인식에 달려 있다거나, 그를 향해 우리 편에서 팔을 벌리는 데에 달려 있다면, 누가 구원을 받겠습니까? 아무도 없습니다. 그러나 그리스도께서는, 우리가 그에게 나아오기를 기다리시지 않고, 또한 "스스로 돕기를" 기다리지 아니하시고, 우리에게 오셔서 생명을 주시는 말씀을 하십니다.

유명한 성경교사였던 아이언사이드(Harry Ironside)가 이 대목에 대해서 주석한 것을 보면 자기 초기 목회시기에 있었던 한 일화를 말하고 있습니다. 그때 그는 샌프란시스코에 있었는데, 워싱턴의 생일이면 주일학교 어린이들을 데리고 해변가로 나가는 것이 관례가 되었었습니다. 그렇게 하던 어느 날 아침, 그 해변가에 난파된 배조각이 널려 있는 것을 보았습니다. 처음에는 그것이 어디서 왔는지 아무도 몰랐습니다. 그러나 샌프란시스코로 되돌아왔을 때에야, 그것이 미국과 중국을 왕래하는 리오 데 자네이로라 불리우는 큰 여객선이 파손된 잔재임을 알게 되었습니다. 그 배는 전날 밤 안개 속에서 샌프란시스코 항구를 찾으려고 애를 썼지만 암초에 부딪쳐 산산조각이 나고 말았던 것입니다. 이 사고로 수백 명의 사람들이 익사했고 구출된 사람은 얼마 되지 않았습니다. 신문은 구출된 몇 사람 중 한 사람에 대한 이야기를 게재하였습니다. 어느 젊은 미국 신문기자가 그 배에 탔다가 자기 다리를 부러뜨리고 말았습니다. 그는 의식을 잃고 있었습니다. 그러는 중에 물 속으로 던져졌습니다. 물 속에 들어가자 아마 의식을 되찾은 그는 물을 먹지 않으려고 애썼던 것 같습니다. 몇 시간 동안 그는 물 위에 떠 있었습니다. 결국 힘이 다 빠진 그 사람은 구조대에 의해서 물 밖으로 끌려나왔습니다. 아이언사이드가 그 신문기사를 읽었을 때 그 이야기 속에서 죄인들을 향하신 하나님의 은혜에 대한 놀라운 그림을 발견해냈던 것입니다. 강하고 굳센 사람 몇은 몇 시간 동안 헤엄을 치다가 구조되었습니다. 그밖에 다른 사람들은 익사했습니다. 그러나 이 사람은 헤엄을 칠 능력을 전혀 갖고 있지 않았습니다. 그는 아무 힘이 없었습니다. 그런데도 그는 구원을 받았습니다. "인자의 온 것은 잃어버린 자를 찾아 구원하려함이니라"(눅 19: 10)고 예수께서 말씀하신 것은 이상한 일이 아닙니다.

따지지 말라

예수께서 오셔서 여러분을 찾으십니다. 여러분은, 나는 힘 없고 눈멀고 절름발이요 혈기 마른 자라고 구실을 늘어 놓겠습니까? 만일 여러분이 여러분의 영적 능력에 대해 내린 하나님의 결단을 이치로 따져보려한다면 구원을 받지 못할 것입니다. 성경은, 하나님께서는 인류의 영적 조건에 대하여 내린 자신의 결단을 이치로 따지지 않을 것이라고 가르치십니다. 하나님께서는 피조물은 창조주가 아니라고 선언하십니다. 여러분은 주 예수 그리스도만큼 온전하지 못합니다. 그것이 바로 여러분을 영적 불구자로 만드는 것입니다. 만일 여러분들이 원하신다면 그것에 대해서 다른 명칭을 부여할 수도 있습니다. 그러나 -이것이 바로 복음의 영광입니다 -그리스도께서 그러한 자들을 위해서 죽으셨습니다.

17세기 영국의 윌리암 비버리지(William Beveridge)는 이렇게 썼습니다. "내가 기도하더라도 죄를 짓습니다. 설교하더라도 죄를 짓습니다. 목회를 하며 거룩한 성례를 집행하더라도 죄를 짓습니다. 내가 회개한다 할지라도 그 회개는 회개할 또 다른 이유를 만듭니다. 내가 흘린 눈물은 그리스도의 피로 씻어질 것을 요구합니다." 비버리지 감독이 옳았습니다. 그러나 본성상 내가 경건치 않은 사람이어서 천성적인 어떠한 노력으로도 일어서서 하나님을 전혀 맞을 수 없다는 사실을 인정하자마자, 내 죄가 그리스도 안에서 처리되었으며, 그를 믿는 모든 사람들에게 새 생명을 주신다는 것을 또한 알 수 있게 됩니다.

3

안식일의 주인

"이 날은 안식일이니 유대인들이 병 나은 사람에게 이르되 안식
일인데 네가 자리를 들고 가는 것이 옳지 아니하니라 대답하되
나를 낫게 한 그가 자리를 들고 걸어가라 하더라 한대 저희가 묻
되 너더러 자리를 들고 걸어가라 한 사람이 누구냐 하되 고침을
받은 사람이 그가 누구신지 알지 못하니 이는 거기 사람이 많으
므로 예수께서 이미 피하셨음이라 그 후에 예수께서 성전에서 그
사람을 만나 이르시되 보라 네가 나았으니 더 심한 것이 생기지
않게 다시는 죄를 범치 말라 하시니 그 사람이 유대인들에게 가
서 자기를 고친 이는 예수라 하니라 그러므로 안식일에 이러한
일을 행하신다 하여 유대인들이 예수를 핍박하게 된지라"(요 5 :
  10~16).

5장 9절은 하나의 불길한 징조를 예고합니다. 그 불구자가 치료된
이야기를 듣자마자 우리는 금방 "이 날은 안식일이니"라는 말씀
을 듣기 때문입니다.

　이것은 우리에게 그렇게 심각하게 들리지 않습니다. 왜냐하면 안식
일을 지키느냐 지키지 않느냐의 문제는 오늘날 우리의 시대에 있어서
그렇게 큰 것이 아니기 때문입니다. 그러나 그리스도의 때에는 그것
이 심각한 문제였읍니다. 더구나 그리스도의 사역이 더 뚜렷이 나타

님에 따라서 그 문제는 갈수록 더 커졌읍니다. 예루살렘의 권세자들은 이 문제를 기초로하여 예수님을 멸할 음모를 짜고 있었던 것입니다. 그러나 또 다른 의미에서, 그 안식일의 문제들은 우리 시대에서도 심각하다는 것은 사실입니다. 물론 엄격히 말해서 거의 모든 사람들이 토요일에 하나님을 어떻게 예배할까의 문제에 대해서 투쟁하고 있지는 않지만 말입니다. 우리가 다음과 같은 질문들을 던져볼 때 이 문제의 중요성이 부각됩니다. 그리스도인들은 어째서 보편적으로 유대인의 안식일인 토요일에 예배를 드리지 않고 주간의 첫날인 일요일에 예배를 드리는가? 이러한 날 중 어느 하루를 잡아서 예배를 드리는게 하나님께 불쾌하지 않은가? 우리는 어째서 두 날을 다 지키지 않는가? 아니면 어째서 그 둘 중 하나만 지키는가? 주간 중 어느 정해진 한 날에 예배를 드리는 것과 참된 종교와 어떤 관계라도 있는가?

이러한 질문들은 다음의 세번째 강론의 주제를 형성할 것입니다. 그 각 질문들을 안식일을 주일로 지키는 문제와 관련해서 다루어볼 것입니다. 보다 특별하게, 여러 시간에 걸쳐서 예수님과 유대 지도자들 사이에 일어난 난제와, 유대교의 안식일의 의도와 역사와 주간의 첫날을 안식일로 지키는 기독교의 의미, 우리 그리스도인들이 그 주간의 첫날을 어떻게 지켜야 하는지에 대한 문제 등을 다루게 될 것입니다.

은혜냐? 규례냐?

안식일 문제의 진정한 의미를 다루어야 합니다. 곧, 그리스도인은 은혜로 통치받는 사람이냐, 아니면 여러 규례들 아래 있는 사람이냐? 이 문제의 특별한 심각성은 루이스 스페리 췌이퍼(Lewis Sperry Chafer) 박사가 안식일 문제에 대해 쓴 저작 중의 다음 인용문에서 나타납니다.

"율법의 왕노릇과, 은혜의 왕노릇 사이의 차이는 주간의 제칠일을 지키느냐 아니면 주간의 첫날을 지키느냐는 바로 그 문제에서처럼 날

카롭게 대두되는 적이 없다. 이 두 날은 율법의 왕노릇과 은혜의 왕
노릇의 관련을 맺고 있는 세대의 상징일들이기 때문이다. 그와 같이,
이 안식일 문제에서처럼 어릴 적의 교육과 감상으로부터 유발된 개인
적인 종교 선입관이 강하게 작용하는 데도 없다. 안식일을 지키는 문
제에 대해서 자유로운 관점을 가르치신 주님의 교훈이 유대의 지도자
들로 하여금 그리스도를 향하여 분노케 했을 것임에 틀림 없다. 오늘
날에도 개인적인 확신과 관점을 그처럼 잘 묘사해주는 종교적 주제가
없다고 할 수 있다. 그 이유는 명백하다. 은혜의 정확한 성격과 원리
를 진정으로 이해하는 사람들이 적기 때문이다. 많은 사람들에게 있
어서, 기독교는 공로를 산출하는 이른바 인간 행위와 성격 형성의 체
계로 이해된다. 안식일을 지키는 것을 공로가 될 행위를 위한 특이한
기회들을 제공하는 것으로 여기고들 있다."

　물론 그리스도의 시대에서 뿐만 아니라 오늘날 우리의 시대에서도
상황은 정확히 그러합니다. 하나님께서는 유대 백성들에게 안식일을
명하셨읍니다. 그러나 지도자들은 선행으로 말미암아 은혜를 얻는다
고 생각하고 안식일을 그러한 체계로 변형시켜 왜곡하여버렸읍니다.

　십계명을 보면 안식일을 지킬 필요성을 발견하게 됩니다. 하나님께
서는 다음과 같이 말씀하셨읍니다. "안식일을 기억하여 거룩히 지키
라 엿새 동안은 힘써 네 모든 일을 행할 것이나 제칠일은 너희 하나
님 여호와의 안식일인즉 너나 네 아들이나 네 딸이나 네 남종이나 네
여종이나 네 육축이나 네 문 안에 유하는 객이라도 아무 일도 하지
말라"(출 20 : 8 ~ 10). 이 기본적인 원리가 구약의 다른 책들 속에서
더 발전되어 유대인의 삶의 전국면에까지 적용되었읍니다. 심지어 밭
을 처리하는 방식에까지 적용되었읍니다. 그래서 예레미야는 자기 시
대의 백성들이 안식일을 지키지 못한 것도 예루살렘이 바벨론에게 함
락당한 한 이유라고 말했읍니다. "여호와께서 이같이 말씀하시되 너
희는 스스로 삼가서 안식일에 짐을 지고 예루살렘 문으로 들어오지
말며 안식일에 너희 집에서 짐을 내지 말며 아무 일이든지 하지 말아
서 내가 너희 열조에게 명함 같이 안식일을 거룩히 할찌어다…… 너

희가 나를 청종치 아니하고 안식일을 거룩케 아니하여 안식일에 짐을 지고 예루살렘 문으로 들어오면 내가 성문에 불을 놓아 예루살렘 궁전을 삼키게 하리니 불이 꺼지지 아니하리라 하셨다 할찌니라"(렘 17 : 21, 22, 27).

이것이 안식일에 대하여 이스라엘을 가르치신 하나님의 교훈이었읍니다. 더구나, 그 교훈이 하나님께 어찌나 진지하게 여겨졌던지, 그 땅에서 안식일을 어긴 모든 잘못에 대한 보응으로 백성들이 70년 동안 바벨론에 포로로 잡혔었다는 말씀을 읽게 됩니다. 역대하에 보면 "토지가 황무하여 안식년을 누림 같이 안식하여 지낸" 기간 동안 백성들이 포로로 잡혀 있었다고 말합니다(36 : 21).

문제는 이스라엘 지도자들이 하나님의 율법에다 사람의 규례를 첨가하였다는 데 있읍니다. 그로 인해서 안식일 지키는 것을 가장 악한 형태의 율법주의로 떨어뜨렸던 것입니다. 예를 들어서, 율법은 안식일에 여행하지 말라고 말했읍니다(출 16 : 29). 서기관들은 "그러면 무엇이 여행인가?"라는 질문을 던졌읍니다. "여행의 내용은 무엇인가?" 이 질문에 대해 답하면서 안식일에 여행하는 것에 대한 개념을 발전시켰읍니다. 대충 말해서 안식일에 갈 수 있는 거리는 천 야드(약 900m 정도)라고 정하였읍니다. 그래서 안식일에 사람이 그 정도의 거리까지만 갈 수 있었고 그 이상 걸어가는 것은 죄로 정하게 되었읍니다. 그러나 만일 줄로 길거리의 끝을 가로질러 매어놓는다면, 기술적으로 길 전체가 집 하나가 되어, 사람은 그 줄 밖 천 야드까지 걸어갈 수 있었읍니다. 또는 금요일 밤에 어떤 장소에 먹을 양식을 충분히 비축해 두고, 다음 날에 그리로 걸어가서 그 음식을 먹을 수 있었고(그럼으로써 기술적으로 거기를 출발점으로 삼음), 그런 다음에 천 야드를 더 걸어갈 수 있었읍니다. 충분히 영리한 사람이 이 일에 대단한 결심을 가지기만 하면 아마 팔레스타인을 가로 질러 반은 갈 수 있었을 것이라는 생각이 듭니다.

짐을 나르는 일을 예로 들어봅시다. 예레미야의 본문말씀은 그것을 금하고 있읍니다. 그러나 그 짐이 무엇인가? 손수건도 짐인가?

그 손수건을 따로 가지고 가면 짐이 되지만, 옷감의 천으로 옷에다 대어 꿰매었으면 짐이 되지 않았습니다. 그러니 이층 책상 서랍에 있는 손수건을 아래층 책상 서랍으로 가져가려면, 그것을 꺼내어 목에 매고 아래층으로 내려와 아래층 서랍에 넣으면 됩니다.

이러한 방식으로 같은 논리가 성립됩니다. 예를 들어서 밖에서 걸어가고 있는 사람을 봅시다. 그가 침을 뱉습니다. 그것이 일입니까? 침 뱉는 타인의 정도에 따라서 달라집니다. 만일 그 침을 뱉었는데 그 침이 땅바닥에 자국을 내었으면 그것은 땅을 간 것이니 일이 되었읍니다. 그러나 만일 바위에다 대고 뱉으면 아무런 일도 일어나지 않습니다. 그러니 이러한 체계 아래서는, 토요일 날에 침을 어다다 대고 뱉느냐에 따라서 종교적인 사람이 되기도 하고 그렇지 못하기도 한다는 결론이 내려집니다.

주 예수 그리스도께서는 바로 그러한 것이 혐오스러웠읍니다. 그래서 주님께서는 이러한 사람이 만든 안식일 계명에 노예로 잡혀 있는 이스라엘 사람들을 구출하시려고 결심하셨읍니다. 또한 사람이 안식일을 위해서 있는 것보다는 안식일이 사람을 위해서 주어진 것을 보여줌으로써 바른 균형을 되찾게 해주려고 하셨읍니다. 그렇게 함으로써 주님께서는 장차 당신의 죽음과 부활을 통해서 더욱 충만히 나타날 하나님의 은혜를 위해 길을 닦아놓으셨던 것입니다.

다윗왕의 실례

우리는 요한복음에 나오는 이 안식일 논쟁에 관한 문제로 되돌아오고 싶습니다. 그러나 그렇기 전에 먼저 마태복음 속에 나타나는 안식일 논쟁에 시선을 돌려볼 필요가 있습니다. 왜냐하면 마태복음은 요한복음보다 더 유대인을 향해서 쓰여졌기 때문입니다. 그러므로 이 안식일 문제를 보다 상세히 서술하고 있읍니다.

마태복음에 따르면, 예수님께서 제자들과 함께 안식일날 밀밭 사이로 걸어가셨는데, 그때 제자들이 배가 고팠읍니다. 밀이삭이 그 밭에 있으니 제자들은 손을 내밀어 밀이삭 몇 개를 잘랐읍니다. 그리고 손으로 그것을 부벼 껍질을 벗긴 다음에 속 알맹이를 먹었읍니다. 불행히도 바리새인들이 가까이서 그것을 보고는, 제자들이 안식일에 이런 일을 한 것이 율법에 어긋난다고 즉각 반기를 들었읍니다. 그들의 관점대로 하면 제자들의 그러한 행동은 추수하는 일이었기 때문입니다. 예수님께서는 이렇게 대답하셨읍니다. "예수께서 가라사대 다윗이 자기와 그 함께한 자들이 시장할 때에 한 일을 읽지 못하였느냐 그가 하나님의 전에 들어가서 제사장 외에는 자기나 그 함께한 자들이 먹지 못하는 진설병을 먹지 아니하였느냐 또 안식일에 제사장들이 성전 안에서 안식을 범하여도 죄가 없음을 너희가 율법에서 읽지 못하였느냐 내가 너희에게 이르노니 성전보다 더 큰 이가 여기 있느니라 나는 자비를 원하고 제사를 원치 아니하노라 하신 뜻을 너희가 알았더라면 무죄한 자를 죄로 정치 아니하였으리라 인자는 안식일의 주인이니라 하시니라"(마 12:3~8).

이 대답 속에 세 큰 원리가 나타나 있읍니다. 첫번째 원리는 다윗왕에 대한 예수님의 논평 속에 함축되어 있읍니다. 예수님께서 가리키는 이야기는 유대인들이면 다 알고 있었읍니다. 다윗은 백성들을 다스리는 왕으로 하나님께 기름부음을 받았읍니다. 그러나 그들은 다윗의 패역한 아들 압살롬을 따르기 위해서 그 기름부음받은 왕을 배척하였읍니다. 다윗은 생명을 보존키 위해 예루살렘을 떠나 도망치지 않으면 안되었읍니다. 그는 먹을 것이 없었읍니다. 먹을 것이 없자 다윗과 다윗을 따르는 사람들이 성막에 들어가 언제나 거기에 있는 진설병(陳設餅)을 취하여 먹었읍니다. 성전에 들어가는 것은 제사장들에게만 허락되었음을 유대인이면 누구나 다 압니다. 또 제사장들만이 이 떡을 먹을 수 있었읍니다. 그러나 하나님께서는 그렇게 행한 다윗을 쳐서 죽이지 않았읍니다. 왜 그렇습니까? 하나님께서는 진설병에 관한 율법보다도 다윗을 기름부은 일을 더 중요하게 여기셨기 때문입니다. 사람들이 하나님의 세우신 왕을 배척하면서 회막예배에 속한 작은 율법을 지켜서 하나님을 섬기는 척하는 것은 소용이 없고 위선적인 일이었읍니다. 마음이 하나님으로부터 멀리 떠나 있으면 의식을 행하는 것이 하나님을 모독하는 것입니다.

　이것이 그리스도의 때의 상황에도 분명히 해당됩니다. 왜냐하면 서기관들과 바리새인들이 하나님의 기름부은 메시야이신 주 예수께 등을 돌리고 있으면서 작은 안식일의 규칙을 주장하는 것이 무모하고 외식적인 일이었기 때문입니다. 주님이 여기 계십니다! 그는 성전보다 더 크셨습니다! 그러므로 만일 그들이 주님을 배척하였다면, 구약의 모든 율법의 뒷받침을 받고 있는 안식일이라도 의미가 없어집니다.

형식주의

　그리스도의 답변 속에 들어 있는 두번째 원리는, 유대 지도자들이 행하는 유의 형식주의는 사실상 참된 필요가 무엇인지 알지 못하게 한다는 것입니다. 다른 말로 해서, 그것은 사람들로 하여금 다른 사람들과의 관계에서 굳어지게 만듭니다. 예수님께서는 "나는 자비를 원하고 제사를 원치 아니하노라"고 말씀하신 뜻이 무엇인지 너희가 알지 못한다"고 하셨을 때, 바로 그점을 지적하신 것입니다.

　하나님의 율법에 대한 자기 나름의 해석을 지키는 데 있어서는 세밀하였던 사람들이 예수께서 자기들의 규례를 지키지 않는다고 예수님을 죽이려고 결심하고 있었습니다. 더구나 그들은 그러한 일을 행하면서도 자기 자신의 규례를 지키는 데는 애를 썼습니다. 예수께서 잡히신 것은 이스라엘의 달력에서 가장 거룩한 주간의 가장 거룩한 날인 유월절이 되었을 때였습니다. 이 사람들이 직면한 어려움은, 유월절을 지키려는 자신들이 부정케 되지 않으면서도 예수님을 없애고 싶어하였다는 것입니다. 그래서 그들은 회의를 열어서 어떻게 하면 그 두 사항을 조화시킬까를 논의했습니다. 그들은 결론내리기를, 만일 다음과 같은 순서를 따르면 그러한 일이 이루어질 수 있다고 생각했습니다. 밤에 재판을 열자(이것은 불법적인 것이었음 -그러나 그들이 생각하기로는 유월절을 잘 지키지 못하는 것보다 덜 불법적으로 생각했음) 그런 다음날 이른 아침에 공식적인 재판을 열자. 그때 빌

3. 안식일의 주인 / 43

라도에게 나아가게 될 것이다(그들은 어떤 사람도 빌라도의 진영에 들어가지 않았나 확인할 필요가 있었읍니다. 왜냐하면 어느 유대 사람이라도 그의 진영에 들어가면 더럽혀지기 마련이고, 그렇게 되면 그 유대인은 유월절을 먹지 못할 것이기 때문입니다). 그런 다음에 처형을 하자, 그 모든 일이 다 끝나면 정오가 넘을 것이다. 그런 다음 누구나 다 여호와께 가서 경배를 드릴 수 있을 것이다. 그래서 그들은 자기들의 규례로 정해놓은 작은 오솔길을 따라 행진해 나갔읍니다. 필요로 했다면 그들은 하나님을 죽이기에 충분한 의(義)를 안출해냈을 것입니다. 그런 다음 그들은 자기들의 형식주의에 입각하여 막무가내 마음대로 행했을 것입니다.

우리는 이 가공할 일을 통해서, 마음이 구주로부터 떨어져 있을 때 종교적인 규율과 의식이라는게 얼마나 무서운가를 배우게 됩니다. 때로 종교의 이름으로 행해지는 일보다 더 무서운 일이 없을 때가 있읍니다. 아버지께 마음을 돌리지 않으면서도 어떤 외양적이고 쓸모 없고 외식적인 의식에만 사로잡혀, 그것을 추종하는 인간 마음의 성향처럼 나쁜게 없읍니다.

예수님께서는 유대 지도자들의 삶에 무시무시한 영향력을 끼친 형식주의와 대조되게, 사람이 규율보다 훨씬 더 중요하다는 걸 행동으로 보여 주셨읍니다. 하나님을 따르는 자들에게는 규례보다도 훨씬 더 높은 의무가 지워졌는데, 그것이 바로 자비를 나타내는 것입니다. 주님께서는 자기의 행동을 통해서 그것을 보여주셨읍니다. 그래서 마태복음에서는 손 마른 자를 치료하는 행동을 통해서 지도자들과 토론하고 계십니다(마 12 : 9~13). 그러나 요한의 기록에서는 불구자를 치료함으로써 그 문제를 야기시킵니다(요 5 : 1~16). 바리새인들은 이런 사람들을 이용하여 예수님을 넘어지게 하고 싶었읍니다. 예수님께서는 큰 긍휼로 그들이 치료되기를 원하셨읍니다.

마태복음에 보면 이 여러 구절의 세번째 원리가 나타나 보입니다. 그것은 요한복음에 나타나는 갈등의 기록을 우리가 계속 염두에 두도록 합니다. 세번째 원리는 예수님께서 진술하신 것인데, 그들의 작은 규례와 규칙이 어떠하다 할지라도, 안식일의 주인은 그들이 아니라 주님 자신이라는 것입니다. 그는 안식일을 세우신 분입니다. 그는 하나님이셨읍니다. 바로 주님께서는 그렇게 주장하셨읍니다. 그래서 경우에 따라서는 주님께서 그 안식일을 바꾸실 수도 있었고, 중지하실 수도 있었고, 옮기실 수도 있었읍니다. 같은 방식으로 오늘날 예수님께서는 주님이 여러분의 안식일, 여러분의 관습, 여러분의 능력, 여러분의 삶, 여러분의 취향, 여러분의 수완, 여러분의 삶의 주인이라고 외치십니다. 우리는 바리새인들이 직면해야 했던 이른바 인간 본성에 대한 동일한 사실을 대면하게 되었읍니다. 곧, 예수께서 여러분의 삶 속에서 자기의 주권을 나타내시도록 허락하는 것보다, 인간 신용장을 수집하여 쌓아놓으려는 노력이 훨씬 더 좋아보인다는 점입니다. 예수 그리스도의 주되심! 그것이 바로 기독교입니다. 다른 것들은 그저 보편적인 의미에서의 종교에 불과합니다.

위원회

이 시점에서 요한복음에 나타나는 이야기는 매우 어두운 문장으로 끝을 맺습니다. 이야기가 처음에는 불길한 징조로 시작되었읍니다 - "이 날은 안식일이니" - 그러나 무언가 심상치 않던 하늘이 이제 구름으로 캄캄하게 덮인 나머지 살인자들까지 보여주고 있읍니다. 우리는 이러한 말씀을 듣습니다. "그러므로 안식일에 이러한 일을 행하신다 하여 유대인들이 예수를 핍박하게 된지라"(16절).

이것은 무슨 뜻입니까? 예수님 때의 유대인들은 조직화된 종교가 흔히 하는 일을 했다는 뜻입니다. 그들은 한 위원회를 만들었읍니다. 그 위원회의 목적은 예수를 책잡을 길을 발견하는 데 있었읍니다. 우리는 그것을 사형(私刑)(여기서 말하는 사형은 죽인다는 의미의 사형이 아니라 사적인 형벌이라는 말) 위원회로 부를 만합니다. 물론 문을 닫고 그 위원회를 열었기 때문에 거기서 오간 말이 무엇인지는 정확히 알 수 없읍니다. 그러나 뒤에 일어난 일을 가지고 비추어보면 어떤 말이 오갔는가를 알아차릴 수 있읍니다. 랍비들 가운데 한 사람이 이렇게 말했을 것입니다. "세금 문제를 그에게 내보자. 로마 정부에 세금을 내는 것이 옳다고 생각하느냐고 물어보자. 만일 그렇다고 대답한다면, 우리는 그를 다 비웃을 수 있을 것이다. 왜냐하면 '로마 정부에 항복하라고 말하는 이 사람이 도대체 무슨 메시야냐?' 라고 말할 수 있을 것이다. 만일 그가 세금을 바치지 말라고 한다면 그때도 우리는 기회를 얻을 것이다. 왜냐하면 로마 사람들에게 가서 '여기에 당신네들을 향하여 반란을 일으키는 사람이 있소'라고 말하면 되기 때문이다." 그들은 예수님께 그러한 질문을 던졌습니다. 그러나 예수님께서는 "가이사의 것은 가이사에게, 하나님의 것은 하나님에게 바치라"(마 22 : 21)고 대답하심으로써 그들의 논리를 격파하셨습니다.

바리새인들은 다시 돌아가 회의를 열었읍니다. 그때 어떤 다른 사람이 이렇게 말했을 것입니다. "도덕적인 문제를 가지고 예수한테 가자, 간음하는 한 여인을 찾아내어 예수께로 끌고가자, 그런 다음에 '이 일에 대해서 너는 어떻게 하겠느냐?' 라고 물어보자, 만일 그가 '그녀를 놓아주라'고 말한다면 율법을 무시하는 자라고 송사하면 될 것이다. 왜냐하면 음행하는 자마다 돌로 쳐 죽이라고 모세가 말하였으니 말이다. 그러나 그가 만일 '모세가 죽이라고 하였으니 죽여라'고 말한다면, 그 얼굴을 쳐다보면서 '수고하고 무거운 짐진 자들아 다 내게로 오라 내가 너희를 쉬게 하리라'고 말했던 자의 그 뻔뻔스러운 얼굴을 보며 비웃을 수 있을 것이다."

어떤 주석가는 이렇게 묻습니다. "이 모든 악독함이 어째서 나온 것인가? 온유하고 겸손하신 예수님을 죽이려는 마음이 어떻게 해서 일어난 것인가? 하나님을 없애려는 이 살인적인 수작이 어떻게 해서 나오게 되었는가? 대답은 여기 안식일 문제에서 나온다. 그들은 법칙을 원했지 하나님의 은혜를 원치 않았다. 그들은 인간 공로를 원했지 신적 용서의 단순성을 원하지 않았다. 그들은 자신들을 위하여 무언가를 하고싶었다. 그들은 그것을 철저하게 이루어 나갔다. 그들은 어느 날을 지키는 걸 거룩한 것으로 생각하면서도, 그들의 마음은 정욕 가운데 잠겨 있었으며 그들의 생각은 탐욕을 잉태하고 있었다. 그들의 악독은 탐욕의 수준에까지 부풀어오를 수 있었다. 그러나 그들은 안식일을 외투로 삼아 입고 있었을 것이다. 한 날을 지키는 것이 그들의 악독을 숨겨주는 마스크였을 것이다."

　바리새인들과 서기관들은 자기 자신들이 궁리해낸 이 꿈의 도성을 예수가 파괴하는 것을 알았습니다. 그들은 그 도성이 넘어지는 걸 보았습니다. 그래서 그들은 예수님을 해치울 방도를 강구했습니다. 물론 어떤 의미에서 그들은 성공했습니다. 적어도 그들은 예수님을 죽음으로 내몰았고, 죽였습니다. 그러나 예수님께서는 죽은 자 가운데서 살아나셨습니다. 그리고 ─ 이는 얼마나 아이러니칼하고 의미심장한가를 생각하십시요 ─ 주님께서 살아나신 날은, 그들의 쓸모 없는 죽음의 안식일이 아니라, 기쁨에 찬 그리스도인의 축제의 새 날이 될 주간의 첫날이었습니다.

4

안식일의 역사

(요 5 : 10~16)

지금까지 제가 예수 그리스도의 때에 유대인들이 안식일을 왜곡시켰다는 것에 관하여 지금까지 말씀드린 모든 것을 다 인정하면서도, 기독교 예배를 위해서는 주간의 첫날보다는 제칠일이 마땅하다고 여전히 고집을 부릴 경건한 그리스도인들이 많이 있습니다. 거의 모든 교단들은 이 주일 교리를 가르칩니다. 이 교리에 속하여 이 가르침을 믿는 사람들 외에도, 주일을 지키면서도 때때로 그 혼란을 겪고 그 이유를 몰라 의아해하는 사람들이 틀림없이 있습니다.

이 문제를 연구하는 것은 상당히 광범한 시야를 요청할 것입니다. 어떤 사람들에게는 이것이 너무 복잡하고 세밀해보일 수도 있습니다. 그러나 이러한 주제들을 연구하면 하나님께서 유대 백성들을 다루신 독특한 처사를 이해하고 기독교 주일에 하나님께서 특별하게 주신 성격을 깨닫는 데 있어서 대단한 유익을 얻게 될 것이라고 저는 믿습니다.

모세 이전에는 안식일이 없었음

성경이나 세속적인 어떠한 저작을 다 동원한다 할찌라도 안식일을 가장 먼저 언급한 것은 창세기입니다. 아담이 타락 전에 이미 그 안식일이 언급됩니다. "하나님의 지으시던 일이 일곱째 날이 이를 때에 마치니 그 지으시던 일이 다하므로 일곱째 날에 안식하시니라 하나님이 일곱째 날을 복 주사 거룩하게 하셨으니 이는 하나님이 그 창조하시며 만드시던 모든 일을 마치고 이 날에 안식하셨음이더라"(창 2 : 2, 3). 분명히 말해서 이 구절은 제칠일에 예배해야한다고 믿는 사람들에게 호소력을 가집니다. 저도 솔직이 말씀드려 이 구절이 그들의 논증에 가능한 뒷받침을 주고 있는 귀절이라는 걸 인정합니다. 확실히 말씀드려서 성경에 또 다른 안식일 언급이 없고 사람들이 다 함께 지켰음이 발견된다면, 그것은 안식일을 어떻게 지킬까에 대한 합당한 이유를 제공할 것이고, 안식일 준수를 위한 기초가 될 것입니다. 제칠일 안식일을 주장하는 사람들은, 이 기초가 존재한다는 가정 아래서, 하나님께서 에덴 동산에서 안식일을 따로 떼어놓아 인류의 모든 성원에게 다 해당되는 한 법을 확증시킨 셈이라고 주장합니다.

그러나 문제는, 창세기 2 : 2, 3이 정확하게 그것을 말하고 있지 않다는 데 있습니다. 더구나 일반 문헌이나 성경에 나타나는 증거는 모두 다 그와는 정반대의 사실을 충분히 증거하고 있습니다. 창세기 2 : 2, 3이 말하는 바는, 하나님께서 제칠일에 창조의 사역을 마치고 쉬셨기 때문에 그날을 축복하셨다는 것입니다. 그러나 하나님께서 그 날을 거룩하게 구별하셨다는 말은 없습니다. 그 말이 뒤에 나타날만도 합니다만 그 말이 없습니다. 또한 모세 이전에 어느 사람이 실제로 그 안식일을 지켰다는 기록이 창세기나 다른 어느 책에도 없습니다. 모세 이전에도 유대 사람들이 희생제를 드리고, 기도를 드리고 할례를 받았다는 증거는 있습니다. 그러나 안식일을 지켰다는 증거는 없습니다. 그밖에도, 이스라엘 외에 다른 어떤 나라가 어떤 때에든지 안식일을 지켰다는 증거가 전혀 없습니다 ─모세 이전이나, 모세 이후의 세계에서 그 안식일을 지켰다는 증거가 없다는 말입니다.

물론 이 논증은 침묵하는 부분 때문에 제한을 받습니다. 언제나 논증이란 침묵하는 부분 때문에 제한을 받기 마련입니다. 그러나 욥기의 42개장의 전지면에 나타난 전체 쟁론은 인간이 하나님을 향해서 마땅히 이행해야 할 많은 상세한 일들을 다루면서도 안식일 문제는 전혀 언급하지않는다는 사실을 간과할 수 없습니다. 욥은 출애굽 이전 수백여년 전의 시기에 해당합니다. 그것은 이 시기에 안식일이 어떤 의미를 가졌는지 이해하는 데 부가적인 빛을 던져 줍니다.

유대인들만을 위한 것

안식일주의자들이 자기들의 주장을 뒷받침하기 위해서 인류 역사 초기로부터 본문을 인용한다는 걸 살펴보았으니, 우리는 안식일이 "언제" 제정되었으며, 누구를 위하여 제정되었는지를 말하는 대목으로 시선을 옮겨야 합니다.

느헤미야는 바벨론 포로에서 예루살렘으로 돌아온 유대인들 가운데 일어난 큰 부흥 역사에 쓰여진 도구였습니다. 이 부흥과 관련하여 느헤미야는 특별한 예배의 섬김과 재헌신을 촉구하는데 주도적인 역할을 하였습니다. 이 예배에서 제사장들은 백성들을 인도하고 하나님께 찬미를 드리게 하였습니다. 그들은 하나님과 이스라엘의 관계를 이렇게 말했읍니다.

"또 시내산에 강림하시고 하늘에서부터 저희가 말씀하사 정직한 규례와 진정한 율법과 선한 율례와 계명을 저희에게 주시고 거룩한 안식일을 저희에게 알리시며 주의 종 모세로 계명과 율례와 율법을 저희에게 명하시고"(느 9 : 13, 14). 여기에서 보면 안식일이 정착된 것은 시내산에서 율법을 주신 일과 연관이 되어 있읍니다. 그러니 안식일 자체는 그때 이전에는 알려지지도 않았고 지켜지지도 않았다는 뜻이 됩니다.

우리가 두번째로 알아볼 대목은 출애굽기에 나옵니다. 그 대목은 안식일에 관한 율법이 처음 이스라엘 사람들에게 알려진 때가 언제인지를 알게 합니다. 출애굽기는 이렇게 말합니다. "여호와께서 모세에게 일러 가라사대 너는 이스라엘 자손에게 고하여 이르기를 너희는 나의 안식일을 지키라 이는 나와 너희 사이에 너희 대대의 표징이니 나는 너희를 거룩하게 하는 여호와인줄 너희로 알게 함이라 너희는 안식일을 지킬찌니 이는 너희에게 성일이 됨이라 무릇 그 날을 더럽히는 자는 죽일찌며 무릇 그 날에 일하는 자는 그 백성 중에서 그 생명이 끊어지리라 엿새 동안은 일할 것이나 제 칠일은 큰 안식일이니 여호와께 거룩한 것이라 무릇 안식일에 일하는 자를 반드시 죽일찌니라 이같이 이스라엘 자손이 안식일을 지켜서 그것으로 대대로 영원한 언약을 삼을 것이니 이는 나와 이스라엘 자손 사이에 영원한 표징이며 나 여호와가 엿새 동안에 천지를 창조하고 제칠일에 쉬어 평안하였음이니라 하라"(출 31: 12~17).

이 말씀 속에서 안식일은 하나님과 이스라엘 사이의 표징으로 묘사되어 있읍니다. 안식일이 하나님과 이스라엘 사람 사이의 표징이라는 것이 중요한 사실입니다. 왜냐하면 그 말이 두번이나 되풀이되고 있기 때문입니다. 더구나, 이름으로나 제2인칭 대명사로서 이스라엘을 아홉번이나 직접 부르고 있기 때문입니다. 맹목적인 선입견이 아니면 이 말씀을 이스라엘 외의 다른 나라에 적용시키는 것이 거의 불가능합니다. 또한 그러한 맹목적인 선입견이 아니면, 안식일이 율법의 일부이며, 그럼으로써 이스라엘 나라와 다른 나라들을 구별하기 위해서 주어졌다는 사실을 놓치기란 정말 어렵습니다.

세번째 우리가 알아볼 대목도 역시 같은 요점을 드러냅니다. 하나님께서는 에스겔서에 유다 백성들을 특별하게 다루신 일을 말하고 있읍니다. "그러므로 내가 그들로 애굽 땅에서 나와서 광야에 이르게 하고 사람이 준행하면 그로 인하여 삶을 얻을 내 율례를 주며 내 규례를 알게 하였고 또 나는 그들을 거룩하게 하는 여호와인줄 알게 하려 하여 내가 내 안식일을 주어 그들과 나 사이에 표징을 삼았었노라"(겔 20: 10~12). 다시 한번 이 본문 말씀은, 하나님께서 안식일을 알려주신 것은 시내산이었으며 그 안식일은 이스라엘을 위한 표징으로만 주어졌다는 사실을 재확인합니다.

우리는 이 시점에서 안식일이 팔레스타인이라는 좁은 지리적 경내에 살고 있는 이스라엘 사람들에게만 해당되었다는 뜻이 성립되며, 그렇게 밖에는 이해할 수 없다고 부연하겠습니다. 어째서 그러합니까? 세계 각 지역마다 시간대가 다르기 때문에 안식일은 다 서로 다른 시간에 시작될 것임에 틀림 없기 때문입니다. 그래서 땅 위에 있는 모든 사람들이 안식일주의자들의 이론이 주장하는 것처럼 동시에 안식일을 지키는게 불가능합니다.

안식일을 지키는 율법을 이스라엘 사람들에게만 특별히 주셨다는 데 대한 궁극적이고 가장 결정적인 증거가 있습니다. 하나님께서 안식일에 관한 특별 계시를 이스라엘에게 주시기 전에는 이스라엘 사람들마저 그 안식일을 지키지 않았다는 흥미로운 사실 속에서 발견된다고 할 수 있습니다. 이에 대한 증거는, 하나님께서 시내산에 이르는 길목에서 만나를 거두는 문제에 관한 교훈을 방편으로 안식일에 관하여 어떠한 규례를 주실 것인지 전조로 알려 주셨다는 사실 속에서 드러납니다. 그때는 이스라엘 사람들이 애굽을 떠난 뒤 두달 열 닷새만 이었고, 백성들은 그 당시 주려 있었습니다. 그들은 모세에게 불평했읍니다. 하나님께서는 후에 만나로 일컬어지는 떡을 하늘로부터 보내주시겠다고 모세에게 알려주셨읍니다. 이스라엘 사람들은 6일 동안 매일 그 만나를 받게 될 판이었읍니다. 그러나 6일에는 두배나 거두게 되었읍니다. 다음 날, 제칠일에는 만나를 주시지 않을 것이기 때문입니다. 백성들은 그대로 했읍니다. 그러나 어째서 제칠일에 그것을 하나도 얻지 못하는가 그 이유를 정확히 알지 못했읍니다. 그러므로 제육일에 만나를 두배나 거둔 것을 본 모세는 다음과 같이 상세하게 설명해 주었읍니다. "여호와께서 이같이 말씀하셨느니라 내일은 휴일이니 여호와께 거룩한 안식일이라 너희가 구울 것은 굽고 삶을 것은 삶고 그 나머지는 다 너희를 위하여 아침까지 간수하라…… 볼찌어다 여호와가 너희에게 안식일을 줌으로 제육일에는 이틀 양식을 너희에게 주는 것이니 너희는 각기 처소에 있고 제칠일에는 아무도 그 처소에서 나오지 말찌니라." 그런 다음에 "그러므로 백성이 제칠일에 안식하니라"라는 말씀을 읽게 됩니다(출 16 : 23, 29, 30).

이 모든 것의 요점은, 제가 방금 요약해드린 사건들이 8일 동안에 일어난 일이라는 데 있읍니다. 여기서 말씀드리는 그 8일간의 마지막날은 역사상 최초로 안식일을 지킨 날이었읍니다. 만일 어떤 분이 첫날도 안식일이었다고 주장하신다면, 출애굽기 16장을 자세히 살펴 보십시오. 그러면 그렇지 않다는 걸 알게 될 것입니다. 왜냐하면 1절에 따르면 그날에 사람들이 엘림에서 신광야까지 12마일의 거리를 걸어갔기 때문입니다. 분명히 이 일은, 일주 후에 사람들에게 주어질 휴식의 안식일과는 거리가 멀었읍니다.

안식일 문제에 대하여 "은혜"(Grace)라는 책을 쓴 루이스 스페리 췌이퍼(Lewis Sperry Chafer)가 지혜롭게 지적한 사실을 여기서 주목해보는건 가치 있는 일입니다. 이스라엘 내에서마저 안식일을 주간의 제칠일에 항상 지켰던 것은 아닙니다. 유대 사람들의 달력 때문에 어떤 유의 일이 언제나 진행되어야해서 토요일에도 일을 해야 할 경우가 있었읍니다. 그는 이렇게 말합니다. "안식은 일곱이 차례로 이어져 있는 경우, 날이나 넌이나 상관없이 일곱번째에 해당한다. 그러나 필요한 예외도 있었다. 불가피하게 토요일뿐 아니라 주간의 다른 날에 안식해야할 경우도 있었다. 적어도 열 다섯번의 경우에는 그 달의 '정해진' 날짜에 안식하였다. 이러한 안식은 그날이 주간의 몇째 날이냐에 상관없이 정해진 그 날짜에 시행되었다……. 다시, 어떤 일을 해야하는 날도 날짜로 고정되어 있었다. 어린 양은 제일월 십일에 잡아죽여 불로 살라야했고, 그 달의 십 사일에 먹어야했다. 그와같이 마법월 십 육일은 어찌하였든 안식할 수 없었다. 왜냐하면 그날은 추수를 시작하는 날로 정해져 있었기 때문이다(신 16 : 9; 레 23 : 15참조). 이러한 모든 노동은 안식일 율법을 정면으로 어기는 일이 되었을 것이다. 그런데도 불구하고 어떤 미리 정해진 날짜에 이러한 의식들을 치르도록 되어 있었다. 그래서 때때로 이러한 의식들과 미리 정해진 안식일 사이에 갈등이 불가피하게 되었었다."

우리는 안식일이 이스라엘 사람들만을 위한 것이었다는 결론을 내립니다. 그리고 출애굽을 지나서 시내산에서 율법을 주시기 전까지는 안식일제도가 정해지지도 않았었고 지켜진 적도 없었으며, 이스라엘 내에서조차 안식일을 언제나 주간의 제칠일에 지킨 것도 아니라는 결론을 내립니다. 이스라엘 내에서마저 반드시 칠일마다 안식일이 지켜진 것이 아니듯이, 하나님께서는 제칠일에 관심을 가지고 계셨던 것이 아닙니다. 왜냐하면 이스라엘이 율법 아래 있었고 안식일이 하나님이 정하신 규례였음에도 불구하고 마음이 하나님을 떠나 있으면, 규칙적으로 하나님을 예배하는 것이 쓸모가 없었기 때문입니다. 지금도 마찬가지입니다.

안식일의 목적

끝으로, 그리스도의 복음이 임하므로 안식일을 지키는 문제가 얼마나 철저하고 전격적으로 바뀌었는지를 보여주고 싶습니다. 어떤 분들은 예수께서 친히 안식일을 지켰노라고 반론을 제기하기도 하였습니다. 그것은 사실입니다. 그러나 예수님께서 안식일을 지키셨으니 토요일을 지켜야한다고 고집하려는 것은 예수님의 죽음으로 율법이 은혜에게 왕노릇의 자리를 내주었다는 사실을 인식하지 못한 데서 오는 것입니다. 예수님께서 유대인으로 나셔서 "율법 아래" 나셨읍니다. 이 지상에 계실 동안 그는 안식일을 지키셨읍니다. 물론 바리새인들과 서기관들이 지시한 방식대로가 아니라 하나님께서 정하신 방식대로 지키셨읍니다. 그는 유대인이셨읍니다. 그럼에도 불구하고 그가 죽으실 때 하나님의 백성들을 얽매고 있던 한 체계로서의 율법은 폐해졌읍니다. 바울은, 하나님께서 그리스도의 죽음으로 말미암아 "우리를 거느리고 우리를 대적하는 의문에 쓴 증서를 도말하시고 제하여 버리사 십자가에 못박으셨다"(골 2 : 14)고 선언합니다.

여러분은 사도행전에서 "안식일"이 아홉번 밖에 발견되지 아니하며, 그 안식일이 그리스도인들에게 지키졌다고 말하는 경우가 한번도 없음을 아십니까? 제 1장은 "안식일에 가기 알맞은 길이라"(12절)는 어구를 통해서 안식일을 언급합니다. 13장에서는 안식일이란 말이 네번 나오는데, 바울이 자기의 복음전도 사명을 위해서 그 안식일

을 이용하여 회당안에 들어가 거기에 모인 유대인들에게 전파한 모습
을 묘사하는 말씀 속에서 나타납니다(14, 27, 42, 44절). 그 다음
장들도 역시 유사한 경우를 나타냅니다(15 : 21 ; 16 : 13 ; 17 : 2 ; 18
: 4). 하나님의 백성들이 제칠일에 모였다거나 제칠일을 어떤 특별한
주의와 관심을 가지고 지켰다는 걸 암시하는 대목은 하나도 없읍니
다.

끝으로, 서신들에서는 주 예수 그리스도를 믿는 신자들이 그러한
모든 규례에서 자유케 되었다고 노골적으로 말하고 있읍니다. 바울은
"그러므로 먹고 마시는 것과 절기나 월삭이나 안식일을 인하여 누구
든지 너희를 폄론하지 못하게 하라 이것들은 장래 일의 그림자이나
몸은 그리스도의 것이니라"(골 2 : 16, 17)고 말합니다. 다시 갈라디
아 사람들에게는 이렇게 쓰고 있읍니다. "이제는 너희가 하나님을 알
뿐더러 하나님의 아신바 되었거늘 어찌하여 다시 약하고 천한 초등학
문으로 돌아가서 다시 저희에게 종노릇하려하느냐 너희가 날과 달과
절기와 해를 삼가 지키니 내가 너희를 위하여 수고한 것이 헛될까 두
려워하노라"(갈 4 : 9～11).

그것은 췌이퍼가 다음과 같이 말한 것과 같습니다. "신자들이 은혜
아래서 마땅히 행할 것을 가르치는 이 모든 서신들에서 '안식일'이
란 말이 규례를 절대로 지켜서는 안된다는 경우에서만 사용된다는 것
은 의미심장하다. 그리고 그런 경우에 안식일을 지키는 것이 은혜의
가장 사활적이고 위압적인 요소들과 상충되는 것으로 말하고 있다는
것은 의미심장하다."

하나님의 은혜

우리는 이 시점에서 멈출 필요가 있읍니다. 다음 강론에서 우리는
보다 더 자유롭고 훨씬 더 적극적인 방식으로 어째서 기독교 예배가
토요일이 아닌 주일에 열려지는지, 이 날이 그리스도인들에게 어떤
관련이 있는지를 논의해 보고자합니다. 그러나 그러기 전에 먼저 하
나님께서 안식일을 지킬 것을 여전히 요구하신다고 주장하는 사람들

을 향해서 한 가지 말씀드릴 것이 있읍니다. 성경에 우리가 날들에 매여서는 안된다고 하는 말씀이 있다는건 사실입니다. 그러나 우리가 그렇게 날들에 매이고 있는 자들을 판단하지도 말라고 성경은 말하고 있는게 사실입니다. 그래서 바울은 로마서에서, 날들에 매여 있는 것이 나쁘기는 하지만 아직 연약한 그리스도인이 하나님의 영광을 위해서 자기 관점대로 날들을 지키는건 가능하다고 말하고 있읍니다 (롬 14 : 5, 6). 우리가 그러한 문제들로 그리스도인 형제들을 대할 때 큰 사랑을 가지고 대해야합니다.

동시에 우리는 조금도 교만한 생각 없이 우리의 지식으로부터 유익을 얻어낼 수 있읍니다. 또한 그럼으로써 우리를 날짜에 얽매이게 하는 율법주의를 무서운줄 알고 피할 수 있읍니다. 어떤 저자 (D. G. Barnhouse)는 이렇게 썼읍니다. "우리가 그렇게 자유로우니 주께서는 월요일이나 화요일이나 수요일이나 목요일이나 금요일이나 토요일이나 주일이나, 어느 날 어느 주간 어느 달 어느 해이든지 다 소유하고 계실 것이다. 왜냐하면 주께서 우리를 사셨고 순전한 은혜 속에 있는 우리 마음을 소유하시기 때문이다."

5

부활의 날

(요 5 : 10 ~ 16)

필라델피아의 제십장로교회에 있는 내 서재에는 "미국 일력표"라는 책 한 권이 있습니다. 그 책은 미국의 공휴일, 축제일, 기념일 등의 정보를 매일의 묵상록처럼 적어놓은 것입니다. 여러 기념일과, 매년의 공휴일들을 다 수록해 놓았읍니다. 그 책을 읽는 사람마다 그 날이 어떤 날이든지간에 어떤 사람인지는 몰라도 그날이 중요할 사람이 있다는 걸 주목 하지 않을 수 없읍니다. 우리에게는 다 특별한 날들이 있읍니다. —생일, 어떤 일을 시작한 날, 결혼일, 승진일, 심지어 어떤 특별한 친구의 추도일 등이 있읍니다.

이 강론에서는 그러한 모든 특별한 날들 중에서 가장 중요한 날을 다루고 싶습니다. 그날은 큰 날입니다. 그날에 있어서 가장 좋은 점은 그날이 매년 한번만 돌아오지 않는다는 것입니다. 주간마다 돌아옵니다. 그날은 주일입니다. 그날이 중요한 것은 주간마다 주 예수그리스도의 부활을 기억하는 날이기 때문입니다. 또한 앞으로 자기도 부활할 것을 믿는 사람들에겐, 그 날이 주 예수 그리스도와 아버지와 주 예수 그리스도를 믿는 사람들 사이의 새로운 관계를 표증해 주는 날이기 때문입니다.

새 날

저는 주일이 새롭고 기쁜 날이라고 지적하렵니다. 왜냐하면 기독교 회 내에는 주일을 무언가 침울하고 심각한 것으로 바꾸려는 사람들 이 있기 때문입니다. 주님은 그런 날이 되도록 의도하신 적이 없습니 다. 그러한 사람들은 주일을 유대 안식일을 기독교적으로 그대로 옮 겨놓은 것이라고 이해합니다. 어떤 경우들에서는 심지어 주일의 "축 연"을 모두 버리고 대신 토요일을 "지키는" 데까지 나아가기도 합니 다. 그러나 신약에 따르면 그렇게 하는 것은 은혜에서 율법 아래로 떨어지는 것을 뜻합니다. 다시 말하면 "날과 달과 절기와 해"를 지 키는 문제로 노예가 되는 것을 뜻합니다(갈 4 : 10).

저는 이 문제에 관해서 언급하면서 발견한 것이 있습니다. 하나님 께서 유대인의 안식일을 무한정하게까지 연장시켜 지키게하려 하시지 는 않았다는 걸 인식하면, 토요일예배와 주일예배 사이의 차이를 이 해하는 데 많은 사람들이 도움을 받는 것을 보았습니다. 사실, 구약 의 중심에 위치한 시편에서는 안식일 규례가 끝나고 전적으로 다른 기독교 축연에 자리를 내줄 때가 오리라는 예언이 있습니다. 시편118 편에서 우리는 이러한 말씀을 읽습니다. "건축자의 버린 돌이 집 모 퉁이의 머리돌이 되었나니 이는 여호와의 행하신 것이요 우리 눈에 기이한 바로다. 이 날은 여호와의 정하신 것이라 이 날에 우리가 즐 거워하고 기뻐하리라"(22~24절).

성경 자체는 "건축자의 버린 돌"이라는 상징적인 표현을 설명하는 것이 없습니다. 그러나 유대 전통에는 있습니다. 솔로몬이 성전을 지 을 때 성전을 위해서 쓰여진 모든 돌들은 네모 반듯하게 잘라져, 성 전 터에 옮겨졌습니다. 그래서 징으로 쪼는 소리가 나지 않고도 그 터에 돌들을 쌓아 놓을 수 있었습니다. 이러한 목적을 이루기 위해서 는 돌을 자를 때 아주 주의해야 했습니다. 그리고 건축자는 아주 세 밀한 계획을 세워야 했습니다. 어느 날 보니 그 건물짓기에 마땅치 않아보이는 돌이 그 건축장에 당도했읍니다. 건축자들은 그것을 옆으로 제쳐놓습니다. 그리고 그 돌은 금방 버려졌읍니다. 얼마 뒤에 건축자들은 특별한 돌, 머릿돌이 필요한 부위를 바라보게 되었읍니다. 그들은 석수들에게 부탁하여 그러한 돌을 잘라달라고 주문하게 됩니다. 그러나 그들이 요구했던 돌이 이미 건축장에 보내졌다는 말을 듣습니다. 잠시 후 오래되고 버려진 돌이 발견되었읍니다. 이것은 좋은 돌인데 잊어버렸던 것입니다. 그래서 "건축자들의 버린 돌이 모퉁이의 머릿돌이 되었다"는 속담(잠언)이 언어생활 속에 들어오게 되었읍니다.

118편에 이 속담(잠언)이 인용되어 있으나 이 경우에는 예언적인 의미에서 버려졌다는 뜻으로 인용됩니다. 이 잠언이 하나의 상징적인 표현으로써 사용되어 그리스도의 죽으심과 부활을 미리 그려주었읍니다. 예수님께서는 이스라엘 지도자들이 버린 돌이었읍니다. 그러나 그는 인류를 처리하시는 하나님의 의로운 처사에 있어서 머리돌이 되었읍니다. 그 돌을 다시 찾는 날이 부활의 날입니다. 그래서 이 부활의 날은 주께서 만드신 새 날이요, 그날에 주님을 구주로 아는 모든 사람들이 즐거워할 것입니다.

시편 118 : 22~24를 그렇게 해석해야만 바르다는 걸 우리는 압니다. 왜냐하면 사도 베드로가 주님께서 부활하신 뒤 예루살렘의 산헤드린 공회 앞에서 말할 때 시편118편 22~24절을 그렇게 해석하였기 때문입니다. "이 예수는 너희 건축자들의 버린 돌로써 집 모퉁이의 머릿돌이 되었느니라 다른 이로서는 구원을 얻을 수 없나니 천하 인간에 구원을 얻을만한 다른 이름을 우리에게 주신 일이 없음이니라"(행 4 : 11, 12).

결론인즉, 기독교의 주일, 주의 날은 유대의 안식일과 아무 상관도 없다는 것입니다. 우리가 주일에 기뻐하고 즐거워하는 것은 하나님께서 이스라엘에게 주신 제칠일의 규례를 단번에 다 파하셨기 때문입니다. 주일에 하나님께서 주예수 그리스도를 죽은 자 가운데서 일으키심으로써 새롭고 기이한 일을 바로 그날에 하셨기 때문입니다.

열한 건의 중요한 사건

신약성경에 기록된 중요한 종교적 의미를 가진 이른바 부활을 기점으로 하여 일어난 사건마다 주간의 첫날인 주일에 일어났다는 것을 여러분은 아시고 계신지 모르겠읍니다. 췌이퍼는 그의 책 "은혜"라는 책에서 그점을 지적하였읍니다. 그 열한 가지 사건이란 이러합니다.

1. 이 열한 가지 사건 중에서 제일되고 가장 중요한 사건은. 주간의 첫날에 '예수 그리스도께서 죽은 자 가운데서 살아나셨다'는 것입니다. 이 큰 날이 모든 복음서에 다 언급되었는데, 신약성경의 마지막 부분에 그것이 부단히 언급되었읍니다.

저는 그리스도의 부활에 관해서 말씀드리면서 지적할 것이 있읍니다. 초대교회 그리스도인들이 흔히 유대인의 안식일을 지키는 것보다 주간의 첫날에 모였다는 그 사실 자체는 부활이 일어났다는 위대한 증거들 중 하나가 된다는 것입니다. 비록 초대교회 신자들 대부분이 유대인들이었고 토요일에 예배하는 오랜 습관에 젖어 있었지만 다른 날을 그리스도인 모임의 날로 정했다는 건 주목할만한 사실입니다. 오직 역사적인 예수 그리스도의 부활사건만이 그 사실에 대한 이유를 설명할 수 있읍니다. 그것은 부활의 위대한 증거들 중 하나입니다. 반면에, 주일에 부활하셨다는 사실은 우리가 살고 있는 세대의 새로운 성격을 증거해 줍니다. 그래서 우리는 모세의 율법의 원리를 따라서 삶을 살지 아니하고 그리스도의 부활의 생명을 기초하여 삶을 영위해 나갑니다.

췌이퍼는 이렇게 씁니다. "그리스도께서 죽은 자 가운데서 부활하실 때 기독교는 탄생했고, 새 세계가 존재케 된 것이다. 신자에겐 옛 것이란 하나도 없다. 그는 부활을 근거로 해서 서 있다. 그는 새로운 피조물로 새 창조에 속해 있을 뿐이다. 하나님께서는 그리스도 안에서 이루신 모든 일에 신실하시다. 하나님께서는 당신의 말씀을 따라서 새로운 피조물에 속한 자녀를 옛 질서세계로 되돌아가게하여 무한하고 풍성한 은혜로 구하여낸 바로 그 타락한 세계 속으로 다시 돌아가게 하지 않을 것이다. 만일 은혜의 자녀가 계속해서 안식일을 지킴으로 옛 것과 연관을 맺기를 고집한다면, 그것은 말씀과 하나님의 뜻을 아는 지식이 모자람을 증거하는 것이다. 그것은 은혜로부터 떨어지는 것을 의미한다."

2. 주 예수 그리스도께서 지상생애를 마치시고 "처음으로 하늘에 들어가신" 날도 주간의 첫날이었습니다. 우리는 요한복음 20 : 17에서 이에 대한 기록을 발견합니다. 예수님께서는 막달라 마리아에게 이렇게 말씀하십니다. "너는 내 형제들에게 가서 이르되 내가 내 아버지 곧 너희 아버지, 내 하나님 곧 너희 하나님께로 올라간다하라."

예수님께서 부활하시던 날 아침으로부터 거의 7주간 뒤에 하늘로 최종적으로 승천하시기까지의 40일 동안 어디에 계셨습니까? 바위나 나무 뒤에 숨었다가 제자들에게 나타나신 것으로 기록된 몇 순간에 갑자기 모습을 드러내시기 위해서 시골 구석에서 은둔해 계신 것으로 생각해서는 안됩니다. 그 기간동안 예수님께서는 땅과 하늘 사이를 자유롭게 왕래하셨습니다. 첫번째 경우는 바로 그 부활을 하시던 아침이었습니다. 여러분은 주께서 마리아에게 "나를 만지지 말라 내가 아직 아버지께로 올라가지 못하였노라"고 말씀하신 것을 기억하십니까? 그러나 금방 뒤이어서 다른 여자들에게는 주님을 만지는 것이 허락되었고, 그날 저녁 제자들은 주님을 만져보라는 요청을 받았습니다(마 28 : 9 ; 눅 24 : 39). 언뜻 보면 서로 모순되어 보입니다. 그러나 제가 볼 때 옳게 여겨지는 해답은 예수님께서 바로 그 두 사건 사이에 아버지께로 올라가셨다는 절입니다. 그것은 추수하기 전에 여호와께 가져와보인 곡식단에 대한 구약의 예표를 성취한 것이었습니다. 예수께서는 아버지께 올라가 레위기 16장의 성취인 이른바 자기의 속죄 죽음의 가치를 아버지 앞에 보여드려야했습니다(히 9장). 그래서 완성된 속죄에 대한 공표는 부활일의 의미 가운데 일부이기도 합니다.

3. '예수께서 다락방에 모인 제자들에게 처음 나타나셔서 평강을 베푸신' 날도 바로 주간의 첫날이었습니다. 평강은 로마서 15장에서 사도바울이 열거한 칭의의 세 결과 중 하나입니다. 바울은 평강, 하

나님께 나아감, 즐거움을 말합니다. 그리스도께서 이 모든 것을 제자들에게 주셨습니다. 그들은 그때 평안하지를 못했습니다. 그들은 하나님의 임재도 의식하지 못하였습니다. 틀림없이 그런 경우 그들은 즐거워하지 못했습니다. 왜냐하면 그들은 유대인들이 무서워 비밀장소에 함께 모여 있었다는 말씀이 있기 때문입니다. 예수님께서는 그의 임재를 통해서 잃은 사람들의 마음의 상태들을 각각 다 바꾸어놓으셨습니다.

4. '예수 그리스도께서 처음으로 떡을 떼신' 것도 주간의 첫날에 행해진 일이었습니다. 이 일은 두번 일어났는데 한번은 엠마오로 가는 길목에서 주님이 돌려세운 두 제자들의 경우였고, 또 다른 한번은 첫번째 주일이 저물어갈 때 모든 제자들이 모인 다락방에서였습니다. 이 두 경우는 부활하신 후 처음으로 열린 성찬식이었습니다.

5. '예수께서 자기 제자들의 총명을 여시고' 그들로 성경이 그리스도에 관해서 가르친 모든 것을 이해할 수 있도록 하신 날도 바로 주간의 첫날이었습니다.

누가복음의 저 장대한 24장은 바로 그 처음 부활절 날에 집으로 돌아가는 엠마오 제자들에게 나타나셔서 "성경을 열어 풀어주시기" 시작하셨다고 말합니다. 그들이 함께 먹고 있을 때 주께서는 떡을 떼시기 시작했습니다. 그때사 그들은 그가 주님이신 것을 알았습니다. 끝으로, 다락방에서 예수님은 그들의 총명을 여셨습니다. "이에 저희 마음을 열어 성경을 깨닫게하시고 또 이르시되 이같이 그리스도가 고난을 받고 제삼일에 죽은 자 가운데서 살아날 것과 또 그의 이름으로 죄 사함을 얻게하는 회개가 예루살렘으로부터 시작하여 모든 족속에게 전파될 것이 기록되었으니"(눅 24 : 45~47). 우리는 주일에 성경을 읽고 해석할 때 주께서 보이신 방식을 따릅니다.

6. '예수께서 세상을 복음화하라는 임무를 제자들에게 맡기신' 날도 주간의 첫날이었습니다. 요 20 : 21에서 주님은 "아버지께서 나를 보내신 것 같이 나도 너희를 보내노라"고 말씀하셨습니다. 누가복음 24 : 48에서 주님은 "너희는 이 모든 일의 증인이라"고 말씀하셨습니

다. 예수님과 같이 우리도 복음을 가지고 이 세상으로 나가라는 사명을 받았습니다.

7. '예수께서 제자들을 향하여 숨을 내쉬며 성령을 부어주신' 날도 주간의 첫날이었습니다(요 20 : 22).

8. '성령께서 오순절날에 하늘로부터 강림하셔서' 기독교회의 전체 시대를 위한 당신의 사역을 시작하신 날도, 주님이 부활하신 후 일곱 번째 주간을 맞는 첫날이었습니다. 오늘날 우리는 영적인 은사들과 영적인 솜씨와, 바르게함과 책망함과, 성경을 강론하고 가르치는 일을 통해서 나타나는 회심을 바라고 성령을 우러러 봅니다.

9. '성령께서 바울더러 신자들을 모아 그들에게 말씀을 전파하라고 말씀하신' 날도 주간의 첫날이었습니다. 사도행전 20장에 그 이야기가 나오는데, 바울이 드로아에서 선교사역을 감당하고 있던 시기에 있었던 일입니다. 사도행전 20장은 흥미 있는 장입니다. 6절에 보면 바울이 그 도시에서 7일간을 보냈습니다. 곧 주간의 매일마다 하루도 빠지지 않고 거기에 있었다는 말입니다. 제칠일인 토요일이나 첫날인 주일 모두를 다 포함하고 있는 칠일간 거기 있었다는 말입니다. 그러니 두 날 중 어느 한 날을 택해야할 기회가 그에게 주어졌음이 분명합니다. 그런데 우리는 이러한 말씀을 읽게 됩니다. "안식 후 첫날에 우리가 떡을 떼려하여 모였더니 바울이 이튿날 떠나고자하여 저희에게 강론할쌔 말을 밤중까지 계속하매"(7절). 이것은 초대 그리스도인이 규례로 삼았던 정규적인 양식이 무엇이었던가를 지적하는 또 다른 경우입니다.

10. '주간의 첫날은 바울에 의해서 확증됩니다.' 바울은 고린도 그리스도인들을 향하여 그날에 '각 사람이 이를 얻은대로 저축하여두라'고 명하였습니다(고전 16 : 2). 다른 말로 해서 연보를 가지고와 주의 일에 드린 날이 바로 그날이었다는 것입니다.

11. 끝으로, '주 예수 그리스도께서 밧모섬에 있는 사도 요한에게 나타나신' 날도 그 주간의 첫날이었습니다. 주 예수님께서는 그날에 주의 입으신 모든 하늘의 영광을 갖추시고 자신에 관한 큰 계시를 주

셨읍니다. 그 계시는 장차 주께서 어떤 계획을 가지고 계신지를 윤곽
적으로 그려주었읍니다. 또한 교회시대와, 주께서 다시 오신 이후에
존재케 될 교회시대를 위한 계획을 그려주었읍니다.

현재의 양식

이 중요한 열한 가지의 사건들은 유대인의 안식일이 아닌 주의 날
에 다 일어난 것들인데, 오늘날 교회를 위해서 부활하신 그날이 얼마
나 중요한가를 보여줍니다. 그 사건들은 이 날의 중요성을 보여줄 뿐
아니라 이 날이 그리스도인이 예배드리기에 적당한 날임을 지시합니
다. 뿐만 아니라 현재 기독교회가 주일의 축연을 베풀 양식을 보여주
기도 합니다. 이날에 교회에서 행하는 모든 일은 다 이 열한 가지의
큰 사건들을 기초로 삼습니다. 우리들이 함께 모이는 것이나, 성경을
읽고 해석하는 것이나, 하나님의 말씀을 강론하고 가르치는 것이나,
연보를 거두는 것이나, 성찬식을 행하는 것이나, 그 모든 것보다 더
중요한 이른바 우리를 위해서 죽으셨다가 다시 살아나신 분을 기억하
고 예배하는 것등, 이 모든 것들은 다 그 열한 가지의 큰 사건의 기
초를 받고 있읍니다. 우리는 우연이나 혹은 우발적으로 이러한 일들
을 하지 않습니다. 하나님께서 정해주신 양식입니다. 우리는 하나님
께서 주 예수 그리스도 우리 주로 말미암아 우리를 위해서 행하신 일
을 인하여 감사함으로 그러한 본을 따라야 할 것입니다.

끝으로, 우리가 주의 날을 지키는 것은, 우리가 주님과 관계를 맺
음으로 율법 아래 있지 않다는 걸 매주마다 기억하도록하는 하나님
의 큰 날로 여기기 때문입니다. 우리는 은혜 아래 있읍니다. 그리스
도인이 은혜로부터 떨어지면 어떤 일이 일어납니까? 그가 구원을 상
실하는 것은 아닙니다. 그런 의미는 아니겠지요. 은혜로부터 떨어진
다는 것은 율법 아래로 떨어진다는 것을 뜻합니다. 은혜로부터 떨어
진다는 것은 사람이 만든 규례에 얽매이게 된다는 말입니다.

우리는 하나님의 은혜의 충만한 햇빛 속에서 살아갑시다. 하나님의
새로운 피조물에 속한 우리들의 빛은 바로 그것입니다. 우리는 은혜

로 부르심을 받았읍니다. 은혜로 구속함을 받았읍니다. 은혜로 말미
암아 의롭다하심을 받았읍니다. 우리가 거룩하게 되는 것도 은혜로
말미암습니다. 하나님께서는 부단히 은혜로 역사하십니다. 하나님은
우리의 은혜로우신 하나님이십니다.

6

주일을 기리는 방식

(요 5 : 10~16)

그리스도인이 어떻게 주일을 기려야 되겠읍니까? 우리는 지난 세 번의 강론을 통해서 안식일과 주의 날에 대해 연구하며 그 문제에 대해 윤곽적인 제목을 말씀드려왔읍니다. 우리는 이제 그리스도인이 어떻게 주일을 기려야 되는지를 알아보기 위해 충분한 터전을 닦아놓은 셈입니다. 그리스도인이 어떻게 주일을 기려야하겠읍니까? 그 질문에 대한 가장 간단한 답변은 성경에서 그날을 부르는 칭호 자체 속에서 발견됩니다. 곧 그날은 주의 날입니다. 그래서 어떤 방식으로든지 그날은 주 예수 그리스도를 가장 존귀케 하고 영화롭게 하는 데 쓰여져야 합니다.

어떤 주석가는 이렇게 썼읍니다(Gerald R. Cragg). "하나님의 영예를 드러내려는 의식적인 노력은 우리가 그렇게 하기 위해서 취하는 형식보다 더 중요한 것이다. 어떤 사람들은 이런 방법을 쓰고, 또 어떤 사람들은 저런 방법을 쓸 것이다. 그러나 어떤 경우에서든지 문제는 하나님을 향한 우리의 마음가짐이다. 우리가 어떠한 방편을 채용하든지 우리가 진정 순진한 마음을 가지고 있는가를 판단해보려면

감사와 찬미가 어느 정도로 우리의 삶을 특징 짓는 표지가 되고 있는
지를 가늠해 볼 일이다……. 우리가 다 같은 용어로 믿음을 고백하
지 않을 수도 있고, 같은 의식으로 예배를 드리지 않을 수도 있고,
우리가 어떤 같은 동일한 규칙을 따라서 우리 자신을 통제하지 않을
수도 있다. 공통적인 임무에 함께 참여하는 것이 쉽지 않을 수도 있
다. 그러나 시대는 바뀌어도 다른 일들에는 서로 의견을 같이 할 수
없는 사람들이 하나님을 찬미하는 데는 한 목소리로 연합하였다. 우
리들이 사용하는 찬송가 책들은 여전히 그리스도인 연합의 가장 위대
한 교범이다."

   그렇다고 해서 반드시 모든 형태의 예배와 주일을 지키는 모든 형
태의 자세가 동등하게 다 옳고 하나님의 영예를 나타내는 데 동등하
게 유용하다는 소리는 아닙니다. 따라서 약간 더 특별한 방식으로,
그리스도인이 가장 선하고 바르게 주의 날을 기리려면 어떻게 해야하
는가? 하는 질문을 던질 필요가 있습니다. 이 질문에 대한 답변들은
분명히 어떤 규율의 형태나 율법주의와는 거리가 먼 것임에 틀림이
없습니다. 또한 그 답변들은 어떤 개별적인 경우에서라도 그리스도
인은 궁극적으로 하나님만을 위해서 주의 날을 기릴 방식을 채택한다
는 걸 인정해야 합니다.

그리스도인들에게 있어서 오직 유일한 것

   어쨌든 무엇보다 먼저, 그것이 어떠한 방식으로 기려지든지 주님
의 부활하신 그날은 신자들만을 위한 것임을 분명히 해야 합니다. 율
법 아래서 안식일이 이스라엘 나라에만 속했지 이방 나라들에게는 전
혀 속하지 않았던 것과 같이, 주님의 부활하신 새 날도 은혜로 말미
암아 성령으로 거듭난 사람들에게만 속합니다. 그리스도인들이 되지
못한 사람들에게 그날을 지키라고 강요해서는 안됩니다.

   저는 이 말을 하면서, 이 원리가 영어를 말하는 나라들에서 오랫동
안 습관화되었던 태도를 격파하니, 많은 사람들이 그 습관적인 태도
를 옹호하고 싶어할 것이라는 걸 압니다. 그러나 저는, 제 견해로는

그리스도인들이 아닌 사람들에게 주일을 지키라고 강요하는 많은 그리스도인들의 소원이 잘못된 방향으로 나가는 것이고 어떤 경우에서는 아주 해롭다는 것을 할 수 있는 한 겸비하게 말씀드리고 싶습니다. 제 개인적인 관점대로 한다면 미국의 어떤 지역에서 주일 "청색법률"이 있다는 걸 생각할 때 참 기쁩니다. 음주운전사고로 여기 필라델피아 지역에서 일어나는 사고들을 생각할 때 술집이 영구히 문을 닫았으면 좋겠다는 생각이 듭니다. 또 술마시는 데 쓰여지는 돈을 가정이나 자녀 교육을 위해서 쓰여졌으면 얼마나 좋을까라고 생각도 합니다. 그러나, 그것이 그리스도인의 주일과는 아무런 상관이 없는 것입니다. 그리스도인이 아닌 사람들에게 그리스도인의 방식대로 주일을 지키라고 강요하려는 것은 비성경적이고 해롭습니다.

어째서 그렇습니까? 제가 이 강론들에서 자주 인용했던 췌이퍼는 다음과 같이 그 이유를 설명합니다. "구원받지 못한 사람들은 주일과 아무런 관련을 맺고 있지 않다. 그날은 새로운 피조물이 된 사람들에게만 속하니 말이다. 그러므로 구원받지 못한 개인에게 한 종교적인 날을 지키라고 억압하는 것은 극히 잘못된 것이다. 왜냐하면 그런 일로 인해서 은혜의 복음에 대단한 혼돈이 일어나기 때문이다. 하나님께서는 구원받지 못한 사람들더러 그들이 아무 관련도 맺고 있지 않은 날을 지키라고 명하시지 않으신다. 하나님과 죄인 사이의 문제는 새로운 은혜의 복음이 제기하고 부과한 문제이다. 그것은 그가 주 예수 그리스도를 믿어 죄사함을 받고 영생을 얻을 것인지에 대한 문제이다. 그리스도를 구주로 믿지 않으면서도 주일을 지키는 사람이 있다 하자. 그렇다고해서 그 사람이 그러지 못하는 사람보다 더 구원에 가깝다든지 하나님께 더 잘 열납되는 것은 아니다. 오히려 어느 한 날을 지킴으로써 자기가 공로를 쌓는다고 생각하여 그리스도가 공로 없는 죄인을 위한 구주임을 발견하는 데 더 애를 먹게 된다. 어쨌든 공로로 구원받는 것이 아니다. 이 시점에서 사람들을 잘못 인도하는 교훈은 '그것이 어느 것이라 할지라도 '다른 복음'이며, 하나님의 저주를 받아 마땅하다(갈 1 : 8)."

우리 중 어느 누구도 구원을 위해서 주 예수 그리스도를 믿지 않은 사람에게 세례를 받으라고 하든지 성찬식에 참여하라고 강요하지 않을 것입니다. 그와 같이 주간의 첫날을 기리는 것은 사람으로 하여금 주 예수 그리스도께서 죽은 자 가운데서 부활하신 것을 기억하도록 하기 위해 주어진 규례입니다. 그리고 예수께서 자기 죄를 위해서 죽으셨음을 믿고 자기도 예수 그리스도로 말미암아 죽은 옛 자아로부터 다시 살리심을 받아 새 생명을 갖게 되었음을 믿는 사람만이 그날을 하나님께 합당하게 지킬 수 있읍니다.

기쁨

그러면 '그리스도인'은 어떻게 주일을 지켜야합니까? 보다 더 정확히 말한다면 그리스도인은 어떻게 주일을 '기려야' 합니까? 첫번째 대답은 저 유명한 웨스트민스터 소요리문답 제1문에서 나옵니다. "사람의 최고되는 목적이 무엇인가?"라고 말하는 질문에 대하여, 옛 스코틀랜드의 계약주의자들은 이렇게 답변했읍니다. "사람의 최고되는 목적은 하나님을 영화롭게하며 영원토록 그를 즐거워하는 것이다." "기쁨"은 주의 날의 가장 우선적인 특징이어야 합니다.

주의 날과 관련된 다른 모든 것과 마찬가지로 이 요점도 주님께서 부활하신 그 첫번째 주일에 일어난 여러 사건들 속에서 그 기초를 얻습니다. 마태복음은 그리스도께서 부활하여 나타나신 모습을 기록하면서, 주께서 무덤에서 돌아오는 여인들을 반갑게 맞으실 때 주님의 입에서 나온 첫 말씀이 "평안하뇨"(28 : 9)였읍니다. 그 말은 '카이로'라는 말인데 문자 그대로 옮기면 "즐거워하라!"라는 말입니다. 예수님께서는 그 여자들더러 기뻐하라고 말씀하신 것입니다. 그들은 행복해야만 했읍니다. 바로 이 날은 주께서 만드신 날이요, 그들은 그날에 즐거워하고 기뻐해야 했읍니다.

그러하다면, ─지금도─ 우리는 흔히 주의 날에 모인 하나님의 사람들을 특징짓는 이른바 샐쭉하고 엄숙한 자세 등을 버려야 합니다. 교회에 그저 왔다가 그저 집으로 돌아가는 유의 예배자의 타입을 버림

시다. 말씀설교를 즐거워하지 않거나 말씀을 들으며, 찬송을 부르면
서 기뻐하는 회중의 반응을 좋아하지 않거든 예배당에 오지마십시오.
초대교회 사도들은 집집마다 돌아다니면서 초인종을 눌러대며 사람들
더러 예배드리러가자고 말하지 않았습니다. 예배흥미를 새롭게 끌 양
으로 모든 교회 나오는 사람들을 집집마다 방문하는 계획을 세우라
고 하지도 않았습니다. 사실 그 정반대였읍니다. 사도행전에서 보면 초
대교회 때에 적어도 모든 그리스도인들이 "사도의 가르침을 받아 서
로 교제하며 떡을 떼며 기도하기를 전혀 힘쓰니라…… 날마다 마음
을 같이 하여 성전에 모이기를 힘쓰고 집에서 떡을 떼며 기쁨과 순전
한 마음으로 음식을 먹고 하나님을 찬미하며 또 온 백성에게 칭송을
받으니 주께서 구원받는 사람을 날마다 더하게 하시니라"(행 2 : 42,
46, 47)는 말씀을 읽게 됩니다.

　이 사람들은 행복한 그리스도인들이었읍니다. 다른 사람들도 그들
과 함께 있기를 좋아했을 것입니다. 왜냐하면 그들이 거의 다 행복한
사람들이었기 때문입니다. 또 그들이 서로 함께 있어 우정이 크게 생
겨났을 것입니다. 이러한 친교를 기초로 해서 주께서 운행하시사 날마
다 구원받는 사람의 수를 교회에 더해 주셨던 것입니다.

　여러분은 주일날 교회에 참석해서 거기에서 행하는 여러분의 행실
이 불신자의 회심에 중요하다는 걸 생각한 적이 있읍니까? 그것을 다
음과 같은 방식으로 생각해 보십시오. 그 도시에 사는 어떤 고독한
사람이 우연히 어느날 아침 예배에나 저녁예배에 여러분의 교회를 방
문했다고 합시다. 그 사람은 하나의 문제를 가지고 있는 그를 도와줄
사람이 아무도 없는 것처럼 보입니다. 그 사람이 절박감에서 여러분
의 교회에 나와서 보니 불과 몇 사람의 비참해보이는 사람들이 찬송
가를 웅얼거리고, 또 목사가 설교하자 시계를 들여다보기　시작하는
것을 발견한다고 생각해 봅시다. 그가 무엇을 생각하겠읍니까? 얘기
에 그에게 유익될만한 것이 하나도 없다고 생각할 것입니다. 생명도
없고 여러 문제들에 대한 해답도 없다고 생각할 것입니다. 결국 그는
거기에 있는 사람들은 의무감이나 또는 습관의식으로 나와 있을 뿐이

라고 바른 결론을 내릴 것입니다. 반면에, 만일 그가 예배를 기뻐하는 모습을 보이는 사람들이 교회당에 가득 차서 할 수 있는 한 최대한의 심혈을 기울여 설교를 청종하고 노래를 부르는 걸 본다면, 그 사람은 비록 거기에서 진행되는 것이 무엇인지 다 이해하지 못하겠지만 거기에는 무엇인가가 있다고 결론내릴 것입니다. 그리고 거기에 관심을 기울이기 시작할 것입니다. 하나님께서는 그의 고양된 의식을 사용하셔서 죄를 깨닫게하시고 회심으로 인도하십니다. 이러한 일은 여러번 있었읍니다. 제가 바로 시무하는 이 교회에도 이러한 간증을 한 사람들이 많습니다(마틴 로이드 존즈도 그의 "목사와 설교"에서 목회 경험에서 우러나온 동일한 말을 하고 있음).

만일 여러분이 주일을 즐거워하지 못한다면 진정으로 주일을 기리고 있지 않음을 여러분이 이해할 수 있기를 바랍니다.

능동성

주일의 두번째 중요한 특징은 "능동성"입니다. 첫번째 주의 날을 생각해 보십시오. 그날은 활동하는 날이었읍니다. 여인들이 무덤으로 갔고, 예수께서 여러번 나타나셨고, 엠마오 제자들이 예루살렘으로 돌아갔고 여러 체험한 것들을 다른 사람들에게 이야기하였고, 교제하였고, 주의 사명을 받는 등 여러 가지 활동이 전개되었읍니다. 만일 여러분이 엿새동안 다른 일을 열심히 해왔다면 주일이 여러분을 위해서 "안식의 날"의 특징을 가질 수 있읍니다. 그러나 이것이 주의 날의 핵심적인 부분은 아닙니다. 안식일은 휴식의 날이었읍니다. 만일 여러분이 휴식을 필요로 한다면, 토요일에 쉬도록 하십시오. 주의 날은 활동의 날이 되어야 마땅합니다.

췌이퍼는 이렇게 썼읍니다. "주의 날은 자기를 즐겁게하고 오락을 하는 날이 아니다. 그날은 게으름과 휴식을 취하는 날이 아니다. 그날의 특권들은 주의 뜻을 행하기를 즐거워하는 모든 사람들에 의해서 행사되어야 마땅하다. 또 그럴 것이다. 그날은 엿새 동안 세상에서 해야할 일 때문에 꼼짝하지 못하던 많은 사람들에게 가장 충만하게 기도를 드리고, 예배를 드리고, 주님께 속한 증거를 할 수 있는 기회를 준다. 교육받은 그리스도인은 더 이상 하나님께 열납되려고 애를 쓰지 않는다. 그런 일은 율법 아래서나 행하는 일이었다. 은혜로 말미암아 열납된 그는 어찌하든지 자기를 구하신 주님을 영화롭게하려고 애를 쓴다. 그는 '자기의 일을' 쉬었다. 쉬지 않고 활동하지만 그는 이제 성령의 능력과 힘으로 일하고 있다."

물론 그 말이 여러분의 옛사람이 가졌던 능동성을 그날에 가장 충만하게 발휘하도록 하라는 뜻은 아닙니다. 원한다면 풀을 벨 수도 있읍니다. 여러분은 율법 아래 있지도 않습니다. 그러나 이것이 그리스도와 그렇게 큰 관계를 가지지 않습니다. 또한 그리스도의 부활을 즐거워하는 여러분의 기쁨을 표현하는 데도 도움을 주지 않습니다. 다른 형태의 활동이 의미가 있읍니다.

첫째는 예배하는 일입니다. 예배를 하나의 활동으로 말하는 걸 듣고 이상하게 느끼는 분들도 있을줄 압니다. 왜냐하면 많은 사람들은 예배를 수동적인 의미에서 생각하고 있기 때문입니다. 곧 회중석에 앉아서 비같이 자기 머리로 지나가는 그날의 말씀들을 듣는 것쯤으로 생각합니다. 그러나 이것은 참된 예배를 우스꽝스럽게 만든 것입니다. 주 예수 그리스도께서는 참된 예배는 "신령과 진정으로" 드려지는 예배라고 말씀하셨습니다(요 4 : 24). 진정이란 내용을 수반합니다. 그래서 예배란 다른 어느 것보다도 능동적이고 합리적인 활동입니다. 예배드릴 때는 마음을 온전히 기울여야 합니다.

우리가 어째서 성경을 읽되 히브리어나 헬라어나 라틴어로 된 성경을 읽지 않고 사람들이 쓰는 말로 된 성경을 읽습니까? 어째서 찬송가 가사가 보통 쓰는 회화체로 되어 있읍니까? 어째서 설교가 모든 예배의 중심에 위치해 있읍니까? 대답은, 우리의 마음들을 장악하기 위함입니다.

"그러므로 마음을 진정으로 기울이지 않는다면, 모든 형태의 감정적이고 심미안적인 예배, 또는 환상적인 예배를 경계해야 한다. 특별히 자기들은 탁월한 형태의 예배를 드린다고 주장하기까지하는 사람

들을 경계해야 한다." 이 말은 런던의 올 소울 교회의 감독인 존 스
탓트(John R. Stott)가 한 말입니다. "하나님을 기쁘시게하는 오직
유일한 예배는 마음으로 드리는 예배요, 마음으로 드리는 예배란 이
치에 맞는 예배이다. 그 예배는 우리로 합리적인 존재가 되도록 지
으신 합리적인 하나님께 드리는 예배이다. 하나님께서는 우리에게 합
당한 계시를 주사 합리적으로, '우리의 모든 생각을 다 기울여' 자기
를 예배하도록 하여 주셨다."

　주의 날을 특징지어야 마땅한 두번째로 큰 의미를 가진 행동은 우
리의 증거입니다. 주 예수 그리스도께서는 여자들에게 "내 형제들에게
가서 말하라"고 여자들을 가르쳤고, 후에는 자기의 삶과 죽음과 부활
의 좋은 소식을 온 세상으로 전파하라고 제자들에게 일러주셨는데,
그때 그 주님은 주의 날의 그러한 성격을 나타내셨던 것입니다. 여러
분은 주일에 그런 일을 합니까? 물론 우리가 어떤 날에도 그런 일을
할 수가 있습니다. 주일에 하는 어떤 일을 다른 날에도 할 수 있다는
것이 우리 시대의 진수입니다(마땅히 그래야 합니다). 그러면은 적어
도 주일에 한번쯤 증거하십니까? 그날은 여러분의 친구들을 초대하
여 선포되는 하나님의 말씀을 함께 가서 듣자고 해야할 날입니다. 적
어도 이 날에는 그리스도에 대해서 여러분이 알고 있는 것을 자녀들
에게 가르쳐야 합니다.

기대감

　저는 이미 그리스도인이 주일을 바르게 기념하는 데 관해서 많이
말씀드렸습니다. 주일은 그리스도인들만을 위한 것입니다. 주일은 기
쁨의 특징을 가진 날입니다. 또한 활동으로 가득 찬 날이어야 합니다.
하나 더 있읍니다. 그날은 큰 영적 '기대감'의 특징을 가져야하는 날
이어야 합니다.

　저는 주일을 사랑합니다. 제가 주일을 사랑하는 여러 가지 이유 가
운데 하나는 저는 주일에 어떤 일이 일어날지 알지 못하기 때문입니
다. 제가 집을 떠나 교회로 갈 때 내가 누구를 만날지, 어떤 일이 일

성경적 세계관의 틀과 문화를 도구로
다음 세대를 세우는 토론식 성경공부 교재

삶이 있는 신앙 시리즈

정치
경제
사회
문화
미디어
대중매체

BIBLE

우리가 만든 주일학교 교재는 성경적 세계관의 틀과 문화를 도구로 합니다.

왜 '성경적 세계관의 틀'인가?

진리가 하나의 견해로 전락한 시대에, 진리의 관점에서 세상의 견해를 분별하기 위해서

◇ 성경적 세계관의 틀은 성경적 시각으로 우리의 삶을 보게 만드는 원리입니다.

◇ 이 교재는 성경적 세계관의 틀로 현상을 보는 시각을 길러줍니다.

왜 '문화를 도구'로 하는가?

어린이, 청소년, 청년들의 삶에 가장 큰 영향을 끼치는 것이 문화이기 때문에

◇ 문화를 도구로 하는 이유는 우리의 자녀들이 문화 현상 속에 젖어 살고, 그 문화의 기초가 되는 사상(이론)을 자신도 모르게 이미 받아들이고 있기 때문입니다.

◇ 공부하는 학생들의 삶의 현장으로 들어갑니다(이원론 극복).

✦ **다른 세대가 아닌 다음 세대 양육**

자기 생각에 옳은 대로 하는 포스트모던적인 사고의 틀을 벗어나, 하나님의 말씀에 기초해서 생각하고 행동하는 성경적 세계관(창조, 타락, 구속)의 틀로 시대를 읽고 살아가는 "믿음의 다음 세대"를 세울 구체적인 지침서!

✦ **가정에서 실질적인 쉐마 교육 가능**

각 부서별(유년, 초등, 중등, 고등)의 눈높이에 맞게 집필하면서 모든 부서가 "동일한 주제의 다른 본문"으로 공부하도록 함으로써, 가정에서 부모와 자녀가 함께 성경에 대한 유대인들의 학습법인 하브루타식의 토론이 가능!

✦ **원하는 주제에 따라서 권별로 주제별 성경공부 가능**

성경말씀, 조직신학, 예수님의 생애, 제자도 등등

✦ **3년 교육 주기로 성경과 교리에 대한 기본적인 이해가 가능하도록 구성(삶이 있는 신앙)**

  – 1년차 : 성경말씀의 관점으로 본 창조 / 타락 / 구속
  – 2년차 : 구속사의 관점으로 본 창조 / 타락 / 구속
  – 3년차 : 하나님 나라의 관점으로 본 창조 / 타락 / 구속

"토론식 공과는 교사용과 학생용이 동일합니다!" (교사 자료는 "삶이있는신앙" 홈페이지에 있습니다)

① 목적

부지불식간(不知不識間)에 대중문화와 또래문화에 오염된 어린이들의 생각을 공과교육을 통해서 성경적 세계관으로 전환시킨다. 이를 위해 현실 세계를 분명하게 직시함과 동시에 그 현실을 믿음(성경적 세계관)으로 바라보며, 말씀의 빛을 따라 살아가도록 지도한다(이원론 극복).

② 구성

쉐 마 분명한 성경적 원리의 전달을 위해서 본문 주해를 비롯한 성경의 핵심 원리를 제공한다(씨앗심기, 열매맺기, 외울말씀).

문 화 지금까지 단순하게 성경적 지식 제공을 중심으로 한 주일학교 교육의 결과 중 하나가 신앙과 삶의 분리, 즉 주일의 삶과 월요일에서 토요일의 삶이 다른 이원론(二元論)이다. 우리 교재는 학생들의 삶 속에서 일어나는 문화를 토론의 주제로 삼아서 신앙과 삶의 하나 됨(일상성의 영성)을 적극적으로 시도한다(터다지기, 꽃피우기, HOT 토론).

세계관 오늘날 자기중심적인 시대정신에 노출된 학생들의 생각과 삶의 방식을 성경적 세계관을 토대로 바라보게 함으로써, 자신을 돌아보고 삶에 적용하는 것을 돕는다.

③ 설교

학생들이 공과의 내용을 잘 이해하고, 공과 공부 시간을 풍성하게 하기 위해서, 부서 사역자가 매주 '동일한 주제의 다른 본문'으로 설교를 한 후에 공과를 진행한다.

권별	부서별	공과 제목	비고
시리즈 1권 (입문서)	유·초등부 공용	성경적으로 세계관을 세우기	신간 교재 발행!
	중·고등부 공용	성경적 세계관 세우기	
시리즈 2권	유년부	예수님 손잡고 말씀나라 여행	주기별 기존 공과 1년차-1/2분기
	초등부	예수님 걸음따라 말씀대로 살기	
	중등부	말씀과 톡(Talk)	
	고등부	말씀 팔로우	
시리즈 3권	유년부	예수님과 함께하는 제자나라 여행	주기별 기존 공과 1년차-3/4분기
	초등부	제자 STORY	
	중등부	나는 예수님 라인(Line)	
	고등부	Follow Me	
시리즈 4권	유년부	구속 어드벤처	주기별 기존 공과 2년차-1/2분기
	초등부	응답하라 9191	
	중등부	성경 속 구속 Lineup	
	고등부	하나님의 Saving Road	
시리즈 5권	유년부	하나님 백성 만들기	주기별 기존 공과 2년차-3/4분기
	초등부	신나고 놀라운 구원의 약속	
	중등부	THE BIG CHOICE	
	고등부	희망 로드 Road for Hope	
시리즈 6권	유년부		2024년 12월 발행 예정!
	초등부		
	중등부		
	고등부		

✔ 『삶이있는신앙시리즈』는 "입문서"인 1권을 먼저 공부하고 "성경적 세계관"을 정립합니다.
✔ 토론식 공과는 순서와 상관없이 관심있는 교재를 선택하여 6개월씩 성경공부를 할 수 있습니다.

성경적 세계관의 틀과 문화를 도구로 다음 세대를 세우고,
스토리story가 있는, 하브루타chavruta 학습법의 **토론식 성경공부 교재**

성경적 시각으로 포스트모던시대를 살아갈 힘을 주는
새로운 교회 / 주일학교 교재!

시리즈
삶이 있는 신앙

국민일보◎
CHRISTIAN EDU BRAND AWARD
기독교 교육 브랜드 대상

토론식 공과(12년간 커리큘럼) 전22종 발행!

기독교 세계관적 성경공부 교재   고신대학교 전 총장 **전광식**
신앙과 삶의 일치를 추구하는 토론식 공과   성산교회 담임목사 **이재섭**
다음세대가 하나님 말씀의 진리에 풍성히 거할 수 있게 될 것을 확신   총신대학교 명예교수 **신국원**
한국교회 주일학교 상황에 꼭 필요한 교재   브리지임팩트사역원 이사장 **홍민기**

**소비 문화에 물든 십대들의 *세속적 세계관*을
바로잡는 눈높이 토론이 시작된다!**

발행처 : 도서출판 **삶이 있는 신앙**
공급처 : 솔라피데출판유통 / 주소 : 경기도 파주시 문발로 123 솔라피데하우스
주문 및 문의 / 전화 : 031-992-8691 팩스 : 031-955-4433
홈페이지 : www.faithwithlife.com

어날지 정확히 알지 못합니다. 교회에 어느 분이 와 계실지 또한 내가 전하는 설교에 어떤 사람이 반응을 나타낼지 모릅니다. 저는 회중들이 가지고 있을 것이라고 생각되는 난제들을 중심으로 설교할 메시지 계획을 세운 적이 없습니다. 그런데 제가 전하는 것이 주님께 사용되어 어떤 문제들에 대하여 정확히 말한 것과 같은 효과를 가질 경우들이 자주 있습니다. 사람들의 삶이 변화됩니다. 더구나, 어떤 사람들이 영적 체험의 입장에서 그날이 전환점이 되는 일이 드물지 않습니다.

여러분은 그러한 기대감을 가지고 하나님의 사람들과 한 무리가 됩니까? 그렇다면 그것은 여러분의 기쁨을 증가시킬 것이고 여러분으로 하여금 더 열심히 일하도록 촉구할 것입니다. 여러분은 또한 하나님의 은혜에 감격하게 될 것입니다. 그리고 여러분은 주일에 활동하는 것들을 가장 잘 요약한 다음 말씀들이 여러분에게 주는 짐을 여러분 나름대로 알게 될 것입니다. "그런즉 너희가 먹든지 마시든지 무엇을 하든지 다 하나님의 영광을 위하여 하라"(고전 10 : 31). "너는 말씀을 전파하라 때를 얻든지 못얻든지 항상 힘쓰라 범사에 오래참음과 **가르침으로 경책하며** 경계하며 권하라"(딤후 4 : 2). "쉬지말고 기도하라"(살전 5 : 17). "항상 기뻐하라"(살전 5 : 16) ; "그러므로 내 사랑하는 형제들아 견고하며 흔들리지 말며 항상 주의 일에 더욱 힘쓰는 자들이 되라 이는 너희 수고가 주 안에서 헛되지 않은 줄을 앎이니라"(고전 15 : 58).

하나님은 침묵하시는가?

"예수께서 저희에게 이르시되 내 아버지께서 이제까지 일하시니
나도 일한다 하시매 유대인들이 이를 인하여 더욱 예수를 죽이고
자 하니 이는 안식일만 범할 뿐 아니라 하나님을 자기의 친아버
지라 하여 자기를 하나님과 동등으로 삼으심이러라 그러므로 예
수께서 저희에게 이르시되 내가 진실로 진실로 너희에게 이르노
니 아들이 아버지의 하시는 일을 보지 않고는 아무 것도 스스로
할 수 없나니 아버지께서 행하시는 그것을 아들도 그와 같이 행
하느니라 아버지께서 아들을 사랑하사 자기의 행하시는 것을 다
아들에게 보이시고 또 그보다 더 큰 일을 보이사 너희로 기이히
여기게 하시리라 아버지께서 죽은 자들을 일으켜 살리심 같이 아
들도 자기의 원하는 자들을 살리느니라 아버지께서 아무도 심판
하지 아니하시고 심판을 다 아들에게 맡기셨으니 이는 모든 사람
으로 아버지를 공경하는 것 같이 아들을 공경하게 하려 하심이라
아들을 공경치 아니하는 자는 그를 보내신 아버지를 공경치 아니
하느니라"(요 5 : 17~23).

우 리는 이제 요한복음 5 : 17~47에 기록된 예수님의 일련의 강
론 중 첫번째 부분을 연구하게 되었습니다. 이 부분을 첫번째
부분이라 말하는 것은 옳습니다. 왜냐하면 이 부분은 하나님이 침묵
하시는가? 하는 문제를 종교적 사고체계 속에서 다루기 때문입니다.

그 자체가 벌써 신학적인 사고에 있어서 우선적으로 옳습니다. 어떻게 사람이 하나님을 알 수 있읍니까? 하나님을 알 수 있다는 걸 전제하고, 하나님을 아는 지식을 가지고 있다고 주장하는 사람들이 하나님에 관해서 말하는 것들을 어떻게 입증할 수 있읍니까?

언제나 던져지는 질문

그러한 질문들은 소위 20세기의 지성적인 분위기 속에서 특히 매우 중요한 질문들입니다. 20세기에 살고 있는 사상가들은, 사람이 어떻게 하나님을 알 수 있으며 하나님께 대해서 말해지는 것을 어떻게 입증할 수 있는가의 질문에 대한 해답을 전혀 찾을 수 없다고 말하고 있읍니다.

어떤 사람들은 하나님께서 친히 그 질문들에 대한 답변을 말씀하지 아니하시기 때문에 대답이 없다고 주장합니다. 잉그말 베르그먼(Ingmar Bergman) 같은 영화 제작자가 그러한 입장을 취하고 있읍니다. 얼마 전에 저는 스위스에 있는 라브리 펠로우십(L'Abri Fellowship)의 일과 관련을 맺고 있는 명석하고 젊은 지성인 오스 긴네스(Os Guinness)가 그 사람에 대해 하는 이야기를 들은 적이 있읍니다. 긴네스에 의하면 베르그먼이 한번은 스트라빈스키가 작곡한 어떤 음악을 듣고 있었고, 그 음악을 들으면서 화면을 보고 있었읍니다. 그는 자기가 하나의 큰 19세기 성당 안에 들어와 있다는 상상을 하게 되었읍니다. 그가 이리저리 배회하다가 그리스도의 초상화를 발견하게 되었읍니다. 갑자기 베르그먼은 이 그림의 중요성을 깨달았읍니다. 그래서 그는 그 초상화 앞으로 가서 소리쳤읍니다. "내게 말하라! 당신이 내게 말하지 아니하면 이 성당을 떠나지 않겠다!" 물론 아무 대답도 없었읍니다. 그리스도께서 아무 것도 말씀하지 아니하셨읍니다. 그래서 그해에 베르그먼이 "침묵"이라는 영화를 만들었는데, 그 영화에는 여러 등장인물들이 하나님을 발견할 때마다 실망을 느낍니다.

그러나 어쨌든 간에 하나님의 침묵이 하나님을 신뢰하는 그리스도인들에게 마저 난제가 됩니다. 예를 들어서 고난의 문제를 들어보십시오. 세상은 고난으로 가득 찼읍니다. 그러나 보편적으로 말해서 하나님께서는 고통 중에 부르짖는 사람들의 울부짖음을 듣지 아니하시는 것 같고 그들의 고뇌를 감하지 않으시는 것 같습니다. 그래서 기독교적인 전망을 가지고 그 문제를 진술한 어떤 작가는 다음과 같은 질문을 던지는 글을 썼읍니다. "정직하고 사려깊은 사람들은 이러한 실상을 직면하게 된다. 그리고 그러한 울부짖음에 기울일 귀를 가진다. 그들의 의분에 찬 의문은 히브리의 옛 선지자들과 같이 '하나님은 아시나이까? 지존자에게 지식이 있나이까?'라는 말을 통해서 이따금씩 튀어나오는 적이 있다."(Robert Anderson이 쓴 '하나님의 침묵'이란 책에서)

　우리 시대에 사는 사람들이 하나님에 관한 질문들이 해답이 없다고 논증하는 다른 방식이 있는데, 종교적인 언어를 단순한 상징주의적인 표현으로 보는 것입니다. 오늘날 많은 신학교들에서 그들이 말하는대로 '하나님은 대화하신다'라는 것입니다. 그것은 아무 의미가 없읍니다. 이 자세는 첫번째 것과 다른데, 첫번째 것은 하나님이 계시거나, 계실 수 있지만 '침묵'하신다고 말하는 반면, 이 두번째 자세는 하나님에 관한 개념 자체가 무의미하다고 확언합니다. 그런 의미에서 차이가 납니다. 하나님이 계시지 않으니, 종교적인 어휘들은 전혀 합리적인 가치를 갖고 있지 못하다는 것입니다.

　믿지 않는 사람들이 '하나님이 너를 축복하시기를 바란다'라는 작은 문구를 사용하는 방식들을 통해서 그것이 어떠한 것을 뜻하는지 예증할 수 있읍니다. 그리스도인의 입술에서 나오는 그 문장은 의미가 있읍니다. 그 문장은, 세상을 만드시고 개인을 조성하시고 그리스도 안에서 그 사람을 구속하기 위해서 죽으신 하나님께서 그의 삶을 지키시고 풍성케 하여주십사는 기도입니다. 그러나 믿지 아니하는 뉴스 캐스터의 입술에서 그 문구가 흘러나올 수 있다지만 그게 무슨 의미가 있겠읍니까? 예를 들어서 그저 자기 프로그램을 끝마칠 때, "자 안녕히 주무십시오 여러분. 내일 오후 여섯시에 다시 만납시다.

하나님이 축복하시길"이라고 말하는 사람의 입 속에서 나오는 그 문구가 무슨 의미가 있겠읍니까? 이러한 양태로 나타난 그 문구는 합당한 내용을 갖지 못합니다. 다만 정서적이고 심리적인 가치만을 위해서 사용된 것입니다. 다른 말로해서 그것이 사용된 것은 듣는 자에게 좋은 느낌을 주기 때문입니다. 많은 사람들은 어떤 종교적인 대화도 바로 그러한 효과를 산출할 뿐이라고 주장하고 있읍니다. 그러한 일이 상당한 가치를 지닐 수 있으나 사실상 진정한 의미는 없는 것이라는 식이지요.

이러한 사상을 표현하는 또 다른 방식은 '로마제국의 쇠망사'를 쓴 에드워드 기본(Edward Gibbon)의 말 속에서 드러납니다. 기본은 초대교회가 존재하던 1세기에 대해서 이렇게 썼읍니다. 세상의 모든 종교들은 보통 사람들에게 "동일하게 진실한" 것으로 인정받았으며, 철학자들에게는 "동일하게 거짓된 것"으로 받아들여졌으며, 행정관원들에겐 "동등하게 쓸모 있는" 것으로 받아들여졌다는 것입니다. 우리 시대에서 급기야 재연되는 것 같은 이 체계 속에서는, 모든 진리가 다 상대적이고, 특히 종교적인 진술들은 아무런 의미가 없게 됩니다.

이러한 관점들에 대항하여 기독교는 독특한 입장을 취하고 있읍니다. 그리스도인들은 하나님께서 말씀하시되, 분명히 말씀하셨고, 그가 말씀하신 것은 진리임을 믿습니다. 이것이 바로 요한복음에 처음으로 소개된 그리스도의 강론의 요점입니다. 그 강론은 두 부분으로 나뉘어집니다. 첫번째 부분에서(17~30절) 예수님은 하나님 아버지가 성자 안에서 계시되기 때문에 사람이 하나님을 알 수 있다고 가르치십니다. 두번째 부분에서는(31~47절) 이러한 주장에 대한 증거를 예수님이 제시하십니다. 그러시면서 당신의 증거는 하나님께서 주신 다른 일련의 증거들을 통해서 구체적으로 실증된다는 걸 지적하십니다. 우리는 이 강론을 통해서 그 주님의 말씀의 처음 부분을 살펴보기 시작하려 합니다.

아버지와 아들

　예수님의 첫번째 진술은, 아버지의 모든 행동에 있어서 자기와 아버지는 하나라는 것입니다. 주님께서는 그것을 소극적으로 말씀하시고 난 다음에 적극적으로 말씀하십니다. 먼저, "내가 진실로 진실로 너희에게 이르노니 아들이 아버지의 하시는 일을 보지 않고는 아무것도 스스로 할 수 없나니"라고 말씀하신 다음에 "아버지께서 행하시는 그것을 아들도 그와 같이 행하느니라"(19절)고 말씀하셨다는 것입니다. 이 진술은 예수님 당신이 하나님이며 하나님과 동등되다는 걸 주장하는 것입니다. 하나님 아버지께서 행하시는 모든 일을 예수님도 행하신다는 역설입니다. 예수님께서 행하시는 모든 일은 역시 아버지께서도 행하십니다. 그 문제의 결론은 예수님은 하나님이시라는 것입니다.

　그러나 진술은 이외에도 더 나아갑니다. 왜냐하면 예수님께서 "내 아버지께서 이제까지 일하시니 나도 일한다"고 역설하심으로써 강론을 시작하실 때, 아버지께서 주님의 지상생활에서 이루신 모든 일에 자기와 함께 하고 계시다는 걸 암시하고 계셨고, 뿐만 아니라 아버지께서 자기와 함께 일해나오셨고 이전의 모든 활동에서 자기는 아버지와 함께 했었음을 말씀하고 계시기 때문입니다. 다른 말로해서, 예수님께서는 자기 말을 듣는 유대인들의 마음을 돌려 창조 때부터 행하신 하나님의 일을 바라보도록 하려하십니다. 또한 주님께서는 역시 그 일에 계속 참여해왔었다는 걸 주장하고 계셨읍니다.

　예수님이 누구냐는 걸 이해하는 데 있어서 이것은 매우 중요한 요점입니다. 왜냐하면 예수님께서 지상에서 계시던 어떤 특별한 기간 동안에만 국한시켜서 그 예수님을 생각하는 것만으로는 충분하지 않기 때문입니다. 제가 앞에서 어느 강론을 통하여 한 이야기를 말씀드렸는데, 그 이야기는 주님을 바르게 이해하려면 우리가 어떠한 일을 해야하는지를 실증해주는 이야기였읍니다. 1962년 여름에, 친구와 저는 지중해를 돌아 여행하고 있었는데 급기야는 애굽의 상부지역에 위치한 룩소르(Luxor)에 도착하게 되었읍니다. 우리는 거기서 여러 채의 파괴된 집의 흔적들을 보았읍니다. 특히 3000여년 전에 아메노

피스 3세가 지은 룩소르의 큰 전의 황폐된 모습을 보았읍니다. 이 전에는 큰 기둥들이 있는데, 직경이 12피이트쯤 되고, 높이가 60~80피이트쯤 되는 기둥입니다. 그 고고학적 유물의 끝에 한 기둥이 우리의 시선을 끌었읍니다. 그 기둥 꼭대기에 작은 집이 있었기 때문입니다. 우리는 안내자에게 어떻게 해서 그 작은 집이 그 기둥 꼭대기에 세워졌느냐고 물었읍니다. 그 노인의 대답인즉, 이 곳을 발굴하기 전에 한 농부가 현대 룩소르시의 변경에서 살고 있었는데, 그가 자기 집을 지을 굳건한 터를 찾고 있었다는 것입니다. 그가 모래를 헤치니 자기의 생각으로 집을 지을 좋은 반석이 될만한 것을 찾아내게 되었읍니다. 그는 거기에다 집을 지었읍니다. 그런데 시간이 경과함에 따라서 바람이 집 주위로 불어제쳐 거기에 쌓여 있는 모래를 씻어내게 되었읍니다. 뭐, 사막에서는 흔히 있는 일이지요. 그때 그 농부는 자기 집이 어떤 큰 반석 위에 서 있는 것이 아니라는 것을 알게 되었읍니다. 사람의 손으로 깎은 어떤 돌조각 위에 서 있다는 것을 발견했던 것입니다. 그는 결국 그 바위가 어느 한 기둥이라는 걸 깨닫게 되고, 그것이 서 있는 기둥이라는 것도 알게 되었읍니다. 이때쯤에서 발굴단이 그 지역에 이르게 되었고, 땅을 파내게 되었읍니다. 결국 그 집은 우리가 보는대로 그 기둥 꼭대기에 서 있는 채로 남겨두었던 것입니다.

이것은 주 예수 그리스도에 대해 어떤 사람들이 가지는 오해를 보여주는 좋은 실례가 됩니다. 그들은 예수님께서 위대한 사람이라는 것을 인정할 것이고, 심지어 자기들의 삶을 어느 정도까지는 예수님을 기초로 하여 세울 수 있다고 주장하기까지 합니다. 그런 사람들에게 예수님은 위대한 선생입니다. 물론 그것도 사실입니다. 그러나 그것이 사실이기는 하지만, 이러한 관점 자체는 애굽의 그 농부의 관점만큼 잘못된 것입니다. 그 농부는 자기 집이 자연반석 위에 세워져 있다고 생각했읍니다. 예수 그리스도를 참으로 바로 이해하기 위해서는 수천 년의 인간 역사를 헤쳐보고 영원전부터 아버지 하나님과 함께 존재하시고 함께 일하셨던 그분의 실상을 찾아내야 하는 것입니다.

순종

　예수님께서 아버지와 자기의 관계에 대해서 지적하신 두번째 요점
은, 자기가 아버지와 하나된다는 것은 순종을 수반한다는 것입니다.
그것은 뜻의 문제입니다. 그 말은 아버지의 생각과 아들의 생각이 함
께 **연합된다는 것입니다.** 예수님께서 아버지께서 행하는 걸 보지않고는
아무 일도 할 수 없다고 역설하실 때, 자기는 로보트나 앵무새 같이
생각없이 아버지의 지시를 따라서 어떤 일을 행하고 있다고 말씀하시
는 것으로 생각해서는 안됩니다. 주님께서는 전혀 그것을 말씀하시
지 않습니다. 그리스도는 하나의 인격입니다. 그리스도는 생각과 느
낌을 가지고 계신 하나의 인격체입니다. 그는 시험을 받으셨고, 정말
실질적인 유혹을 당하기도 했읍니다. 좌절케하는 일을 만나기도 했읍
니다. 그럼에도 불구하고 그는 아버지에게 복종치 않은 적이 한번도
없었읍니다. 그는 아버지께 복종했고 기꺼이 복종하셨읍니다.
　어떤 의미에서 주님께서 여러분에게 바로 그러한 것을 원하십니다.
오히려 그가 여러분을 구원하실 때 여러분으로 하여금 바로 그러한
일을 할 수 있도록 하신 것입니다. 우리에게 있어서 문제는 바로 이 점
에서 예수 그리스도의 반대자가 된다는 것입니다. 우리는 하나님께 복
종하는 데는 관심이 없읍니다. 우리 자신의 일을 행하는 데만 관심이
있읍니다. 우리 자신의 삶을 우리 멋대로 영위해 나가고 싶습니다. 우
리는 우리 자신에게 "신"이 되기를 원합니다. 예수님께서는 그렇지
아니하셨읍니다. 왜냐하면 그가 행하시는 모든 일은 하나님을 사랑
하는 가운데서 나온 것이고 하나님께 순종하는 데서 우러나온 것이기
때문입니다.
　그리스도의 세번째 주장은, 자기는 사랑에 있어서 아버지와 하나라
는 것입니다. 예수님께서는 자기는 모든 일을 행할 때 아버지와 하나
가 되어 행하신다고 말씀하셨읍니다. 이 행동의 연합은 순종을 기초
로 하였음을 보여주었읍니다. 그러나 그런 다음 주님은 세번째 주장
으로 이것은 사랑을 기초한 연합이라고 보여주십니다. "아버지께서

아들을 사랑하사 자기의 행하시는 것을 다 아들에게 보이시고"(20절).
하나님의 본성의 핵심에 사랑이 있다는 걸 아는 것은 놀랍지 않습니까? 하나님의 본성이 사랑이라는 걸 우리는 어떻게 압니까? 성경이 그것을 가르치고 있음을 저는 압니다. 요한1서 4 : 8, 16에 그것을 노골적으로 말하고 있습니다. 그러나 성경을 떠나서 우리는 어떻게 그 하나님의 사랑을 압니까? 하나님이시요 사랑이신 주 예수 그리스도의 본성과 행동들 때문에서만 하나님이 사랑이심을 압니다. 어떤 사람들은 창조의 아름다움을 지적할 것입니다. 그러나 만일 여러분이 그렇게 한다면, 하나님이 질서의 하나님임을 증거하고 있는 것밖에는 되지 못합니다. 피조물들은 사랑에 관해서는 아무것도 나타내지 않습니다. 하나님께서 창조하신 것들 중 어느 것이 사람들에게 유용한 걸 보니 하나님께서 사람들에게 관심을 가지고 계심을 드러낸다고 논증한다면, 저는 피조물 가운데 다른 어떤 부분들은 사람들에게 쓸모가 없으며 심지어 파괴적인 성향을 띄고 있다는 걸 지적해야겠습니다. 사랑은 인격과 관계를 가진 것입니다. 그것은 인격들의 특징입니다. 그러니 하나님께서 인격이시고, 그의 인격이 사랑의 특징을 가지고 있다는 걸 어떻게 압니까? 그리스도를 통해서만 압니다. 예수 그리스도는 우리를 사랑하시고 우리를 위해서 자신을 주셨습니다.

생명과 심판

끝으로, 아버지와 자신의 관계를 지적하여 말씀하신 진술들이 둘이나 더 있습니다. 20절에서는 "아버지께서 아들을 사랑하사 자기의 행하시는 것을 다 아들에게 보이시고 또 그보다 더 큰 일을 보이사 너희로 기이히 여기게 하시리라"고 말씀하십니다. "더 큰 일"은 다음에 나타나는 구절들에서 묘사되는 일들입니다. 첫째로, 아들이 기뻐하시는 자에게 생명을 주신다는 것이고, 둘째로 아들은 아버지 대신 사람들을 재판하게 될 것이라는 점입니다. 첫번째의 경우는 "아버지께서 죽은 자들을 일으켜 살리심 같이 아들도 자기의 원하는 자들을 살리시느니라"(21절)고 말씀하심으로써 밝혀주셨읍니다.

　이는 웬만한 지식이 있는 유대인이면 다 아는 구약을 들어 말씀하신 것입니다. 구약은 하나님께서만 생명을 주시고, 죽은 자를 일으켜서 살게하신다고 가르치셨읍니다. 하나님께서는 신명기 32 : 39에서 "이제는 나 곧 내가 그인줄 알라 나와 함께 하신 신이 없도다. 내가 죽이기도 하며 살리기도 하며 상하게도 하며 낫게도 하나니 내 손에서 능히 건질 자 없도다"라고 말씀하십니다. 사무엘상 2 : 6에서는 "여호와는 죽이기도 하시고 살리기도 하시며 음부에 내리게도 하시고 올리게도 하시는도다"고 말씀하십니다. 앗수르 장군인 나아만이 이스라엘 왕에게 와서 자기 문둥병을 치료해 달라고 간청했읍니다. 엘리사가 자기를 치료할 수 있다는 소문을 들었기 때문입니다. 그때 이스라엘 왕은 나아만이 싸울 구실을 찾고 있다고 생각하고 낙담한 가운데서 이렇게 대답합니다. "내가 어찌 하나님이관대 능히 사람을 죽이며 살릴 수 있으랴?"(왕하 5 : 7) 구약 전체를 통해서 그 진리는 언제나 같습니다. 육체적인 출생에서 나타나는 생명이든지 영적인 생명이든지 간에, 또는 부활의 생명이든지 간에 생명을 주는 것은 하나님의 특권입니다. 따라서, 예수께서도 생명을 주신다고 말씀하신 것은 분명히 당신이 하나님이라고 주장하고 계신 것입니다.

　심판에 관해서도 역시 같습니다. 유대인이면 누구나 어느 날 하나님께서 최종 심판을 행하실 것을 알았읍니다. 신명기 1 : 17은 "심판은 하나님의 것"이라고 선언합니다. 이 또한 하나님만이 가지신 특권입니다. 그러니 예수님께서 아버지의 심판을 실제로 다 행한다고 스스로 말씀하신 것은, 자기가(다른 진술들에서 보이는 그 확실성을 그대로 가지시면서) 하나님인 것을 역설하고 계신 것입니다.

　이 모든 진술들을 다 합하여 보면, 예수님께서는 자신이 하나님이시며, 모든 일의 시작과 끝을 하나님과 함께 주관하시며, 창세로부터 최종 심판까지, 영원부터 영원까지 하나님과 함께 행하심을 역설한다는 걸 알 수 있읍니다.

　길

이 대목의 마지막 절은, 하나님 아버지께서 예수님에게 심판권을 위임하셔서 "모든 사람으로 아버지를 공경하는 것같이 아들을 공경하게 하려하셨다"고 말합니다(23절). 우리는 어떻게 아들을 공경합니까? 무엇보다도 그가 말씀하신대로 그가 바로 그러한 분임을 인정하고, 그와 그의 가르침에 복종함으로써 그를 공경하게 됩니다. 존 스탓트(John R. Stott)는 이 요점에 대해서 이렇게 썼습니다. "만일 그렇게 권위 있게 가르치신 예수께서 육신이 된 하나님의 아들이시라면, 우리는 마땅히 그의 권위에 복종하며, 그의 가르침을 받아들여야 한다. 우리는 그의 견해를 따라서 우리의 견해를 모양짓도록 해야하며, 우리의 관점도 그분의 관점으로 통제받아야 한다. 그것은 우리가 보기에 불유쾌해 보이고 시대에 뒤떨어져 보이는 것 같은 교훈마저 받아들여야함을 함축한다."

구원에 관한 예수님의 가르침에도 역시 이 점이 해당됩니다. 예수님께서는 요한복음 5장에 기록된 사건들 이후에도 때때로 자기 생명을 "많은 사람들을 위한 대속물(代贖物)"로 주시기 위해서 십자가로 나아가련다고 말씀하셨습니다(막 10:45). 이 지상생애를 끝마칠 즈음에 "나는 길이요 진리요 생명이니 나로 말미암지 않고는 아버지께로 올 자가 없느니라"(요 14:6)고 말씀하셨습니다. 이 모든 것들이 진리입니까? 예수님께서 당신이 말씀하신 그대로 그러한 분이라면 그 모든 것들은 다 진리입니다. 만일 그가 하나님이시라면, 그 모든 것들은 진리임에 틀림 없습니다. 그분은 길, 아버지께 이르는 오직 유일한 길이십니다. 여러분은 그것을 믿으십니까? 구원에 관한 그의 가르침을 통하여 그를 공경하십니까?

끝으로, 그리스도인의 삶에 관한 그의 가르침에 있어서도 그를 공경하십니까? 그분은 어떻게 살까를 가르치셨습니다. 성경은 그의 가르침으로 충만합니다. 여러분은 그 가르침을 좇으려고 애쓰고 있읍니까? 만일 여러분이 그리스도인이라면 마땅히 그래야 합니다. 그러나 그것은 여러분에게만 해당되는 의미가 아닙니다. 그것은 모든 사람을 위한 유일한 지각있는 길입니다.

$$8$$

시간 속에서 영원을 소유함

"내가 진실로 진실로 너희에게 이르노니 내 말을 듣고 또 나 보
내신 이를 믿는 자는 영생을 얻었고 심판에 이르지 아니하나니
사망에서 생명으로 옮겼느니라 진실로 진실로 너희에게 이르노니
죽은 자들이 하나님의 아들의 음성을 들을 때가 오나니 곧 이 때
라 듣는 자는 살아나리라 아버지께서 자기 속에 생명이 있음 같
이 아들에게도 생명을 주어 그 속에 있게 하셨고 또 인자됨을 인
하여 심판하는 권세를 주셨느니라"(요 5 : 24~27).

오늘날 텔레비젼 쇼(Show) 프로그램을 통해서 판단해 본다면—
그것은 거의 모든 사람들의 마음 속에 어떤 것이 장악하고 있는
지를 분별하는 데 그렇게 나쁘지 않은 방법임—확실히 많은 사람들
이 삶에 많은 관심을 가지고 있습니다. 텔레비젼 프로에서 언제나
호소력을 가지는 가장 인기 있는 프로그램 중 하나는 "이것이 삶이
다"입니다. 오후 프로그램 중에서 가장 많은 광고료를 내야 하는 프
로그램은 "삶의 사랑"입니다. 상업광고까지 "살아야 할 이유가 많다"
고 말하면서 삶을 더 잘 영위하는데 도움이 될 것을 제공하겠다고들
덤비고 있습니다.

  삶과 그에 속한 내용들에 관심을 가지는 것은 사람들에게 누구

나 다 기본적인 일입니다. 불행히도 우리 시대에 나타나서 삶을 풍성케 하겠다고 약속하는 것들은 부적절합니다. 이러한 해결책들 가운데 가장 좋은 것마저도 주 예수 그리스도로 말미암아 우리에게 주어지는 생명의 큰 선물에 비하면 아무것도 아닙니다.

과거에도 그 문제들은 그렇게 차이가 나지 않았었읍니다. 왜냐하면 사람들은 지금과 똑같이 그때에도 삶에 대해서 관심을 가졌기 때문입니다. 의심할 여지 없이 이 복음서의 기자인 요한은 이 상황을 보고서 생명과, 생명의 원천이 되시는 예수님에 대해서 여러번 말해야겠다는 생각을 가진 것입니다. 그는 이 요한복음의 처음 몇 구절 속에서 "그 안에 생명이 있었나니 그 생명은 사람들의 빛이라"(1 : 4) 고 썼읍니다. 3장에서는 새로 태어나는 일에 관하여 니고데모와 예수님이 나눈 대화를 기록하고 있읍니다. 그것도 생명에 관한 논의입니다. 예수님께서는 사마리아 여인에게 말씀하시면서 "생수"(생명수)를 주시겠다고 하셨읍니다. 예수님의 큰 강론들마다 다 그 생명의 주제가 되풀이되어 나타납니다. 끝으로 요한복음의 두 결론이 20장에 나타나는데, 그 첫번째 결론에서 요한복음 기자는 "예수께서 제자들 앞에서 이 책에 기록되지 아니한 다른 표적도 많이 행하셨으나 오직 이것을 기록함은 너희로 예수께서 하나님의 아들 그리스도이심을 믿게하려하며 또 너희로 믿고 그 이름을 힘입어 생명을 얻게하려함이니라"(20 : 30, 31)고 씁니다. 31절에 따르면 요한이 이 복음서를 쓴 주요한 목적 가운데 하나는 모든 사람들이 하나님의 생명에 참여하는 걸 보고자하는 것이었읍니다. 그것은 역시 사람들을 구원하기 위해서 이 땅에 오신 그리스도의 목적의 한 국면이기도합니다. —어떠한 관점에서 보더라도 그 국면은 중요한 국면입니다.

이제 우리가 다루려고하는 요한복음 5장 24절로 29절까지에서 이 생명의 문제가 상당히 길게 논의됩니다. 본문은 생명을 거론하면서 신자가 주님과 함께하는 체험의 전영역을 두루 다 소개하고 있읍니다. 첫째, 24절에서는 예수님께서 하나님이 먼저 생명을 주신다고 말씀하셨다고 말하고 있읍니다. 곧, 하나님께서 자신에게로 이끄시는

사람 속에 먼저 영적 생명을 놓으시는 일을 하신다는 것입니다. 둘째
로, 25절과 26절은 우리가 그리스도인이 된 다음 지금 현재 그리스
도 예수로 말미암아 생명의 풍성함을 하나님은 허락하신다고 말합니
다. 세째로, 28절과 29절은 우리 몸의 부활을 통해서 그 생명이 특
별하게 나타날 것을 말합니다. 이 본문말씀들은 하나님께서 값 없이
주시는 신적 생명을 다루고 있습니다. 또한 지금 그 생명을 영위할
수 있다고 가르칩니다.

생명의 선물

이 본문말씀의 첫번째 요점은, 신적 생명을 소유하게 되는 것은 사
람의 행동에서가 아니라 하나님의 행동에서 출발한다는 것입니다. 다
른 말로 해서 생명은 믿는 것에 대한 보상이 아닙니다. 그것을 둘러
서 표현하면 이러합니다. 생명이 먼저 옵니다. 그 다음에 사람이 믿
습니다. 하나님께서 먼저 사람 속에 생명을 넣으시기 때문에 사람이
믿게 되는 것입니다. 24절은 말하고 있습니다. "내가 진실로 진실로
너희에게 이르노니 내 말을 듣고 또 나 보내신 이를 믿는 자는 영생
을 얻었고 심판에 이르지 아니하나니 사망에서 생명으로 옮겼느니라"
(24절).

물론 많은 설교자들이 이 구절을 다른 의미로 취급한다는 걸 저도
인정합니다. 이 구절들이 잠정적인 논리적 추이를 나타낸다고 그들
은 가르칩니다. 그래서 사람이 먼저 듣고 믿고, 그런 다음에 믿은 결
과로 생명을 가지게 된다는 것이죠. 그러나 그렇게 주장하는 것은 옳
지 않습니다. 첫째로 여기에서는 그러한 논리적인 추이가 전혀 암시
되어 있지 않습니다. 요한의 글에는 "듣고"라는 어휘와 "믿고"라는
어휘가 같습니다. 그 말은 마음으로 듣는다는 것입니다. 이 두 어구
의 요점인즉, '그리스도'의 말씀을 듣는 것과 '하나님을' 믿는 것이
한 가지라는 것입니다. 그것은 여기 주님이 하시는 강론의 주요 요점
이기도 합니다.

둘째로, "얻었고"(우리말 개역성경은 '얻었고'로 나와 있으나 원

어에는 '얻고'로 현재)라는 동사의 시제는 미래라기보다는 현재입니다. 만일 영생을 소유하는 것이 믿는 것의 결과라면 그 동사는 미래형을 취해야할 것입니다. 그래서 이렇게 말해야할 것입니다. "내 말을 듣고 또 나 보내신 이를 믿는 자는 영생을 얻을 것이다."

실제로, 여기서 현재시상의 동사를 사용하는 것은 믿는 자는 이미 자기 속에 생명을 소유하고 있기 때문에 믿는 것임을 지적하기 위함입니다.

한 장을 지나 요한복음 6장에서 예수님은 "나를 보내신 아버지께서 이끌지 아니하면 누구라도 내게 올 수 없으니 오는 그를 내가 마지막날에 살리리라"(6 : 44)고 말씀하심으로써 정확히 같은 가르침을 부정적인 측면에서 말씀하고 계십니다.

요한복음 5 : 24를 제가 지적해온 의미대로 취급하는 세번째이자 결정적인 이유는, 그것이 하나님 말씀 전체의 가르침이라는 데 있읍니다. 그 실례로 아브라함의 경우를 생각해 보십시오. 하나님께서 아브라함을 부르실 때 어떻게 하셨읍니까? 하늘로부터 내려다 보시면서 "자 여기를 보라. 나는 약간의 선(善)을 가지고 있는 사람을 찾을 수 있다. 약간 믿음을 가지고 있는 사람을 찾는다는 말이다. 함께 일할 누구를 찾을 수 있을까? 아 그렇다. 어떤 것을 가지고 있는 한 사람이 있구나. 그게 바로 아브라함이다! 그는 믿음을 가지고 있고 나는 그와 함께 시작할 것이다"라고 말씀하셨읍니까? 천만에요! 아브라함이 자기 당대의 사람들과 전혀 다르지 않았다고 하나님의 말씀은 증거합니다(수 24 : 2). 당대의 사람들은 마귀를 숭배하는 사람들이었읍니다. 그래서 하나님께서 한 사람을 그러한 부류들 중에서 불러내시는 것은 순전한 은혜의 행사였읍니다. 그 당시 갈대아 우르 땅에 살고 있던 사람 중 어느 누구도 참되신 하나님에 관하여 조금이라도 알고 있지 못했읍니다. 그러나 하나님께서 스데반이 진술한대로 영광의 광채로 아브라함에게 오셔서(행 7 : 2) 아브라함은 그 신적 부르심에 즉각적으로 복종했던 것입니다. 하나님께서 언제나 먼저 행하십니다. 하나님께서 사람에게 오신 다음에야 사람이 따르게 됩니다.

아브라함의 후손들

불행히도 다른 사람들의 경우에서는 이 점을 인정하면서도 자신들은 예외인 것처럼 생각하는 사람들이 언제나 많을 것입니다. 우리의 시대뿐만 아니라 예수님의 시대에도 그러하였습니다. 예수님 때에 다음과 같은 논리를 제시했던 예수님 반대자들이 있었습니다. 그들은 이렇게 말했을 것입니다. "아브라함이 마귀를 숭배하는 자였고, 스스로 자신을 하나님께 내세울 아무 것도 가지고 있지 않았을 때에 부르심을 받았다는 건 사실이다! 그 진리는 인정한다. 그러나 어떻게 그러한 것을 가지고 아브라함의 후손들인 우리 각자도 역시 그러할 것임에 틀림 없다고 할 수 있겠는가? 확실히 말해서 우리 후손들은 무엇인가를 자랑할 것이 있다." 이러한 반대 논리를 제기할 때, 하나님께서는 육신적인 후손보다는 영적인 후손에 관심이 있음을 지적하심으로써 예수님은 그 반대 논리를 대응하셨습니다. 이러한 논리를 제시하는 사람들이 육신적으로 아브라함의 자손들이었다는 건 사실이었지만, 그들이 영적으로 아브라함으로부터 그 영적인 대를 물려받은 것이 아님은 확실했습니다. 왜냐하면 아브라함의 영적인 자손들이라면 다 예수님을 믿었을 것이기 때문입니다. 주님께서는 이렇게 결론지어 말씀하셨습니다. "하나님이 너희 아버지였으면 너희가 나를 사랑하였으리니 이는 내가 하나님께로서 나서 왔음이라…… 너희는 너희 아비 마귀에게서 났으니"(8 : 42, 44). 영적인 혈통은 어디서부터 연유됩니까? 오직 유일한 답변인즉, 그것은 하나님께로부터 직접 온다는 것입니다.

우리는 이점을 아브라함의 직계자손들에게서 발견합니다. 유대인들은 자기들이 아브라함의 후손들이니 하나님께 특별한 지위를 가지고 있노라고 주장하였습니다. 그러나 아브라함이 낳은 아들이 여럿 있었다는 사실을 간과하고 있었읍니다. 이삭은 약속의 아들이었읍니다. 그러나 이삭이 나기 전에 이스마엘이 있었읍니다. 그 이스마엘에게는 어떻게 되었읍니까? 분명히 하나님께서는 이삭을 선택하셨고, 그럼으로써 하나님 자신이 생명의 오직 유일한 원천이심을 드러내셨읍니다. 그리고 누구에나 그 생명을 나눠주기로 작정하신 것이 아님을 증 거하셨던 것입니다.

하나님께서 그 두 아들 중 어머니의 합당성과 무가치성을 기초로 하여 자기의 선택한 자를 세우셨다는 논리를 주장하는 사람들도 있었 읍니다. 의심할 여지없이 바울시대에 그러한 사람이 있었읍니다. 그 들은 비록 이삭과 이스마엘이 아브라함의 아들들이기는 하지만 이삭 만이 아브라함이 사라에게서 난 아들이라는 것을 크게 기뻐 지적하면 서, 반면에 이스마엘은 노예인 애굽여인 하갈의 아들이라고 말했을 것입니다. 그들은 이 말을 하면서 경멸조로 말했을 것입니다.

그것이 하나님의 선택에 대한 이유입니까? 다음 세대로 넘어가서 야 그 답을 발견할 것입니다. 왜냐하면 하나님께서 다음 세대에서 당 신의 백성을 선택하실 때, 같은 유대 여자 어머니에게서 난 두 형제 가 차이지게 하시기 때문입니다. 하나님이 나이 때문에 그렇게 하셨 다는 식으로 아무도 말하지 못하게하기 위해서, 두 아들이 쌍동이임 을 분명히 지적하십니다. 더구나, 그 선택이 두 아들의 도덕적 성격 을 기초로 해서 이루어졌다고 논증할 사람이 하나도 없게하시려고 하 나님께서는 모태에 있을 때 당신의 선택자를 공표하신 것입니다. 다 른 말로 해서 에서나 야곱이 선악을 행할 기회를 삼기 전에 선택하셨 다는 말씀입니다.

다시 한번 그 선택 문제는 온전히 하나님의 마음에 달려 있읍니다. 하나님께서는 당신이 선택하신 자를 축복하십니다. 당신이 선택하신 자에게 생명을 주십니다. 인간적인 방식으로서는 하나님의 길을 설명 할 도리가 없읍니다.

더구나, 하나님은 언제나 그런 식으로 일하십니다. 하나님께서 모 세를 언제 부르셨읍니까? 모세가 단순히 어린 아이로 갈대 상자 속에 담겨져 나일강물 위에 떠 있을 때였읍니다. 하나님께서 세례 요한을 택하여 자신을 믿게하시고 결국 메시야의 선구자가 되도록 결정하신 것은 언제였읍니까? 그의 어머니 엘리사벳과 예수님의 어머니 마리 아에게 그 사실이 알려진 것은 그가 나기 전이었읍니다. 그리스도께

서 자기 제자들을 다 언제 부르셨읍니까? 그들이 먼저 주님을 찾을
때였읍니까? 아닙니다. 오히려 그들이 고기잡이로서 자기 일을 하고
있을 때였읍니다. 그것이 바로 주님께서 여러분을 부르시는 방식입
니다. 물론 저는 하나님께서 다른 여러 방편들을 통하여 부르신다고
믿습니다. 설교를 통해서 부르시는 일도 흔합니다. 때때로 그리스도
인 친구의 증거나 삶을 통해서 부르시기도 하십니다. 어떤 때는 라디
오 프로그램이나 책을 통해서 부르시기도 합니다. 그러나 그 방편이
어찌 되었든지간에 하나님 편에서 부르시는 것이 먼저라는 것입니다.
더구나, 그 사람 속에 새로운 영적 생명을 넣으셔야 영혼이 부르심에
각성되어 하나님의 말씀을 들을 수 있고 반응할 수 있고 믿을 수 있
는 자가 되는 것입니다.

풍성한 삶

물론 하나님께서 먼저 부르시는 것만 있는 것으로 생각해서는 안됩
니다. 역시 신자들의 현재적인 삶과, 부활의 생명이 있읍니다. 후자
는 미래에 속한 것입니다. 예수께서 우리가 연구해나온 본문의 다음
구절에서 생명의 이 두 국면을 더 말해 나가십니다.

25절과 26절은 이렇게 선언합니다. "진실로 진실로 너희에게 이르
노니 죽은 자들이 하나님의 아들의 음성을 들을 때가 오나니 곧 이
때라 듣는 자는 살아나리라 아버지께서 자기 속에 생명이 있음 같이
아들에게도 생명을 주어 그 속에 있게 하셨고". 여기서 "죽은 자들"
이라는 말은 영적으로 죽은 자들이라는 뜻입니다. 앞서 나온 구절에
서도 그러하였읍니다. "생명"이라는 말을 유도하는 동사는 현재형이
아니라 미래형입니다. 이것은 이 구절에서 예수께서 자기를 믿는 자
의 현재적인 삶이 갈수록 더 풍성케 된다는 걸 내다보고 계심을 뜻합
니다. 첫째로, 하나님께서는 자기 자녀로 삼고 싶은 사람 속에 자기
의 생명을 넣으십니다. 둘째, 그 속에 있는 새 생명 때문에 그 자녀
는 하나님의 말씀을 듣고 믿습니다. 셋째, 그 자녀는 믿음으로써 그
생명의 체험을 갈수록 더 깊게하게 됩니다. 그래서 예수님께서는 "내

가 부른 자는 이 세상에서도 풍성한 방식으로 삶을 영위할 것이라"고 말씀하시는 것입니다.

여러분의 삶이 풍성합니까? 그리스도인이면서 이 풍성한 삶을 살지 못할 수가 있읍니다. 여러분이 매일매일 예수님으로 하여금 여러분의 삶을 변화시키도록 한다면 갈수록 더 풍성한 삶을 누리게 될 것입니다. 그것이 바로 여러분의 특권입니다.

부활의 생명

우리가 다음 강론에서 보다 더 광범하게 다룰 본문 말씀에서 예수님께서는 부활을 가리키면서 미래의 생명에 대해서 말씀하십니다. 예수님께서는 사람으로 하여금 신자가 되게하는 최초의 생명의 선물을 말씀하셨읍니다. 그리고 현재에 신자들이 누리는 생명에 대해서도 말씀하셨읍니다. 이제는 미래의 생명에 대해서 말씀하시려고 하십니다. "이를 기이히 여기지 말라 무덤 속에 있는 자가 다 그의 음성을 들을 때가 오나니 선한 일을 행한 자는 생명의 부활, 악한 일을 행한 자는 심판의 부활로 나오리라"(28, 29절). 이 두 절에 따르면, 신자가 영적으로 다시 살아나는 순간에 주어지는 생명은 부활로 말미암아 온전한 생명을 누리게 될 것입니다.

그러면 주 예수 그리스도를 믿는 우리가 소유하는 생명은 무엇입니까? 그것은 하나님 자신의 생명입니다. 베드로는 우리가 이미 "신의 성품에 참여한 자"가 되었다고 말합니다(벧후 1 : 4). 그러므로 그 생명은 하나님 자신처럼 영원하고 파괴될 수 없는 생명입니다. 그 생명은 영원토록 가게 될 것입니다. 그 생명은 영원토록 곤고하거나 하락되는 존재가 되지 않을 것입니다. 만일 우리가 우리 스스로 내버려 둔다면 우리는 곤고해지고 비참해질 것입니다. 그러나 그 생명은 하나님의 모든 성품을 소유하는 영광스러운 생명으로 끊임없이 들어가게 될 것입니다.

어떤 사람들은 이 위대한 생명이 **영구적이지 못하다고 상상하였**읍니다. 어떤 사람들은 그것이 영원하지 못하다고 생각했다는 말입

니다. 그러나 만일 그럴 수 있다면, 그 말씀들이나 하나님의 모든 말
씀은 의미가 없어집니다. 만일 영생이 잃어버릴 수도 있는 것이라면
그것은 영원한 것이 아닙니다. 만일 그 영생을 우리에게서부터 취하
여갈 수 있다면, 그것은 영원한 것이 아닙니다. 만일 우리가 그 생명
을 기각시켜 더 이상 우리에게 속하지 못하도록 할 수 있다면, 그것
은 영원하지 않습니다. 하나님이 변할 수 있는 분입니까? 절대 그렇
지 않습니다! 그의 주신 은사들이 철회될 수 없습니다. 성경은 말합
니다. "하나님의 은사와 부르심에는 후회하심이 없느니라"(롬 11: 29).
만일 하나님께서 우리에게 십년간 지속되는 생명을 주셨다면,
십 년이 되기 전에는 그 생명을 잃어버릴 수 없습니다. 만일
천 년의 생명을 주셨다면, 천 년이 되기 전에 그 생명은 상실될
수가 없을 것입니다. 같은 방식으로, 그가 우리에게 '영원한' 생명을
주셨다면, 그 생명은 '영원한' 생명입니다. 그 생명은 우리의 육신
적인 부활의 순간까지, 아니 그 너머까지 계속 존재할 것을 확신할
수 있습니다.

9

사느냐 죽느냐의 문제

"이를 기이히 여기지 말라 무덤 속에 있는 자가 다 그의 음성을 들을 때가 오나니 선한 일을 행한 자는 생명의 부활로 악한 일을 행한 자는 심판의 부활로 나오리라 내가 아무 것도 스스로 할 수 없노라 듣는 대로 심판하노니 나는 나의 원대로 하려 하지 않고 나를 보내신 이의 원대로 하려는 고로 내 심판은 의로우니라" (5 : 28~30).

여러분은 "잠시적"인 것과 "영구적"인 것 사이의 차이를 아십니까? 잠시적인 것은 변할 수 있는 것을 가리킵니다. 영구한 것이란 변할 수 없는 것을 가리키는 것입니다. 이는 우리가 이 강론에서 다룰 주제를 이해하는 데 중요합니다. 왜냐하면 여기서 다룰 주제는 하나님의 심판에 관한 주제이기 때문입니다. 중심적인 요점은, 하나님의 심판은 사람들을 영구히 갈라놓을 것이라는 것입니다. 어떤 사람들은 충만한 생명 가운데로 들어가고, 어떤 사람들은 성경이 이르는대로 사망이나 저주에 들어가게 된다는 것입니다.

하나님의 심판날이 성경에서 여러 곳에서 언급되고 있습니다. 예를 들어서 바울은 로마서에서 "하나님이 예수 그리스도로 말미암아 사람들의 은밀한 것을 심판하시는 그날"(롬 2 : 16)에 대해서 쓰고 있읍

니다. 그는 아덴에서 헬라 사람들에게 설교할 때도, "알지 못하던 시
대에는 하나님이 허물치 아니하셨거니와 이제는 어디든지 사람을 다
명하사 회개하라하셨으니 이는 정하신 사람으로 하여금 천하를 공의
로 심판할 날을 작정하셨다"(행 17 : 30, 31)고 말하였읍니다. 계시
록은 21장에서 그 심판을 묘사합니다. 오늘 우리가 본문으로 잡은 말
씀 속에서 예수님께서는 역시 이 심판에 대해서 말씀하십니다. "이를
기이히 여기지 말라 무덤 속에 있는 자가 다 그의 음성을 들을 때가
오나니 선한 일을 행한 자는 생명의 부활로, 악한 일을 행한 자는 심
판의 부활로 나오리라 내가 아무 것도 할 수 없노라 듣는대로 심판하
노니 나는 나의 원대로 하려하지 않고 나를 보내신 이의 원대로 하려
는고로 내 심판은 의로우니라"(요 5 : 28~30),
   이 구절들은 세 요점들을 보여주고 있읍니다. 첫째, 사망은 존재의
끝이 아니라는 것입니다. 둘째, 무덤 너머에 두 존재의 양식이 있다
는 것입니다. 곧 하나는 좋은 존재의 양태요, 또 다른 하나는 무시무
시한 존재의 양태입니다. 세째로, 각 존재 양태마다 개인이 주 예수
그리스도와 어떤 관계를 가졌느냐에 따라서 결정된다는 것입니다. 각
사람은 이러한 관계에 비추어서 자신을 시험해 보아야한다는 명백한
결론이 성립됩니다.

   저 너머에

   그리스도께서 가르치시는 첫번째 요점은, 육체의 죽음이 존재의 끝
이 아니라는 것입니다. 그리스도께서도 죽음으로 끝난 것이 아니고,
역시 다른 사람들도 마찬가지입니다. 주님께서는 분명히 그 죽음을
기다리고 계셨읍니다. 언젠가 주님은 자기 생명을 많은 사람들을 위
한 대속물로 주려하신다고 말씀하셨읍니다. 또 제자들에게는, 자기가
잡혀 매맞고 자기를 미워하는 종교지도자들 때문에 죽임을 받게 될
예루살렘으로 올라가야겠다고 말씀하셨읍니다. 그 모든 일은 그대로
일어났읍니다. 그러나 예수님께서는 3일만에 다시 살아나셔서 제자
들에게 다시 돌아오실 것이라는 말씀도 하셨읍니다.

우리는 이 본문에서 예수께서 선한 사람이든 악한 사람이든 계속 살아 존재하게 될 것이라는 사실을 내다보셨음을 알게 됩니다. 물론 생명이란 말이 그것을 묘사하기에 적당한 말은 아닙니다. 존재란 말이 더 나은 용어입니다. 그럼에도 불구하고, 용어야 어찌되었든, 예수님에 의하면 무덤이 어느 사람이든지 그 사람의 생명의 끝은 아니라는 걸 확실히 알 수 있습니다.

이 점에 있어서 주님의 가르침은 구약의 가르침과 일치합니다. 구약에서는 사후의 존재 개념이 충분히 발전되지 않았다고 말하는 소리를 자주 듣습니다. 어느 정도는 그렇다고 할 수 있겠지요. 그러나, 구약의 대전제는, 생명은 무덤 너머에까지 계속된다는 것입니다. 예를 들어서, 족장들이 자기들보다 먼저 간 사람들에게로 갔다는 말로 묘사된 말씀 뒤에는 그 사상이 깔려 있습니다. 아브라함의 죽음을 가리켜서 이렇게 말합니다. "그가 수가 높고 나이 많아 기운이 진하여 죽어 자기 열조에게로 돌아가매"(창 25 : 8). 이삭에 대해서는, "나이 일백 팔십세라 이삭이 나이 많고 늙어 기운이 진하매 죽어 자기 열조에게로 돌아가니"(창 35 : 29)라 말하고 있습니다. 자기의 사랑하는 아들 요셉이 죽었다는 소식을 듣고서 야곱은 역시 같은 기대감을 나타냈읍니다. "그 모든 자녀가 위로하되 그가 그 위로를 받지 아니하여 가로되 내가 슬퍼하여 음부에 내려 내 아들에게로 가리라하고 그 아비가 그를 위하여 울었더라"(창 37 : 35).

여기서 "음부"(스올)라는 말이 언급되는데, 그것은 구약이 장차 올 삶을 믿고 있다는 또 다른 증거가 됩니다. "스올"은 구약의 어떤 번역에서는 "지옥", "사망", 또는 "무덤" 등으로 번역되기도 하였읍니다. 그러나 이러한 번역은 잘못된 것입니다. 구약에서 스올이 장소를 뜻하는 명사라는 사실을 배제시키는 그러한 번역을 용납해서는 안됩니다. 그것은 죽은 자가 가는 장소의 명칭입니다. "림보"와 같은 말입니다. 헬라 사람들은 죽은 자가 바로 거기에 거한다고 생각하고 그러한 명칭을 썼던 것입니다. 반면에, 믿음으로 죽은 사람들이 거기에 갑니다. 이것은 야곱의 진술에 의해서 증명됩니다. 한편, 그 말은 음행자들이나 죄인들이나 이교도들도 가는 곳으로 되어 있읍니다(민 16 : 33; 잠 7 : 27; 사 14 : 9～15).

스올이 존재한다는 것은 죽은 뒤에 생명이 있다는 사실을 크게 증거하는 것입니다. 예수님께서는 바로 그점을 전제한 것입니다. 주석가인 모타이어(J. A. Motyer)는 이렇게 썼읍니다. "구약성경이 스올의 생명의 '본질'에 관해서 말하는 것이 어떠한 것인지 해석이 분분할 수 있지만, 스올에서 생명이 존재한다는 사실을 주장하는데는 이견(異見)이 있을 수 없다. 지상의 삶으로 사람의 모든 생명이 끝나는 것이 아니다. 그 너머에 또 다른 존재가 있다. 아무도 그것을 피할 수 없다. '살아서 죽음을 보지 않고 자기 영혼을 스올의 권세에서 건져낼 사람이 누구이겠는가?'"

그리스도께서 오시기 전 **오랫동안** 경건한 남자들과 여자들은 이러한 일들이 정말 그러할까 의아해하면서 서로 논쟁했을 가능성이 있읍니다. 그러나 경우가 어찌하였든간에, 무덤 너머에 생명이 있다는 진리를 의심할 수 없읍니다. 어째서 의심할 수 없읍니까? 그리스도의 부활 때문에 의심할 수 없읍니다. 1492년 이전의 스페인 주화는 지부랄탈 해협을 자주 그려넣었는데, 라틴어로 'ne plus ultra'라고 새겨넣었었읍니다. 그것은 '저 너머에는 아무 것도 없다'라는 뜻입니다. 사람들이 알기로 지부랄탈 해협으로 표시되는 지중해의 서쪽 끝이 땅의 끝이라고 생각했읍니다. 그러나 1492년 콜롬부스가 큰 바다를 건너 아메리카의 해안에 이르게 되었읍니다. 콜롬부스가 이 항해에서 돌아온 다음에 통화로 쓰여졌던 주화들이 다시 재발급되었는데, 이제는 "저 너머에도 또 있다"라는 뜻의 "plus ultra"라고 새겨 넣었읍니다. 이것은 스페인의 크라운화의 표제가 되었읍니다. 같은 방식으로, 주 예수 그리스도께서 일단 죽음의 해협을 통과하시고 돌아오실 때 구약의 소망이 잘 성취되었다는 풍성한 증거를 가져오셨읍니다.

두 운명

동시에, 우리는 예수께서 단순히 구약의 인물들이 믿었던 것을 강화시키고만 계시지 않다는 걸 주목해야 합니다. 그는 그들의 소망에 덧붙여 스올 너머에 부활이 있다는 것을 보여주십니다. 신자들에게는 생명의 부활, 불신자들에게는 저주의 부활이 있을 것이라고 말씀하십니다. 그리하여 이러한 부활들이 그 두 운명을 영구히 고정시킨다고 말씀하십니다.

물론 구약에서도 이러한 소망에 부분적으로 참여한 것 같은 실례가 몇 있었다는 것은 사실입니다. 욥은 "내가 알기에는 나의 구속자가 살아계시니 후일에 그가 땅 위에 서실 것이라 나의 이 가죽, 이것이 썩은 후에 내가 육체 밖에서 하나님을 보리라"(욥 19 : 25, 26) 라고 말할 때 이 믿음을 말한 것입니다. 다윗은 분명히 이 소망을 표현하고 있읍니다. "하나님은 나를 영접하시리니 이러므로 내 영혼을 음부의 권세에서 구속하시리로다"(시 49 : 15). 그러나 의인은 생명의 부활을 맞게 된다는 교리가 충만하게 드러난 것은 그리스도의 교훈으로 말미암았다는 건 사실입니다. 진정, 우리 본문(예수님의 초기 공생애에서 말씀하신)은 이 진리를 완벽히 진술한 최초의 경우일 수 있읍니다.

최소한 신자들에게 있어서 이 진술은 영광스러운 진술입니다. 어째서 그렇습니까? 그것은 우리의 위대한 구원의 완성을 가리키기 때문입니다.

이것이 무엇을 뜻하는가를 가장 잘 설명하는 길은, 하나님께서 그 사람을 일단 구원하시기로 결정하시면 그의 모든 것을 구원하시기로 정하신 셈이라고 지적하는 것입니다. 사람이 창조될 때 그는 몸과 혼과 영을 소유한 삼요소적인 존재로 지어졌읍니다. 사람이 죄를 지었을 때 그 존재의 각 부분이 다 죄와 하나님의 진노 아래 놓이게 되었읍니다. 하나님께서는 선악을 알게하는 나무에 관해서 아담에게 말씀하셨읍니다. "네가 따먹는 날에는 정녕 죽으리라"(창 2 : 17). 사람이 죄를 지었을 때 죽었읍니다. 그의 영이 즉각 죽었읍니다. 하나님으로부터 숨었다는 사실을 통해서 그 점을 증거했읍니다. 그의 영혼이 죽기 시작했읍니다. 그의 몸도 끝내는 죽고 흙으로 돌아갔읍니다. 이제, 하나님께서 사람을 구원하실 때 어떤 일이 일어납니까? 하나님께서 사람을 구원하실 때 사람의 존재의 각 부분을 새로운 부분으로 대치하십니다. 더 나아가서 그 사람의 각 부분의 상실된 순서대로 그렇게 하십니다. 하나님께서는 사람에게 새 영을 주십니다. 이것은 그 사람 안에 있는 하나님의 생명입니다. 이 세상을 살 동안 하나님께서는 그 사람이 그리스도의 형상을 따라서 변화되어가감에 따라서 새 혼을 형성시키기 시작합니다. 이 혼을 "새 사람"이라고 부릅니다. 이 새 사람은 하나님에 의해서 개인 안에 놓여집니다. 멸망하기로 작정된 옛 사람 대신 그것이 존재하게 됩니다. 끝으로, 부활할 때 혼과 영과 연합하게 될 새 몸을 창조하십니다.

그것은 우리가 갈망하는바 새 영혼과 새 영과 새 몸의 연합입니다. 이제 우리는 옛 몸을 지니고 있읍니다. 죽을 때 그 옛 몸은 사라지고, 우리의 혼과 영 (주님께 속한) 은 예수님과 함께 거하게 될 것입니다. 주님께서 돌아오실 때 우리는 새로운 몸을 **받고,** 우리의 구원은 완성될 것입니다. 예수님을 믿는 사람들은 그날을 고대하면서 기다립니다.

저주

반면에, 이 같은 말씀에 따르면 예수께서는 생명에 이르는 부활 뿐 아니라 저주에 이르는 부활도 말씀**하셨다는** 걸 정직하게 지적해야 합니다. 저는 방금 그것을 묘사했었읍니다. 이 시점에서 흠정역은 "저주"(Damnation) 라 하였는데, 그 말은 요 3 : 18에 나오는 말과 같습니다. "저를 믿는 자는 심판을 받지 아니하는 것이요 믿지 아니하는 자는 하나님의 독생자의 이름을 믿지 아니하므로 벌써 심판을 받은 것이라"(여기서 우리 말로 심판이라고 번역한 말은 '정죄'라고 번역해도 되는 말임 —역자주). 이 말씀은 그런 하나님 없이 영원토록 존재하도록 정죄되었다는 뜻입니다. 하나님은 모든 선의 원천입니다. 따라서, 하나님 없이 존재한다는 것은 나쁜 것이고, 모든 공포와 염려와 불행과 곤고와 깊은 울부짖음으로 가득 찬 것이라고 묘사해야 마땅한 존재 양태입니다.

  우리는 이것을 꼭 명심해야 합니다. 하나님께서는 이 땅에 살았던 모든 사람들이 하나님 앞에 불리워져나와 심판을 받을 날을 지정하셨읍니다. 죽음은 끝이 아닙니다. 그러므로 저와 여러분이 누구이든지 간에 다 하나님 앞에 서야합니다. 여러분이 주 예수 그리스도와 가진 관계로 말미암아서 "생명에 이르는 심판을 받을 것인가?"아니면 "정죄에 이르는 심판을 받을 것인가?"가 결정됩니다. 여러분은 그 심판이 하나님과 영원토록 연합시키는 심판이 되기를 원합니까, 아니면 하나님으로부터 영원토록 분리되는 방편이 되는 심판이 되기를 원하십니까?

  ## 하나님의 긍휼이냐 하나님의 공의냐?

  만일 여러분이 스스로 이 질문을 던져놓고 답변을 생각한다면, 여러분은 그 답변을 할 수 있고 의심할 여지 없이 그 답변이 무엇인가를 알 수 있다는 걸 보여드릴 특권을 저는 가지고 있읍니다. 그것은 모두 주 예수 그리스도에 관한 여러분의 관계에 달려 있읍니다. 만일 여러분이 여러분 모습 그대로 —여러분을 위한 그리스도의 죽으심으로부터 오는 은전을 전혀 받지 않거나 그리스도께서 주시는 의와 새 생명의 은전을 전혀 받지 않은 채 —그 모습 그대로 하나님 앞에 서게 된다면 하나님께서는 틀림없이 하나님의 면전에서 여러분을 쫓아 추방하실 것입니다. 여러분이 여러분 자신의 눈에 아무리 선하게 보인다 할지라도 여러분은 죄인입니다. 하나님께서 여러분을 그냥 묵과하실 수 없읍니다. 더구나, 여러분은 하나님의 무서운 진노의 대상이 될 것입니다. 여러분은 그의 피조물입니다. 그가 여러분을 지으셨읍니다. 그런데도 불구하고 여러분은 그의 길을 배척하였고, 오셔서 여러분을 위해서 여러분을 구원하기 위해서 고난 받으신 그의 아들을 멸시했읍니다.

  반면에, 여러분이 주 예수 그리스도를 믿고, 그리스도께서 여러분

을 위해서 행하신 일을 믿는 자로 하나님 앞에 선다면, 하나님께서
예수님같이 여러분을 받으실 것이라 약속하십니다. 사실 예수께서 친
히 심판장 되시니, 여러분을 영접하실 이는 예수님이십니다. 그는 여
러분을 하늘로 데려갈 것입니다. 하늘로 데려가시되, 죄 값을 이미
치른자로 데려가시고, 여러분의 본성적인 성품을 가지고 서 있지 않
고 하나님께서 주신 몸과 혼과 영을 입고 있는 새 생명을 가진 자로
보시고 데려가신다는 말씀입니다. 어떻게 그분이 여러분을 받지 못하
시겠읍니까? 죄로 말미암아 파멸된 옛 피조물로 오지 않고 구세주의
생명 안에서 온전케 된 새 피조물로 오는 여러분을 어떻게 거절하시
겠읍니까?

아직 주 예수 그리스도를 믿지 않는 사람들은 하나님의 심판에 대
해서 생각할 때 두 가지 **방향으로** 생각한다는 것을 저는 언제나 체험
하였읍니다. 어떤 사람들은 그 하나님의 '심판을 믿기를 거절합니다.
그들은 매우 그릇되게, 나는 심판이 하나님의 성품에 위배된다고 생
각한다고 말합니다. 그들은 이렇게 논리를 폅니다. "하나님은 사랑
이다. 그런데 그 사랑하는 하나님이 어찌 어떤 사람을 정죄할 수 있
는가?"이 관점에 대해서, 하나님의 사랑은 하나님의 심판과 모순되
지 않는다고 답변해드립니다. 우리가 그 문제에 대해서 어떻게 생각
한다할지라도 성경은 매우 분명하게 이 두 주제가 서로 조화를 이룬
다고 말하고 있읍니다.

또 다른 반대논리는 보다 더 위험스러운 것입니다. 이 사람들은 그
리스도로 말미암아 구원을 받는 것은 무언가 수치스러운 것이라고 믿
는 것입니다. 그리스도로 말미암아 구원을 받는 것은 하나님의 긍휼
이나 은혜에 기대는 것이라고 말합니다. 그래서 그들은 반대하려 합
니다. 그들은 이렇게 말할 것입니다. "나는 하나님으로부터 오는 긍
휼을 원치않는다. 내가 원하는 것은 공정한 거래이다. 나는 공의만
원한다."

저는 하나님으로부터 공의 밖에는 다른 것은 전혀 원치 아니하는
사람을 불쌍히 여깁니다. 하나님의 공의라고요? 하나님의 공의는 사

람을 지옥에 보낼 것입니다. 하나님의 공의는 절대로 사람을 구원하지 못합니다. 공의는 정죄합니다! 사람을 용서하고 살리는 것은 그리스도 예수 안에 있는 하나님의 은혜 뿐입니다.

하나님으로부터 공의만 찾으면 어떤 결과를 가져오는가를 족장 아브라함의 삶에 있었던 한 사건을 통해서 생생하게 엿볼 수 있습니다. 아브라함은 자기 조카 롯과 갈라섰습니다. 그리고 팔레스타인의 구릉지역에 살려고 갔습니다. 반면에 롯은 소돔과 고모라성으로 살려고 갔습니다. 두 도성의 죄악은 심판을 불러올 정도였습니다. 하나님께서 아브라함에게 나타나셔서 그 두 도성을 멸하려하신다고 말씀하십니다. 즉각, 아브라함은 자기 조카를 생각하게 되었습니다. 만일 하나님께서 말씀하신대로 행하신다면 그 조카 롯도 멸망을 당할 것이다. 그래서 아브라함은 하나님과 따지기 시작했습니다. "만일 하나님께서 소돔과 고모라를 그대로 멸하신다면, 의인(義人)을 악인과 함께 멸하시는 것이 되나이다. 그 도성에 의인 오십이 있다면 어찌하시겠읍니까? 오십 의인을 위하여 그 도성을 찾으시겠읍니까? 세상을 심판하시는 이가 공의를 행하시는 이가 아니니이까?"

하나님께서는 "내가 만일 소돔성 중에서 의인 오십을 찾으면 그들을 위하여 온 지경을 용서하리라."

이 시점에서 아브라함은 소돔성에 의인 오십이 없을거라는 걸 생각하고 걱정하기 시작했습니다. 그는 네 사람만 생각했습니다. 롯, 롯의 아내, 롯의 두 딸들 말입니다. 롯이 그곳에 가서 굉장한 전도자가 되지는 못했을 것이기 때문입니다. 그래서 아브라함은 계속해서 하나님께 여쭈어 봅니다. "오십 의인 중에 오인이 부족할 것이면 그 오인 부족함을 인하여 온 성을 멸하시리이까?"

"아니다. 내가 거기서 사십 오인을 찾으면 멸하지 아니하리라"라고 하나님은 말씀하십니다.

아브라함은 또 말합니다. "사십인을 찾으시면 어찌하시려나이까?"
"사십인을 인하여 멸하지 아니하리라"고 하나님은 말씀하십니다.
"삼십인을 찾으면 어찌하시겠나이까?"

"삼십인을 찾으면 멸하지 아니하리라."

"이십인을 찾으시면 어찌하시려나이까?"

"이십인을 인하여 멸하지 아니하리라." 결국 아브라함은 그 도성을 위해서 필요한 의인의 숫자를 낮춰 열명까지 내려갑니다. 하나님께서는 의인 열만 있으면 그 도성을 멸하지 않겠다고 약속하셨습니다. 그러나 그 경우 마저 아브라함은 충분히 그 숫자를 감하지 못했읍니다. 그리하여 하나님께서 마다하는 롯과 그의 아내와 그의 딸들을 그의 도성에서 옮기신 후에, 심판을 行하셨읍니다. 그럼으로써 사해평야의 도성들은 멸절되었읍니다.

온 세상을 심판하신 이가 의를 행사하실 때 바로 그러한 일이 일어납니다. 하나님의 의대로하면 사람들은 정죄받습니다. 하나님의 공의가 사람들을 지옥에 가게 합니다. 여러분은 공의를 원하십니까? 얼마나 어리석은 일인지요! 반면에, 그리스도 안에서 새 생명을 받은 사람이 그 공의대로 심판을 당하지 않고 대신 육체의 죽음을 넘어서 부활하여 충만한 영생을 얻게 된다는 것이 얼마나 놀라운 일입니까! 여러분은 구원을 위해서 주 예수 그리스도를 신뢰하십니까? 여러분은 결정을 내려야 합니다. 이생에서 내린 결정들은 영원한 문제들에 영향을 미칩니다.

10

그리스도의 증인들

"내가 만일 나를 위하여 증거하면 내 증거는 참되지 아니하되 나를 위하여 증거하시는 이가 따로 있으니 나를 위하여 증거하시는 그 증거가 참인 줄 아노라 너희가 요한에게 사람을 보내매 요한이 진리에 대하여 증거하였느니라 그러나 나는 사람에게서 증거를 취하지 아니하노라 다만 이 말을 하는 것은 너희로 구원을 얻게하려 함이니라 요한은 켜서 비취는 등불이라 너희가 일시 그 빛에 즐거이 있기를 원하였거니와 내게는 요한의 증거보다 더 큰 증거가 있으니 아버지께서 내게 주사 이루게 하시는 역사 곧 나의 하는 그 역사가 아버지께서 나를 보내신 것을 나를 위하여 증거하는 것이요 또한 나를 보내신 아버지께서 친히 나를 위하여 증거하셨느니라 너희는 아무 때에도 그 음성을 듣지 못하였고 그 형용을 보지 못하였으며 그 말씀이 너희 속에 거하지 아니하니 이는 그의 보내신 자를 믿지 아니함이니라 너희가 성경에서 영생을 얻는 줄 생각하고 성경을 상고하거니와 이 성경이 곧 내게 대하여 증거하는 것이로다 그러나 너희가 영생을 얻기 위하여 내게 오기를 원하지 아니하는도다 나는 사람에게 영광을 취하지 아니하노라 다만 하나님을 사랑하는 것이 너희 속에 없음을 알았노라 나는 내 아버지의 이름으로 왔으매 너희가 영접지 아니하나 만일 다른 사람이 자기 이름으로 오면 영접하리라 너희가 서로 영광을 취하고 유일하신 하나님께로부터 오는 영광은 구하지 아니하니 어찌 나를 믿을 수 있느냐 내가 너희를 아버지께 고소할까 생각하지 말라 너희를 고소하는 이가 있으니 곧 너희의 바라는 자 모

세니라 모세를 믿었더면 또 나를 믿었으리니 이는 그가 내게 대
하여 기록하였음이라 그러나 그의 글도 믿지 아니하거든 어찌 내
말을 믿겠느냐 하시니라"(요 5 : 31~47).

요한복음 5장은 거의 다 개인이 어떻게하면 하나님을 알 수 있는
가의 문제에 관한 것이라 할 수 있습니다. 신학용어로하면 이것
은 인식론(認識論, Epistemology)의 문제입니다. 그 문제는 두 부
분으로 나누어집니다. 첫번째 문제는 방편의 문제를 다룹니다. 어떤
방편을 통해서 우리가 하나님을 알 수 있는가? 하나님께서 자신을
계시하실 때 어떠한 통로를 통하여 계시하는가? 두번째 부분은 험증
(驗證)의 문제를 취급합니다. 일단 하나님을 알 수 있는 통로를 알
았으면, 그 통로 자체가 순전함을 어떠한 방식으로 입증할 수 있는
가 하는 문제가 대두됩니다. 다른 말로 해서, 하나님을 아는 이 방
편이 진실하다는 걸 어떻게 알 수 있는가의 문제입니다.

다행히도, 이 문제의 부분이 다 요한복음 5장에서 논의되고 있습
니다. 우리는 이미 첫번째 부분을 살펴보았습니다. 요한복음 5장은
이제 우리를 두번째 부분으로 인도합니다. 여기에 기록된 대화의 첫
번째 부분에서 예수님께서는 자신이 하나님과 동등되시며, 따라서 자
신을 통해서만이 하나님을 알 수 있다고 선언하셨습니다. 예수님께서
는 자신이 최종 심판을 담당하신 장본인일 뿐 아니라 생명을 주시는
분도 된다고 말씀하셨습니다. 제가 방금 말씀드린 차원에서 생각하
자면, 그 말은 예수님 자신이 우리가 하나님을 알 수 있는 통로이며
자신이 하나님이시기 때문에 그 통로는 진실하다는 뜻입니다. 이 시
점에서 어떤 사람은 자연히 두번째 부분에 질문을 제기할 것입니다.
"예수가 하나님이라고 말했다. 그러면 그러한 주장을 어떤 근거에서
하는가?" 그리스도의 말씀의 맥락을 보면서 어떤 사람은 "어째서 그
리스도의 말씀을 들었던 유대인들이 그러한 증거를 믿어야 하는가?
어째서 그들은 예수님을 믿을만한 분으로 생각해야 하는가?"라는 질
문을 던질 것입니다.

예수님은 이러한 질문들에 대답하실 뿐만 아니라 어떤 사실을 확증하려면 두 세 증인을 요구했던 유대 율법의 절차를 인정하십니다. 아울러 예수님께서는 자기 자신의 말씀을 강화시키고 섬세히 구체화시키는 세 독립적인 간증들을 인용하십니다. 그 증거는 세례요한의 간증이요, 예수님의 이적들이 보여주는 것이요, 구약성경의 증거들입니다. 예수님을 뒷받침하는 이 증거들은 아직도 확고한 효력을 가지고 있기 때문에 우리에게 중요합니다. 그 증거들은 그리스도의 주장을 믿을 것을 요청합니다.

아버지의 증거

우리가 세례 요한과, 이적과, 성경들의 자세한 증거를 살펴보기 전에, 먼저 그 증거들의 본질에 관해서 무언가를 알아야할 것이고, 어째서 예수님께서는 그러한 증거들에 호소하셨는지를 알아야 합니다.

중심적인 요점은 예수께서 이러한 보충적인 증거들을 통하여 자기의 주장을 변호하실 때, 단순히 어떤 사실들이나 환경에 호소하신 것이 아니라는 점입니다. 더구나 자신에 관한 어떤 사람의 견해에 호소하는 일을 더더욱 아니하셨습니다. 그는 사실 자기를 위한 아버지의 증거들에 호소하고 계십니다. 다른 말로 해서 예수님께서 자기의 모든 행동과 말씀을 통하여 하나님의 뜻을 촉구하셨던 것과 꼭같이 (19, 20절), 자기 증거에 대한 증인으로 하나님을 세우시는 걸 그처럼 좋아하셨습니다. 그러기 때문에 세례 요한의 증거들, 예수님의 이적들의 증거, 구약성경의 증거는 중요합니다.

우리는 이 원리를 다음과 같이 상상해보면 분명히 알 수 있습니다. 어떤 사람이 우리 집에 하나의 소식을 가지고 왔는데, 사장이 나를 부사장의 위치로 승진시켰다는 소식이었읍니다. 물론 그 소식은 좋은 소식입니다. 그러나 그 소식을 전달하는 사람이 사장이 직접 보내지 않은 사람이라면, 소식은 무의미한 것입니다. 우리가 확인해본 결과 사장이 그 사람에 대해서 아는 바가 없다는 걸 발견하게 되면, 우리는 그 방문자를 좀 이상한 농담군으로 여길 수 있읍니다. 그러나 그 소식을 전달해준 사람이 실제로 사장으로부터 보냄을 받았다면, 그가 전하는 소식이 순전하다는 걸 알게 됩니다. 같은 방식으로, 예수님을 증거하는 보충적인 증인들이 하나님으로부터 온 것인지 아닌지의 문제는 중요합니다.

이것이 바로 그리스도의 가르침을 기록보도하기 시작하는 본문의 요점입니다. 이 본문은 이렇게 말합니다. "내가 만일 나를 위하여 증거하면 내 증거는 참되지 아니하되 나를 위하여 증거하시는 이가 따로 있으니 나를 위하여 증거하시는 증거가 참인줄 아노라"(31, 32절).

여기서 말씀하시는 "다른" 증인이 누구입니까? 어떤 학자들은 이 "다른" 증인은 세례 요한알 것이라고 상상했습니다. 세례 요한의 증거에 대해서 즉각 말씀하신다는 단순한 이유때문입니다. 물론 그럴 수도 있습니다. 그러나 문맥에 나타나는 걸 종합하여 참조하면 다른 결론에 이르게 됩니다. 첫째로, 이 구절의 증거는 현재시제로 묘사되어 있습니다 - "나를 위하여 증거하는 이가 따로 있으니"(나를 위하여 증거하고 있는 이가 따로 있으니 - 역자주)라고 말하고 있습니다. 반면에 세례 요한의 증거는 과거시제로 묘사되어 있습니다. 둘째로, 그 표현의 온전한 형태 - "나를 위하여 증거하시는 그 증거" - 는 첫번째 증거를 특별하게 주목하기 위해서 따로 떼어 말하는 효력을 나타냅니다. 반면에 이 대목에서 요한의 증거는 실제로 더 낮은 자리를 차지하고 있습니다. 셋째, 처음 두 구절은 서론인 것처럼 보입니다. 이러한 여러 가지 이유들을 참조할 때 "다른 증인"이 하나님 아버지를 가리키는 것이라고 말하는 것이 현명한 것 같습니다. 그리고 아버지의 증거가 세례 요한과, 이적과, 성경의 증거를 통해서 표현되었음을 발견하는 것이 지혜로울 것입니다. 아버지의 증거가 각 구절의 인용에서 노골적으로 언급됩니다(36~38절).

그러한 증거의 가치는 정확히 그것이 하나님의 증거라는 사실 위에서 찾아야한다는 것이 바로 이 대목의 요점입니다. 다른 말로 해서 하나님 아버지께서 자신을 알리는 통로로 성자 하나님을 보내시기만 한 것이 아니라는 것입니다. 하나님 아버지께서는 그에 더하여 동시에 사람들이 하나님께서 그리스도 안에서 말씀하시는 것을 알게하셨고, 그를 믿지 못한 데 대해 어떠한 구실도 대지 못하게 다른 보충적인 증거들을 제공하셨던 것입니다.

세례 요한

요한복음 5장에서 예수님에 의해서 인용된 첫번째 보충적인 증거는 세례 요한의 증거입니다. 우리는 이미 지난 여러번의 강론을 통해서 세례 요한을 어느 정도 상세히 살펴보았습니다. 특별히 증인으로서의 그의 성격과 관련해서 살펴보았습니다. 세례 요한은 위대한 증인이었습니다. 그는 우리의 증거의 본을 보여주었습니다. 그럼에도 불구하고 그가 여기서 예수님에게 언급된 것은 증인이라는 단순한 이유 때문이 아니라(오늘날 그리스도인들도 같은 방식으로 증인일 수 있지만) 특별한 타입의 증인, 선지자이기 때문입니다.

세례 요한이 자기를 메시야로나, 엘리야로나, "선지자"로 불리워지기를 원치 않았다는 것이 요한복음 1:20, 21절에 언급되는데, 우리는 그점을 통해서 세례 요한은 역시 선지자적인 역할 자체를 사양하고 있었다는 논리를 펼 수도 있습니다. 그러나 그 논리는 타당성이 없습니다. 요한이 신명기 18:15에서 말하는 그 선지자로 행세하기를 거절하였다는 것은 사실입니다. 그러나 그것이 선지자적인 역할을 전적으로 부정한 것이라고 생각해서는 안됩니다. 요한이 자기를 메시야로 보거나 엘리야로 보거나 "선지자"로 보는 걸 거절했던 것은 자기 자신을 중요하게 부각시키기를 원치 않았었기 때문입니다. 그러나 자신이 아니고 그리스도를 가리켰으니 선지자적인 역할을 아주 강하게 드러낸 것입니다.

우리는 첫째로 세례 요한이 제사장과 나실인으로서 선지자의 완벽한 모습을 보여준다는 걸 지적해야 합니다. 그는 혈통상 자기 아버지 사가랴의 대를 이은 제사장이었습니다. 또한 삼손이나, 사무엘, 그리고 그 앞에 존재했던 많은 사람들처럼 나실인으로 선별되었습니다(눅 1:15 참조). 일반적으로 세례 요한이 선지자로 인정을 받았다는

사실을 감안해야만 예루살렘으로부터 그에게 보내온 대표단의 질문
들을 이해할 수 있습니다.

  요한이 자기 자신의 생각을 따라서 말한 것이 아니라 하나님께 보
냄받은 자로서 말했다는 진술은 그가 받은 사명이 선지자적인 성질
을 띄고 있음을 지시해주고 있습니다. 이 진술은 이 제 4 복음서에서
두번 되풀이됩니다. 첫번째 경우는 요한복음의 서두에서 발견됩니다.
"하나님께서 보내심을 받은 사람이 났으니 이름은 요한이라"(1 : 6).
후에 가서 요한 자신이 스스로 그 진술을 말하고 있습니다. "나는 그
리스도가 아니요 그의 앞에 보내심을 받은 자라……"(3 : 28). 3 : 28
의 진술은 구약성경의 말라기의 말에서 그 기원을 찾을 수 있습니다.
"보라 내가 내 사자를 보내리니 그가 내 앞에서 길을 예비할 것이요"
(말 3 : 1 ; 참조할 성구는 마 11 : 10 ; 막 1 : 2 ; 눅 7 : 27).

  세례 요한이 선지자적인 역할을 감당했다는 걸 지시하는 세번째 경
우는 예수님께서 요한을 "켜서 비취는 등불"이라고 칭한 데서 엿볼
수 있습니다(35절). 사실 이 구절에서 "빛"이라고 번역되는 말은 "등
불"입니다. "켜서 비취는"이란 말은 스스로 비취는(태양처럼) 빛을
가리키는 것이 아니라 밖에서 들어오는, 이른바 빛의 원천을 통해 불
을 밝히는 등불을 가리킵니다. "켜서 비취는 등불"입니다. 요한은 빛
이 아닙니다. 예수님만이 빛입니다. 그럼에도 불구하고 요한은 그 빛
에 의해서 켜져 환하게 밝혀지기 때문에 중요합니다. 그는 하나님에
의해서 불을 밝혔으니 예수님을 증거합니다.

  우리는 세례 요한에게서 무엇을 얻을 수 있습니까? 그는 오래 전
에 살았습니다. 그는 한 사람에 불과하였습니다. 그럼에도, 예수님께
서는 요한을 가리켜 당신이 하나님됨을 확증하기 위해서 산 사람이라
고 말씀하십니다. 그것이 요한의 메시지입니다. 요한의 말이 옳습니
까? 예수님이 하나님이십니까? 이러한 질문에 대답하면서 예수님께
서는 친히 요한의 증거를 받아들이라고 증거하십니다.

  이적들

예수님이 들어 말씀하신 두번째 보충적인 증거는 예수님 자신의 표적과 이적들의 증거입니다. 주님은 그러한 이적들을 "역사"(役事)라 부르십니다. "내게는 요한의 증거보다 더 큰 증거가 있으니 아버지께서 내게 주사 이루게 하시는 역사 곧 나의 하는 그 증거가 아버지께서 나를 보내신 것을 나를 위하여 증거하는 것이요"(36절)라고 말씀하십니다.

이 역사는 어떠한 것들입니까? 어떻게 이러한 역사들이 예수 그리스도를 증거한다고 생각해야 합니까? 우리가 다음 강론에서 이 질문에 대한 답변을 상세히 살펴보겠지만, 가장 좋은 답변은 사도 요한이 그리스도의 이적들을 언급하면서 가장 특징적으로 사용했던 어휘 속에서 발견됩니다. 그는 그리스도의 이적들을 "표적들"이라 부릅니다. 표적은 하나의 상징이요, 어떤 것의 의미를 밝혀주는 것입니다. 이적은 하나님의 임재나, 하나님에 의해서 세움받은 어떤 선지자적인 인물을 가리킴으로써 표적이 될 수 있다는 건 틀림없읍니다. 이적들이 예수님의 경우에서 그러한 일을 합니다.

이적들은 하나님을 나타냅니다. 이적을 통해서 하나님을 발견합니다. 그래서 병을 낫게하는 이적은 예수님께서 생명을 주관하는 주님이시요 생명을 주시는이이심을 보여줍니다. 보리떡을 수 천명이 먹도록하신 이적은 그가 생명을 지탱하시는 분임을 보여줍니다. 소경의 눈을 뜨게한 이적은 그가 육신적인 시력과 영적인 시력을 허락하시는 분임을 나타냅니다. 그런 식으로 이적을 열거하자면 많은 시간을 요할 것입니다. 예수님께서는 다음과 같이 부르짖으실 때 이적들의 증거적인 가치를 말씀하신 것입니다. "만일 내가 내 아버지의 일을 행치 아니하거든 나를 믿지 말려니와 내가 행하거든 나를 믿지 아니할지라도 그 일은 믿으라 그러면 너희가 아버지께서 내 안에 계시고 내가 아버지 안에 있음을 깨달아 알리라"(10:37, 38).

성경

예수님의 주장을 뒷받침하는 것으로 들어 말씀하신 세번째 보충적인 증거는 구약성경의 증거입니다. 이것은 셋 중에서 가장 중요합니다. 왜냐하면 세 증거들(세례 요한의 증거, 표적, 성경의 증거) 중에서 예수님이 가장 온전히 의지한 증거는 성경의 증거이기 때문입니다. 예수님께서는 그 성경의 증거와 아버지의 증거를 가장 분명하게 연관지어 말씀하십니다. 이 증거는 표적들의 증거와 같이 지나가는 것이 아닙니다. 또한 세례 요한의 증거와 같이 다른 증거들에 의해서 가리워지지도 않습니다. 오히려, 예수님께서는 이 증거에 관심을 집중하십니다. 그래서 그것을 다루는 구절들(37~47절)은 복음서에서 성경의 중요성을 가장 의미 있게 함축한 본문으로 부각됩니다.

예수님께서는 이렇게 선언하십니다. "또한 나를 보내신 아버지께서 친히 나를 위하여 증거하셨느니라 너희는 아무 때에도 그 음성을 듣지 못하였고 그 형용을 보지 못하였으며 그 말씀이 너희 속에 거하지 아니하니 이는 그의 보내신 자를 믿지 아니함이라 너희가 성경에서 영생을 얻는줄 생각하고 성경을 상고하거니와 이 성경이 곧 내게 대하여 증거하는 것이로다. 그러나 너희가 영생을 얻기 위하여 내게 오기를 원하지 아니하는도다…… 내가 너희를 아버지께 고소할까 생각지 말라 너희를 고소하는 이가 있으니 곧 너희의 바라는 자 모세니라 모세를 믿었더면 또 나를 믿었으리니 이는 그가 내게 대하여 기록하였음이라 그러나 그의 글도 믿지 아니하거든 어찌 내 말을 믿겠느냐?"(37~40절, 45~47절)

예수님은 이 가르치심을 통하여 구약성경이 하나님께로부터 온 것인데 자기 속에서 성취된다는 걸 주장하십니다. 믿지 아니하는 유대인들은 구약성경을 왜곡시켰고 오해했음을 강조하십니다(오늘날도 그런 사람들이 많음). 또한 구약성경 자체가 예수님 안에서 그 성경이 이루어짐을 믿기 싫어하는 사람들을 고소할 것이라고 말씀하십니다.

하나님의 푯대

우리는 이제 바로 다음의 연구를 통해서 이 주제로 돌아오려고 합니다. 그러나 그러기 전에 먼저 그리스도의 가르침의 중요한 요점 중 우리가 숙고하고 있는 주제와 직접적인 관계를 갖고 있는 한 가지 요점을 알 필요가 있습니다. 성경의 제 일차적인 목적이 무엇입니까? 하나님께서 사람들을 어떻게 다루셨는지 그 역사를 기록하기 위한 것입니까? 물론 성경은 그런 역사도 기록하고 있습니다. 그러나 그것이 성경의 제 일차적인 기능은 아닙니다. 사람들에게 어떠한 진리를 나타내기 위한 것입니까? "진리"라는 말이 그 말을 바른 대답처럼 보이게 합니까? 물론 성경이 진리들을 계시하기는 하지만 그것도 제일차적인 기능은 아닙니다. 성경의 제일차적인 의도는, 사람들로 하여금 그리스도를 보도록 가르치는 데 있습니다. 그러기 위해서 다른 여러 방편들이 사용되었다는 건 사실입니다. 역사도 그 방편들 가운데 하나입니다. 진리의 전달, 특히 하나님의 본성과 사람의 죄에 관한 진리를 전달한 것도 바로 그 한 방편입니다. 그러나 성경의 제일차적인 목적은 사람들의 시선을 그리스도에게 모으게 하는 데 있습니다.

성경이 여러분에게 그러한 일을 해주고 있습니까? 여러분은 성경에게 그렇게 하도록 기회를 주었습니까? 저는 하나님의 말씀의 권위에 입각해서 말씀드릴 수 있습니다. 성경이 없이 주 예수 그리스도를 아는 참된 지식은 없다고 말입니다. 그가 없이는 아버지를 아는 진정한 지식도 없을 것입니다.

성경도 역시 하나의 푯대입니다. 존 스탓트가 그의 어느 책에서 생각해 보도록 제안하였듯이, 여러분의 가족이 소풍가기로 결정했다고 생각해 봅시다. 그러면 여러분이 갈 장소를 정하고 그리로 차를 몰고 가기 시작할 것입니다. 가다보면 그 목적지의 명칭이 함께 써 있는 어느 표지판을 발견하게 될 것입니다. 그러면 어떻게 합니까? 즉각 차를 세우고 나와서 그 표지판을 가운데 두고 계속 돕니까? 물론 아닙니다! 표지판의 지시를 따라서 그 목적지로 가는 것입니다. 거기서 걸어갑니다. 같은 방식으로, 하나님께서는 성경을 주시되, 죄인들인 저와 여러분이 아버지를 아는 참된 지식을 얻게 하는 그리스도께 나오도록 주셨습니다.

요구되는 계시

  예수 그리스도의 인격에 대한 신적인 증거는 세 위대한 보충적인
증거들로 모아집니다. 세례 요한의 증거, 표적들의 증거, 성경의 증
거들 말입니다. 세례 요한의 증거는 선지자의 증거이니 "선지자의 말"
의 증거입니다. 표적들의 증거는 "행동화된 말씀"의 증거입니다. 최
종적이고 가장 중요한 증거는 성경의 증거인데, 그것은 "기록된 말씀"
입니다. 이 세 증거는 하나님의 직접적이고 초자연적인 행동을 함축
하며 그래서 아들의 인격과 아들의 가르침을 증거하시는 아버지의 증
거의 여러 국면들로 말할 수 있습니다.

  그러나 그것이 우리와 관계가 없는 지점이 어디입니까? 이러한 예
수 그리스도를 증거하는 것들을 보고서 우리들에게 개인적으로 아무
것도 말하지 않는 것으로 여겨버릴 수 있겠읍니까? 아니면 그것들을
역사 속에 나타난 하나님의 증거의 표증으로 주목하면서 청종하여 영
구한 가치를 지닌 것으로 여기겠읍니까? 분명히, 그 증거가 예수님
께서 선언하신대로라면 주목할만한 가치가 있고 우리는 예수님에게
우리의 삶을 위탁해야 합니다. 하나님 앞에 서게 되는 그날에 하나님
께 무엇이라 말씀드릴 수 있겠읍니까? "난 예수에 대해서 몰랐어요"
라고 말할 수 있겠읍니까? 그것은 얼마나 넌센스입니까! "나는 예수
님께 대해서 알기는 하지만 증거를 얻지 못했어요"라고 말하시겠읍
니까? 얼마나 천박한 생각입니까! 여러분은 그러한 경우를 생각해
본 적이 있읍니까? "나는 그 증거들을 시험하여 보았고 그분에 대해
서 그 증거들이 말하는 모든 것을 믿었읍니다. 그러므로 나는 내 자
신의 공로로 하나님께 나온 것이 아니라 그리스도 내 구주의 공로로
하나님 앞에 나옵니다"라고 말하는 것이 낫지 않겠읍니까?

11

이적을 주시는 이유

"내게는 요한의 증거보다 더 큰 증거가 있으니 아버지께서 내게 주사 이루게 하시는 역사 곧 나의 하는 그 역사가 아버지께서 나를 보내신 것을 나를 위하여 증거하는 것이요"(요 5 : 36).

내 평생에 영을 보았다는 사람을 만나본 적이 없습니다. 그러나 루이스(C. S. Lewis)는 그의 "이적"이라는 책의 처음 몇 장에서, 영을 보았다고하는 사람을 만난적이 있다고 하면서 그 사람의 이야기를 쓰고 있습니다. 그는 이렇게 씁니다. "그 이야기의 흥미로운 요점은, 그 사람이 영을 보기 전에도 불멸의 영혼을 믿지 않았었는데 영을 본 후에도 그것을 여전히 믿지 않는다는 점이다. 그녀는 자기가 본 것은 환상이나 신경과민으로 느낀 것에 틀림없다고 말한다." 루이스에 따르면 ─저도 루이스의 말이 옳다고 믿음─그 사람의 말이 옳을 수 있습니다. 이적이란 그것을 알아차리기 위해서는 우리의 감각기관으로 느껴질 수 있어야 합니다. 우리의 시각이나 청각이나 느낌으로든지 어느 감각기관이라도 그것을 느껴야 합니다. 그러나 우리의 감각이 반드시 정확한 것만은 아닙니다. 그러므로 어떤 이적적으로 보이는 것이 환영에 불과할 수 있습니다. 이 세상에서는 본다고해서 그것이 반드시 믿음을 가지게하지는 않습니다. 그것은 오히려 다른 길로 돌아가는 것이나 마찬가지입니다.

물론 여기서 우리는 요한복음 5장을 연구해나가면서 만나는 첫번째 어려움을 만나게 됩니다. 왜냐하면 여기서 예수님께서는 당신의 특이한 주장들을 변호하느라고 이적들에 호소하고 있기 때문입니다. '내게는 요한의 증거보다 더 큰 증거가 있으니 아버지께서 내게 주사 이루게 하시는 역사 곧 나의 하는 그 역사가 아버지께서 나를 보내신 것을 나를 위하여 증거하는 것이요"(5 : 30). 그러나 이러한 호소가 견고합니까? 우리는, 그리스도의 역사가 어떻게 그리스도를 증거하느냐?는 질문을 마땅히 던질만 합니다. 그밖에, 이적의 증거가 확실하다면(우리가 믿을만한 이유를 가지게 될 때), 우리는 그리스도와 이적들을 호소하시는 그의 모습에 대해서 무어라고 말해야 할까요?

예수님께서 부자와 나사로에 관한 이야기를 하신 걸 기억하면 문제는 더욱 더 예리해지고 복잡하게 됩니다. 부자는 나사로를 무덤에서 내어보내어 자기 형제들로 하여금 회개하도록 해주십사고 하나님께 요청했읍니다. 그러나 이때 아브라함이 이렇게 대답합니다. "모세와 선지자들에게 듣지 아니하면 비록 죽은 자 가운데서 살아나는 자가 있을찌라도 권함을 받지 아니하리라"(눅 16 : 31). 예수님께서는 분명히 다시 살아나는 것과 같은 큰 이적이라도 불의한 자를 확신시키지 못할 것임을 가르치셨읍니다. 더구나, 그것이 그러하다는 증거를 원한다면, 예수님에 의해서 살리심받은 다른 나사로가 그 일을 통하여 촉진시켰다기보다는 유대 지도자들로부터 미움을 샀다는 걸 생각하면 됩니다. 나사로가 다시 살아난 일로 인하여 많은 사람들이 영향을 받을 것을 걱정한 그 지도자들은 나사로를 죽일 꾀를 강구하였다고 말씀은 증거하고 있읍니다.

문제는, 기독교회에서 이적에게 호소하는 것이 어떤 위치를 차지하고 있는가? 또는 그것을 다른 방식으로 표현하자면, 어째서 어떤 의미에서 예수님이 친히 그 이적에 호소하셨는가? 그것이 바로 문제입니다.

그리스도의 표적

이 질문에 대한 가장 좋은 답변은 요한이 이적을 말할 때 가장 자주 쓰는 어휘에서 먼저 발견되어야 합니다. 그 말은 "표적"이라는 말입니다. 그 말은 자주 쓰이기도 하고, 어찌나 의미가 있든지 그 말의 함축적인 내용이 복음서 기자가 그리스도의 "역사"를 말할 때마저 적용되고 있습니다. 이 본문에서와 같습니다. 또한 그리스도의 "표적과 기사"에 대해서 말할 때도 그 말의 함축적인 내용들이 적용됩니다. "표적과 기사"라는 말이 신약에서 줄곧 나타나는데 "이적"이라는 뜻입니다. 그러나 "표적"이라는 말이 언제나 "이적"을 뜻하지는 않습니다. 표적이 이적을 가리키는 경우에서라도 언제나 이적 이상의 것을 가리킵니다. 원어적으로 "표적"이라는 말(헬라어로는 세메이아)은 "특별한 표지" 또는 "증표"라는 뜻이었습니다. 그래서 구약성경에서는 할례를 하나님과 이스라엘 사이에 맺은 언약의 증표라고 불렀습니다(창 17: 11). 바울은 로마서 4장 11절에서 그 말을 같은 방식으로 거듭 사용하고 있습니다. 역시 같은 방식으로 구유에 누인 아기를 본 것이 아기 예수를 찾고 있던 목자들에게는 표적이 되었습니다(눅 2 : 12). 유대인들에게 있어서 그리스도의 죽으심과 부활에 대한 표증은 "요나의 표적"이었습니다(눅 11: 29, 30). 표적은 하나의 상징입니다. 그것은 나타내고자하는 어떤 것을 가리키는 지침대입니다. 이적이 그 이적을 행하는 이의 비상한 능력과 성격을 가리킨다는 의미에서 표적이 될 수 있다는 건 명백합니다.

그러나 사도 요한에게 있어서 이적은 무엇을 가리킵니까? 그 이적들이 그리스도의 영광을 나타낸다는 것입니다. 그것은 이적들이 그리스도의 신적 가치와 성품을 나타낸다고 하는 말을 다른 방식으로 하면 그렇게 말할 수 있습니다. 갈릴리 가나에서 물을 포도주로 변케하신 경우에서 그점은 분명히 드러납니다. 왜냐하면 사도 요한은 이 경우가 예수께서 "자기의 영광을 나타내신" 이적들(사실 그 말은 "표적들"이라는 말임) 중 첫번째 경우라고 말함으로써 그 사건의 기록을 결론짓고 있기 때문입니다. 아울러 요한은 그 이적을 기초로 하여 "그 제자들이 그를 믿었다"고 말하고 있습니다(2 : 11). 모든 경우에서 표적은 예수님 자신에게 시선을 모으게 합니다. 특히 예수님의 역사 속에서 드러난 신선을 바라보게 합니다. 예수께서 "나의 하는 그 역사⋯⋯ 나를 위하여 증거하는 것이요"라고 말함으로써 그점을 가르치셨습니다.

생각지도 않는 중에 그리스도인들이 행하는 일들이 역시 예수님을 증거합니다. 우리는 그리스도의 가르침 중 이 국면을 알 필요가 있습니다. 아더 핑크(A. W. Pink)는 요한복음에 대한 위대한 주석가들 중의 한 사람인데 이렇게 썼습니다. "우리의 행실이 '죽은 행실'이요, 짚이나, 풀이나, 나무가 되어서 임박한 그날에 불에 탄다면, 그것은 우리가 육신적이고 육체를 따라 행하였음을 증거하는 것이다. 그러한 증거는 그분을 불명예스럽게 하고 슬프게 할 것이다. 우리는 그의 이름을 달고 다닌다. 그러나 만일 우리가 '선한 행실'에 넘친다면, 그것은 우리가 영을 따라서 행하고 있음을 보여줄 것이고, 사람들(우리의 동료 신자들)이 우리의 선한 행실을 보고 하늘에 계신 우리 아버지께 영광을 돌리게 될 것이다."

표적은 또한 단순한 상징 그 이상입니다. 어떤 경우에서는 — 무엇보다도 요한이 기록한 이적들에서는 — 표적들이 실제로 그리스도를 함축하며, 그리스도의 일부이기도 합니다. 마치 그의 말씀이 그리스도의 일부인 것처럼 말입니다. 그 말은 그 표적들이 사실상 계시의 부분들이라는 뜻입니다.

더 나아가, 그리스도의 말씀과 행위는 서로 연관되어 있습니다. 두 중요한 본문에서 그 점이 명확하게 드러납니다. 첫째로, 요한복음 15 : 22~24에서 예수님은 자기의 말씀과 행위를 함께 언급하십니다. 그러심으로써 그 둘이 원천과 효력면에서 하나임을 보여주신 것입니다. 우리가 그 구절을 다음과 같이 인쇄한다면 그 요점을 가장 잘 볼 수 있습니다.

만일 내가 와서 말하지 아니하였더면 죄가 없었으려니와 지금은 그 죄를 핑계할 수 없느니라

나를 미워하는 자는 또 내 아버지를 미워하느니라

만일 내가 아무도 못한 일을 저희 중에서 하지 아니하였더면 저희가 죄 없었으려니와 지금은 저희가 나와 아버지를 미워하였도다.

두번째 본문은 14 : 10의 말씀인데, 거기서 "말씀"과 "행실"이라는 말이 상호 교대적인 개념으로 나타나보입니다. "내가 너희에게 이르는 '말'이 스스로 하는 것이 아니라 아버지께서 내 안에 계셔 '그의 일'을 하시는 것이라."

주요한 표적들

그리스도의 역사는 표적이요, 반드시 이적만은 아니고 그의 말씀도 됩니다. 그가 행하신 모든 것은 하나님을 나타내기 위한 모든 것입니다. 그러나 경우의 본질상, 예수께서 말씀하시는 것들과 행하신 것들 중 어느 것은 다른 것들보다 더욱 더 의미가 있습니다. 그래서 요한은 많은 역사들 가운데서 교회를 위해 가장 도움을 주고 그리스도의 인격을 참으로 이해하는데 가장 중추적이 될만한 것들을 그의 의향을 따라서 선택하지 않으면 안되었습니다. 결국 이 일은 20장 마지막 몇 절의 참된 의미입니다. "예수께서 제자들 앞에서 이 책에 기록되지 아니한 다른 표적도 많이 행하셨으나 오직 이것을 기록함은 너희로 예수께서 하나님의 아들 그리스도이심을 믿게하려함이요 또 너희로 믿고 그 이름을 힘입어 생명을 얻게하려함이라"(30, 31절).

요한이 선별한 표적들은 무엇입니까? 그리스도의 본성과 특성을 나타내는 많은 표적들 가운데서 요한은 다음과 같은 표적들에 특별한 관심을 기울이고 있습니다.

1. 물로 포도주를 만든 일 (2 : 1~11). 요한은 이것이 그리스도의 표적 중 첫번째 경우라고 말하고 있습니다. 요한복음 1장 거의 대부분을 차지하고 있는 세례 요한의 증거로부터, 표적 문제를 다루

는 대목(2~11장)으로 넘어오기 위해서 그 표적을 사용한 것은 자연스러운 것입니다. 그리스도께서 인간 고통에 대해 연민을 가지셨다든지 악의 결과로 고생하는 인간을 불쌍히 여기셨다는 것만 가지고는 이 이적의 동기를 진실로 알아낼 수 없습니다. 마태나 마가나 누가가 기록한 이적 사건들의 경우에는 흔히 그러한 경우들이 많았읍니다만 여기서는 그것만 가지고는 안됩니다. 이 이적을 행한 오직 유일한 동기는 그리스도의 "영광"을 나타내려는 것이요 제자들이 그 계시의 결과로 있게 하려는 것입니다.

그러면 이 표적은 무엇을 나타냈읍니까? 한 가지 예를 들자면 그리스도와 하나님 아버지가 창조의 전능에 있어서 하나임을 드러내었읍니다. 이것은 "만물이 그로 말미암아 지은바 되었다"고 말하는 요 1 : 3의 예증입니다. 또 다른 경우로는, 그리스도인에게 기쁨을 가져오는 자로서의 예수님을 보여줍니다. 요한의 요점은, 예수께서만이 삶을 기쁘고 풍성하게 만든다는 것입니다.

2. 왕의 신하의 아들의 병을 낫게하심 (4 : 46~54). 우리는 이미 이 표적을 연구한바 있읍니다. 요한은 그 표적은 그리스도께서 행하신 이적 중 두번째 경우라고 말합니다. 그것은 치병의 표적입니다. 죄를 이기시고 질병을 치유하시는 주 예수 그리스도의 능력을 보여주는 이적입니다.

이보다 더 의미 있는 것은, 그 이적이 고민하는 심령과 안정치 못한 믿음을 든든케하시는 예수님의 능력을 보여준다는 사실입니다. 우리는 예수께 나온 그 왕의 신하가 원래 강한 믿음을 가지고 있지 못하였음을 기억합니다. 그는 무서웠고, 염려스러웠고, 자기 아들이 죽을까봐 걱정이었읍니다. 예수님께서는 그를 인도하여 더 강한 믿음을 갖게하셨읍니다. 그래서 그 사람이 예수님을 떠날 때는 든든한 마음을 가지고 자기의 일을 해나갈 수 있었읍니다. 다음 날까지 자기 아들의 상태를 점검하지 않을 정도였읍니다.

3. 불구자의 치유 (5 : 1~18). 요한은 이것을 세번째 표적이라고 말합니다. 그것은 요한이 왕의 신하의 아들을 치료한 사건을 자세히

묘사한 다음에 소개하고 있읍니다. 이 이적의 요점은 무엇입니까? 분
명히 말해서 그것은 그것을 목격했던 사람들의 믿음을 촉진시키려는
것은 아니었읍니다. 사도 요한은 오히려 그것은 유대인을 성나게 만
들었다고 말합니다. 왜냐하면 그들은 예수님을 핍박하고 죽이려하였
기 때문입니다. 또한 그 이적이 치료된 사람의 믿음을 일으키지도 못
했읍니다. 왜냐하면 그 사람의 믿음에 관해서 아무 것도 말하는 것이
없기 때문입니다. 그 사람은 치료된 다음에 그리스도에게보다 유대
의 지도자들에게 가장 정중한 예의를 드린 것 같습니다. 그러면 그
이적을 소개하는 목적은 무엇입니까? 그 이적의 요점은 '우리'가 영
적으로는 그 불능자와 같다는 것입니다. 우리는 죄를 범하였고, 우리
의 그 죄로 말미암아 그리스도를 찾을 영적 능력을 잃어버렸읍니다.
우리는 그를 만나기 위해서 일어설 수 없읍니다. 우리는 그를 믿을
수 조차 없읍니다. 그럼에도 불구하고, 우리가 영적으로 불능일 때 –
소경이요, 절름발이요, 사지가 마비가 되었을 때 – 예수께서 우리에
게 오사 우리를 구원하시고 죄의 속박에서 우리를 풀어내셨읍니다.
그 이적은 하나님이 큰 은혜의 하나님이심을 나타냅니다.

   4. 오천명을 먹이신 이적 (6 : 1~14). 이 이적은 세 이적 중에서
그리스도 자신이 그 이적의 의미를 설명한 첫번째 경우입니다. 두 경
우에서는 길게 계속 연관되는 강론을 방편으로 해서 그 의미가 설명
되었읍니다. 예수님께서는 이 이야기 속에서 몇 개 안되는 보리떡과
물고기를 통해 오천명을 먹이십니다. 요점은 예수님께서 떡을 그렇게
많이 불려내실 수 있다는 데 있는 것이 아닙니다. 예수님께서는 영혼
의 굶주림을 만족시킬 수 있다는 것이 그 이야기의 요점입니다. 예수
께서는 "내가 곧 생명의 떡이니 내게 오는 자는 결코 주리지 아니할
터이요 나를 믿는 자는 영원히 목마르지 아니하리라"(6 : 35)라고 말
씀하십니다.

   여러분은 예수님께서 여러분의 굶주림을 만족시킬 수 있으시며, 여
러분의 갈증을 채울 수 있으심을 발견하셨읍니까? 그분은 그렇게 하
실 수 있읍니다. 여러분의 궁핍이 어떠한 것인지는 문제가 되지 않습

니다. 여러분이 동료가 없어서 갈증을 느끼실 수도 있습니다. 아무도
여러분을 이해하지 못하고, 아무도 여러분을 돌보지 않는다고 느끼십
니까? 예수께서 여러분을 돌보시고 이해하십니다. 여러분은 사랑을
받지 못한다는 느낌을 가지고 있습니까? 사랑에 굶주리고 있습니까?
아무도 여러분을 사랑해주거나 앞으로도 사랑해줄 자가 없을 것이라
고 느끼면서, 심지어 사랑받을만한 그러한 존재라고 느끼십니까? 예
수님께서 여러분을 사랑하십니다. 여러분 대신 죽으심으로써 그것을
증거하셨읍니다. 여러분은 삶의 방향과 의미를 찾지 못해서 갈급해하
십니까? 예수님께서는 여러분의 삶을 위한 계획을 가지고 계시고, 이
우주를 창조하기 전부터 그 계획을 세우셨습니다. 예수께서 이러한
모든 궁핍들을 완전히 채우시는 분임을 안 사람은 이미 그 이적을 통
해서 확증을 받은 사람입니다.

　5. 물 위로 걸어가심(6 : 16~21). 요한은 이 이적에 주의를 기
울이지 않습니다. 이 이적을 그의 복음서에 포함시킨 것은 오병이어
의 사건으로 오천명을 먹이신 이전의 이적과 역사적으로 연관이 있기
때문일 가능성이 있습니다. 이 이적은 다른 복음서들에도 다 들어 있
읍니다. 요한이 이 이적의 진정한 의도를 밝히려했다면, 그 요점은
이러할 것입니다. 곧 예수께서는 분명히 자연법칙을 극복할 능력을
가지고 계시다는 것입니다.

　6. 소경으로 난 자가 보게 되는 이적(9 : 1~41). 이 치유의 이
적은 사실상 이중적인 이적입니다. 육체적인 시력뿐만 아니라 영적인
시력을 회복하여 육체적으로뿐 아니라 영적으로 소경인 사람을 치료
하신 것입니다. 그 이적의 두 부분은 서로 전제하고 강화시키는 효력
을 가지고 있습니다. 그러면 그 이적의 요점은 무엇입니까? 자신을
"세상의 빛"으로 묘사하실 때 예수께서 우리에게 그 요점을 말씀하
십니다. 같은 이야기 속에서 소경으로 났으나 이제는 육체적이고 영
적인 시력을 회복하게 된 그 사람의 믿음은, 참된 영적인 빛을 만나
고서도 어둠 속에서 살아가기를 좋아했던 유대의 지도자들의 불신앙
과 대조를 이루고 있습니다.

7. 죽은 자 가운데서 살아나는 나사로의 사건 (11: 1~46). 그리스도께서 나타내신 공적 표적들 중 마지막 경우에서, 자연과 죄와 질병을 이기시는 그리스도의 능력의 나타남이 절정에 이르게 되어 죽음을 이기는 생명의 전체적인 승리를 가져오게 됩니다. 이 경우에서는 대화와 해설이 서로 섞여 있읍니다. 그러나 이 사건을 이해하는 열쇠와 같은 진술은 두드러져 있읍니다. "나는 부활이요"(25절), 이적은 예수님께서 영생의 원천이심을 보여줍니다. 여기 이 땅에서 지금이라도 그 영생을 누릴 수 있음을 보여줍니다. 또한 지금 그 사실을 확증하는 능력이 몸이 죽은 다음에도 죽은 자를 일으켜 새롭고 더 나은 저 너머의 존재로 살게 하실 것을 보여줍니다. 요한복음이 나사로가 살아나는 일을 표적으로 특별하게 말하고 있는 것은 의미 있읍니다 (12: 18). 왜냐하면 예수님의 영광이 최고도로 나타나는 이 사건은 사람들 가운데서 많은 사람들을 믿게하였을 뿐 아니라 유대 지도자들 편에서는 지독하고 악한 혐오감을 최고도로 일으켰기 때문입니다.

맛보아 알다

우리는 이제, 이적의 의도가 무엇이냐 는데 대한 종합적인 해답을 얻게 되었읍니다. 그 해답은 부정적인 측면에서 보면 초자연적인 것 자체로는 그 초자연적인 일을 행하는 자의 신적 기원을 증거하지 못한다는 것입니다. 귀신들마저 그럴듯하게 그러한 이적적인 일들을 행할 수 있읍니다. 이적의 가치는 그 본질에 있읍니다. 다시 말하면 그 이적이 하나님 아버지와 주 예수 그리스도에 대해서 무엇인가를 나타낸다는 데 있읍니다. 이것이 바로 긍정적인 측면에서의 답변입니다. 그리스도의 이적은 이적적인 역사든 비이적적인 유의 역사이든 간에 그리스도가 행한 모든 일과 같이 그리스도의 본질을 보여줍니다. 이적들은 마음의 진공을 채울 수 있는 그리스도의 능력을 밝혀줍니다.

저는 그것을 약간 다른 언어로 진술하고 싶습니다. 요한복음에서 표적들이 믿음을 '수반' 하여 일어난 것이 아니라는 것입니다. 그 표적들은 믿음을 "위하여" 일어났습니다. 믿음을 일으키고 강하게하기 위해서 주어졌던 것입니다.

　그 이적들이 여러분에게 그러한 일을 해주었읍니까? 만일 그 이적들이 사실이라면, 이 기이한 나사렛 사람 같은 분은 전에도 없었고 의심할 여지없이 앞으로도 없을 것입니다. 그것이 믿음을 격동시키지 않습니까? 그분에 대해서 기록된 것들과 그분이 친히 말씀하신 것들이 정말 진리인지 알아보기 위해서 그분을 개인적으로 탐사할 것을 요구하지 않습니까? 만일 여러분이 이런 일을 하지 않으면, 여러분의 행동을 통해서, 믿음을 가질 때 여러분이 겪는 어려움들은 이치에 맞지 않음을 드러내는 것입니다. 그것은 마치 하나님께서 사려깊은 사람이라도 그리스도의 주장들을 평가할만큼 충분한 증거를 주지 아니하신 것과 같은 식으로 논리를 펴는 것입니다. 여러분의 난제들은 도덕적인 것입니다. 문제는 죄입니다. 반면에, 만일 여러분이 그리스도의 가치와 성품을 탐사할 것이면, 수 없이 많은 다른 사람들이 발견했던 것과 같이 그분이 어떠한 분임을 알게 될 것입니다 - 그분은 하나님의 아들이시요 여러분의 구주이십니다.

12

성경의 증거

"또한 나를 보내신 아버지께서 친히 나를 위하여 증거하셨느니라
너희는 아무 때에도 그 음성을 듣지 못하였고 그 형용을 보지 못
하였으며 그 말씀이 너희 속에 거하지 아니하니 이는 그의 보내
신 자를 믿지 아니함이니라"(요 5 : 37, 38).

요 한복음 5장은 주 예수 그리스도께서 자신의 주장을 위하여 내
거는 여러 증거들을 내포하고 있습니다 ─세례 요한의 증거, 그
리스도 이적들의 증거, 성경의 증거들이 소개되고 있습니다. 처음 두
경우를 우리는 이미 살펴보았습니다. 세번째 경우는 37절로 시작하
여 5장 마지막까지 계속되는 대목에서 논의됩니다.

이 본문의 중요성을 이해하기 위해서, 이 본문이 그리스도의 강론
의 마지막에 오며 그러므로 탁월한 위치에 있다는 걸 인식할 필요가
있습니다. 예를 들면 어떤 소송된 사건을 마무리짓기 위한 최종 결
판에서 가장 신빙성 있는 증인이 출두되는 것과 같은 방식으로 이 강
론의 마지막에 위치해 있다는 말입니다. 살인죄로 기소된 어떤 사람
의 경우를 생각해 보십시오. 그 사람이 죄를 졌다는 증거를 지방검
사가 제출하고 있습니다. 첫번째 증인이 출두하여 피고가 범죄를 저
지를 기회를 가졌다는 걸 증거합니다. 그 범죄가 일어날 시각에 그

증인이 그 범행장소에 있었읍니다. 두번째 증인은 범죄를 저지를 동
기가 그 피고에게 있었음을 보여줍니다. 그 피고는 자기에게 죽은 사
람의 죽음으로 유익을 얻을 참이었다고 증거할 것입니다. 세번째 증
인은 그 피고가 살인무기에 접근했음을 증거합니다. 마지막으로,
네번째 증인은 그 살인사건 자체를 목격한 자로서 그 피고인이 살인
자인지 확인할 수 있읍니다.

여기 요한복음 5장에 기록된대로 보면 주 예수 그리스도께서는 그
런 식으로 자기 주장을 위한 증거들을 세우고 있읍니다. 요한의 증거
는 진정한 증거입니다. 그것은 선지자의 증거입니다. 하나님께서는
요한을 통해서 말씀하셨고, 그리스도의 때에 살던 지도자들마저 대
표단을 요한에게 파견하여 질문을 던짐으로써 요한의 증거의 중요성
을 인정한 셈입니다. 그러나 어떤 의미에서 요한의 증거는 사람의 증
거에 불과하며 그런 점에서 한 사람의 증거에 불과합니다. 그 증거는
묵살될 수 있읍니다. 그리스도의 이적들의 증거가 그 다음에 나타납
니다. 이것은 더욱 중요합니다. 왜냐하면 그 이적들은 하나님 아버지
께서 그리스도 안에서 역사하신다는 증거이기 때문입니다. 그 이적들
은 그리스도의 본질을 드러냈읍니다. 세례 요한의 증거와 함께 취급
하면 그 이적들은 매우 중요합니다. 그러나 마지막 최종적인 증거인
하나님의 말씀의 증거의 빛에 비추면 그 두 증거는 상대적으로 중요
성이 절감됩니다.

그래서 예수 그리스도께서는 성경이 자신을 증거하는 것에 관해서
말씀하시기 시작하시면서 두 가지 요점을 강조하십니다. 첫번째 요점
은 성경의 신적 기원성입니다. 두번째 요점은 성경의 제일차적인 의
도입니다. 성경의 제일차적인 의도는 예수님을 가리키기 위한 것입니
다. 예수님께서 "또한 나를 보내신 아버지께서 친히 나를 위하여 증
거하셨느니라 너희는 아무 때에도 그 음성을 듣지 못하였고 그 형용
을 보지 못하였으며 그 말씀이 너희 속에 거하지 아니하니 이는 그의
보내신 자를 믿지 아니함이니라"(37, 38절)고 말씀하실 때 그 둘 중
첫번째 요점을 말씀하고 계셨던 것입니다.

쇠망의 세대

우리 시대에 성경의 신적 기원성을 그만큼 강조할 필요가 있다는 것은 불행한 일입니다. 그러나 그럴 필요 있는 것은 이 진리가 학자들(거의 모든 의심이 그들로부터 기원됨) 뿐 아니라 정규적으로 교회에 출석하는 사람들에 의해서도 이 진리가 널리 의문시되고 있다는 사실 때문입니다. 성경의 신적 기원성에 대해서 의심하는 것이 어떤 영역에서는 너무나도 광범하게 확산되어 있기 때문에 많은 사람들은 그렇게 의심하는 것이 정상적인 것으로 생각할 정도입니다.

사실상 어떠한 것도 진실로부터 멀리 떨어질 수 있는 것은 없습니다. 우리 시대에 편만한 그 성경에 관한 저급한 관점은 교회사의 도도한 흐름의 빛에 비추어볼 때 극히 최근에 발전된 것입니다. 그 기원을 따져보면 이백년도 채 되지 못합니다. 교회사를 연구하는 사람은 누구나, 종교개혁 시대까지만해도(이러한 성경의 신적 기원성을 의심하는 일이 일어나기 이백여년 전에 여러 가지 방식에서) 교회 안에 있는 어떠한 사람도 구약성경과 신약성경이 독특하게 하나님의 말씀이라는 사실에 의문을 제기했던 사람이 거의 없었음을 발견하게 될 것입니다. 심지어 이단들도 이 원리는 받아들였습니다. 그래서 그리스도인이라고 주장하는 모든 사람들은 성경이 모든 사람들을 묶어매는 신적 권위임을 인정했고, 성경이 인간의 이해를 초월하는 객관적인 진리를 내포한다는 것을 인정했습니다.

불행히도, 종교개혁시대 이후에 성경에 대한 정통적인 관점이 갈수록 더 큰 공격을 받게 되었습니다. 로마 카톨릭교회는, 교리의 요점을 방어하고 프로테스탄트 종교개혁에 대하여 폭력적인 반응을 나타낼 때, 성경보다는 여러 세기동안의 교부들의 주장에 호소함으로써 이미 약화되어 있었는데, 1546년에는 공식적으로 교회전통을 성경과 같은 위치에 놓음으로써 성경과 동일하게 기독교 교리의 견고한 형태와 원천으로 인정하기 시작했습니다. 트렌트회의 (Council of Trent)가 열리던 시대에는 이 결정이 어떤 의미를 가지는지 생각지 못하였을 것은 뻔한 일입니다. 그러나 그 결정은 정말 획기적인 것이었습니다. 트렌트 칙령은 로마교회를 위해서 비극적인 결과를 가져왔습니다. 마리아 숭배나 성도들을 숭앙하는 것 같은 형편없는 교리가 계속 발전되어 나타났던 것입니다.

　프로테스탄트 교회는 그 나름으로 물려받은 것과 로마카톨릭을 대항한 날카로운 변증의 결과로 이백여년 동안 지탱해 왔습니다. 그러나 18세기에 들어와서 자연주의적인 합리론의 배경을 가진 성경비평이 일기 시작하여 19세기에 와서 그 전성을 이루더니, 급기야는 성경이 이전에 차지하고 있던 자리에서 성경을 끌어내고야 말았습니다. 합리주의의 세대에 속한 교회에 있어서 성경은 사람에 대한 하나님의 말씀이라기 보다는 하나님에 관한 사람의 말이 되고 말았습니다. 사람들이 성경의 이러한 고유하고 신적인 특성을 거절하였을 때 성경의 권위도 거부하고 말았습니다.

　로마 카톨릭 교회는 성경이 서 있는 자리에 인간 정통들을 함께 올려놓음으로써 정통적인 성경관을 약화시켰습니다. 프로테스탄트 교회는 성경을 인간전통의 수준으로 낮춤으로써 정통적인 성경관을 약화시켰습니다. 그 둘 사이의 차이는 대단하지만 결과는 거의 같습니다. 두 경우 다 성경의 독특한 특성을 망각하였고, 성경의 신적인 권위를 박탈하였습니다. 교회 안에서 교회를 개혁시키는 하나님의 음성으로서의 성경의 기능을 대다수의 사람들이 모르고들 있습니다.

　다행히도, 그러한 입장은 견고한 것은 되지 못합니다. 오늘날의 종교상황에서 벌어지고 있는 혼돈은 이 사실을 쉽게 증거합니다. 프로테스탄트 교회는 종교의 권위를 위한 확고한 기반이 없이는 신학이 흔들리고 교회는 갈수록 복음을 전할 힘을 잃어간다는 걸 발견하고 있습니다. 그래서 1971년 가을 덴버에서 열린 교회연맹회의(Consultation on Church Union)에서 라취스(Rutgers) 대학의 벌거 교수(Peter L. Berger)는 대표단들에게 행한 이정표적인 놀라운 연설에서 "기독교공동체 내의 권위"를 되찾을 것을 요청했으며, 그 권위를 잃어버린 현상을 슬퍼했습니다. 그 다음에 출간된 매우 흥미로운 책에서 딘 켈리(Dean M. Kelley)라는 미국 NCC의 인권 및 종교자유관계 지도자는 높은 정도의 신뢰를 상실한 교회의 필연적인 하향추세와, 신뢰성이 없는 행동을 하는 사람들이 그에 따라 급증하는 걸 실증적으로 증거하였습니다.

로마 교회는 그 부면에서 다음과 같은 사실을 발견해내고 있습니다. 권위의 두 원천 중 어느 것이 더 낫다고는 할 수 없지만 성경과 전통이 자주 충돌을 일으킨다는것과, 성경보다 전통을 선호하는 인간의 강한 성향이 필연적으로 기록된 하나님의 말씀에서 권위의 저울을 갈취한다는 걸 발견하고 있습니다. 미국 로마 카톨릭회의의 최고 실무자인 죠지 히긴스(Monsignor George G. Higgins)를 포함한 많은 카톨릭 사람들이 복음을 제거하고 성경의 권위를 묵살해 버리는 설교를 한탄하기 시작했습니다. 어떤 다른 실무위원은 이렇게 말합니다. "교회는 십자가에 못박힌 그리스도를 전하지 않고 세상의 방식들을 선전하려고 애쓰고 있다." 그러한 세대에 주 예수 그리스도께서 가르치신 성경관을 여전히 고수하며 말씀을 아버지의 최종계시로, 인간사상과 행실의 최종적인 심판자로 담대하게 높이는 사람들에게도 하나의 도전이 있습니다.

하나님의 말씀

우리가 성경의 신적 기원을 언급할 때 어떤 의미에서 성경의 모든 책이 다 사람에 의해서 쓰여졌다는 걸 인정합니다. 곧, 사람들이 사실 그 성경을 썼습니다. 동시에 성경이 어떤 남자나 여자가 쓴 다른 어느 책과는 큰 차이가 있다는 걸 확인하는 바입니다. 사람들이 성경을 썼지만 하나님께서 그 뒤에 서 계셨습니다. 사람들이 자기 자신들의 어휘와 문체를 사용하였으나, 하나님께서는 그럼에도 불구하고 어휘를 선택하는 데 있어서 그들을 인도하시고 그 산출된 글을 보증하셨습니다.

이 요점 ―주 예수 그리스도께서 친히 이 요점을 진심으로 높이셨을 것임 ―은 베드로에 의해서 아주 기념할만한 방식으로 진술되어 있읍니다. 베드로는 이렇게 썼읍니다. "예언은 언제든지 사람의 뜻으로 낸 것이 아니요 오직 성령의 감동하심을 입은 사람들이 하나님께 받아 말한 것임이라.(벧후 1 : 21)" 이 구절에서 "감동하심을 입었다"고 번역된 헬라어는 누가가 사도행전 2장에서 오순절날 성령의 임함을 "급하고 강한 바람"이라고 묘사할 때 쓴 말입니다(행 2 : 2). 다시, 27장에서 로마로 압송받는 바울이 탄 배에 불어닥친 바람의 세력을 묘사하기 위해서 그 말이 사용됩니다. 누가는 그 배가 바람을 따라 밀려가고 있었다고 말합니다. "배가 밀려 바람을 맞추어 갈 수 없어 가는대로 두고 '쫓겨가다가'"(15절). 다시 17절에서는 "선체를 둘러 감고…… 그냥 '쫓겨가더니'"라고 말합니다. 분명히 누가는 그 배가 폭풍의 흐름에 완전히 일임된 상태였다는 것을 말하고 싶었던 것입니다. 그 폭풍이 그 배의 존재를 없애버린 것은 아니었읍니다. 그러나 배의 진로와 방향을 배 스스로가 결정하지 못하게 하였읍니다.

같은 방식으로, 베드로는 성경기자들이 쓸 때 하나님께서 기록하도록 의도하신 말씀을 산출하도록 끌려다녔다고 말하고 있읍니다. 그들은 쓸 때 여전히 사람들이었지만, 성령에 움직여가는 사람들로서 쓴 것입니다. 그 결과 하나님의 계시를 나타내게 되었던 것입니다.

이 시점에서 어떤 분은 반대논리를 펴면서 이렇게 말할지 모릅니다. 만일 사람들이 성경을 쓸 때 어떤 일이라 할지라도 관계하기만 했다면 틀림 없이 성경의 여기저기에 오류를 남겼을 것이다. 그러나 그렇지 않습니다. 하나의 유추를 생각해보면 도움을 얻을 수 있습니다. 주 예수님의 잉태와 탄생과, 우리가 가진 성경의 산출 사이에는 유사한 점이 있읍니다. 주 예수 그리스도께서 동정녀 마리아의 태에 잉태될 때 어떤 일이 일어났읍니까? 성령께서 그녀에게 임하시고 능력이 그녀를 덮으심으로써 나실바 거룩한 자는 "하나님의 아들"이라 일컬음을 받으리라고하는 말씀을 읽게 됩니다(눅 1 : 35). 이 잉태사건에서 하나님과 인간이 만났읍니다. 그 결과 인성(人性)과 신성(神性)을 동시에 다 취하게 되었읍니다. 그리스도는 진정한 사람이셨읍니다.

그분은 하나의 특별한 사람, 한 유대인이셨읍니다. 그분은 어떤 정도의 몸무게를 가지신 분이었고 알아볼만한 외모를 취하고 계셨읍니다. 그분을 보고 그림도 그릴 수 있었을 것입니다. 그러나 그분은 전능하신 하나님이요 죄가 없으신 분이었읍니다.

같은 방식으로, 성령께서 동정녀 마리아에게 임하심으로써 그녀가 자기의 태 속에서 인성을 취한 하나님의 아들을 잉태했듯이, 성령께서도 모세와, 다윗, 선지자들, 복음서 기자들, 바울, 그리고 성경의 다른 저자들의 두뇌 세포에 임하셔서, 그들로 하여금 理智로 성경을 구성하고 있는 책들을 내게하셨던 것입니다. 그들이 쓴 성경의 모든 글들은 그 나름의 인간적 개성의 표지를 가지고 있읍니다. 문체도 다릅니다. 그러나 동시에, 궁극적인 원천은 신적인 것입니다. 마리아의 태가 구세주에게 죄를 전가하지 못했던 것과 마찬가지로 인간의 혼적이 그 글을 약화시키거나 틀리게 하지 않았읍니다.

고고학적인 증거

우리는 이 시점에서부터 신적 권위를 가진 이 놀라운 책이 예수 그리스도를 어떻게 증거하는가 살펴나가려 합니다. 또한 그 책을 오용할 수도 있는데 어떤 방면에서 그러하며, 어째서 그 책을 거절하는 자들을 그 책이 급기야 정죄할 것인지 그 이유를 알아보려 합니다. 그러나 그러기 전에 먼저 학자들이 성경의 신빙성을 인정하려들지 않았다는 이야기를 듣고 그 근거 위에서 성경의 신적 기원에 대해서 하는 말 모두를 거부하려는 경향을 띄는 사람들의 반론에 대하여 답변할 필요가 있읍니다. 학적인 연구가, 성경의 책들이 오류가 있으니 결국 사람에 의해서 쓰여진 단순한 책에 불과하다는 걸 증거했읍니까? 성경의 그릇됨이 반증되었읍니까?

영향력 있는 많은 신학적 대변인들이 이러한 주장을 공개적으로 펴던 때가 그리 오래지 않았읍니다. 과거 몇 년간 거의 모든 성경신학자와 학자마다, 정통적인 성경의 개념을 영구히 불식시켜버릴 소위 "확실한 결과", 또는 "확증적인 발견" 등에 대해서 말했읍니다. 그러나 오늘날에는 그러한 문제들을 깊이 탐사할 기회를 가진 사람이라면 누구든지 그러한 주장이 더 이상 그처럼 자주 언급되지 않는다는 걸 알 것입니다. 사실 이제 그러한 주장들이 나타나는 적이 거의 없습니다. 어째서 그렇습니까? 성경적이고 고고학적인 탐사가 계속됨에 따라서 이러한 소위 "확증적인 발견"이라고 하던 것 중 많은 것들이 그것들을 제안했던 사람들의 얼굴을 느닷없이 때렸읍니다. 그 단순한 이유 때문에 그렇게 된 것입니다.

여기에 한 실례가 있읍니다. 열왕기하 15 : 29에 보면 디글랏 빌레셀이라는 앗수르왕이 나옵니다. 그 사람은 북쪽 이스라엘 왕국을 정복하였고 그 백성들 중 많은 사람들을 포로로 잡아간 왕이었읍니다. 한 세대 전에 학자들은 —그들의 책이 여전히 우리 도서관에 있음— 이 왕이 존재한 적이 없었으며, 이스라엘이 앗수르에 함락당했다는 사실은 신화(神話)와 같은 것이라고 주장했읍니다. 그러나 이제는 고고학자들이 디글랏 빌레셀의 수도를 발굴해내어 그 사람의 전체 역사를 밝혀줄 수 있게 되었읍니다. 고고학자들은 심지어 토판에 그 사람의 이름이 박혀있는 것을 발견했읍니다. 그 토판에는 이렇게 쓰여 있었읍니다. "서쪽 여러 나라의 왕, 땅을 정복한 왕, 대해까지 그 나라를 확장시킨 디글랏 빌레셀 1세……." 영어로 읽을 수 있는 사람들은 제임스 프릿챠드(James B. Pritchard)의 책 "구약과 관련된 고대근동의 문장들"(Ancient Near Eastern Texts Relating to the Old Testament)라는 책을 보면 그 왕과 이스라엘이 싸운 전투에 대한 기록을 발견할 수 있읍니다.

어떤 학자들이 디글랏 빌레셀의 존재를 부인하고 있을 즈음에, 다른 학자들은 그것을 기초하여 모세가 성경의 처음 다섯 권의 책(창세기로부터 신명기까지)을 쓰지 않았다고 주장하였읍니다. 그리고 그들은 모세 시대에는 글이 없었다고 주장하였읍니다. 그러나 그 이후 고고학자들은 타블렛(Tablet, 토판)을 발견해내고, 모세 이전 수백여년 전에 쓰여진 비문들을 발굴해냈읍니다. 심지어 모세가 40년 동안 이스라엘 백성들을 인도했던 바로 그 시나이반도에서 그러한 것들을 발견하였읍니다. 정말 아이러니칼한 일입니다.

보다 최근에도 많은 학자들은 신약의 역사서들이 그 내용에 나오는 사건들이 있고 나서 조금 뒤에 쓰여졌다는 걸 부정할 뻔하기도 하였읍니다. 공관복음서(마태, 마가, 누가복음)는 특히 더 늦게 쓰여졌다고 말했읍니다. 헬라적인 기풍을 가장 크게 띄고 있는 것처럼 보이는 요한복음은 훨씬 뒤로 물러나 2세기에 쓰여진 것이라고 주장하는 사람들도 있었읍니다. 어떤 사람들은 심지어 3세기에 쓰여졌다고 주장하기도 했읍니다. 그러나 때가 지나면서 애굽에서 파피루스 조각이 발견되었읍니다. 그걸 기초로하여 제 4복음서인 요한복음이 주후 125년 이전에 쓰여졌다고 할 필요가 있게 되었읍니다. 그 주후 125년 이전보다 훨씬 앞선 어느 때에 쓰여진 것으로 봐야할 필요성이 증대되었읍니다. 다른 말로서, 우리 시대의 학자들의 연구결과를 통해서 성경의 주장이 갈수록 더 확증됩니다.

학적인 연구가 성경의 무오성을 입증하지 못합니다 —어떤 것도 그런 일을 할 수 없읍니다 —그러나 학자들은 성경의 신빙성 방향으로 나아가고 있으며, 성경에 대한 가장 고차원적인 관점과 모순되는 것을 하나도 드러내지 않습니다.

반석 위에 서서 기다리라

주 예수 그리스도께서 행하신 바대로, 그리스도인은 결코 두려워하지 말고 하나님의 말씀 위에 서서 그 완전한 권위를 인식할 필요가 있읍니다. 때에 따라서는 그것을 반대하여 제기되는 비평적인 이론들도 있을 것입니다. 그러한 논리가 때로는 반박될 수 없을 정도로 완벽해보일 수도 있읍니다. 그리하여 그러한 논증을 대항하려하는 자는 덜 깨인 자라고 면박당할 수 있을지도 모릅니다. 이 세상의 지혜는 이렇게 말할 수 있을 것입니다. "그렇게 믿고싶으면 믿을 수 있다. 그러나 과학적인 비평주의의 결과는 우리를 더 잘 가르친다." 이러한 일들은 전에도 있었고 앞으로도 다시 있을 것입니다. 그러나 성경의 기반 위에 든든히 선 그리스도인은 자기가 사는 날 동안에 마저, 소위 그 "확증적인 발견"이라는 것이 학자들을 부끄럽게 하기 시작했 듯이, 주 예수 그리스도가 주장하신 성경관, 곧 교회의 역사적인 성 경관이 이길 날을 맞게 될 것입니다.

오래 전 영국교회의 지도자였던 리버풀의 라일(Ryle)감독은 다 음과 같이 지혜롭게 썼읍니다. "의심을 품고 가만히 있지 말고 성경 의 축자적인 완전영감이론이 가지고 있는 모든 난제들을 다 말해보 라. 나는 그 모든 난제들을 그대로 인정하고 그 난제들이 풀리기까지 겸손히 기다리련다. 그러나 기다리는 동안 나는 반석 위에 서 있을 것이다."

13

성경의 목적

"너희가 성경에서 영생을 얻는 줄 생각하고 성경을 상고하거니와
이 성경이 곧 내게 대하여 증거하는 것이로다"(요 5 : 39).

우리가 사는 시대 속에서 사람들이 저급한 성경관을 가지는 것은
이상한 일이 아닙니다. 신학교수들과 목사들을 포함한 많은 사
람들이 성경은 사람에 대한 하나님의 말씀이기보다는 하나님에 관한
사람의 말이라고 느끼고 있습니다. 그러므로 그리스도께서 행하신 바
와 같이, 성경의 신적 기원을 강조하고 성경의 초자연적인 특성들을
지적할 필요가 있습니다. 동시에 위험은 오늘날 사람들이 저지를 수
있는 저급한 성경관을 받아들이는 데만 있는 것이 아닙니다. 성경을
오해합니다. 그들은 성경이 무엇을 말하고 어째서 쓰여졌는지를 모
릅니다. 그 결과 성경의 목적도 말해줄 필요가 있습니다. 다른 무엇
보다도 성경의 목적이 그리스도 예수를 계시하기 위한 것임을 말할
필요가 있습니다.

성경의 목적이 무엇입니까? 예수 그리스도에 따르면 성경의 목적
은 그리스도를 가리키고 나타내는 데 있습니다. 그래서 우리가 연구
하고 있는 본문에서 "너희가 성경에서 영생을 얻는줄 생각하고 성경

을 상고하거니와 '이 성경이 곧 내게 대하여 증거하는 것이로다'"(5
: 39)고 말씀하셨읍니다.

　여러분은 이 진리를 아셨읍니까? 마틴 루터는 그 진리를 분명하게
안 사람입니다. 그가 죽기 한달 전에 바로 이 본문을 중심하여 행한
설교에서 이렇게 논증을 펴나갔습니다. "여기서 그리스도께서는 성경
이 무엇 때문에 하나님에 의해서 주어졌는지 그 가장 주요한 이유를
지시하고 있습니다. 사람들은 성경을 연구하고 성경을 탐구해서 마리
아의 아들인 바로 그분이 자기에게 와서 믿는 모든 사람들에게 영생
을 주실 수 있는 분임을 배워야 합니다. 그러므로 성경을 바르고 유
익하게 읽으려하는 사람은 성경 속에서 그리스도를 발견하고 있는지
주의해야 합니다. 그러면 그는 틀림 없이 영생을 발견할 것입니다.
반면에 모세와 선지자들의 글을 연구하고 이해했으나 그리스도께서
내 구원을 위해서 하늘로부터 오셔서 사람이 되시고, 고난을 받으시
고, 죽으시고, 장사지낸바 되시고, 다시 살아나시고, 하늘에 오르셔
서 그로 말미암아 내가 하나님과의 화목을 누리게 되었으며 내 모든
죄를 용서받게 되었으며, 은혜와 의와 영생을 소유하게 되었음을 발
견하지 못한다면, 성경을 읽는 것이 내 구원에 아무런 도움을 주지
못합니다. 성경을 읽고 연구함으로써 학식 있는 사람이 될 수는 있고
습득한 지식을 전파할 수도 있습니다. 그러나 이 모든 것이 그러한
경우라면 아무런 소용이 없습니다. 왜냐하면 그리스도를 알지 못하고
발견하지 못한다면, 구원과 영생도 얻지 못할 것이기 때문입니다. 그
렇게 되면 비참한 죽음을 얻게 되는 셈입니다. 왜냐하면 우리의 선하
신 하나님께서는 예수의 이름 외에는 사람들이 구원을 얻을만한 다른
이름을 주신 일이 없다고 선언하셨기 때문입니다(행 4 : 12)."

같은 한 저자

　만일 여러분이 잠깐 이 성경의 목적에 관해서 생각할 것이면, 성경
이 어째서 신적 기원을 가져야하는지에 대하여 부가적인 이유가 그
것임을 여러분도 아셨을 것이라고 확신하는 바입니다. 성경이 쓰여진

것은 수 천년의 기간 동안 30여명의 인간 저자들에 의해서 쓰여진 것입니다. 만일 이 사람들이 낸 그 작품이 인간적인 작품에 불과하다면, 인생에 대한 사고방식에서 그 모든 사람들이 일치할 리가 만무합니다. 그들이 쓴 책에서 밝혀진 바대로 역사 속에 드러난 장엄한 하나님의 우선하는 목적들에 입각해서만 그런 일이 가능합니다. 그럼에도 우리는 바로 그 30여명의 저자들이 한 가지로 일치하고 있음을 발견합니다. 그점을 설명하는 오직 유일한 방식은 이러합니다. 인간 저자들이 자기 자신들의 전망을 가지고 썼고, 자기 자신의 역사적인 상황 속에서 쓰기는 하였지만, 성경 뒤에 계시는 하나님께서 그들이 쓰는 것을 영감하여 나타난 말들이 정확하고 조화를 이루게 하셨다고 설명하는 것입니다. 더구나, 서로 그 산물(産物)들을 묶어 중요한 의미에서 "한 책"을 만들어내신 것입니다.

예수님께서 우리가 연구하는 본문 속에서 모세가 성경의 일부를 썼다는 것을 말씀하시지만(45~47절), 그럼에도 불구하고 성경 전체가 자기의 메시야권(權)을 증거하는 하나님의 증거라는 진술을 먼저 놓습니다. 그것은 위에서 생각한 것과 관련하여 볼 때 우연이 아닙니다. 이것이 요한복음 5장 논증의 논리전개방식입니다. 하나님께서 예수님을 증거하셨습니다(30~32절). 세례 요한의 증거를 통해서도 증거하십니다(33~35절). 그리스도의 이적을 통해서도 증거하십니다(36절). 그러나 무엇보다도 성경을 통해서 증거하십니다(37~47절).

우리는 요한복음 5장에 나오는 그리스도의 가르침을 다음과 같이 요약할 수 있습니다. 예수님에 따르면, 1) 성경이 하나님에 의해서 주어졌으며, 2) 성경의 목적은 예수님 자신을 가리키는 데 있으며, 3) 어떠한 방식으로든지 다르게 성경을 사용함은 궁극적으로 성경을 오해하고 왜곡시킨다는 것입니다.

주제도 한 가지

이 시점에서 어떤 분은 다음과 같은 노선을 따라 생각을 해 나갈지 모릅니다. "성경의 목적이 예수 그리스도를 가리키는 데 있다고하는

걸 당연한 걸로 여기자(나도 성경이 하나님에 의해서 주어진 것을 믿
는다). 그러나 어떻게 성경이 예수님을 가리키는가요? 성경이 거의
다 역사가 아닌가요? 최소한 구약에서는 예수님에 관한 일언반구의
얘기라도 있습니까? 어떻게 구약이 예수님을 가리킨다고 말할 수 있
읍니까? 어떻게 예수님이 성경의 주제라고 할 수 있읍니까?"이 질
문에 대한 답변은 이러합니다. 예수께서는 두 가지 방식으로 구약의
주인공이 되십니다. 1) 구약의 보편적인 테마들과 부합하시는 방식으
로 말미암아 그렇습니다. 2) 거기 구약에서 발견되는 특별한 예언들
을 이룸으로써 구약의 주인공이 되신 것입니다. 신약에서는 보다더
명백한 방식으로 주인공이 되십니다. 왜냐하면 신약성경은 그의 이야
기를 말해주고, 거의 다 독점적으로 그에 관한 것이기 때문입니다.

　예를 들어서 구약의 위대한 주제들에 대해서 생각해 보십시오. 한
가지 주제는 사람의 죄와, 사람의 궁핍입니다. 성경은 창조역사로부
터 시작합니다. 그러나 곧 이어서 이 이야기는 사람의 타락에 대해서
말합니다(성경의 처음 두 장에서). 사람은 마땅한 바대로 자기의 창
조주를 겸손하고 감사하는 마음으로 의뢰해야하는데 그러기는 커녕
금방 하나님을 대항하여 배역하는 상태에 빠져버리고 말았읍니다. 하
나님께서 정해주신 길이 아닌 자기 길로 갔읍니다. 그래서 사망을 포
함한 죄의 여러 귀추들이 인류에게 떨어지게 되었읍니다.

　구약의 나머지 부분에서는 이러한 귀추들이 완연한 모습을 펼쳐보
이는 것을 봅니다. 그래서 아벨의 살인이 있었고, 홍수를 불러온 무
서운 부패가 있었고, 귀신숭배자가 있었고, 성적 도착자가 있었고, 선
택된 이스라엘 사람들이 큰 축복을 받았음에도 불구하고 그 민족에
게 큰 비극이 떨어지게 되었읍니다. 이스라엘은 노예로 붙잡히게 됩
니다. 비록 어떤 사람들이 그 약속의 땅으로 돌아가기는 했지만, 그
들은 훨씬 덜 영광스러운 존재를 회복한 것입니다. 구약의 이야기는
다윗의 위대한 회개시편에서 가장 잘 요약될 수 있읍니다. 그것은 마
땅히 전인류의 시편으로 여겨야 합니다. "하나님이여 주의 인자를 좇
아 나를 긍휼히 여기시며 주의 많은 자비를 좇아 내 죄과를 도말하소

서 나의 죄악을 말갛게 씻기시며 나의 죄를 깨끗이 제하소서 대저 나는 내 죄과를 아오니 내 죄가 항상 내 앞에 있나이다…… 내가 죄악 중에 출생하였으며 모친이 죄 중에서 나를 잉태하였나이다"(시 51:~3, 5).

여기에 위대한 한 성경교리가 있습니다. 그러나 만일 우리가 그것을 바르게 이해하자면 이 교리마저도 목적은 아니라는 걸 알아야 합니다. 그 교리는 진리입니다. 사람의 마음이 그것이 진리임을 인정합니다. 그러나 사람의 죄와 궁핍에 대한 진리가 성경에서 강론되는 것은 진리를 단순히 파헤치기 위한 것이 아닙니다. 오히려 동시에 그 곤경의 해결책으로써 그리스도를 가리킬 수 있기 때문입니다.

의사가 환자를 진단하는 경우를 생각하면 성경증거의 이 국면에 대한 개념을 얻을 것입니다. 어떤 사람이 메스껍고 배가 아프다고하면서 의사에게 왔다고 합시다. 그 의사는 명치의 부드러운 배부분을 검진하고 피를 조사해보고 맹장여부를 진단합니다. 의사가 진단한 목적은 무엇입니까? 사실을 알려주기 위한 목적입니까? 물론 어떤 의미에서 그렇습니다. 그것이 한 목적이 될 수 있습니다. 그러나 그것이 궁극적인 목적은 아닙니다. 궁극적인 목적은 아파하는 그 사람을 검진하여 결국 외과의에게 보내어 죽음의 위험에서 건지는 것입니다. 그와같이, 성경은 인류의 영적 조건을 진단함으로써 각 개인들이 주 예수 그리스도께 돌아서게 합니다. 왜냐하면 그분만이 인간들의 조건을 치료하여 낫게 하실 수 있는 오직 유일한 분이기 때문입니다. 그 한 가지 방면에서도 예수님은 구약의 주인공이 되십니다.

우리는, 구약기간 동안 진정으로 믿은 모든 사람들이 이것을 알았다고 덧붙여 말할 수 있습니다. 그래서 우리는 아브라함과 이삭과 야곱과 다윗과 선지자들과, 안나와 시므온과, 세례 요한과, 다른 모든 사람들 ─ 오시는 구속주(救贖主)를 신뢰하며 기다렸던 모든 사람들에 대한 이야기를 성경에서 듣는 것입니다.

이제 우리는 구약의 두번째 위대한 주제에 이르게 되었습니다. 그 것은 사랑 가운데서 죄인을 구속하시기 위해서 행동하신 하나님의 존

재입니다. 구약기간 동안 여러 부분적인 방식으로 하나님 아버지께
서는 그런 일을 스스로 행하셨습니다. 동시에, 그러한 일을 하실 때
마저 아버지께서는 완전하고 영원하게 사람들을 구속하실 당신의 아
들이 오실 것을 지시하셨습니다.

　예를 들어서 아담과 하와가 에덴동산에서 죄를 범하였을 때 하나님
이 어떻게 하셨는지 생각해 보십시오. 죄는 인간을 창조주로부터 분
리시켰읍니다. 그들은 숨으려고 애썼읍니다. 그러나 하나님께서는 저
녁 때 날이 서늘할 때에 그들에게 오셔서 그들을 부르셨습니다. 하나
님께서 그렇게 하실 때 심판의 차원에서 말씀하셨다는 것이 사실입니
다. 그는 그들의 최후의 결과들을 드러내셨습니다. 그러나 동시에 심
판의 차원에서 말씀하시면서 동물들을 죽이셨습니다. 그 가죽으로 사
람들에게 옷을 해입혀 그들의 수치를 가리게 하셨습니다. 그래서 하
나님께서는 회생을 통한 구원의 방식을 가르치기 시작하셨습니다. 같
은 방식으로 사단에게는, 어느 날 그 사단을 영원토록 패퇴시킬 분이
오실 것을 계시하셨습니다. "여자의 후손은 네 머리를 상하게 할 것
이요 너는 그의 발꿈치를 상하게 할 것이니라"(창 3 : 15).

　창세기 12장에서는 무언가 베일에 쌓여 있기는 하지만 사단을 격
파할 "씨"(후손)에 대한 언급을 대하게 됩니다. 이것은 아브라함에게
하신 하나님의 첫번째 약속인데, 아브라함 안에서 모든 사람들이 복
을 받게 되리라는 요점을 가진 약속입니다(12 : 3). 22장에서 그 약
속은 다음과 같이 재진술됩니다. "또 네 씨로 말미암아 천하 만민이
복을 얻으리니"(22 : 18). 여기서 언급된 복락은 분명히 아브라함 개
인을 통해서 모든 사람들이 받을 복락이 아닙니다. 또한 별도로 모든
유대인들에게 미칠 복락이 아닙니다. 왜냐하면 모든 유대인들이 다
유신론자들은 아니기 때문입니다. 그것은 믿는 유대인들을 통하여 오
는 축복도 아닙니다. 거기에서 예고된 축복은 아브라함의 그 "씨"를
통해서 올 축복입니다. 곧 약속된 씨앗으로서 메시야를 가리킵니다.
그래서 사도 바울이 이 본문을 알고나서 몇해 후에 다음과 같은 사실
을 보여주느라고 그 본문의 요점을 활용합니다. 곧 1) 그 씨가 주 예

수 그리스도시며, 2) 아브라함에게 하신 약속은 그로 말미암은 축복의 약속이었으며, 3) 그 축복은 그리스도의 위대한 구속역사를 통해서 오게 된다는 것입니다(갈 3 : 13~16).

민수기에서는 여호와께서 발람 선지의 입을 통하여 말씀하신 흥미 있는 예언이 있습니다. 그 발람 선지는 모세시대에 살던 교활하고 두 마음을 품은 선지자였습니다. 이스라엘을 대적하는 발락이라는 왕이 발람을 채용하여 유대의 백성들을 저주하게 하였습니다. 그러나 발람이 저주하려고 입을 열 때마다 이스라엘 백성들에 대한 축복이 튀어 나왔습니다. 한번은 그가 이렇게 말했습니다. "한 별이 야곱에게서 나오며 한 홀이 이스라엘에게서 일어나서…… 주권자가 야곱에게서 나서 남은 자들을 그 성읍에서 멸절하리로다"(민 24 : 17, 19). 이는 그리스도가 오신다는 예언이었습니다. 같은 방식으로 족장 야곱은 죽어가면서 하는 말 속에서 그리스도에 대해 언급하였습니다. "홀이 유다를 떠나지 아니하며 치리자의 지팡이가 그 발 사이에서 떠나지 아니하시기를 실로가 오시기까지 미치리니 그에게 모든 백성이 복종하리로다"(창 49 : 10).

모세도 오실 자를 말합니다. 그는 하나님을 위해서 말하면서 이렇게 선언했습니다. "네 하나님 여호와께서 너희 중 네 형제 중에서 나와 같은 선지자 하나를 너를 위하여 일으키시리니 너희는 그를 들을 찌니라"(신 18 : 15). 다시 하나님을 대변하여 말하면서, "내가 내 말을 그 입에 두리니 내가 그에게 명하는 것을 그가 우리에게 다 고하리라"(18절)고 하였습니다.

시편도 위대한 예언들을 내포하고 있습니다. 시편2편은 그리스도의 궁극적인 승리와 이 세상의 모든 열방들을 다스릴 것을 말합니다. 이 시편은 초대 그리스도인들에게 익숙하던 시편이었는데 사도행전 4장에서 나타나는 바대로 그리스도를 언급할 때마다 그 시편을 사용하곤했습니다. 시편 16편은 그리스도의 부활을 예고합니다(10절. 참조할 성구는 행 2 : 31). 22편, 23편, 24편은 주 예수님에 대한 세 가지의 그림을 그려주고 있습니다. 첫번째는 고난받는 구주, 그 다음

에는 긍휼에 풍성하신 목자, 세번째는 임금의 모습입니다. 또한 그리
스도의 생애와 공생애에 대한 여러 다른 국면들을 그려주는 시편들
이 많습니다. 결국 시편110편은 그리스도의 통치의 주제로 돌아와서,
예수께서 하나님 보좌 우편에 앉으셔서 모든 원수들을 발 아래 복종
케하실 날을 내다보고 있습니다(1절).

　　그리스도의 생애와, 죽음과, 부활에 대한 상세한 국면을 알리는 예
언들이 수 없이 많습니다. 선지서들 가운데 여러번 나타납니다 -이사
야서, 다니엘, 예레미야, 에스겔, 호세아, 스가랴, 다른 여러 선지서들
에서 그 예언들이 많이 나타납니다. 예수님께서는 의도적으로 자기
의 삶을 그 예언의 묘사에 맞추셨습니다. 왜냐하면 그것이 그러한 예
언들에 계시되어 있기 때문이며, 예수님께서는 매우 주의 깊게 특별
한 국면까지 그 예언들을 이루셨기 때문입니다. 베드로가 겟세마네
동산에서 예수님이 잡혀가는 것을 막아보려고했을 때 예수님께서 베
드로를 책망하셨는데, 그것은 예수님께서 그 예언들을 상세한 국면에
까지 성취하셨다는 걸 보여 줍니다. 예수께서 이렇게 말씀하셨습니다.
"네 검을 도로 집에 꽂으라 검을 가지는 자는 다 검으로 망하느니라
너는 내가 내 아버지께 고하여 지금 열 두 영(營) 더 되는 천사를 보
내시게 할 수 없는 줄로 아느냐 내가 만일 그렇게하면 이런 일이 있으
리라한 성경이 어떻게 이루어지리요"(마 26 : 52〜54). 그리고 나서
주님께서는 십자가에 못박히기 위해서 나아가셨습니다.

성경을 열고, 마음을 열고

　　주 예수 그리스도께서 부활하신 뒤에 두 제자에게 나타나셨습니다.
그 사람들은 하나는 남자요 하나는 그 아내였는데, 예수님이 죽임을
당한 유월절 기간을 지난 다음 예루살렘에서 자기 고향으로 돌아가고
있었습니다. 그 제자들은 글로바와 마리아였습니다. 그들은낙담하여
있었습니다. 그들 중 마리아는 예수님이 십자가에 못박히는 광경을
보았습니다. 예수님께서 죽으셨을 때 예수님을 믿는 그의 믿음과 소
망이 역시 죽었습니다. 그 둘 중 어느 누구도 그리스도께서 죽고 다

시 살아야할 필요성이 있다는 걸 이해하지 못했읍니다. 예수님이 부활하신 그날 아침 어떤 사람들이 무덤에 가보았다가 무덤이 빈 것을 보았다는 이야기를 해주었는데도 불구하고 그 둘 중 아무도 그 소식을 받아들일 수 없었읍니다.

그들이 길을 갈 때 예수님께서 그들에게 나타나셨읍니다. 그러나 예수님께서는 그들이 예수님을 알아보지 못하도록 자신을 변모시키셨읍니다. 예수님께서 즉각 그들에게 자신을 보이실 수도 있으셨읍니다. 그러나 그러는 대신 성경의 목적을 밝혀주셨읍니다. 그럼으로써 이 부부나 우리들에게 다 위대한 한 교훈을 가르쳐 주셨던 것입니다.

예수님께서 그들에게 "성경을 열어" 주셨다고 성경은 말하고 있읍니다. 이야기 중간에 성경을 여는 일이 일어납니다. 그러나 그 사실을 표현하는 어구는 그 이야기가 끝날 때까지 전혀 나타나지 않습니다. 그들이 예수님과 만났던 이야기를 하면서 이렇게 말합니다. "저희가 서로 말하되 길에서 우리에게 말씀하시고 우리에게 성경을 풀어주실 때에(성경을 열어주실 때에) 우리 속에서 마음이 뜨겁지 아니하더냐?" (눅 24 : 32) 그러나 우리가 이 이야기를 읽어나가면서 이 최초의 "열어" 주는 것, 곧 성경을 풀어주니 또 다른 방면의 "여는 일"이 있게 되는 것을 금방 발견합니다. 그것은 그들의 눈을 여는 일이었읍니다. 예수님의 가르침과, 예수님께서 그들과 함께 앉으사 집에서 떡을 떼신 결과로 그들의 눈이 밝아졌다는 걸 알게 됩니다. "저희 눈이 밝아져(열어져) 그인줄 알아보더니"(31절). 결국, 이야기의 끝에 가보면 예수께서 다시 다른 제자들과 함께 있는 그들에게 나타나셔서 "저희 마음을 열어 성경을 깨닫게 하셨다"는 걸 발견하게 됩니다(45절).

여기에 세 가지 위대한 여는 일이 있읍니다 —성경을 여는 일, 눈을 여는 일, 마음을 여는 일입니다. 모든 성장하는 그리스도인의 삶 속에서 이 세 가지의 여는 일은 언제나 거듭 되풀이되어야 합니다. 성경을 바른 방식으로 열어 풀어 주는 것은 그리스도를 바라볼 눈을 열어 주는 것입니다. 이것은 또 다시 새로운 방식으로 성경을 보는 눈을 열어 줍니다.

하나님의 말씀 중 많은 부분이 여러분에게 신비로 남아 있읍니까?
여러분은 성경의 목적을 알지 못하셨읍니까? 만일 그렇다면, 성경에
서 그리스도를 찾으려고 읽어보십시오. 여자의 후손이요 아브라함의
후손인 그분을 찾으십시오. 그분이 요셉의 삶 속에서 모형적으로 드
러나 있음을 발견하십시오. 유월절 어린 양 되신 그분을 인식하십시
오. 광야의 반석이 그분임을 아십시오. 광야에서 길을 갈 때 이스라
엘 사람들을 인도하던 구름이 바로 그분을 나타낸다는 걸 배우십시
오. 그분이 신명기에 나오는 의로운 분임을 지각하십시오. 의의 태양
으로서 치료하는 광선을 발하시는 분으로 묘사된 말라기에 이르기까
지 구약의 모든 지면을 훑어나가십시오. 만일 여러분에게 이러한 일
이 일어난다면, 성경은 더이상 들고 다니기만하는 책이 아닐 것이고,
무엇인가를 꿰뚫어보는 도구가 될것입니다. 그리고 예수님을 더 가까
이 보게하는 망원경이 될 것입니다.

14

잘못된 성경 사용

"너희가 성경에서 영생을 얻는 줄 생각하고 성경을 상고하거니와
이 성경이 곧 내게 대하여 증거하는 것이로다 그러나 너희가 영
생을 얻기 위하여 내게 오기를 원하지 아니하는도다 나는 사람에
게 영광을 취하지 아니하노라 다만 하나님을 사랑하는 것이 너희
속에 없음을 알았노라 나는 내 아버지의 이름으로 왔으매 너희가
영접지 아니하나 만일 다른 사람이 자기 이름으로 오면 영접하리
라 너희가 서로 영광을 취하고 유일하신 하나님께로부터 오는 영
광은 구하지 아니하니 어찌 나를 믿을 수 있느냐"
(요 5 : 39~44).

주 예수 그리스도께서 당시의 유대 지도자들과 성경에 관해서 논
쟁을 벌이셨는데, 그 논쟁에서 최소한 한 가지 요점에는 합의하
나 두 가지 요점에는 의견을 달리하고 있습니다. 예수님과 유대 지도
자들이 합치하는 요점은, 성경은 하나님께로부터 왔다는 것입니다.
물론 오늘날 많은 사람들은 그점에 의견을 같이 하지 않습니다. 그러
나 그리스도의 시대에 모든 사람들은 구약성경이 하나님께로부터 왔
음을 인정했습니다. 그런데 그들이 의견을 달리하는 요점들은, 첫째
성경의 목적이었고, 둘째로는 성경활용의 목적이었습니다. 이 모든
세 가지 요점들 모두를 이미 숙고해본 바 있습니다. 성경의 활용문제

도 숙고해보았읍니다. 그래서 이 강론에서는 성경을 잘못 사용하는 방편을 살펴보고 싶습니다.

예수님께서 다음과 같이 말씀하실 때 그 실수를 지적하신 것입니다. "너희가 성경에서 영생을 얻는줄 생각하고 성경을 상고하거니와 이 성경이 곧 내게 대하여 증거하는 것이로다 그러나 너희가 영생을 얻기 위하여 내게 오기를 원하지 아니하는도다 나는 사람에게 영광을 취하지 아니하노라 다만 하나님을 사랑하는 것이 너희 속에 없음을 알았노라…… 너희가 서로 영광을 취하고 유일하신 하나님께로부터 오는 영광을 구하지 아니하니 어찌 나를 믿을 수 있느냐?"(요 5:39 ~42, 44)

성경 사용 자체를 목적으로 삼을 때

우리는 다음과 같은 질문을 먼저 던져보아야 합니다. 유대인들이 어떻게 성경을 잘못 사용했읍니까? 우리도 성경을 같은 방식으로 잘못 사용할 것입니까? 예수님의 이 말씀에 따르면 첫번째 질문은 분명히 다음과 같은 것입니다. 유대인들은 성경말씀 그 자체를 목적을 삼아 취급함으로써 성경을 잘못 사용하였던 것입니다. 성경의 제일차적인 사역인 예수님을 가리키는 용도를 착안하지 못했던 것입니다. 그들은 성경을 탐구했으나 그리스도께 이르지는 못했읍니다. 우리가 성경을 연구하되 학문적인 연구가 되어서 그 결과 우리 자신이 하나님께 더 가까이 가지 못하게 되면, 역시 같은 노선을 따라 실수를 범하고 있는 것입니다.

아무도 그리스도 때의 유대인들이 성경을 참으로 세심하게 연구한 점에 잘못이 있다고 말할 수는 없읍니다. 그것은 인정된 사실입니다. 유대인들은 성경을 연구했읍니다. 제가 믿기로 바로 이 이유 때문에 39절은 흠정역이 하는 방식대로 명령형으로 번역하기보다는, 현대의 많은 번역들이 채용하듯이 직설법으로 번역되어야한다고 믿습니다. 다시 말하면 "성경을 연구하라"로 하지말고 "너희가 성경을 연구하거니와(상고하거니와)"로 번역되어야 한다는 말씀입니다. 유대인들은 성경을 크게 자랑했읍니다. 거기에 문제가 있던 건 아닙니다. 문제는 그들이 성경을 그렇게 높이 평가하면서도 그 성경의 의도는 쉽게 간과해버렸다는 사실에 있읍니다.

그 결과, 성경을 상세히 아는 지식 때문에 사람들로부터 추앙을 받기는 했지만 그들은 구원을 얻지 못했읍니다.

요한복음의 몇 장 뒤에 가보면 바로 이 사실을 잘 드러내주는 실례가 있읍니다. 9장에서 요한은 소경으로 났던 한 사람이 치료된 이야기를 말하고 있읍니다. 그는 물론 육신적으로 소경이었읍니다. 그러나 그 이야기의 중심은, 모든 사람들과 같이 그도 그리스도께서 그를 만지시기 전에 영적으로도 소경이었다는 사실에 있읍니다. 그 후에 그는 영적인 시력을 되찾게 되었읍니다. 소경으로 난 사람은, 자기가 아는 한 예수라고 하는 "사람"에 의해서 보게 되었다는 고백을 먼저 하게 됩니다. 그는 결국 마지막에는 예수가 "주"라고 고백하고 그를 경배했읍니다.

그 사람이 보게 되었을 때, 그 사람은 유대 관원들과 쟁론을 벌이게 되었읍니다. 그들은 예수님을 알았지만 그를 믿지는 않았읍니다. 사실 그들이 예수님을 믿지 않은 것은 성경에 대한 그들의 태도 때문이었읍니다. 그들이 보기에는 구약에 기록된 계시 자체가 끝이었읍니다. 어떤 것도 첨가될 수 없었읍니다. 사실 그외에 더 다른 것을 소원할 수도 없었읍니다. 그래서 그들은 "하나님이 모세에게는 말씀하신줄을 우리가 알거니와 이 사람은 어디서 왔는지 알지 못하노라" (9 : 29)고 말했던 것입니다. 소경으로 난 사람은 구약을 아는 지식적인 성숙도에서 그들과 다투려하지 않았읍니다. 다만 그는 자기가 치료되었다는 논박할 수 없는 사실을 지적하였읍니다. 그는 이렇게 결론내립니다. "이 사람이 하나님께로부터 오지 아니하였으면 아무 일도 할 수 없으리이다" (33절). 그러므로 유대인들은 구약 그 자체를 목적으로 삼아서 구약을 왜곡하였고 구약의 참된 의미를 놓쳐버리고만 것입니다. 그들은 구약이 사실상 바로 그 예수님에 대해서 증거한다는 사실을 알지 못했읍니다.

저는 이 점을 매우 실제적인 수준으로 끌어내려 보려고 합니다 ―우리가 살고 있는 시대에 이 점을 적용해보겠습니다. 우리 시대에 성경 그 자체를 목적으로 삼아서 성경을 왜곡시키는 사람이 있읍니까? 저는 그러한 일이 자주 일어난다고 믿습니다. 저는 몇 가지 실례를 보여드리겠읍니다.

첫째, 그런 일은 성경을 연구하는 학문세계에서 일어납니다. 1768년을 기점으로해서 "역사적인 예수" 운동이 일어났읍니다. 그 해에 주목할만한 독일학자 헤르만 사무엘 라이마루스 (Hermann Samuel Reimarus)가 죽었는데, 그는 사실상 신약학자는 아니었읍니다. 그러나 그는 죽으면서 신약 분야에서 연구하는 사람들에게 상당한 영향력을 미칠 수 있는 원고를 남겨두고 떠났읍니다. 라이마루스는, 역사가들이 예수님의 "목적"과 예수님의 제자들의 "목적"을 구별해야 한다고 주장했읍니다. 그가 이러한 주장을 통해서 뜻한바는, 학자들은 실제로 살았던 역사적인 예수와, 예수님을 따르는 사람들의 믿음이나 상상의 산물이라할 수 있는 신약의 예수 사이를 구분해야한다는 것입니다. 이러한 두 기로에서 어느 한 가지를 선택하면 자동적으로 다른 것을 배제한다고 생각했읍니다. 라이마루스는 모든 초자연적인 요소를 다 벗겨낸 역사의 예수를 선택했읍니다. 그의 재구성을 통해서 예수는 하나님의 나라를 설파하려 왔다가 하나님께 버림을 받아 죽어 꿈을 이루지 못한 사람이 되고 말았읍니다. 라이마루스는, 기독교는 시체를 훔쳐 자기 선생의 시신이 다시 살았다고 설파하며 추종자들을 긁어모았던 제자들의 산물이라고 생각했던 것입니다.

많은 사람들에게 있어서 라이마루스의 관점들은 극단적이었고, 그의 저작이 논쟁을 불러일으키기 위한 것임을 얼른 알아차렸읍니다. 그럼에도 불구하고, 그의 원고는 한 세대 전체가 역사적 예수 탐구에 몰두하도록 본을 형성하였던 것입니다. 학자들은 복음서들에 나타난 초자연적인 요소들을 거부하기 시작했고, 자연적이고 변형된 예수를 요청하기 시작했읍니다. 불행히도 각 학자마다 자기 나름의 상상대로 예수를 산출하는 데 성공했읍니다. 합리론자들은 예수를 위대한 도덕선생으로 보았읍니다. 사회주의자들은 가난하고 혁명적인 사람들의 친구로 보았읍니다. 데이비드 프리드리히 스트라우스(David Fr-iedrich Strauss)가 쓴 가장 인기 있던 "예수의 생애"라는 여러 권의 책이 나와 복음서 대부분이 신화라고 일축해버렸고, 부르노 바우어(Bruno Bauer)는 역사적인 예수가 존재한 적이 없었다고 주장함으로써 그의 의문을 마무리지었읍니다. 바우어는 예수에 대한 모든 이야기들이 기독교 사회가 상상해낸 산물이라고 설명하였읍니다.

독일학자들이 소위 역사적 예수에 대한 "의문"이라는 문제에 쏟은 엄청난 정력과 재능을 보고 깜짝 놀라지 아니할 사람이 오늘날에도 거의 없을 것입니다. 그러나 그 결과는 무미건조한 것이었고 결론들은 그릇된 것이었읍니다. 학자들은 스스로 복음서 자체를 목적으로 삼았고 그래서 성경은 믿고 순종해야할 책이라기 보다는 가늠해보고 교묘하게 다루어 보아야할 책이 되고 말았읍니다. 그 결과는 무엇입니까? 그 결과, 학문이 생산해낸 예수는 역사적 예수도 아니고 성경의 그리스도도 아니었읍니다. 그리스도는 불의의 피해를 받은 자가 되고 말았읍니다. 서양의 토양과 최근의 역사 속에서 유대교의 오류가 그처럼 반복된 것입니다.

저는 또 다른 실례를 들어드리겠읍니다. 어떤 사람이 자기 집의 중요한 자리에 놓으려고 아름다운 성경을 사놓고는 읽지 않는다고 할 때, 역시 다른 방식으로 똑같은 일이 일어나고 있는 것이 아닙니까? 어째서 사람들은 그런 일을 합니까? 그들의 생각에는 성경이 특별한 것으로 보이기 때문입니다. 그들은 성경에 대한 미신적인 외경심을 가지고 있읍니다. 그러나 그들의 믿음이라는 건 미신 이상을 넘어가지 못합니다. 그 결과, 그들은 그 성경을 읽지 않습니다. 그러므로 그 성경을 쓴 원저자와 접촉할 리가 없읍니다.

세째, 복음주의적인 세계도 번역문제와 관련해서 똑같은 일을 저지를 위험에 처할 수 있읍니다. 어느 번역을 사용하든지 그 번역성경이 독자로 하여금 성경을 이해하는 데 도움을 주고 성경을 복종하도록 하면 됩니다. 저는 현대의 여러 성경역본들을 사용할 때 흠정역이나 개정역이나 새미국 표준번역(NAS) 같은 표준적인 번역성경을 함께 사용할 것을 권고합니다. 그러나 이렇게 합법적으로 번역성경을 사용하는 것과 관련해서 불행히도 "가장 좋은" 번역성경, "가장 최근에" 번역된 성경, "가장 현대적인" 번역성경이라는 불건전한 선입관이 사람들에게 배어 있다는 것입니다. 번역문제에 마음을 고정시키고 있는 사람들에게 있어서 가장 흥미로운 것은 성경의 가르침보다는 서로 다른 본문 사이의 작은 차이점들입니다. 그래서 그리스도께 복종하고 그리스도를 더 잘 알려는 소원은 자취를 찾아볼 수 없습니다.

저 개인적으로는, 우리 시대에 또 다른 영어번역성경이 나올 필요가 전혀 없다고 믿습니다. 우리는 다양성을 가지고 있습니다. 어떤 입맛이든지 채워질 수 있습니다. 아마도 성경번역에 관심을 가지는 오늘날의 유행 중 많은 부분이 상업적인 목적으로 이윤을 남기려는 발행자들의 책임입니다. 어쨌든, 그러한 번역성경을 내는 데 기울인 대단한 노력을 아직도 한 편의 번역성경도 갖지 못한 사람들의 언어로 성경을 내는 데 쏟는 것이 훨씬 더 좋을 것이라고 믿습니다.

세밀한 것만 생각하는 잘못

그러나, 이러한 문제들에 대해서는 여기서 그만 그치고 다음 문제로 나아가봐야겠습니다. 그리스도 때에 유대인들이 저지른 첫번째 잘못은 성경 그 자체를 목적으로 삼았던 데 있었읍니다. 그러나 그러한 잘못만이 있었던게 아닙니다. 두번째 오류가 있었는데, 성경의 상세한 국면에만 사로잡혀 있던 나머지 성경에 내포된 진리들을 놓쳤다는 것입니다. 예를 들어서, 성경을 베끼는 일을 했던 서기관들은 성경의 페이지를 할 수 있는 한 세밀하게 검토하는 데 온 힘을 기울였읍니다. 그들은 모든 자구(子句)마다 관심을 기울였읍니다. 그들은 심지어 어휘나 글자 수를 헤아려, 그것들 중 어느 것이 페이지 중간에 와야하는지, 각 페이지마다 어느 정도를 할애해야 하는지를 알고 있었읍니다. 어떤 의미에서 이러한 세심한 주의를 기울인 데 우리는 감사해야할 것입니다. 오늘 우리가 갖고 있는 구약성경 본문이 정확하게 유지된 것도 그 결과이기 때문입니다. 그러나, 거의 모든 서기관들의 경우에 있어서 하나님의 말씀을 베끼는 사람의 반응이 그 말씀을 베끼는 것으로 끝나고 말았다는 것입니다. 말씀이 정확하게 기록되었습니다. 그러나 의미가 없이 정확하게 낱말만 보존한다고해서 무슨 가치가 있겠습니까? 만일 글자들이 마음의 육비에 새겨지지 않는다면 그게 무슨 가치가 있겠습니까?

오늘 현대에도 상당한 성경지식을 가지고 있는 사람들 속에서 이러한 오류를 발견하게 됩니다. 그 사람들은 열 두 사도의 이름을 암송할 수도 있고 바울이 방문했던 모든 도시들을 다 알고 있으며, 히브리 역대 왕의 이름도 알고 있습니다. 그러나 성경이 죄에 대해서 무엇을 가르치는지, 칭의와 그리스도인의 삶과 순종에 대하여 어떠한 걸 가르치는지에 대하여는 모르고들 있습니다. 또 다른 많은 사람들은 예언에 대한 선입관 때문에 이러한 실수를 저지르고 있읍니다.

결국, 유대인들도 생명의 원천이신 하나님보다도 성경 자체를 더 생각한 잘못을 범했던 것입니다. 이걸 실증하는 것은 쉬운 일입니다. 유대인이 쓴 한 글이 있는데, 신명기 32 : 2에 대한 해석에서 이렇게 말합니다. "비가 세상을 위한 생명이듯이 토라의 말씀들도 세상을 위한 생명이다"(바룩전서 4 : 1). 그에 보면 이렇게 되어 있습니다. "이는 영원토록 있는 하나님의 계명과 율법의 책이다. 그것을 단단히 붙잡는 사람들마다 생명을 얻게 된다. 그러나 그것을 놓치는 자마다 죽을 것이다." 힐렐의 말은 유대인들 사이에서 역시 같은 효과를 나타내는 말로서 격언과 같은 구실을 합니다. "고기가 많으면 그만큼 벌레도 많다. 부요하면 염려도 많다. 계집종이 많을수록 호색적이게 된다. 남종이 많을수록 도둑이 많다. 여자가 많을수록 마력이 많다. 토라가 많을수록 생명은 더한다…… 좋은 이름을 얻는 자마다 자신을 위해서 그것을 얻고, 자신을 위해서 토라의 말씀을 얻는 자마다 자신을 위해서 내세의 생명을 얻는다"(Pirke Aboth 2 : 8). 분명히 이것을 문자 그대로 믿었읍니다. 중요한 것은 성경을 기억하는 것이다. 그 자체가 구원을 준다. 예수님은 이러한 관점에 대항하여 성경을 형식적으로 연구하는 것은 내세의 생명에 대한 "보증"이 아니라고 지적하시고 싶었읍니다. 랍비들은 사실 그렇게 믿었읍니다. 그리스도가 생명이지, 성경 그 자체가 생명은 아닙니다. 그리스도께서만이 구원을 보증하실 수 있읍니다.

그러면 무엇이 필요합니까? 사람들은 예수님과의 새로운 관계 속에서 얻어지는 새로운 탄생을 필요로합니다. 여기에서 니고데모와 예수님 사이에서 나눈 대화, 곧 요한복음 3장에 기록된 이야기가 중요해집니다. 니고데모는 바리새인이었읍니다. 그는 대표적인 유대인물이었읍니다. 이 문맥에서 보면 그 유대 지도자는 랍비적인 쟁론을 기대했을 것입니다. 메시야에 관한 어떤 특별한 약속들에 관한 논쟁이나, 그와 비슷한 것을 토론하고 싶었을 것입니다. 그러나 상황이 벌어지자 마자 예수님께서는 그 토론을 더 높고 더 영적인 차원으로 끌어올렸읍니다. 예수님께서는 니고데모에게, "진실로 진실로 네게 이르노니 사람이 거듭나지 아니하면 하나님 나라를 볼 수 없느니라"(3 : 3)고 대답하셨읍니다.

우리는 이상을 다음과 같이 요약할 수 있읍니다. 성경이 주어진 것은 사람으로 하여금 그리스도를 바라보게 하기 위함이며, 사람이 생명을 얻으려면 구주께 나와야한다고 말함으로써 요약할 수 있읍니다. 왜냐하면 하나님의 생명이 우리 마음을 사로잡지 않으면 하나님의 말씀도 이해될 수 없을 것이기 때문입니다.

예수님을 발견한 사람들

하나님의 말씀이 여러분을 위해서 그러한 일을 하였읍니까? 하나님의 말씀이 여러분에게 구주를 가리켜 주었읍니까? 저는 이제 마지막으로 한 가지 일화를 말씀드리려합니다. 언젠가 크리스마스 메시지를 준비하면서, 꼭 성탄을 놓쳐서는 안되었을 것같은 그 수많은 사람들이 그리스도의 탄생을 놓쳐버리고만 사실을 생각하고 크게 느낀 적이 있었읍니다. 여인숙의 주인은 한 사람이었읍니다. 그는 너무 바빴읍니다. 헤롯은 또 다른 사람이었읍니다. 그러나 예수님의 탄생을 놓처버렸던 그 많은 사람들 가운데서 단연코 가장 흥미로운 사람들은 종교적인 지도자들, 대제사장들과 서기관들이었습니다. 그들은 구약을 가지고 있고 그리스도가 어디에서 나신다는 걸 알고 있었음에도 불구하고 그 탄생을 놓친 사람들입니다. 여러분은 그 이야기를 기억하고 있을 것입니다. 동방박사들이 예루살렘에 이르렀습니다. 헤롯은 서기관들에게 물었습니다. 서기관들은, 그리스도가 베들레헴에서 나셔야한다고 말했습니다. 그들의 말을 믿고 그 동방박사는 베들레헴으로 향해서 출발했고 베들레헴에서 예수님을 만났습니다. 이 사람들은 성경을 가지고 있었습니다. 그들은 바른 대답을 할만큼 성경을 잘 알고 있었습니다. 그러나 그들은 구세주가 계신 곳을 발견하기 위해서 자기들의 집이나 궁정을 떠나지 않았습니다.

반면에, 성탄의 이야기는 예수님의 탄생을 발견한 어떤 사람들에 대해서도 말해주고 있습니다. 그들은 이 세상의 임금들이 아니었습니다. 그들은 종교적인 지도자들도 아니었습니다. 그들은 물질주의적인 삶의 헤일 수 없는 사소한 문제에 온전히 정신을 빼앗긴 그런 수천의 사람들도 아니었습니다. 그들은 그저 하나님을 바라보고 있던 가난한 서민들이었습니다. 하나님께서 그 사람들에게 임하셨습니다.

그러면 그들은 누구였습니까? 어떤 이들은 목자였습니다. 그들은 고대 동방의 사회적 구조에서 중요한 존재들이 아니었습니다. 그럼에도 그들은 천사를 보았습니다. 동방박사들도 예수님의 탄생을 목격하게 되었습니다. 그들은 심지어 유대인들이 아니었습니다. 그들은 별을 보았습니다. 결국, 그들은 가난하나 시므온과 안나처럼 성도다운 삶을 살아가는 족속들이었습니다. 이 사람들은 그들의 직업이나, 사회적인 지위나, 나이 때문에 별로 중요하게 여겨질 수 없었던 사람들이었습니다. 어떤 사람들은 그런 사람들을 멸시했을 것입니다. 그런데도 그 사람들이 하나님의 보화를 보았고 붙잡고 있었습니다. 어째서 이 사람들이 세상이 판단하기에 중요하다고하는 사람들도 예수님을 그처럼 분명히 놓쳐버리고 말았을 때에, 예수님을 만났습니까? 두 가지 대답이 있습니다. 첫째, 그들은 구세주를 필요로 하는 자기들의 상태를 인정하기에 충분히 정직하였읍니다. 둘째로, 그들은 그리스도께서 오실 때 개인적으로 그를 영접할 만큼 겸손하였읍니다.

성경은 죄를 이렇게 정직하게 고백하고 주 예수 그리스도를 겸손하게 의뢰할 것을 요구합니다. 여러분이 유대 지도자들과 같은 방식으로 성경을 읽을 수 있읍니다. 거만하게 성경을 잘못 사용할 수도 있읍니다. 그렇지 않으면 성경을 바르게 사용하여 여러분 자신을 그리스도께 이르게할 수 있읍니다. 여러분은 그렇게 하시겠읍니까?

15

성경의 고소

"내가 너희를 아버지께 고소할까 생각하지 말라 너희를 고소하는
이가 있으니 곧 너희의 바라는 자 모세니라 모세를 믿었더면 또
나를 믿었으리니 이는 그가 내게 대하여 기록하였음이라 그러나
그의 글도 믿지 아니하거든 어찌 내 말을 믿겠느냐 하시니라"
(요 5 : 45~47).

여러분은 북대서양 노선을 항해하는 여객선으로 건조된 저 거대
한 호화여객선 '타이타닉호(Titanic)'를 기억하십니까? 그 타
이타닉호는 그 당시 최첨단의 과학적인 방식을 동원하여 건조되었으
며 가라앉을 수 없는 배로 생각되었습니다. 그러나 그 배는 침몰하고
말았습니다. 그 배는 빙산을 들이받았는데, 빙산이 방수처리가 된 그
배의 아홉 개 선실을 쪼개고 말았습니다. 그 결과 가해진 압력은 그
배의 나머지 부분을 박살내기에 충분하였습니다. 그 배는 가라앉으면
서, 그런 일이 일어날 수 없다고 확신했던 수많은 사람들을 물 밑으
로 끌어내렸습니다. 타이타닉호의 재난은 바른 자리에 서지 못한 확
신을 실증해주는 고전적인 경우가 되었습니다.

우리는 이 중요한 요한복음 5장을 마무리짓는 세 구절 속에서 잘
못 놓여진 확신의 한 실례를 발견합니다. 그러나, 이 경우에서 발견

되는 비극은 이 세상에서의 목숨을 잃는 것만 수반하지 않습니다. 그
것은 오는 세상에서의 생명도 잃게 합니다. 그리스도와 쟁론하던 그
유대 지도자들은 구원에 대해서 전혀 걱정하지 않았읍니다. 그들은 모
세의 율법을 가지고 있었고, 그 율법을 아는 지식을 신뢰했읍니다.
바로 그러한 사실 때문에 예수님께서는 율법을 아는 단순한 지식만
가지고는 부적합하다고 말씀하지 아니하시면 안되었던 것입니다. 율
법은 소용이 있읍니다. 그러나 그 자체로는 구원하지 못합니다. 사실
예수님께서는, 율법은 그 율법을 신뢰하는 사람들을 정죄할 것이라고
말씀하셨읍니다. "내가 너희를 아버지께 고소할까 생각지 말라 너희
를 고소하는 이가 있으니 곧 너희의 바라는 자 모세니라 모세를 믿었
더면 또 나를 믿었으리니 이는 그가 내게 대하여 기록하였음이라 그
러나 그의 글도 믿지 아니하거든 어찌 내 말을 믿겠느냐?"(5 : 45~
47).

하나님의 표준

이 시점에서 요한은 예수님과 유대인들 사이에 오간 대화에 대한
기사를 마무리짓습니다. 그러나 그 기사가 계속 되었다면, 제 생각으
로는 유대인들은 아마 하나님의 율법이 자기들을 정죄한다고 말한 데
가 어디냐고 물었음을 기록했을 것이라는 생각이 듭니다. 우리는 그
질문을 다른 형태로 할 수 있읍니다. 어떤 사람이 이렇게 묻는다고
합시다. "율법이 우리를 정죄한다면 어째서 하나님께서 그 율법을 주
시는가?" 또 다른 사람은, "만일 율법이 그러한 식으로 우리를 정죄
한다면 어째서 율법을 지키라고 성화냐?"라고 물을 것입니다. 또 다
른 사람은, "율법의 목적이 무엇이냐?"라고 물을 것입니다. 이러한
질문을 던지는 사람의 심중에는, 하나님께서는 구세주로 예수님을 쳐
다보라고 지시하지 마시고 우리의 본성과 선행을 가지고 구원하신다
고 말해야한다는 기본적인 인간의 반대심리가 작용하고 있는 것입니
다.

물론 바리새인들은 자기들이 만든 종교체계 아래서 그런 식으로 생

각했읍니다. 예수님께서는, 이 종교지도자들이 사람들로부터 오는 영광을 소원한다고 말씀하셨읍니다(44절). 정확히 그러하였읍니다. 그들의 특징은 사람들로부터 칭찬을 얻으려하는 것이었읍니다. 그들은 모든 사람들이 자기들을 알아주기를 그처럼 바랬읍니다. 그들은 큰 소리로 공중이 보는 앞에서 기도하였고, 그래서 누구나 다 자기들이 행하고 있는 것이 무엇인지 바라보도록 하였읍니다. 그리고 누구나 다 자기들이 성전에 무엇을 드리고 있는지 알아주기를 바랬읍니다. 간단히 말해서, 이러한 체계 아래서 사람들은 하나님에게는 생각을 두지 않고 다른 사람들과 자신들을 비교하고 있었던 것입니다. 그들은 이러한 비교를 통해서 최소한 자기 나름대로의 눈으로 볼 때 꽤 괜찮은 사람들이었읍니다. 그래서 예수님께서 오셨을 때 그들은 분명히 구세주의 필요를 전혀 인식하지 못했던 것입니다.

그러나 여기서 그들은 율법의 중요한 요점을 망각하였던 것입니다. 왜냐하면 율법이 주어진 것은 그들로 하여금 다른 사람들보다 더 선하게 만들기 위한 것이 아니라, 그들이 아무리 선하게 행한다 할지라도 하나님을 만족시킬만큼 선하게 행할 수는 없음을 보여주기 위한 것이었기 때문입니다.

윌리암 바클레이는 그 점을 아주 정확하게 말합니다. "요점은, '내가 내 이웃만큼 선하냐'라는 것이 아니다. 요점은, '내가 하나님만큼 선하냐?'이다. '내 학식과 내 경건이 내가 알고 있는 다른 사람들의 것보다 더 나으냐?'는 것이 문제가 아니다. 문제는, '내가 하나님과 대하여 얼마나 닮아보이느냐?'이다. 우리가 인간적인 비교를 통해서 우리 자신을 판단해보는 한, 자만에 빠질 여지가 충분히 많다. 자만은 믿음을 죽인다. 왜냐하면 믿음이란 궁핍의 의식에서 나오는 것이기 때문이다. 그러나 우리가 예수 그리스도와 우리 자신을 비교하고, 그로 말미암아 하나님과 우리 자신을 비교할 때, 우리는 먼지로 낮아지게 되고, 그때 믿음이 생겨난다. 왜냐하면 하나님의 긍휼에 의뢰하는 것 밖에는 아무 것도 남지 않기 때문이다."

우리가 하나님과 우리 자신을 비교할 때만이, 하나님으로부터 오셔

서 우리를 자기에게로 이끄신 구세주가 이루신 구속의 역사가 정말
필요했음을 인식하게 되는 것입니다.

완전

　우리가 하나님의 표준이 무엇인가를 묻고, 율법에 입각해서 그것은
완전임을 발견하게 될 때, 그 모든 요점은 더욱 더 분명하게 밝혀집
니다. 저는 이 주제에 대해서 가르치면서 가끔 이러한 말씀을 드립니
다. "하나님께서 지금 즉시 당신에게 임하셔서 당신의 있는 그 모습
그대로를 하늘로 취하여간다고 상상해보라." 만일 그러한 일이 일어
난다면 하늘은 정말 더 이상 하늘이 되지 못할 것입니다. 하늘은 지
저분한 곳이 될 것입니다. 하나님께서 우리 모두에게 그러한 일을 행
하신다면 하늘은 정말 더럽기 짝이 없을 것입니다. 아니, 하나님의
표준은 완전임이 틀림없읍니다. 완전이 아니면 어떠한 것도 하나님을
만족시킬 수 없읍니다. 이것이 율법의 메시지입니다. 그래서 율법 자
체가 이렇게 말합니다. "무릇 율법행위에 속한 자들은 저주 아래 있
나니 기록된바 누구든지 율법책에 기록된대로 온갖 일을 항상 행하지
않는 자는 저주 아래 있는 자라 하였음이라"(갈 3 : 10; 신 27:26은
참조).

　이것은 모세의 고소입니다. 그리스도께서 바로 그것에 관해서 말씀
하고 계십니다. 우리는 그것을 듣고 떱니다. 왜냐하면 이것은 무서운
선언이기 때문입니다. 동시에 우리는 오랫동안 떨 필요가 없읍니다.
왜냐하면 하나님께서 자기의 표준을 나타내심과 동시에 그 표준을 만
족시킬 수 있는 방편을 보여주기 때문입니다. 우리 편에서 사력을
다하는 대신 하나님께서는 우리더러 우리를 위해서 당신이 행하시길
원하시는대로 하나님께 모든 걸 맡기라고 말씀하십니다.

　그러나 이것이 무엇을 의미하는지 보다 더 정확히 알기 전에, 먼저
이 완전에 대한 개념을 보다 더 상세히 다루어야합니다. 완전이 표준
입니다. 그러나 무엇이 완전입니까? 이 질문에 대한 답변은 구약의
율법에서부터 옵니다. 십계명은 구약 율법의 핵심입니다. 신명기 6

: 5는 십계명의 요약입니다. 그래서 우리는 그 구절을 그대로 취급할 수 있읍니다. 그 구절은 이렇게 말합니다. "너는 마음을 다하고 힘을 다하고 성품을 다하여 네 하나님 여호와를 사랑하라." 예수님께서 어느 부자 청년의 질문에 대답하시면서 율법을 요약할 때 이 구절을 사용하셨읍니다.

요점은, 어떠한 사람도 이러한 일을 행한 적이 없다는 것입니다. 더나아가, 만일 어떠한 사람도 그 표준에 따라 살 수 없으며, 이것이 하나님께서 사람에게 주신 표준이라면, 율법으로 구원받을 사람이 하나도 없다는 필연적인 결론이 성립됩니다. 주석가인 도날드 그레이 반하우스는 이렇게 썼읍니다. "나는 천국에서 십계명 때문에 천국에 왔다고 할 사람을 만나볼 걸 기대하지 않는다. 나는 거기에서 율법으로 자신들을 재어보고 자기들이 모자라다는 걸 발견하고, 그래서 하나님께서 제공하신 피의 희생제물로 말미암아 구원받기 위해 하나님의 은혜로 달려나가는 법을 배웠던 사람들을 만나게 될 것이다. 그래서 천국에는 계명을 지켜서 구원받은 사람은 하나도 없을 것이다."

적지 아니한 사람들이 신명기 6 : 5와 같은 구절에 의해서 정죄받기는 하면서도 자기들이 보기에 이행할 수 있는 계명들이 있다는 사실 속에서 위안을 찾으려고 애를 쓰고 있읍니다. 그러나 이것은 잘못된 확신입니다. 야고보서 2 : 10은 "누구든지 온 율법을 지키다가 그 하나에 거치면 모두 범한 자가 되나니"라고 말하고 있읍니다. 이 말씀은, 완전이란 어떤 특정한 계명을 얼마나 잘 지키느냐에 따라서 측정되지 않고 그 모든 계명을 얼마나 잘 지켰느냐에 따라서 측정된다는 뜻입니다. 이 기준에 따르면 한 율법을 어기면 모든 열 가지의 율법을 다 어긴 것과 같이 불완전합니다. 방파제에 열개의 고리로 된 사슬로 배 한 척을 단단히 묶어놓았다고 생각해 봅시다. 그 배를 표류시키려면 그 고리 중 몇 개를 끊으면 될까요? 딱 하나만 끊으면 됩니다. 같은 방식으로 율법의 계명 중 어느 하나라도 어기면 사람은 떠내려 가게 되고 율법의 정죄를 받습니다.

하나님의 완전에 대한 표준을 중요하게 표현하는 또 다른 진술은

산상설교에서 발견됩니다. 산상설교 전체는 물론 그 하나님의 완전의
표준을 표현한 것입니다. 그러나 다시, 시간을 절약하기 위해서 우리
는 그 설교의 요약이라 할 수 있는 한 구절을 생각해볼 수 있습니다.
그것은 황금률입니다. 황금률은 "그러므로 무엇이든지 남에게 대접을
받고자하는 대로 너희도 남을 대접하라 이것이 율법이요 선지자니라"
(마 7 : 12). 누가 이런 일을 행합니까? 정직하게 대답하자면 누구
나 다 한 사람도 없다고 말해야 할 것입니다. 우리가 다른 사람들을
기뻐할 때도 종종 있습니다. 그러나 모든 범사에, 어느 때나 그런 일
을 하지는 못합니다. 우리가 모든 마음과 뜻과 정성을 다하여 언제나
하나님을 사랑하지 못하는 것과 같습니다. 다시 황금률을 지킴으로
써 천국에 갈 사람은 하나도 없습니다. 다만 하나님께서는 사람이 자
신의 힘으로는 완전에 미치지 못한다는 것을 보여주고 자신이 인간적
인 선에서 돌아서서 구주를 바라보도록 하기 위해서 그 황금률을 사용
하실 뿐입니다.

내면적인 표준

하나님의 표준을 요약해주는 이 위대한 두 구절에서 분명해지는 또
다른 요점이 있습니다. 하나님의 표준은 완전할 뿐만이 아닙니다. 이
것은 하나님의 율법의 어느 부분에 의해서 판단하기보다는 하나님의
율법 전체에 의해서 판단할 때 그러하다는 것입니다. 이 표준은 역시
외면적인 표준일 뿐만 아니라 내면적인 표준입니다. 그래서 이 표준
은 생각들과 동기들과 소원들도 행동과 함께 다룹니다. 예수님께서 바
리새인들을 어떻게 보셨는지 잠깐 생각해 보십시오. 다른 사람들이
바리새인들을 볼 때 겉으로 나타난 눈에 보이는 것만을 보았습니다.
왜냐하면 인간존재들이란 항상 그것만 보기 때문입니다. 그러한 전망
으로 볼 때 바리새인들은 그렇게 나쁘지가 않았습니다. 최소한 그들
은 다른 사람들보다 더 선해보였습니다. 그러나 예수님께서는 하나
님이시기 때문에, 그 속에서 진행되는 것을 살펴보실 수 있으셨습니
다. 그는 그들의 동기를 보셨습니다. 그들은 줄곧 의를 위해서 투쟁

하는 것 같이 보였고 또 그들도 그렇게 생각했읍니다. 그러나 그들은 다른 사람들에게 보여주고 그렇게 행하고 있었던 것입니다. 그것은 하나님을 기쁘게 하는 것이 아니었읍니다. 더 나아가서, 그들의 삶의 외모를 깨끗케 하려는 그들의 노력에도 불구하고 바리새인들은 다른 사람들과 똑같이 속에 있는 것을 깨끗케하지는 못했읍니다. 예수님께서는 언젠가 다음과 같이 말씀하심으로써 그 점을 매우 예리하게 표현하셨읍니다. "화 있을진저 외식하는 서기관들과 바리새인들이여 회칠한 무덤 같으니 겉으로는 아름답게 보이나 그 안에는 죽은 사람의 뼈와 모든 더러운 것이 가득하도다"(마 23 : 27).

이 말씀은 어느 누구에게나 다 해당됩니다. 여러분과 저는 도덕적으로 어느 정도까지는 스스로 일을 처리할 수 있읍니다. 도둑이 자신을 다그쳐서 도둑질을 그만 둘 수도 있읍니다. 사회에 대해서 진 빚을 일을 하여 청산함으로써 어느 정도까지의 존경심을 회복할 수 있고, 자기 동료들로부터 신뢰심을 다시 얻을 수 있읍니다. 알콜 중독자가 술을 마심으로부터 오는 연약을 막을 수도 있읍니다. 그는 유익한 일자리를 다시 얻어서 신용을 얻고 자기 가족에게 인정을 받을 수도 있읍니다. 우리는 이러한 일을 할 수 있는 사람들을 칭찬합니다. 그러나 문제의 진상은, 우리가 바리새인들처럼 외양적으로 이러한 일을 함으로써 사람들이 우리를 보고 놀라게 할 수는 있다 할지라도 마음의 상태에 관해선 어떠한 일도 할 수 없다는 것입니다. 그래서 만일 우리가 사랑하는 마음을 가지고 있지 않으면 우리 스스로 사랑하게 할 수 없다는 것입니다. 만일 우리가 겸손하지 못하다면 우리 스스로 겸손하게 할 수 없읍니다. 더구나, 우리가 의롭지 못하면 우리 스스로를 의롭게 만들 수 없읍니다(하나님께서 의로 인정해주시는 정도로 의롭게 할 수 없읍니다).

하나님의 규모

우리가 그 모든 것을 요약하여 볼 때 율법의 요구는 완전임을 발견합니다. 그 완전은 모든 율법의 요구에 대한 완전입니다. 그것은 외면적인 완전일 뿐만 아니라 내면적인 완전이기도 합니다. 더구나 모든 사람들은 이 표준에 의해서 정죄받는다는 것을 압니다. 예수님은 의로웠습니다. 율법은 오직 두 가지 일 밖에는 할 수 없습니다. 율법은 구원을 가져다 주지 못합니다. 율법은 정죄하거나, 구세주를 가리키는 일을 할 수 있을 뿐입니다.

　율법이 여러분에게 그러한 일을 해주었읍니까? 아마 제가 도날드 그레이 반하우스로부터 처음 들었던 한 예화를 들려드리면 그 점을 알고 그리스도를 의뢰하는 데 도움을 줄 것입니다. 얼마 전에 한 친구의 집에서 잡곡이나 농산물을 측정하는 데 쓰이는 천칭 저울을 발견하게 되었습니다. 친구의 가정은 빵을 구워 파는 사업을 하고 있었기 때문에 그 저울은 매우 컸읍니다. 이 저울은 많은 빵을 만들기 위해서 필요했던 밀가루와 설탕을 재는 데 사용되었읍니다. 이 저울을 사용하려면 천칭의 한쪽에 재료를 놓습니다. 그런 다음에 추를 다른 쪽에 올려놓습니다. 밀가루든지 설탕이든지, 하여튼 무엇이든지간에 추의 무게와 같게 될 때에 그 천칭은 균형을 이룹니다.

　자 여러분이 하나님께서 그러한 유의 저울의 한쪽에 당신의 완전의 분량을 얹어놓고 있다고 상상해 봅시다. 이것이 바로 율법이 그려주는 완전이요, 하나님께서 하나님의 본성을 기초로 하여 여러분에게 요구해야만 하는 완전입니다. 말이나 생각이나 행실에 있어서 완전에 조금이라도 미치지 못하는 것은 하나님을 만족시킬 수 없습니다. 여러분은 하나님의 요구들을 무엇으로 만족시킬 수 있겠읍니까?

　여기에 한 범죄자, 아마 도적이나 살인자가 있다고 합시다. 그 사람이 자기의 손을 하나님께 내보이러 왔읍니다. 그는 우리의 표준으로 볼 때도 대단치 않은 인물입니다. 그러나 우리 가운데서 가장 비평적인 사람들중 어느 사람들이라도 그에게 어느 정도의 선이 있음을 부인하지는 못할 것입니다. 도적들 사이에도 의리가 있다고 말할 때 우리는 그 점을 인정하고 있는 셈입니다. 그 범죄자가 옵니다. 그는 자기의 선을 그 천칭 저울의 한쪽에 올려놓습니다. 그것은 한 온스나 두 온스에 불과합니다. 그러나 한 온스는 한 파운드가 아닙니다. 그

저울은 꼼짝하지 않습니다. 우리는 그 범죄자 편에 가서 하나님의 심판의 말씀을 그에게 써놓습니다.

보통 사람이 하나님의 저울에 자기의 선한 행실을 가져와서 올려놓습니다. 그 사람은 범죄자보다 훨씬 더 선합니다. 그 보통사람은 7~8온스 정도 됩니다. 앞에 왔던 범죄자보다 서너배 정도 더 무겁습니다. 그런데도 그것은 한 파운드가 되지 못합니다. 그래서 율법은 그도 역시 고소하며, 그도 하나님의 심판을 받습니다.

끝으로, 가장 선한 사람들이 나왔습니다. 이 사람들은 우리의 사회의 잘 알려진 인정받는 지도자들입니다. 서기관들과 바리새인들이 그들 당대의 사람들에게 인정받은 지도자였듯이 말입니다. 그들은 사회의 일꾼들일 수도 있습니다. 목사들일수도 있고 교수들일수도 있고 자선가일수도 있습니다. 그들은 앞에 나온 평범한 사람보다 더 착합니다. 그들을 재어보니 열 한 내지 열 두 온스가 되었습니다. 그런데도 불구하고 그들의 열 한 내지 열 두 온스는 하나님의 의의 저울을 움직이게 하지 못합니다. 그래서 그들도 다른 사람들과 똑같이 취급되어 옆으로 제껴집니다. 성경은 말합니다. "모든 사람들이 죄를 범하였으며 하나님의 영광에 이르지 못하더니"(롬 3 : 23).

사람이 율법으로 말미암아 살겠습니까? 그러면 율법은 그를 정죄할 것입니다. 그러나 바로 여기서 하나님께서는 값없는 구원의 메시지를 들고나온 것입니다. 하나님께서 당신의 표준을 바꾸신 것이 아님을 주목하십시오. 율법은 선한 표준입니다. 그것만이 오직 유일한 표준입니다. 율법은 그 율법을 어기는 모든 사람들을 다 구원할 수 없습니다. 그러나 하나님께서는 하십니다! 인간의 노력이 하나님의 천칭 저울을 움직일 수 없습니다. 그러나 이제 하나님께서는 우리를 위해서 그걸 움직이게하려 하십니다. 예수께서 오십니다. 그는 하나님의 아들이시요 우리의 구주이십니다. 그는 율법이 말해왔던 이른바 마음, 혼, 몸의 총체적이고 내면적이고 외면적인 완전을 구현하신 분이십니다. 그는 우리 모두를 피하실 권한을 가지고 계십니다. 그러나 그는 오셔서 우리 죄 때문에 죽으셨습니다. 예수님께서 무한하신

하나님이시니, 그의 죽으심은 아무리 많은 수의 피조물이라도 충분한
효력을 발생합니다. 그는 죄의 무한한 무게에 대한 율법의 형벌을 담
당하실 수 있었읍니다. 그래서 죽으실 때 우리에 대한 그 모든 형벌
을 도말하실 수 있었읍니다. 그래서 이제는 죄가 옮겨지고 의가 그를
믿는 모든 사람들의 것이 된 것입니다. 하나님께서 우리에게 오셔서
구원을 주시겠다고 약속하셨읍니다. 또한 우리가 하나님과 함께 하늘
에 있었으면 좋겠다고 말씀하십니다. 그리고 하나님께서 그 길을 마
련하셨다고도 말씀하십니다. 하나님께서 말씀하십니다. "난 너를 사
랑한다. 나는 이제까지 네가 어떠한 차원의 삶을 살았는지는 묻지 않
겠다. 나는 다만 네가 너를 위해서 죽은 내 아들을 바라보기만을
원한다. 너는 십자가에서 죽는 내 아들을 보느냐? 그는 너를 위
해서 죽었다. 무덤에서 살아나신 그리스도를 보느냐? 이 또한 너를
위한 것이다. 왜냐하면 내가 그의 희생제사를 영원토록 만족하게 여
겼다는 증거가 바로 그 부활이기 때문이다. 만일 너희가 그를 믿고
너 자신을 그에게 의탁시킨다면, 네가 서야할 그 저울의 위치에 있는
사망을 제하여 버리겠다. 기준은 똑같다. 그러나 내가 네가 놓여 있
는 그 천칭의 자리에 내 의를 놓겠다." 우리는 그리스도의 의(義), 우
리에게 주어진 의를 취합니다. 그리고 우리는 하나님의 저울로 나아
갑니다 (담대하면서도 송구스러운 마음으로). 우리는 그리스도의 의를
우리가 놓일 자리에 놓습니다. 그러면 즉시 그 천칭은 균형을 이루게
됩니다. 우리는 의롭다함을 받습니다. 우리는 사랑하시는 자 안에서
열납되었읍니다. 그리고 하나님께서는 영원토록 우리를 대적하시는
것을 더이상 가지고 계시지 않습니다.

　여러분은 그렇게 아셨읍니까? 기억하십시오. 바리새인들과 같이
되는 걸로 충분하지 못합니다. 성경을 가지고 있는 것만으로도 충분
하지 못합니다. 성경을 읽는 것만으로도 충분하지 못합니다. 성경을
연구하고 기억하는 것만으로도 역시 충분하지 않습니다. 성경에 순종
해야 합니다. 여러분 자신의 노력을 의지하여 구원을 얻으려는 데서
떠나도록 지시하는 것이 바로 성경입니다. 여러분은 아무래도 여러분

자신의 노력으로 여러분을 구원할 수 없읍니다. 성경은 우리의 구세
주인 주 예수 그리스도를 바라보도록 가리켜 줍니다.

16

네번째 이적

"그 후에 예수께서 갈릴리 바다 곧 디베랴 바다 건너편으로 가시
매 큰 무리가 따르니 이는 병인들에게 행하시는 표적을 봄이러라
예수께서 산에 오르사 제자들과 함께 거기 앉으시니 마침 유대인
의 명절인 유월절이 가까운지라"(요 6 : 1~4).

예 수 그리스도께서 행하신 이적 중에서 4복음서에 다 기록된 이
적이 딱 한 가지 있습니다. 그것은 주 예수 그리스도께서 작은
보리떡 다섯 개와 물고기 두 마리를 가지고 어느 해 유월절 직전에
갈릴리의 오천 명의 사람들을 먹이신 이적입니다. 그러나 그 이적이
중요한 것은 네 복음서에 다 기록되었기 때문이 아니라, 그 이적이
의미하는 것 때문입니다. 다행히도 그렇게 많은 사람을 먹인 이적 사
건의 의미를 다른 복음서기자들보다 사도 요한이 훨씬 더 명백하게
상술하였습니다.

복음서 기자들마다 각각 그 이야기를 하면서 나름으로 자기가 느낀
것을 밝히고 있습니다. 마태와 누가는 이적 자체에 큰 관심을 두고
있습니다. 왜냐하면 그 이적을 묘사하면서 많은 수식을 붙이지 않기
때문입니다. 마가는 예수님의 사랑어린 긍휼을 강조합니다. 그 수많
은 무리들을 향하여 예수님께서 불쌍히 여기는 마음이 있었기 때문에

그 많은 사람들을 먹이셨다는 것입니다. 사도 요한은 그 사건의 역사적 의미를 주로 관심깊게 다루고 있습니다 —그때가 예수님의 공생애 중에서 시련의 시기였고 전환점을 맞는 시기였읍니다 —또한 예수께서 친히 영적으로 사람들을 만족시키는 떡이라는 사실과 관련하여 그 이적을 다루고 있읍니다. 요한복음만이 그 이적이 유월절 때에 일어났다는 걸 밝히고 있읍니다. 그리고 그 어린 소년의 떡이 보리떡임을 (가장 비천한 유의 떡) 밝히는 것도 요한복음 뿐입니다. 그리고 남은 조각들을 어째서 모으라하셨는지, 또한 그 이적이 수많은 사람들에게 어떤 영향을 미쳤는지를 상세히 말한 것도 요한복음 뿐입니다.

우연히, 네 복음서기자가 그 이적사건의 상세한 모든 국면에서 정확히 일치하면서도 강조점이 다른 것은 이 사람들의 기록의 신빙성을 입증해주는 것입니다. 각 사람이 따로 그 이야기를 날조했다면 도저히 그럴 수 없을 정도로 일치점들이 여럿 있읍니다. 또 그 사람들이 그 이야기를 날조하기 위해서 함께 담합(談合)한 것이 아님에 틀림 없을 정도로 차이점들이 나타나 있읍니다. 네 사람이 따로 그 이야기를 날조한 것도 아니고, 함께 모여서 그 이야기를 날조한 것도 아니라면, 오직 하나의 가능성만이 남습니다. 그 복음서에 나타나는 이적의 이야기는 전혀 날조된 것이 아니라는 것입니다. 그 이야기들은 다 진실입니다. 다른 말로해서, 우리는 이 네 복음서의 기사들을 통해서(마 14 : 15~21; 막 6 : 32~44; 눅 9 : 12~17; 요 6 : 1~15) 네 목격자가 정확하게 기록한 이른바 참되면서도 초자연적인 한 사건의 기록을 얻게 된 것입니다.

그 이적의 사실상을 논박하려드는 어떠한 사람도 그러한 증거를 먼저 감안해야 합니다.

가난한 사람들

네 복음서 기자가 이 이야기를 기록한 것은 자기들의 신빙성을 증거하기 위한 것이라기보다는 기독교 진리를 가르치기 위한 것입니다. 그래서 우리는 그 점에 시선을 돌려보아야 합니다. 요한은, 예수님께

서 5장에 기록된 사건들이 지난 얼마 후에 갈릴리 바다 북편에 계시
다가 동편으로 건너가셨다고 말하고 있습니다. 그때 그 동편까지 수
많은 무리들이 예수님을 따라왔습니다. 그때는 유월절 때였습니다.
아마도 이 사람들 중 많은 사람들이 유월절을 지키기 위해서 예루살
렘으로 가던 길이었을 것입니다. 물론 우리는 이점에 대해서 확실히
말할 수는 없지만 말입니다. 우리가 아는 바는, 그들이 예수님을 따
라다닌 것이 예수님께서 행하신 이적을 보았기 때문이라는 것입니다.
그들이 예수님의 가르침을 듣다가 저녁을 맞게 되었습니다. 그들은
배가 고팠습니다.

　예수님께서는 그 상황을 예기하셨습니다. 빌립에게 예수님은 한 가
지 질문을 던지셨습니다. 요한은 그 질문을 대답과 함께 기록함으로
써 이 이야기의 첫번째 중요한 요점을 밝혔습니다. 예수님께서는 "우
리가 어디서 떡을 사서 이 사람들로 먹게 하겠느냐?"라고 물으셨습니
다. 빌립은 그걸 살만한 곳이 없다는 식으로 대답했습니다. 그걸 살
만 한 곳이 있다 할지라도 그 떡을 사기에 충분한 돈을 제자들은 갖
고 있지 않으며, 더 나아가 그들이 이백 데나리온 (정상적으로 말해
서 노동자의 육개월 품삯에 해당하는) 의 돈이 있어 각 사람이 조금씩
나누어 먹는다하더라도 충분한 떡은 살 수 없을 것이라고 대답했습
니다. 빌립의 답변 속에서 우리는 그런 상황에 대처할 만한 인간의
능력이 모자라다는 고백을 듣게 됩니다. 더 확산시켜서 말한다면 우
리 자신의 많은 환경들 속에서 대처할 만한 인간의 자력이 부족하다
는 한 실례를 대하게 되는 것입니다.

　저는 잠시도 이 이야기를 기록한 사도 요한의 주요한 이유들 중 하
나가 그것이라는 데 의심이 가지 않습니다. 물론 그것은 교리적인 관
점으로 보더라도 분명합니다. 왜냐하면 요한은 금방 예수님이 모든
궁핍을 채울 수 있는 분임을 보여주기 때문입니다. 예수님께 도움을
요청하기 위해서 진정으로 돌아설 수 있기 전에 언제나 궁핍을 인식
하는 일이 있어야 합니다. 그러나 이보다 더한 것이 있습니다. 요한
이 지나가면서 유월절을 언급하는 걸 보면 그 요점이 명백해집니다.

정신이 있는 유대인이라면 어느 누구라도 이러한 말을 대할 때 유월절의 의미에 대해서 무엇인가 생각하지 않을 수 없을 것입니다. 유월절은 이스라엘이 안전해 보이는 애굽을 떠나 전적으로 하나님만 의존하게 되는 광야로 들어갔던 시기의 시작을 나타냈다는 사실을 놓친다는 건 정말 어렵습니다. 분명히 애굽에서 당한 일들이 좋지 않았습니다. 백성들은 노예였습니다. 그들은 잔인하게 대접을 받았습니다. 그런데도 담력이나 약간의 유모어 감각을 지닐 수는 있었습니다. 그러나 사막에서는 달랐습니다. 사막에는 기온이 극심하게 차이가 났습니다(낮에는 화씨 140내지 160도까지 올라가다가 밤에는 빙점이 하로 떨어졌음). 마을도 없었고 음식을 살 상점도 없었습니다. 무엇보다 거기에는 물이 없었습니다. 사람은 물없이 생존할 수 없습니다. 요한은 이 요한복음 6장의 처음 몇 구절에서 우리 앞에 그 그림을 그려주고 있읍니다. 뒤에 가서 광야에서 방황하는 걸 언급함으로써 특별히 그 점을 더 강화시키고 있읍니다. 그것은 인간적 힘의 부족을 그려준 것입니다 ─ 물론 물리적인 면에서 말입니다. 그러나 역시 하나님을 기쁘시게 하려는 인간의 노력도 실패한다는 걸 보여줍니다.

물리적인 차원에서 우리는 이 진리를 크게 강화시킬 필요가 없읍니다. 우리는 오늘날 신선한 물이나, 토양이나, 천연가스나, 기름 등과 같은 자원이 급기야 바닥날거라는 소리를 듣고 있읍니다. 어쨌든 20세기에 사는 사람들은 그 자원을 다 써버리고 있기 때문입니다. 정서적인 자원에 있어서도 부족하다는 이야기를 듣습니다. 신경파열이나, 조절되지 않는 기질 등과 같은 그러한 일들 속에서 그 국면을 발견합니다. 이러한 실패는 분명합니다. 하나님을 기쁘시게 하지 못한다거나 하나님의 생명을 체험하지 못한다는 건 그렇게 뚜렷하게 나타나지 않습니다. 이러한 국면의 실패는 눈에 보이지 않습니다. 그러나 여전히 존재합니다.

여러분은 하나님을 기쁘시게 하지 못했읍니다. 여러분의 노력으로 하나님의 생명을 발견하지 못했읍니다. 여러분 자신을 위해서 개인적으로 할 수 있는 모든 것 ─ 그것이 성공이나, 부나, 명성이나, 性이든 무엇이든지간에 -행복을 이루어주지 못한다는 걸 발견하지 못했읍니까? 저는 여러분이 그것이 사실임을 알기를 바랍니다. 왜냐하면 그것이 사실이기 때문입니다. 그밖에, 여러분과 저는 이러한 일들이 사실임을 인식하게 될 때에야 해결책을 알아보고 받아들이기 시작합니다.

예수 그리스도의 충분성

이 이야기의 두번째 큰 요점은 예수 그리스도의 충분성입니다. 요한은 이 이야기를 말하는 두번째 이유로 그 요점을 말하고 있읍니다. 인간 차원이 모자란데서 특별히 이 점은 중요합니다.

먹는 것의 문제는 오늘날에 살고 있는 대부분의 사람들에게 보다 고대문화에 속한 사람들에게 더 큰 중요성을 가지고 있었읍니다. 우리가 어떤 것을 원하면 가게로 가기만하면 됩니다. 우리가 원하는 것을 사지 못할 경우가 거의 없읍니다. 그러나 옛날에는 달랐읍니다. 추수하는 문제도 확실치가 않았읍니다. 먹을 것이 언제나 충분하지 않았읍니다. 그 결과, 먹을 것을 충분히 가지는 것은 큰 축복으로 여겨졌읍니다. 의식 자체가 풍부의 상징이 되었읍니다. 구약성경 전체를 통해서 우리는 그점을 엿볼 수 있읍니다. 예를 들어서 이사야의 초두에 보면 "너희가 즐겨 순종하면 땅의 아름다운 소산을 먹을 것이요"(1 : 19)라는 말씀을 대하게 됩니다. 이사야는 또 뒤에 가서 이렇게 말했읍니다. "너희 목마른 자들아 물로 나아오라 돈 없는 자도 오라 너희는 와서 사먹되 돈 없이 값 없이 와서 포도주와 젖을 사라" (55 : 1, 2). 다윗은 이렇게 썼읍니다. "겸손한 자는 먹고 배부를 것이며 여호와를 찾는 자는 그를 찬송할 것이라"(시 22 : 26). 그리스도 때에도 이 먹는 문제가 중요한 개념이었다는 걸 알 수 있읍니다. 뒤에 더 나아가보면 이 요한복음 6장에서 주님께서 그 말씀을 듣는 자들에게 다음과 같이 선언하신 것을 보아 알 수 있읍니다. "내가 곧 생명의 떡이니 내게 오는 자는 결국 주리지 아니할 터이요 나를 믿는 자는 영원히 목마르지 아니하리라"(요 6 : 35).

　사람들은 하나님 안에서 자기들의 진정한 영적인 부요를 발견합니다. 인간적인 차원에서는 그것을 발견할 수 없습니다. 이 세상이 제시하는 모든 것에 몰입된다 할지라도 풍성한 생명은 얻을 수 없습니다. 그것을 추구한다고해서 행복을 얻지 못합니다. 만족을 창출해낼 수 없습니다. 이러한 위대한 복락들은 하나님께로부터 오는 것입니다. 그래서 하나님께서 주 예수 그리스도의 인격 안에서 우리에게 나타나실 때 우리는 하나님께 속하여 먹어야 합니다.

　여러분은 그렇게 먹습니까? 여러분은 먹기를 기다리며 그에게 오십니까?

　여기에 그 이야기를 실제에 적용시키면 매우 흥미 있어지는 요점이 있습니다. 매일 우리가 하는 사업의 차원에서 말한다면 공급이 수요를 앞질렀다고 말했을 것입니다. 왜냐하면 그 이적이 일어난 뒤에 모든 사람이 다 배불리 먹고도 남은 것이 열 두 바구니나 되었기 때문입니다. 먹을 것이 넘쳤습니다! 하나님과 함께 있으면 언제나 그렇습니다. 아더 핑크(A. W. Pink)는 그의 가치 있는 주석에서 이렇게 관찰합니다. ‘아브라함이 소돔에 있는 의인을 위해서 하나님께 중재의 기도를 하러 나설 때, 하나님께서는 아브라함이 묻기를 중단할 때까지 계속 허용하셨다’는 것입니다. 엘리사의 기름병의 경우에서도 그러합니다. 그 땅에서 얻어온 빈병이 거기 있는 한, 엘리사의 도움을 입은 과부의 병중 채워지지 않는 병이 없었습니다. 핑크는 이렇게 씁니다. “예수께서는 자기의 모든 백성들에게 그러한 일을 하신다. 그는 가난하기 짝이 없는 신자에게 오신다. 그리고 그 손에 하늘자원을 청구하는 청구서를 주시면서 ‘네가 원하는대로 거기에 쓰라’고 말씀하신다. 우리의 보배로우신 주님은 여전히 그러하신 분이다. 만일 우리가 궁색하다면 하나님에게 문제가 있는 게 아니라 우리 자신에게 문제가 있다. 우리가 가난하고 약하거나, 시련을 당하거나 시험을 받고 있다면, 그것은 우리 자신이 어쩔 수 없기 때문에 그런 것이 아니다. 그것은 우리가 눈에 보이지 않고 영원한 것들을 조금 밖에는 믿지 않기 때문이다. 우리가 그리스도께 거의 나아가지 않기 때문이다.

또 우리의 영적인 문제의 궁핍 —빈 그릇—을 가지고 그분에게 나아
가 그의 은혜의 대양에서 퍼올리지 않기 때문이다."

　미국에서 널리 알려진 것은 아니지만 이점을 아름답게 표현한 찬송
가가 있읍니다. 그것은 메어리 스켈톤(Mary Shekleton)이 쓴 찬송
입니다.

　　나는 빈 그릇
　　사랑스런 생각과 모습을 한 가지도
　　주께 가지고 나올 수 없는 사람
　　그런데도 나는 이 텅빈 죄인의 오직 한 가지 변명을 가지고
　　주께 나오고 또 나아가네.
　　주께서 날 사랑하신다고.

　　오, 구주 예수여
　　주의 사랑으로 날 채우소서.
　　위에 있는 생명샘으로 날 인도하소서.
　　단순한 믿음으로 나 여기서 다른 어떤 샘으로 나가지 않고
　　오직 주께만 나아가나이다.

　여러분은 하나님께 와서 여러분이 필요로 하는 것을 채우기 위해서
그와 같이 구하셨읍니까? 여러분은 진정으로 그에게 고하셨읍니까?
하나님께서는 여러분의 삶의 텅빈 그릇을 넘치도록 채워주신다고 말
씀하십니다. 사실 하나님께서는 여러분을 채워주시겠다고 말씀하시
면서 오라고 강권하고 계십니다. 성경은 말합니다. "나의 하나님이
그리스도 예수 안에서 영광 가운데 그 풍성한대로 너희 모든 쓸 것을
채우시리라"(빌 4 : 19).

　하나님으로부터 도망치고 있는 사람에 대해서는 어떻습니까? 그런
사람은 불행합니다. 그런 사람은 "주 하나님, 내가 당신을 이제까지
도망쳐 왔읍니다. 내 생명을 향하신 당신의 주장을 인정하지 않았읍

니다"라고 말할 지점에 결코 이르지 못하였읍니다. 그런 사람은 불행합니다. 어떤 경우에서는 비참해질 수 있읍니다. 어째서 여러분은 그러한 도망침을 멈추지 아니하십니까? 예수께로 돌아오셔서 그가 여러분을 완전히 만족시킬 수 없는지 알아보십시오. 여러분이 그러한 사람이라면 시험을 받고 있는 일일지 모릅니다 ─가정에서나 가정 밖에서 어디서든지 말입니다. 그것은 작은 일일수도 있고 큰 일일수도 있읍니다. 그것이 무엇이든지 간에 예수님은 그것을 채우시기에 충분하십니다. 히브리서는, 예수께서는 우리와 똑같이 시험을 받으신 분임으로서 우리가 시험당할 때 능히 도울 수 있다고 말합니다(히 4 : 15, 16). 바울은 하나님께서 모든 시험을 피할 길을 주신다고 쓰고 있읍니다(고전 10 : 13). 아마 여러분은 위로가 필요할 것입니다. 친구도 잃고 친척도 잃고, 아내도 잃고, 남편도 잃은 사람도 있을 것입니다. 그런 사람은 고독합니다. 인간적인 자원이 다 떨어졌읍니다. 주 예수 그리스도께로 돌아서십시오. 그는 모든 위안의 원천입니다. 그는 그것을 제공하실 것입니다. 그에게 고하십시오. 만일 여러분이 필요로 하고 있는 것을 다 그에게 고한다면 여러분은 현명한 사람입니다.

하나님이 잊으셨는가?

이 이야기는 하나님께서 자기를 잊으셨다고 느끼는 사람에게 하나의 교훈을 보여주고 있읍니다. 여러분은 그런 식으로 느끼십니까? 그렇다면, 제자들이 사람들의 먹을 것 문제에 관심을 나타내기 오래 전에 예수께서는 그들을 먹일 일을 시작하셨다는 것을 주목하십시오. 그는 빌립에게 그 사실을 말씀하셨읍니다. 앞으로 주님께서 무엇을 해야할 것인가를 아셨기 때문입니다. 제자들은 어느 정도로 힘이 있었읍니다. 그들도 아마 배가 고팠을 것입니다. 자기 유익이 걸린 문제이니 관심이 있었을 것입니다. 그러나, 그들이 아무리 관심을 가진다 할지라도, 사람들에 대한 주 예수 그리스도의 관심은 훨씬 더 컸읍니다.

이것은 우리에게 큰 용기를 주는 일입니다. 우리가 다른 사람들에게 관심을 보여주지 못했거나 - 우리 주위에 있는 수많은 사람들에게 - 우리가 그 수많은 무리들 중 하나로서 하나님께 버림 받은 사람이라는 느낌을 가졌다면 그것은 우리에게 큰 용기를 주는 것입니다. 우리는 먼저 다른 사람들에 대한 우리의 태도를 생각해 봅시다. 우리는 흔히 인간적인 필요를 보지 못하는 적이 흔합니다. 우리는 어떤 가난한 영혼이 고독하며 절망하며 좌절당하고 있다는 걸 모르고 지나칩니다. 예수님께서는 그 울부짖는 소리를 들으십니다. 우리의 마음은 차가울 수 있습니다. 그러나 예수님의 마음은 긍휼로 뜨거워져 있읍니다.

여러분이 그 고독한 사람들 중의 한 사람이라고 생각해 보십시오. 여러분에게 관심을 가지는 다른 어떤 사람들이 있다 할지라도 그 관심은 언제나 불완전하고 부분적인 것에 지나지 않습니다. 여러분의 가정이나 사무실이나 혹은 교회에도 여러분을 돌보는 어떤 사람들이 있읍니다. 특히 만일 그리스도인이라면 교회에 그런 사람들이 있을 것입니다. 그러나 그들도 사람들에게 일반인 모든 죄와 실패로 전복당합니다. 오직 한 분만이 여러분을 실망시키지 않습니다. 여러분에 대한 관심을 변덕스럽게 베풀지 않는 오직 유일한 분이 계십니다. 예수님은 영원하십니다. 그는 세상이 존재하기 시작 전부터 계셨읍니다. 그가 여러분을 창조하셨읍니다. 여러분의 삶의 환경을 계획하셨읍니다. 그는 여러분의 상황을 아십니다. 자기의 풍성한 자원을 따라서 여러분의 모든 궁핍을 채워주고 싶은 소원을 가지신 분이 바로 그분입니다.

여러분은 그것을 알 수 없다고 말씀하시겠읍니까? 그렇게 말해야 할 이유가 하나도 없습니다. 그분을 신뢰하기만 하십시오. 아브라함의 손자인 족장 야곱이 늙어서 자기에게 불어닥치는 험악한 삶에 대해서 불평하고 있었읍니다. 몇년 전에 그의 아들 요셉이 들짐승에 의해 죽임을 당하였읍니다. 그는 그렇게 생각했읍니다. 그 다음에 그분이 찾아왔읍니다. 그는 그의 남은 열 아들을 애굽으로 보내어 양식을 사오게 하었읍니다. 그는 가장 어린 아들 베냐민을 집에서 보호하고 있었읍니다. 아들들이 돌아왔읍니다. 그러나 시몬이 인질로 붙잡혀 돌아오지 못했읍니다. 기근이 계속될 때 아들들을 애굽으로 보내서 더 많은 양식을 사올 필요가 있게 되었읍니다. 그러나 그들은 가기를 거절했읍니다. 베냐민을 데려가지 않으면 다시 그리로 갈 수 없다는 것입니다. 애굽을 책임지고 있는 사람은 그들에게 말하기를, 만일 너희들이 베냐민을 데려오지 않으면 너희 가족들에 대한 이야기가 다 거짓말인줄 알고 또한 너희를 정탐꾼으로 여기겠다고 하였읍니다. 야곱은 크게 곤혹스러웠읍니다. 그는 필연적인 일 앞에서 어찌할바를 몰랐읍니다. 모든 일들이 다 자기를 거스리는 것 같았읍니다. 그러나 바로 이 순간에 하나님께서는 야곱을 위한 가장 위대한 복락을 계획하고 계셨던 것입니다. 하나님께서는 처음부터 마지막을 다 아십니다. 그는 야곱을 돌보고 계셨읍니다. 하나님께서는 사실상 미리 앞서 몇 년 전에 요셉을 애굽에 보내서 이 순간을 예비하셨던 것입니다. 요셉은 애굽에서 책임 맡은 사람이었읍니다. 야곱이 그 상황에 복종할 때에야 비로소 하나님께서는 모든 형제들과 그들의 아버지가 새 땅에서 온전히 재결합하는 축복을 성취시키신 것입니다.

   여러분의 삶 속에서도 그와 같은 상황을 겪을지도 모릅니다. 손을 내저으면서 "하나님이 잊으셨어"라고 말하지 마십시오. 그를 신뢰하십시오. 그는 여러분의 필요를 아시고 여러분을 어디로 인도해야 하실지를 아십니다.

17

세 제자와 선생

"예수께서 눈을 들어 큰 무리가 자기에게로 오는 것을 보시고 빌
립에게 이르시되 우리가 어디서 떡을 사서 이 사람들로 먹게 하
겠느냐 하시니 이렇게 말씀하심은 친히 어떻게 하실 것을 아시고
빌립을 시험코자 하심이라 빌립이 대답하되 각 사람으로 조금씩
받게 할지라도 이백 데나리온의 떡이 부족하리이다 제자 중 하나
곧 시몬 베드로의 형제 안드레가 예수께 여짜오되 여기 한 아이
가 있어 보리떡 다섯 개와 물고기 두 마리를 가졌나이다 그러나
그것이 이 많은 사람에게 얼마나 되겠삽나이까"(요 6 : 5~9).

얼마 전에 용역회사협회에 의해서 개최된 경영기술 세미나에 참
석할 기회가 있었습니다. 그 세미나의 많은 부분이 유용했고
여러 가지 교훈을 주는 것이었습니다. 그러나 특히 한 부분이 요한복
음의 이 부분을 이해하는 데 퍽 도움을 준다는 인상을 받았습니다.
경영을 정의(定義)하는 일이 있었습니다. 그 정의는 이러하였습니
다. "경영이란 다른 사람들을 통해서 바른 일을 해나가게 하는 것이
다." 이 정의는 그리스도께서 갈릴리에 있는 오천명을 먹이신 이적과
관련됩니다. 왜냐하면 다른 여러 가지 것들보다도 그 이야기는 좋은
경영의 놀라운 실례를 보여주기 때문입니다.
  이 때 예수님께서는 어떻게 하셨습니까? 물론 대단히 많은 무리들

의 사람들을 먹이셨읍니다. 그가 정확히 무엇을 '행하셨읍니까?' 또는, 이렇게 물을 수도 있읍니다. 어떻게 그 일을 행하셨읍니까? 손을 들어 만나가 하늘로부터 내려오도록 명하실 수도 있었읍니다. 그렇게 했다면 하늘로부터 만나가 내려왔을 것입니다. 각 사람의 호주머니 속에서 떡덩이가 나오도록 창조하실 수 있으셨읍니다. 그러나 예수님께서는 그렇게 하지 아니하시고, 다른 사람들 ─ 빌립, 소년, 안드레를 통해서 일하기 시작하셨읍니다. 그들이 나섰읍니다. 그래서 예수님께서는 다른 사람들을 통해서 일이 되도록 경영하셨읍니다.

빌립

주 예수께서 맨 처음 빌립에게 말씀하셨읍니다. 빌립은 벳새다 사람이었읍니다. 벳새다는 그 지역에 있었읍니다. 예수께서 빌립에게 처음 말씀하신 것은 그러므로 자연스러운 일이었읍니다. 왜냐하면 다른 누구보다도 빌립이 그 음식을 어디서 얻을까를 더 잘 알았을 것이기 때문입니다. 문제는, 빌립이 자기가 알고 있는 지식으로만 골똘히 생각했다는 데 있읍니다 ─ 아마 자기가 그 시골지역을 알고 있음을 자랑스럽게 여겼을 것이고 여기서는 어떤 것도 살 것이 없다고 말할 수 있었을 것입니다 ─ 그래서 그만 그 문제를 예수님께 넘기는 걸 잊어버렸읍니다. 요한은 단순한 언어로 예수께서 빌립을 시험하시려고 먹을 것에 대해서 물어보셨다고 말합니다. 또한 빌립이 그 시험에 넘어졌음을 요한은 함축합니다.

우리가 흔히 그러듯이 빌립은 당혹한 상황과 맞부딪치게 되었읍니다. 그러나 그의 반응은 우리가 너무나도 자주 나타내보이는 그런 반응이었읍니다. 은행에서 계산서가 우편으로 날라옵니다. 그러면 은행 잔고보다 쓴 비용이 더 많습니다. 여러분은 어떻게 합니까? 손을 내저으면서 "도대체 어떻게 이 대금을 물어내지?"라고 말씀하십니까? 아니면 그것을 주님께 맡깁니까? 가정의 문제, 자녀의 문제, 남편이나 아내의 문제로 어려움을 겪을 수 있읍니다. 그때 여러분은, "도대체 어떻게 될 것인가? 내가 어떻게 살아나가지?"라고 말씀하십니까?

아니면 주님께 맡깁니까? 직장에서도 문제가 있을 수 있습니다. 그
때 여러분은 "난 어찌할 바를 모르겠다. 주말까지 그 일을 다 해내야
할텐데"라고 말씀하십니까? 아니면 그것을 주님께 맡깁니까? 여러
분과 저는 난제가 나타날 때마다 그 난제를 주님 앞에 아뢰는 것을
배울 때 주님과 함께 동행하는 것에 대하여 대단히 많은 걸 알게 될
것입니다.

　가끔 이러한 일을 방해하는 한 가지 요소가 있는데 그것은 우리의
지식을 자랑하는 것입니다. 빌립도 바로 그러한 장애를 만났습니다.
빌립은 이 질문을 받고 너무나 경박하게 촐싹이던 나머지 자기의 지
식을 내보이기 시작했습니다. 사실 자기의 지식을 내보인다고 한 것
이 그만 자기의 무지를 드러내고 말았습니다. 지식은 하나의 축복일
수 있습니다. 그러나 주님을 신뢰하는 데 하나의 결점이 될 수도 있
습니다. 그 지식이 그리스도의 손에 놓여질 때에야 가치가 있습니다.
그 지식 자체를 의뢰하면 가치가 없습니다.

　빌립이 예수께서 주신 시험에 실패했던 두번째 이유가 있습니다.
빌립은 그 이적이 일어났던 장소를 알고 있었습니다. 그 뿐 아니라
그는 계산적인 머리를 가지고 있었습니다. 이는 결국 그로하여금 돈
을 의뢰하게 하였습니다. 그는 계산하기 시작했습니다. 그는 자신에
게 이렇게 말했습니다. "자, 백명씩 그룹을 지어 앉게한다고 하자…
그러면 이백명…… 사백명…… 육백명…… 자, 만일 우리가 각 사람
에게 조금씩 나누어준다고 할지라도, 아니 몇 푼어치씩만 나눠준다
할지라도 그걸 곱하면……." 그런 다음에 그는 자기의 계산 결과를
예수님께 보고하였습니다. "각 사람으로 조금씩 받게 할지라도 이백
데나리온의 떡이 부족하리이다 (7절)." 빌립은 계산했으나 그것은 그
리스도 없이 계산했던 것입니다.

　만일 우리가 살고 있는 시대에 있어서 여러 기독교 기관들을 가장
부패시키는 것이 한 가지 있다면, 그것은 상황을 계산하고 일차적으
로 하나님의 일도 돈을 방편으로 이룰 수 있다고 생각하는 것이라고
저는 확신하는 바입니다. 그러나 이 점에 대해서 제 말을 오해하지 마

십시오. 바로 얼마 전에 지식이 그리스도의 손에 들어간다면 좋은 것이라고 말씀드렸습니다. 돈도 역시 그러합니다. 돈도 잘 사용할 수 있습니다. 그러나 사람들의 필요가 기금을 조성함으로써만 해결될 수 있다고 생각하는 것, 심지어 복음적인 사업을 위해서 돈만 있으면 된다고 생각하는 것 ─그것이야말로 천박한 생각입니다.

더 나아가, 그렇게하는 것은 우리의 시야를 제한합니다. 우리가 돈과 돈의 액수를 높이는 것을 이야기할 때 큰 것을 생각하고 있는 것처럼 여겨집니다. 그러나 사실 우리를 향하신 하나님의 계획과 비교하여 볼 때 경우는 보편적으로 정반대입니다. 빌립을 생각해 보십시오. 그는 "각 사람으로 '조금씩' 받게 할지라도 이백 데나리온의떡이 부족하리이다"라고 말했습니다. 주 예수 그리스도 앞에서 "조금씩"이라고 말한 것을 상상해 보십시오! 그런데도 우리는 그러한 일을 합니다. 빌립이 그리스도께서 일하시는 것을 보았듯이 우리도 하나님의 일을 보았습니다. 그러나 우리는 그에게 나와서 "오 하나님, 만일 하나님께서 그렇게만 하신다면 ─조금만 하신다면─ 하나님께서 그것만 하신다면, 그럭저럭 해나갈 수 있다고 믿습니다"라고 말합니다. 사실상, 그리스도의 소원은 우리를 "풍성하게" 축복하려는 것입니다.

우리의 지식을 사양합시다. 돈도 사양합시다. 하나님께서 우리에게 주신 다른 어떤 것도 사양합시다. 그러나 무엇보다 하나님 자신을 바라봅시다. 우리는 우리의 삶과, 교회와, 우리의 공동체들을 위하여 우리의 생각을 뻗어나가게 하고 우리로 하여금 우리 자신을 하나님께 던지게하는 그러한 비전을 가지도록 합시다. "우리 아버지여, 우리가 소원하는 것은 조금만이 아닙니다. 우리는 조금만 달라고 기도하는 것이 아니라 많이 주십사고 기도합니다"라고 말합시다.

어떤 분은 이렇게 말씀하실 것입니다. "그러나 빌립이 그 나름의 구실을 가지고 있지 않는가? 결국 그는 그리스도께서 무엇을 하실지 몰랐다." 그 구실은 정당한 것이라고 확신할 수 없습니다. 요한은 이미 일어난 여러 이적들을 기록했습니다. 5장과 6장 초두 사이에 어느 기간이 생략되어 있음을 지시했읍니다. 아마 그 기간 동안에 다른 복음서기자들이 말하는 다른 이적들이 일어났을 것입니다. 빌립은 그리스도와 함께 있었읍니다. 그는 그러한 일들을 보았읍니다. 그러나 이 새로운 상황에 대한 질문을 받았을 때 그의 믿음은 합당치 못했읍니다. 사실 그는 이렇게 말한 셈입니다. "그렇습니다. 주께서 가나에서 물로 포도주를 만드신 걸 저는 압니다. 왕의 신하의 아들을 고쳐 주신 것도 압니다. 마비가 되어 걸을 수 없는 사람을 걷게하신 것도 압니다. 그러나 주께서 나를 위해서 그 일을 하실 수 있는지 저는 확신할 수 없읍니다"라고 말입니다. 우리도 그런 식으로 말합니다. 우리는 하나님께서 다른 사람들에게 행하시는 일을 봅니다. 그러나 그 지식을 우리 자신의 삶에 적용시키기를 허락지 않습니다.

하나님께서 여러분의 삶 속에서 행하실 수 없는 것을 역사상 어느 시점에서든지 다른 어떤 그리스도인의 삶 속에서 행하신 적이 없읍니다. 여러분의 삶을 위한 하나님의 계획이 그러한 것이라면 몰라도 말입니다. 여러분은 이것을 알 수 있읍니다. 더구나, 만일 그가 여러분의 삶 속에서 시험하려고 어떠한 것을 놓으신다면, 여러분과 다른 사람들이 그 하나님께서 축복을 가져오시는 걸 보게 하도록 그렇게 하셨을 것입니다.

소년

이 이야기 속에서 예수님이 관계하신 두번째 사람은 소년이었읍니다. 잠시 그에 관해서 생각하는 것은 흥미 있읍니다. 그에 관해서 우리가 아는 것은 무엇입니까? 한 가지 있는데 그것은 그가 가난하였다는 것입니다. 요한이 그의 점심 도시락이 거의 보리떡으로만 이루어졌다고 말하고 있는 걸 보면 그것을 알 수 있읍니다. 보리떡은 모든 떡 중에서 가장 하찮은 것입니다. 또 멸시받기도 합니다. 윌리엄 바클레이가 지적하듯이, 미쉬나(Mishna)는 음행죄를 지은 사람이 그 보리떡으로 소제를 드리도록 정하였던 것입니다. 왜냐하면 음행죄는 짐승의 죄요, 보리는 짐승의 양식이었기 때문입니다. 미쉬나가 그렇게 말하고 있습니다. 스코틀랜드의 사무엘 존슨(Samuel Johnson)이 쓴 그의 유명한 사전에서 귀리를 정의하면서 그와 비슷한 유로 경멸하고 있습니다. "귀리란 영국에서 말에게 먹이는 곡식이고 스코틀랜드에서는 사람들이 먹는 곡식임." 그 소년은 이 떡을 가지고 있었고, 이 떡과 함께 마르고 조야한 떡을 먹을 때 메이지 않도록 하기 위해서 두 마리의 절인 생선을 갖고 있었습니다.

더구나, 그 소년은 별로 중요한 사람이 아니었음을 우리는 압니다. 어떤 사람은 이렇게 말했을 것입니다. "이 세상에 아이처럼 중요하지 않는 존재도 없다." 인간적인 관점에서 볼 때 이러한 일이 오늘날도 자주 있습니다. 여기 작은 아이, 가난하고 무의미한 아이가 있습니다. 그런데도 그 소년은 그날 그 군중 틈에 있었을지도 모르는 다른 모든 소년들과 구별되는 일을 했습니다. 그 소년은 자기의 점심이 비록 초라하고 보잘것 없지만 주 예수님께 드렸습니다. 그 도시락은 그야말로 보잘것이 없었습니다. 그 아이만큼이나 말입니다. 그러나 그 이야기의 요점은, 그 보잘 것 없는 아이의 손에서 나온 그 보잘 것 없는 것이 예수님의 손에 놓여질 때 충분하고 의미 있는 것이 되었다는 것입니다.

성경역사 전체를 통해서 그것은 진리입니다. 먼지처럼 무의미한 것이 무엇입니까? 아무 것도 없습니다! 그 속에는 곡식조차 심을 수 없습니다. 그러나 그 먼지도 창조주의 손에 들어가 빚어지면 사람이 되었습니다. 나귀의 턱뼈는 무의미했습니다. 그러나 하나님께서는 그 턱뼈를 삼손의 손에 들려서 이스라엘의 원수들 일천명을 죽이셨습니다. 목자의 지팡이는 의미가 없습니다. 그러나 하나님께서 모세의 손에 그것을 놓으셨을 때 그건 강력한 것이 되었습니다. 물매는 중요하지 않습니다. 그러나 하나님께서 그것을 다윗의 손에 들려서 골리앗을 죽이는 데 사용하셨습니다. 불쌍한 소녀, 처녀, 로마제국의 멀리 떨어져 있는 작은 마을처럼 무의미한 것이 무엇이겠습니까? 그런데도 불구하고 하나님께서는 그러한 소녀, 마리아라는 처녀를 취하시고, 그녀를 사용하사 구속주를 낳게 하셨습니다.

　여러분이 가지고 있는 것이 무의미하니 쓸모없다고 생각하는 실수를 범하지 마십시오. 여러분은 자신이 가진 은사를 이 세상의 모든 위대한 재능들과 비교할지 모릅니다 ─ 최소한 여러분이 생각하기에 위대하다고 보는 사람들의 것과 비교할지 모른다는 말입니다 ─ 그리고 여러분의 은사가 쓸모 없다고 상상할지도 모릅니다. 그러나 여러분이 만일 그런 일을 하고 있다면 하나님과 하나님의 소원을 계산에 넣는 것을 잊고 있는 셈입니다. 그러면 은사를 하나님을 섬기는 데 위대하게 만드는 것은 무엇입니까? 그것은 은사와 그 재능이 누구의 손에 주어지느냐에 달려 있습니다. 만일 여러분이 크든 작든 간에 그것을 구세주의 손에 놓으시면, 여러분은 주께서 여러분에게 맡기신 일이 무엇이든지 그 일을 해내기에 충분하다는 걸 발견하게 될 것입니다.

　여러분의 재능은 무엇입니까? 여러분은 나이나 환경 때문에 사업이나 일에 몰두하고 있는 많은 사람들이 갖지 못하는 시간을 가지고 있는 그런 사람은 아닙니까? 그렇다면 그것도 은사입니다. 여러분의 시간을 하나님을 위해서 어떻게 쓸까를 보여달라고 하나님께 간구하시기 바랍니다. 돈을 가지고 있읍니까? 저는 일찌기 하나님보다 돈을 신뢰하는 위험을 말씀드렸읍니다. 그러나 그렇다고 해서 한 순간도 그리스도의 손에 돈을 맡김으로 그리스도가 그 돈을 사용하도록 할 수 없다는 의미로 말씀드린 것은 아닙니다. 최근에 우리 교회에 나와서 많은 방면에서 도움을 주었던 어떤 사람이 제게 이런 말을 했읍니다. 자기가 우리 교회에 참석하는 여러 가지 이유가운데 하나는 우리 교회에 돈이 필요하다는 것을 알았고 자기의 힘이 미치는 한 돕고싶다는 데 있다는 것입니다. 그는 우리가 하는 일 가운데 많은 분량이 우리가 쓰는 비용에 그렇게 많은 보탬을 주지 않는 학생들을 위해서 주어진다는 걸 알았읍니다. 아마 하나님께서 여러분에게 행정의 능력을 주셨을지도 모릅니다. 다른 사람들의 생각들이나 난제들을 이해할 수 있는 능력이나, 복음을 전할 능력을 주셨을지도 모릅니다.

　만일 여러분이 순전히 물질적인 것 가운데 어떤 것을 가지고 있다고 생각되거든, 두 가지 일을 해야 합니다. 첫째로, 하나님께서 여러분의 은사를 분명히 밝혀달라고 간구할 필요가 있습니다. 그렇게하면 하나님께서 여러분에게 주신 것이 정확히 무엇인가를 이해하게 될 것입니다. 둘째로, 하나님의 놀라운 손에 그것을 드릴 필요가 있습니다.

안드레

우리는 이미 이 이야기에서 두 중요한 인물, 빌립과 그 소년을 생각해 보았습니다. 그 둘 사이에는 놀라운 대조가 엿보입니다. 또 거기에 대해서 많은 것을 더 말할 수 있습니다. 그러나 이 강론을 끝내기 전에 한 사람을 더 살펴보고 싶습니다. 그 사람은 그리스도의 다른 제자인 안드레였습니다.

저는 제가 설교해온 이 몇년 동안 어떤 사람들은 설교의 개요를 파악할 수 있는 기질을 지니고 있다는 걸 알았습니다. 그들은 설교자만큼 빠르게 그 설교의 개요를 파악할 수 있습니다. 만일 여러분이 이러한 사람 가운데 한 사람이라면, 여러분은 왜 안드레를 금방 말하지 않는가고 한동안 의아하게 생각했을 것입니다. 이와 같은 연구를 해나갈 때 정상적인 과정은 대개 빌립 다음에 안드레를 말하는 것으로 연결되어 나갈 것입니다 ―그 둘은 제자들이었읍니다―그런 다음에야 점심을 가졌던 소년을 얘기합니다. 제가 그것을 그런 식으로 한데는 특별한 이유가 있습니다. 빌립은 장면에 나오는 첫번째 사람입니다. 그는 잘못된 대답을 했읍니다. 그는 자기 지식과 능력을 계산하고 그것에 너무 사로잡힌 나머지 예수님을 망각하였읍니다. 소년은 예수님에게 반응을 나타낸 사람입니다. 왜냐하면 그는 줄 것을 가지고 있었으며 그것을 줄 수 있다고 아는 체하거나 현학적인 의식을 가지고 있지도 않았읍니다. 그러나 안드레―안드레는 줄 것에 대해서 관심을 가지는 한에서는 빌립과 전적으로 같은 입장입니다. 그는 먹을 것이 없었다는 점에서 빌립과 같았읍니다. 그러나 안드레는 가서 소년을 데리고 왔읍니다.

제가 무엇을 말씀드리는가 여러분은 아십니까? 저는 처음에 경영

의 정의에 따라 어떻게 예수 그리스도께서 훌륭한 경영자인가를 말
씀드렸읍니다. 경영을 정의하면 이러합니다. "경영이란 다른 사람들
을 통해서 바른 일을 하게하는 것이다." 이 정의에 따라서 보면 예수
님은 빌립을 접근하는 데 있어서 제1급 경영자였읍니다. 그러나 우리
는 그것만 기대했을 것입니다. 그러나 또 하나의 흥미있는 요점은,
안드레가 그리스도를 본받아 훌륭한 경영자가 되는 법을 배웠다는 점
입니다. 그는 말했읍니다. "저는 줄 것을 가지고 있지 않습니다. 그
러나 가서 누가 그걸 가지고 있는지 알아보겠읍니다." 여러분도 안드
레의 경우일 수 있읍니다. 여러분 자신은 필요로 하는 은사를 가지고
있지 못할지 모릅니다. 그러나 여러분은 필요로 하는 것이 무엇이며,
그것을 가지고 있는 사람이 누구인지를 알아볼 수는 있읍니다.

　더구나 저는 때때로 이 이야기를 읽을 때 안드레가 그 아이에게 나
아간 것이 얼마나 심오한 영향을 끼쳤는가를 생각하곤 합니다. 안드
레가 그날 갈릴리에서 행한 것을 보면 그 소년은 다른 어떤 소년과
같은 아이였읍니다. 그도 와서 예수님의 말씀을 들었을 것입니다. 그
러나 아마 그는 군중 중 맨 가의 뒤편에 위치하고 있었을 것입니다.
그리고 다음 날(사람들이 간 다음에) 그는 집으로 돌아가 공기돌을
가지고 놀았을 것입니다. 그러나 안드레는 그를 얻었읍니다. 안드레
는 그를 데리고 예수님께로 가서 그의 시야를 넓혔읍니다. 정말 더
생각할 것이 있읍니다. 안드레가 행한 일로 인해서 그 소년은 일평생
그날을 잊지 못했을 것이라는 확신이 듭니다. 그 소년이 (이 날의 체
험과 그리스도의 죽으심과 부활의 전도말씀을 들은 것이 합해져) 주
예수 그리스도를 자기의 구주로 영접하게 되어, 제가 어느 날 천국에
가서 그 소년을 발견하게 되더라도 저는 하나도 놀라지 않을 것입니
다.

　저는 저를 위해서 안드레 일을 해준 사람들을 생각할 때 하나님께
감사합니다. 그분들 가운데 한 분은 도날드 그레이 반하우스입니다.
그분은 라디오 프로그램 성경연구시간의 창설자였고 제가 지금 섬기
고 있는 교회의 이전 목회자였읍니다. 펜실바니아의 서부지구에서 제

가 한 소년으로 있을 때였읍니다. 제가 알기로, 우리 마을에 크게 중요한 일이란 일어나지 않았읍니다. 그러나 어느 핸가 반하우스 박사가 그 마을에 오셨읍니다. 어떤 분이 공항에서 그를 만나기로한 약속을 잊게 되어서 그는 우리 집에 머물게 되었읍니다. 제 부모들이 필라델피아에 계시던 몇년 전부터 그분을 알고 있었읍니다. 그날밤만 우리 집에 머문 것이 아니라 10주간 동안 계속해서 우리 집에 머물렀읍니다. 수년 뒤 10주간 동안 또 오셔서 계신 적이 있었는데 그때는 부부가 함께 오셨읍니다. 그 주간 동안 저는 학교가 파한 뒤 저녁식사를 하면서 반하우스 박사가 세상의 상태와 하나님께서 세상의 여러지역에서 행하고 계신 일에 대하여 말씀하시는 것을 들을 특권을 얻게 되었읍니다. 그는 성경에 대해서 말씀하셨읍니다. 또 그날 저녁에 무엇을 설교할 것인가에 대해서도 말씀하셨고, 그가 쓰고 있는 책에 대해서도 말씀하셨읍니다. 이 모든 것들이 제 시야를 넓혔읍니다. 저는 내가 언제 설교할까에 대해서 생각하기 시작했읍니다. 저는 그때 그가 맡고 있던 강단에서 결국 설교하게 될 것이라는 걸 전혀 알지 못하면서도 말입니다.

그 사람이 어디에 있느냐?

우리 각자는 이 세상에 있는 사물들의 중요성을 측정하는 나름의 방식을 가지고 있읍니다. 흔히 우리는 성공으로써 일들의 가치를 측정합니다. 우리는 이 세상을 살펴보면서 권세와 부와 특별한 지성을 갖춘 사람들이 중요하다고 생각합니다. 하나님께서는 결코 일을 그러한 식으로 평가하지는 아니하십니다. 하나님께서는, 큰 세계무대에서 가장 중요한 인물들은 세상에 뛰어나다고 생각하는 사람들이 아니라고 말합니다. 오히려 자기가 받은 것이 무엇이든지간에 하나님의 손에 드리는 사람들이라고 말씀하십니다.

여러분도 그렇게 하시겠읍니까? 하나님의 위대하심은 바라보지 않고 여러분의 왜소함만을 바라보고 계실지 모릅니다. 여러분의 재능과 기회가 그렇게 크지 못하다고 불평할지 모릅니다. 여러분의 재능이 여러분에게 주어진 일에 걸맞지 않다고 생각하면서 좌절할지 모릅니다. 만일 그러한 경우라면, 하나님께서 문둥병에 걸린 나아만을 인도하여 하나님의 치료하는 능력과 만나도록하기 위해서 작은 계집아이 여종을 사용하셨다는 걸 기억하실 필요가 있읍니다. 선지자 엘리사의 생활용품을 공급하기 위해서 한 과부를 사용하셨읍니다. 요셉은 노예에 불과하였지만, 하나님께서는 그를 사용하셔서 애굽과 이스라엘을 모두 구하셨읍니다. 우리는 이미 이 요한복음에서 창기였던 사마리아 여인을 사용하여 전체 마을을 구원하신 사건을 알아보았읍니다.

어느 날 무디는 어떤 사람이 다음과 같이 말하는 걸 엿들었읍니다. "하나님께서는 자기에게 온전히 복종하는 한 사람을 통하여 하실 일이 무엇인지를 세상은 알아야 한다." 무디는 이렇게 대꾸했읍니다 — 여러분도 그렇게 하시겠읍니까? —"하나님의 은혜로 말미암아 나는 그러한 사람이 되련다."

18

누구에게 책임이 있느냐?

"예수께서 가라사대 이 사람들로 앉게 하라 하신대 그 곳에 잔디
가 많은지라 사람들이 앉으니 수효가 오천쯤 되더라 예수께서 떡
을 가져 축사하신 후에 앉은 자들에게 나눠 주시고 고기도 그렇
게 저희의 원대로 주시다 저희가 배부른 후에 예수께서 제자들
에게 이르시되 남은 조각을 거두고 버리는 것이 없게 하라 하시
므로 이에 거두니 보리떡 다섯 개로 먹고 남은 조각이 열 두 바
구니에 찼더라 그 사람들이 예수의 행하신 이 표적을 보고 말하
되 이는 참으로 세상에 오실 그 선지자라 하더라 그러므로 예수
께서 저희가 와서 자기를 억지로 잡아 임금 삼으려는 줄을 아시
고 다시 혼자 산으로 떠나 가시니라"(요 6 : 10∼15).

매우 오래된 속담에 "성공처럼 성공케 하는 것이 없다"는 말이 있
읍니다. 그 속담의 오직 한 가지 문제점은, 성공이 무엇을 행
하는 데 성공케 하느냐는 말하지 않는다는 것입니다.

이 요한복음 5장 강론을 시작하는 제1장에서 주님을 기쁘시게하며
주님의 길로 행하기를 추구하는 사람에게 오는 두 가지 위험이 있음
을 지적한바 있읍니다. 그 위험은 성공의 위험과 대적의 위험입니다.
요한복음에서는 대적의 위험이 먼저 나타납니다. 그래서 우리는 제 5
장에서 유대 지도자들의 대적을 대처하시는 주님의 방식에 대한 연구

와 관련해서 그 점을 논의했읍니다. 어떤 사람이 예수님께서 요구하는 바대로 삶을 살기로 작정할 때, 그 사람은 세상으로부터 어느 정도의 대적을 받게 될 것이라는 걸 확신할 수 있읍니다. 때로는 자기의 그리스도인 친구들로부터도 대적을 받을 것입니다. 이로 인하여 주님을 따르는 어떤 사람들 가운데에서는 용기를 잃어버리고 온전한 믿음에서 후퇴하게 됩니다. 우리는 앞의 여러 강론을 통해서 예수님에게 이러한 일이 일어나지 않았음을 알았읍니다. 어째서 그러한지 이유도 알아보았읍니다.

두번째 위험은 성공의 위험입니다. 이것도 결코 적지 아니한 당혹스런 문제입니다. 영적으로 대단한 용기를 북돋아 주고 있는 그리스도인의 삶 속에서도, 그리스도인으로 하여금 자기의 성공에 도취하여 영적으로 자신을 의뢰하게 되는 일이 일어날 수 있읍니다. 그는 자기 지혜로 빠져들어가 하나님의 계획에 속하지 아니한 상부구조를 짓습니다. 그것은 자기가 구상해낸 것에 불과합니다. 흔히 자신을 기독교 십자군으로 추켜세우는 자들이 이런 경우의 실례를 보여주는 적이 흔합니다. 그들이 내거는 목표와 그들이 목표에 도달하기 위해서 채용하는 비기독교적인 방식들이 우리를 실망케 합니다. 그러나 예수님께서는 이러한 위험을 맞으셨어도 승리하셨읍니다.

작은 지식

요한복음 6장에 보면 예수님께서 보리떡 다섯 개와 물고기 두 마리를 사용하셔서 오천명을 먹이신 후에, 그 이적을 목격한 사람들이 예수님을 왕으로 삼으려고 결심했다는 말씀을 듣습니다. 다른 말로 해서, 그들은 예수님을 로마인들을 축출할 정치적인 메시야로 삼고 싶었던 것입니다.

물론 이것은 잘못된 일입니다. 그러나 사람들은 이기심 때문에 예수님께서 무엇을 하셨는지에 대해서는 전혀 깨닫지를 못했읍니다. 한 가지 실례로, 그들은 유대인들로서 메시야 개념을 탁월하게 보유하고 있는 종교적인 유산을 소유하고 있었읍니다. 또 다른 예로, 그들은 하나님께서 율법에서 모세에게 약속하신 대로 어느 날 모세와 같은 지도자를 일으키시리라는 걸 알고 있었읍니다. 하나님께서 말씀하시기를 "내가 그들의 형제 중에서 너와 같은 선지자 하나를 그들을 위하여 일으키고 내 말을 그에게 두리니 내가 그에게 명하는 것을 그가 무리에게 다 고하리라"(신 18 : 18)고 말씀하셨읍니다. 그들이 이 약속을 알고 있다는 것을 생각하면 이 사람들이 "이는 참으로 세상에 오실 그 선지자라"고 말한 이유를 알게 될 것입니다(요 6 : 14). 또한 요한복음에 두번 언급되는바, 사람들은 어떤 탁월한 인물을 볼 때 그가 "그 선지자"가 아니냐는 의문을 품게 된 이유가 어디 있는지를 생각하면 이해하게 됩니다(1 : 21 ; 7 : 40 참조).

더구나, 그 이적을 목격했던 사람들은, 메시야가 오시면 땅을 통치하는 기간 동안에 어느 정도의 물질적인 풍요도 주시겠다는 약속을 하셨다는 다른 구절을 알고 있었읍니다. 사실 시편 132편 15절에서는 메시야는 굶주린 자에게 떡을 주시겠다는 약속이 있읍니다. "내가 이 성의 식료품에 풍족히 복을 주고 양식으로 그 빈민을 만족케하리로다."

사람들은 이러한 약속을 보고, 그 약속들을 자기 나름의 욕망이나 선입관으로 채색하여 "예수는 메시야다. 그는 우리가 왕으로 삼을 자다"고 말했던 것입니다. 그들에게 있어서 오직 한 가지 문제점은, 그들이 성경을 알았어도 마땅한 방식대로 알지 못해서 성경을 크게 오해했던 데 있읍니다. 그들은 메시야가 큰 선지자일 것이라는 걸 알았읍니다. 그가 큰 왕이 되실 것도 알았읍니다. 그러나 큰 선지자와 큰 왕이 되시면서 대제사장일거라는 걸 몰랐읍니다. 메시야가 대제사장의 역할을 감당하면서 백성들의 죄를 위하여 자신을 드려야했읍니다. 예수님은 물론 선지자이셨읍니다. 그는 아버지 하나님을 대신하여 말씀하셨읍니다. 그는 오늘날 왕이 될 것입니다. 우리가 다음과 같이 노래하는데 그것은 옳은 것입니다.

예수께서는 태양이 비취는 어느 곳에서나

다 왕노릇하실 것일세.
그의 나라는 해변 이 끝에서 저 끝까지 미치고
달이 차올랐다가 온전히 기우는 때까지 이를 것일세.

그러나 예수께서 왕이 되시기 전에 죽으셔야 했습니다. 자기 생명을 "많은 사람들을 위한 대속물"로 주실 필요가 있었습니다(막 10 : 45).

예수님은 이 진리들을 아셨습니다. 예수님은 성경도 아셨습니다. 그래서 물리적인 이적을 기초로 하여 열심을 부리는 사람들의 간청을 듣고 바른 길에서 벗어나지 아니하셨습니다. 여러분과 저도 영적인 성공을 가지고 하나님으로부터 떠나 우리 자신의 계획과 궤계로 돌아서지 않으려면 성경을 잘 알아야 합니다. 그렇게 말씀드림으로써 그 진리를 적용할 수 있습니다.

이기적(利己的)인 반응

우리는 역시 그리스도의 이적에 대해서 사람들이 나타내는 반응이 부분적으로는 성경적이라 할지라도 온전히 고상한 것은 아니라는 걸 말씀드릴 필요가 있습니다. 사실, 그 군중들이 예수님을 왕으로 삼고 싶어했던 동기가 무엇인가를 생각하면 생각할수록 순전히 이기적인 것이었음이 더욱 더 드러나보였습니다.

한 예로, 군중들은 '예수께서 자기들이 원하는 것을 주시는 동안만' 예수를 밀어줄 의향을 가지고 있었습니다. 이 말은, 예수님을 지원하는 그들의 태도가 이기적인 이유에서 나왔다는 뜻입니다. 후에 나타난 바대로 더많은 떡에 관심을 가졌다는 것을 통해서 그 점을 알 수 있습니다. 이와 같은 유의 다른 무리들이(아마 그들 가운데는 여기 있던 사람들도 얼마간 포함하고 있었을 것입니다. 왜냐하면 이 사람들이 유월절을 지키기 위해서 올라가던 길이었을 것이기 때문입니다.) "그를 십자가에 못박으라! 그를 십자가에 못박으라!"라고 소리쳤다는 사실 속에서 그 점에 대한 분명한 증거를 발견합니다. 충성하겠다는 의지도 엿보입니다. 사람들은 그것을 표현하고 있었읍니다. 그들은 먹을 것을 주신 데 대해 감사했읍니다. 그러나 그들의 감사는, 사무엘 존슨이 언급한 것과 같은 유의 감사였읍니다. 존슨은 그 감사를 "장차 호의를 얻겠다는 생생한 의식"으로 규정했읍니다.

우리가 이러한 노선들을 따라서 생각하게 될 때 그 오합지졸의 무리들의 태도가 우리를 불쾌하게 합니다. 그러나 우리는 아주 다릅니까? 윌리암 바클레이는 그 주석에서 이 부분을 주의하면서 이렇게 썼읍니다. "우리가 슬픔 중에 위로를 원할 때, 어려움을 당하여 힘을 원할 때, 마음이 뒤틀려 평안을 원할 때, 삶이 우리를 곤욕케 해 도움을 원할 때 예수처럼 놀라운 분이 없다. 그때 우리는 그에게 나아가서 그와 동행하면서 우리의 마음을 그에게 열어놓는다. 그러나 예수님께서 좀 엄격한 희생의 요구를 하신다든지, 어떤 노력을 하라고 촉구하신다든지, 어떤 십자가를 지라고 하시면, 우리는 그와 상관을 하지 않을 것이다. 우리 마음을 시험해볼 때, 우리가 예수님에게서 어떤 것을 얻어낼 수 있으면 예수님을 사랑하게 되지만, 큰 도전을 하시면서 요구를 해오시면 우리도 역시 시무룩해지는 것을 발견하게 될지 모른다. 심지어 이렇게 어려운 요구를 해오시는 그리스도에게 반감을 가지고 대적하기까지 한다."

바로 이 이유 때문에 성경은 자기를 부인할 필요성과, 그리스도인으로서 이기적인 소원을 버릴 필요성을 그처럼 명백하게 말하고 있는 것입니다. 성경의 많은 구절들이 이 노선을 따라서 말합니다. 때로는 죽음의 개념들을 사용하고, 그리스도와 함께 십자가에 못박힌 것과 자기를 부인하는 것의 개념을 채용하면서 말입니다. 로마서 6 : 4를 예로 들어보십시오. 우리는 "그의 죽으심과 합하여 세례를 받음으로 장사지낸바" 되어야 한다는 것입니다. 두 구절 뒤에 가보면 이렇게 말하고 있읍니다. "우리가 알거니와 우리 옛 사람이 예수와 함께 십자가에 못박힌 것은 죄의 몸이 멸하여 다시는 우리가 죄에서 종노릇하지 아니하려함이니"(6절). 갈라디아서 2장 20절 상반절은 이렇게 선언합니다. "나는 그리스도와 함께 십자가에 못박혔다." 갈라디아서 6

: 14에서 바울은 "그러나 내게는 우리 주 예수 그리스도의 십자가 외에 결코 자랑할 것이 없으니 그리스도로 말미암아 세상이 나를 대하여 십자가에 못박히고 내가 또한 세상을 대하여 그러하니라"고 썼습니다. 죽음과 자기 부인의 메시지와 함께 부활과 성취의 메시지도 나옵니다. 그러나 여전히 자기를 부인하는 것이 먼저입니다. 영적으로 풍성해질 수 있기 전에 먼저 자기에 대해서 죽어야 합니다.

그러면 우리가 자신에 대해서 죽어야한다는 건 무슨 뜻입니까? 우리가 예수와 함께 십자가에 함께 못박혀야 한다는 것도 무슨 뜻입니까? 간단히 말해서 그 말은 우리의 삶을 위한 하나님의 뜻 밖에 있는 어느 것에 대하여도 "아니다"고 말해야 한다는 뜻입니다. 회심 전에 이런 일이 있읍니다. 우리가 하나님의 은총을 얻어내려고 세울 수 있는 어떤 계획에 대해서도 "아니다"고 말해야 합니다. 오히려 그리스도 안에서 주시는 하나님의 영생의 은사를 받아야 합니다. 회심 후에도 역시 그러합니다. 왜냐하면 우리로 하여금 그리스도께 오도록 작용한 그 원리들이 그리스도의 삶 속에서도 계속 작용하기 때문입니다. 우리의 모든 계획과 개인적인 욕망에 대해서도 "노"라고 말해야 합니다(최소한 그렇게 말할 용의를 가져야 합니다). 그렇게 할 때 우리 자신의 뜻보다 하나님의 뜻이 성취될 수 있는 것입니다.

여기에 중요한 질문이 있읍니다. 저는, 우리의 삶 속에서 하나님의 뜻과 배치되는 어떤 것에 대해서도 "아니오"라고 말해야 하며, 최소한 그렇게 말할 용의를 가져야한다고 말씀드렸읍니다. 그러나 언제 우리가 실질적으로 "아니오"라고 말했는지 어떻게 압니까? 우리의 마음과 생각은 교활합니다. 우리 자신을 이기적으로 만들기가 쉽습니다. 어떻게 하면 언제 우리가 우리 삶 속에서 하나님의 뜻과 배치되는 것에 대하여 "아니오"라고 말했는지 알 수 있읍니까? 대답은, 우리가 불평하기를 그쳤을 때입니다.

하나님의 말씀은 우리가 실질적으로 불평하면서 행하는 일을 표현하는 좋은 말을 가지고 있읍니다. 그 말은 "중얼거린다"는 말입니다. 이스라엘 사람들이 광야에 들어갔을 때 그런 일을 했읍니다. 하나님께서 그들을 다루시는 방식을 싫어했을 때 그렇게 하였읍니다. 집 주인에 관한 그리스도의 비유 가운데 나오는 감사치 아니하는 종들이 바로 그 말을 사용하였읍니다. 중얼거린다는 건 무엇입니까? 그것은 숨을 되삼키면서 어떠한 일에 대한 반역을 표현하는 것입니다. 그것을 중얼거리는 것으로 표현하는 것은, 듣고 있는 사람에게는 그런 소리로 들리기 때문입니다.

우리도 하나님께 대하여 그러한 일을 행합니다. 하나님께서 우리더러 어떤 일을 하라고 말씀하십니다. 그때 우리가 제일 먼저 하는 것은 하나님을 빤히 쳐다보는 일입니다. 정말 하나님께서 그걸 요구하시는지 알고싶어 합니다. 정말 하나님께서 그렇게 요구하신다는 걸 알고나면 불평을 늘어놓습니다. 하나님께서 우리에게 원하는 것을 우리가 실상 원치않기 때문에 불평하는 것입니다. 만일 여러분이 그렇게 한다면, 자기들이 원하는 것을 주실 때에만 예수님을 지지했던 큰 군중들의 부류에 포함되었다고 할 수 있읍니다. 일어서십시오! 그리고 다시는 불평하지 않고 "예! 주님, 주께서 가장 잘 아시나이다" 라고 말하는 지점으로 오십시오. 여러분이 그렇게 되면 행복해질 것이고 무엇인가를 이룰 것입니다. 왜냐하면 그분이 가장 잘 아시기 때문입니다.

로마의 멍에

사람들이 예수님께 특별한 지지를 보내다가 잘못되어버린 두번째 이유가 있읍니다. '그들은 예수님을 이용하고 싶었읍니다.' 예수님께서 자기들을 원하시는대로의 사람들로 만들어주기를 바라지 않고, 그들은 예수님을 이용하고 싶었읍니다.

물론 이것은 이해할만 합니다. 그 사람들은 당시에 큰 문제를 안고 있었읍니다. 로마 군인들이 그 나라를 점령하고 있었읍니다. 사실상, 그들이 생각했던 것처럼 그렇게 나쁜 형편은 아니었읍니다. 그 한 가지 예로, 로마 사람들은 법과 문명의 척도를 가져왔읍니다. 그들은 좋은 도로와 건물들을 건설했읍니다. 로마의 평화 같은 그런 일도 있었

읍니다. 정복당한 나라들 중 많은 나라가 그것을 인정했읍니다. 그러
나 유대인들은 그렇지 않았읍니다. 그들은 맹렬하게 독립적인 사람
들이었읍니다. 유대인들은 로마의 멍에를 정말 참아내기 힘들어했읍
니다. 그들이 가장 소원했던 것은 자기들이 사는 날 동안에 그 로마
의 멍에를 벗어버리는 것이었읍니다. 그런데 갑자기 이 비상한 사람
예수가 나타났읍니다. 그는 이적의 권능을 가졌읍니다. 그래서 그들
은 스스로 이렇게 말했음에 틀림없읍니다. "우리가 그를 우리 편으로
끌어 넣어 그의 도움을 힘입어 로마 사람들을 쫓아낸다면 참 놀랍지
않겠느냐?"

이 군중들의 소원은 예수님께 자기들이 사용되기보다, 예수님을 이
용하고자 하는 것임에 틀림없읍니다. 그러나 다시 우리 자신을 볼 때
우리 중 많은 사람들이 그들과 많이 다릅니까?

여러 방식에서 우리는 주 예수 그리스도를 사랑하려고 노력하고 있
읍니다. 그 한 가지 명백한 실례로, 성경을 빙자하여 우리의 선입견
을 정당화시키려고 노력합니다. 때때로 이러한 일이, 혹인은 함의 자
손들이요 함은 하나님의 저주를 받았으니, 혹인을 노예로 삼으려는
어떠한 노력도 정당하다고 말하는 전혀 근거없는 주장을 야기시키기
도 했읍니다. 이런 주장은 비성경적이고 부정직한 것이고 하찮은 것
이었읍니다. 그런데도 그런 일이 행해졌읍니다. 악한 목적을 위해서
그리스도를 이용하거나 성경을 이용하려는 노력도 역시 그런 경우입
니다.

두번째 실례는 정치의 영역에서 나타납니다. 정치가들은 성경을 인
용하기를 좋아합니다. 그들은 자기들이 지원하는 어떤 프로그램을 뒷
받침하기 위하여 성경을 이용합니다. 아마 그들은 자기들의 프로그
램을 먼저 세우고 그 다음에 그 프로그램을 지지할 인용성구를 찾을
것입니다. 그것이 법칙으로 되어 있다고 말씀드려도 그렇게 조소적인
말이 아닐 것입니다. 정치적인 프로그램이란 어느 요점에서 예수 그
리스도나 성경의 권위에 호소함으로 정당시 될 수 없을 정도로 잘못
구상된 것이란 없는 법입니다.

사실, 미국 생활방식을 정당화하려고 주 예수 그리스도를 들먹여 이용하기도 합니다. 제가 말씀드리는 걸 오해하지 마십시오. 미국을 깎아내리고 싶지는 않습니다. 우리는 하나님으로부터 큰 축복을 받았읍니다. 아마 크롬웰이 다스리던 영국이나 웨슬레 부흥운동이 일어나던 시기의 영국을 제외하고는, 역사상 미국만큼 많은 비율의 그리스도인을 가지고 있는 나라가 없을 것입니다. 이것은 참으로 여러 가지 이점들을 산출했읍니다. 그럼에도 불구하고 우리 사회나 국가생활의 모든 영역에서 비기독교적이고, 심지어 반기독교적인 것이 많다는 것도 사실입니다. 주 예수 그리스도를 사용하여 이러한 것들을 정당화시킬 수 없습니다. 큰 사업이나 노동이 행하는 모든 일들을 다 정당화시키시지 않습니다. 또한 메디슨 가(街)의 일을 지원하시지도 않습니다. 새 차나, 새 집이나, 사치스러운 휴가를 즐기거나 유흥에 빠지거나, 어떤 사람들이 자기들의 권리라고 생각하면서 행하는 많은 일들을 추구하면서 예수님을 인용하지 마십시오. 이러한 것들 중 어느 것은 하나님께서 여러분에게 주신 은사일 수도 있읍니다. 그러나 만일 여러분이 하나님이나, 영적 성장이나, 여러분의 삶을 위한 하나님의 계획의 진보보다도 이러한 것들을 추구한다거나, 아니면 성경을 인용하여 여러분이 악한 심사로 만들어낸 가치체계를 정당화시키려 한다면, 바로 예수님을 통하여 얻어먹은 그 수 많은 무리들이 행했던 일을 하고 있는 셈입니다. 예수님께서 여러분을 사용하시고 예수님께서 원하시는 유의 사람으로 만들도록 허락하지 않고, 대신 예수님을 이용하려고 덤비고 있는 셈입니다.

수 억만의 그리스도를

예수님께서 여러분이 어떠한 사람이 되기를 바라고 계십니까? 이 질문에 대한 답변을 찾으려면 개인을 부르시는 하나님의 의도가 밝혀진 로마서 8장에 가 보십시오. 거기서 그 질문에 대한 한 가지 답변을 얻을 수 있읍니다. "하나님이 미리 아신 자들로 또한 그 아들의 형상을 본받게 하기 위하여 미리 정하셨으니 이는 그로 많은 형제 중에서 맏아들이 되게 하려 하심이니라"(8 : 29). 하나님의 부르심의 목적은 무엇입니까? 하나님의 부르심을 입은 각 사람이 주 예수 그리스도를 믿음으로 그리스도와 같이 되게 하려는 데 있읍니다. 그래서 ─저는 경외하는 심정으로 말씀드립니다만─이전에는 오직 한 분 그리스도 밖에 계시지 않던 곳에 수억만의 그리스도들이 있게 하려 하시는 것입니다. 놀라운 일은, 우리가 삶의 어떤 상황에 처하여 있든지 우리가 부하든지 가난하든지, 교육을 받았든지 무식하든지, 혹인이든 백인이든, 남자든 여자든, 그것이 어떠하든지간에 그런 일이 우리 안에서 행해질 수 있다는 것입니다.

　더구나, 우리가 주 예수 그리스도로 하여금 우리 속에서 그 일을 하시도록 허락하실 때에만 비로소 중요한 일을 성취하게 됩니다. 만일 우리가 하나님을 들어 우리가 원하는 것을 정당화시키려고 이용하려한다면, 우리가 그렇게 하는 데서 성공한다 할지라도 그것은 기독교를 가련하게 만드는 것입니다. 우리 자신의 제한된 시야에 기독교를 가두는 것이 됩니다. 그러나 만일 하나님께 우리를 사용하도록 드린다면, 세상이 보는대로하면 우리가 아무리 무의미해 보인다 할지라도, 우리는 영적으로 중요한 인물이 됩니다. 왜냐하면 주 예수 그리스도 자신이 우리의 행실 속에서 나타나 보이시기 때문입니다.

19

다섯번째 이적

"저물매 제자들이 바다에 내려 가서 배를 타고 바다를 건너 가버
나움으로 가는데 이미 어두웠고 예수는 아직 저희에게 오시지 아
니하셨더니 큰 바람이 불어 파도가 일어나더라 제자들이 노를 저
어 십 여리쯤 가다가 예수께서 바다 위로 걸어 배에 가까이 오심
을 보고 두려워하거늘 가라사대 내니 두려워 말라 하신대 이에
기뻐서 배로 영접하니 배는 곧 저희의 가려던 땅에 이르렀더라"
(요 6 : 16～21).

만 일 여러분이 근동 -터어키나 애굽이나 레바논이나 시리아-에
가본 적이 있으시다면 큰 잡화전에서 일하는 동방의 은장술가
들을 보았을 것입니다. 그들은 서방에서 온 여행객들이 주고 간 주화
를 가지고 녹여서 작은 보석조각에 부어 모양을 만듭니다. 결국 그렇
게 만든 것들을 그것을 사러 오는 여행객들에게 되팝니다. 그들이 일
하는 것을 보면 아주 원시적인 방식입니다. 큰 용광로 속에 용해된
은을 담은 도가니가 앉혀져 있는 것이 보통입니다. 거기에 주화를 떨
어뜨려 녹입니다. 은장이는 매우 자주 은도가니를 위에서 내려다보며
덩어리진 찌끼를 퍼올립니다. 그런 다음에 다시 일을 합니다. 그가 한
동안 그 은도가니 속을 들여다보다가 은이 다 제련되었다 싶으면 그

녹은 은물을 주조하기 시작합니다.

"어째서 자꾸 그 은을 쳐다보느냐?"라고 물어보기도 합니다.

그러면 그 은장이는 "그 은에서 나온 찌끼가 다 없어지고 순수한 은만 남았다고 생각할 때까지 그 은을 쳐다보지요. 그 찌끼가 다 사라진 것을 잘 알 수 있지요. 왜냐하면 훌륭한 거울에서와 같이 그 은에 내 자신의 모습이 비취는 것을 볼 수 있기 때문이죠."

하나님께서 "말라기"에서 말씀하신 놀라운 대목을 이행하도록 설명하는 예화가 바로 그것입니다. 거기서 하나님께서는 "은을 단련하는 자"처럼 앉으실 것이라고 말씀하십니다. 또한 거기서 어째서 그리스도인들이 이 생의 여러 불과 시험을 통과하도록 하나님에 의해서 부름받는지 그 이유에 대한 놀라운 예화를 얻는 셈입니다. 하나님께서는 우리를 주 예수 그리스도와 같이 만들기 원합니다. 우리의 삶의 찌끼를 제거하시되, 그리스도의 형상이 우리 속에서 투영되어 나타나 세상이 볼 수 있을 때까지 그 일을 하십니다. 성경은 우리에게 이렇게 말합니다. "주께서 그 사랑하시는 자를 징계하시고 그의 받으시는 아들마다 채찍질하심이니라 하였으니"(히 12 : 6). 이 원리는 우리가 방금 생각한 이야기를 통해서 예증됩니다.

폭풍

요한복음 6장에 보면, 갈릴리에서 떡과 고기로 배불리먹은 수많은 사람들이 예수님을 임금 삼으려고 했을 때 예수님께서 그들을 피하여 숨으셨다는 말씀을 대하게 됩니다. 그는 산으로 올라가서 기도하셨습니다. 거기에서 얼마나 오랫동안 계셨는지 우리는 모릅니다. 그러나 날이 저물고, 제자들이 갈릴리 바다로 내려와 작은 배를 타고 가버나움으로 돌아가게 되었습니다. 그들이 그렇게 한 것이 무례한 짓이라고 생각해서는 안됩니다. 또한 예수님을 생각지 않았다고 보아서는 더욱 안됩니다. 왜냐하면 마가가 그 사건을 기술하면서 예수님께서 그들더러 집으로 가라고 지시하셨음을 밝혀 주고 있기 때문입니다(막 6 : 45). 이것은 그 이야기의 제일 큰 요점입니다. 왜냐하면 그

것은, 예수께서 친히 앞으로 어떤 일이 일어날 것인지를 잘 아시고
작은 배로 호수를 건너가게 하셨다는 뜻이기 때문입니다.

밤이 오고 그 밤에 큰 폭풍이 일어났습니다. 그것은 그 이야기로부
터 말할 수 있는대로 하면 풍랑이었습니다. 갈릴리 바다에 거세게 몰
아부치는 유의 풍랑이었습니다. 마가와 마태는, 그 바람이 "그들을
거스려" 불었다고 말합니다. 요한은 "큰 바람이 불어 파도가 일어나
더라"(18절)고 덧붙입니다. 이 풍랑은 위험스러웠습니다. 그밖에 노
를 젓기 어려웠습니다. 왜냐하면 밤 사경쯤 되었기 때문이었습니다.
다시 말하면, 그들은 날이 어둑해서 출발하여 거의 새벽 세시가 될
때까지 노를 저어야했기 때문입니다.

그들이 여닐곱시간 동안의 위험스러운 풍랑을 겪으면서 배를 저어
갈 때 무슨 생각을 했겠는지 생각해 봅니다. 틀림 없이 그들은 염려
했을 것입니다. 그러나 그들이 예수님을 생각하고 예수님이 자기들
을 도울 힘이 있다고 생각했겠습니까? 그런 경우에라도 자기들이 예
수님의 보호를 받고 있다는 걸 의식했었습니까? 물론 그들이 그점을
인식하고 있어야했습니다. 사실 예수님께서 이 교훈을 그들에게 가르
치시고 그들의 믿음이 자라도록하기 위해 폭풍 가운데로 보내신 것이
틀림없습니다. 그 한 예로, 그들은 그리스도께서 수천명의 무리들을
먹이신 일을 통하여 그리스도의 돌보심을 방금 목격했었습니다. 거기
에 최소한 오천명의 사람들이 있었습니다. 예수님과 그 제자들은 의
심할 여지없이 그들 중 많은 사람들을 개인적으로 알지 못했을 것입
니다. 그런데도 예수님께서는 그들을 돌보셨고 먹이셨습니다. 제자들
이 예수님께서 자기들도 돌보실 수 있다는 의식을 가졌을 것이라 생
각하시지요? 그들이 그를 의뢰했겠지요? 또는 그렇지 않으면 우리
가 흔히 행하는 바대로, 이 상황은 다르다, 예수님의 능력은 제한되
어 있다, 또는 예수님은 자기들의 곤경을 모를 것이라고 단정했겠습
니까? 떡과 고기를 수천명이 먹은 이적은 예수님께서 아시며, 예수
님의 능력은 능히 할 수 있으며, 예수님께서 사랑으로 돌보신다는 걸
그들에게 가르쳤음에 틀림없습니다.

또 다른 것을 생각해보면, 제자들은 이미 노도하는 물결을 잔잔케 하시는 주 예수 그리스도의 능력을 목격한 바였읍니다. 그리스도의 공생애 초기에 있었던 이 이야기가 요한복음에는 기록되어 있지 않습니다. 그러나 마태 마가 누가복음은 다 기록되어 있읍니다(마 8 : 23 ~27; 막 4 : 35~41; 눅 8 : 22~25). 그러면서 그 일이 갈릴리에서 오천명의 사람들을 먹이기 전에 일어났음을 지시합니다. 그 오병이어사건 이전에 때로 예수님과 그 제자들은 갈릴리에 있었고, 보다 잔잔한 디베랴 바다 서쪽 해안에서 가다라 사람들이 거주하는 동쪽 해안으로 건너가길 원했읍니다. 예수님께서는 설교로 전도하시느라 지치셔서 배 밑창에서 주무셨읍니다. 폭풍이 일어났읍니다. 배는 물이 차오르기 시작했읍니다. 제자들은 익사할까 두려웠읍니다. 그들은 예수님을 깨우면서 "선생님이여 우리가 죽게 된 것을 돌아보지 아니하시나이까?"라고 울부짖었읍니다. 예수께서 일어나셔서 바다를 잔잔케 하셨읍니다. 예수님은 그들에게 물으셨읍니다. "어찌하여 이렇게 무서워하느냐 너희가 어찌 믿음이 없느냐?"

제자들은 다시 한번 갈릴리 바다를 노저어가면서 만난 이 새로운 폭풍 가운데서 그것을 기억하였읍니까? 그들을 보호해달라고 그리스도를 의뢰했읍니까? 아니면 우리가 하듯이 예수님께서 자기들에게 사실상 관심을 기울이지 않고 아무것도 할 수 없다는 식으로 생각했읍니까?

저는 이 이야기를 읽을 때마다 때로 재미있는 생각이 떠오르곤 합니다. 이 구절보다 몇절 앞서서 보면 제자들이 오병이어의 역사로부터 나온 열 두 바구니의 나머지 음식을 보았다는 이야기가 나옵니다. 이 열 두 바구니에 어떤 일이 일어났읍니까? 그들이 그 부스러기를 주워 모으느라고 수고한 바로 직후에 그 떡을 버렸다는 걸 상상하는 건 어렵습니다. 제자들은 그 부스러기 조각들을 갖고 갈 수 있었을 것입니다. 그리고 그 경우에 예수님의 초자연적인 능력과 권세의 증거가 이런 위험한 지경에 노를 저어갈 때 자기들의 코앞에 있었읍니다.

제자들이 예수님을 신뢰하는 법을 배웠었는지 아니면 두려워하였었는지 확실한 대답을 할 수가 없읍니다. 그러나 그 이야기를 믿고 앞의 사건과 대조해보면 그들의 믿음이 자랐다는 걸 느끼게 됩니다. 앞의 사건에서 보면 그들은 두려워하였읍니다. 이 사건에서는 그들이 예수께서 물로 걸어오실 때 크게 기겁하였지만 (그들은 예수님이 유령인줄 알았음), 그들이 폭풍으로는 기겁하였다는 소리를 듣지 못합니다. 다만 그들은 계속 노를 저어갔다고만 되어 있읍니다.

경우야 어떻든 결국 예수님께서 그들을 향하여 오셨읍니다. 바로 이 시점에 베드로도 주님을 향하여 걸어가도록 해달라고 요청하였읍니다. 한 동안 예수님을 향하여 물 위로 걸어나갔읍니다. 물론 요한은 베드로의 이 체험에 대해서는 생략하고 있읍니다. 예수님께서는 "내니 두려워말라"하셨읍니다. 요한에 의하면 이런 후에 그 배가 곧 저희의 가려던 땅에 이르게 되었읍니다.

믿음의 성장

제자들은 이 체험을 통해서 무엇을 배웠읍니까? 그것은 일종의 시험해보는 일이었읍니다 —여러분이 원한다면 물론 시험해보는 일이라고 할 수 있읍니다. 이 사건은, 그들이 앞에서 겪었던 체험을 기초로 예수님을 조금 더 의뢰하는 법을 배웠다는 걸 증거합니다. 그러나 그들은 이번 경우에는 무엇을 배웠읍니까? 이 체험을 통해서는 어떤 것을 배웠읍니까? 최소한 세 가지를 배웠다고 믿습니다. 그 이야기에 대한 여러 복음서의 기사들 속에서 그 모든 세 가지의 요점이 밝히 드러나고 있읍니다.

첫째, 자기들도 알지 못하는 사이에 **예수님이 지켜보고 계시다는** 걸 배웠읍니다. 예수님께서는 그들이 어떤 일을 당하고 있는지 아셨읍니다. 아마 예수님께서는 그 뒤에 그것을 말씀해 주셨을 것입니다. 왜냐하면 마가의 설명에 따르면 예수님께서 산 위에 홀로 계실 때 "제자들이 괴로이 노 젓는 것을 보셨기"때문입니다(막 6 : 48). 이 사건들이 유월절 때에 일어났음을 기억하면 이해할만 합니다. 또한 그

유월절 때는 항상 만월이었으며, 그 바람은 구름을 동반한 폭풍우라
기 보다는 물결을 일으킨 풍랑이었다는 걸 기억하면 이해할만한 일입
니다.

　여러분은 여러분이 겪은 체험을 통해서 예수님께서 여러분을 지켜
보고 계시고 여러분의 환경을 아신다는 걸 배웠읍니까? 예수님께서
는 우리 각자를 위해서 일이 너무 쉽게 이루어지지 않게 하십니다.
쓰지 않는 근육은 갈수록 맥이 없어진다는 걸 아십니다. 우리는 때로
이리저리 노를 젓느라고 애써야 합니다. 해야할 일도 있읍니다. 그러
나 우리가 그 일을 해나갈 때 예수님의 눈이 우리를 주목한다는 걸
아십니까?

　어떤 의미에서 그것은 모든 사람들에게 해당됩니다. 하나님의 무소
부재(無所不在) 교리 속에 포함된 진리입니다. 하나님의 무소부재란
아주 간단히 말해서 하나님이 여기 계시다는 뜻입니다. 하나님께서
어느 곳에나 다 계시다고 말할 수 있읍니다. 그렇게 해도 옳습니다.
그러나 하나님께서 우리가 있는 곳에 계시다고 말하면 훨씬 더 인격
적으로 가까워지게 됩니다. 여러분과 제가 어디 있든지 하나님은 거
기 계십니다. 다음과 같은 실례들을 생각해 보십시오. 아담이 범죄하
였고, 죄책의 고통 가운데서 불가능한 일을 하려고 애썼읍니다. 하나
님을 피하여 숨으려고 하였읍니다. 한때 다윗은 하나님으로부터 도
망칠 여러 쓸데없는 궁리를 해보기도 했을 것입니다. 왜냐하면 그는
이렇게 쓰고 있기 때문입니다. "내가 주의 신을 떠나 어디로 가며 그
의 앞에서 어디로 피하리이까 내가 하늘에 올라갈지라도 거기 계시며
음부에 내 자리를 펼지라도 거기 계시나이다"(시 139 : 7 ~ 10). 솔로
몬은 또 이렇게 외쳤읍니다. "하나님이 참으로 땅에 거하시리이까 하
늘과 하늘들의 하늘이라도 주를 용납지 못하겠거든 하물며 내가 건축
한 이 전이오리이까"(왕상 8 : 27)　바울은 아덴 사람들에게, "하나
님은 우리 각 사람에게서 멀리 떠나 계시지 아니하도다 우리가 그를
힘입어 살며 기동하며 있느니라"(행 17 : 27, 28)고 확증하였읍니다.

　하나님께서 각 사람에게서 멀리 떠나계시지 않는 것이 사실이고, 우

리가 행하는 것을 보시고 우리에 관한 모든 걸 아시는 게 사실이라면, 예수께서 자기를 따르는 자들을 보시고 그들이 어떤 환경에 처해 있는가를 아실 것은 너무나 뻔한 진리입니다!

주님은 아버지의 허락이 없이는 참새 한 마리도 땅에 떨어지지 않는다고 말씀하셨습니다. 우리 머리칼 하나도 모두 세신다고 말씀하셨습니다(마 10 : 29∼31). 또한 "볼찌어다 내가 세상 끝날까지 너희와 항상 함께 있으리라"(마 28 : 20)고 말씀하셨습니다. 여러분은 그분이 여러분과 함께 계시다는 걸 인식하십니까? 그분의 시선이 제자들에게 가 있었듯이 여러분에게 머물러 있다는 걸 의식하십니까?

제자들이 배운 두번째 진리는 예수께서 도우신다는 것입니다. 예수께서 우리를 지켜보신다는 게 사실입니다. 그러나 일종의 초연하고 무감각한 자세로 지켜보는 것이 아닙니다. 돕기 위해서 지켜보십니다. 그는 도우십니다―물론 언제나 도우십니다. 그러나 특별히 우리의 삶이 고단하고 우리의 힘으로 영적인 승리를 쟁취할 수 없어보일 때 더욱 도우십니다.

이 시점에서 윌리암 바클레이는 주석을 통하여 영국의 작은 시골학교에서 학생들을 가르치던 한 교사의 이야기를 합니다. 그 학교에서는 어린 아이들에게 이런 이야기를 해주었습니다. 그 여자는 그 얘기를 참 잘 해주었습니다. 왜냐하면 어린 아이들이 그 이야기의 요점을 분명히 이해했기 때문입니다. 얼마 후에 큰 폭설이 내렸습니다. 그 선생은 어린 아이들을 집으로 데려다 주어야 했습니다. 때로 그녀는 눈사태로 쌓인 곳을 어린 아이들을 데리고 지나가야 했습니다. 그것은 힘이 드는 일이었습니다. 그들이 그 눈과 씨름하다가 거의 기진하게 되었을 때 가장 나이 어린 어린이가 가장 예의바른 영국식으로 자신을 향하여 중얼거리는 것을 듣게 되었습니다. "여기 우리와 함께 다정하신 예수께서 계시니 해낼 수 있다." 그렇습니다. 우리는 언제나 예수님과 함께면 무엇이든지 해낼 수 있습니다. 환경이 어떠하든지 그 없이 어떠한 일을 하려고 해서는 안됩니다.

불행히도, 우리는 혼히 그 없이도 행합니다. 왜냐하면 그의 도우심을 기다리지도 않고 그의 음성을 들으려하지 않기 때문입니다. 그레이 반하우스의 이야기와 예화모음집인 "예화를 들려드릴께요"(Let Me Illustrate)라는 책에, 얼음집을 갖고 있는 한 사람의 이야기가 나옵니다. 어느 날 그는 톱밥 속에서 시계를 잃어버렸습니다. 그것을 찾는 사람에게 상을 주겠다고 상금을 걸었습니다. 많은 사람들이 그 시계를 찾기 위해서 갈퀴로 톱밥을 뒤졌습니다. 아무도 그 시계를 찾지 못했습니다. 결국, 찾는 자들이 점심을 먹으러 그 집에서 떠났을 때 어린 한 소년이 그 얼음집으로 들어갔습니다. 몇분 후에 그는 시계를 가지고 나왔습니다. 사람들은 어떻게 그것을 찾아냈느냐고 물었습니다. 그때 그 작은 소년은 "나는 톱밥에다 귀를 대고 가만히 들어보았어요. 그랬더니 시계의 재깍거리는 소리가 들렸어요." 여러분 가운데 어떤 분들은 시계보다 더 많은 것을 잃었습니다. 만일 여러분이 매우 조용히하고 잘 듣는다면, 주께서 여러분에게 말씀하실 것이고 여러분이 그처럼 어이없이 놓친 능력과 승리가 어디 있는지 보여주실 것입니다.

끝으로, 제자들은 **예수께서 자기들 집까지 인도하실 수 있음을** 배웠읍니다. 그는 도우십니다. 그러나 그뿐만이 아니라 그들이 당도해야할 곳에 그들을 데려다 주십니다. 요한은 이 국면을 다음과 같은 보고로 시사해주고 있습니다. "이에 기뻐서 배로 영접하니 배는 곧 저희의 가려던 땅에 이르렀더라"(21절).

예수께서는 여러분이 가야할 데로 여러분을 인도하실 수 있으십니다. 또 그것을 보다 바르게 표현하자면, 예수님께서 여러분을 불러 가도록 한 그 장소로 인도하실 수 있으며, 또는 여러분이 보냄받은 장소로 가도록 하게하실 수 있습니다. 이 세상에서도 그 진리는 해당됩니다. 만일 여러분이 주님으로부터 선교사로 부름을 받았다면, 어떠한 어려움이 있더라도 여러분이 선교사가 되도록 하실 것입니다. 만일 음울하고 바람직하지 못한 지역에서 조용한 증거자의 삶을 살도록 부름을 받으셨다면, 거기서 증거하도록 힘을 주실 것입니다. 상점에서, 가정에서, 교회에서, 또는 여러분이 어디를 가든지 주님은 여러분을 도우실 것입니다.

더 나아가, 이 세상을 안전하게 지나서 하늘에 있는 여러분의 궁극적인 본향에 이르게하실 것입니다. 요한이 이 이야기를 기록할 때 마음 속에 그런 의도를 품고 있었는지는 모르겠읍니다. 그렇게 했을 수도 있읍니다. 왜냐하면 그가 해설한 각 이적에서 영적진리의 차원들을 분명히 보았기 때문입니다. 그러나, 요한 자신이 그것을 생각했든 하지 않았든, 요한이 우리에게 말하는바 제자들이 호수를 건넜던 그 밤의 정황 —폭풍이 이는 바다, 거스려 부는 바람, 어두운 밤 —보다 우리 시대를 더 잘 묘사할 수 있는 것이 무엇이겠읍니까? 우리는 이러한 상황에 직면합니다. 때때로 우리의 머리를 어디로 두어야할지 모를 때도 있읍니다. 그러나 우리는 어느 날 예수님을 볼 것이고 예수님께서 친히 우리를 항구로 인도하실 것입니다.

시편기자는 말합니다. "너희 길을 여호와께 맡기라 저를 의지하면 저가 이루시고……"(시 37:5).

그리스도인이 된다는 것

그러나 끝으로 제 말씀을 듣는 사람들 가운데 이런 분이 있을지 모릅니다. 곧 주 예수 그리스도에게 자신을 맡긴 적이 없고,"그렇다. 그와 같은 그리스도인들에게 그렇게 말하는 건 매우 좋다. 그리고 그들은 자기들이 어디로 간다는 걸 알 수 있다고 난 상상한다. 그러나 나는 어디로 갈지 모른다. 나는 그리스도인이 아니다. 나는 그리스도인이 되려면 어떻게 해야할지 모른다"고 말하고 있는 분이 이 말을 들을지 모른다는 말입니다.

그런 분이 계시다면 저는 그런 분을 위해서 그 문제를 설명하겠읍니다. 그리스도인이 되기 위해서 믿어야할 것이 두 가지가 있으며 행해야할 것이 한 가지 있읍니다. 먼저, 하나님의 말씀의 권위를 믿고 스스로 영적으로 어쩔 수 없다는 걸 믿어야 합니다. 이 세상에서 여러분 스스로 무엇인가를 할 수 있읍니다. 여러분의 성격과 선한 행위로 사람들로부터 칭찬을 얻을 수도 있읍니다. 그러나 그러한 것들 중 어느 것도 하나님을 만족시키지 못할 것입니다. 여러분은 죄인이며, 그러므로 풍랑 속에 있던 제자들처럼 아무런 힘이 없는 죄인입니다. 둘째로, 예수께서 여러분이 할 수 없는 것을 할 수 있음을 믿어야 합니다.

여러분은 스스로를 구원할 수 없습니다. 그러나 그분은 여러분을 구원하실 수 있습니다. 여러분 자신의 성품을 토대로 하나님을 만족시킬 수 없습니다. 그러나 예수님께서는 이미 하나님을 만족시키셨고, 그의 성품을 여러분의 것으로 여기실 의향을 하나님은 가지고 계십니다. 예수님께서 여러분의 죄를 없애기 위해서 여러분 대신 죽으셨습니다. 그가 다시 살아나셨습니다. 그럼으로써 예수님께서 여러분 대신 행한 것을 하나님께서는 만족하게 영원토록 받으셨다는 걸 여러분으로 하여금 알게하신 것입니다.

결국, 여러분은 자신을 주님께 맡겨야 합니다. 성경은 여러 다른 방식으로 그 점에 대해서 말하고 있습니다. 그러나 각 경우에서마다 명백한 것은 그것이 우리의 의지의 행동을 수반한다는 것입니다. 성경은 우리가 예수님을 믿어야 한다고 말합니다. 그 뜻은, 우리 자신을 그분의 손에 위탁시켜야 한다는 뜻입니다. 성경은 우리가 그분을 영접해야 한다고 말합니다. 그 뜻은, 우리가 우리의 삶 속에 그분을 초청해 드려야한다는 뜻입니다. 여러분은 그러시겠습니까? 여러분의 죄인됨을 인정하시고, 그분이 여러분을 구원하실 수 있음을 믿으시고, 그런 다음에 여러분의 생명을 그분에게 의탁시키시겠습니까? 여러분이 그렇게 할 때 그분은 여러분의 죄책에서 여러분을 건질 뿐 아니라 여러분의 삶의 짐을 담당하신다는 것도 알게 될 것입니다. 어째서 오늘날 자신을 주님께 넘겨드리지 않습니까? 이렇게 말하십시오. "주 예수 그리스도시여, 당신께 저를 맡깁니다. 몸과 혼과 영을 다 맡기나이다. 당신께서 내 생명을 받아주기를 원합니다."그것은 현명한 선택입니다. 왜냐하면 그분은 자기를 신뢰하는 모든 사람들을 지키시고 축복하실 수 있기 때문입니다.

20

찾 음

"이튿날 바다 건너편에 섰는 무리가 배 한 척 밖에 다른 배가 거기 없는 것과 또 어제 예수께서 제자들과 함께 그 배에 오르지 아니 하시고 제자들만 가는 것을 보았더니(그러나 디베랴에서 배들이 주의 축사하신 후 여럿이 떡 먹던 그 곳에 가까이 왔더라) 무리가 거기 예수도 없으시고 제자들도 없음을 보고 곧 배들을 타고 예수를 찾으러 가버나움으로 가서 바다 건너편에서 만나 랍비여 어느 때에 여기 오셨나이까 하니 예수께서 대답하여 가라사대 내가 진실로 진실로 너희에게 이르노니 너희가 나를 찾는 것은 표적을 본 까닭이 아니요 떡을 먹고 배부른 까닭이로다 썩는 양식을 위하여 일하지 말고 영생하도록 있는 양식을 위하여 하라 이 양식은 인자가 너희에게 주리니 인자는 아버지 하나님의 인치신 자니라"(요 6 : 22~27).

초대교회 교부(敎父)들의 가장 유명한 말 가운데에서 성 어거스틴의 말이 자주 인용됩니다. "주께서는 주님 당신을 위해서 우리를 지으셨나이다. 우리의 마음이 당신 안에서 쉬임을 얻기까지 안식이 없습니다." 이 영혼의 보편적인 불안 때문에 거의 모든 종족들이 하나님을 찾게 됩니다. 저는 이 말을 할 때 하나님을 찾는 바른 방식 뿐 아니라 그릇된 방식도 있다는 건 여기서 말씀드리지 않습니다.

예비은혜(Prevenient Grace)의 교리는 사람이 하나님을 찾기 전에 하나님께서 사람을 먼저 찾으신다는 것을 뜻합니다. 성경은 중생하지 않고 난 그대로의 상태에 있는 사람을 보고 "의인은 없나니 하나도 없으며 깨닫는 자도 없고 하나님을 찾는 자도 없다"(롬 3 : 10, 11)고 말합니다. 또한 "육에 속한 사람은 하나님의 성령의 일을 받지 아니하나니 저에게는 미련하게 보임이요 또 깨닫지도 못하나니 이런 일은 영적으로라야 분변함이니라"(고전 2 : 14). 그 말은 제 힘으로 하나님을 찾을 수 있는 사람이 하나도 없다는 뜻입니다. 사람이 하나님에 관하여 한 가지라도 바른 생각을 가지거나 하나님을 소원하기 시작하기 전에, 하나님께서 먼저 성령을 통해서 그의 마음을 밝히는 일을 하셔야 한다는 뜻입니다. 그러나 이 예비적인 성령의 은혜 역사는 뒤이어 우리 편에서 열심히 하나님을 따라야만 자연스런 열매를 맺게 된다고 말씀드릴 필요가 있습니다. 하나님께서 이미 우리를 찾으셨기 때문에 우리가 하나님을 찾습니다.

그러면 하나님을 어떻게 찾아야 할까요? 우리는 필연적으로 하나님을 발견할 방식으로 찾습니까? 아니면 이기적인 생각으로 그릇되게 찾습니까? 다음의 이야기는 우리가 살아나가는데 있어서 그 문제를 답하도록 도와줄 것입니다.

예수님을 찾음

예수님께서 밤중에 갈릴리 바다를 건너신 것은 가버나움에 있는 제자들과 합세하기 위함이었읍니다. 전날에 예수님께서 떡 다섯 개와 물고기 두 마리로 먹였던 사람들은 아침이 밝아오자 예수님께서 그 이적을 행하신 곳에 계시지 않는다는 걸 알았읍니다. 그래서 그들은 예수님을 찾아나서기 시작했읍니다. 급기야 그들은 호수를 둘러보기도 하고 그러다가 그 호수를 건너가 가버나움에서 예수님을 만났읍니다.

요한이 이야기 속에서 언급하는 배들에 대해서는 분명하지 않습니다. 주석가들은 일반적으로 그 구절이 군중들이 전날 밤에 배 한 척

밖에 없었다는 걸 회상했음을 뜻하는 것이라고 해석합니다 ―다른 배들은 밤중에 풍랑이 일어나 쫓겨갔음에 틀림이 없습니다 ―또 예수께서는 제자들과 함께 배를 타고 가지 않았다는 걸 군중들은 알았다는 뜻이라고 해석합니다. 그러나, 예수께서 사용하실 배는 한 척 밖에 없었으나 그 배를 타시지는 않았다는 뜻으로 말할 수도 있습니다. 다시, 배 한 척만이 해변에 남아 있었고, 예수께서는 그 배 안에 계시지도 않았고, 또 다른 배를 타고 가시지도 않았다는 뜻으로 이해할 수 있습니다. 이러한 언급들이 어떠한 의미를 가지든지간에, 중요한 요점은 사람들이 예수께서 그 호수를 어떤 방식으로 건넜는지에 대해서는 전혀 상상할 수 없었다는 점입니다. 왜냐하면 그들이 그 호수를 걸어갔다고 상상할 수는 없었기 때문입니다. 그래서 그들이 건너편에서 주님을 만났을 때 "랍비여 어느 때에 여기 오셨나이까?"라는 질문을 던지게 되었던 것입니다.

예수님은 그 질문에는 아랑곳하지 아니하시고 그들이 예수님을 찾는 태도에 관하여 언급하셨습니다. 주님께서는 "내가 진실로 진실로 너희에게 이르노니 너희가 나를 찾는 것은 표적을 본 까닭이 아니요 떡을 먹고 배부른 까닭이로다. 썩는 양식을 위하여 일하지 말고 영생하도록 있는 양식을 위하여 하라 이 양식은 인자가 너희에게 주리니 인자는 아버지 하나님의 인치신 자니라"(26, 27절)고 대답하셨습니다. 여기에서 예수님을 찾는 군중들의 무가치한 동기가 적나라하게 드러났습니다. 그러나 바로 이러한 동기들이 우리 자신들의 삶 속에서도 작용하는 게 사실이 아닙니까? 심지어 우리가 가장 영적이라고 생각할 때마저 그런 경우가 있지 않습니까?

하나님이냐 사람이냐?

저는 제가 뜻하는 바를 약간 더 정확한 어휘로 그려보려 합니다. 첫째, 군중이 어떤 의미에서 분명히 예수님을 찾고 있기는 했지만 동시에 개개인들의 생각들은 다 자신들에게 머물러 있었음이 분명합니다. 우리는 예수님께서 언급하시는 그 먹는 문제에 있어서 그점을 분명히 압니다. 군중이 전날밤에 예수님과 함께 있을 때 배가 고팠다는 걸 우리는 기억해야 합니다. 예수님께서는 그들을 먹이심으로써 그들이 원했던 모든 것을 주셨던 것입니다. 열 두 바구니의 떡은 그들이 배가 불렀다는 사실을 증거합니다. 그러나, 밤이 지나고 아침이 밝아왔습니다. 그때는 늦은 아침이나 점심을 먹어야할 때였습니다. 그들은 다시 배가 고팠습니다. 주님을 찾을 때 그들의 가장 중요한 생각은 허기진 배를 채우는데 있었음에 틀림 없습니다.

예수님을 찾을 때 여러분도 그러시지요? 예수님과, 모든 것을 초월하는 가치로 가득찬 마음을 가지고 예수님께 나아오기 보다는, 여러분의 필요나 여러분이 필요하다고 생각하는 것으로 마음을 채우고 예수님께 나오지 않습니까?

오늘날 미국 기독교회는 하나님 자신에게보다 인간적인 필요에 촛점을 맞추는 서글픈 추세에 직면하고 있음을 저는 확신합니다. 동시에 그것은 실질적으로 필요를 만족시키거나 건전한 기독교를 형성하는 데 있어서 가장 나쁜 방식이라고 확신합니다. 어떤 분은 "그러나 어떻게 그럴 수 있는가? 사람들이 필요로 하는 걸 갖고 있다는 것이 사실이 아닌가?"라고 말할 것입니다. 저는, "예. 그렇습니다"라고 대답하겠습니다. "예수께서 그 필요에 대답을 주신다는 게 사실이 아닌가?"라고 묻는다면 저는 그렇다고 대답하겠습니다. 또 "그러므로 예수 그리스도를 사람들의 필요에 대한 해답으로 전파해야하지 않는가?"라고 묻는다면, "예. 당연하지요"라고 말해야 바른 답변일 것입니다. "그러면 무엇이 잘못되어 있는가?"라고 묻는다면 저는 이렇게 대답하겠습니다. 잘못된 것은 우리가 너무나 우리 자신의 필요에 촛점을 맞춘 나머지 사실상 예수님보다 우리 자신에게 촛점을 기울이는 비극적인 가능성이 존재한다는 것입니다. 그리하여 예수님께서 우리 난제에 대해 주시려는 해결책에 결코 도달하지 못한다는 것입니다. 물론 사람들마다 이러한 일은 그 정도에 있어서 다양하게 나타납니다. 그러나 저는 한 경우를 알고 있습니다. 정신병적인 문제로 크게 고통을 당하는 한 소녀의 이야기입니다. 좀더 나아지리라는 전망이 전혀 없는 경우입니다. 그녀는 자기의 난제들에 대해 끊임없이 말할 것입니다. 그러나 하나님께서 그 난제들을 해결할 해답을 주실 수 있다는 어떤 제안이라도하면 그만 그녀는 심리적으로 펄쩍 뛰면서 싫어할 것입니다.

또 여기 다른 경우를 생각해 봅니다. 저는 한 작은 성경연구 그룹을 알고 있는데, 그 모임에 나오는 사람들은 주로 자기들의 문제를 생각합니다. 그 모임은 일종의 치료요법적인 모임이라 할 수 있습니다. 서로 각자가 다른 사람들의 난제를 듣고, 자기도 다른 사람들에게 자기의 난제를 말할 수 있게하는 그러한 모임입니다. 앞을 다투어 난제를 이야기합니다. 누가 가장 나쁜 난제를 가지고 있는가? 누가 가장 불쌍히 여김을 받아야 할까? 저는 이 요점에 대하여 너무 지나치게 과격하고 싶지는 않습니다. 왜냐하면 어떤 문제들을 밖으로 드러내 노출시키는 것은 언제나(상대적인 방면에서) 좋은 것이라 믿기 때문입니다. 그럼에도 불구하고, 해결책들은 그리스도 안에 있는 것이지 그 난제들을 입 밖으로 표현하는 우리의 능력에 있는 것이 아닙니다.

그것을 좀더 강하게 말해 볼까요? 훌륭한 영적인 정신치료를 이룩하는 주요한 단계들 가운데 하나는 여러분의 생각을 자신에게서부터 온전히 떼어내어 주님에게 시선을 돌리는 것이라고 확신합니다. 저 영국의 고전(古典) "미지의 구름"(The Cloud of Unknowing)이라는 책의 저자는 이 점을 알고 있었습니다. 그는 그 책에서 이렇게 쓰고 있습니다. "너의 마음을 사랑으로 조용하게 충동시켜 하나님께로 향하도록 하라. 그것도 하나님 자신을 바라보게 해야지 하나님이 가지고 있는 것들을 어느 것도 바라보아서는 안된다. 다른 어떤 것을 생각하느라고 지체치 말고 오직 하나님 자신만 바라보라. 그래서 너의 기지나 너의 뜻으로는 어떤 일도 하지 말고 오직 하나님 자신을 따라서만 하라. 이것이 하나님을 가장 기쁘게 하는 영혼의 일이다."

가진 것들

이 사람들이 예수님을 찾을 때 노리고 있던 두번째의 일이 있었읍니다. 그 때문에 그들은 예수님으로부터 책망을 받았습니다. 그것은 첫번째 것과 연관됩니다. 그들은 물질적인 것에 생각을 두고 있었읍니다. 이적의 요점은 一우리가 앞에서 이적들에 대해서 여러 시간 생각한 것을 회상해 보면一사람들의 생각을 예수님께 모으게하는 것입니다. 예수님께서 그들을 먹이셨읍니다만, 그들은 그 이적으로부터 예수님이야말로 영혼의 내적인 영적 굶주림을 만족시킬 수 있는 오직 유일한 영적 떡임을 알았어야 했읍니다. 그러나 그들은 그러는 대신 물질적인 것들에만 생각을 두고 더 큰 복락을 놓쳐버린 것입니다.

하나님께서 사람을 창조하기 전에 사람이 누릴 여러 쓸모 있는 것들로 충만한 세상을 창조하셨읍니다. 사물들은 사람을 위한 하나님의 계획의 일부였읍니다. 그러나 사람이 하나님을 반역한 이후 사람의 행복을 위해서 존재했던 그 좋은 것들이 토저(A. W. Tozer)가 이르는대로 "영혼을 패망케하는 잠정적인 자원"이 되고 말았읍니다. 그래서 우리 마음이 "물질"로 채워져 있는 것을 발견하는 것입니다. 또한 우리가 혼히 하나님께 나아가기는 하는데 우리의 가진 것들이 위협을 받을 때나 더 많은 것을 원할 때만 하나님께 나아가는 일이 자주 있읍니다.

비록 하나님을 믿고 하나님을 따른다고는 하지만 소유하는 것을 사랑함으로 하나님에 대한 의식을 흐리게하고 자기들의 영적인 성장을 저해하는 사람들의 실례를 드는 것은 전혀 어렵지 않습니다. 아간도 그 경우에 해당하는 사람입니다. 그는 여리고에서 싸운 이스라엘 군대의 군사였읍니다. 그 전쟁의 노략물은 하나님께 드려졌읍니다. 그러나 아간은 아름다운 바벨론의 외투를 보고 탐이나 취하였고, 은 20 세겔과 금 한 덩어리를 취하였읍니다. 그의 죄 때문에 이스라엘 사람들은 그 다음의 아이성 전투에서 지고 말았읍니다. 아간과 그 가족들은 끌려나와 재판을 받게 되었읍니다. 솔로몬도 거의 모든 방면에서 지혜로운 사람이었읍니다. 그러나 부(富)와 여인들에 대해서는 지혜롭지 못했읍니다. 둘 다 그의 영적인 삶을 망쳤읍니다. 아나니아와 삽비라는 돈 때문에 주님을 속였고 그것 때문에 심판을 받았읍니다.

바울은 데마에 대해서 말하기를 "데마는 이 세상을 사랑하여 나를 버렸다"고 썼습니다. 불행히도 우리 나라에도 이런 경우가 대단히 많습니다.

그러나 그리스도인이 물질을 소유하는 것이 나쁩니까? 아닙니다. 물질을 소유하는 것이 나쁘다는 식으로 가르쳤던 사람들이 있었고, 어떤 경우에서는 오늘날 그것을 가르치는 사람들도 있습니다. 사유재산권에는 하등의 잘못이 없습니다. 그리스도인이 가정을 가지고, 자동차를 가지고, 보험에 들고, 저축과 계약을 하고, 그밖에 어떠한 일들을 더 한다 할지라도 잘못은 없습니다. 어떤 개인의 경우에 문제가 나타났다면, 그것은 그러한 것들을 추구하느라고 하나님을 추구하지 못하고, 또는 하나님보다 그러한 것들을 더 추구하기 때문입니다.

이것은 누가, 무엇이 그 사람을 장악하느냐의 문제입니다. 여러분이 어떤 소유를 가지고 있는 걸 저도 좋아합니다. 그런데 여러분은 그런 것들을 통제합니까? 아니면 그런 것들이 여러분을 통제합니까? 아브라함의 경우로부터 여러분의 태도가 어떠한 것이어야 하는지를 예로 들어 설명할 수 있습니다.

아브라함은 이삭이 태어났을 때 매우 늙었습니다. 해가 지남에 따라서 아브라함은 정말 무엇에 비길 수 없을 정도의 큰 사랑으로 이삭을 사랑하게 되었습니다. 그는 여러 배로 그를 사랑하였습니다. 왜냐하면 그가 나이 늙어 난 아들이기도하고, 약속의 아들이기도하며, 외아들이었기 때문입니다. 아마 이 아들을 소유한 것이 —자 우리가 주목합시다. 하나님이 주신 소유인데도 불구하고 —그 나이 많은 족장의 마음 속에 하나님만이 차지해야하는 자리를 넘나볼 정도로 위험스런 때가 있었습니다. 바로 이때 하나님께서는 "네 아들, 네 사랑하는 독자 이삭을 데리고 모리아 땅으로 가서 내가 네게 지시하는 한 산 거기서 그를 번제로 드리라"(창 22:2)라는 명령을 내리십니다.

창세기의 저자는 그 명령을 받은 날 밤에 이 고상한 노인의 마음 속에서 일어났음에 틀림 없는 갈등에 대해서는 상세하게 밝히지 않습니다. 그러나 그러한 갈등이 있었을 것이라는 걸 상상할 수 있습니다.

자기가 사랑하는 이삭을 어떻게 죽일 수 있었겠읍니까? 차라리 이삭 대신 자기가 죽었으면 더 나을 판이었읍니다. 그 외에도, 이삭은 약속의 아들로서 그 아들을 통해서 아브라함은 큰 민족을 이루게 되고 그 아들을 통해서 메시야가 날 판이었읍니다. 이삭이 죽어야 한다면 하나님께서 그 약속들을 어떻게 이루실 것인가? 결국 아브라함은 해답을 얻게 되고 마음을 결정하였읍니다. 하나님께서 지시하신 대로 하려하였읍니다. 이삭을 죽이려하였읍니다. 그는 그 아들을 잃어버리려 하였읍니다. 그러나 그는 하나님이 그 이삭을 죽은 자 가운데서 다시 살리실 것을 믿었읍니다. 히브리서기자가 말하는 것이 바로 그것입니다. "아브라함은 시험을 받을 때에 믿음으로 이삭을 드렸으니 저는 약속을 받은 자로되 그 독생자를 드렸느니라 저에게 이미 말씀하시기를 네 자손이라 칭할 자는 이삭으로 말미암으리라 하셨으니 저가 하나님이 능히 죽은 자 가운데서 다시 살리실줄로 생각한지라 비유컨대 죽은 자 가운데서 도로 받은 것이니라"(히 11: 17~19).

　하나님께서는 아브라함이 그 계획을 진행하여 칼을 뽑아 아들을 내리치는 지점에까지 가도록 내버려 두셨읍니다. 그러나 그때 하나님께서는 아브라함을 멈추게 하셨읍니다 — 하나님께서는 그것이 시험에 불과하다고 말씀하셨읍니다 — 그런 다음에 그 약속들을 다시 구체화시켜 설명하셨읍니다. 오, 아브라함은 얼마나 기뻤겠읍니까! 그는 자기 아들을 죽이지 않아도 됩니다! 아들을 도로 찾았읍니다! 그러나 하나님께서도 기뻐셨읍니다. 왜냐하면 아브라함은 더이상 그 전과 같은 방식으로 이삭을 소유하지 않았을 것이기 때문입니다. 이제 아브라함에게 있어서는 하나님만이 전부였읍니다.

　어떤 주석가는 이 이야기에 대해서 이렇게 씁니다. "나는 아브라함이 아무 것도 가지지 않았다고 말했다. 그러나 이 사람은 부자가 아닌가? 그가 그 전에 소유했던 모든 것을 여전히 누리고 있다. 양떼들과 약대들과 또 소떼들과, 모든 종류의 재산들이다. 그에게는 아내도 있었고, 친구들도 있었고, 그중에서 그의 가장 사랑하는 아들 이삭도 자기 옆에 안전히 있었다. 그는 모든 것을 가졌다. '그러나 그는 아무 것도 가지지 않았다.' 여기에 영적인 비밀이 있다. 포기의 학교에서만 배울 수 있는 달콤한 마음의 신학이 있다." 그 저자는 덧붙입니다. "조직신학 책들이 이 점을 간과한다. 그러나 지혜로운 사람은 이해할 것이다."(A. W. Tozer)

여러분도 이해하시겠읍니까? 나쁜 것은 우리가 소유한 것 자체가 아니라, 우리의 소유가 마음을 사로잡는 것입니다. 여러분은 물질을 탐하고 있읍니까? 아니면 하나님을 추구하고 있읍니까? 만일 멸하기로 예정된 것들이 영원하신 하나님으로부터 여러분의 마음을 빼앗는다면 슬픈 일입니다.

건성으로 하나님을 추구하는 것

갈릴리 군중들이 예수님을 찾은 걸 특징적으로 나타내는 세번째 오류가 있읍니다. 그들이 찾고 있었지만 그들은 온 마음으로 예수님을 찾은 것이 아닙니다. 예수께서 그들을 육신적으로 또다시 배불리 먹이시기를 거절하신 때 어떤 일이 일어났읍니까? 그들 중 거의 대부분이 점심 때문에 집으로 갔고 다시 왔다는 기록을 보지 못합니다. 경우야 어쨌든, 예수님께서 회당에서 말씀하신 후 "이러므로 제자 중에 많이 물러가고 다시 그와 함께 다니지 아니하였다"(66절)는 것을 압니다. 기도나 성경연구가 여러분이 바랬던대로 되지 않을 때 마음이 반절로 줄어지거나 낙담합니까? 예수께서 처음에 여러분에게 보이던 방식대로 여러분을 인도하시지 않는 것처럼 보일 때 흥미를 잃습니까? 아니면 계속 나갑니까?

다윗은 시편 27편에서 자기가 당한 몇 가지 어려움들을 설명했읍니다. 그러나 결심에 차서 다음과 같이 선언합니다. "너희는 내 얼굴을 찾으라하실 때에 내 마음이 주께 말하되 여호와여 내가 주의 얼굴을 찾으리이다 하였나이다"(27:8).

하나님을 바르게 찾아 하나님을 진정으로 만나려면 어떻게 해야겠읍니까? 첫째로, 그분 안에서만 여러분이 발견될 수 있는줄 알고 그분을 찾아야 합니다 — **그리스도 예수 안에서**. 제가 앞에서 읽었던 이

야기에 나오는 구절 속에서 그리스도께서 자신을 가리키면서 말씀하
신 요점이 그것입니다. 예수님께서는 "인자(자신을 가리키면서)는 아
버지 하나님의 인(印)치신 자니라" 아버지께서 "인치신" 자라는 것
은 무슨 뜻입니까? 예수님 시대에 어떤 문서에 도장을 찍는 것은 서
명(Signature)과 같은 것이었읍니다. 그것은 그 문서가 진본임을
확인하는 것이었읍니다. 사람들은 그 도장찍은 것을 보고 그 문서가
진본이며 아무 하자가 없다는 걸 알았읍니다. 하나님께서 예수 그리
스도의 삶, 성품, 가르침, 이적들을 통해서 예수 그리스도의 진정성
을 증거하셨다는 의미와 방불한 것입니다. 무엇보다도 죽은 자 가운
데서 부활하시는 일을 통해서 예수 그리스도의 참된 모습을 하나님
께서는 증거하셨다는 뜻입니다. 그 안에서만 하나님을 발견하고 봅니
다. 여러분은 예수님 안에서 하나님께 나왔읍니까? 예수님께서는 "나
는 길이요 진리요 생명이니 나로 말미암지 않고는 아버지께로 올 자
가 없느니라"(요 14 : 6)고 말씀하셨읍니다.

두번째로, **여러분 자신**이 나와야 합니다. 아무도 여러분 대신 나
와줄 사람이 없읍니다. 어떤 성경교사를 통해서 큰 축복을 받을 수
있다고 하지만 그가 여러분을 대신할 수는 없읍니다. 혼자서 기도하
느라고 시간을 보내십니까? 성경을 연구하십니까? 영적인 것들을 묵
상하느라 시간을 보내십니까? 주 예수 그리스도께서는 다음과 같이
선언하심으로써 각 개인에게 말씀하고 계시는 것입니다. "볼찌어다 내
가 문 밖에 서서 두드리노니 누구든지 내 음성을 듣고 문을 열면 내
가 그에게로 들어가 그로 더불어 먹고 그는 나로 더불어 먹으리라"
(계 3 : 20).

끝으로, **전심(全心)을 다해서** 나와야 합니다. 예수님께서는 "의
에 주리고 목마른 자는 복이 있나니 저가 배부름을 얻을 것임이라"
(마 5 : 6)고 말씀하셨읍니다. 예수님의 그 말씀은 우리가 알고 있는
유의 주림이나 갈증을 뜻하는 것이 아닙니다. 우리가 아는 바의 배고
픔이나 갈증을 그런 식으로 말하기는 정말 어렵습니다. 주님께서는 먹
을 것이 거의 없는 사람들의 배고픔이나, 먹을 물이 없어 목이 타 죽

어가는 사람의 갈증을 말씀하고 계신 것입니다. 굶어 죽어가는 사람이 떡을 찾듯이 주님을 찾아야한다고 말씀하고 계십니다. 또 물이 없어 갈하여 죽어가는 사람이 물을 찾듯이 주님을 목말라해야 한다고 말씀하고 계십니다. 우리도 그렇습니까? 만일 우리가 그럴 것이면, 우리가 하나님을 아는 지식과 그 열매에 있어서 얼마나 풍성할까를 짐작하기가 어려울 정도로 넘치게 될 것입니다.

21

황금 진술

> "저희가 묻되 우리가 어떻게 하여야 하나님의 일을 하오리이까
> 예수께서 대답하여 가라사대 하나님의 보내신 자를 믿는 것이 하
> 나님의 일이니라 하시니"(요 6 : 28, 29).

문학이나 역사를 연구하다가 어떤 사람의 전체 성품이나 어떤 역사적 운동을 요약하는 것처럼 보이는 말을 발견하면 대단히 기쁩니다. 시저는 가을에서 있었던 대접전을 보고하면서 다음과 같은 말을 했읍니다. "베니, 베디, 비시"(왔노라 보았노라 이겼노라). 이 말은 우리가 자주 인용하는 말입니다. 처칠은 이차대전 중 영국에서 동일한 말을 했읍니다. 독일에게 선전포고를 한 직후에 영국 국민들에게 한 그의 제안을 망각해버리는 사람이 누구이겠읍니까? 처칠 자기는 영국 사람들에게 안일한 시간이나 승리를 장담하러 오지않고 오히려 "피와 땀과 노고와 눈물"을 요구하러 왔다고 말했읍니다. 히틀러가 런던을 폭격하였지만 영국의 정신을 깨뜨리지는 못했읍니다. 그 후에 처칠은 닭 모가지처럼 영국을 비틀어 버리겠다고 장담한 히틀러의 말에 여유 있게 농담을 하며 받아냈읍니다. "어떤 닭을"이라고 말하자 만장의 박수갈채가 터져나왔읍니다. 그런 다음에 "어떤 모가

지를 비튼단 말인가!"라고 말했읍니다.

이와 같은 문장들은 황금 진술입니다. 왜냐하면 한 인물과, 한 주제, 또는 한 세계역사의 획기적인 순간을 생생하게 나타내고 있기 때문입니다. 그러나 또 다른 의미에서, 그러한 걸출한 진술들도 참으로 황금 같은 하나님의 말씀의 문장들 옆에 가져다 놓으면 별반 주의를 끌지 못하게 됩니다.

성경에 나오는 황금과 같은 진술들은 무엇입니까? 그러한 구절들을 많이 생각할 수 있읍니다. 요한복음 3 : 16 - "하나님이 세상을 이처럼 사랑하사 독생자를 주셨으니 이는 저를 믿는 자마다 멸망치 않고 영생을 얻게하려 하심이니라." 빌립보서 4 : 19 - "나의 하나님이 그리스도 예수 안에서 영광 가운데 그 풍성한대로 너희 모든 쓸 것을 채우시리라." 시편 23 : 1 - "여호와는 나의 목자시니" 요한복음 6장의 이 본문 곧 29절도 또 다른 황금 진술이라 믿읍니다. 오병이어의 이적을 목격한 사람들은 갈릴리 바다를 건너와 가버나움에 계신 예수님을 만나서 "우리가 어떻게 하여야 하나님의 일을 하오리까?"라고 물었읍니다. 많은 사람들이 던지는 질문이기도 합니다. 이 질문의 대답은 더 위대하지만 참 위대한 질문입니다. 예수님께서는 땅에 있는 모든 인간들이 듣고 읽고 기억해야 하는 말씀으로 답변하셨읍니다. "하나님의 보내신 자를 믿는 것이 하나님의 일이니라."

믿음이냐, 행위냐?

몇 가지 방면에서, 예수님께서 그들에게 말씀해나오셨던 것에 비추어보면 그 군중들이 이러한 질문을 던졌다는 게 거의 믿기지 않습니다. 주님께서는 이렇게 말씀하셨읍니다. "썩는 양식을 위하여 일하지 말고 영생하도록 있는 양식을 위하여 하라"(27절). 예수님께서는 값없이 주시는 선물에 대하여 말씀하셨읍니다. 그러나 그들은 주님께서 말씀하시는 뜻을 포착하지 못했읍니다. 오히려 육신적인 인간의 생각으로 대답하여 하나님을 거스렸읍니다. 육신적인 생각의 뜻은 언제나 그러합니다. 자기들은 그 하나님이 주시는 선물을 얻기 위해 무엇인가를 하고싶다고 대답했던 것입니다.

언제나 그러합니다. 아더 핑크는 그의 주석에서 이렇게 지적합니다. "우물가에 있던 여인도 그러했다. 하나님의 은혜가 그 속에서 역사를 마치기까지 그녀는 '하나님의 선물'을 알지 못했다(요 4 : 10). 부자이고 젊은 관원의 경우에도 그러하였다. '선한 선생님이여 어떻게 하여야 영생을 얻으리이까?'(눅 18 : 18) 오순절날 충격을 받은 유대인들도 그러하였다. '형제들아 우리가 어찌할꼬?'(행 2 : 37) 빌립보 감옥의 간수도 그러하였다. '선생들아 내가 어떻게 하여야 구원을 얻으리이까?'(행 16 : 30) 탕자도 그러하였다. '나를 품군의 하나로 보소서 하리라 하고(품군은 받을 것을 위해서 일하는 사람)'(눅 15 : 19)" 이러한 예화 속에 나오는 어떠한 사람도 그들이 어떻게 해야할지 정확히 알지 못했습니다. 또 생각지도 못했습니다. 그들은 오히려 무엇인가를 해야 한다고 확신했던 것입니다.

하나님을 위해서 무엇을 한다는 의식을 가질 때 인간의 마음은 언제나 아첨을 떱니다. 더구나, 자기가 행하는 일 때문에 보상을 받을 자격이 있다고 생각합니다. 우리가 구원을 우리 스스로의 노력으로 벌어낼 수만 있다면 얼마나 기쁠까! 그러한 논리로 하나님을 우리에게 빚진 자의 낮은 자리로 끌어내리는 데 성공하려고 했습니다. 또 그것을 좋아했습니다. 그러나 구원의 방식은 그렇지 않습니다.

그러면 무엇이 구원의 방식입니까? 우리의 본문의 진술 속에서 예수님은 그 방식을 보여주십니다. "하나님의 보내신 자를 믿는 것이 하나님의 일이니라." 그것은 우리가 하나님을 위해서 무엇인가를 할 수 있다는 말이 아니라, 하나님께서 우리를 위해서 이미 무엇인가를 하셨다는 말입니다. 우리에게 요구되는 것은, 그것을 믿는 것입니다. 빌립보 감옥의 간수는 바울에게 "내가 어떻게 하여야 구원을 얻으리이까?"고 물었습니다. 예수님을 찾아온 그 사람들도 그 질문을 던졌습니다. 바울은 예수님께서 앞서 행하신 방식대로 대답하였습니다. "주 예수를 믿으라 그리하면 너와 네 집이 구원을 얻으리라"(행 16 : 31). 예수님은 우리의 가장 긴박한 문제를 해결하라고 하나님께 보내심을 받은 분입니다. "하나님의 일"은 그를 "믿는" 것입니다. 우리에게 요구되는 것은, 우리 자신의 노력으로 하나님을 기쁘게 하려는 걸 포기하고 우리 자신을 우리 구주의 손에 의탁시키는 것입니다.

인간의 공로

이 강론의 핵심은 자신을 구주의 손에 맡긴다는 것이 무엇을 뜻하는지에 있음이 분명합니다. 그러나 그것을 다루기 전에 먼저 인간의 공로 문제를 조금 더 다룰 필요가 있습니다. 사람들은 구주보다도 바로 그 자기의 공력을 더 의뢰하고 싶어하기 때문입니다.

먼저 생각해볼 것은, "선한 행위가 없이 하늘에 들어갈 수가 있는가?"라는 좋은 질문입니다. 그 질문에 대한 대답은 "그럴 수 없다"는 것입니다. 선한 성품이 없이 하늘에 들어갈 수 없습니다. 그러나 선한 행위나 성품에 관해서 말하고 있으니 우리는 다음 문제로 넘어가 "그러나 그러한 성품이란 얼마나 선할 것인가?"라는 질문을 던져야 합니다. 그 대답은, 행위가 조금도 흠이 없어야 합니다. 완전해야 합니다. 여러분은 완전해야 하늘에 들어갑니다. 분명히, 완전에서 조금만 모자라도 하나님을 만족시킬 수 없습니다. 그러나 여러분은 완전한 성품을 가지고 있습니까? 물론 아닙니다! 아무도 완전치 못합니다. 그러면, 그 완전을 어디서 얻겠습니까? 오직 하나님께로부터만 얻습니다. 하나님께서 주 예수 그리스도의 완전한 성품을 오직 하나님께로부터만 얻습니다. 하나님께서 주 예수 그리스도의 완전한 성품을 여러분에게 제공하셨습니다. 어떤 부한 사람이 여러분의 구좌에 돈을 입금시켰으면 여러분의 것으로 계산되듯이, 그 하나님께서 제공하신 것도 여러분의 것이 될 것입니다. 더구나, 하나님께서는 여러분의 죄를 예수님께 맡기셨습니다. 예수님은 그 죄를 위해서 죽으셨습니다. 하나님께서는 여러분더러 이것을 믿으라고 요구하시며, 예수께서 행하신 것을 받아들이라고 요구하십니다. 여러분은 주 예수 그리스도보다 더 의지하는 것이 무엇입니까? 의식입니까 예식입니까? 어떤 사람들은 자기들이 세례를 받았으니 구원을 받을 것이라고 생각합니다. 그러나 세례란 하나님께서 이미 행하신 것에 대한 표지이지 구원의 방편은 아닙니다. 만일 마귀를 세례준다 할지라도 결국 마귀는 불못에 던져지고 말 것입니다. 어떤 사람들은 자기의 인간주의적인 노력을 신뢰합니다. 그들은 연합기금에 돈을 헌금합니다. 불쌍한 사람들을 도와줍니다. 이러한 일들이 그 자체로 볼 때 선하지만 하나님의 심판날에 거룩한 하나님의 의로운 요구를 만족시키지는 못할 것입니다. 그러면 여러분은 어떻게 해야 합니까? 여러분은 주 예수 그리스도를 믿는 외에 어느 것도 해서는 안됩니다. 또 할 수도 없습니다.

모든 인간적인 노력이 무가치함을 확신하기까지 의에 도달하려는 자신의 노력을 포기할 사람은 없을거라는 걸 전 알고 있습니다. 모든 사람은 자기들이 하나님의 완전한 요구에 미치지 못한다는 걸 알아야 합니다. 반면에, 하나님을 만족시키는 문제에 있어서 인간 행위가 쓸모 없음을 성령에 의해서 깨닫게 되면 그 사람은 구원을 위해서 기쁨으로 주 예수 그리스도를 붙잡을 수 있다고 저는 확신합니다.

"그걸 내 계산에다 넣어라"

저는 이제 주 예수님을 믿는다는 것이 무얼 뜻하는지 알아보려 합니다. 그러나 하나의 이야기를 통해서 그 뜻을 밝히려 합니다. 그것은 성경에서 가장 짧은 책 중의 하나인 빌레몬서에 나오는 이야기입니다.

빌레몬은 골로새성에 살고 있던 부자였습니다. 골로새의 그리스도인들이 그 집에 모였다는 걸 보면 그가 부자인 걸 알 수 있습니다. 그 외에, 그는 적어도 한 사람의 노예를 두고 있었습니다(아마 더 많이 두었을 것임). 빌레몬은 바울의 전도를 통해서 회심했습니다. 물론 골로새에서 회심한 건 아닐 것입니다. 바울이 쓴 골로새서에 보면 바울이 골로새에 간 일이 없음을 지시하는 구절들이 있기 때문입니다. 바울이 에베소서에서 오랫동안 사역하였는데, 골로새는 에베소에서 가까이 있었습니다. 그래서 빌레몬이 전도여행을 하는 바울과 에베소에서 만났을 수 있습니다. 경우야 어떻든, 빌레몬은 그리스도인이 되어 골로새로 돌아갔읍니다.

시간이 지나고, 빌레몬의 한 노예인 이른바 오네시모라하는 사람이 도망쳤읍니다. 빌레몬이 오네시모를 추적했다는 증거는 없읍니다. 그러나 이것은 심각한 문제였읍니다. 법을 어긴 것입니다. 도망친 노예에 대해서 법은 사형을 부과하고 있었읍니다(그 주인이 고소한다면). 더 나아가, 바울의 편지를 통해서 보면 오네시모가 도망가기 전에 빌레몬의 것을 도적질했다는 걸 알게 됩니다. 이러한 모든 것을 감안하고 골로새에서 멀리 떨어진 로마로 도망쳤던 것 같읍니다.

로마에서 오네시모가 어떤 삶을 살았는지에 대하여 성경은 전혀 말하고 있지 않읍니다. 그러나 그가 로마에서 재미있는 생활을 하였고 쾌락어린 삶을 살았을 것이라는 데 의심을 하는 사람이 거의 없읍니다. 그는 아마 "허랑방탕하여 그 재산을 허비한" 탕자와 같은 유의 삶을 살았을 것입니다. 오네시모는 하나님에 대해서 하나도 생각하지 않았을 것입니다. 빌레몬에게 배반할 때 그런 생각을 거부했던 것입니다. 그러나 하나님께서 오네시모를 감찰하시고 급기야 오네시모로 하여금 바울, 곧 자기 주인 빌레몬을 회심시킨 바로 그 사람을 접촉하게 하였읍니다. 어떻게 그가 바울을 만났읍니까? 모르겠읍니다. 바울은 감옥에 있었읍니다. 아마 오네시모도 체포되어 감옥에 들어가서 바울을 만났을 가능성이 많읍니다. 하나님께서는 때로 자기를 떠나 도망친 사람들을 다루실 때 그러한 거친 길들을 사용하십니다. 그러나 방편이야 어찌 되었든 오네시모가 바울을 만나서 회심하게 되었읍니다.

오네시모가 회심한 후 바울은 믿음으로 그를 계속 가르쳤을 것임에 틀림 없읍니다. 그래서 성령의 확신과 말씀의 빛 속에서 양심의 가책을 받을 때가 오게 되었을 것입니다. 저는 그렇게 생각합니다. 그는 아마 "바울, 난 당신의 충고를 받고 싶소"라고 말했을 것입니다. 그런 다음에 이야기를 다 털어놓았을 것입니다.   자기는 도적이요, 도망친 사람이요, 방종한 생활을 했으며, 붙잡히는 것이 두려우며, 이제는 그렇게 크게 잘못한 것을 바로 고치는 게 불가능해보인다고 하는 등, 여러가지 이야기를 하였을 것입니다. "나는 법에 따라서 돌아가 내가 잘못한 것을 마땅히 보응받아야한다고 느낍니다. 그러나 난 내 주인을 손해보게 한 걸 갚을 돈이 하나도 없습니다. 돌아가면 난 잡히고 처형될 것입니다. 나는 어떻게 하면 좋지요?"

바울은 구속받은 죄인의 삶 속에서 드러나는 그리스도의 사랑의 가장 위대한 모본임에 틀림 없는 자세로 대답했습니다. "내가 너 오네시모를 위해서 보증을 서주마." 바울은 오네시모가 빌레몬에게 진 빚이 있으면 다 자기가 갚을 것이라고 생각했습니다. 더구나, 오네시모의 경우를 잘 이해하도록 빌레몬에게 편지를 쓸 참이었습니다.

오네시모가 바울의 편지를 자기 전대에 안전하게 챙겨넣고 골로새로 서둘러 돌아가는 모습을 상상하면 얼마나 아름답습니까! 우리는, 빌레몬이 자기의 아름다운 로마식의 문에 서 있다가 그 도시의 심장부를 통과하는 길을 내려다보고 있다고 상상할 수 있습니다. 갑자기 그는 보면서 소리칩니다. "아니, 저기 오는 게 도둑놈 오네시모가 틀림없구나. 오, 그럴 리가 없는데! 그가 행한 일을 생각하면 얼굴을 다시 내밀만한 용기가 없을텐데! 그러나 그 오네시모 같은데. 기다리고 한번 보자." 아마 빌레몬은 속으로 그렇게 생각했을 것입니다. 만일 저가 오네시모라면, 훔쳐간 돈은 모조리 다 썼기 때문에 용서를 구하러 오는 것이겠지하고 말입니다.

오네시모가 소리질렀습니다. "주인님! 주인님!"

빌레몬은 말합니다. "아니 정말 오네시모구나. 네가 여기에 다시 나타날 면목을 가지다니 참 놀랍구나."

오네시모가 말합니다. "이것좀 읽어보세요"라고 말합니다. 그는 자기 자신을 위하여 한 마디의 변명도 늘어놓지 않습니다.

빌레몬이 편지를 받아 인을 떼어 열어봅니다. 그리고 천천히 읽어내려갑니다 ―"그리스도 예수를 위하여 갇힌 자 된 바울과" 빌레몬은 말합니다. "아니 이 편지가 바울에게서 온 것 아니야!" "오네시모야, 너 바울을 만난 적이 있느냐?" 그 돌아온 노예를 재촉하면서 묻습니다.

"예! 주인님. 로마에서요, 감옥에 갇혔었어요. 그가 나를 그리스도께 인도했어요."

빌레몬은 계속 읽어나갑니다. —"및 형제 디모데는 우리의 사랑을 받는 자요 동역자인 빌레몬과……""정말 바울한테서 온 것인데"라고 생각합니다. "……및 자매 압비아와"또 빌레몬은 자기 아내를 부르지 않으면 안되었읍니다. "압비아, 여기에 로마에서 바울이 보낸 편지가 있소. 아마 그가 감옥에 있는 모양인데."

빌레몬 부인이 성급히 뛰어와 오네시모와 부딪칠 뻔합니다.

"아니 네가 돌아왔어?"놀라서 그녀는 말합니다.

그녀의 남편이 "그렇다니까. 그러나 이제는 걱정하지 말아요. 오네시모는 바울한테서 온 편지를 가지고 왔고 우리는 먼저 그것부터 읽어봅시다.""이러므로 내가 그리스도 안에서 많은 담력을 가지고 네게 마땅한 일로 명할 수 있으나 사랑을 인하여 도리어 간구하노니 나이 많은 나 바울은 지금 또 예수 그리스도를 위하여 갇힌 자 되어 갇힌 중에서 낳은 오네시모를 위하여 네게 간구하노라."빌레몬은 아마 이렇게 생각했을 겁니다. "아 바울은 여기 이 오네시모가 회심했다고 말하고 있군. 그러나 나는 믿을 수 없어. 종교를 빙자하여 속여먹는 노예가 이 사람 뿐인가!"

"저가 전에는 네게 무익하였으나……"

"내가 그의 말을 들었더라도 너무 약하게 표현한 말이야."

"이제는 나와 네게 유익하므로""글쎄!"

"내가 네게 저를 돌려보내노니."

빌레몬은 편지를 읽어나가면서 이렇게 생각했을 것입니다. "바울이 오네시모에게 퍽 깊은 인상을 받은 건 틀림없다. 그러나 오네시모가 나에게 무얼 바라고 왔는지 난 거의 알 수 없다. 도둑질을 한 일에 대해서는 하나도 말하지 않았군! 그가 내게 한 나쁜 일에 대해서도 아무 말도 않았어. 바울은 그가 그리스도인이라고 믿고 있는 것 같은데, 난 도둑질한 것을 털어놓고 자기의 잘못을 오네시모가 인정하기까지는 난 그를 믿을 수 없어."

그러나 빌레몬이 그 편지를 거의 다 읽었을 때쯤해서 그는 이런 말을 발견합니다. "……저가 만일 네게 불의를 하였거나 네게 진 것이 있거든 이것을 내게로 회계하라 나 바울이 친필로 쓰노니 내가 갚으려니와 너는 이 외에 네 자신으로 내게 빚진 것을 내가 말하지 아니하노라." 그 순간 빌레몬의 마음은 압도당했을 것이라고 생각합니다. 바울이 말하고 있는 것이 무엇인지 그는 알았습니다. 더구나 빌레몬은 오네시모가 자기의 죄를 고백했으며, 바울의 권면을 듣고 돌아온 것이고, 바울과 자기의 관계를 확신하고 돌아온 것을 알았습니다. 바울은 오네시모를 위하여 보증을 서고 있었습니다. 바울이 늙고 옥에 갇혀 있었지만 지불할만한 것이 있었습니다. 오네시모는 그를 믿었습니다. 이 시점에 빌레몬이 오네시모를 값없이 용서하고 바울과 똑같이 그를 영접했다는 걸 누가 의심할 수 있겠습니까? (H. A. Ironside 의 글 참조)

구경거리

이 이야기와, 인간 행위의 실패와 구원을 위하여 주 예수 그리스도를 믿을 필요성 사이의 관계가 명백하게 드러납니다. 만일 우리가 그것을 그렇게 이해하기만한다면 그것은 하나의 종교극(宗敎劇) 이라 할 수 있습니다. 빌레몬은 하나님 아버지의 역할을 하고 바울은 예수 그리스도의 역할을 합니다. 저와 여러분은 오네시모입니다. 우리가 무엇을 했읍니까? 우리가 하나님께 그릇 행하였읍니다. 하나님으로부터 하나님의 명예, 하나님의 영광, 하나님께 순종하는 일, 하나님께 예배드리는 일 등 하나님께 속한 것을 훔쳤읍니다. 그리고 우리의 만족을 채우는 죄를 위해서 그를 떠나 도망쳤던 것입니다. 우리가 지은 빚을 갚기 위해 벌어들일 수 있는 기회가 전혀 없읍니다. 그런데 그 너머에 죄 용서의 문제와 아버지의 선한 뜻의 문제가 있읍니다.

우리는 어떻게 할까요? 선한 행위, 도덕적 개선, 의식들을 의뢰할까요? 이러한 모든 것들은 우리의 문제를 해결해 주지 못합니다. 오히려 우리는 그리스도께 나가 우리 대신 간구하시는 그분을 만나야

합니다. 그는 말씀하십니다. "아버지여, 이 도망친 노예가 당신께 그릇 행하였읍니다. 내가 갚을 수 없는 빚을 졌읍니다. 그러나 그가 나를 믿습니다. 그는 변했읍니다. 그러므로 아버지께서 그가 **행한** 모든 잘못의 빚을 내게로 계산하기를 원하나이다."

구원에 대한 그 위대한 그림을 보십니까? 주 예수 그리스도의 위대한 그림을 기초로 해서 하나님께 나오시겠읍니까? 여러분이 원한다면 더 멀리 도망칠 수 있읍니다. 원한다면 여러분의 죄의 결과들을 피하려고 노력할 수 있읍니다 – 성공하지는 못하지만 말입니다. 그렇지 않으면 여러분 대신 행한 주 예수 그리스도의 공로를 받아들이고 그를 여러분의 보증자로 믿을 수 있읍니다. 여러분 자신을 바라본다면 여러분은 떨 수밖에 없읍니다. 응당 그렇습니다! 그러나 예수님을 바라본다면 여러분 대신 위안의 말씀을 하시는 성령의 조용한 음성을 들을 것입니다.

내 영혼아
깨어라 일어나라!
내 죄책의 두려움을 떨쳐버려라.
내 대신 피흘린 희생제사가 나타난다.
보좌 앞에 내 보증자가 서 계시다.
내 이름이 그의 손바닥에 써 있다.

바로 그것 때문에 여러분을 향하여 송사하는 일이 전혀 없을 것입니다. 여러분은 예수님을 믿을 때 하나님의 참된 역사가 이루어진 것을 알 것입니다.

$$22$$

"내가 생명의 떡이니"

"저희가 묻되 그러면 우리로 보고 당신을 믿게 행하시는 표적이 무엇이니이까 하시는 일이 무엇이니이까 기록된바 하늘에서 저희에게 떡을 주어 먹게 하셨다 함과 같이 우리 조상들은 광야에서 만나를 먹었나이다 예수께서 이르시되 내가 진실로 진실로 너희에게 이르노니 하늘에서 내린 떡은 모세가 준 것이 아니라 오직 내 아버지가 하늘에서 내린 참 떡을 너희에게 주시나니 하나님의 떡은 하늘에서 내려 세상에게 생명을 주는 것이니라 저희가 가로되 주여 이 떡을 항상 우리에게 주소서 예수께서 가라사대 내가 곧 생명의 떡이니 내게 오는 자는 결코 주리지 아니할 터이요 나를 믿는 자는 영원히 목마르지 아니하리라"(요 6 : 30~35).

목회 초년에 저는 여전히 대학원 공부를 하고 있었읍니다. 그때 구약 아모스서를 상세히 연구할 기회가 있었읍니다. 나는 아모스서를 연구하면서 그때 나를 사로잡았던 대목을 지금도 기억하고 있읍니다. 제가 그것을 기억할 때마다 그 대목은 여전히 저를 사로잡습니다. 아모스는 하나님의 심판이 내려지는 날, 참된 교훈을 전파하는 사람도 없고 사람들이 이리저리 방황하여 그 교훈을 얻지 못할 날에 대해서 말하고 있읍니다. 아모스는 기근의 비유를 들어서 그 상황을 묘사하여 이렇게 말합니다. "주 여호와께서 가라사대 보라 날이 이를

찌라 내가 기근을 땅에 보내리니 양식이 없어 주림이 아니며 물이 없
어 갈함이 아니요 여호와의 말씀을 듣지 못한 기갈이라 사람이 이 바
다에서 저 바다까지, 북에서 동까지 비틀거리며 여호와의 말씀을 구
하려고 달려 왕래하되 얻지 못하리니"(암 8 : 11, 12).

이 예언은 무서운 예언입니다. 그러나 어떤 방면에서 주 예수 그리
스도, 떡 되신 분이 있는데도 사람들이 그분에게 나오지 아니하려는
것, 그것은 더 무서운 일입니다(주 예수 그리스도는 오늘날도 여전히
나오는 자에게 생명의 떡이심). 사람들은 크게 주려 있습니다. 진리
와, 의와, 평화와, 기쁨과, 영적 만족과 다른 일들로 주려 있습니다.
예수님은 이 주림에 대한 해답이십니다. 그런데도 비극은, 사람들이
그에게 오지 않는다는 것입니다.

예수님께서는 갈릴리의 가버나움에서 자기를 따라온 사람들에게,
"내가 곧 생명의 떡이니 내게 오는 자는 결코 주리지 아니할 터이요
나를 믿는 자는 영원히 목마르지 아니하리라"(요 6 : 35)라고 말씀하
심으로써 주님께 오는 것이 지혜로움을 보여주셨습니다.

교묘함

예수님께서는 오병이어의 이적을 행하실 때 갈릴리 저편에 있던 사
람들에게 말씀하고 계셨습니다. 그들은 그 이적이 재현되기를 간절
히 바랬습니다. 그들은 랍비들을 통해서 메시야가 오시면 원래 모세
가 주던 만나를 주는 이적을 되풀이할 것이라는 가르침을 받았습니다.
예수님께서는 메시야라고 주장하고 계셨습니다. 그들은 그 이적을 볼
수 있었습니다. 어째서 그들이 예수님으로부터 모세의 이적을 재현할
것을 기대하지 않았겠습니까? 특별히 광야 40년간의 전기간에 걸쳐
서 주간에 여섯번이나 반복하여 행하셨던 이른바 만나를 주는 것과
관계가 되는 이적의 국면을 기대하지 않았을 리가 없습니다.

유대인의 글에 이러한 말이 있습니다. "이 세대에는 만나를 얻지
못할 것이다. 그러나 오는 세대에는 얻을 것이다"(출 16 : 25에 대한
Midrash Mekilta). "누구를 위해서 만나가 예비되었는가? 오는 세

대의 의인을 위해서다"(Beshallach 21 : 66 Midrash Tanchuma).
"첫번째 구속자는 무엇을 하였는가? 그는 만나를 내려오게 했다. 마
지막 구속자는 다시 그 만나를 내려오게 할 것이다"(전도서 1 : 9 에
대한 Midrash Rabba).

　의심할 여지 없이 사람들은 이와 같은 말을 들었고 그 들었던 말에
마음을 두고 있었읍니다. 그러나 이 대화가 진행되어 나가는 줄거리
를 연구할 때, 메시야의 축복의 시대보다 예수님을 교묘하게 다루어
자기들이 원하는 것을 하게하는 데 성공을 거둘 것을 더 바랬다는 것
이 더욱 더 뚜렷이 부각되어 보입니다. 교묘하게 다루다니! 그것이
바로 그들의 질문의 진정한 실마리였읍니다. 예수님께서는 자기가 사
람들에게 주어진 하나님의 선물이라는 사실과 하나님께서는 사람들
이 자기를 믿어주기를 바라신다는 사실을 말씀하셨읍니다. 그 말을
듣고 그들은 사실상, 표적을 받지 못하는 한 믿지 않을 것이라고 대
답했읍니다. 그들이 이미 받았던 표적을 어떻게 그들이 모르는 척했
었는지 이해하기 어렵습니다. 그러나 그들은 사실상 다음과 같이 말
하고 있었읍니다. "예수여, 당신이 어제 놀라운 일을 행한 것을 우
리는 인정합니다. 그러나 당신을 메시야로 믿기 전에 우리는 진정한
표적을 보고 싶습니다. 당신의 행한 것은 흥미 있읍니다. 그러나 우
리는 유대인들이고, 모세가 40년 동안 백성들을 먹였을 때 한 일을
결코 잊을 수 없읍니다. 모세가 했던 그 일을 당신도 할 수 있고 우
리를 먹일 수 있다면 우리는 믿겠소."

　주예수 그리스도께서는 죄인들 편에서 나오는 이러한 유의 과격한
질문에 대답하려고 하지 않으십니다. 그래서 주님께서는 그러한 암시
를 못본 척하시고 대신 진정하고 영적인 문제에 촛점을 맞추십니다.
모세에 관해서 두 가지 일을 말씀하셨읍니다. 첫째로, 만나를 준 것
은 모세가 아니라 하나님이었다는 것입니다. 그것은 하나님의 이적이
었읍니다. 둘째로, 주어진 그 만나는 참 하늘로부터 온 참 떡이 아
니라는 것입니다. 그것은 눈에 보이는 하늘로부터 온 땅에 속한 떡에
불과하였읍니다. 그런 다음에 주님은 모세의 인격으로부터 완전히 돌

아서서 자신을 참 떡, 인간 영혼의 진정한 굶주림을 만족시킬 수 있는 참 떡으로 말씀하십니다.

"내가 생명의 떡이니!" 이 엄숙한 말씀은 요한복음 중에 나타나는 그러한 엄숙한 말씀 가운데 첫번째 경우입니다. "내가 생명의 떡이니" (6 : 35). "나는 세상의 빛이라"(8 : 12 ; 9 : 5). "내가 문이니"(10 : 7, 9), "나는 선한 목자다"(10 : 11, 14). "나는 부활이요 생명이니" (11 : 25), "나는 길이요 진리요 생명이니"(14 : 6), "나는 참 포도나무요"(15 : 1, 5). 그러므로 우리는 이 의미 깊은 맥락 속에서 주어진 이 첫번째 말씀을 살펴보며, 그것이 그리스도와 우리의 조건에 대해서 무엇을 가르치는지 알아보아야만 합니다.

메시지

물론, 주 예수 그리스도께서 자신을 떡이라 말씀하셨을 때 누구나 알고 있는 것을 통한 비유어법을 사용하고 계셨던 것이 분명합니다. 그러므로 우리는 주께서 의미하는 걸 이해하기 위해서 사람들이 떡에 대해서 알고 있는 것을 생각해보아야 합니다. 떡이 중요한 것은 무엇 때문입니까? 떡은 "생명을 위해서 필수적인" 것입니다. 제가 이 강론을 준비하는 과정에서 어느 날 저녁 우리 몇 사람이 저녁에 식사를 하면서 식탁에 둘러 앉았을 때 다음과 같은 질문을 던져보았습니다. "떡을 중요하게 만드는 것이 무엇이냐?" 제가 다른 사람으로부터 받은 대답은 "떡은 생명을 위해서 필수적인 것입니다"라는 대답이었습니다. 더구나, 그것에 관해서 말할 때 그리스도의 시대의 떡이 우리 시대보다도 더 중요했다는 걸 알았습니다. 왜냐하면 거의 모든 사람들의 식단에서 오직 유일한 성분이었기 때문입니다. 떡이 없으면 사람들은 죽었습니다. 만일 여러분이 그점을 안다면, 예수께서 자기야말로 사람들에게 있어서 죽고 사는 것이 달린 존재라고 주장하셨던 것을 알게 됩니다.

그분 없이 여러분은 무엇을 하려고 애쓰고 있습니까? "난 스스로 해낼 것이다. 난 할 것이다. 난 풍부한 시대에 살 수 있다. 집도 가지고 자동차도 가지고 먹을 것도 풍부하고 좋은 직장이 있고, 아내도 가족도 있다. 나는 예수를 필요로 하지 않는다"라고 말하면서 여러분의 길을 가고 있습니까? 이러한 삶의 전체 영역에서 모든 것이 구비되어 있다 할지라도 여러분의 영혼을 잃는다면 무엇이 유익하겠읍니까? 그러면 무슨 소득이 있겠읍니까? 예수없이 영원히 살아가는 것이 좋은 흥정이라고 생각하십니까?

그가 없이 여러분은 아무 것도 할 수 없읍니다. 잠시 동안 유행을 따라갈 수는 있읍니다. 그러나 여러분은 살아남지 못할 것입니다. 예수님께서는 또 다른 "나"이라는 말씀의 어법을 통해서 "나는 길이요 진리요 생명이니 나로 말미암지 않고는 아버지께로 올 자가 없느니라"(14 : 6)라고 선언하십니다. 그는 생명이십니다. 그가 없이는 영적으로 죽어 있을 수 밖에 없읍니다.

둘째로, 떡은 "누구나에게 다 적합합니다." 모든 사람이 모든 걸 다 먹을 수는 없읍니다. 어떤 사람들은 단 것을 절대 먹을 수 없읍니다. 어떤 사람들은 생선을 먹지 못할 것입니다. 또 어떤 이는 육식을 하지 못합니다. 자장가 가사 중에 "잭 스파트는 비게를 못먹고, 그 아내는 살코기를 못먹어요"라는 말이 있읍니다. 그러나 떡(여기서 우리가 이해해야 할 것은, 주님께서 말씀하신 '떡'은 우리가 명절 때나 특별한 간식으로 만들어 먹는 유의 떡이 아니라 유대인들이 일상적으로 사용했던 주식이었음을 이해해야 합니다. 그러므로 우리 말로는 '떡'이라고 번역하기보다는 차라리 '밥'이라고 번역하는 것이 훨씬 더 생생한 느낌을 줄 것입니다. 영어에서는 그래서 이 말을 그들의 식단에서 우리의 '밥'에 해당하는 '빵'(Bread)이라 번역하고 있읍니다 -역자주)은 누구에게나 다 맞습니다. 같은 방식으로 주 예수 그리스도께서는 모든 사람들의 필요에 다 완전히 맞으신 분입니다. 때로 사람들은 제게 이렇게 말합니다. "예수님께서 말씀하신 것이 모든 유의 사람들에게 다 맞을지 몰라요. 그러나 제게는 맞지 않습니다." 그러나 그런 말은 모든 사람에게 다 통하는 공통적인 말이 아닙니다. 어떤 사람이 평범한 사람보다 더 이지적일 수 있읍니다. 그렇다면 그는 그리스도가 우둔한 사람에게만 필요하다고 생각하는 경향이 있읍니다. 우둔한 사람이라면 그리스도는 이지적인 사람들에게만 필요하다고 생각합니다. 또 어떤 사람이 현학적인 사람이라면, 그런 사람은 예수님은 보통 사람에게만 해당된다고 생각합니다. 그러나 예수님은 모든 사람들에게 다 해당되십니다. 그는 여러분을 위하신 분입니다. 그는 세상의 구주십니다. 그 말은 예수님은 왕좌에 있는 왕 뿐 아니라 농부에게도 다 해당된다는 말입니다. 예수 그리스도께서는 그 위대함과 영광에 있어 너무나 풍부하시기 때문에 이 세상에서나 영원한 세계에서나 다함이 없으신 분입니다. 그분은 여러분이 필요로 하는 것을 갖고 계십니다. 더구나, 그분은 여러분을 아시고, 어떻게 여러분의 그 필요를 충족시켜야 하는지도 아십니다.

우리의 매일의 떡(밥)

세째로, 떡은 "매일 먹어야 합니다." 이 말은 우리를 전혀 새로운 영역, 그리스도인의 삶의 영역으로 이끌어줍니다. 무엇보다 먼저 그리스도를 신뢰하는 일이 앞서야 합니다. 그러나 사람이 그리스도를 구주로 믿을 때 그것이 끝이 아닙니다. 실로, 그것은 시작입니다. 왜냐하면 그것으로 인하여 그 사람은 주 예수 그리스도와의 살아 있는 관계로 들어가게 되었으며, 이제 그 관계 속에서 매일매일 그를 먹음으로써 자라나야하기 때문입니다.

이 점은 "우리에게 일용할 양식을 주옵시고"라는 주기도문의 대목을 생각나게 합니다. 여기에서 "오늘날"이란 말과 "일용할"이란 말에 강조점이 주어져 있읍니다. 그것은 그러한 간구를 반복적으로 해야 한다는 개념을 두번이나 나타내기 때문입니다. 영어로 주님의 기도는 65개의 단어로만 되어 있읍니다(헬라어에서는 72단어). 그런데 두번 반복된 것이라면 그것이 중요하다는 뜻입니다.

그러나 어째서 그것이 중요합니까? 여러 해 동안 주석가들은 이 기도문에 대해서 주석하면서 "일용할"이라고 번역되는 헬라어의 정확한 뜻이 무엇인지 알지 못했읍니다. 왜냐하면 이 주기도문에서만 그 말이 나오기 때문입니다. 주석가들은 대략적인 개념만을 가지고 있었읍니다. 번역성경에서 그 말이 번역됩니다. 그러나 그 말이 정확히 어떠한 뜻인지 말할 수 있는 사람은 아무도 없었읍니다. 그런데 다행히도 최근에 학자들이 애굽의 파피루스 파편을 발견했는데, 그 파편은 이 말을 아주 많이 담고 있었읍니다. 그 파편은 일종의 계산서의 일부였읍니다. 그런데 그 파편 속에 "에피어스 (epious)는 $\frac{1}{2}$ 오볼 (obol)" 그 글이 바로 이 시점에서 끝나버렸읍니다. 그러나 "에피어스"라는 말은 헬라어의 매일이라는 뜻을 가진 "에피오시오스"라는 말에서 마지막 세 문자를 뺀 것으로 보입니다. 그러므로 그 글의 뜻은 하루에 얼마씩이라는 뜻 같습니다.

　대단히 흥미가 있는 것은 그렇게 해독하는 것이 그와 병행하는 것으로 보이는 폼페이에서 발견된 라틴어 비문을 통해서 뒷받침 받는 것 같습니다. 그 비문도 역시 비용을 계산한 것인데, 그 새긴 비문 속에 " 디아리아 (라틴어의 '날'이라는 어휘를 기초한 낱말)에 당나귀 다섯 마리"라는 문구가 쓰여져 있읍니다. 이 두 문구도 다 일종의 목록표의 일부로서, 한 사람이나 어떤 무리의 사람들을 위해서 매일 얼마간의 액수가 필요한지를 정해주는 것처럼 보입니다. 그러니 그 두 문구를 같은 의미로 취급하여 매일 정해진 분량을 가리키는 것으로 보는 것이 옳아 보입니다.

　"오늘날 우리에게 일용할 양식을 주옵시고"라는 말씀과 "내가 생명의 떡이니"라는 말을 함께 놓아보고, 그 두 말씀에서 떠오르는 진리를 생각해 봅시다. 하나님께서 우리의 몸을 돌보신다는 진리가 하나 떠오릅니다. 주님의 기도는 분명히 이 점을 말하고 있습니다. 불행히도, 기독교회에 언제나 몸의 중요성을 축소시키면 보다 영적이 된다는 잘못된 확신을 가지고 애를 썼던 사람들이 있었읍니다. 그러나 그것은 바른 것이 아닙니다. 기독교는 몸을 아주 중요시 여기는 오직 유일한 종교입니다. 기독교는, 하나님께서 영혼 뿐만 아니라 몸도 주셨고, 영혼의 구속 뿐만 아니라 몸의 구속도 하나님의 계획의 일부라고 가르칩니다. 그러므로 이 세상에서 살아가는 데 필요한 것, 먹을 것, 가정, 입을 것, 다른 필수품들을 위해 기도하는 것은 옳은 일입니다. 주님께서 수천명의 사람들을 먹이셨다는 사실 속에서 주님이 육신적인 필요에 대하여 관심을 가졌다는 예증을 발견합니다.

반면에, 하나님께서는 우리의 영적인 필요를 위하여 양식을 주실 수 있고 주실 의향을 가진다는 또 다른 진리가 떠오릅니다. 이것은 훨씬 더 중요합니다. 우리가 타락한 상태에 있어서 그점을 인식하지 못할 수도 있지만, 육신적인 필요 뿐만 아니라 영적인 필요도 가지고 있습니다. 우리는 예수님께서 그러한 필요들도 채우시도록 해야겠지요? 우리는 오직 그분에게 나아가야하며, 매일 그분에게 나아갈 필요가 있습니다.

비극적이게도, 많은 그리스도인들이 세상에 속한 것들을 사랑한 나머지 자신들과 예수님 사이를 벌어지게하여 영적으로 계속 주려 있습니다. 구약에서 이스라엘 사람들에게 그러한 일이 계속 일어난 걸 봅니다. 그들은 하나님 대신 세상에 속한 것들을 소원했습니다. 그러므로 하나님께서 그들에게 "물질"을 주셨지만 "그들의 영혼으로는 파리하게 하셨습니다"(시 106 : 15). 우리도 오늘날 같은 일을 하고 있습니다. 우리가 부르는 어느 찬송가는 구약 시대의 유대인들을 묘사하시는 하나님의 방식으로 우리를 묘사합니다 –"물질에는 풍부하나 영혼은 가난하다." 이것이 여러분의 상황입니까? 아마 여러분은 삶의 거의 모든 부분을 사물들을 위한 여러분의 갈증을 채우는 데 드려왔을 것입니다. 그러면서도 영적으로 먹기 위해서 하나님을 바라본 적이 없을지 모릅니다. 여러분은 "내 육신적인 필요를 주소서"라고 기도합니다. 그러나 "하늘로부터 내려오는 영적인 떡을 주소서"라고 기도하는 습관은 배어 있지 않습니다.

우리가 흔히 알맞은 분수를 넘어서는 일이 잦지만, 주림 자체는 거의 다 옳습니다. 하나님께서 우리 속에 그러한 주림을 넣어주셨습니다. 우리는 어떤 일에 대한 성취, 행복, 우정, 사랑, 성공에 대한 강렬한 소원을 가지고 있습니다. 그러나 많은 그리스도인들이 하나님과 시간을 보내는 진정으로 만족시키는 일을 게을리하면서도 이러한 욕망을 세상적으로 채우려고 시도한다는 건 비극입니다.

네째로, 떡은 역시 "자라게 합니다." 우리도 자라야 합니다. 예수 그리스도의 교회가 오늘날 약합니다. 그 약한 이유는 그 교회를 이루고 있는 각 개개인들이 강하지 못했다는 단순한 이유 때문입니다. 이전 시대에 위대했던 교회들, 믿음의 위대한 교리들을 알고 잠자는 세상을 향하여 그 교훈의 나팔을 불어대기를 서슴치 않았던 사람들로 가득찼던 교회들은 어디 있습니까? 우리 시대의 어거스틴들이나, 루터들이나 칼빈들이나 웨슬레들은 어디 있습니까? 저는 어느 정도 소망스러운 조짐을 봅니다. 몇몇 보수적인 교회들이 성장하고 있다는 사실은 소망스럽습니다. 예수 운동도 또다른 소망스러운 조짐입니다. 또 위대한 복음전도를 위한 운동도 그러합니다. 그러나 우리는 오늘날 강한 교회를 가지고 있지 못합니다. 우리가 가진 것은 약하고, 빈혈기 어린 기독교입니다. 그저 도덕성이나 겸비한 안일한 신앙주의가 대부분입니다. 저는 그러한 부류 속에 복음적인 교회들도 포함시키겠습니다. 우리의 병든 기독교적인 자세가 존재한 이유는 무엇입니까? 의심할 여지없이, 우리로 자라게 하실수 있는 오직 유일하신 주 예수 그리스도를 매일 먹는 데 크게 실패하고 있기 때문입니다.

참 떡

여러분의 교회와 여러분의 인격 속에서 그러한 성장을 보고싶습니까? 그렇다면, 예수님을 먹어야 합니다. 그 말은 첫째로 사람들을 바라보며 그것이 여러분을 자라게 하는 양분이라고 생각해서는 안됩니다. 예수님의 말씀을 듣고 있던 사람들이 그러한 일을 하고 있었습니다. 그들은 랍비의 그 시대의 가르침을 받아왔고 모세를 바라보았읍니다. 그들은 말했읍니다. "우리는 전통을 가진 사람들이다. 우리는 역사를 통해서 모세가 우리에게 물려준 것을 바라본다."과거를 바라보지 마십시오. 사람들을 보고 여러분을 가르칠 교훈의 원천이라 생각지 마십시오. 물론 사람들이 좋은 가르침의 통로는 될 수 있습니다. 많은 사람들을 위해서 제 스스로 그러한 통로가 되려고 애쓰고 있습니다. 그러나 "주 예수 그리스도께서 그렇게 말씀하셨습니다"라고 선언해야 할 데서, 건전한 가르침을 듣는 것은 마다하고 "그러나 아무아무 박사가 이렇게 말했습니다"라고 말한다면 그 얼마나 비극적인 것입니까? 인간교사의 이름을 들먹이는 건 아무런 힘이 없습니다. 오직 예수님의 복되신 이름에만 권세가 있습니다. 그 이름은 모든 땅에 속한 이름들 위에 뛰어나십니다. 모든 머리가 그 앞에서 숙여지며 그 앞에서 모든 이가 무릎을 꿇습니다.

둘째로, 여러분을 만족시키기 위해서 땅에 속한 것들을 바라보지 말아야 합니다. 그리스도 당시 사람들은 이런 일을 하고 있었습니다. 땅에 속한 필요들을 허락받기 위해서만 고대하고 있습니까? 하나님께서 땅에 속한 필요도 만족시키실 것입니다. 그렇게 하시겠다고 말씀하셨습니다. 그러나 그것이 여러분의 소원의 모두라면, 그것이 여러분의 소원의 제일 주요한 것이라면, 여러분의 삶 속에서 하나님의 성령의 위대한 감동은 맛보지 못할 것입니다. 우리는 우리 생각을 우리 자신과 우리의 필요에서 돌려 주 예수 그리스도와 그의 영광에 촛점을 맞추어야 합니다. 얼마나 위대한 영광입니까? 그 얼마나 위대하신 주님입니까!

여러분은 떡이 되기까지 곡식이 어떠한 경로를 거쳐야하는지 생각하셨습니까? 먼저 씨를 심고 자라야 합니다. 그런 다음에 거두어들여 탈곡을 한 후 말려 그 알곡을 가루로 빻습니다. 결국 그 밀가루는 반죽이 되어 뜨거운 오븐에 넣어집니다. 이러한 과정을 통해서만 그 곡식은 생명을 보존하는 양식이 될 수 있습니다. 주 예수 그리스도께서 여러분의 떡이 되시기 위해서 바로 그러한 일을 겪으셨습니다. 그는 이 세상에서 태어나셨습니다. 또 장사지낸바 되셨습니다. 죄인들에 의해서 끊김을 당하셨습니다. 그분이 여러분 대신 심판대에 서셨을 때 하나님의 거룩한 진노의 불을 통과하셨습니다. 그것이 그의 영광입니다. 그는 여러분을 위해서 이러한 고난을 받으셨습니다. 어떻게 여러분이 매일처럼 그분을 일용할 양식으로 먹기를 거절할 수 있겠습니까? 그분에게 나오십시요! 그분의 충만한 데서 퍼서 잡수시고 강하게 자라십시오!

23

예수님께 올 자들

"그러나 내가 너희더러 이르기를 너희는 나를 보고도 믿지 아니
하는도다 하였느니라 아버지께서 내게 주시는 자는 다 내게로 올
것이요 내게 오는 자는 내가 결코 내어 쫓지 아니하리라"(요 6:
36, 37).

지난 강론에서 생명의 떡으로서의 주 예수 그리스도를 생각하면
서, 오늘날의 교회가 바로 그 떡을 적당히 섭취하지 않음을 지
적하였습니다. 그 결과 20세기의 병들고 약한 기독교를 만들었습니
다. 우리가 이제 살펴보려는 본문은, 잘 이해하고 그 중심적인 요점
을 파악한다면 그 떡을 먹는 그리스도인으로 하여금 더 이상 병들지
아니하고 자라서 더 강하게 하도록 만드는 말씀일 것입니다. 이 본문
은 어려운 말씀입니다 ─ 이 대목은 요한복음 중에서 이해하기 가장 힘
든 부분들 가운데 하나일지도 모릅니다 ─ 그럼에도 이 본문은 우리로
하여금 하나님의 마음과 생각을 깊은 데까지 알게 하는 본문입니다.
  이 본문 말씀을 주신 것은 우리의 생각을 만물을 주관하시는 하나
님의 은혜와 주권에 고정시키기 위함입니다. 그러므로 이 본문말씀은
사람 속에서 발견될 수 있는 어느 것에도 그 기초를 두고 있지 않습
니다. 오히려 그 확신을 뒷받침할 수 있는 오직 유일하신 하나님 안

에서만 닻을 내리고 있읍니다. 사람의 죄와 무능성을 가르치고 있는
이 본문은 하나님의 선택과 항거할 수 없는 은혜와, 복음의 값없는
선물과, 성도들을 위해서 역사하시는 하나님의 지켜주시는 권능을 아
울러 가르칩니다.

그것을 다른 방식으로 말하자면, 이 몇 구절은 우리로 하여금 개혁
주의, 또는 칼빈주의 믿음의 원리들로 깊이 들어가게 합니다. 물론
그 칼빈주의 신앙의 원리가 종교개혁을 기점으로 시발된 것은 아닙니
다. 이 교리는 예수 그리스도, 바울, 위클맆(Wycliffe), 루터(Luth-
er), 칼빈(Calvin), 쯔빙글리(Zwingli), 불링거(Bullinger), 부서
(Bucer), 그리고 종교개혁 기간 중 다른 모든 위대한 지도자들의 교
리입니다. 멜랑톤(Melanchthon)도 이 교리를 받아들였읍니다. 멜랑
톤은 종교개혁주의적 전통을 확고히 붙잡고 시작하다가 나중에는 펠
라기안주의(Pelagianism)쪽으로 물러선 사람입니다. 이러한 교리들
은 우리의 신조 중 많은 부분에 반영되어 있읍니다. 많은 프로테스탄
트 교단들의 공식적인 표준이 되기도 하였읍니다. 유럽이나 미국 내
에 있는 장로교나 개혁파 교회의 여러 분파들의 공식적인 태도는 모
두 다 노골적인 칼빈주의적 색채를 띄고 있읍니다. 침례교회나 회중
교회들이 고정된 신조를 하나도 가지고 있지 않지만 많은 경우에서
강하게 개혁주의적인 압장을 취해왔읍니다. 그 교파 중 주요 설교자
들과 신학자들의 글을 보면 그러한 판단을 내릴 수 있읍니다. 영국교
회와, 영국교회의 분파인 미국의 성공회에서는 39개 조항으로 된 개
혁주의적인 신조를 갖고 있읍니다. 더구나, 메도디즘(Methodism)
을 채택하는 교파에서마저(보편적으로 이 교의체계를 반대함), 웨일
즈(Wales)의 횟필드 메도디스트(Whitefield Methodist)교단이 있
읍니다. 오늘날도 그 교단은 "칼빈주의적 메도디스트 교회"(Calvin-
istic Methodists)라는 이름을 갖고 있읍니다.

보다 최근에, 핫지(Hodge), 댑니(Dabney), 커닝험(Cunningham),
스미스(Smith), 쉐드(Shedd), 워필드(Warfield), 카이퍼(Kuyper),
스펄전(Spurgeon), 벌카우어(Berkouwer) 등은 다 이 교리들을

확신 있게 주장하고 가르쳤읍니다. 많은 경우에서 그 교리들을 "튜립"
(TULIP)이라는 알파벳 글자조립어를 통하여 가르쳐져 왔읍니다. 그
튜립(TULIP)은 "Total Depravity"(전적 부패), "Unconditional
Election"(무조건적 선택), "Limited Atonement"(제한 속죄), "Irr-
esistible Grace"(불가항력적인 은혜), "Perseverance of the Sa-
ints"(성도의 견인) 등을 대표하는 약자어입니다.

　　이 교리들이 이 대목에 깊이 새겨져 있읍니다. 그리고 그 교리들이
너무 중요하기 때문에, 세 가지 위대한 가르침을 얻을 수 있는 처음
두 구절만을 먼저 살펴보려 합니다. 곧 이 두 구절 속에는 (1)인간의
무능, (2)선택, (3)값없이 주시는 하나님의 은혜 등에 대한 가르침이
나타납니다. 우리는 그 점을 살펴본 다음에 이 가르침을 보다 더 깊
이 연구하기 위해서 두 세번 더 이 본문을 다시 살펴볼 것입니다.

인간의 무능

　　첫번째 원리는 인간의 영적인 전적 무능의 원리입니다. 이 원리가
36절에서 가르쳐지고 있읍니다. 예수님께서는 36절에서 갈릴리 바다
저편에서 가버나움까지 자기를 따라온 사람들에 대해서 말씀하고 계
십니다. "그러나 내가 너희더러 이르기를 너희는 나를 보고도 믿지
아니하는도다 하였느니라." 이 말씀은 그 상황을 단순하게 묘사한 것
이상입니다. 여러 구절 뒤에 예수님께서는 같은 사람들에게 다음과
같은 말씀을 덧붙이기 때문입니다. "나를 보내신 아버지께서 이끌지
아니하면 아무라도 내게 올 수 없으니"(44절). 다른 말로 해서 사람
들이 "믿지 않는 것"은 "믿을 수 없기" 때문입니다. 이 때문에 예수
님께서는 그들의 태도를 보고 조금도 놀라지 아니하셨읍니다. 그들은
그리스도의 주장에 대해 사람들이 원할 수 있는 모든 증거들을 다 목
격하였읍니다. 그들은 주님을 보았고 주님의 말씀을 보았읍니다. 그
러나 그들은 믿을 수 없었읍니다.

　　우리가 그것을 말할 때, 영적인 일에 인간이 무능한 것은 육신적인
무능이 아니며, 그러므로 사람이 그 영적인 일에 대한 것을 모른다는

핑계를 댈 수 없음을 주의깊게 지적해야 합니다. 사람은 믿지 못하는 무능에 대하여 책임이 있습니다. 저는 그것을 다음과 같이 설명하겠읍니다. 어떤 사람이 문자 그대로 일어나 예수님께로 걸어옴으로써 구원받을 수 있다고 상상해 봅시다. 만일 그 사람의 건강이 좋다면 그런 일은 쉬울 것입니다. 그러나 그 사람이 앉은뱅이라고 생각해봅시다. 그런 경우라면 예수님께 걸어나오는 것이 불가능할 것입니다. 육신적으로 불능인 상태에 있기 때문에 어떤 사람도 그 사람을 비난하지 않을 것입니다. 만일 인간의 무능이 육신적인 소경에 비할 수 있다면 역시 그렇게 말할 수 있습니다. 우리는 "예수님을 바라보라 그러면 구원받을 것이다"라고 말할 수 있습니다. 그러나 만일 그 사람이 눈이 멀었다면, 그 사람은 바라볼 수 없고, 바라보지 못한다고 해서 그를 책망할 사람은 아무도 없을 것입니다.

자연인(육신에 속한 사람)이 스스로 예수님께 돌이킬 수 있는 능력이 전혀 없다고 말할 때, 우리는 육신적인 실패에 대해서 말하고 있는 것이 아닙니다. 보다 더 깊은 것, 사람의 본성을 깊이 건드리는 것, 그에게 책임을 면치 못하게 하는 것을 말하고 있는 것입니다. 동물의 본성 속에서 그점에 대한 부분적인 예증을 발견할 수 있습니다. 동물의 세계에는 고기만 먹는 동물들 -육식동물들이 있습니다. 또 식물이나 곡식만 먹는 동물들이 있습니다. 그것이 초식동물들입니다. 육식동물인 사자를 생각해 보십시다. 그 사자 앞에 아주 맛있는 귀리접시나 건초더미를 갖다 놓아 보십시오. 그가 그 귀리나 건초를 먹겠읍니까? 그렇지 않습니다. 왜 먹지 않습니까? 사자가 귀리를 먹는 것이 육신적인 면에서 가능한 일입니까? 물론 가능하기는 하지요. 사자가 귀리를 먹는 것은 육신적으로는 가능합니다. 그러나 사자의 본성 속에는 그렇게 할말한 성질이 없습니다. 따라서 그는 그러한 것들을 먹지 않을 것입니다. 같은 방식으로 어린 양이 고기를 육신적인 차원에서 생각할 때 먹을 수 있습니다. 그러나 어린 양은 고기를 먹지 않을 것입니다. 그러므로 먹을 수 없다고 말하는 것이 가능할 것입니다. 인간 무능이라는 말을 사용할 때도 그와 같은 의미에서 사용합니다.

　그 의지에 대해서 말하면서 인간의 난제의 참된 본질에 더 가까이 접근하게 될 것입니다. 왜냐하면 하나님의 은혜를 떠난 인간상황의 모든 비극은, 사람이 자기의 궁핍을 인정하지 않을 것이고, 그 궁핍을 채우기 위해서 주 예수 그리스도께 나오지 않을 것이라는 데 있기 때문입니다. 더구나, 인간을 형성하고 있는 어떤 다른 부분보다도 의지가 더욱 더 진정한 인간을 보여주기 때문에, 인간의 영적인 일에 전적으로 부패해 있다는 뜻입니다. 또는 이렇게 말할 수도 있을 것입니다. 인간은 그 존재의 핵심에서 부패되어 있습니다.

　로마서 3장 가운데 유명한 구절들을 이러한 빛으로 이해해야 합니다. "기록된바 의인은 없나니 하나도 없으며 깨닫는 자도 없고 하나님을 찾는 자도 없고"(10, 11절), 하나님을 찾거나 하나님을 기쁘시게 할 능력이 인간에게 전혀 없음을 표현하는 구절입니다. 도덕적인 삶의 영역이나("의인은 없나니 하나도 없으며"), 지성적인 영역에서나("깨닫는 자도 없고"), 의지의 영역에서나("하나님을 찾는 자도 없고") ─그러한 모든 영역에서 하나님을 찾거나 기쁘시게 할 능력이 인간에겐 전혀 없다는 것입니다. 더 나아가서 인간의 경우를 그처럼 절망적으로 만드는 것은 그러한 여러 영역의 무능이 서로 합해졌다는 것입니다. 개혁주의 교리를 붙들지 않는 어떤 사람은 이렇게 말할지 모릅니다. "그러나 성경은 분명히 원하는 자는 누구든지 올 수 있다고 가르치지 않는가?" 물론입니다! 그러나 요점은 그것이 아닙니다. 우리는 그점에 대해서 다 의견을 같이 합니다. 확실히, 원하는 자는 올 수 있습니다. 그러나 누가 오기를 원하겠읍니까? 대답은, 성령께서 먼저 거듭나게 하시는 전혀 항거할 수 없는 역사들 속에서 이루신 사람들 외에는 아무도 원하지 않는다는 것입니다. 다시 말하면 그 이적의 결과로 자연인의 영적 소경이 고쳐져 하나님의 진리를 보게 되고, 자연인의 전적으로 부패한 의지가 그리스도를 자기의 구주로 영접할 수 있게끔 전환된 경우에만 가능합니다.

　여러분이 죄인으로서 이 점을 이해하기 시작하고, 여러분의 본성과 하나님의 선택하시는 은혜의 절대적인 필요성에 대해서 무엇인가를 이해하기 시작할 때, 그때만이 여러분은 여러분의 상황이 정말 얼마나 절망적인가를 알기 시작합니다. 만일 여러분이 영적인 일에 있어서 어떤 능력을 갖고 있다는 신념을 붙잡고 있는 한, 그 신념이 아무리 작더라도 크게 염려할 필요를 느끼지 않을 것입니다. 인생은 길다, 뒤에 가서라도 주 예수를 믿을 수 있다, 필요하다면 죽어가는 침대 위에서도 믿을 수 있다, 최소한 그렇게 할 가능성을 여러번 가질 수 있다, 그런 식으로 생각할 것입니다. 성경은 여러분이 죄와 허물로 죽어 있으며, 하나님의 주권적인 의지로만 이루어지는 역사, 이적이 아니고서는 그리스도께 나올 수 없다고 말합니다. 성경이 그렇게 말할 때 완전히 정확하고 진지하다는 것을 인식하면, 여러분은 자신이 절망의 언저리에 와 있는 것을 발견할 것입니다. 하나님이나 주 예수 그리스도의 역사를 신뢰할 능력이나 본성이 없다면 여러분은 어떻게 구원받을 수 있습니까? 구원받을 수 없습니다. 소망도 없습니다. 다시 말하면 여러분의 소원에도 불구하고 하나님께서 간섭하셔서 순전한 은혜로 여러분을 구원하지 아니하시면 소망이 없습니다.

선택

물론 그것은 우리를 다음 구절로 인도해 줍니다. 36절이 사람 혼자 내버려두면 전적으로 예수 그리스도를 믿거나 하나님께 나올 수 없다고 말한다면, 하나님께서 모든 사람들을 내버려두지 아니하시고, 인간의 의지에도 불구하고 어떤 사람들을 구원하시기 위해서 행동하신다는 것도 동일하게 영광스러운 진리입니다. 그래서 37절은 "아버지께서 내게 주시는 자는 다 내게로 올 것이요 내게 오는 자는 결코 내가 결코 내어 쫓지 아니하리라"고 선언합니다. 그리스도인들이 전도하고 그리스도의 복음을 전도할 수 있는 것도 오직 바로 이 진리 때문입니다.

우리는 이 문장의 각 부분을 하나하나 살펴볼 필요가 있습니다. 첫째, 이 문장은 만물의 원초적인 위치에 대해서 말하고 있습니다. 모

든 만물이 하나님의 손에 있다는 것입니다. 하나님께서 자기 손 안에
있는 자들 중 얼마를 예수께 주실 수 있다면 그것이 그러할 것이 틀
림없습니다.

　육신의 차원에서 이것을 이해하면 이것이 잘못되었다고 믿는 쪽으
로 기울어진다는 것을 저도 알고 있습니다. 각자 우리 손 안에 달려
있어서 우리가 원하는 어떠한 방향으로도 나아갈 수 있다고 생각하기
를 좋아합니다. 그러나 그것은 진리가 아닙니다. 어떤 주어진 행동의
반경 내에서 여러분과 제가 스스로의 결정을 내릴 수 있는 것이 사실
입니다. 그러나 이 구절에서 하나님께서는 우리에게 보다 더 위대한
진리를 말하고 있습니다. 우리는 주 예수 그리스도를 믿든지 아니 믿
든지간에 중요한 모든 것과 관련하여 하나님의 손 안에 붙잡혀 있다
는 것입니다. 만일 우리가 아버지에 의해서 주 예수 그리스도께 그의
기업으로 주어진 사람들이 아니라면, 주 예수 그리스도께서 위하여 죽
어준 그 사람들의 부류에 속해 있지 않다면, 우리의 운명은 어떻게
될 것입니까? 조나단 에드워드(Jonathan Edwards)는 그 질문에
대한 해답을 알고 있었읍니다. 그는 자기의 설교를 듣고 있던 사람들
에게 그것을 어찌나 그림으로 보듯이 잘 표현하였던지 회중석에 앉아
있던 사람들은 두려워 떨면서 하나님께서 구원하여 주십사고 절망적
으로 외쳐댔읍니다. 그가 전한 메시지는 "성난 하나님의 손에 있는
죄인들"(Sinners in the Hands of an Angry God)이었읍니다. 하
나님의 아들을 멸시하고 아버지의 의로운 진노를 피할 수 없는 사람
들의 곤경은 정말 무서운 것입니다! 조나단 에드워드는 이렇게 따
져나갔읍니다. "아침에 일어나서부터 하나님의 손이 여러분을 붙잡고
있지 않았었다면 여러분이 지옥에 떨어지지 않았을 다른 이유가 전혀
없습니다. 여러분은 자신을 생각하며 잠에서 철저히 깨어날 필요가
있읍니다."

　그것은 사실입니다. 여러분이 가진 모든 것 ―여러분의 건강, 부요,
생각, 고쳐진 정신, 여러분의 삶 자체― 여러분이 존재하고 있는 것,
여러분이 가진 그 모든 것은 하나님의 손이 여러분을 붙들고 있기 때

문입니다. 여러분은 자신이 주인이라는 생각을 하기를 좋아합니다. 여러분 자신의 운명을 여러분 스스로 결정하는 사람이라고 말입니다. 그러나 그렇지 않습니다. 여러분에게 일어나는 일은 오직 하나님의 기뻐하심에 따라서만 일어납니다.

그러나, 두번째로 이 구절은 위대한 한 거래를 말하고 있습니다. 그 거래에 따라서 하나님의 손에 붙잡혀 하나님의 무시무시한 진노를 받게 되어 있는 사람들 중 얼마를 하나님의 긍휼로 주 예수 그리스도에게 넘겨주셨다는 것입니다. 그것이 역사상 가장 위대한 계약입니다. 성경에서 이 진리가 바로 여기서만 언급되는 것은 아닙니다. 예를 들어서 요한복음 17장에서 예수님께서는 아버지께서 자기에게 주신 자들을 여러번 말씀하십니다. 2절에서 "아버지께서 '아들에게 주신 모든 자에게' 영생을 주게 하시려고 만민을 다스리는 권세를 아들에게 주셨음이로소이다"라 말씀하십니다. 6절에서 그것을 다시 언급하십니다. "세상 중에서 '내게 주신 자들에게' 내가 아버지의 이름을 나타내었나이다. 저희는 '아버지의 것이었는데 내게 주셨으며' 저희는 아버지의 말씀을 지켰나이다." 9절은 "내가 저희를 위하여 비옵나니 내가 비옵는 것은 세상을 위함이 아니요 '내게 주신 자들을 위함이니이다' 저희는 아버지의 것이로소이다"라 말합니다. 11절은 "아버지께서 내게 주신 자들"에 대해서 말합니다. 12절은 "내게 주신 아버지의 이름으로 저희를 보존하와 지켰었나이다"고 선언합니다. 그리스도께서는 24절에서 "아버지여 '내게 주신 자도 나의 있는 곳에 나와 함께 있어' 아버지께서 창세 전부터 나를 사랑하시므로 내게 주신 나의 영광을 저희로 보게 하시기를 원하옵나이다"라고 말씀하십니다.

하나님 아버지께서 예수 그리스도께 주신 자들이 누구입니까? 에베소서에서 바울은 그 사람들에 대해서 이렇게 쓰고 있습니다. "곧 창세 전에 그리스도 안에서 우리를 택하사 우리로 사랑 안에서 그 앞에 거룩하고 흠이 없게 하시려고"(엡 1:4). 이 사람들이 선택받은 자들입니다. 다른 곳에서는, 그 사람들이 광대하고 수로 헤아릴 수 없는 무리들을 이루게 될 것이라는 말씀이 있습니다.

　세째로, 우리 본문은, 영원 전에 아버지와 아들 사이에 있었던 이 위대한 거래가 시간 속에서 구체화되기 위해서 많은 특별한 단계들을 거치게 됨을 가르칩니다. 이 본문 속에 나오는 주요한 동사들의 시제 상의 변화가 그점을 보여주고 있습니다. 37절에서 아들이 아버지께서 주신 자들을 기다리고 있다고 말하고 있습니다. 그런데 그 37절에서 현재 시제에서 미래 시제로 바뀝니다 —"아버지께서 내게 주시는 자는"(현재) "다 내게로 올 것이요"(미래). 39절에서는 하나님의 영원한 뜻의 차원에서 그 문제를 살펴보고 있는데, 거기에서는 동사의 시제가 과거에서 현재로 바뀌고 있습니다 —"나를 보내신(과거) 이의 뜻을 행하려함이니라 나를 보내신 이의 뜻은 내게 주신 자 중에 내가 하나도 '잃어버리지 아니하고'" 다른 말로해서 과거 영원 전에 하나님께서 선택하신 일이 이러한 효과를 나타낸다는 말입니다 —곧 지금 이때에 그리스도께 사람들이 나오게 된다는 것입니다. 구원받을 필요가 있는 죄인들로서 말입니다. 그리스도로부터 모든 것을 받기 위해서 아무 것도 가지지 않은 채 그리스도께 나아온다는 말씀입니다.

　복음이 전파된 것은 이런 식으로 사람들이 오게 하기 위해서입니다. 오늘날 제가 복음을 전파하는 것도 그 이유 때문입니다. 여러분은 오시겠습니까? 주 예수 그리스도를 믿으시겠습니까? 어떤 사람처럼 "그러나 하나님께서 예수님에게 주신 자들 중에 포함되지 않았다면 나는 올 수 없잖아요"라고 말하는 사람들이 있는데 그런 사람들처럼 말하지 마십시오. 물론 그렇기는 합니다. 그러나 여러분이 그런 사람의 수에 들어 있는지 아닌지를 어떻게 압니까? 여러분이 아는 것은 오직 하나, 복음이 여러분에게 선포되었고 "주 예수 그리스도를 믿으라 그리하면 구원을 받을 것이라"라는 명령이 주어졌다는 것 뿐입니다. 오시겠습니까? 이 문제를 이지적으로 따져나가는 데는 많은 어려움이 있음을 저도 압니다. 그러나 본문이 여러분에게 문제가 될 필요가 없습니다. 그것은 복된 위로일 수는 있습니다. 하나님께서 어떤 사람들을 자신의 아들에게 주셨다면 —그러한 일이 돌이킬 수 없을 정도로 완전하게 결정되었다면 一어째서 여러분이 그러한 유의 사람들의 수에 들어있지 않아야 합니까?

끝으로, 어떤 사람들은 네번째 요점을 통해서 용기를 얻게 될 것입니다. 그 네번째 요점은 여기서 묘사되고 있는 것에 예외되는 사람이 하나도 없다는 것입니다. 아버지께서 예수님에게 주신 "모든 사람들은 오게 될 것이기 때문입니다." 그것은 복음을 전하는 설교자에게 있어서도 용기를 줍니다. 역사상 복음의 메시지가 돌짝밭 같은 마음에 떨어지는 것 같고 거기서 나온 열매가 거의 없었던 시기들이 있었읍니다. 어떤 경우에 그 마음의 토양이 좋아서 많은 일이 일어나기도 했읍니다. 만일 설교자나 교사, 또는 평신도 복음전도자가 이러한 결과들을 얻기 위해서 자기 지각에만 의지한다면 어떻게 되겠읍니까? 큰 축복의 시기에는 그런 일들이 참으로 좋겠지요. 그러나 침체시기에 얼마나 큰 절망을 느끼겠읍니까! 반면에 이 본문의 온전한 의도를 받아들여 하나님께서 선택하신 모든 사람들은 오게 될것이라는 선포가 진실임을 깨닫는다면, 그 사람은 온전한 확신을 갖고 설교할 수 있고, 즐거이 하나님의 위대한 구원의 계획에 참여할 수 있을 것입니다.

그리스도의 사역자들이여 정신을 차리십시오! 하나님께서 어째서 전도와 증거의 미련한 것을 통해서 어떤 사람을 구원하시기로 결정을 하셨는지 그 이유를 저는 모릅니다. 그러나 그렇게 하시기로 결정하셨읍니다. 더구나, 구원하시기로 선택한 모든 사람들은 주님께 나오게 될 것이라고 선언하셨읍니다. 그 사람들을 막을 것이 하나도 없읍니다 一여러분의 실패(비록 여러분이 어떻게 여러분이 살아가는지에 대해서 조심해야 하지만), 심지어 마귀까지도 그러한 일을 막을 수 없읍니다! 여러분이 씨를 마구 뿌린 것 같이 보일 수도 있습니다. 그리고 때때로 결과도 별로 얻지 못하는 경우도 있습니다. 그러나 하나님께서는 그 씨앗 중 얼마는 당신이 준비하신 토양에 떨어져 자라나게 하실 것입니다. "그러므로 내 사랑하는 형제들아 견고하며 흔들리지 말며 항상 주의 일에 더욱 힘쓰는 자들이 되라 이는 너희 수고가 주 안에서 헛되지 않은 줄을 앎이니라"(고전 15:58).

값 없이 주어지는 하나님의 은혜

끝으로, 이 시점에서 이 강론을 마치는 것이 매우 자연스럽기는 하지만, 이러한 교훈들 중 어느 것도 복음으로 말미암아 주어지는 하나님의 값없는 은혜를 어떤 식으로든지 제한하지 않음을 다시 말씀드리지 않고 끝내는 건 옳은 일이 아닙니다. 37절 하반절이 그 하나님의 은혜의 값없는 은혜를 보여주고 있습니다. 우리는 이 강론에서 요한복음 6장 36절, 6장 37절의 상반절을 살펴보았습니다. 우리는 37절 하반절을 보다 상세히 다루어나갈 것입니다. 그러나 이 강론에서 마저 그 부분을 간과하고 지나가는 것은 옳지 않습니다. "내게 오는 자는 내가 결코 내어 쫓지 아니하리라." 그 얼마나 놀라운 약속이십니까? 그 얼마나 놀라운 은전입니까! 그것은 보편적인 것입니다. 제한이 없습니다. 어느 때 어느 방식으로 누가 오든지 다 영접받을 것이라고 말하고 있습니다. 젊은이든 늙은이든, 담대한 분이든 겁쟁이든 상관없습니다. 오늘 처음 복음을 들었을 수도 있습니다. 또는 긴 일생의 아주 좋은 시기에 복음과 접하게 되었을지도 모릅니다. 이러한 것 중 어느 것도 문제가 되지 않습니다. 문제되는 오직 한 가지는, 여러분의 구주이신 주 예수 그리스도께 나오느냐 나오지 않느냐하는 것입니다.

어떤 분은 "그러나 내가 어떻게 해야지요?"라고 말할 것입니다. 대답은, 뭘 하려는 걸 멈춰야한다는 것입니다. 여러분은 한평생 충분히 무엇인가를 했습니다. 왜냐하면 여러분의 그 행함을 통해서 여러분 자신을 패망시켰기 때문입니다. "내가 어떻게 해야합니까?"라고 묻는 대신 "그분이 어떻게 하셨읍니까?"라고 물어야 합니다. 그 질문에 대한 대답은 단순합니다. 그 모든 것이 다 이루어졌다는 것입니다. 그는 여러분을 위해서 죽었읍니다. 그 일은 끝났읍니다. 여러분은 다만 하나님의 은총을 얻어내려고 여러분의 노력을 중단할 필요가 있읍니다. 그리고 대신 구세주의 따스하고 인애로운 품에 안기기만 하면 됩니다.

24

하나님 은혜의 확실성

"아버지께서 내게 주시는 자는 다 내게로 올 것이요 내게 오는
자는 내가 결코 내어 쫓지 아니하리라"(요 6 : 37).

요한복음 6 : 37은 지난 강론에서 간단하게 지나가면서 언급한 요
점을 자세히 논의해볼 것을 요구하고 있습니다. 그 요점은 37절
상반절에서 발견됩니다. 그 상반절은 "아버지께서 내게 주시는 자는
다 내게로 올 것이요"라는 말씀입니다. 이것은 하나님에 의한 "유효
한 부르심", "불가항력적인 은혜"의 교리에 대한 성경의 여러 위대한
진술들 가운데 하나입니다. 하나님께서 선택하신 모든 사람들은 필연
적으로 주 예수 그리스도를 믿게 된다는 가르침입니다. 이것은, 하나
님의 은혜가 좌절되지 않을 것이며, 구원의 계획은 끝내 완전히 성취
될 것이며, 예수 그리스도께서 죽으신 것이 헛되지 않을 거라는 뜻입
니다. 이 가르침은 필연적으로 앞서 살펴본 사람들에게 속해 있읍니
다. 왜냐하면 영적인 방면에서 사람이 전적으로 부패되어 있으며 하
나님의 선택하시는 은혜를 필요로 한다는 성경의 가르침을 고수하는 개
혁주의 교리체계의 일부이기 때문입니다.
더 나아가서, 조금만 생각해보아도 이러한 문제들을 공정하게 대면

할 의향을 가진 어느 누구든지 그것이 그러함을 알게 될 것입니다. 만일 우리가 궁극적으로 사람의 어떤 행위에 기초하여 구원을 얻도록 노력해야 한다면, 그 행위가 아무리 적은 것이라 할지라도, 구원에 관한 한 어떤 확신도 할 수 없을 것입니다. "아버지께서 내게 주시는 자는 다 내게로 올 것이요"라고 말씀하셨는데 그와 같은 진술은 불가능합니다.

알파와 오메가

저는 제가 뜻하는 바를 설명해 드리려고 합니다. 만일 예수 그리스도께서 죽으시되, 사람들이 자기를 믿을지 아니 믿을지 모르신 채 죽으셨다거나, 사람들이 믿게 되리라는 하나님의 보증을 받지 않고 죽으셨다면, 아무도 믿지 않았을 가능성이 온전히 존재하며, 그의 죽으심이 아무것도 아니었을 것입니다. 그가 죽으셨지만 아무도 구원받지 못했을 것입니다. 여러분은 두 방면 다 그렇게 말할 수 없습니다. 그래서, 하나님께서는 누가 구원을 받을 것인지를 아시고, 그들이 확실히 구원받도록 하십니다. 그렇지 않으면 어떠한 사람도 예수를 믿을 가능성이 전혀 없는 것입니다. 아무도 믿을 가능성이 없다면, 또는 하나님께서 선택하여 예수님께 주신 사람들마저 믿지 않는다면, 요 6 : 37은 진실이 아니고, 성경에서 없어져야 할 것입니다.

어떤 사람들은 하나님의 미리 아심의 요인을 소개함으로써 이 결론을 피해보려고 애썼습니다. 전지(全知)하신 하나님께서는 어떤 사람들이 믿을까를 미리 아시고, 그들을 위해서 예수 그리스도를 보내사 죽게 하셨다는 식으로 주장합니다. 그러나 그러한 주장은 그 난제를 해결하는데 아무런 도움도 주지 않습니다. 사실 문제를 더 어렵게 만듭니다. 왜냐하면, 그런 식으로 하면 사람의 구원이 사람의 부패한 의지에 따라서 결정된다고 하기보다, 예수 그리스도께서 죽으신 것이 사람의 뜻에 달려 있게 만들기 때문입니다. 만일 하나님께서 아무도 믿지 않을 것을 미리 아셨다면, 예수님께서는 이 땅에 오셔서 죽지 아니하셨을 것이고 구원의 위대한 드라마는 그만 중도에 멈춰지고 말앉을 것입니다—그것도 다 우리 때문에 말입니다! 그렇게 되면 우리가 구세주를 지시하는 격이 됩니다.

이러한 논증을 버리고, 하나님께서는 구원의 계획을 발설하는 분이라는 의미에서 구원의 저자(著者)이실 뿐 아니라 훌륭한 저자마다 그러하듯이 그 구원의 이야기를 마치셨다는 의미에서도 구원의 저자라는 성경의 위대한 원리로 돌아가야 합니다. 그래서 하나님께서는 사람들을 불가항력적으로 이끌어 자기의 자녀로 삼으심으로써 구원의 계획을 완벽하게 성취시키십니다. 그는 알파와 오메가요, 시작과 마지막이며, 우리 믿음의 주요 완성자이십니다. 더구나 요한복음 6 : 37이 가르치는 바는 바로 그것입니다.

사랑의 끈

그러나 제가 말씀드립니다만, 개혁파 신학자들 사이에서도 하나님께서 어떻게 이러한 일을 하시는지에 대하여 약간의 이견이 있어 왔음을 인정합니다. 여러 이론들이 있었습니다. 하나님께서 사람들을 불가항력적으로 자신에게로 이끄신다 할지라도 사람들을 강요하는 것은 아니라는 데 누구나 동의합니다. 하나님께서는 사람들을 강제적으로 이끄신다든지 교묘하게 사람들을 속이지 않습니다. 성경은, 사랑의 줄로 우리를 이끄신다고 말합니다. 그러나 하나님께서 그러한 일을 어떻게 하십니까? 그것이 문제입니다.

이 질문에 대하여 주어진 위대한 여러 이론들 가운데 하나는 조나단 에드워드의 이론입니다. 그는 미국 독립 전의 초기 식민지 시대에 위대한 신학자요 지성적인 거인이었습니다. 에드워드는 "성난 하나님의 손 안에 있는 죄인"이라는 제목의 설교로 잘 알려져 있습니다. 그러나 그는 설교자 이상이었습니다. 그는 위대한 사상가요 작가였습니다. 그가 생각하고 썼던 난제들 가운데 하나는 이 유효한 부르심의 문제였습니다. "의지의 자유"라는 그의 책에서 자기 생각을 표현한 에드워드에 따르면, 사람의 의지란 삶과 환경과 동떨어진 것이 아니라는 것입니다. 그것은 삶의 일부입니다. 그가 설명하는 바에 따르면,

이러한 입장에서 어떠한 사람도 전적으로 자유롭거나 자율적인 의지를 가지고 있지 않다는 것입니다. 모든 의지는 다 유전, 학식, 환경, 건강, 다른 것들에 의해서 결정된다는 것입니다. 물론 의지가 독립적이라고 생각하기를 우리는 좋아합니다. 그러나 그렇지 않습니다.

에드워드가 이러한 노선을 따라서 나아가다 우연히 하버드 대학의 행동심리학교수로 유명한 스키너(B. F. Skinner)가 지금 주장하는 입장과 매우 가까운 이론을 밝혔습니다. 다만, 스키너는 국가가 사람의 더 위대한 선(善)을 위하여 의식적으로 사람의 조건을 조정할 진리를 주장했을 따름입니다. 에드워드는 그렇게 하지 않았습니다.

에드워드가 주장한 두번째 주요 요점 — 물론 스키너의 입장과는 전적으로 다른 — 은, 하나님께서는 그리스도인에게 속한 삶의 영역에서 모든 환경을 조정하신다는 것입니다. 이 말은 분명히, 그러므로 하나님께서는 환경들을 주관하사 하나님께서 소원하신 것을 행하도록 인간의 의지를 인도하실 수 있다는 뜻입니다. 구원의 문제에 있어서 하나님께서는 환경을 간단히 주장하사 그리스도께 주신 모든 자들로 하여금 믿도록 하신다는 뜻입니다.

우리는 이 이론에 대해서 무어라고 말해야겠습니까? 확실히, 인간적인 수준에서 보더라도 그런 일이 자주 있다고 말할 수 있습니다. 예를 들어서 우리 자녀를 성장시키는 국면에서도 그점을 보게 됩니다. 얼마 전에 제 두살박이 딸에게 바로 그러한 일이 있었습니다. 교회에서 우리들이 만찬을 열기 위해 모였었는데, 성인들이 그 모임을 시작할 때 어린 아이들도 함께 먹어야 했습니다. 거기에는 잘 모르는 어린 아이들이 많았습니다. 제 딸아이는 먹기를 싫어했습니다. 사실 먹지 않을 판이었습니다. 그래서 저는 어린 아이들의 테이블에 가 앉으면서 아빠는 지쳤다고 말했습니다 — 정말 그랬습니다. 제 딸아이가 먹지 않고 있을 때, 저는 저를 위해서 접시를 하나 달라고 하여 거기에다가 많은 양의 빨간 젤리를 담았습니다. 제가 먼저 스푼에 떠서 한 입을 먹었습니다. 제가 먹은 것은 그뿐이었습니다. 그런데 그걸 먹어보니 대단히 맛이 있다는 걸 알았습니다. 그래서 또 스푼을 가져갔읍니다. 제가 두번째 스푼에 그걸 담아서 딸아이의 코 옆으로 가져갔습니다. 그랬더니 그 아이가 입을 벌리고 젤리를 먹어치웠습니다. 저는 "너 내거 먹었어"라고 외쳤습니다. 그것이 그 딸아이에겐 매우 재미있었던 것 같았습니다. 그 아이는 밝아지고 금방 그 모든 접시에 담은 걸 다 먹었습니다. 몇분 후에 고기를 달라 하였습니다. 그걸 좀 먹고싶다는 것이었습니다. 또 우유도 좀 먹었습니다. 결국, 저녁을 끝냈을 뿐만 아니라, 두번째 세번째 나오는 젤리도 먹었습니다. 바로 그것은 환경으로 말미암아 가장 흥미로운 방향으로 의지가 굽어지는 것을 보여주는 것입니다. 에드워드의 이론은 그것이었습니다.

제가 볼 때, 이 이론의 난제는 인간이 죄로 타락한 이후 인간의 의지에 대해 말하는 성경의 주장과 아주 잘 맞아 들어가지 않는다는데 있습니다. 타락 전에 이러한 이론이 작용했을 것입니다. 그러나 타락하고 나서는 그렇지 않습니다. 여기서 우리는 사람이 하나님을 선택할 능력이 전혀 없다는 특징에 대해서 스스로 상기해야 합니다. 사람의 무능은 육체적인 것이 아닙니다. 그의 본성 속에 깊이 자리잡고 있습니다. 사람은 믿지 않을 것입니다. 그러나 그 무능이 그의 본성 속에 너무 깊이 자리잡고 있어서 모든 실제적인 목적을 위해서 "안하겠다"라는 건 사실상 "할 수 없다"는 뜻이 되는 것입니다. 그래서 성경은 사람을 "죄와 허물로 죽은" 존재로 말합니다. 사람은, 죽은 사람이 스스로 생명을 되찾을 수 없듯이 자신을 구원할 수 없습니다. 그러므로 환경이 아무리 순조롭다 할지라도 대답은 언제나 같습니다. 예수님을 배척할 것입니다.

거듭남

죽은 사람이 예수님의 음성을 듣는다고 하는 것은 무엇을 전제한 것입니까? 그것은 부활과 같은 한 이적을 전제하는 것입니다. 나사로의 경우가 그러하였습니다. 나사로는 나흘 동안 죽어 있었습니다. 예수님께서 오셨습니다. 그를 부르셨고 나사로는 나왔습니다. 어째서 그렇습니까? 예수님께서 이적을 통하여 살게 하셨기 때문입니다. 같은 방식으로, 죄 가운데 죽어 있는 사람이 예수님을 믿으려하면 그와 같은 것을 필요로 할 것입니다.

성경이 바로 그것을 가리킵니다. 그러므로, 두번째 이론(제가 믿기로는 바른 이론임)은 하나님께서 이적을 방편으로 하여 자신에게로 사람을 불가항력적으로 부르신다는 것입니다. 그것을 하나의 부활로 묘사할 수도 있습니다. 그것이 거듭남으로 더 자주 묘사됩니다. 여러분은 어떤 아기의 탄생이 이적이라고 말하는 소리를 들어본 적이 없읍니까? 물론 들어보았을 것입니다. 그렇습니다. 예수님을 믿는 사람의 삶 속에서 하나님께서 영적으로 행하신 것이 바로 그 이적입니다. 그 순서는 이렇습니다. 첫째로 하나님께서 부르시고, 그 다음에 거듭나게 하시고, 그러면 그 개인이 믿게 됩니다. 더 나아가 하나님의 부르심이 백퍼센트 유효한 것은 그 첫번째 두 단계에서 하나님만이 역사하시기 때문입니다. 이것을 가르치는 몇 구절들이 있습니다.

첫째로 야고보서 1 : 18입니다. "그가 그 조물 중에 우리로 한 첫 열매가 되게 하시려고 자기의 뜻을 좇아 진리의 말씀으로 우리를 낳으셨느니라." 이 구절은 그리스도인의 삶이 시작하는 순간을 어린아이가 잉태되는 순간으로 말하고 있습니다. 그 일은 아버지의 뜻에 의해서 된 것이지 자녀의 뜻에 의해 된 것이 아니라고 이 구절은 말하고 있읍니다. 어린 아이가 자기가 날 장소나 때를 결정했다는 말을 들어본 적이 있읍니까? 정말 그런 생각은 우스꽝스럽습니다! 그럼에도 불구하고 여러분과 제가 하나님의 자녀가 된 것이 하나님의 권속으로 태어나고 싶다는 결심을 한 결과라고 가르치는 것보다는 더 우스꽝스럽지는 않습니다. 만일 여러분이 주 예수 그리스도를 믿는 신자라면, 그것은 그리스도를 믿는 여러분의 신앙의 문제가 무엇보다 먼저 여러분의 하늘 아버지에 의해서 결정되었기 때문입니다. 하늘 아버지께서 여러분을 출생시키셨읍니다. 더구나, 아버지께서 그러한 일을 하시는 방편은 하나님의 말씀, 성경이라고 말하고 있읍니다.

우리의 영적인 잉태와 탄생에 대해서 말하는 두번째 중요한 구절은 요한복음 1 : 13입니다. 이 구절은, 거듭나는 사람들은 "혈통으로나

육정으로나 사람의 뜻으로 나지 아니하고 오직 하나님께로서 난 자들이니라"고 가르칩니다. 그 말은 무슨 뜻입니까? 여러 가지의 것을 뜻하고 있읍니다. 첫째로, 사람이 하나님의 자녀가 되는데 방편으로 "채용되지 않는" 세 가지 방면이 있음을 가르치고 있읍니다. 하나님의 자녀가 되는 것은 첫째로 육신적 출생에 의한 것이 아닙니다. "혈통으로······나지 아니하고"라고 말하는 어구의 의미가 바로 그것입니다. 우리는 혈통과 출생을 함께 보지 않습니다. 다만 "고상한 혈통", 또는 "귀족 혈통"이라는 어구에서만 그것을 서로 연합시켜 말하고 있읍니다. 그러나 고대에서는 혈통과 출생을 함께 보고 있읍니다. 요한은 바로 그러한 의미에서 그 말을 쓰고 있읍니다. 자기 부모가 하나님의 자녀라고 하는 단순한 사실 때문에 하나님의 자녀가 되는 사람은 아무도 없읍니다. 그 관계를 물려받는 사람이 없다는 말입니다.

감정을 통해서 하나님의 자녀가 되는 사람도 없읍니다. 이는 "육정으로······나지 아니하고"라는 어구의 핵심적인 의미입니다. 예를 들어서 부흥회 때 어떤 사람이 감동을 받아 눈물을 흘릴 수 있읍니다. 그러면서도 거듭나지 않을 수 있읍니다.

끝으로, 그것은 그 사람의 의지에 달린 문제가 아닙니다. 왜냐하면, 요한에 따르면, 어떠한 사람도 앉아서 믿겠다고 온전히 호언장담함으로써 신자가 되는 것이 아니기 때문입니다. 그럴 수 없읍니다. 그러면 우리가 어떻게 믿습니까? 하나님께서 먼저 우리로 하여금 영적으로 살아나게 하기 위하여 이적을 행하시기 때문에 우리가 믿게 되는 되는 것입니다.

저는 확신합니다 ─ 우리는 다음 강론에서 이 점에 대해서 더 살펴보아야만 합니다 ─ 사람이 믿어야함을 말입니다. 만일 여러분이 구원받으려 한다면 예수님을 믿어야 합니다. 그러나 문제는 있읍니다. 다른 사람은 믿지 않는데 어째서 여러분은 그를 영접합니까? 아니면, 다른 사람은 믿는데 어째서 여러분은 예수님을 거절합니까? 그것이 사람 가운데 있는 어떤 일 때문에 되어진 일입니까? 물론 아닙니다.

만일 그렇다면 하늘에서도 다 자랑할 것이 있을 것입니다. 구원은 사람에게 속한 것이 아닙니다. 구원은 구원을 위해서 개입하신 하나님에게 속한 것입니다. 사람들이 하나님을 믿는 것은 다른 어떤 방식을 통하여 되는 일이라기보다는 하나님께서 먼저 그 사람들을 중생시키기 때문입니다(중생과 관련한 본문들을 요한복음 1 : 13과 3 : 3∼5를 연구하면서도 다루어 보았습니다).

위로부터 남

이 주제에 대해 중요한 구절은 요한복음 3 : 3입니다. "예수께서 대답하여 가라사대 진실로 진실로 네게 이르노니 사람이 거듭나지 아니하면 하나님 나라를 볼 수 없느니라." 어떤 의미에서 이 구절은 우리가 말해온 것을 반복하는 것에 지나지 않습니다. 그 구절은, 사람이 영적인 것들을 알기 시작하려면 영적인 출생을 먼저 체험해야 한다고 가르칩니다(고전 2 : 14). 그러나 좀더 많은 것을 부연하고 있는 것도 사실입니다. 그 한 예로, 더 충만한 의미의 실마리가 되는 "다시 난다"는 표현 속에서 드러나보이는 어휘의 분명한 선택을 대하게 됩니다. 헬라어에서는 "다시"라는 말에 해당하는 어휘가 둘 있습니다. 그 하나는 "파린"인데, 그것은 어떤 행동의 반복에만 쓰여집니다. 여기서 쓰여진 것은 그 말이 아닙니다. 또 다른 말이 있는데 "아노덴"이라는 말입니다. 그 말은 "위로부터"라는 말과 "다시"라는 말의 뜻을 가지고 있습니다. 분명히, 요한은 이 말을 사용함으로써 (헬라어로 기록할 때) 새로남이 사람에게서가 아니라 하나님께로서만 온다는 사상을 표현했습니다.

더구나, 반복의 개념 "다시"는 단순한 반복이 아닙니다. 왜냐하면 "아노덴"이란 말은 역시 첫번째 행동을 한 사람더러 그 행동을 다시 반복해 보도록 한다는 뜻입니다. 다른 말로 해서, 하나님께서 아담에게 신적 기운을 불어넣음으로써 생령(生靈)이 되게 하셨던 거와 같이, 영적으로 사람을 소생시키기 위해서 하나님께서는 두번째로 숨을 불어넣으실 필요가 있다는 말씀입니다. 죽은 영혼을 살린다는 개념

속에 바로 그것이 포함돼 있다는 사실을 간과하기가 어렵습니다. 예수님에 관한 또 다른 몇 구절이 새로나는 것은 하나님의 기운이나 성령을 방편으로 하여 가능하다는 사실을 말하고 있기 때문입니다. 예수님께서 말씀하십니다. "진실로 진실로 네게 이르노니 사람이 물과 성령으로 나지 아니하면 하나님 나라에 들어갈 수 없느니라"(3 : 5). 하나님의 영이 그의 기운(호흡)입니다. 우리의 영적 먼지(흙)가 살아나기 위해서는 하나님의 그 호흡이 우리에게 불어넣어져야 합니다.

우리가 특별히 주의를 기울일 수 있는 마지막 예증 구절은 베드로 전서 1 : 23입니다. "너희가 거듭난 것이 썩어질 씨로 된 것이 아니요 썩지 아니할 씨로 된 것이니 하나님의 살아 있고 항상 있는 말씀으로 되었느니라." 하나님 말씀 속에는 성경을 나타내는 여러가지 상징어들이 많이 있읍니다. 성경은 그 자체를 우리 발의 등불로, 우리 길의 빛으로 부릅니다. 성경은 망치요, 반석이요, 거울이요, 칼로 불리워집니다. 또 갓난 아기를 위한 젖으로 불려지기도 합니다. 우리를 그리스도께 인도하는 몽학 선생으로도 불리워집니다. 이러한 상징어들은 모두 위대하고 좋은 것들입니다. 그러나 하나님의 말씀을 위한 상징어로서 베드로전서에 있는 이 구절로부터 발견하는 것처럼 대담하고 두드러진 것이 없읍니다. 여기 그 하나님의 말씀이 씨앗이요, 생명체입니다. 베드로는, 하나님께서 그 말씀을 사용하셔서 어떤 사람 속에 영적 생명을 생성시킨다고 말하고 있읍니다. 마치 육신의 아버지가 어린 아이를 잉태하는 일에 그 생명을 여자 속에 심는 것과 같습니다.

자, 그러면 무슨 일이 일어납니까? 사람이 거듭나게 될 때 어떤 일이 일어납니까? 첫째로, 하나님께서는 구원하는 믿음의 난자(卵子)를 그 사람에게 줍니다. 믿음마저도 하나님의 선물이라는 말씀을 듣기 때문입니다(엡 2 : 8). 다음에, 그는 그 말씀의 씨앗을 뿌림으로써 살아있는 말씀이 믿음의 난자 속에 파고 들어가 생명을 생성시킵니다. 이런 행동을 통해서 새로운 생명이 존재케 됩니다. 그러면 어머니 역할은 무엇이 하느냐고 묻는다면, 교회가 그 기능을 대신한다고 말할 수 있읍니다. 교회의 태 속에서 말씀이 전파되고, 그 교회 속에서 움이 자라나 새 생명이 눈에 보이고, 새 생명이 실재한다는 걸 신앙고백이라는 울음을 통해서 나타날 때까지 보호받을 수 있는 것입니다.

그것이 문제다.

만일 여러분이 그리스도인이라면, 이것은 위대한 진리입니다. 왜냐 하면 여러분은 그리스도 안에서 어떤 사람이 되었으며, 어떠한 일을 하는지에 대하여 엄청난 중요성을 주는 진리이기 때문입니다. 하나님 께서 한 계획을 가지셨읍니다. 그러므로 하나님께서 여러분을 하나님 자신에게로 부르셔서 그 계획을 날마다 실행하여 나가신다면, 여러분 이 어디 있으며, 여러분이 처한 곳에서 무엇을 하느냐가 문제입니다.

여기에 한 예증이 있읍니다. 구원에 있어서 궁극적인 결정을 사람 에게 두는 신학체계마다, 구원이란 여러분의 환경으로부터 여러분을 이격시키는 기차를 타는 것과 같다는 식으로 말합니다. 다른 곳에서 그 기차가 와서 여러분 마을을 통과합니다. 그런 다음에 영광의 정거 장으로 나갑니다. 물론 은혜도 수반됩니다. 하나님께서 반드시 그 기 차를 보냈어야 했던 것은 아닙니다. 그러나 여전히 여러분의 노력도 수반됩니다. 여러분은 그것을 취해야되고 그것이 여러분을 사로잡아 야 합니다. 그것이 바로 그러한 신학체계가 주장하는 요점들입니다. 제가 가르쳐왔던 것은 다릅니다. 성경의 충만한 의미와 잘 부합한다 고 믿는 이 체계에 따르면, 여러분은 플랫트홈에 있는 것이 아닙니다. 가정이 있읍니다. 그러나 하나님께서 그 기차를 타고 오십니다. 그는 내리셔서 여러분의 집으로 갑니다. 여러분의 삶 속에서 이적을 행하 십니다. 그런 다음에, 그분은 여러분들더러 거기서 하나님 자신을 위 해서 살라고 말씀하십니다. 왜냐하면 그것이 하나님께는 중요하기 때 문입니다.

그것을 아시겠읍니까? 그렇다면 이 전 우주에서 가장 중요한 일은, 세상에서 가장 명석한 과학자들이 연구를 하는 실험실에서나, 국가의 우두머리들이 있는 방에서 일어나는 것이 아니라, 지금 여러분 속에서 일어나고 있는 일입니다. 여러분이 무엇을 하든지 이것은 중요합니다. 그점은 여러분이 문제라는 뜻입니다.

여러분이 이렇게 말씀하십니까? "그러나 저는 너무 무의미하고 중요하지 않아요."라고 말씀하십니까? 세상의 눈에 그렇게 보일 수도 있습니다. 그러나 하나님의 눈에는 그렇지 않습니다. 세익스피어의 희극 가운데에는 자기만 생각하는 여러 귀족들이 영국 왕을 죽이려고 모의를 하고 있는 지하동굴이 나옵니다. 그것은 악한 행동입니다. 자신들의 이기적인 목적을 위해서 그 일을 하고 있습니다. 그런 사람들과 함께 지극히 작은 배역을 담당한 자가 무대 위에 나옵니다. 그는 이름도 가지고 있지 못합니다. "연극배우"의 목록에서 그는 그저 "세 번째 신하로 불리워집니다. 어떤 사람도 그에게 주의를 기울이지 않습니다. 그는 중요하지 않습니다. 그럼에도 불구하고 어떤 의미에서, 다른 사람들이 그 왕을 죽이려할 때 그는 위대한 일을 합니다. 그는 자기 왕을 보존하기 위하여 단도를 빼들고 무대에 갑자기 등장합니다. 그러면서 소리칩니다. "비겁한 행위로군." 그 배역이 그 연극에서 그 말 밖에 하지 않습니다. 왜냐하면 즉각적으로 귀족들이 돌아서 나와 칼로 그를 죽이기 때문입니다. 그런 다음에 그들은 계속 왕을 죽이려고 합니다. 이런 경우에서 누가 중요합니까? "귀족들"이라고 대답할 것입니다. 그러나 이것이 만일 진정한 인생의 문제이고, 하나님의 전망에서 우리가 그것을 살펴본다면, "그 세번째 신하"라고 대답하는 것이 옳을 것입니다. 왜냐하면 그는 이기심 없이 바른 순간에 바른 일을 했기 때문입니다.

우리는 인생의 이 큰 드라마를 분명하게 알지 못합니다. 하나님께서만이 시작과 끝, 끝과 시작을 다 아시는 분입니다. 우리는 우리 역할의 중요성을 알지 못합니다. 그러나 하나님께서 우리를 창조하셨고, 우리를 부르사 "시간"이라 불리우는 연극에서 위대한 역사의 이 특별한 순간에 하나님께서 주신 역할을 예수 그리스도를 영화롭게 하는 방식으로 준행하도록 창조하셨음을 우리는 압니다. 여러분은 그

역할을 감당하시겠읍니까? 그를 위해서 사시겠읍니까? 이것이 바로,
아버지께서 아들에게 주신 모든 사람들이 다 그에게로 올 것이라고
말하는 본문의 영적인 핵심입니다.

25

아무도 내어 쫓지 아니하리라

"아버지께서 내게 주시는 자는 다 내게로 올 것이요 내게 오는
자는 내가 결코 내어 쫓지 아니하리라"(요6:37).

우 리는 이제 하나님의 말씀 가운데 가장 위대한 본문 중 하나에
이르게 되었습니다. 6장 37절의 하반절이 바로 그것입니다. "내
게 오는 자는 내가 결코 내어 쫓지 아니하리라." 이 구절은 하늘 문
을 활짝 열고, 예수께서는 아버지의 이끌림을 받아 예수님께 나오는
모든 사람들을 영접할 것이라고 약속하고 있습니다. 요한복음 6장 37
절은, 만일 복음을 듣고 그리스도께 나오면 복음이 여러분의 것이라
는 뜻입니다. 여러분 개인에게 그것이 해당됩니다.

몇년 전 중서부 지방에 클레인이란 이름을 가진 옛 독일 농부가 살
고 있었습니다. 길 건너 집 앞에 복음적인 루터파 교회가 있었지만,
그는 거기에 가지 않았습니다. 물론 복음도 믿지 않았습니다. 그의
사고방식에는, 복음이란 다른 사람들에게나 해당되는 것이지 자기 자
신을 위한 것은 아니라고 생각되었습니다. 그러나 어느날 그 교회의
성경학교가 그 주일학교 어린이들에게 다음과 같은 찬송곡을 가르쳐

주기 시작했읍니다.

> 은혜! 청아한 그 소리
> 내 귀에 은은히 들리고
> 메아리쳐 하늘에 울려퍼져
> 온 땅에 그 소리 가득하네
> 오직 은혜로만 구원받아!
> 이것은 나의 모든 증표
> 예수께서 모든 인류를 위해서 죽으셨네
> 예수께서는 또한 나를 위해서 죽으셨네

　클레인씨는 길 건너에서 들려오는 어린 아이들의 노래소리를 들었읍니다. 그는 그 노래의 가사를 거의 다 분명히 들었읍니다. 그러나 그 노래의 가사가 "예수께서 모든 인류를 위해서 죽으셨네"라는 구절에 이르게 될 때, 그 어린 아이들이 "예수께서 늙은 클레인이라는 사람을 위해서 죽으셨네. 예수께선 나를 위해서 죽으셨네"라고 부르는 것처럼 생각되었읍니다. 예수께서 자기를 위해서도 죽으셨다는 그 생각이 결국 그 마음 속에 찾아들었읍니다. 클레인은 그 거리를 건너서 교회에 가, 여러 예배에 참석했읍니다. 급기야 주 예수 그리스도께 자기의 삶을 의탁시켰읍니다.

　그것이 요한복음 6 : 37의 메시지입니다. 그 노래에다 여러분의 이름을 집어 넣고 "예수께서 메어리 존스, 존 스미스, 폴 브라운, 베티 해리스……, 또는 어떠한 이름이든지 나를 위해서 죽으셨다"고 말하십시오. 여러분이 예수님께 나아오면 예수님은 여러분을 위해서 죽으신 것입니다.

믿음과 신뢰

　이 본문이 얼마나 광범한 것을 함축하고 있는지를 알아보기 전에 —하늘 문이 그 본문에 의해서 얼마나 넓게 활짝 열려졌는지를 알아보기 전에 —우리는 무엇보다 먼저 "온다"는 말이 뜻하는 것이 무엇인지 설명할 필요가 있습니다. 예수님께서는 "내게 오는 자는 내가 결코 내어 쫓지 아니하리라"고 말씀하셨습니다. 주님께 온다는 것은 무슨 뜻입니까? 그 질문에 대한 한 가지 대답은, 예수님께서 분명히 믿음에 관해서 말씀하고 계시다는 것입니다. 예수님께 나온다는 것은 그를 믿는다는 것입니다. 성경에서는 언제나 이 구원의 통로를 말하고 있습니다. 바울은 에베소 사람들에게 "그 은혜를 인하여 믿음으로 말미암아 구원을 얻었나니"라고 썼습니다. 히브리서 기자는 "믿음이 없이는 기쁘시게 못하나니"라고 썼습니다. 예수님을 믿는다는 것은, 예수님이 말씀하신대로 바로 그런 분임을 믿고, 예수님을 믿는 모든 사람에게 약속하신 대로 모든 것을 하실 것이라는 걸 믿고서 예수님께 자신을 의탁한다는 것입니다.

위대한 침례교 설교자인 스펄전은 한때 믿음에 대해서 이렇게 썼습니다. "믿음이란 눈먼 것이 아니다. 왜냐하면 믿음은 지식으로부터 시작하기 때문이다. 믿음은 사변적인 것도 아니다. 왜냐하면 믿음은 확실한 사실을 믿기 때문이다. 믿음은 비실제적인 것이나 꿈 같은 것이 아니다. 왜냐하면 믿음은 신뢰하고, 그 운명을 계시된 진리에 맡기기 때문이다……믿음은, 그리스도가 성경에서 말씀되어진 바로 그러한 분임을 믿고, 그가 하시겠다 약속하신 것을 하실 것임을 믿는 것이고, 그런 다음에 그분에게 이러한 것들을 기대하는 것이다." 예수께서 인류의 죄를 위해서 자기가 죽는다고 말씀하셨고, 자기를 신뢰하는 어떤 자도 빠짐없이 다 구원하실 것이라고 말씀하셨으니, 구원받는 믿음이란 이러한 사실을 믿고 자신의 삶을 구세주의 손에 맡기는 것을 말합니다.

같은 것을 다른 방식으로 살펴봅시다. 믿음은 무엇입니까? 믿음은 단순한 것입니다. 그것은 예수님을 바라보는 눈이라 할 수 있습니다. 마치 이스라엘 사람들이 광야에서 놋뱀을 바라보았을 때 치료를 받았던 것과 같습니다. 믿음은 붙잡는 손이라 할 수 있습니다. 마치 야곱이 얍복 시냇가에서 자기와 씨름한 여호와의 천사를 꼭 붙잡고 축복

하지 않으면 놓지 않겠다고 하던 것과 같습니다. 믿음은 그리스도를
먹는 입이라 할 수 있습니다. 생명의 떡을 마음껏 섭취하고 생명수
로 갈증을 가라앉히는 것을 의미합니다. 또한, 믿음은 그렇게 할 수
있는 것처럼 보일 때 그리스도께 바싹 붙는 것을 의미합니다. 믿음은
그리스도 위에 집을 짓고 그 기초 위에 가치 있는 건축을 해 나가는
것과 같습니다. 믿음이란 더 이상 걸어나갈 수 없어보일 때 그리스도
를 믿음으로 발을 떼어나가는 것입니다. 마치 베드로가 그리스도의
명을 따라 갈릴리 바다로 뛰어 들어가 걸어갔던 것과 같습니다. 믿음
은 그리스도를 의뢰하고 그 약속이 옳다는 것을 검증해나가는 것입
니다.

　얼마 전에 어떤 사람이 자기는 "C와 E" 그리스도인이라고 소개한
사람을 만난 적이 있습니다. 저는 그가 무엇을 말하려는지 몰랐습니
다. 그러나 그런 식으로 자신을 소개하는 건 저는 싫어하기 시작했
읍니다. 왜냐하면 저는 그 다음에 어떠한 것이 나올지를 거의 눈치챘
기 때문입니다.

　저는 "무슨 뜻이죠?"라고 물었읍니다.

　그는 대답했읍니다. "크리스마스와 부활절(Christmas and Eas-
ter). 나는 크리스마스나 부활절에만 교회를 나가는 유의 그리스도
인이지요." 저는 대번에 그를 모독할 수도 있었읍니다. 그러나 물러서
서 다른 그리스도인들을 생각해 보았읍니다. 자신을 "T와 P" 그리
스도인으로 불렀던 영국의 옛 성도를 생각했읍니다. 그녀는 성경책
중, 자기가 참인 것을 알아낸 약속들 옆에다 이러한 글자를 써넣었
읍니다. 그 글자는 "실험해보고 증험해본"(Tried and Proven)이라
는 말의 첫 글자입니다.

　여러분은 어느 쪽입니까? "C와 E" 그리스도인입니까? 이런 경우
에는 거의 다 그리스도인이 아닙니다. 아니면 "T와 P" 그리스도인
입니까? 믿음으로 하나님의 약속들을 실험해보고 그것들을 개인적으
로 검증해보는 그러한 그리스도인입니까?

　저는 이 시점에서 어떤 분이 다음과 같이 말할 것을 생각합니다.

"그러나 저는 이러한 것들 중 어느 것도 할 수 있다는 생각이 들지 않습니다. 저는 그리스도를 우러러보고 싶습니다. 그러나 나는 볼 수 없습니다. 나는 그리스도를 붙잡고 싶지마는 붙잡을 것 같지가 않습니다. 그리스도를 먹고싶지마는 그렇게 할 의지가 약할 것 같습니다. 그리스도께 찰싹 달라붙고, 그리스도 위에 집을 짓고, 그리스도를 의지하여 걸어나가고, 그리스도의 약속을 증험해볼 수 있을 것 같지가 않습니다." 그러나 여러분은 단순히 예수님께 가서 그분의 기다리는 팔에 안기는 건 할 수 있지 않습니까? 불이 났는데 그 건물의 3층 난간에서 어려움을 겪고 있다고 생각합시다. 그 건물이 불에 타서 무너지며 여러분 주위에 떨어집니다. 그 건물이 곧 주저앉을 판입니다. 여러분은 살려고 건물 난간에 찰싹 붙어 있읍니다. 그 아래 소방수들이 그물을 쳐놓고 있읍니다. 여러분은 그런 경우에 여러분을 구할 그 그물 위에 내리떨어질 수 없읍니까? 하나님은 바로 그것을 요구하십니다. 단순히 여러분으로 하여금 그분에게 나오지 못하게 하는 모든 것을 놓아버리십시오 — 그것이 여러분 자신의 목숨을 구하려는 욕심이든지, 여러분 자신에 대해 가지고 있는 우월감이든지, 여러분 자신에 대해서 가지고 있는 열등감이든지, 여러분의 선한 행위든지, 그것이 무엇이든지간에 — 다 놓고 구원의 그물로 떨어지십시오. 구세주의 기다리는 팔에 안기십시오. 예수님께서 "내게 오는 자는 내가 결코 내어 쫓지 아니하리라"고 말씀하셨읍니다.

누가 올 수 있읍니까?

저는 그것을 보다 더 개인적인 차원에서 다루려 합니다. 이 본문에 따르면 누가 예수님께 나올 수 있읍니까? 누구든지. 그러면 어떻게 나올 수 있읍니까? 어떤 방식으로든지. 언제 나올 수 있읍니까? 어느 때에든지. 그러면 그런 일이 어떻게 더욱더 보편적일 수 있읍니까? 37절 상반절은 추상적으로 "아버지께서 내게 주시는 자는 '다' 내게로 올 것이고"라고 썼읍니다. 이것이 선택을 다루시는 그리스도의 문장의 일부입니다. 그것은 복수요, 큰 수(數)를 가리킵니다. 그것은 추상적인 것입니다. 왜냐하면 하나님에 의해서 부르심을 받은 사람들이 누구일까를 우리는 알지 못하기 때문입니다. 그런데 하반절은 수에 있어서 단수이기도 하고 개인적입니다 -"내게 오는 자". 여러분이 누구이든지, 여러분이 어떻게, 언제 오더라도 "여러분"을 말씀하시는 예수님의 방식은 그러합니다.

여러분이 큰 죄인이라 할지라도 올 수 있습니다. 성경은, 예수께서는 의인을 부르러 온 것이 아니라 "죄인을 불러 회개시키려" 함이라고 말하였습니다. 여러분의 죄가 무엇입니까? 살인죄? 음행죄? 도적질? 그것이 문제가 되지 않습니다. 예수님께 나오면 영접받을 수 있습니다. "내게 오는 자는 내가 결코 내어 쫓지 아니하리라." 부모들은 그리스도인들인데, 그 부모님의 하나님을 멀리 도망쳐온 사람들이 있다면, 그런 분들도 나올 수 있습니다! "내게 오는 자는 내가 결코 내어 쫓지 아니하리라." 부도덕자도 나올 수 있습니다! "내게 오는 자는 내가 결코 내어 쫓지 아니하리라." 여러분이 냉담한 자라도 됩니다! "내게 오는 자는 내가 결코 내어 쫓지 아니하리라."

얼마 전에 저는 예수 그리스도에 대해서 냉담한 사람을 만났습니다. 자기는 가끔 우리 교회에 나온다고 말하면서, "내 친구들이 나에겐 여러 개의 종교가 필요하다고 생각할 때마다" 그렇게 가끔 나오노라고 말했습니다. 그런 식으로 종교를 접한다면 참된 믿음을 가질 수 없으며, 그렇게 되면 그리스도 없이 영원세계에 갈 것입니다(복락에 대한 거짓된 의식을 가지고 말입니다). 종교는 아무도 구원하지 못합니다. 그리스도가 구원합니다. 그래서 그리스도께서는, 여러분이 냉담하더라도 여러분을 위하시는 분입니다. 그리스도께 나오십시오. 예수께서는 "내게 오는 자는 내가 결코 내어 쫓지 아니하리라"고 말씀하셨습니다.

어떻게 나올 수 있읍니까?

자 그러면 역시 저는 여러분이 나올 수 있는 방식에도 제한이 없음을 알기를 원합니다. 누가 나오느냐에도 제한이 없는 것처럼 말입니다. 어떻게 나올 수 있읍니까? 어떤 방식으로든지 가능합니다.

어떤 사람은 달려서 나옵니다. 저는 여러번 그런 경우를 보았읍니다. 복음이 전파됩니다. 이런 사람들은 삭개오 같이 반응을 나타냅니다. 삭개오는 뽕나무에 올라가 구원받기에 합당하게 그리스도를 보았읍니다. 또는 베드로처럼 반응합니다. 베드로는 열정적으로 바다에 뛰어들어가 그를 향하여 헤엄쳐 나갔읍니다. 이러한 사람들에게 복음이 마치 자물쇠에 끼워있는 열쇠와 같으며, 또는 청량음료기계 속에 들어 있는 부속품과 같습니다. 그 결과가 즉각적으로 나타납니다. 더군다나, 그들은 믿음이 충만해 가지고 와서 복음을 온전히 알게 되는 것 같습니다. 흔히, 그리스도를 믿지 않았던 카톨릭 교도들이 이런 식으로 개인적으로 옵니다. 그들은 흔히 하나님의 주권, 의, 지혜, 하나님의 다른 속성에 대한 참된 의식을 처음부터 가지고 있습니다. 그래서 복음이 그 모든 것들을 제자리로 들어가게 만듭니다.

어떤 사람은 가련하고 불쌍한 걸음으로 그리스도께 절뚝거리면서 나옵니다. 그들은 믿고 싶습니다. 또 얼마간 부분적으로는 믿는다고 생각합니다. 그런데 역시 확신하지를 못합니다. 그러면서도 예수님께 나오고 싶습니다. 결국 그것이 믿는 데 차이를 가져오지 않습니다. 이러한 이들도 예수님께 나올 수 있습니다. 왜냐하면 예수님의 말씀은 어떻게 나올 수 있느냐를 특징지어 말하기보다는 누가 나올 수 있는지를 구별지어 말하기 때문입니다. 누구든지 다 나올 수 있습니다.

아마 여러분은 바울이나, 어거스틴이나, 루이스(C. S. Lewis)나 다른 많은 사람들이 버텼던 것처럼 믿음을 항거하며 버텨왔던 사람인지 모릅니다. 그런 것이 여기에서 아무런 차이를 가져오지 않습니다. 일단 여러분이 여러분의 삶을 주 예수 그리스도의 손에 위탁시키기만 한다면 말입니다. 이 점에 대해서 저는 개인적인 실례를 하나 들어드리겠습니다. 몇년 전에 펜실바니아 대학에서 대학복음화를 위해 일하던 그리스도의 사역자가, 분명히 그리스도인 같기는 한데 기독교적인 일에 정말 무서울 정도로 무관심해보이는 어떤 젊은 흑인학생에게 말하기 시작했읍니다. 그 흑인 학생에게 있어서 가장 큰 관심은 신입생을 설득하여 농구팀에 들어오게하는 것이었습니다. 그는 1학년 가을학기 전체를 이 목적을 위해서 일해왔던 것입니다. 결국 그는 복음을 항거하고 있었습니다. 그러나 학원복음화요원은 이 사실을 알지 못했습니다. 그들은 어느 가을 집회에 그 사람을 초청했습니다. 그는 가고싶지 않았습니다. 돈이 없다고 말했습니다. 그들은 그에게 학자금을 주었습니다. 그때 그 사람은 거기에 갈만한 길이 없다고 말했습니다. 그 복음전도요원은 그에게 탈 것을 준비해 주었습니다. 그 사람이 그 집회에 참석했을 때 저녁도 들지 못하고 있었습니다. 그래서 첫번째 집회에 참석하기 보다는 햄버거를 사먹겠다고 마음의 결심을 내렸습니다. 그러나 저녁을 먹고 들어갔는데도 그 집회가 다 끝나지 않았습니다. 저는 이 학생이 들어오는 걸 몰랐습니다. 그러나 그가 문을 지나 들어갈 때(그는 그때 1학년 농구팀을 조성할 것인지 의아해하면서 ─ 월요일에 지원자들에 대한 최종심사를 할 참임) 저는 이렇게 말했습니다. "하나님은 당신을 사랑하십니다. 당신이 누구든지 말이에요. 그는 당신의 삶을 위한 한 계획을 세우십니다." 이 말이 하나님께로부터 그에게 직접 오듯이 그를 때렸습니다. 그는 앉아서 청종했습니다. 그 생명을 주님께 맡겼습니다. 그리하여 그 캠퍼스 내에 있는 흑인 학생들에게 그리스도의 구원하는 은혜를 증거하는 가장 효과적인 증인이 되었습니다.

여러분이 누구든지 문제가 되지 않습니다. 담대하게 오든지, 절뚝발이처럼 오든지, 마지못해 오든지 할 수 있습니다. 중요한 것은 오는 일입니다. 그러시겠읍니까? 여러분의 삶을 예수님께 맡기시겠읍니까?

언제 올 수 있을까요 ?

결국, 예수님의 말씀은 언제 올 것인지에 대한 것까지 관계합니다. 어느 때든지 올 수 있습니다. 어린이일 때 올 수 있습니다. 어린이들이 복음을 듣고 반응을 나타내는 걸 보면 참 기쁩니다. 어떤 분들은, 당신은 어린이들에게 설교할 수 없지 않느냐고 말하실 것입니다. 그러나 그렇지 않습니다. 어느 누구든지 그들을 가르칠 시간만 낸다면 어린이들도 상당히 많은 것을 이해할 수 있습니다. 그들도 예수님을 따를 수 있습니다. 여러분이 어린이입니까? 그렇다면, 제가 말하고 있는 것이 무엇인지 이해할 수 있다면, 세 가지를 알아야 합니다. (1) 여러분이 어린이더라도 죄를 지을 만큼 충분히 나이를 먹었다. (2)여러분이 아무리 어리더라도 죽을 수 있다. (3)아무리 어리더라도 예수님께 나올 수 있다하는 것입니다. 어린이로서 나온다는 건 놀라운 일입니다. 어린 시절에 나온다면, 그 앞에서 전생애를 예수님의 손에 맡겨 예수님께서 만드시려하는 유의 인물로 형성할 기회를 드린 것입니다. 예수님께서는 그런 사람을 위해서 하실 일을 위하여 그런 사람을 훈련시킬 수 있습니다. 제가 어릴 때 예수님이 저를 부르신 걸 전 즐거워합니다. 제 삶의 거의 모든 결정들, 어린 시절에마저도 그 결정들은 그러한 소명의 관점에서 이루어졌으며, 제가 설교자로 부름을 받았다는 사실의 관점에서 결정되었기 때문입니다. 어린이들이여, 예수를 믿고 그를 따르렵니까?

"그러나 나는 그 모든 걸 다 놓쳤어요. 어린 시절에 올 수 있었지만 난 오지 않았어요. 난 늙었어요. 변화되기는 너무 어려워요. 너무 늦었어요"라고 말하는 분이 있을지 모릅니다. 그러나 너무 늦지 않습니다! 나이가 많은 분들에게는 그만큼 어려움이 많다는 것도 저는 인정합니다. 생각에 습관들이 있습니다. 어린 사람의 마음은 보편적으로 보다 더 개방적입니다. 그러나 하나님께서는 이런 난제들에게 대해서도 동일하신 분입니다. 나이 먹은 분들도 올 수 있습니다. 어째서 오지 않습니까? 만일 그리스도를 믿기 전에 오랜 삶을 살았던 수많은 사람들이 그리스도에게 나오는데, 어째서 여러분은 그런 사람들 축에 들지 않습니까? 나이 때문에 여러분이 예수님을 위해서 많은 일을 할 수 있을지 모릅니다. 그러나 예수님께서는 여러분을 위해서 모든 것을 하실 수 있습니다. 여러분의 바로 그 나이가 굉장한 한 증거가 될 수 있습니다. 지상에서 예수님을 섬길 시간이 조금 밖에 되지 않는다 할지라도, 여러분이 영원토록 주님을 찬양할 수 있는 영혼세계를 곧 대하게 될 것입니다.

스펄전은 언젠가 이렇게 썼습니다. "오 나의 사랑하는 청중들이여, 예수님께 나오시오. 이슬이 가지에 맺히는 아침에 오십시오. 그분이 여러분을 내어 쫓지 않을 것입니다. 염려로 목이 타 기진해 있는 정오의 작열하는 뜨거움이 내리쬐일 때 오십시오. 그러면 그가 여러분을 내어 쫓지 않을 것입니다. 그늘이 길게 드리워질 때 오십시오. 밤에 어두움이 여러분 주위에 깔릴 때 오십시오. 그분이 여러분을 내어 쫓지 않을 것입니다. 문이 닫혀져 있지 않습니다. 인생의 문이 열려 있는 한 긍휼의 문은 닫혀지지 않습니다."

오시겠읍니까?

예수님께 오시겠읍니까? 시간은 지금입니다. 바로 지금 이순간 여러분이 어느 곳에 있든지 그곳에서 예수님께 나오십시오.

여러 해 전에 저는 애굽에 갔던 일이 있었습니다. 큰 나일강변 뚝에 서 보았습니다. 애굽은 그 나일강을 의지하고 살아갑니다. 그래서 애굽인들은 그 강에 대한 격언을 가지고 있읍니다.:"애굽은 나일의 선물." 나일강은 물을 대어줍니다. 그 물이 큰 사막 중에서 오아시스 역할을 해줍니다. 1년에 한번씩 그 나일강이 범람함으로써 부요하고 기름진 토양을 제공해 줍니다. 나일강보다 애굽인의 삶에 있어서 더 크고 더 가치 있는 것은 없읍니다. 그런데 그 모든 중요성 때문에 나일은 나일강변에 서 있는 어느 누구에게나 다 값없이 풍성하게 주어집니다. 개든지, 소든지, 사람이든지 애굽의 그 강물을 마실 수 있고 원하는대로 마실 수 있읍니다. 하나님의 은혜도 그러합니다. 하나님의 은혜의 강이 값없이 흘러가고 있읍니다. 누구든지 그 강물을 마실 수 있읍니다. 여러분은 마시겠읍니까? 다만 엎드려 그것을 들이키기만하면 됩니다.

26

하나님의 지키시는 능력

"내가 하늘로서 내려온 것은 내 뜻을 행하려 함이 아니요 나를 보내신 이의 뜻을 행하려 함이니라 나를 보내신 이의 뜻은 내게 주신 자 중에 내가 하나도 잃어 버리지 아니하고 마지막 날에 다시 살리는 이것이니라"(요 6 : 38, 39).

요한복음 6장을 연구하면서 우리는 복음의 또 다른 위대한 주제, 복음적인 또는 개혁주의 신앙으로 알려진 교리체계에서 중요한 위치를 차지하는 또 다른 강령을 대하게 되었습니다. 그것은 하나님의 보호하시는 능력입니다. 이 신학의 국면은 때로 성도의 견인이라는 말로 언급되기도 했습니다. 그러나 그것을 하나님의 지키시는 능력이라고 말하는 것이 훨씬 더 좋습니다. 왜냐하면 우리가 하나님에 대하여 견디어내기 보다는 하나님께서 우리에 대하여 견뎌내는 측면을 훨씬 더 많이 말하고 있기 때문입니다. 간단하게 말하자면, 하나님께서는 끝내지 아니하실 일을 시작하시지 아니한다는 것입니다. 그러므로 하나님께서 예수 그리스도를 구주로 믿도록 부르신 사람은 하나도 잃어버림당하지 않을 것이라는 것입니다. 그것이 그 교리의 의미입니다.

이 위대한 진리를 이해하는 것은 중요합니다. 왜냐하면 어떻게 보

더라도 그것을 이해하느냐 하지 못하느냐에 따라서 우리의 삶이 큰
영향을 입기 때문입니다. 그것을 이해한다면, 우리가 설 수 있는 큰
넓은 터전을 갖게 되는 것이고, 확신하고 집을 세울 수 있는 기초를
가지게 되는 셈입니다.

결코, 결코 내어 쫓지 아니하리라

하나님의 지키시는 능력에 대한 교리는 우리가 지난 강론에서 연구
했던 구절 속에서 실제로 드러났습니다. 물론 우리는 죄인들에게 베
퍼진 복음의 보편성을 강조하기 위해서 그 구절을 뛰어넘었었습니다.
우리가 연구해나왔던 구절은 6 : 37인데, 그 구절은 "아버지께서 내
게 주시는 자는 다 내게로 올 것이요 내게 오는 자는 내가 결코 내어
쫓지 아니하리라"고 말합니다. 그 구절의 마지막 어구는 - "내게 오
는 자는 내가 결코 내어 쫓지 아니하리라" - 오는 사람이 누구든지간
에 누구에게나 다 하늘 문을 확실하게 열어주고 있습니다. 여러분이
누구이든지간에 복음은 여러분을 위한 것입니다. 동시에, 이 구절은
예수님께 오는 자를 지키시되 영원토록 지키시는 하나님의 능력에 대
해서 말해준다고도 할 수 있습니다. 원어에서 보면 그점이 특별하게
두드러져 나타납니다. 헬라어 본문은 이중 부정문이기 때문입니다.
다시 말하면 그리스도께 오는 자는 언제라도 - 지금이나 이후에나 - 쫓
겨나게 될 일이 없음을 확인하고 있습니다. 그 구절을 다음과 같이
번역해보면 그러한 의도에 대한 것을 무언가 포착할 수 있습니다 -
"내게 오는 자는 내가 결단코 결단코 내어 쫓지 아니하리라."

이 주제가 다음에 나오는 구절들에서 보다 충분히 개진되고 있습니
다. 예수님께서는 이렇게 말씀하십니다. "하늘로서 내려온 것은 내
뜻을 행하려함이 아니요 나를 보내신 이의 뜻을 행하려 함이니라 나
를 보내신 이의 뜻은 내게 주신 자 중에 내가 하나도 잃어버리지 아
니하고 마지막 날에 다시 살리는 이것이니라"(요 6 : 38, 39). 바로
그것입니다…… 내가 아무도 잃어버리지 아니할 것이라! 예수님께
나아오는 자를 아무도 거절하지 않을 것이라고 약속하고 계실 뿐 아

니라, 오는 자 가운데 어느 누구도 잃어버리지 않겠다는 결의를 또한 진술하고 있습니다. 마틴 루터는 이 점을 분명히 알아서 이렇게 썼습니다. "그리스도께서 여기서 이렇게 말씀하신다. '나를 보내신 이의 뜻은 내게 주신 자 중에 내가 하나도 잃어버리지 아니하는 것이다.' 그리스도께서는 아무도 내쫓거나 거절하지 아니하실 뿐 아니라, 어느 다른 누구라도 그 사람들을 빼앗아가지 못하게 하시겠다는 결의를 나타내고 계시다."

믿는 모든 사람들을 위하여

이 구절은 누구에 대해서 말하고 있습니까? 예수님께서 누구를 잃어버리지 아니하실 것이라고 말씀하고 계십니까? 그 구절은 주 예수님께 나오는 모든 사람들에게 해당된다고 대답해야 합니다. 39절의 "모든 자"(우리 말 개역성경에는 그냥 '주신 자'라고만 했음 — 역자주)는 37절의 "주시는 자는 다"라는 말과 같은 것입니다. 그가 누구든지, 어떻게 오든지간에, 예수님을 자기의 주요 구주로 알고 예수님께 나오면, 바로 그 사람에게 이 진리가 해당됩니다. 여러분이 그것을 알 수도 있고 그렇지 못할 수도 있습니다. 믿을 수도 있고 믿지 못할 수도 있습니다. 그것을 거부할 수도 있고 그렇지 않을 수도 있습니다. 그것은 문제가 되지 않습니다. 진정으로 주 예수 그리스도를 믿는다면, 여러분은 결단코 잃어버림을 당하지 아니할 것입니다. 이 구절은 바로 그 진리를 예수님께서 친히 진술하신 말씀입니다. 예수님께서 여러분을 지키실 것입니다. 여러분이 주 예수 그리스도께서 친히 하늘에 계심을 알 수 있는 것만큼 확실하게 어느 날 여러분은 하늘에 있을 것을 확신할 수 있습니다.

저는 그점을 좀더 노골적으로 말하고 싶습니다. 지난 강론에서 어떤 사람들은 예수님께 담대하게 나온다는 걸 지적했었습니다. 그들은 복음을 듣고 즉각적으로 모든 일을 적재적소에 들어맞게 해나갑니다. 그들은 복음을 믿습니다. 그들은 그 순간 40년 후에나 가지게 될 것 같은 구원의 확신을 가집니다. 어떤 사람들은 천천히 나아오고 나오

면서도 대단한 염려를 가지고 있읍니다. 그들은 체질적으로 세심하
면서도 견고하지를 못합니다. 그들은 마치 이 꽃에서 저 꽃으로 날아
다니면서 한 꽃에 머물지 못하는 정원의 나비 같습니다. 사업도 이
사업에서 저 사업으로 전전해 갑니다. 교회에 나와서도 이 교회 저
교회로 왔다갔다 합니다. 그들은 자기들의 구원을 전혀 확신하지 못
합니다. 예수를 구주로 믿느냐고 그들에게 물어본다면, 그렇다고 대
답합니다. 그러나 자기들이 정말 충분할 정도로 믿는지에 대해서는
확신하지 못합니다. 그와 같은 사람들도 하나님께서 지키십니까? 그
렇습니다! 그들도 대번에 담대하고 철저하게 나오는 사람 만큼 하나
님에 의해서 완전하게 돌보심을 받습니다.

    어떤 사람이 인간 삶의 정상적인 파장을 따라서 어느 곳에 있든지
간에 그것이 해당됩니다. 예를 들어서 어린 아이를 보십시오. 예수님
께 나와 말씀에 반응을 나타냈던 오병이어의 사건의 그 어린 아이는
이러한 일들을 진정으로 믿을 수 있읍니까? 자기가 무엇을 하고 있
는지 그는 알까요? 알고말고요. "그러나 그의 앞에 그처럼 많은 삶
의 여정이 남아 있읍니다. 그래서 그는 많이 자라나야하고 대단히 많
은 변화를 가져올 것입니다. 후에 다른 생각들로 그 마음이 채워져
그리스도로부터 떠나는 일은 없을까요?" 천만에요! 예수 그리스도
께서 그를 지키시기 때문입니다. 만일 여러분이 어린이라면, 평생 예
수 그리스도를 섬길 것을 내다보십시오. 여러분은 잘 알 것입니다.
자람에 따라서 예수님이 놀라운 분이라는 것을 지금보다 더 잘 알게
될 것입니다. 그리고 예수님께서 실로 자기를 지키실 수 있으시며,
자기는 잃어버림 당하지 않을 것이라는 걸 발견하게 될 것입니다.

    스펙트럼(Spectrum)의 다른 끝에 또 다른 사람이 있읍니다. 나이
많은 분이 있읍니까? 언제나 몸이 편치 않습니다. 갈수록 활동량도
줄어듭니다. 그러다가 급기야는 죽게 됩니다. 그런 분이 이렇게 묻는
다고 합시다. "내가 스스로 믿음을 강하게 하도록 자신을 지킬 수 있
을까?" 대답은, 하나님께서 지키실 수 있다입니다. 하나님께서 그런
분을 보존하실 것입니다. 하나님께서는 언제나 그러하셨듯이 늙은 사

람에게도 진실하십니다. 죽을 때에는 더 가까이 계실 것입니다. 더구나, 하나님께서 여러분과 함께 계시며, 지키실 것이라는 사실을 몰라서 두려워한다 할지라도, 사실은 바뀌지 않습니다. 왜냐하면 예수께서 친히, 아버지께서 내게 주신 자들 중 어느 누구도 잃어버리지 않을 것이라고 말씀하셨기 때문입니다.

여러분 가운데 이렇게 묻는 분이 계십니까? "그러나 내가 주님을 부인하는 지점에 이르게 되면 어떻게 하지요?" 저는 감히 담대히 이렇게 대답할 수 있습니다. 곧 예수님께서 그런 경우에라도 여러분을 지키실 것입니다. 실례를 들어달라고요? 베드로를 보십시다. 베드로는 3년 동안 예수님과 함께 지냈습니다. 그러나 예수님께서 십자가에 못박히러 가실 때 베드로는 맹세하며 저주로 예수님을 부인했습니다. 예수님께서 베드로를 버리셨습니까? 아닙니다! 베드로는 그 순간에 주님으로부터 멀리 떨어져 있었던 게 사실입니다. 그러나 주님께서는 베드로에게서 멀리 떠나계시지 않으셨습니다. 그래서 성경에서 보면, 예수님께서 베드로를 돌아다 보셨고, 그 후에 개인적으로 베드로에게 나타나셔서 주님을 섬길 소명을 다시 새롭게 하셨음을 알게 됩니다. 하나님의 지키시는 능력에 대한 교리는 모든 사람들을 위한 것입니다. 여러분이 누구든지, 어떻게 왔든지, 여러분이 무엇을 했든지 또는 하지 않았든지간에 ─그것은 문제가 되지 않습니다. 하나님의 지키시는 능력은 여러분을 위한 것입니다.

하나님은 신실하십니다.

둘째로, 하나님의 지키시는 능력은 예수님께 나온 모든 사람들을 위한 것일 뿐 아니라 그것은 역시 절대적으로 확실합니다. 왜냐하면 그리스도께 나온 자들을 떨어지지 않도록 지키시려는 의지와 능력이 하나님의 것이기 때문입니다. 만일 그 의지와 능력이 사람의 것이라면 확실하지 않을 것입니다.

본문은 하나님의 의지를 말하고 있습니다. 우리는 다음 강론에서 하나님의 의지(뜻)를 더욱 더 상세히 다루어나갈 것입니다.

디모데후서 1 : 12는 하나님의 능력에 대해서 역동적이고 명료하게
말하고 있습니다. 바울은 이 진리를 알고 있는 사람으로서, 하나님께
서는 영적으로 의뢰하는 자들을 지키실 능력을 가지고 있으심을 쓰고
있습니다. "이를 인하여 내가 또 이 고난을 받되 부끄러워하지 아니
함은 나의 의뢰한 자를 내가 알고 또한 나의 의탁한 것을 그날까지
저가 능히 지키실줄을 확신함이라." 이 구절에 대한 영어 번역문도 힘
이 있습니다. 그러나 불어성경은 특별히 더 힘이 있습니다. 그 구절
에 대해서 불어역본은 이렇게 말합니다. "Il a la puissance de gar-
der mon dépot"라고 말합니다. 은행에 돈을 저축하는 것에 빗대어
번역하고 있습니다. 그 불란서어 역본을 문자 그대로 옮기면 이러합
니다. "하나님께서는 내가 그에게 예탁시킨 것을 지킬 능력을 가지
고 계시다." 다른 말로 해서 딤후 1 : 12는, 구원을 위해서 주 예수
그리스도를 믿는다는 건 우리가 영적으로 의탁한 것을 하나님께서 지
키실 수 있음을 실제로 신뢰하는 것이라고 말하고 있습니다. 그것은
하나님께서 그 의탁한 것을 진실로 지키실 것이라는 말씀입니다.

자본 예탁

여러분은 주 예수 그리스도를 믿음으로 말미암아 하나님을 신뢰하
셨습니까? 그렇다면, 여러분이 그분에게 예탁한 자본금을 생각해 보
십시요. 첫째로, 구원을 위해 믿음을 맡기셨습니다. 하나님께서 그것
을 지키실까요? 물론이지요! 성경에 가보면 그리스도께서 이렇게
말씀하심을 발견할 것입니다. "내 양은 내 음성을 들으며 나는 저희
를 알며 저희는 나를 따르느니라 내가 저희에게 영생을 주노니 영원
히 멸망치 아니할 터이요 또 저희를 내 손에서 빼앗을 자가 없느니라"
(요 10 : 27, 28). 다시 우리는 "누가 우리를 그리스도의 사랑에서 끊
으리요 환난이나 곤고나 핍박이나 기근이나 적신이나 위험이나 칼이
라…… 그러나 이 모든 일에 우리를 사랑하시는 이로 말미암아 우리
가 넉넉히 이기느니라 내가 확신하노니 사망이나 생명이나 천사들이
나 권세자들이나 현재 일이나 장래 일이나 능력이나 높음이나 깊음이

나 아무 다른 피조물이라도 우리를 우리 주 그리스도 예수 안에 있는
하나님의 사랑에서 끊을 수 없으리라(롬 8 : 35, 37~39).

주 예수 그리스도의 사랑, 그 얼마나 놀라운 테마입니까! 아무도
우리를 그 사랑에서 끊을 수 없다는 걸 안다는 건 얼마나 놀라운 일
입니까! 우리를 시험하는 것들이 많이 있을 것입니다. 로마서 8장에
서 바울은 하나님의 사랑에서 우리를 끊으려하는 세 가능한 요인들을
열거하고 있습니다. 그러나 바울은 그렇게 열거한 다음에 그 모든 것
을 다 무시하여 버립니다.

첫째로, 죄가 있습니다. 정직한 그리스도인은, 자기가 하나님께 의
롭다함을 얻었지만 여전히 죄인이며 생각과 말과 행실에서 매일 죄를
짓고 있음을 압니다. 그런 사람들은 자기들 의복에 너무 찰싹 달라붙
어 있는 죄를 바라볼 때 염려합니다. 바울은 "그럼 죄에 대해서는 어
떻게 되는 것인가?"라고 묻습니다. "그리스도께서 죄를 위해서 죽으
셨다"(과거시제). 그래서 우리의 죄는 하나님의 보시기에 사함받았
습니다. 어떤 사람이 우리를 송사한다고 생각하고 계십니까? 바울은
"재판장은 하나님이시다"라고 대답합니다. 그리스도인은 가장 높은
법정 피고석에서 사면받았습니다. 그 어느 누구도 그 재판을 다시 열
권리가 없습니다.

둘째로, 바울은 육체의 고통을 말합니다. 외면적 고통 ─환난, 기근,
적신, 위험과 칼─뿐만 아니라, 내면적 고통도 말합니다. 주 예수 그
리스도와 복음을 위해서 핍박을 당했던 사람들이 흔히 당했던 영혼의
고뇌도 있습니다. "기록된바 우리가 종일 주를 위하여 죽임을 당케
되며 도살할 양 같이 여김을 받았나이다 함과 같으니라"(롬 8 : 36 ;
시44 : 22에서 인용한 말씀). 우리가 하나님의 지켜주시는 사랑을 알
게 되는 것은 바로 그러한 고난 속에서입니다.

이 고난을 언급하는 모든 말씀들은 다 흥미롭습니다. 그러나 "환난"
이라는 말은 그것과 관련하여 특히 생생한 정신적 상황을 그려줍니
다. "환난"이라고 번역된 헬라원어는 "억압"이라는 뜻입니다. 그 말
은 "트랩시스"라는 말입니다. 이 말은 원어적으로 일종의 억누르는

것을 뜻합니다—손으로 테이블을 누른다든지, 바람이 돛을 향해 불
어 압력을 가하는 것등. 그러나 시대가 지남에 따라서 그 말은 억압
의 압제나 무거운 짐 등을 의미하게 되었습니다. 이 단계에서 그 동
사형은 "고통을 주다" 또는 "괴롭히다"는 등의 의미를 가지고 있습
니다. 명사형은 "고통", 또는 "재난", 또는 "압제" 등을 뜻하게 되었
습니다. 영어의 "Tribulation"이란 말은 라틴어에서 파생된 말인데,
그 말은 탈곡기를 가리켰습니다. 이삭에서 곡식알을 떼어내는 일이었
습니다. 그 말이 인생의 참화에 적용될 때는 파괴적인 성격을 예리하
게 지적하는 말이 되었습니다.

우리는 역시 그러한 환난도 알고 있습니다. 때로 믿음을 괴롭게 하
는 육체적인 압제도 있습니다. 어떤 때는 조롱이나, 빠른 속도로 진
행해나가는 사회의 긴장으로부터 그러한 정신적인 압력을 받을 때도
있습니다. 그러나 그것이 무엇이든지간에 우리를 그리스도의 사랑에
서 끊을 수 없다는 걸 우리는 알고 있습니다. 하나님께서는 내생에
서 구원을 위하여 영적으로 맡긴 것들을 지키실 수 있습니다.

그리스도의 사랑에서 끊어내려는 세번째 가능한 요인은 초자연적
인 능력을 가진 존재들입니다. 그러나 이러한 것들마저 우리를 그리
스도의 사랑에서 끊을 수 없다고 바울은 말합니다. 바울은 그런 존재
를 얕본 것이 아닙니다. 그는 이 세상에서 영적으로 악한 존재가 있
다는 걸 압니다. 그 자신도 그것과 씨름했습니다. 더구나, 그리스도
인의 삶에 필연적으로 따라오는 투쟁의 궁극적인 차원도 그러하다는
걸 알았습니다. 그는 에베소 사람들에게 이렇게 썼습니다. "우리의
씨름은 혈과 육에 대한 것이 아니요 정사와 권세와 이 어두움의 세상
주관자들과 하늘에 있는 악의 영들에게 대함이라"(엡 6 : 12). 그러나
영적인 세력들이 우리를 대적하여 이겨낼 수 없습니다.

성경은, 그리스도께서 "정사와 권세를 벗어버려 밝히 드러내시고
십자가로 승리하셨다"(골 2 : 15)고 말합니다. 현재 일이나 장래 일
이나 그리스도의 사랑에서 우리를 끊을 수 있을까요? 이러한 것들에
의해서도 우리는 그리스도의 사랑에서 끊어지지 않습니다. 왜냐하면

하나님께서는 창세 전에 그리스도 안에서 우리를 선택하셨기 때문입니다. 또한 시간이 아무런 의미를 가지지 않게 된 후에 영원토록 영광 중에 그와 함께 우리는 있을 것이기 때문입니다.

하나님의 지으신 것

우리는 하나님께 오직 한 가지, 구원을 위한 우리의 믿음을 예탁시켰습니다. 여러분이 그리스도인이라면, 이 세상의 삶에서 여러분 속에서 시작하신 일을 성취하실 것임을 믿는 믿음을 예탁시켰다는 뜻입니다. 하나님께서 그것을 지키실까요? 물론 그렇구말고요! 에베소서 2 : 10은 "우리는 그의 만드신 바라 그리스도 예수 안에서 선한 일을 위하여 지으심을 받은 자니 이 일은 하나님이 전에 예비하사 우리로 그 가운데서 행하게 하려하심이라"고 말합니다. 다른 말로 해서 우리가 예수님께 나아올 때 우리는 다른 종류의 삶으로 건너 뛴 것이며, 우리 자신을 우리를 지으시고, 인도하시고, 밀고 나가시기로 결정하신 분의 손에 의탁시키는 셈입니다. 우리는 우리를 주 예수 그리스도의 형상으로 빚기 위하여(필요하다면) 우리를 찾기까지 하시는 분의 손에 자신을 의탁한 셈입니다.

우리는 또 다른 예를 들어볼 수 있습니다. 그리스도인이라면 하나님께서 시험을 통해서도 자기를 아실 수 있다는 믿음으로 하나님을 의뢰하는 사람이라 할 수 있습니다. 하나님께서 그것을 지키실 수 있을까요? 그렇구말고요. 우리는 이러한 말씀을 읽기 때문입니다. "사람이 감당할 시험 밖에는 너희에게 당한 것이 없나니 오직 하나님은 미쁘사 너희가 감당치 못할 시험당함을 허락지 아니하시고 시험당할 즈음에 또한 피할 길을 내사 너희로 능히 감당하게 하시느니라"(고전 10 : 13). 하나님께서는 틀림없이 여러분이 맡기신 자본금을 지키실 수 있습니다.

하나님께서 그 자본금에 대하여 지불하여 주시는 배당금은 얼마나 놀랍습니까! 우리가 이 세상과 내생에서 안전하게 보호받을 뿐만 아니라 하나님의 베퍼주시는 복락에 부요하게 참여하게 됩니다. 하나님

의 사랑에 참여하게 됩니다. 기쁨이 있습니다. 지각을 초월하는 평강
도 있습니다. 그 외에 수천의 다른 복락들도 있습니다.

　우리가 살아가는 삶 속에서 존재하는 이러한 것들을 보고 용기를
얻어야 합니다. 어떤 어린 소년이 은행에 신규구좌를 내기 위해 1페
니(영국의 화폐 중에서 가장 작은 단위)를 들고 갔었다고 합니다. 그
소녀는 창구 직원에게 "선생님 이 은행에 1페니를 맡겨두고 싶은데
요."라고 말했습니다. 그 직원은 심각한 표정으로 그 1페니를 받아들
고 은행장부에 소년의 이름과 함께 그 액수를 적었습니다. 그런 다음
에 그 소년에게 통장을 돌려주었고, 그 소년은 떠나갔습니다. 잠
시 후에 그 소년이 다시 은행에 돌아와서 그 직원을 쳐다보고 서 있
었습니다. "왜 그러지 무슨 일이야, 어린 손님?" 이라고 물었습니다.
"저 선생님 제가 맡긴 그 페니가 아직도 은행에 있는지 알아보고 싶
군요." 그 직원은 그 소년이 보도록 1페니를 들어보였습니다. 그
소년은 미소를 지으면서 떠나갔습니다.

　우리도 하나님께 그러한 일을 할 수 있는 특권이 있습니다. 하나님
께서는 어린애 같은 우리의 질문에 화내지 아니하십니다. 그러니, 시
간이 가고 (많은 그리스도인들에게 그러하듯이) 영적인 일들과 우리
의 안전에 대한 문제로 의심이 가기 시작할 때, 하나님께서는 우리
가 하나님께 나와서 다음과 같이 말하도록 주장하십니다. "실례지만
주님, 제가 주님께 맡긴 그 영적인 것들이 아직도 은행에 있는지 알아
보고 싶군요." 만일 우리가 원한다면 하나님께서는 우리의 보증을 서
주실 것입니다. 그러기 때문에 바울은 빌립보 사람들에게 우리가 받
을 배당금에 대한 것을 언급하면서 이렇게 쓸 수 있었습니다. "아무
것도 염려하지 말고 오직 모든 일에 기도와 간구로 너희 구할 것을
감사함으로 하나님께 아뢰라 그리하면 모든 지각에 뛰어난 하나님의
평강이 그리스도 예수 안에서 너희 마음과 생각을 지키시리라"(빌 4
: 6, 7).

　어디서 그것이 여러분과 조화를 이룹니까? 여러분은 약속하신 모
든 것을 행하실 수 있는 하나님을 믿습니까? 구원하시고 떨어지지

않도록 지키실 그 하나님을 믿느냐는 말입니다. 아니면 불확실하고 흔들립니까? 만일 여러분이 하나님을 먼저 바라보지 않고 세상을 바라본다면 흔들리게 하는 것들이 많을 것입니다. 먼저 하나님을 바라보는 법을 배우십시요. 여러분이 맡긴 영적인 것들을 안전하게 지키실 수 있는 저 위대한 하나님을 먼저 바라보는 법을 말입니다.

27

예수님에 의해 확증된
하나님의 뜻

"내 아버지의 뜻은 아들을 보고 믿는 자마다 영생을 얻는 이것이
니 마지막 날에 내가 이를 다시 살리리라 하시니라"(요 6 : 40).

"이 세상에서 죽음과 세금만큼 확실한 것이 없다." 매우 조소적인
투로 그렇게들 말합니다. 이것이 구원받지 못한 사람에게는
부분적으로 진리일 수 있읍니다. 그러나 그리스도인들에게는 분명히
해당되지 않습니다. 한 가지 예로, 예수님께서는 어느 순간에 자기
백성들을 위하여 다시 오실 것이기 때문입니다. 그때 백성들은 죽음
을 피할 것입니다. 또 다른 예로, 그리스도인은 다른 사람에게 어떠
한 경우가 해당되든지 간에 자기에게 더 확실한 것들이 있다는 의식
으로 그런 속담적인 말을 살펴볼 수 있기 때문입니다.

요한복음의 바로 이 부분에서 그와 같이 확실한 것들 여러 가지를
대하게 됩니다. 예수님께서 말씀하시는대로, 그러한 것들이 확실한
것은 하나님 아버지와 아들 하나님의 조화된 뜻에 기초하고 있기 때
문입니다. 아버지와 아들의 뜻이 완전하게 강한 결속을 이루고 있음

을 느낄 수 있으려면 예수님께서 자기를 따르는 사람들에게 하신 약속들 중 하나를 상기하면 됩니다. 예수님께서는 이렇게 말씀하셨읍니다. "진실로 다시 너희에게 이르노니 너희 중에 두 사람이 땅에서 합심하여 무엇이든지 고하면 하늘에 계신 내 아버지께서 저희를 위하여 이루게 하시리라"(마 18: 19). 우리의 뜻이 땅에서 이루어지는 것이 사실이라면(성령의 축복과 인도를 받을 때), 성부 하나님, 성자 하나님, 성령 하나님의 뜻이 결속될 때 그것은 얼마나 더욱 확실하게 이루어질 것입니까?

예수님께서 요한복음 6장 40절의 말씀도 그러한 의미에서 하신 것입니다. "내 아버지의 '뜻'은 아들을 보고 믿는 자마다 영생을 얻는 이것이니 마지막 날에 '내가 이를 다시 살리리라.'" 우리가 이 본문을 좀더 자세히 살펴보기 위해 노력할 때 무엇보다 먼저 하나님의 주권적인 뜻을 살펴보기로 합시다. 그런 다음에, 이 뜻이 예수님에 의해서 확증된 사실을 살펴봅시다. 그리고 세번째로, 하나님 아버지의 뜻과 성자 하나님의 뜻이 결속되는 범주를 살펴봅시다. 네째로, 하나님께서 지금 우리를 위해서 자신의 뜻을 이행하시기로 작정하셨다는 진리를 살펴봅시다. 우리는 결론으로, 하나님의 선하시고 완전한 이 뜻이 자신을 그리스도인으로 부르는 모든 사람에 의해서 확증되어야 함을 말씀드릴 것입니다.

하나님의 뜻

우리는 먼저 하나님의 주권적인 뜻부터 생각해 봅시다. 그 뜻에 대해서 우리가 무어라 말해야 할까요? 먼저, 그 하나님의 주권적인 뜻은 우리가 지상에서 알 수 있는 것을 초월하여 위에 있습니다. 실로 그 뜻은 모든 만사의 원인이요, 그 뜻에 따라서 모든 만물이 질서지워집니다. 하나님의 뜻은 절대적입니다. 제한을 받지 않습니다. 하나님의 뜻은 그 자체에 의해서 정해진 것입니다. 하나님께서는 자신의 계획을 세우시고 실천해나가실 때 어느 누구와도 상의하실 필요가 없읍니다. 하나님의 뜻은 독단적인 것입니다. 하나님의 뜻은 고정되어

있읍니다. 왜냐하면 하나님의 뜻은 변화하는 환경에 따라서 달라질
필요가 없기 때문입니다. 하나님의 뜻이 환경을 통제합니다. 왜냐하
면 하나님의 뜻은 전능하기 때문입니다. 하나님께서는 "나 여호와는
변역지 아니한다"(말 3 : 6)고 말씀하십니다. 야고보는 하나님에 대
해서, "각양 좋은 은사와 온전한 선물이 다 위로부터 빛들의 아버지
께로서 내려오나니……회전하는 그림자도 없으시니라"(약 1 : 17)
고 말하였읍니다. 하나님의 뜻은 항거할 수도 없읍니다. 왜냐하면 하
나님께서는 처음부터 끝을 예고하셨고, 자기에게 오는 모든 자들을
보호하여 지키실 것이라고 약속하셨기 때문입니다.

   하나님의 뜻을 어떻게 바꾸겠읍니까? 더 나은 것으로 바꾸겠읍니
까? 더 나은 것으로 바꿀 수 없읍니다. 왜냐하면 하나님의 뜻은 거
룩하고 의롭고 선하고 완전하기 때문입니다. 여러분은 하나님의 뜻을
완전하게 바꿀 수 없읍니다. 또한 더 악한 것으로 바꾸겠읍니까? 물
론 그것도 안됩니다. 그러한 일이 가능하다 할지라도 하나님께서 완
전치 아니하실 걸 원하지 않을 것이기 때문입니다.

   예수님께서는 "나를 보내신 이의 뜻은……"이라고 말씀하십니다.
우리가 그 구절을 읽을 때 두려운 마음이 들게 됩니다. 그러다가 우
리를 구원하는 것이 하나님의 뜻이라는 말씀을 읽게 될 때에야 그 두
려움을 털게 됩니다. 스펄전은 이렇게 썼읍니다. "오 하나님, 제가
그 구절을 읽기까지 당신의 뜻이 무엇인지 궁금하여 두려워 떱니다.
당신의 뜻이 무엇일지 저는 모릅니다. 당신의 뜻은 반드시 이루어진
다는 걸 알고 있기 때문에, 아버지의 뜻이 긍휼임을 읽고, 아버지의
뜻은 사랑이며 아버지의 뜻은 구원이라는 것을 알게 되기까지 공포
로 당신의 발 앞에 엎드려 있읍니다. 그런 다음에야 내 마음은 환희
와 기쁨으로 당신의 품 속으로 뛰어들어 들어갑니다. 당신의 전능하
시고 변함 없으신 뜻은 그처럼 선하고 그처럼 사랑과 인애로 가득 찼
다는 걸 생각하고 말입니다."

   확증된 하나님의 뜻

둘째로, 이 대목은 하나님의 선하시고 자비로운 뜻이 하나님에 의해서 확증되었다고 말해줍니다. 예수님께서는 사실 이렇게 말씀하고 계신 셈입니다. "그렇다. 나도 찬동한다. 그것이 내 뜻이기도하다. 나는 스스로 맹세하여 이 온전하고 사랑어린 뜻을 이루고야 말겠다."

저는 이 진리를 '심리(審理)가 열리는 법정에 나타나기로 되어있는 최고 권위 있는 증인의 보호자가 되겠다고 스스로 서약하는 보안관의 서약방식'을 통해서 예증하려 합니다. 법정은 소환장을 통해서 그 증인을 채택합니다. 그는 위험합니다. 왜냐하면 피고의 친구들이 그 피고에게 불리한 증언을 하지 못하도록 죽이려 할 수도 있기 때문입니다. 재판관은 보안관을 부릅니다. "나는 이 증인이 다음 금요일 법정에 나타나기를 원합니다. 아무 일도 그에게 일어나서는 안됩니다. 난 당신에게 그 증인을 보호하도록 요청합니다. 오전 열시 삼십분에 그를 법정까지 데리고 오십시오." 그 보안관은 그 증인을 받아들이고 그를 위해서 보증자가 되며 사실상 이렇게 말합니다. "재판관님의 뜻을 제 뜻으로 삼겠읍니다. 다음 금요일 정해진 시간에 그 증인이 여기 오도록 책임지겠읍니다." 예수님께서 우리를 위해서 바로 그 일을 하셨읍니다. 예수님의 경우와 보안관의 경우와 다른 것 오직 한 가지는, 세상 증인의 경우에는 보안관의 보호를 받아도 피해를 입을 수 있지만, 예수님께 맡겨진 사람들은 잃어버릴 염려가 전혀 없다는 것입니다.

예수님께서는 십자가로 나아감으로써 하나님의 뜻을 대번에 확증하셨읍니다. "내가 왔나이다. 나를 가리켜 기록한 것이 두루마리 책에 있나이다. 나의 하나님이여 내가 주의 뜻 행하기를 즐기오니 주의 법이 나의 심중에 있나이다"(시 40:7, 8; 히 10:7은 참조). 그는 더 나아가 방황하는 모든 사람들을 자신에게로 이끌고, 그들을 거룩하게 하시고, 아무 죄나 흠이나 주름잡힌 것이 없이 아버지께 알현할 순간까지 그들을 항거할 수 없을 정도로 인도하심으로써 그 뜻을 확증하십니다.

확실한 구원

이 대목에는, 우리에 대한 하나님의 뜻의 삼중적 영역이 언급되어 있습니다. 첫째로, 37절은 하나님의 뜻이 우리를 "선택"하시는 데서 나타났음을 말합니다. "아버지께서 내게 주시는 자는 다 내게로 올 것이요 내게 오는 자는 내가 결코 내어 쫓지 아니하리라." 이 구절의 의미는 너무나 명백합니다. 하나님께서 어떤 부류의 사람들을 선택하셨고, 선택하신 그 모든 사람들을 그리스도께 주셨고, 그 모든 사람들은 다 그리스도께 나오게 될 것이라는 뜻입니다. 그 구절은 더 나아가서, 예수님께서 자기에게 그렇게 나아오는 사람을 어느 누구라도 내쫓지 아니할 것이라고 약속하심으로써 하나님의 뜻은 이 국면을 확증하심을 일러주고 있습니다.

저는 어째서 이 교리가 그렇게 많은 사람들에 의해서 완강하게 거부당하는지 그 이유를 통 모르겠습니다. 그 교리는 단순히 사람의 정상적인 사고방식과 같지 않고 사람의 소원들과 거스른다는 사실에서만 그 이유를 발견할 수 있을 뿐입니다. 사람들은 선택에 대해서 말하면 죄에 대한 인간의 책임이 약화된다고 상상했습니다. 그러나 그렇지 않습니다. 물론 어떤 사람들은 선택의 교리를 설교하되 사람이 책임이 없다는 식으로 설교한다는 건 사실입니다. 그러나 그것은 하나님의 말씀의 명백한 교훈을 따르기보다는 이성의 지시를 따른 것에 불과합니다. 하나님께서 선택하십니다. 그러나 사람들도 역시 책임이 있습니다. 그래서, 저는 강단에 서서 알미니안이 사람의 죄에 대해서 설교할 수 있는 것은 어떤 것이든지 설교할 수 있습니다. 또한 사람이 주 예수 그리스도께 자신의 뜻을 복종해야 될 필요성도 설교할 수 있습니다. 사람이 주 예수 그리스도를 자기의 구주로 믿지 않는다면, 그 믿지 않은 책임은 자신에게 있는 것입니다. 그러므로 그런 사람은 마땅히 이미 정죄 아래 있어야 합니다. 구원을 받으려면 그리스도께 나와야 합니다. "사람이" 그렇게 해야 합니다. 자신을 그리스도께 복종시켜야 합니다. 그러나 이와 같은 본문에 이르게 될 때 동등한 힘을 주어 다음과 같이 선언할 수 있습니다. 그리스도께 나오는 사람은 하나님께서 창세 전에 그리스도 안에서 선택하셨고 불가항력적인 은혜로 그 사람을 깨우쳐 그리스도가 누구인지 보도록 눈을 열어주셔서, 그를 영접해야겠다는 쪽으로 의지가 작용했기 때문입니다.

어떤 사람은 두 표지가 붙어있는 구원의 문을 묘사함으로써 이 점을 예증했습니다. 바깥 쪽에는 "누구든지 오라"고 쓰여져 있고, 안쪽에는 "창세 전에 그리스도 안에서 선택되었음"이라고 쓰여져 있습니다. 그런 말을 들으면 여러분은 "그러나 내가 그 선택받은 사람들 중에 있는가?"라고 물어볼 것입니다. 저는 모릅니다. 그리스도를 믿으십시요. 여러분이 그리스도를 믿든지 거절하든지 한 후에야 여러분에게 그 대답을 해드리겠습니다. 만일 여러분이 믿는다면, 여러분을 선택하신 하나님 아버지의 뜻이 성자(聖子)에 의해서 확증되었기 때문입니다.

둘째로, 39절은 아버지의 뜻이 "우리를 보전"하는 문제와 관련하여 아들의 뜻에 의해서 확증되었음을 일러줍니다. "나를 보내신 이의 뜻은 내게 주신 자 중에 내가 하나도 잃어버리지 아니하고 마지막 날에 다시 살리는 이것이니라." 이 구절은, 예수 그리스도를 믿지 않은 자는 어느 누구라도 다 잃어버림을 당하는 것이 하나님의 뜻임을 말하고 있습니다. 예수님께서는 자기 아버지의 뜻을 믿는 모든 자들을 마지막 날에 다시 살리실 것이라고 약속하심으로써 확증하셨는데 39절은 그 점을 말해주고 있습니다.

흥미 있는 것은 그 약속을 문자 그대로 하면 그리스도께서 "아무것도" 또는 "어떤 것도" 잃어버리지 않을 것이라는 뜻입니다. 이것은 분명히 "아무도"라는 뜻임에 틀림없습니다. 그러나 그 대명사가 중성(中性)이라는 사실은 그보다 더한 것을 함축합니다. 예수를 믿는 사람들 중의 어떠한 부류도 뒤에 남겨지지 않을 것이라는 뜻입니다. 예수 그리스도께서 말씀하신 구원은 영혼만의 구원이 아니라 전체적인 구원입니다. 우리는 영과 혼과 몸이 다 구원받아야 합니다. 이 본문은 애굽에서 하나님께서 모세를 통해 유대인들에게 주신 위대한 약속을 상기시켜 줍니다. 하나님께서 그 백성들을 구해내실 때, 어떤 사람들은 구하고 다른 어떤 사람들은 그대로 내버려두는 것 같은 그런 일을 하지 아니하셨습니다. 사람들만 구하고 그 재산은 뒤에 남겨두는 식으로 하지도 아니하셨습니다. 그 약속은 "생축도 우리와 함께 가고 한 마리도 남길 수 없다"는 것이었습니다. 그 약속이 우리에게 해당될 때 우리 가운데 어느 누구에게 관련된 것이라도 하나도 잃어버리지 않을 것이라는 뜻입니다.

결국, 예수님께서는 우리가 "지금 새로운 성질의 삶"으로 들어가는 문제에 있어서 하나님의 뜻을 확증하십니다. 40절은 "내 아버지의 뜻은 아들을 보고 믿는 자마다 영생을 얻는 것이니 마지막 날에 내가 이를 다시 살리리라 하시니라"고 말합니다. 영생이 지금부터 우리에게 주어집니다. 그래서 이 구절은, 앞에서 말한 이른바 하나님의 지키시는 능력에 대한 개념에다가 하나님께서 자신의 뜻을 지금 현재 우리 속에서 이루시기로 작정하셨다는 동등하게 중요한 개념을 첨가하고 있습니다. 우리가 처음 그리스도를 믿는 순간에 하나님께서 우리 안에서 일을 시작하시고 우리가 죽는 순간에 그 일을 끝마치시지만 현재 우리에게 일어나는 일에 대해서는 전혀 무관심하시다고 생각해서는 안됩니다. 그것은 얼토당토 않은 비성경적인 생각입니다. 오히려, 하나님께서 우리 속에 자기 자신의 영원한 생명을 넣으셨다는 사실이 우리가 살고 생각하고 행동하고 자라나는 방식에까지 그의 뜻이 확장되었다는 증거입니다.

하나님께서 정하셨다.

다른 구절들도 그 점을 가르칩니다. 빌립보서 1 : 6이 바로 그 구절입니다. "너희 속에 착한 일을 시작하신 이가 그리스도 예수의 날까지 이루실줄을 우리가 확신하노라." 이 구절은 그리스도인이 죽거나, 예수께서 그리스도인을 본향으로 이끌기 위해서 다시 오시는 순간까지 이 세상의 삶을 통해서 하나님의 계획을 그리스도 안에서 이행해 나가실 결심을 하나님께서 하셨음을 진술하고 있습니다. 로마서 8 : 28, 29는 역시 현재 그리스도인의 삶 속에서 나타나는 하나님의 의도를 말하고 있읍니다. "우리가 알거니와 하나님을 사랑하는 자 곧 그 뜻대로 부르심을 입은 자들에게는 모든 것이 합력하여 선을 이루느니라 하나님이 미리 아신 자들로 또한 그 아들의 형상을 본받게 하여 미리 정하셨으니 이는 그로 많은 형제 중에서 맏아들이 되게 하려하심이니라."

우리가 그 진술을 이해하기만하면 이는 매우 괄목할만한 진술입니다. 그 문제를 단도직입적으로 표현하자면, 그 진술은 하나님의 위대한 목적(우리의 선택, 부르심, 보존 등은 그 위대한 목적의 일부에 지나지 않음)은 예수 그리스도를 믿는 각 사람으로 하여금 예수님 같이 만드는 데 있다는 뜻입니다. 하나님께서는 자기 아들을 기뻐하신 나머지 수천 수백만의 죄인들을 지으시고 부르셔서 그들 속에서 예수 그리스도를 재현시키고, 전에는 그리스도가 하나 밖에 없던 우주에 수천 수백만의 그리스도들로 가득 차게 하신다는 뜻입니다. 그렇다고 해서 우리가 하나님이 된다는 뜻은 아닙니다. 하나님은 여전히 하나님이고 우리는 그의 자녀들이요, 그의 피조물에 속합니다. 그러나 우리가 그처럼 예수 같이 될 것이라는 뜻입니다. 우리가 변화된다는 것은 바로 그런 의미에서 말하고 있는 것입니다.

그렇다고 해서 우리가 얼마나 선해져가고 있는지를 갈수록 의식하게 된다는 뜻은 아니라고 생각합니다. 정반대입니다. 우리는 갈수록 우리가 얼마나 죄인인가를 더 잘 알게 될 것입니다. 그리스도인의 생애를 시작한 바울이 초기에는 자신을 "사도들 중에 가장 작은 자" (다시 말하면 그 자신을 낮추어 "열 세번째"로 생각했음)로 부르더니, 그의 생애가 끝나갈 무렵에는 자기 자신이 "죄인 중 죄수"임을 알게 되었읍니다(고전 15 : 9 ; 딤전 1 : 15 ; 엡 3 : 8은 참조). 우리는 갈수록 거룩해져가는 것을 의식하지 못할 것입니다. 그러나 우리의 죄에 대해서 갈수록 더 많이 의식하면서도 더욱 예수님을 닮아가게 될 것입니다. 그리고 갈수록 그리스도가 우리를 통제하도록 허락하여 그리스도의 생명이 더욱 더 우리 속에서 드러나게 할 것입니다. 그것을 다른 말로 표현하자면, 성경이 이르는 바 성령의 열매가 더

나타날 것이라는 뜻입니다. "오직 성령의 열매는 사랑과 희락과 화평
과 오래 참음과 자비와 양선과 충성과 온유와 절제니"(갈 5 : 22, 23).
이것도 역시 예수님에 의해서 확증된 하나님의 뜻의 한 국면입니다.

　그러나 이 문제에 있어서 음울한 측면이 있습니다. 불가피하게도
하나님의 주권적이고 항거할 수 없는 뜻과 우리의 뜻이 갈등을 일으
키는 때가 있을 것이며, 그 불가항력적인 피할 수 없는 뜻을 우리가
항거하고자 애쓸 때가 있을 거라는 사실 때문입니다. 그런 일이 있을
때, 하나님께서는 우리를 다루기 시작하실 것이며, 그의 다루심은 더
욱 더 예리해져 결국 하나님께서 정하신 길로 우리가 돌아서게 될 것
입니다.

　오늘날 과학의 세계에서 누구나 다 대륙이동설에 관하여 말을 하고
있읍니다. 그 이론은 여러 형태의 지질채취검사와 지표의 정확한 위
치계산을 통해서 갈수록 확장되는 것처럼 보입니다. 이 이론에 따르
면, 지구의 표층(물 위나 물 아래 모두)은 소위 지판(地板, Plate)
이라 불리우는 여러 큰 조각으로 나뉘어진다는 것입니다. 이 지판들
은 천천히 육중하게 움직이고 있다고 합니다. 그래서, 한 실례를 들
어들어 말하자면, 북미와 남미는 한 지판에 속한 부분으로서, 유럽이
속해 있는 지판으로부터 매년 1인치 정도의 간격으로 멀어져가고 있
다는 것입니다. 이 지판은 미국 서부해안에서 태평양 밑에 깔린 엄청
난 지판 옆을 지나가고 있다합니다. 이런 경우에 이동은 훨씬 더 빨
라집니다. 과학자들은 지판의 양 끝이 매년 8인치 정도 벗어난다고
평가합니다. 아무도 그 큰 땅덩어리를 움직이도록 하는 세력을 이해
하지 못합니다. 그러나 그 큰 땅덩어리들이 움직이고 있읍니다. 그
움직임은 항거할 수 없이 분명하게 진행되고 있읍니다.

　제가 이 예화를 드는 이유는, 지진이 일반적으로 이러한 지판들이
만나는 선을 따라서 일어난다는 사실 때문입니다. 그러나 —이것은 중
요합니다 —그 선의 모든 지점마다에서 지진이 일어나는 것은 아닙니
다. 산 안드레스(San Andreas) 단층이 그 한 실례입니다. 1906년
에 일어난 샌프란시스코 지진과 같이 무서운 지진이 여러 곳에서 있

었읍니다. 또는(더 남쪽으로 내려가) 1972년 11월에 니카라과의 마
나과를 황폐화시킨 대지진도 일어났읍니다. 같은 선상(線上)에 있는
여러 다른 곳에서는 그러한 지진이 하나도 없었읍니다. 또 분명히 그
러한 지진이 나타나지 않을 것입니다. 그러면 그 차이는 무엇입니까?
큰 지진이 일어났던 곳에서는 두 땅덩어리의 끝들이 서로 맞물려 이
동하는 것을 막았다는 사실에서 그런 차이가 나타난 것입니다. 압력
이 서로 가중됩니다. 급기야는 갑작스럽게 터지는 일이 일어납니다.
1857년에, 산 안드레스 단층의 태평양 쪽과 로스앤젤레스 가까이에
있는 포르트 테존 지역이 30피트 정도까지의 높이로 단층현상이 일
어났읍니다. 반면에, 지진이 하나도 없는 곳에서는 땅덩어리들이 서
로 물리지 않습니다. 그래서 서로 맞물려 조절되는 일이 점진적으로
일어납니다. 지리학자들은 이러한 지역에서 일어나는 움직임을 서행
이동(徐行移動)이라고 말합니다.

그것을 여러분의 삶을 위한 하나님의 뜻에다 적용시킬 수 있을까
요? 하나님의 뜻은 여러분에게 있어서 큰 대륙 지판의 이동처럼 불
가항력적인 것입니다. 하나님의 뜻을 우리가 이해할 수는 없읍니다.
그러나 그것은 언제나 움직여나가고 있고 정해진 비율을 따라서 정확
하게 움직여 나갑니다. 여러분은 어떻게 하시겠읍니까? 그것을 저항
하시겠읍니까? 그렇다면,. 그 힘이 한꺼번에 밀리게 되고, 하나님께
서는 여러분의 삶을 갑작스럽게 조정하는 일을 단행하실 것입니다.
아니면 여러분이 그 하나님의 뜻에 점진적으로 자신을 복종시키겠읍
니까? 하나님의 은혜로 말미암아 여러분의 눈이 열려져 매일 하나님
의 길을 보고 그 길로 행하게 될 때 여러분은 그 하나님의 뜻에 점진
적으로 복종할 것입니다.

28

불신앙의 수군거림

"자기가 하늘로서 내려온 떡이라 하시므로 유대인들이 예수께 대하여 수군거려 가로되 이는 요셉의 아들 예수가 아니냐 그 부모를 우리가 아는 데 제가 지금 어찌하여 하늘로서 내려왔다 하느냐 예수께서 대답하여 가라사대 너희는 서로 수군거리지 말라 나를 보내신 아버지께서 이끌지 아니하면 아무라도 내게 올 수 없으니 오는 그를 내가 마지막 날에 다시 살리리라 선지자의 글에 저희가 다 하나님의 가르치심을 받으리라 기록되었은즉 아버지께 듣고 배운 사람마다 내게로 오느니라 이는 아버지를 본 자가 있다는 것이 아니라 오직 하나님에게서 온 자만 아버지를 보았느니라 진실로 진실로 너희에게 이르노니 믿는 자는 영생을 가졌나니" (요 6 : 41~47).

기독교에 있어서 가장 확실한 사실들 중 하나는, 인간이 영적으로 완전히 부패했다는 교리와 구원의 문제에 있어서 하나님의 선택하시는 은혜의 필연성을 설교할 때 그걸 듣는 많은 사람들이 분개한다는 점입니다. 그리스도의 때에도 그러하였습니다. 우리 시대에도 역시 그러합니다. 더구나, 시대마다 나타난 그러한 실례나 역사적인 실증을 찾기 위해서 멀리까지 갈 필요가 없습니다.

유대 지도자들

그리스도 때에 정확히 바로 그러한 일이 일어났습니다. 그러므로 요한복음 6 : 35～40에 나오는 이른바, 구원의 문제에 있어서 하나님의 은혜의 필연성을 가르치신 예수님의 교훈이 이스라엘 지도자들 중에서 강한 반발과 불만을 즉각 야기시켰습니다. 그걸 보더라도 놀랄 것이 없습니다. 요한복음서기자는 그 순간을 다음과 같이 보고하고 있습니다. "자기가 하늘로서 내려온 떡이라 하시므로 유대인들이 예수께 대하여 수군거려 가로되 이는 요셉의 아들 예수가 아니냐 그 부모를 우리가 아는데 제가 지금 어찌하여 하늘로서 내려왔다 하느냐?" (41, 42절).

이 구절들에 나오는 사람들과 앞에서 나왔던 사람들과는 다르고 장소도 다릅니다. 예수님은 이때까지 갈릴리 바다 저편에서 가버나움까지 자기를 따라왔던 군중들에게 일반적으로 말씀하여 오셨던 것입니다. 이제는 예수님의 가르침을 들었던 지도자들에게 말씀하고 계십니다. 아마 59절이 암시하는 바와 같이 가버나움의 회당에서 말씀하고 계신 걸로 보아야 합니다. 예수님께서는 이 논쟁에서 자기의 가르침을 재진술하고 구약과 체험을 통해서 그 교훈의 증거를 제시하고 계십니다.

어쨌든간에, 우리가 맨 먼저 대하는 바는 유대 지도자들이 예수님을 보고 "수군거렸다"는 사실입니다. 수군거렸다는 것은 무슨 뜻입니까? 그 뜻을 이해하고, 우리가 요한복음에 대해서 행하고 있는 일과 관련하여 그것이 얼마나 밀접한가를 이해하려면, "수군거리다"는 말이 영어에서는 독특한 의성어(擬聲語) 가운데 하나라는 것을 인식해야 합니다(영어로 "Murmur"이란 말인데 그것은 수군거리며 중얼중얼하는 모습을 의성어적인 표현으로 나타낸 단어임 -역자주). "Hiss" 도 그러한 말입니다(Hiss는 뱀과 같은 동물이 '쉬' 소리를 내고 지나가는 것을 뜻함 -역자주). "Tinkle"도 그러한 말입니다(Tinkle은 방울소리가 연달아 나는 것을 뜻하는 말 -역자주). "Buzz"도 그러한 말입니다(Buzz는 벌 같은 것이 바쁘게 윙윙거리며 날아다니거나, 기계 같은 것이 바쁘게 윙윙거리며 돌아가는 모습을 묘사하는 말임 -역자주). 그러한 독특한 말들은 그 말이 가진 고유한 성격 때문에 시어(詩語)에서 자주 쓰여집니다. 그러한 솜씨를 발휘한 것 중에 서 가장 오래된 실례 중 하나(전문적인 용어로는 의성어(擬聲語)적 인 어법으로 알려져 있음) 아리스토페네스(Aristophenes)의 연극 "개구리들"(The Frogs)입니다. 개구리처럼 꾸룩꾸룩 소리를 내는 사람들에게 한 대사를 외우도록 했습니다. 아리스토페네스는 이렇게 썼습니다.

『꾸룩꾸룩 꽉꽉!』

영어에서 보다 더 잘 알려진 실례는 에드가 엘렌 포우(Edgar Allan Poe)의 "방울"(The Bells)이라는 시(詩)입니다. 어느 정도로 이 시 전체는 그 기법 위에 세워져 있다 할 수 있습니다. 그러나 다음의 시구(詩句)는 그 실례를 보여줄 것입니다.

방울소리, 쇠방울소리가 울리는 소리를 들으라!
그 방울소리가 엮어내는 단조로운 소리는
얼마나 엄숙한 생각의 세계를 열어 놓는가!
밤의 정막 속에서
그 방울소리의 율조가 빚어내는
음울한 위협에
우리는 놀람으로 얼마나 와들거리는가!

포우가 이 연(聯)에서 선택한 어휘는 묘사되고 있는 것이 무엇인 지를 암시해 줍니다. 정확히 같은 방식으로, 수군거리다(Murmur) 는 것은 그 수군거리는 소리를 통해서 다른 사람이 말하고 있는 것을 찬동하지 않거나 거부감을 나타낸다는 걸 암시하는 것입니다. 어떤 가르침에 대하여 분개하거나 반감을 가질 때 군중석에서 무질서하게 일어나는 소리가 바로 그 수군거림입니다. 그리스도의 가르침에 대하 여 그리스도 때의 지도자들이 바로 그러한 일을 하고 있었습니다. 오 늘날 우리가 사는 시대에도 그렇게 하는 사람들이 있습니다. 사실 그 죄에서 벗어나는 사람은 거의 없다고 할 수 있읍니다.

그리스도의 대답

유대 지도자들의 반론이 그리스도의 가르침을 직접적으로 비평하는 것보다 그리스도의 인격을 비평하는 형식을 취하고 있음은 흥미롭습니다. "자, 주목해보라. 우리가 네 말에 동조할 수 없고 네 관점이 틀렸다고 생각하는 세 가지 이유가 있다"는 식으로 말하지 않았읍니다. 그렇게 하기에는 그리스도의 가르침이 너무나 일관성 있었고 너무나 자증적(自證的)이었읍니다. 그래서 그들은 인격적인 차원에서 주님을 공격하면서 사실 이렇게 말했읍니다. "그의 말을 듣지 말라. 그는 갈릴리 시골뜨기 출신이다. 목수 요셉의 아들이야. 우리 말을 들으라." 그들은 그렇게 함으로써 자기들이 얼마나 신사인체 하는 위선인가를 드러냈으며, 자기들의 교만을 과시했고, 자기들의 무지를 노출시켰읍니다. 우스운 일은, 그들은 동정녀 탄생의 사건이 있었음과 그리스도의 참 아버지는 하나님이라는 사실을 전혀 인정치 않았읍니다.

예수께서 무어라 대답하셨읍니까? 예수님께서 개인적인 차원에서 자신을 방어하는 대답을 하지 아니하셨다는 걸 주목하는 것은 중요합니다. 우리 같으면 그렇게 했을 것입니다. 물론 그렇게 하실 수도 있었읍니다. 그러나 주님께서는 그러기보다 자신의 가르침으로 돌아가 그것을 재진술하고, 그 진술에 대한 두 증거를 제시하셨읍니다. 이것은 주님의 가르침을 듣던 사람들로 하여금 스스로 그 가르침을 탐사해 보도록 촉구하는 하나의 도전이었읍니다. 결국, 예수님께서는 자신의 가르침을 재진술하고 증거를 제시한 다음, 다시 마지막 때에 대한 교훈을 진술하셨읍니다. 그 교리를 내포하는 구절들은 이렇게 기록되어 있읍니다. "나를 보내신 아버지께서 이끌지 아니하면 아무라도 내게 올 수 없으니 오는 그를 내가 마지막 날에 다시 살리리라 선지자의 글에 저희가 다 하나님의 가르치심을 받으리라 기록되었은즉 아버지께 듣고 배운 사람마다 내게로 오느니라 이는 아버지를 본 자가 있다는 것이 아니라 오직 하나님에게서 온 자만 아버지를 보았느니라 진실로 진실로 너희에게 이르노니 믿는 자는 영생을 가졌나니"
(요 6 : 44~47).

우리는 이 진술들을 한꺼번에 취급해 볼 필요가 있습니다. 첫째로,
예수님께서는 앞에서 말씀하셨던 것을 되풀이하십니다. 다만, 이 시
점에서는 보다 더 예리한 어조로 말씀하고 계십니다. 앞에서는 "너희
는 나를 보고도 믿지 아니하는도다 하였느니라 아버지께서 내게 주시
는 자는 다 내게로 올 것이요"(36, 37절)라 말씀하셨습니다. 이 말씀
은, 하나님 편에서 특별하게 그 사람을 위해서 행동하지 아니하시면
아무라도 올 수 없다는 뜻입니다. 그러나 이제는 그 점을 소극적으로
말씀하지 아니하십니다. 그리스도께서는 "이끌지 아니하시면 아무라
도 내게 올 수 없으니"라고 말씀하십니다.

이 구절은 그 어조에 있어서 너무나 직설적인 나머지, 여기서 그리
스도가 가르치시는 선택교리를 받아들이려는 사람들과 합리적이고 인
문주의적 기반 위에서 그 교리를 거부하는 사람들 사이의 싸움이 언
제나 벌어졌습니다. 어거스틴과 펠라기우스도 바로 그 문제로 논쟁
했고, 칼빈과 알미니우스, 루터와 에라스무스(Erasmus) 등도 그 문
제로 서로 다투었습니다.

루터와 에라스무스의 경우가 특별히 흥미롭습니다. 에라스무스는 인
간 의지의 본질과, 그 인간 의지가 사람을 하나님께 나아가게 하는
데 역할을 할 수 있는지에 대한 책을 썼습니다. 그 책에서 영적으로
인간이 완전하게 부패되었다는 마틴 루터의 가르침을 공박하기에 이
르렀습니다. 에라스무스는 인간 의지가 사람으로 하여금 하나님께 돌
아가게 할 수 있다고 말했습니다. 더구나, 에라스무스는 명백한 반
론을 이 구절에서 말씀하시는 그리스도의 논증을 기초하여 대꾸했습
니다 ─루터는 어떤 사람도 아버지가 이끌지 않으면 그리스도께 올 수
없다는 주장을 하여 에라스무스에게 반격했던 것입니다 ─에라스무스
는, 하나님께서는 사람들을 이끄시되, 당나귀 주인이 고삐를 쥐고 수
레를 끄는 것과 같은 방식으로 이끄신다고 말했습니다. 사람이 끌고
가지만, 당나귀의 의지도 명백하게 수반된다는 것입니다. 이 이론에

따르면, 하나님께서 구원을 먼저 시작하시지만 그럼에도 불구하고 사람이 그 구원에 협력한다는 것입니다.

육신적인 인간의 사고방식에 따르면 이 이론이 대단히 좋아보일 수 있읍니다. 그러나 성경은 그렇게 가르치지 않습니다. 루터는 그점을 매우 명백하게 말했읍니다. 루터는 논증하기를, 주 예수 그리스도께서 친히 이끄시는 것보다 더 나은 이끄심이 어디 있겠느냐고 논증했읍니다. 그는 사람들 중에 계셨읍니다. 직접 그들을 가르치셨읍니다. 그런데도 그들은 오지 않았읍니다. 사실, 그들은 그를 죽였읍니다. 루터는 이렇게 결론지었읍니다. "아버지께서 내면적으로 이끄시고 가르치지 아니하시면 말씀을 듣더라도 경건치 않은 자는 '오지 않는다.' 아버지께서는 성령을 부어주심으로써 경건치 않은 자를 내면적으로 이끄신다. 그런 일이 있을 때 외면적인 이끄심보다 다른 '이끄심'이 있게 된다. 성령의 조명에 의해서 그리스도가 밝혀지고, 그로 인하여 사람은 가장 기쁜 환희를 느끼며 그리스도에게 사로잡힌다. 하나님께서 말씀하시고 가르치시고 이끄실 때 스스로 내달음치고 추구하기보다는 사로잡혀 수동적이 된다."

물론 이 대답은 훌륭한 대답이었읍니다. 그리스도의 진술을 기초로 하여 그보다 더 나아갈 수 있읍니다. 에라스무스의 주장을 반격하는 루터에게 있어서 가장 중요한 말은 "수동적"이라는 말이었읍니다. 루터는, 그와 같은 비유를 사용할 수 있을지 몰라도 인간은 영적으로 죽은 사람처럼 수동적이고 활동하지 못한다고 말했읍니다. 그러나 요한복음 6 : 44에는 이 진리보다 더한 사상이 있읍니다. 곧 사람은 내부적으로 하나님의 일을 적극 항거한다는 점입니다. 곧, 수동적일 뿐만 아니라 완고하고 고집을 부립니다.

사람을 그리스도께 "이끄시는" 아버지의 역사를 말씀하시기 위해서 예수님이 선택하신 어휘 속에서 그 진리가 드러나 보입니다. 이 "이끌다"는 말은 언제나 끄는 힘에 대한 저항을 함축합니다. 윌리암 바클레이는 요한복음에 대한 그의 경건한 연구서에서 이에 대한 여러 가지의 실례들을 보여줍니다. 그 말은 많은 고기가 들어 무거운 그물

을 해변가로 끌어내는 걸 묘사하느라고 사용되는 말이라고 바클레이
는 증거합니다(요 21:6, 11). 바울과 실라도 그 말을 사용했는데,
빌립보의 관원들 앞에서 끌려나갔을 때 그 말을 사용하였습니다(행16
:19). 또한 허리 끈에서 칼을 뽑아낼 때도 그 말을 사용합니다 (요
18:10). 언제나 그 말은 저항의 개념을 함축합니다. 여기서도 사람
들이 하나님을 저항한다는 개념이 나타나 있습니다.

  그러나 흥미롭게도, 바클레이는 "하나님께서 사람을 이끄실 수 있
지만 사람의 저항이 하나님의 이끄심을 무산시킬 수 있다"고 덧붙입
니다. 그러나 이 진술에 관하여 흥미로운 일은, 바클레이가 보여준
실례 중 어느 것도 그 저항이 성공하지 못함을 나타낸다는 점입니다.
고기가 해변가로 끌려나옵니다. 바울과 실라가 관원들 앞에 끌려갑니
다. 칼이 뽑아집니다. 실로 우리는 이보다 더 나아갈 수 있습니다.
레온 모리스(Leon Morris)는 자기가 쓴 주석에서 다음과 같이 지적
합니다. "이 동사가 쓰여지는 경우 그 말이 함축하는 저항이 성공적
인 경우가 신약에는 한번도 없다. 여기서와 같이 그 끄는 힘이 항상
이긴다." 사람들이 버팁니다. 이런 일을 통해서 그들의 부패가 나타
납니다. 그러나 하나님께서 창세 전에 예수님께서 주시기로 작정했
던 사람들 속에 있는 그 저항력을 하나님의 힘은 언제나 극복해 냅
니다.

  이걸 들으면 우리가 낙담하게 되나요? 천만에요. 사실, 하나님께
서 사람들이 그러함에도 그리스도께 이끄신다는 사실이 우리의 소망
이 됩니다.

증거

  주 예수 그리스도께서는 바로 이 시점에서 자기의 가르침을 뒷받침
하는 증거로 두 가지 요점을 지적하십니다. 물론 증거를 대실 필요가
없습니다. 그의 말씀만으로도 충분합니다. 그러나, 예수님께서는 이
종교지도자들에게 말씀하시면서 그 진술을 뒷받침하시되, 첫째는 구
약을 들어서, 두번째로는 체험에 호소하심으로써 뒷받침하십니다.

　구약을 가리켜 증거하신 것은 사실상 이사야 54 : 13을 그대로 부분적으로 인용한 것입니다. 예수님께서 "선지자의 글에 저희가 다 하나님의 가르치심을 받으리라"(요 6 : 45)고 말씀하십니다. 이 말씀이 요한복음에 나타난대로 하면, 그 인용의 말씀에 나타난 "다"(모두)라는 말이 모든 사람들에게 해당된다는 생각을 가지고 그 구절을 읽을 유혹을 받습니다. 그래서 어쨌든 하나님께서는 모든 사람들을 비추어 주셔서, 사람들이 그리스도께 나오든지 나오지 않든지 그것은 그 자신의 결의에 따른 것이라는 생각을 하고 싶은 마음이 들 수도 있습니다. 그러나 이사야가 기록한 바대로 전체 본문을 참고하면 그렇지 않다는 걸 알게 됩니다. 사실 이사야는 "네 모든 '자녀'는 여호와의 교훈을 받을 것이니"라고 썼습니다. 우리는 대번에 그 구절이 모든 사람들에게 해당되는 것이 아니라 하나님의 자녀들에게만 해당된다는 것을 알게 됩니다. 또한 사람이 그리스도에 대해서 진정으로 이해하고 그리스도께 나올 수 있기 위해서는 먼저 거듭남을 통해서 하나님의 자녀가 되어야 함을 함축하는 구절임을 알게 됩니다.

　예수께서는 그런 다음에 계속해서 이 진리가 체험으로도 확증됨을 보여줍니다. "아버지께 듣고 배운 사람마다 내게로 오느니라." 환경이 아주 좋아보이는데도 불구하고 어떤 사람들에게 복음을 전해도 아무런 효과를 얻지 못하는 경우가 있는데 어째서 그렇습니까? 반면에 복잡한 문제들과 이해력이 부족한 사람들이 믿는데 그것은 어째서입니까? 어떤 사람들은 하나님께 배웠지만 다른 사람들은 하나님께 배우지 못했기 때문입니다. 더 나아가 하나님께서 가르치시는 자마다 다 예수님께 나아옵니다.

믿음을 갖기 전에 사는 것이 먼저임.

　결국, 예수님께서는 자기의 교훈을 진술하시고 그 교훈을 뒷받침하기 위한 증거로 두 요점을 지적하신 후, 선택하시는 하나님의 은혜의 필연성에 관하여 마지막으로 다시 가르치십니다. "진실로 진실로 너희에게 이르노니 믿는 자는 영생을 가졌나니"(47절).

제가 말해왔던 것과 정반대되게 이 구절을 해석했던 사람들이 많다
는 걸 전 알고 있읍니다. 그 사람들은 먼저 믿어야 하고 믿은 다음에
믿음의 결과로 영생을 얻게 된다고 생각했읍니다. 그러나 그런 식으
로 해석하면 앞에서 가르치신 그리스도의 모든 교훈들과 충돌해 버립
니다. 사실 47절은 앞에서 가르치신 모든 교훈의 요약이라 할 수 있
읍니다.

   도날드 그레이 반하우스가 자주 사용했던 예화가 여기에서 도움이
될 것입니다. 전쟁터에서 군부대가 바로 앞에 있는 산등성을 타기 위
해서 전진해 나아가고 있다고 상상합시다. 그런데 갑자기 무서운 공
격이 자기들을 향해서 퍼부어집니다. 그래서 병사들은 땅바닥에 납작
엎드려 적의 포화가 잠잠해지기를 기다렸읍니다. 그 병사들이 죽기도
하고 살기도 했으나 다 부상을 입었다고 상상해 봅시다. 적의 포화가
멈출 때 다시 앞으로 진격하라는 명령이 내려집니다. 자연히 몇 사람
의 병사들이 일어나 앞으로 나아가지만 죽은 병사들은 나아가지 못합
니다. 일어나 앞으로 나아가는 병사들은 어떻게 해서 그렇게 된 것입
니까? 그들은 살아서 자기들의 지휘관의 음성을 듣기 때문입니다. 그
들이 일어난 것이 그들을 살게 합니까? 물론 아닙니다. 순서가 그 정
반대입니다. 같은 방식으로 그리스도를 "믿는" 사람이 있다면, 그가
이미 "영생"을 가지고 있기 때문에 믿는 것입니다. 듣는 것과 믿는
것은 그 사람 속에 심기워진 하나님의 새 생명이 존재한다는 표지입
니다.

   이 주제는 제가 복음전도 연속설교를 해나갈 때 자연스럽게 택하
는 주제는 아닙니다. 그러나, 아직 그리스도인이 아닌 사람들과 이미
신자가 된 모든 사람들에게 그 점이 해당될 수 있음을 알았읍니다. 만
일 여러분이 그리스도인이 아니라면, 하나님의 선택하시는 은혜가 여
러분의 소망이라는 의미에서 이 교리는 여러분에게 해당됩니다. 여러
분 자신 속에는 아무런 소망도 없읍니다. 영적인 성취도나 여러분의
능력에도 아무 소망을 기대할 수 없읍니다. 스스로 그리스도를 선택
할 수조차 없읍니다. 여러분이 할 수 없는 것을 하나님께서 하신다니

얼마나 놀랍습니까? 하나님께서 여러분을 이끌 수 있습니다. 그걸 보고 힘을 내시고, 그에게 나옴으로써 여러분의 삶 속에 하나님께서 이미 이 일을 하고 계심을 증거하십시요.

반면에, 이미 그리스도인이라면, 저는 이러한 위대한 교리들이 여러분의 마음 속에서 제 자리에 놓여져 변수요인이 되도록 하라고 저는 촉구합니다. 요한복음 6장에 나오는 그리스도의 교훈의 원리들을 받아들였다면 필연적으로 지금 당장이라도 수천의 그리스도인들에게 정신적이고 영적인 혁명이 일어나리라 확신합니다. 그 교훈을 받아들이면 틀림없이 설교나 복음전도의 실제를 접근하는 방식에 있어서 근본적으로 달라질 것입니다. 뿐만 아니라 교회생활의 다른 부분이나 신학에 대해서도 다른 태도를 가지게 될 것입니다. 큰 문제는 이것입니다. 기독교 성경이 말하는 전능하신 하나님께서 우리의 하나님이 되실 것인지, 아니면 우리 하나님이 우리 자신의 크게 제한된 시야에 맞추어진 존재로 머물게 하실 것인지요? 예수 그리스도의 하나님, 어거스틴의 하나님, 루터와 칼빈의 하나님, 세일 수 없이 많은 사람들의 하나님을 우리의 하나님으로 섬기십시다. 그리고 그들과 함께 구원의 문제에 있어서 처음부터 끝까지 모든 권능과 위엄과 권세와 모든 영광을 오직 하나님께만 돌립시다.

29

두 만나

"내가 곧 생명의 떡이로라 너희 조상들은 광야에서 만나를 먹었
어도 죽었거니와 이는 하늘로서 내려오는 떡이니 사람으로 하여금
먹고 죽지 아니하게 하는 것이니라 나는 하늘로서 내려온 산 떡
이니 사람이 이 떡을 먹으면 영생하리라 나의 줄 떡은 곧 세상의
생명을 위한 내 살이로라 하시니라"(요 6 : 48~51).

몇 년 전인가 저는 미국으로 오던 스코틀랜드 사람에 관한 한 이
야기를 들은 적이 있습니다. 그는 한 큰 여객선의 승선권을 구
입했읍니다. 많은 돈도 없고 해서 배를 타기 전에 크래커와 치즈와
과일을 잔뜩 사서 식비를 절약해야겠다고 마음먹었읍니다. 배가 출범
하였읍니다. 그는 검소한 식사를 하기 시작했읍니다. 처음 4, 5일 동
안은 그런대로 잘 견뎌나갔읍니다. 그러나 배가 뉴욕항에 가까워오
자 크래커는 갈수록 상하게 되었고, 치즈도 곰팡이내가 나기 시작했
고, 과일도 썩었읍니다. 결국 먹을 것이 하나도 없게 되었읍니다. 그
스코틀랜드 사람은 배가 맨하탄 항구에 정박하기 전에 생각하기를 식
당에 가서 한번 아주 멋진 식사를 해야겠다고 결심하고 식당으로 나
갔읍니다. 그런데 그 식당에 가서 보니 음식값을 물을 필요가 없다는
것을 보고 깜짝 놀랐읍니다. 영국을 떠나기 전 치른 그 배 삯에 자기

가 언제라도 먹을 수 있는 분량의 음식비가 다 포함돼 있다는 걸 알았습니다. 그가 얼마나 놀랐겠는지 상상해 보십시요!

불행히도 주 예수 그리스도의 인격 안에서 값없이 우리에게 제공된 참된 생명의 떡을 향하여 그러한 식으로 행동하는 사람들이 수없이 많습니다. 주 예수 그리스도는 모든 사람들을 위하여 존재합니다. 그럼에도 불구하고 슬픈 사실은 그에게 나오지 않고 인간 철학이라는 마른 크래커나 선한 행위라는 썩어질 열매를 먹고 있는 사람들이 많다는 사실입니다.

예수님께서는 "내가 곧 생명의 떡이로라 너희 조상들은 광야에서 만나를 먹었어도 죽었거니와 이는 하늘로서 내려오는 떡이니 사람으로 하여금 먹고 죽지 아니하게 하는 것이니라 나는 하늘로서 내려온 산 떡이니 사람이 이 떡을 먹으면 영생하리라 나의 줄 떡은 곧 세상의 생명을 위한 내 살이로라 하시니라"(요 6 : 48~51)고 말씀하셨읍니다. 이 구절에서 예수 그리스도께서 큰 주장을 하시며, 요청하시며, 놀라운 약속을 하신다는 걸 인식할 때에야 그 구절들의 참된 의미를 알게 될 것입니다.

그리스도의 주장

주 예수 그리스도께서 이 구절에서 주장하시는 것은, 매우 간단히 말해서 자기가 "생명의 떡"이라는 것입니다. 이 비유로써 자신을 묘사하신 것이 요한복음 6장에서 두번째입니다. 그 비유법 자체가 이 복음서의 특징이 되는 저 위대한 "나는"이라는 말의 첫번째 경우를 구성합니다. 여기서 예수님을 생명의 떡으로 묘사합니다. 후에 주님께서는 "나는 세상의 빛이라"(8 : 12; 9 : 5)라고 말씀하십니다. "나는 문이라"(10 : 7, 9). "나는 선한 목자라"(10 : 11, 14). "나는 부활이요 생명이라"(11 : 25). "나는 길이요 진리요 생명이니"(14 : 6). "나는 참 포도나무요"(15 : 1, 5). 이러한 상징적인 비유법을 통해서 주님은 자신이 사람들이 필요로 하는 모든 것 되심을 보여주고 계시며, 자신만이 하나님 아버지께 나아가는 오직 유일한 길임을 보여주고 계십니다.

문맥과 이 말씀을 맞추어보는 또 다른 방식은, 예수 그리스도께서 누구시며 어떤 일을 하시는지에 대해서 묘사하기에 적당한 세번째 위대한 구약의 상징어법이 그것임을 주목하는 것입니다. 요한복음 1장에서 예수님께서는 천사들이 하늘로부터 오르락 내리락하는 야곱의 사닥다리의 형용을 사용했습니다. 그것은, 예수께서 하나님 아버지를 사람들에게 나타내시는 분임을 암시합니다. 3장에서는 모세는 광야에 있었던 놋뱀으로 상징됩니다. 이 경우에는 십자가에 못박히심을 그려주는데, 그 일로 말미암아 죄라는 불뱀에 물린 사람들이 치료받게 됩니다. 지금은 예수님을 생명의 떡, 새로운 만나로 묘사합니다. 하나님의 새로운 백성들이 광야에서 거하는 동안 그 떡을 먹고 지내게 됩니다. 물론 만나도 두 종류가 있습니다. 모세의 인도를 따라 광야에서 유대인들이 먹었던 만나가 있습니다. 이 만나는 잠시 육신적인 생명을 지탱해 주었습니다. 그러나 이 육신적인 생명은 영구히 존재하지 않습니다. 급기야 문자 그대로의 만나를 먹었던 모든 사람들이 다 죽었습니다. 예수께서 주시는 만나도 있습니다. 이 떡은 영원토록 존재할 생명을 부여하고 지탱해 줍니다.

예수께서 자기를 생명의 떡이라 하실 때 어떠한 의미로 말씀하십니까? 예수님만이 인간영혼의 가장 깊은 요구와 필요를 만족시킬 수 있다는 뜻입니다. 그것이 무엇이든지간에 여러분의 요구와 갈망을 만족시킬 수 있습니다.

그렇다고 해서 예수님께서는 모든 부족이나 여러분이 가졌으면하고 생각하는 소원을 다 만족시킨다는 뜻은 아닙니다. 여러분이 가장 깊이 필요로하는 것을 만족시킬 것이라는 뜻입니다. "그게 그것이 아닌가?"라고 말할지 모릅니다. 그러나 저는 그렇지 않다고 생각합니다. 하나의 예를 들어보지요. 모든 어린 아이들이 그러하듯이 자기가 "필요로 하는 것"이 무엇인지에 대하여 예민한 의식을 가지면서 자라나기 시작하는 한 어린 아이를 생각해 봅시다. 그는 자기에게 캔디가 필요하다고 생각합니다 — 언제나 매일 그 캔디만 있으면 좋겠읍

니다. 또 텔레비전에서 늦게까지 하는 쇼 프로그램을 가만히 앉아서
지켜볼 필요가 있다고 생각합니다. 자신이 세운 스케줄을 진행해나
갈 수 있었으면 좋겠다고 생각합니다. 원할 때 일어나고, 자기 친구
들과 함께 원할 때 밖으로 나갔다 들어갔다하며, 자기가 원하는 시간
에 식사를 하면 좋겠습니다. 또 노는 시간이 많았으면 좋겠다고 생각
합니다. 방을 정돈하라거나 와서 어머니를 도와 접시를 닦으라는 요
구를 들을 때면 특별히 여가시간을 가졌으면 좋겠다고 생각합니다.
이 모든 사항들이 "필요한 것들"입니다. 어린 아이 관점으로 볼 때
는 말입니다. 그러나 부모가 어린 아이를 그러한 원하는 것들에 몰입
시킨다면, 버릇 없고 방탕스런 문제아 밖에는 되지 않을 것입니다.
더구나, 자라나면서 그 어린 아이는 다른 모든 사람에게 무절제한 욕
망을 나타내 괴로움을 주려할 것이고 결국은 감옥에 갇히고 말 것입
니다.

　어린 아이가 필요로 하는 것이 무엇입니까? 그에게 필요한 것은
그가 "생각"하는 것이 아닙니다. 실제로 그 아이는 훈육이 필요합니
다. 그는 옳고 바른 행실의 기준이 필요하고, 그 기준대로 하도록 지
도하는 자를 필요로 합니다. 사랑받을 필요도 있고, 목표를 가질 필
요도 있고, 인도함을 받을 필요도 있고, 용기를 북돋아줄 필요도 있
읍니다.

　같은 방식으로, 우리에게 진정으로 필요하는 것과, 우리가 필요하
다고 생각하는 것 사이에는 자주 다릅니다. 예수 그리스도는 우리의
참된 필요에 대한 해답이십니다. 우리는 그 안에서 구원을 얻습니다.
그 안에서 영생을 얻습니다. 또한 그 안에서 사랑을 받고, 목적지를
알게 되고 인도를 받고, 삶의 용기를 얻습니다. 예수께서는 "나는 생
명의 떡이라"고 말씀하셨읍니다. 그 말씀이 의도하는 바는 우리가 그
를 먹고 자라나야 한다는 것입니다.

　예수님께서는 이 요한복음 6장에서 자신을 떡으로 계시하시되, 신
학에서 소위 "점진적인 계시"라고 일컬어지는 방식으로 자신을 계시
하십니다. 자신의 비밀을 손 안에 든 떡처럼 쥐고는 천천히 한 손가

락씩 열어 보여줌으로써, 자기의 말을 청종하던 사람들이 그 진리를
점진적으로 알도록 하신다는 말씀입니다. 첫째로, 아버지께서 사람들
에게 주신 하늘로부터 오는 떡을 말씀하셨습니다(30절). 이것이 첫
손가락을 열어준 것입니다. 군중들의 호기심이 일어나자 예수님께서
는 자신이 말씀하시는 떡이 바로 자기임을 지적함으로써 또 다른 손
가락을 펴 보인 것입니다(35, 48절). 결국, 우리가 숙고하고 있는
구절들에서 손을 다 펴서, 그 떡이 사람들을 위해서 죽음에 내어줄
자기의 몸임을 보여 주십니다. "나의 줄 떡은 곧 세상의 생명을 위한
내 살이로라 하시니라"(51절).

   예수님께서 계속하여 십자가에 관해서 말씀하시는 것이 저는 기쁩
니다. 왜냐하면 십자가 없이 그리스도는 우리에게 아무 소용이 없기
때문입니다. 우리가 그의 본을 쳐다볼 수도 있고, 삶을 영위한 방식
을 쳐다볼 수도 있습니다. 또 그것을 보고 찬탄할 수도 있습니다. 그
러나 예수님이 살아간 그 삶만 가지고는 도움을 주지 못합니다. 삶을
찬탄할 수 있지만 우리는 그 예수님이 영위하신 삶을 영위할 수 없습
니다. 그 밖에도, 그 삶에 의해서 우리는 정죄받습니다. 왜냐하면 하
나님께서 그의 피조물인 우리들에게 요구하시는 수준이 그것이기 때
문입니다. 십자가 없는 그리스도는 우리에게 소용이 없습니다. 그런
그리스도는 우리를 정죄합니다. 다행히도, 그보다 더한 것이 있습니
다. 예수께서는 계속해서 나아가 십자가에 대해서 말씀하시고 급기
야 십자가에서 죽으시고 다시 부활하실 것을 말씀하셨습니다. 바로 여
기에 소망이 있습니다. 그는 우리를 위해서 죽으셨습니다. 우리의 죄
를 위해서 죽으셨습니다. 우리로 화평케하는 징계가 그에게 내려졌습
니다. 그가 채찍에 맞음으로 우리는 나음을 얻었습니다. 그리스도의
부활의 생명 안에서 우리는 이제 생명을 얻습니다. 그의 안에서, 그
의 죽으심으로 말미암아 우리는 이제 거룩하시고 사랑하시는 하나님
앞에서 의롭다고 여겨짐을 받습니다.

   이러한 것들을 이해한다면, 어째서 그리스도께서 하늘로서 내려온
참 떡이신지, 또한 어째서 영적 생명을 위해서 그분이 필요한지 그

이유를 이해하는 셈입니다.

요구사항

이 본문은 그리스도의 위대한 주장을 담고 있을 뿐만 아니라 하나의 요청도 합니다. 그 요청은, 우리가 그를 먹어야 한다는 것입니다. 이 말은 예수님을 믿고, 생명을 그에게 맡기고, 그분을 여러분 자신 속으로 받아들여 그가 여러분의 일부가 되고, 여러분은 그에게 속한 자가 되라는 뜻입니다. 37절에 보면 우리더러 "그리스도께 오라"고 용기를 북돋아주고 있습니다. 그러면서 그에게 나아오는 자마다 내어 쫓김을 받지 않을 것임을 확인하고 있습니다. 바로 이 37절에서 그 행동이 언급되고 있습니다. 여러분은 왔습니까? 저는 여러분이 그리스도에 대해서 아느냐고 묻고 있지 않습니다. 많은 사람들은 그리스도에 대해서 아나 그리스도께 오지 않았습니다. 마귀도 그리스도에 대해서 아나 그리스도를 미워합니다. 제가 뜻하는 바는, 여러분의 생명을 그리스도께 의탁시켜서 이제 여러분의 생명이, 간단하게 말하자면, 그리스도께 속해 있느냐는 것입니다. 그렇지 않다면 다음과 같이 말할 필요가 있습니다. "주 예수 그리스도여, 저는 내 죄와, 내가 당신을 필요로 하는 것에 대하여 성경이 말하는 대로 다 받아들임을 알아주세요. 저는 거룩하지 못함을 압니다. 제 자신의 노력으로 당신을 기쁘게 할 수 없음을 인정합니다. 동시에, 예수님이 이천년전 십자가에서 나를 위해서 죽으셨음을 시인하고, 그래서 그 죽음이 제 죽음을 대신 한 것으로 믿습니다. 저는 당신의 사람이 되기를 원합니다. 이제 저를 당신의 한 제자로 받으시고, 당신의 자녀로 받으소서" 라고 말할 필요가 있습니다.

사람들은 이러한 노선을 따라 기도할 때마다 매우 다른 말을 사용했습니다. 이 책을 읽는 많은 사람들은 그리스도께 나올 때 각자 다 다양한 방식으로 나와서 서로 다른 말을 했습니다. 그러나 중심에 겪은 체험은 같습니다. 그것은, 예수 그리스도께서 주신 의를 받기 위해 손을 비우려고 가진 것을 다 버리는 체험입니다. 다른 대안은 없

읍니다. 만일 그렇게 하지 않으면, 그리스도인이 아닙니다. 기독교
신앙에 대해서 아무리 많이 알고 있다 할지라도 말입니다. 반면에 그
렇게 했다면, 이미 그리스도인이며, 하나님께서 자기 속에 영생을 놓
으신 것과 마지막 날까지 자기를 지키실 것을 아는 사람입니다.

제가 말씀드려온 것은 이 먹는 것의 비유를 통해서 강력한 방식으
로 밝혀집니다. 먹는 것이란 어떠한 것을 함축하고 있는지 생각해 보
십시요. 첫째로, 먹는 일은 "필요합니다." 다른 일도 필요하지만 먹
는 것 만큼은 필요하지 않습니다. 운동하는 것도 필요하다고 말할 수
있읍니다. 그것도 좋습니다. 그러나 먹지 않으면 얼마 가지 않아서
운동할 수 없을 것입니다. 어떤 사람은, 지성의 삶도 필요하다고 역
설한 것입니다. 그렇습니다. 그러나 먹지 못하면 금방 앉아서 있거나
분명하게 생각할 수 없을 것입니다. 살기 위해서는 먹어야 합니다.
영적으로도 살고 강하게 자라기 위해서 주 예수 그리스도를 먹어야
합니다.

어떻게 그리스도를 먹습니까? 성경을 연구하는 걸 통해서입니다.
라디오 프로그램인 "성경연구시간(Bible Study Hour)"에 하나님의
말씀을 조직적으로 연구하는 것을 제가 그처럼 강조하는 이유도 거기
에 있읍니다. 그래서 제 교회에서는 예배시간에 설교도 하지만 성경
을 읽고 주해도 합니다. 그래서 저는 사람들이 함께 모여서 말씀을
먹고 소화함에 따라서 서로 함께 배우고 자라날 수 있도록 비공식적
으로 모일 수 있는 성경연구모임을 장려합니다. 저와 여러분이 예수
님을 먹을 수 있는 도구들이 바로 그것입니다. 그 외에 다른 대안이
없읍니다.

하나님의 말씀을 사용하면, 하나님께서는 우리로 하여금 예수님과
접촉하게 하실 것입니다. 또한 우리가 가장 알 필요가 있는 것을 그
말씀을 통해서 마음 속에 심어주실 것입니다. 또 우리 안에 있는 죄
를 깨우쳐 주시고 바로잡아주실 것입니다. 가장 확실한 것은 우리가
가야하는 길로 우리를 인도하실 것입니다.

그리고 먹는 것은 "언제나 느끼는 요구에 대한 반응"입니다. 육신

적인 차원에서 영양분이 필요하고, 그 영양분이 필요한 느낌이 굶주
림으로 나타납니다. 영적인 방면에서도 그렇습니다. 언제 사람이 주
예수 그리스도를 자기의 구주로 알고 나옵니까? 또는 처음 예수님을
믿은 다음에도 매일 같이 주 예수 그리스도를 먹기 위해서 언제 그리
스도께 나옵니까? 자기의 필요를 인식할 때입니다. 영적으로 완전히
충분하다고 생각하거나 —이 세상에서나 다음 세상에서 충분하다고
생각한다면—여러분은 주 예수 그리스도께 나오지 않을 것입니다. 그
러나, 많은 사람들의 경우와 같이 이 세상이 자랑하는 것들을 다 시
험해보고 그것들이 아무 것도 아니라는 걸 알게 될 때, 여러분 내부
에서는 예수님을 향하여 여러분을 몰고가는 내면적인 굶주림과 부족
감을 가지게 될 것입니다. 만일 여러분이 성경을 읽는다면, 그때 하
나님께서는 여러분으로 하여금 하나님께 시선을 돌리게 하는 거룩에
대한 필요성을 보여주실 것입니다.

　제가 목회를 해나오던 어느 때에, 저는 어떤 젊은 사람들과 대화를
나누고 있었습니다. 그 사람들은 다른 젊은 사람들이 자기들 마음 속
에서 느끼는 주림을 만족시키는 수단으로서 성적(性的)인 유희에 도
취되어가는 것을 보았습니다. 죄가 언제나 그러하듯이 그것이 그들을
사로잡았습니다. 그들은 그것을 누렸습니다. 그들은 이러한 유의 삶
을 어떻게 하면 떠날 수 있을까를 알지 못했습니다. 그것이 그들에게
는 모든 것이었습니다. 그러나 흥미로운 일은 그들은 행복하지 못했
고 비참했습니다. 옛 격언에 "그렇게 멋진데 왜 부자가 되지 못하느
냐?"라는 말이 있습니다. 우리도 역시 "성(sex)이 길이라면 어째서
행복하지 못한가?"라고 말할 수 있습니다. 이 젊은 사람들은 하나님
의 길이 아닌 것 —예수 그리스도로부터 떠난 길—은 어느 것이든지
다 텅빈 것이란 걸 인식할 필요가 있었습니다. 그들은 예수님께서 만
족시켜주는 떡임을 알 필요가 있었습니다.

　그 점을 명확히 해주기 위해서 저는 얼마나 애타고 있는지요! 예수
께서는 만족을 주는 오직 유일한 분이십니다. 그 정반대를 말하는 사
람들을 발견하기 위해서 멀리까지 갈 필요가 없습니다. 메디슨 에베

뉴가(街)가 존재한 것은 그 정반대를 말하기 위해서입니다. 메디슨
에베뉴가는 항상 그것을 말합니다. 차를 사십시요. 그러면 행복할 것
입니다. 휴가를 즐기십시요. 행복해질거에요. 이 세제(洗劑)를 사
용해 보세요. 행복할거에요. 그러나 그렇지가 않습니다. 여러분은 영
적으로 상품에 팔리지 마십시요. 참된 기쁨은 예수 그리스도 안에서
우주의 위대한 하나님을 알고 하나님을 영원토록 영화롭게 하는 데서
옵니다.

　셋째로, 먹는 것은 "자기 것으로 적용"하는 것을 수반합니다. 지식
만으로 충분하지 않습니다. 연회석에 참석하여 그 접시에 담긴 것들
이 무엇인지 다 알아맞히며, 불란서 명칭으로 그것들을 말할 수도 있
읍니다. 그러나 그것들을 먹으려 하지 않는다면, 여러분에게 아무런
소용이 없읍니다. 같은 방식으로 기독교 교리를 잘 알아서 다른 사람
들이 어디가 잘못돼 있는지를 말할 수 있읍니다 ─ 칼 바르트는 어디
가 잘못되어 있고, 부르너는 어디가 잘못되어 있고, 보이스는 어디가
잘못돼 있다는 등으로 말입니다. 그러나 예수 그리스도를 개인적으
로 적용하지 않는다면 여러분은 구원과는 관계가 없읍니다.

　물론 그점은 먹는 것에 대한 마지막 의미 있는 요점에 이르게 합니
다. 먹는 것은 "개인적"인 것이어야 합니다. 여러분 자신이 먹어야
합니다. 여러분 대신 다른 사람이 먹어줄 수 없읍니다. 주 예수님과
의 관계에도 그러합니다. "자, 내 남편도 믿고…… 내 아내도 믿는다.
내 자녀나 내 부모들이 믿어"라고 말해도 소용이 없읍니다. 문제는
여러분 자신이 믿느냐? 여러분 자신이 그리스도를 먹느냐?에 있읍
니다. 여러분 자신은 싫어하는 것을 여러분의 아내나 남편이나 자녀
들이나 부모들에게 요구함으로 그들을 괴롭히지 않기를 바랍니다. 오
히려 하나님께서 언제나 여러분에게 바라고 있는 유의 인격을 갖추게
하심으로써 그들에게 여러분의 최선을 내보이십시요.

　사느냐 죽느냐

　앞에서 말해온 모든 것 속에 이 마지막 요점이 수반되어 있읍니다.

그것은 예수님을 믿느냐 믿지 않느냐에 수반된 문제들과도 관계가 있읍니다. 그것들이 무엇입니까? "생명"과 "죽음"입니다. 그것은 덜 행복하고 더 행복한 것의 문제도 아니고, 부분적으로 만족하느냐 더 크게 만족하느냐의 문제가 아닙니다. 그것은 생명 對 죽음의 문제입니다. 예수님을 아는 것은 사는 것이고 —지금과 영원토록 말입니다— 예수님을 거절하는 것은 자살행위입니다.

정상적인 인간존재의 과정에서 이보다 더 큰 문제는 없읍니다. 여러분은 사시겠읍니까? 하나님께서 생명의 원천이십니다. 하나님께서 생명을 풍성하게 주십니다. 여러분의 창조주요 구속주보다도 여러분 자신이 여러분의 영적 수평선의 중심이 되게 함으로써 찾아오는 영원한 죽음을 선택하시겠읍니까?

탕자처럼 하지 마십시요. 그는 아버지를 떠나 그 도시에서 자신이 원하는 것을 해보면 살 맛이 날 것이라고 생각했읍니다. 오늘날의 통속적인 어투대로 한다면 "떵떵거리며 살아보겠다"고 했을 것입니다. 그래서 그는 자기 분깃을 취하여 가지고 가서 방탕한 생활을 하는데 다 써버렸읍니다. 그가 생명을 얻었읍니까? 아닙니다. 유대인들에게 있어선 죽음과도 같은 삶을 얻었읍니다. 그는 부정한 동물이 먹는 음식을 먹고 있었읍니다. 탕자의 생명이 언제 시작되었읍니까? 그가 자기의 궁핍을 알고, 자기의 뜻대로 살아온 과거를 청산하고 자기의 아버지께로 돌아갈 때였읍니다. 여러분이 자신의 뜻을 복종시키고 예수님께로 돌아오지 아니한 자라면 여러분도 그러기를 간절히 소원합니다. 주님께로 나오시지 않겠읍니까? 예수님은 놀라우신 분입니다. 그는 정말 그러하신 분입니다. 예수님께서는 여러분을 위해서 최선을 원하십니다. 어째서 여러분은 고집을 부리며 그 길로 행하지 않으려합니까?

30

참된 음식과 참된 음료

"이러므로 유대인들이 서로 다투어 가로되 이 사람이 어찌 능히
제 살을 우리에게 주어 먹게 하겠느냐 예수께서 이르시되 내가
진실로 진실로 너희에게 이르노니 인자의 살을 먹지 아니하고 인
자의 피를 마시지 아니하면 너희 속에 생명이 없느니라 내 살을
먹고 내 피를 마시는 자는 영생을 가졌고 마지막 날에 내가 그
를 다시 살리리니 내 살은 참된 양식이요 내 피는 참된 음료로다
내 살을 먹고 내 피를 마시는 자는 내 안에 거하고 나도 그 안에
거하나니 살아 계신 아버지께서 나를 보내시매 내가 아버지로 인
하여 사는 것 같이 나를 먹는 그 사람도 나로 인하여 살리라 이
것은 하늘로서 내려온 떡이니 조상들이 먹고도 죽은 그것과 같지
아니하여 이 떡을 먹는 자는 영원히 살리라 이 말씀은 예수께서
가버나움 회당에서 가르치실 때에 하셨느니라"(요 6 : 52 ~ 59).

몇 해 전에 미국의 연합 장로교회가 헌법을 개정하였습니다. 그런
데 그 개정하기 전의 헌법에는 목사로 장립받는 사람들이 선서
해야 하는 이른바 "교회의 화평과 순결과 연합"에 관한 조문이 있었
습니다. 목사가 되는 사람들마다 다 그것을 찬동해야 했습니다. 목사
가 될 사람들은 모두 다 이 요점들을 "연구"하겠다고 약속했습니다.

그 말은 그 요점들을 진작시키겠다는 뜻입니다. 그런데 교회의 평화와 순결을 동시적으로 진작시키는 일이 언제나 가능하지 않다는 사실에 어려움이 있습니다. 순결이 없어도 화평은 유지될 수 있습니다. 화평과 연합이 없이도 순결은 성취될 수 있습니다. 그러나 둘 다를 동시에 경배하는 것이 어렵습니다. 왜냐하면 진리는 언제나 적수를 만나기 마련이고, 순전한 교리는 언제나 반대를 받기 때문입니다. 사실상, 강한 교리를 강하게 가르치면 어떤 구석에선가 필연적으로 불화가 일어난다는 것을 기독교 체험의 한 원칙으로까지 확인하고 싶습니다.

이것은 우리 시대에만 나타나는 체험은 아닙니다. 주 예수 그리스도의 시대까지 거슬러 올라갑니다. 예수님께서 세상의 생명을 위해서 자기의 살을 주실 수 있다고 외치신 다음에 즉각적으로 나타나는 구절 속에서 그 실례가 발견됩니다.

예수님께서 "나는 하늘로서 내려온 산 떡이니 사람이 이 떡을 먹으면 영생하리라 나의 줄 떡은 곧 세상의 생명을 위한 내 살이로라 하시니라"(51절)고 말씀하셨습니다. 이 말씀에 주님의 말씀을 듣고 있던 사람들이 더 이상 참아낼 수 없었고, 그 결과(우리가 읽는 바대로) 그들은 "서로 다투어 가로되 이 사람이 어찌 능히 제 살을 우리에게 주어 먹게 하겠느냐?"(52절)라고 말했습니다. 그러나 이때 예수님께서는 더 강한 어조로 그 주장을 되풀이 하셨습니다. "예수께서 이르시되 내가 진실로 진실로 너희에게 이르노니 인자의 살을 먹지 아니하고 인자의 피를 마시지 아니하면 너희 속에 생명이 없느니라 내 살을 먹고 내 피를 마시는 자는 영생을 가졌고 마지막 날에 내가 그를 다시 살리리니 내 살은 참된 양식이요 내 피는 참된 음료로다 내 살을 먹고 내 피를 마시는 자는 내 안에 거하고 나도 그 안에 거하나니 살아계신 아버지께서 나를 보내시매 내가 아버지로 인하여 사는 것 같이 나를 먹는 그 사람도 나로 인하여 살리라 이것은 하늘로서 내려온 떡이니 조상들이 먹고도 죽은 그것과 같지 아니하여 이 떡을 먹는 자는 영원히 살리라"(53~58절).

예수님께서 자신의 가르침에 갈등을 일으키는 사람들에게 답변하
시면서 그 교훈을 보다 유쾌하게 해줄양으로 그 교훈의 차원을 낮추
지 않으셨다는 것은 우리 시대의 난제들을 보는 통찰력을 제공하는
것으로서 흥미롭습니다. 그것이 어떠한 것이든지 그 정반대의 양식으
로 가르치셨읍니다. 결론을 내리자면, 예수님에 따르면 교리를 희생
함으로써 화평을 가져오기보다는 진정한 화평을 가져오는 교리에 관
한 진리가 우세해야 한다는 것을 엿보게 될 것입니다.

주의 성찬을 가리키지 않으심

그러면 이 말씀은 무엇을 뜻합니까? 그리스도의 살을 먹고 피를
마신다는 것이 무슨 뜻입니까? 그 뜻을 이해하자면, 먼저 그 말이 주
의 성찬이나 성찬예식을 가리키지 않음을 인식해야 합니다. 레이먼드
브라운(Raymond E. Brown)이 Anchor Bible시리즈를 위한 포괄
적인 주석에서 밝혔듯이 그 말이 주의 성찬이나 성찬예식을 가리킨
다고 믿는 사람들이 많습니다.

물론 요한복음 6장을 이런 식으로 보는 사람들이 많습니다. 특별히
성례에 높고 신비적인 가치를 부여하는 신학을 가진 사람들이 더욱
그러합니다. 일반적으로 말해서 주의 성찬에 대하여 주장되는 관점을
셋으로 나눌 수 있읍니다. 첫째는 문자 그대로 해석하는 것입니다. 그
것은 로마 카톨릭이나 희랍 정교회의 성찬관입니다. 성공회나 감독
교회들 가운데 몇몇 고식적인 교회에서도 그렇게 주장하고 있읍니다.
이러한 주장을 하는 교회 사람들에 의하면, 집례하는 사제에 의해서
문자 그대로 예수 그리스도의 살과 피로 변하여 최소한 어느 정도까
지는 그리스도의 희생제사를 재현하는 것이 됩니다. 분명히 그러한
입장을 취하는 사람들에게 있어서 요한복음 6장이 미사나 성체성사
(聖體聖事)를 말하는 것으로 들려지기 마련입니다. 요한복음 6장은
일어나는 일을 문자 그대로 묘사하는 것이 됩니다. 그리고 예배자들
은 문자 그대로 주님을 믹는 것이 됩니다.

성찬에 대한 두번째 관점은, 단순히 기념적이거나 증거적인 의미

를 가진다는 관점입니다. 이 관점이 이해하는 바로는 "이것을 행하여 나를 기념하라"라는 말씀과 "너희가 이 떡을 먹으며 이 잔을 마실 때마다 주의 죽으심을 오실 때까지 전하는 것이니라"(고전 11 : 26) 라는 바울의 진술에 촛점을 맞춥니다. 확실히 이 관점에는 진리되는 부면이 있습니다. 그러나 예수님께서 어떠한 특별한 방식으로든지 예배에 참석하는 자들에게 어떻게 나타날 수 있는지를 지시하지 않는다는 면에서 약점을 지니고 있습니다.

세번째 관점은, 칼빈이나 개혁파교회들이 가지고 있는 관점인데, 예수께서 실제로 성찬예식에 함께 계시지만 영적으로 임재하시는 것이지 육체적으로 임재하는 것이 아니라고 보는 관점입니다. 칼빈은 그러한 관점을 "진정한 임재"의 교리로 불렀습니다. 우리는 흔히 하나님에 대해서 말하면서 하나님께서 어느 곳에나 계신다고 합니다. 그 말은 하나님께서 물질적인 대상에 물질적으로 함께 계신다는 뜻을 나타내는 말은 아닙니다. 그렇게 되면 범신론이 됩니다. 영적으로 함께 계신다는 뜻입니다. 또한 하나님께서 특별한 방식으로 자기 자녀들과 함께 계신다고 말하기도 합니다. 곧 그들 속에 거하신다는 것입니다. 그와 같이 예수님께서 세상에서 계시던 것보다 더 충만한 방식으로 그리스도인들 안에 계십니다. 더구나, 우리 그리스도인들은 하나님께서 어떤 경우에 특별히 우리와 함께 계시다고 말하는 경우가 흔한데, 그 뜻은 하나님의 임재를 우리가 더 많이 의식한다는 뜻입니다. 또는 교통의 노선이 더 많이 열려져 있다는 뜻이기도 합니다. 성찬식에 예수 그리스도께서 진정으로 임재하신다고 말하는 것은 이와 같은 절차에 더 광범위한 의미로써 계신다는 뜻입니다. 이 임재는 영적입니다. 그러므로 그것을 영적으로 받아들여야 합니다. 다시 말하면 믿음으로 받아들여야 합니다.

교회 가운데서 주로 크게 나타난 성찬에 대한 세 큰 관점이 뜻하는 바는 그러합니다. 그 세 큰 이해방식에 따라서 요한복음 6장에 나오는 예수님의 말씀을 해석하였습니다. 특히 로마 카톨릭이 주장하는 첫번째 경우에서 더욱 그러합니다.

그러나 저는 요한복음 6장에서 주의 성찬이 전혀 고려되지 않고 있다고 봅니다. 어째서 그러냐고요? 첫째로, 예수님께서 이 말씀을 할 당시에 아직 주의 성찬 예식에 대한 것이 제정되지 않았었기 때문입니다. 둘째로, 요한복음 6장에서 예수님께서는 불신자들에게 말씀하고 계셨기 때문입니다. 그러나 주의 성찬에 대한 건 그리스도인들에게만 주어진 말씀입니다. 세째로, 요한복음 6장에 나오는 먹고 마시는 것은 구원에 대한 것이고, 반면에 주의 성찬식에서 먹고 마시는 것은 이미 구원받은 사람들을 위한 것이며, 교제와 성장과 교통에 대하여 말하는 것이기 때문입니다. 네째로, 주의 성찬은 여기서 언급되는 바 그리스도를 먹고 마심으로써 오는 결과를 산출하지 못하기 때문입니다. 이 마지막 이유가 가장 큰 이유입니다. 왜냐하면 매주마다 주의 성찬에 참여하는 수천의 사람들이 아직도 예수님께서 말씀하시는 바 예수님을 참으로 먹음으로 얻는 영생을 소유하지 못한 것이 너무나 분명하기 때문입니다.

그리스도를 먹음

요한복음 6장에서 예수님이 말씀하시는 먹고 마시는 것이 주의 성찬을 가리키는 것이 아니라면, 무엇을 가리키겠읍니까? 그것을 다른 말로 바꾸어 놓자면, 예수님을 먹는다는 것은 무엇을 뜻합니까? 그리스도의 살을 먹고 그리스도의 피를 마신다는 것은 예수님께서 내내 말씀해오신 것을 가리키는 것이라고 말하면 그 질문에 대한 답변이 됩니다. 예수님께서는 사람들이 자기를 "믿어야"한다고 말씀하셨읍니다(29, 35, 47절). 사람들은 그에게 "나와야" 합니다(35절). 그를 "보아야" 합니다(40절). "듣고" "그에게서 배워야" 합니다(45절). 이 모든 어휘 —믿고, 나오고, 보고, 듣고, 배운다는 등의 —는 우리가 가장 자연스럽게 믿음이라고 부르는 것을 가리키는 말입니다. 마지막 어휘들 —"먹고 마시는" 것 —은, 믿음에 수반된 태도가 먹고 마시는 것만큼 사실적이고 결정적이고 결과를 산출한다는 걸 강조합니다.

여러분은 예수 그리스도가 그처럼 여러분에게 절실한 분이 될 정도로 자신을 그분에게 맡기셨습니까? 여러분이 맛보거나 만질 수 있는 어떤 것만큼 그분이 여러분에게 영적으로 사실적인 분입니까? 여러분이 먹는 것만큼 그분이 여러분의 일부가 됩니까? 제가 다음과 같이 말씀드린다고 해서 저를 신성모독자로 몰지 마십시오. 그분은 햄버거나 프렌치 후라이처럼 여러분에게 절실하고 쓸모가 있는 분이어야 합니다. 제가 이것을 말씀드리는 것은 그 분은 이러한 것들보다 더 유용하고 실질적인데도 불구하고, 불행하게도 많은 사람들에게 있어서 예수님은 그러한 것들만큼도 못하기 때문입니다.

만일 예수님께서 먹고 마시는 것만큼 그분에게 실질적인 분이 되지 않았다면, 여러분은 신부가 자기 남편에게 약속할 때 행하는 일과 같은 것을 하는 셈이라고 말씀드리겠습니다. 예식 전에 그 신부는 자기가 좋아하는 것을 무엇이든지 할 수 있습니다. 사실 그가 원한다면 모든 결혼식을 다 그만 둘 수 있습니다. 왜냐하면 1시 58분에도 자기가 내린 결정은 실수였으니 두시에 열리는 결혼예식에 갈 수 없다고 결정을 내릴 수 있습니다. 그러나 예식이 시작되면 그 신부는 서약을 해야하는 지점에 이르게 됩니다. 그 서약과 남편의 서약을 기초로 해서 그녀는 그 남편의 아내가 됩니다. 이제는 더 이상 자기 자신의 것이 아닙니다. 동시에 그녀의 신랑도 그녀에게 서약하고, 그녀가 그녀의 것이 아니듯이 그 남편도 남편 자신의 것이 아닙니다.

교회를 진실로 사랑하시고 교회의 신랑되시는 분에게 그것을 적용시켜 보시고, 그의 신부인 여러분과 저에게도 적용시켜 보십시오. 우리에게 청혼하고 구애하신 분은 그분입니다. 우리가 그를 선택하지 않았습니다. 가장 먼저 서약을 하신 분은 그분입니다. 그의 서약은 창세 전, 아니 영원 전에 공포되었습니다. "나 예수는 그대 존 스미스(메어리 존스나, 당신의 이름이 무엇이든지간에)를 내 사랑하는 아내로 맞아들여 하나님 앞과 여러 증인들 앞에서 당신을 사랑하고 신실한 남편이 될 것을 약속하고 서약하오. 부요할 때나 궁핍할 때나 기쁠 때나 슬플 때나 병들 때나 건강할 때나 시간세계에서나 영원세

계에서 당신을 진정으로 사랑하는 남편이 될 것을 약속하오." 우리는
그의 사랑하는 얼굴과 눈을 올려다보면서 그 약속을 믿고 그가 한 서
약대로 우리도 그분에게 서약합니다.

교회의 경우에선 그리스도께서 이 약속을 말씀하시고 난 때부터 우
리가 그 약속을 우리 자신의 것으로 되뇌일 때까지의 중간기간 동안
에 무언가 큰 일이 일어났습니다. 그의 서약과 우리의 서약 사이에,
예수님께서는 우리의 죄를 위한 무한한 값을 지불하시기 위해서 십자
가로 가셔서 우리가 그분에게 나갈 때 죄와 죄책과 수치가 없도록 하
기 위하여 우리를 사셨습니다. 우리는 그의 희생을 봅니다. 우리는
마음 속에 그것을 생각하면서 "나 죄인은 그대 예수를 내 남편으로
맞아들이오. 나는 하나님 앞과 여러 증인들 앞에서 그대를 사랑하는
신실한 아내가 될 것을 약속하고 서약하오. 부요할 때나 궁핍할 때나
기쁠 때나 슬플 때나 병들 때나 건강할 때나 이 세상에서나 영원 세
계에서 당신을 사랑하고 신실한 아내가 되기로 약속하고 서약하오."

여러분은 이 예증이 뜻하는 바를 이해하시겠습니까? 믿음이 바로
그러한 것입니다. 그리스도의 살을 먹고 그리스도의 피를 마신다는
것이 바로 그것을 의미합니다. 그것은 여러분 자신을 그분에게 의탁
시키는 것입니다. 그것은 그분의 약속을 받아들이고, 여러분 편에서
서약을 하고 그분이 한 약속대로 여러분도 약속하고, 영원토록 그분
의 것이 될 것을 서약하는 것입니다. 만일 여러분이 그렇게 했다면,
여러분은 과거나 현재나 미래 등 이 세상에서 하는 일 중에서 가장
중요한 일을 한 것입니다. 만일 여러분이 그렇게 하지 않았다면, 오
늘을 구원의 날로 삼으십시요. 그렇게 한다면 오늘이 여러분과 그리
스도가 하나가 되는 날이 될 것입니다.

먹은 결과

그러나 이 구절들을 연구할 때 우리가 알아야 하는 또 다른 중요한
요점이 있습니다. 예수를 먹음으로부터 오는 어떤 확실한 결과들이
있다는 것입니다. 이 본문은 그 결과 세 가지를 암시해 줍니다.

첫째, 우리는 구원의 확신을 받습니다. 54절에서 1차적으로 그 결과가 나타나 있읍니다. 우리는 54절에서 영생의 선물을 약속받고 마지막 날에 살리신다는 그리스도의 약속을 듣게 됩니다. 영생이 무엇입니까? 영원한 안전교리를 찬동하지 않는 어떤 사람, 그리스도께 나아오는 자는 하나도 잃어버림을 당하지 않을 것이라는 교리를 싫어하는 어떤 자들은, 우리가 구원으로 얻는 영생은 무한하게 존속하는 생명이라기보다는 특별한 품격을 지닌 생명이라고 강조했읍니다. 그러나 영생이 그러한 특별한 품격을 지닌 생명이라는 것을 전혀 부인하지는 못하겠지만, 영생은 영원하다고 말하는 데까지 나가야 한다고 저는 확신합니다. 영생은 하나님의 생명입니다. 그 영생이 끝이 없는 것은 하나님이 끝이 없으신 분이기 때문입니다. 이 진리가 이 대목에서 확증됩니다. 왜냐하면 예수님께서는 영생의 선물을 언급하신 후 영생을 얻은 자를 마지막 날에 살리실 것이라고 바로 약속하셨기 때문입니다(39, 40과 44절에서도). 그 얼마나 놀라운 약속입니까! 우리를 사랑하시고 우리에게 사랑을 가르치신 그분으로부터 우리를 끊을 자가 아무 것도 없다는 걸 아는 것은 얼마나 놀라운 일입니까!

둘째로, 그리스도께 나옴으로써 그리스도와 생명을 변화시키는 연합에 들어가게 됩니다. 이 사상이 56절에서 표현되어 있읍니다. 56절에서는 요한복음에서 맨 처음으로 그리스도와의 연합의 개념을 언급하고 있읍니다. 그것은 뒤에 가서, 특히 마지막 주님의 강론에서 매우 탁월한 위치를 차지하게 될 것입니다. 여기서 예수님께서는 "내 살을 먹고 내 피를 마시는 자는 내 안에 거하고 나도 그 안에 거하나니"라고 말씀하십니다.

우리가 예수님께 연합되고 예수님께서 우리에게 연합된다는 뜻은 무엇입니까? 우리가 그리스도께 연합된다는 사실은 우리의 삶과 신분에 있어서 변화를 받는다는 뜻입니다. 결혼예식을 다시 생각해 봅시다. 결혼식이 거행되기 전 신부는 다른 지위였읍니다. 결혼식이 끝난 뒤에는 그 지위가 달라집니다. 한 예로 그 이름이 달라집니다. 결혼식이 끝난 후부터 남편의 성을 따르게 됩니다. 법적인 지위도 달라집니다. 그전에 그는 하고싶은대로 재산을 사고 팔 수 있었읍니다.
그러나 지금은 남편이 같이 서명해야 합니다. 심리적인 변화도 있읍
니다. 결혼하지 않고 혼자 있을 때와, 결혼한 다음에 겪는 것과는 미
묘한 차이가 있음을 의식합니다. 사회적인 국면에서도 변화가 일어나
자기가 사귈 친구관계에까지 영향을 미치게 됩니다. 또한 누구와 즐
겁게 지내며, 시간을 어떻게 보내며, 다른 문제들에 대해서는 어떻게
하는 등의 사회적 국면에서 변화를 겪게 됩니다. 언제 이러한 변화가
일어납니까? 그녀가 그의 남편과 하나가 되는 순간에 그러한 일들이
즉각적으로 일어나게 됩니다. 영적으로도 그러합니다. 우리가 믿음으
로 말미암아 거듭남을 통해서 그리스도와 연합되는 순간에 새로운 이
름을 얻게 됩니다. 이제는 미쓰 죄인이라는 이름대신 미세스 그리스
도인이란 이름을 얻습니다. 새로운 관계와 새로운 의무와 새 삶의 방
식이 우리 앞에 열려집니다.

　반면에 그리스도께서 우리에게 연합하신다는 사실은 일차적으로 우
리가 그의 생명을 받고 영원토록 갈수록 더 풍성한 생명을 받아나간
다는 뜻입니다. 바울이 말한바와 같이 우리는 "하나님의 모든 충만으
로" 충만해져야 합니다(엡 3 : 19). 지금 우리는 바닷물로 채워진 작
은 병과 같이 보잘 것 없습니다. 그 병안에 들어 있는 것이 틀림 없
는 바닷물이지만 병 안에 들어가는 물은 그리 많지 않습니다. 그러나
한 갤런 정도가 들어가게 병을 크게 할 수 있다고 상상해 보십시요.
그런 경우에 바닷물을 세배나 더 담을 수 있습니다. 병이 크면 클수
록 바닷물을 더 많이 담아둘 수 있습니다 — 결국 병이 클대로 커진다
면, 바다 전체를 다 담을 수도 있을 것입니다. 같은 방식으로 하나
님께서는 우리의 영적인 가능성을 더 확대시켜서 결국 무한하신 그
리스도의 온전한 생명이 우리 속에서 재현되게 하시겠다고 약속하십
니다.

　결국, 예수님의 말씀은 우리가 예수님을 먹음으로써 이 세상을 살
아가는 힘을 얻게 됨을 암시합니다. "살아계신 아버지께서 나를 보내
시매 내가 아버지로 인하여 사는 것 같이 나를 먹는 그 사람도 나로

인하여 살리라"(57절)고 말씀하십니다. 이 구절은 일차적으로 영생을 말하는 것이 아니라, 우리가 현재 매일 영위하는 삶을 그리스도의 능력으로 영위한다는 걸 말하고 있습니다. 갈라디아서 2 : 20은 그 원리에 대한 오래된 진술입니다. "내가 그리스도와 함께 십자가에 못박혔나니 그런즉 이제는 내가 산 것이 아니요 오직 내 안에 그리스도께서 사신 것이라 이제 내가 육체 가운데 사는 것은 나를 사랑하사 나를 위하여 자기 몸을 버리신 하나님의 아들을 믿는 믿음 안에서 사는 것이라."

여러분은 그 주 예수 그리스도의 생명으로 말미암아 사시겠읍니까? 그 생명은 힘과 정결함으로 충만히 존재합니다. 그 생명은 먹도록 되어 있읍니다. 바로 그 생명으로서만 우리는 자라날 수 있읍니다.

31

교리로 시험받는 제자정신

"제자 중 여럿이 듣고 말하되 이 말씀은 어렵도다 누가 들을 수 있느냐 한대 예수께서 스스로 제자들이 이 말씀에 대하여 수군거리는 줄 아시고 가라사대 이 말이 너희에게 걸림이 되느냐 그러면 너희가 인자의 이전 있던 곳으로 올라가는 것을 볼것 같으면 어찌 하려느냐 살리는 것은 영이니 육은 무익하니라 내가 너희에게 이른 말이 영이요 생명이라 그러나 너희 중에 믿지 아니하는 자들이 있느니라 하시니 이는 예수께서 믿지 아니하는 자들이 누구며 자기를 팔 자가 누군지 처음부터 아심이러라 또 가라사대 이러하므로 전에 너희에게 말하기를 내 아버지께서 오게하여 주지 아니하시면 누구든지 내게 올 수 없다 하였노라 하시니라" (요 6 : 60~65).

주 예수 그리스도께서 적대감을 경험했던 유대를 떠나서 갈릴리로 가신 다음에도 얼마 동안 사람들이 그 가르침에 매력을 느끼고 그 주위에 둘러 있었던 것 같습니다. 갈릴리에서 여러 가지 이적을 행하셨습니다. 가나에서 물을 포도주로 바꾸는 이적을 행하였고, 왕의 신하의 아들을 낫게 하였으며, 디베랴 바닷가에서 떡과 생선으로써 수천 명을 먹이셨습니다. 많은 사람들이 이 일에 대단한 매력을 느껴서 한동안 오천명 정도의 사람들이 예수님의 가르침을 들으려고 따라다녔습니다. 그러나 얼마 되지 않아서 주님이 가르치시는 말씀의 진정한 본질이 확연히 드러나게 되었습니다. 그러한 일이 있게 되자, 그를 따르던 많은 사람들이 돌아가서 다시는 그와 함께 다니지 아니하였습니다. 요한복음 6장 마지막 부분으로 나아가면서 그러한 조짐을 발견하게 됩니다.

주님의 사역은 갈릴리에서 어떻게 평가되었습니까? 유대에서와 똑같았습니다. 주 예수 그리스도께서 인기를 얻었었습니다. 많은 사람들이 그를 따랐습니다. 예수님께서 가르치기 시작하실 때, 그 가르침의 교리는 예수님을 따르는 제자 정신을 측량하는 척도가 되었습니다. 그리고 거의 모든 사람들이 떨어져 나갔습니다. 그러므로 요한은 요한복음 6장을 결론지으면서, 그리스도를 공개적으로 반대하는 사람들 속에서 일어났던 일이 아니라 분명히 그리스도를 지지하는 것처럼 보이는 사람들 —주님을 따르는 보편적인 무리들(60절)과 열 두 제자(67절) 속에서 일어났던 일을 보여줍니다.

어려운 말씀

만일 이 대목에서 우리가 유익을 얻고자 한다면, 어째서 제자로 보였던 사람들이 떨어져 나가게 되었는지 그 이유를 매우 분명히 이해해야 합니다. 요한은 "제자 중 여럿이 듣고 말하되 이 말씀은 어렵도다 누가 들을 수 있느냐?"고 말한 사실을 기록합니다. 덧붙여서 "예수께서 스스로 제자들이 이 말씀에 대하여 수군거리는 줄 아시고 가라사대 이 말이 너희에게 걸림이 되느냐?"는 말을 덧붙입니다(60, 61절). 그 이유는 그리스도의 가르침이 받아들이기 "어렵다"는 사실 속에 들어 있습니다. 헬라어로는 "스크레로스"입니다. 그 말은 "이해하기 어렵다"는 뜻이 아닌 것만은 분명합니다. "관용하기 어렵다"는 뜻입니다. 그리스도의 제자들이 그리스도의 말씀을 이해할 수 없을 동안에 그들은 둘러서서 여러 가지 질문을 던졌습니다. 그들이 예수님의 말씀을 이해한 것은 다른 곳에 갔을 때였습니다. 그들이 떠났던 것은, 예수께 들었던 것이 자기들의 관점과 너무 달라서 받아들일 수 없었기 때문입니다.

이는 우리 세대에도 마찬가지요, 우리 자신에게도 해당되는 말입니다. 흔히, 그리스도인이라고 고백하는 사람들 중에 하나님의 참된 종, 하나님의 진리를 진실로 간파하는 사람을 비평하고, 그의 가르침이 "어렵다"고 불만을 늘어놓습니다. 그것의 진정한 책임은 교리가 어려운데 있는 것이 아니라 거기에 관계된 사람들이 자기들이 듣는 것을 받아들이려는 의향이 없다는 데 있습니다. 아마 자기들의 관점과 그 전해지는 교리가 맞지 않을 것입니다. 또 자기들의 조상들의 전통들과도 다를 것입니다. 이런 사람들 가운데 많은 사람들은 그리스도의 때에 살던 사람들을 방식은 다르지만 그대로 답습하고 있습니다. 왜냐하면 그들은 어렵다는 말을 예수 그리스도에게 직접 하는 대신 수군거리면서 떠나가기 때문입니다.

그 많은 무리들이 어렵게 느꼈던 그 가르침들은 무엇입니까? 그 가르침들은 오늘날도 사람들이 받아들이기 어렵게 보이는 것들입니다.

첫째로, 그리스도의 성육신(成肉身)교리와, 그 성육신이 그리스도의 인격에 대하여 함축하는 모든 의미가 나타납니다. 예수님께서는 자기는 하늘로서 내려온 참 떡이라고 말씀하셨습니다(33, 38, 51절). 이것은 육신적으로 탄생하기 전에도 존재하셨다는 것이며, 하나님과 특별한 관계를 가지고 계셨다는 뜻입니다. 그런 신성을 지니신 하나님의 아들이셨습니다. 인성을 취하기 위해서 하나님으로서 오신 분입니다. 군중들은 예수님께서 무엇을 말씀하고 계신지를 분명히 이해하였습니다. 왜냐하면 다른 복음서에 보면 사람들이 예수님의 하시는 말씀을 듣고 대번에 하나님을 모독하는 말이라고 해석해버리는 걸 발견하기 때문입니다. 하나님께서 육체로 오십니까? 그들이 그 점을 받아들일 수 없었습니다. 오늘날도 그것을 받아들이지 않을 사람들이 많습니다.

둘째로, 예수께서는 당신이 십자가로 가야한다고 가르치고 계셨습니다. 51절에 그 진리가 담겨져 있습니다. "나의 줄 떡은 곧 세상의 생명을 위한 내 살이로라 하시니라." 이 말씀을 받아들이고 진정으로 이해한다는 게 얼마나 어렵습니까! 그리스도의 말씀을 들었던 사람들은 아마 이렇게 주장했을 것입니다. 사람이 죄를 지으면 어떠한 처벌을 받는지 우리는 이해할 수 있다. 그 범죄가 엄청날 때 죽임을 당할 수도 있다. 구원도 그런 식으로 보응의 차원에서 주어지는 것이라면 이해할 수 있다. 그러나 예수 그리스도께서 그들 대신 구원을 이루시며, 그러므로 그 구원을 예수 그리스도로부터 오는 값없는 선물로 받아들이든지 그것을 전혀 받아들이지 않든지 해야한다고 생각하는 것 – 그들은 그것만은 못마땅하였습니다. 우리 시대에 살고 있는 거의 모든 사람들이 기독교를 받아들이는데 있어서 일차적으로 겪는 난제가 바로 그것입니다.

끝으로, 예수님께서는 자신의 말씀을 듣고 있던 사람들 거의 대부분이 자기를 믿지 않은 이유가 무엇인지를 가르쳐 주셨습니다. 그것은 그들 스스로 믿을 수 없었고, 하나님께서 먼저 그들을 주님께 주시기로 작정했을 경우에만 믿을 수 있게 되기 때문이라는 것입니다. 이상의 요점들은 개혁파 신앙으로 알려진 교리체계의 기본요소들입니다 – 곧 사람이 영적으로 하나님을 기쁘시게 할 수 있는 능력이 없으며, 구원에 있어서 하나님의 선택적인 은혜가 필요하다는 것입니다. 예수님께서는 "나를 보내신 아버지께서 이끌지 아니하면 아무라도 내게 올 수 없으니"(44절)라고 말씀하셨습니다. 그 전에는 "아버지께서 내게 주시는 자는 다 내게로 올 것이요"(37절)라고 말씀하셨읍니다. 이 가르침만큼 인간의 격분과 반역을 야기시키는 것이 없습니다. 그러나 그 가르침은 진리입니다. 그리스도께서는 그 가르침을 주저 없이 선포하셨습니다.

이러한 교훈들 하나하나가 그리스도 시대에 살던 사람들이 정상적인 사고방식을 거스렸고, 오늘날 살고 있는 사람들의 정상적인 사고방식에도 거스립니다. 문제는, 우리가 그리스도의 가르침을 따르기 위해서 우리의 견해를 수정할 용의가 있는가? 또는 그 오류 속에서 계속 버틸 것인가? 하는 것입니다. 분명히, 우리의 제자정신을 그리스도의 교훈으로 바로잡을 필요가 있읍니다. 우리 자신의 이해의 척

324 / 요한복음 강해설교

요 6 : 60～65

도로서 영적인 문제들을 평가하지 않는 법을 배울 필요가 있읍니다.

그리스도의 답변

우리는 이제 그리스도의 답변으로 시선을 돌립시다. 첫째로, 예수님께서는 그 답변으로 "이 말이 너희에게 걸림이 되느냐 그러하면 너희가 인자의 이전 있던 곳으로 올라가는 것을 볼 것 같으면 어찌 하려느냐"(61, 62절)라고 물으셨읍니다. 저는 이 구절의 의미가 저절로 명백히 드러난다고는 생각지 않읍니다. 적어도 주석가들에게 마저 그 구절의 의미가 자증적인 것은 아니었읍니다. 왜냐하면 주석가들이 이 구절을 언급할 때 각자 다른 입장들을 취하고 있기 때문입니다. 어떤 사람들은 이 구절이 십자가를 가리키는 것이라고 생각합니다. 또 어떤 사람들은 그리스도의 승천을 예고하는 것으로 봅니다. 저는 제가 생각하는대로 그 구절이 의미하는 것이 무엇인가를 밝혀 보겠읍니다.

몇년 전에 도날드 그레이 반하우스가 들려준 이야기를 저는 기억하고 있읍니다. 그 이야기는 여러분의 생각 속에 이 특별한 해석을 영구히 담아두게 할 것입니다. 반하우스는 외국 선교지를 갔던 적이 있었읍니다. 그러고 있을 때 그 가족은 독일의 베르린에서 살고 있었읍니다. 그 베르린에는 세계적으로 유명한 동물원이 하나 있읍니다. 몇년 동안 그 베르린에 살면서 반하우스 부인과 자녀들이 자주 거기에 갔었읍니다. 반하우스가 여행에서 돌아와 가족들과 만났을 때, 그 자녀들은 아빠도 그 동물원에 한번 가보라고 요청했읍니다.

특히 자녀들은 아빠가 루페르트를 보기 바랐읍니다. 루페르트는 수 톤의 무게가 나가는 거대한 바다사자였읍니다. 그 사자가 거대한 풀에 가두어져 있었읍니다. 베르린에 사는 사람은 누구나 다 그 루페르트를 사랑했읍니다. 그래서 그들은 그 풀 난간에 기대어 사육사가 매일 루페르트에게 음식을 넣어주는 걸 보기 좋아했읍니다. 루페르트는 풀 안에 마련돼 있는 맨바닥 위로 올라와서 사육사가 던져주는 생선을 먹어치웠읍니다. 대단히 많은 생선이 던져졌읍니다. 루페르트는 대단히 많이 먹었기 때문입니다. 그 루페르트는 생선을 집어먹을 때마다 다음 생선을 집기 위해 더 멀리 뻗어야 했습니다. 결국 사육사는 바켓에 들어 있는 고기를 거의 다 주워 바닥에 깔린 고기를 물 위로 던져버립니다. 그러면 루페르트는 가만히 앉아 있다가 뛰어 올라서 공중에서 그 생선고기를 낚아챕니다. 그런 다음에 풀 속으로 뛰어 들어가면서 여기저기 물방울을 튀깁니다. 어린 아이들은 자기 아버지도 그 광경을 보았으면 하고 바랬던 것입니다.

가족이 함께 가서 그 광경을 보았습니다. 반하우스는 그것을 구경하면서 자기가 구입했던 작은 무비카메라에 그 광경을 담았습니다. 그 가족이 베르린을 떠났을 때, 그 필름을 현상했고, 그 모든 장면이 스크린에 영사되었습니다. 그러나 영사기의 릴(reel)에 감겨 있던 필름이 다 돌아갈 때쯤해서 영사기를 멈추어 그 릴을 바꿔 끼었습니다. 어린 아이들이 보았던 장면이 이제는 거꾸로 되풀이 나타나기 시작했습니다. 처음에는 대단한 양의 물이 풀 전체에 출렁거리며 넘쳤습니다. 그런 다음에 중간에 나타났던 구멍 속으로 그 물이 사라지기 시작했습니다. 그런 다음에 그 구멍 속에서 삼, 사천 파운드나 되는 루페르트가 나오고, 루페르트가 멋지게 뒤로 나르더니 그 풀에 있는 맨 바닥으로 올라갔습니다. 더구나, 그렇게 하면서 그 루페르트는 고기를 내뱉었는데 그 고기는 공중으로 되날아가더니 사육사의 바켓 속으로 들어갔습니다. 그렇게 보는 것이 필림을 바로 보는 것보다 훨씬 더 재미 있게 되었습니다. 그래서 그 장면을 볼 때마다 어린 아이들은 "아빠 루페르트가 고기를 내뱉게좀 해주세요!"라고 졸라댔습니다.

여러분은 어째서 이 이야기가 제 마음 속에 남아 있는지 그 이유를 대번에 알 수 있습니다. 제가 믿기론 바로 이 광경이 예수님께서 "그러면 너희가 인자의 이전 있던 곳으로 올라가는 것을 볼 것 같으면 어찌 하려느냐?"고 질문하시면서 의중에 두었던 것을 그림을 그리듯이 아주 잘 예증함을 알 수 있을 것입니다. 주님께서 생각하고 계셨던 것은 주께서 내다보시는 장래의 승천이 아니라 낮아지심이었습니다. 예수님께서는 "너희가 내 교훈으로 마음이 상하느냐? 그것이 어려워

보이느냐? 그렇다면 그 모든 가르침들을 다 회수하고 구속의 전체 계획을 취소하여 버린다면 어떻게 하겠느냐? 만일 내가 필림을 거꾸로 돌려서 내 사역 초기로 되돌아가고 더 나아가 내 어린 시절과, 낳기 전의 상태와, 그리고 궁극적으로는 다시 아버지께로 올라간다면 어찌하려느냐? 그때 너희는 어떻게 하겠느냐?"

우리는 어떻게 하겠습니까? 어떻게 할 수 있겠습니까? 우리의 경우는 절망적이고 소망이 없는 것이 될 것입니다. 그러나 하나님께 감사하게도 예수님께서 그렇게 하지 아니하셨습니다. 오히려 십자가로 나아가셔서 자신의 목숨을 우리의 죄를 위한 대속물로 드리셨습니다. 그리고 승천하셔서 오늘날도 하나님 우편에 앉아계시면서 아버지께서 성령의 효력적인 역사를 통해서 사람들을 자기에게로 이끄시는 것을 보고 계십니다. 저는 그 진리들을 바라보면서 내 구원이 그 진리들 속에 분명하게 쓰여져 있음을 봅니다. 예수님께서 죽으셨습니다. 나를 위해서 죽으셨습니다. 그러므로, 예수님께서 구원의 전체 계획을 지금이라도 바꾸지 아니하신다면, 내 구원은 영원히 안전합니다. 분명히 말해서 주님께서는 그 구원의 계획을 앞으로도 바꾸지 아니하실 것입니다.

육(肉)이 아니라 영(靈)이다.

그러나 예수님께서는 또 다른 것을 말씀하십니다. 예수님의 첫번째 대답은 "내가 구속의 전체 계획을 거꾸로 돌린다면 어찌 하겠느냐?"라고 묻는 것이었습니다. 그리스도의 사역이 받아들이기 어려운 교리들을 지니고 있지만 그 사역이 전혀 없는 것보다 있는 것이 훨씬 낫다는 결론이 나옵니다. 그러나 주님께서는 그렇게 말씀하신 다음에 계속 덧붙여 말씀하십니다. "살리는 것은 영이니 육은 무익하니라 내가 너희에게 이르는 말이 영이요 생명이라"(63절). 이 문장은, 성령의 역사를 통해서만 그리스도의 교훈을 이해할 수 있다는 진리를 첨가합니다.

그것이 뜻하는 것이 무엇인지 이해하는 것은 어렵지 않습니다. 무엇보다 먼저 주 예수님의 지상생애에서 그 점을 발견하게 됩니다. 사람들은 이렇게 말했읍니다. "주 예수 그리스도께서 육체를 입고 계실 때 그를 알았다면 얼마나 놀라운 일이었을까? 그와 함께 걷고, 그의 음성을 듣고, 삼년 공생애 동안 이곳에서 저곳으로 옮겨가실 때마다 그와 함께 움직였다면 그 얼마나 영광스러웠을까요?" 물론 저도 어떤 점에서 그랬으면 놀라웠을 것이라는 생각도 합니다. 그러나 흥미로운 요점은 그리스도의 때에 있었던 많은 사람들이 그렇게 했음에도 불구하고 그리스도를 믿지 않고 끝내는 "돌아와 그와 함께 다시는 다니지 아니하였다"는 점입니다. 주님과 함께 있었던 자들이 육체를 따라서 주님을 안 것이 반드시 유익된 것만은 아니었읍니다. 그래서, 예수님께서는 말씀하시기를, 예수님께서 육체를 입고 계실 때 함께 있었던 사람들의 복은 예수님의 생각과 말씀과 행동이지 예수님의 외적인 외모가 아니라고 말씀하고 계셨던 것입니다. 그러한 예수님의 생각과 말씀과 행동이 복되려면 성령에 의해서 마음에 적용되어야 한다고 말씀하고 계셨던 것입니다.

어느 때인가 어떤 여인이 예수님께 와서 "당신을 밴 태와 당신을 먹인 젖이 복이 있소이다"라고 말했읍니다. 그러나 예수님께서는 "오히려 하나님의 말씀을 듣고 지키는 자가 복이 있느니라"고 말씀하셨읍니다(눅 11 : 27, 28).

이 원리는 오늘날 우리 그리스도인의 삶에도 적용됩니다. 영혼을 복되게 하는 것은 종교의 외면적인 치장이 아닙니다. 오히려 하나님의 말씀이 하나님의 성령의 초자연적인 간섭을 통해서 이해되어 우리의 삶 속에 적용되어 나타날 때 영혼이 복된 것입니다. 이것은 종교의 외면적인 어떠한 형식에도 해당됩니다. 세례는 좋은 것입니다. 하나님께서 명하신 것입니다. 그러나 세례가 개인을 구원하지 못합니다. 세례를 불신자들에게까지 베푸는 교단들에서는 그 세례가 저주거리가 되어버렸읍니다. 왜냐하면 그 세례가 여전히 진노의 자녀로서 정죄 아래 있는 영혼들에게 모든 것이 잘되었다는 인상을 끼쳐주었기 때문입니다.

두번째 실례로 성찬식을 예로 들어봅시다. 성찬식은 복된 사건일
수 있읍니다. 그러나 전혀 자신의 삶을 예수 그리스도께 진정으로 의
탁하지 아니한 수천의 사람들이 정규적으로 그 예식에 참여하는 것이
사실입니다. 그러므로 그 예식은 전혀 효과가 없읍니다. 성령께서 생
명을 주지 아니하신다면 육체의 행위는 아무런 유익이 없읍니다.

성경을 읽는 것도 역시 마찬가지입니다. 기도도 마찬가지입니다.
교인간의 관계도 마찬가지입니다. 기독교의 이러한 국면들은 성령께
서 우리를 축복하시는 도구로서 사용되고, 우리가 그 성령의 축복을
추구하고 있을 때에는 큰 가치를 지닙니다. 그러나 불신앙적이고 형
식적인 방식으로 그 국면들이 이용될 때 아무 것도 얻지 못합니다.
예수님의 영이 그 말씀을 해석하여 우리 마음에 적용시키도록 우리
가 자리를 내어줄 때만이 우리가 예수님의 교훈 안에서 자라납니다.

생명의 말씀

그러하니, 그리스도의 말씀에 대해서 어떻게 하시겠읍니까? 그리
스도의 말씀을 주목하면서 성령께서 그 말씀들을 통해서 여러분을 축
복하시도록 하겠읍니까? 아니면 그리스도를 따르던 많은 사람들처럼
그 말씀을 등지고 떠나겠읍니까? 아버지께서 이끌지 아니하시면 아
무라도 예수께 나올 수 없다는 건 사실입니다. 그러나 그것이 그리스
도의 말씀을 주목하지 못하는 인간의 책임을 면제시키지 않습니다.
그리스도의 진술 속에 나타나 있는 진리의 균형을 주목하십시요. 그
리스도께서는 "살리는 것은 영이니"라고 말씀하셨읍니다. 그것은 신
적인 측면입니다. 이 일에 있어서 하나님께서는 스스로 역사하시고,
사람은 하나도 참여하지 못합니다. 그러나 예수님께서는 계속해서
"내가 '너희에게' 이른 말이 영이요 생명이라"고 말씀하십니다. "너
희에게"라는 말은 인간의 책임을 말하고 있읍니다. 예수님의 가르침
은 여러분을 향하고 있읍니다. 여러분은 그 가르침들을 믿겠읍니까?
만일 여러분이 그리스도인이 아니라면 마땅히 하나님의 말씀을 읽
고 그 말씀에 자신을 비추어보고 자신의 문제가 무엇인지를 알아보아

야 합니다. 그것이 참된 말씀이 인도하는대로 따르고, 구주께 나오는 것입니다(참된 말씀은 그러한 방향으로 인도하기 때문입니다).

반면에, 이 말씀을 듣고 있는 많은 사람들은 그리스도인들일 것입니다. 그리스도인들 여러분은 어떻게 해야만 합니까? 이 말씀들을 구원을 받지 못한 채 있어서 그 말씀들을 주지 않으면 분명히 멸망할 사람들에게 가져갈 책임이 여러분에게 있읍니다. 그것이 여러분의 최고의 책임입니다. 물론 우리가 다른 책임도 가지고 있음을 인정합니다. 병든 자도 먹여야 되고, 슬픔당한 자도 위로해야 되고, 궁핍한 자도 돌보아야 되고, 과부와 고아를 돌아보아야 합니다. 이러한 선한 일들을 게을리해서는 안됩니다. 그러나 그러한 일들을 하면서 기억해야할 것은, 세상에서 참으로 위대하고 지속적인 변화, 역사와 인간 운명을 결정하는 그 변화는 하나님의 말씀전도를 통해서 영의 영역에서 일어나는 변화라는 점입니다. 여러분은 무엇보다도 우선적으로 그 일에 자신을 드려야 합니다.

우리는 그리스도의 말씀을 먹고, 소화하고, 그 말씀대로 살고, 말씀을 발산시켜야 합니다. 여러분을 억누르는 많은 염려들이 여러분을 설득하여 그러한 일을 하지 못하게 하려고 애쓸 것입니다. 여러분이 주님을 믿는 것을 중단시키려고 사람들은 애쓸 것입니다. 그러나 괘념치 마십시요. 그리스도의 가르침을 받든지 받지 않든지 사람들에게 선포하십시요. 부자나 가난한 자나, 교육받은 자나 그렇지 못한 자나, 높은 지위에 있는 사람이나 낮은 지위에 있는 사람이나, 특권을 가지고 있는 사람이나, 별 이점을 가지고 있지 못한 사람들 모두에게 그리스도의 가르침을 선포하십시요. 그렇게 하면 하나님께서 그 그리스도의 교훈들을 사용하셔서 사람들을 구주께 이끄실 것입니다.

32

갈 바를 알지 못하나 나아가라

"이러므로 제자 중에 많이 물러가고 다시 그와 함께 다니지 아니
하더라 예수께서 열 두 제자에게 이르시되 너희도 가려느냐 시몬
베드로가 대답하되 주여 영생의 말씀이 계시매 우리가 뉘게로 가
오리이까"(요 6 : 66～68).

복음서에 나타난 그리스도의 삶의 장면을 읽을 때마다 그 장면들
을 여러분이 연상하려고 애쓰는지 저는 모릅니다. 그러나 저는
가끔 그렇게 합니다. 갈릴리에서 예수님의 말씀을 들으려고 왔던 수
많은 무리들이 처음에는 열심을 내다가 나중에는 사그러든 이야기를
읽을 때 저는 그 모습을 연상해 보았습니다.

저는 그것을 영화장면과 같이 생각해 보았읍니다. 이 본문이 말하
고 있는 아침의 명백한 성공과, 전에 그리스도를 따르던 자들이 그
리스도를 떠남으로써 뒤에 일어난 을씨년스런 광경이 서로 대조되어
나타나는 영화장면 같습니다. 갈릴리를 어슴프레 비치는 새벽의 여명
이 깔리는 몇 시간 동안 사람들이 몰려오고 있읍니다. 마을에 모여들
어서, 마을의 거리는 군중들로 가득 차게 되었읍니다. 회당도 가득
찼읍니다. 그들은 예수님께 수 많은 질문을 던졌읍니다. 그러나 불행
히도 주님의 대답은 그들이 듣고싶어하는 것이 아닙니다. 그래서 시

간이 지나자 이처럼 열렬한 모습을 보였던 추종자들이 달아났습니다. 그러자 그 날이 다했습니다. 이제 예수님께 남아 있는 자들은 그의 가까운 제자들 뿐이었습니다. 제가 그 광경을 영상 필름에 담아둔다면, 아침과 저녁을 대조시키면서, 조용하게 서서 남아 있는 작은 무리의 사람들을 보여주겠습니다. 그러면서 아침에 열심을 부리던 사람들 마저 어둠 속에서 자기 집으로 돌아가는 모습과 함께 그 호수를 멀찌감치 영상시켜보겠습니다.

이 장면은 통렬한 장면입니다. 그러나 지금 그 장면은 더욱 더 통렬하게 되었습니다. 왜냐하면 예수님은 그와 함께 열 두 제자가 남았다는 사실을 생각하면서 자축하거나, 그들 제자들이 스스로 자축하게 내버려두지 아니하시고, 그들에게 돌아가면서 "너희도 가려느냐?"라는 질문을 던지셨기 때문입니다. 간단한 질문이지만 그 제자들의 마음이나 우리의 마음을 깊이 후벼파는 질문입니다. 우리도 가겠습니까? 우리도 하나님의 말씀을 듣고 믿는다고 고백해 놓고는 그리스도와 기독교에 등을 돌리고 떠난 사람들처럼 하시겠습니까? 아니면 남겠습니까?

우리 모두 다 베드로처럼 대답할 수 있도록 하나님께서 허락하시기를 바라나이다. "주여 영생의 말씀이 계시매 우리가 뉘게로 가오리까"(68절). 질문도 심오했고 대답도 심오했습니다. 질문이나 대답 모두 다 그것을 듣는 모든 사람들에게 해당되며, 오늘날 베드로의 대답에 함께 응할 수 있을 사람들에게 심오한 의미를 가집니다.

적절한 질문

어째서 이 질문이 오늘을 사는 사람들에게 적절한 질문인지 살펴보기로 합시다. 무엇보다도 그 질문을 받는 사람들 가운데 어떤 사람들은 참된 그리스도인이 아니라서 언젠가는 분명히 떠날 사람들이기 때문에 그러합니다. 어떤 사람들은 그리스도를 "배반하여 팔 것입니다." 여러분은 그것을 의심하겠습니까? 그렇다면 예수님께서 친히 하시는 말씀을 받았던 사람들을 살펴보십시요. 예수님께서 자기와 함께 있고

자기를 도우도록 선택하신 열 두 사람이 여기 있습니다. 예수님께서
확실히 좋은 분별력을 가지고 계셨습니다. 오늘날 어떤 교회의 회중
석에 어떤 사람을 받아들일 것을 찬성하여 결정을 내리는 어떠한 목
사나 직분자보다도 훨씬 더 나은 판단력을 가지고 계십니다. 그와같
이 이러한 사람들 가운데 유다가 있었습니다. 유다는 그리스도를 구
원얻는 방식으로 믿은 적이 없는 사람이었습니다. 왜냐하면 예수님
께서 그를 마귀라 불렀기 때문입니다 —그럼에도 불구하고 그는 다른
제자들과 함께 있었고, 그 제자들은 유다의 진정한 인물됨을 알지 못
했습니다. 급기야 유다는 구주를 배반하여 팔았습니다.

　오늘날 눈에 보이는 교회 안에 유다와 같은 사람이 있다고 말하는
것이 과언입니까? 저는 과언이 아니라고 생각합니다. 그리스도인들
이라고 스스로 고백하는 사람들, 교회 안에서 직분을 갖고 있는 사람
들 속에 마저 거듭나지 아니한 채 있다가 어느 날 공개적으로 자기
들이 이제까지 옹호했던 모든 것에 등을 돌리게 될 사람들이 있습니
다. 그 사람들은 우리에게 속하지 않기 때문에 우리로부터 떠나 나
갈 사람들입니다. 우리도 그런 사람들의 부류에 들어 있습니까? 우
리가 그럴 수 있을까요? 우리가 입심좋게 대답하는 대신, 예수님과
함께 다락방에서 식탁 주위에 앉아서 "주여 내니이까?"라는 질문을
서로 던져보았던 제자들처럼 우리도 서로 그 질문을 던져보아야 합니
다. 우리가 진정으로 우리 자신을 구주께 맡기고 있는지 우리 마음을
탐사해 보아야 합니다.

　둘째로, 어떤 사람들이 확실히 그리스도를 배반하고 떠날 것이라는
사실 이외에 우리 각자가 그를 "부인할 수" 있다는 사실때문에 그 질
문은 우리에게 해당됩니다. 베드로는 거듭났습니다. 더구나 이 이야
기 속에서 나오는 바대로 그리스도의 질문에 정확한 대답을 한 사람
이 바로 그 베드로입니다 —"주여 영생의 말씀이 계시매 우리가 뉘게
로 가오리까." 그런 다음에 그는 "내가 주와 함께 죽을지언정 주를
부인하지 않겠나이다"(마 26: 35). 그럼에도 베드로가 흔들리고 예
수님을 부인할 때가 이르게 되었습니다. 예수님께서 사로잡혔을 때

베드로가 옆에 있었읍니다. 하녀가 그에게 "너도 갈릴리 사람 예수와 함께 있었도다"라고 말하였읍니다. 베드로는 "아니라"고 말했읍니다. 또 다른 하녀가 "이 사람은 나사렛 예수와 함께 있었도다"라고 공언하였읍니다. 베드로는 그 사실을 부인했읍니다. 마지막으로 또 다른 사람이 "너도 진실로 그 당이라 네 말소리가 너를 표명한다"고 하였읍니다. 베드로는 세번이나 예수를 모른다고 하였으며, 마지막 경우에는 저주까지 하였읍니다. 그 시대 유대문화의 맥락에 비추어볼 때 베드로는 여호와의 이름을 들먹거리면서 맹세했을 것이라고 저는 생각합니다. "전능하신 하나님의 이름으로 말하노니 나는 예수 그리스도를 모른다." 얼마나 베드로의 인격을 실추시킨 일입니까! 그러나 우리 자신은 어떠합니까? 그러한 일이 베드로에게 일어날 수 있었다면, 우리에게도 일어날 수 있읍니다. 우리도 가렵니까? 예수님을 우리도 부인하렵니까?

저는 여러분더러 강하라, 머물러라, 예수 그리스도 안에 있는 하나님의 은혜를 똑바로 끝까지 증거하라고 용기를 북돋아주고 싶습니다. 오늘날 복음 메시지를 들을 청중을 만나는 것이 그렇게 어려운 것은 아닙니다. 특별히 아덴 사람들처럼 어떤 새로되는 일에 대해서 듣거나 말하기 위해서만 사는 것같아 보이는 오늘날 미국에서 그러한 청중들을 만나는 것은 그리 어렵지 않습니다. 그러나 몇년 동안 나오는 자들을 지키고, 복음을 공개적으로 고백하고 기독교의 표준을 선양하는 강한 신앙공동체 속에서 그들을 세워주는 것 ─이것은 어렵습니다. 왜냐하면 사람들이 망설이기 때문입니다. 스펄전은 이렇게 썼읍니다. "모든 교회마다 계속 키질하는 일이 있다. 그리하여 가벼운 것과 쭉정이들이 날아간다. 밑바닥에서 바람을 일으키며 돌아가는 바람개비가 있다……쭉정이처럼 되지 말라……주를 부인하는 것보다 차라리 죽는 것이 낫다."

탐사적인 답변

우리는 질문을 살펴보았읍니다. 우리는 이제 베드로의 대답을 살펴볼 필요가 있읍니다. 베드로는 "주여 영생의 말씀이 계시매 우리가 뉘게로 가오리까"라고 말했읍니다. 이 베드로의 말은 뒤로 돌아가는 것을 염두에 두고 한 말입니다. 베드로는 예수님과 한번 나왔다가 돌아가는 것 같은 일이 있을 수 없는 일이라는 자기의 관점을 표현하고 있읍니다. 그것이 여러분에게도 생각될 수 없는 일입니까? 혹은 여러분은 돌아갈 것을 생각하시겠읍니까?

여러분이 "지금 그렇게 할 용기는 없지만 그랬으면 좋겠다고 생각한다"고 말씀하실지 모릅니다. 그렇다면 저는 이러한 질문을 던져보겠읍니다. "어디로 돌아가겠읍니까? 여러분의 과거에 예수님과 비교할 수 있는 어떤 것이 있읍니까?"

여러분은 "이전의 삶의 방식"으로 돌아가겠읍니까? 여러분이 주 예수 그리스도를 믿기 전에 어떠한 삶의 방식을 가지고 살았는지 여러분은 아실 것입니다. 큰 허망과 무의미와 맹목적의 삶의 방식이라 특징지워 말할 수 있을 것입니다. 하나님께서는 여러분을 충만케 하셨고 여러분의 삶의 의미를 주셨읍니다. 허망한 데로 다시 돌아가겠읍니까? 이전 삶은 죄 짓는 것으로 가득 찼었을 것입니다. 술마시고 마약을 먹고, 성적인 방종에 빠지거나 다른 유의 일들에 정신을 판 삶이었을 것입니다. 죄로 말미암아 여러분 자신을 파멸시키고 있었읍니다. 그러한 죄로 돌아가겠읍니까? 과거가 세상의 가치 있는 것들을 즐긴다는 의미에서 세상을 사랑하는 것이었다고 특징지어 말할 수 있읍니다. 여러분이 큰 자아의 함정 속에 빠져 있었는데 주 예수 그리스도께서 거기서 건져주셨을지도 모릅니다. 그리로 돌아가겠읍니까? 그것이 그처럼 만족스럽던가요?

다른 어떤 것도 만족을 주지 못한다면, 여러분 자신의 이익을 위해서도 뒤돌아서지 말고 앞으로 전진해 나가야 합니다. 번연의 "천로역정"에 나오는 그리스도인이 천성을 향해 순례길을 향하면서 마귀와 대면하게 될 때, 돌아가 그 갈등을 면하였으면 얼마나 좋을까라고 생각했읍니다. 그러나, 자기 갑옷을 생각하니 등을 보호하는 것이 하나도 없음을 기억하게 되었읍니다. 방패와 흉배와 투구와 칼은 있었지만 등을 위한 것은 하나도 없었읍니다. 그래서 자기가 돌아선다면 마귀가 단순간에 창으로 자기를 찌를 것을 알게 되었읍니다. 그래서 아무리 앞으로 나가는 것이 어렵다 하더라도 뒤로 가는 것보다는 낫다는 걸 알고 결심하게 되었읍니다. 그래서 앞으로 나아가 계속 싸워 승리하였읍니다. 여러분이 좌절을 당하거나 시험을 당할 때 그 사실을 생각하십시요. 퇴각은 불가능합니다! 앞으로 전진해 나가십시요!

저는 여러분에게 두번째로 부적당한 대안을 상기시켜 드리겠읍니다. 여러분은 우리 시대의 "세속적인 이데올로기"로 돌아가렵니까? 진보의 이데올로기가 있읍니다. 이 말은 상업과 과학과 의학과 통신과 교통분야에서 전진을 거듭했던 19세기의 정신을 특징적으로 나타내는 말입니다. 어떤 사람들은, 모든 사람들이 평화롭게 살며 모든 유의 질병과 무지가 불식되는 황금시대를 향하여서 나아가고 있다고 생각했읍니다. 그러나 그런 일은 일어나지 않았읍니다. 우리에겐 여전히 죄가 있읍니다. 과학이 그것을 정복하지 못했읍니다.

어떤 사람은 세계 평화의 이데올로기에 사로잡혔었읍니다. 제 1차 대전 때 그런 말이 자주 오갔읍니다. 사람들은 그 전쟁을 민주주의를 위해서 세상을 안전케 하는 전쟁이라고 생각했읍니다. 그러나 1차대전이 끝난 후 2차대전이 일어났고, 2차대전이 끝난 후 한국 동란이 일어났으며, 한국 동란 후 베트남 전쟁이 일어났읍니다. 미국이 베트남에서 철수하면 모든 전쟁은 끝날 것이라고 생각하는 사람은 어리석습니다!

여러분은 인간 자유를 극대화시킨다는 세속적인 이데올로기를 붙잡았던 적이 없었읍니까? 이 철학은 모든 형태의 통제나 어떠한 형태의 제어이든지 다 원수로 규정하고, 사람들 스스로 하도록 자율에 맡긴다면 모든 것이 잘될 것이라고 진심으로 믿습니다. 교육이나 또는 다른 영역에서 이 철학이 작용하는 것을 보아왔읍니다. 그러나 그것은 정원을 아무렇게나 내버려두면 가장 아름다워질 것이라고 말하는 것이나 똑같은 일입니다. 그렇습니까? 잡초를 아름답고 바람직한

것으로 생각할 사람들이 있을 줄 압니다 ─그들은 범국가적인 파업과
임신중절 등이 필요한 것이며, 공개적인 동성연애나 무정부적인 상태
가 아름답고 바람직한 것으로 생각한다는 것이나 마찬가지입니다 ─그
러나 현명한 사람들이라면 그러한 것들은 잡초에 불과하다고 생각할
것입니다. 그 잡초는 조심스럽게 손질하고 가꾸어 이룬 아름다움과
비교되지 않습니다. 그리스도를 떠난 자유가 그처럼 놀랍습니까? 정
말 그렇습니까? 여러분은 돌아가렵니까? 아니면 주 예수를 섬기는
데서 진정한 자유를 처음 발견하셨읍니까?

아마 여러분의 과거는 불가지론적인 이데올로기에 잡혀 있었을 것
입니다. 그 관점은 인생의 여러 깊은 문제에 대한 해답을 찾을 가능
성을 부인하는 관점입니다. 곧 내가 누구인가? 하나님은 누구인가?
내가 무엇을 위해서 존재하는가? 등등의 문제에 대한 해답을 찾지
못하게 합니다. 그 질문들은 좋습니다. 그러나 해답을 찾지 못하면
질문들을 던지는 게 무슨 소용이 있읍니까? 어떤 그리스도인이 그리
로 돌아가기를 원하겠읍니까?

과거의 영역 중에 여러분으로 하여금 돌아가도록 유혹한 세번째 영
역이 있읍니다. 저는 우리 시대의 세속적인 이데올로기들 뿐 아니라
이전의 삶의 방식에 대해서도 말씀드렸읍니다. 역시 "거짓된 종교와
거짓된 지도자들"이 있읍니다. 만일 여러분의 과거에 이러한 것들을
체험하였다면, 그러한 것들로 돌아가겠읍니까? 이단들에 대해서는 어
떠합니까? 동방 종교들에 대해선 어떠합니까? 그것들이 인생의 문
제에 대한 해답이 되었읍니까?

끝으로, 여러분에게 묻습니다. 그리스도인들이 되기 전에 우리 중
그처럼 많은 사람들의 삶을 특징지었던 "죽은 도덕주의"로 돌아가려
하십니까? 우리가 예수 그리스도에게 오기 전에, 우리는 높은 도덕
적인 수준에 이르는 삶을 살려고 애썼읍니다. 그러나 우리가 도달한
삶은 우리 자신 외에 어떠한 사람들도 만족시키지 못했음을 압니다
─사실 그러한 삶은 거의 언제나 우리 자신들마저 만족시키지 못했
읍니다. 여러분이 진실로 하나님을 기쁘시게 하고 있다는 의식을 가

졌읍니까? 여러분이 그랬다면 저는 놀라겠읍니다. 여러분의 아내가
개선되었읍니까? 여러분의 남편이 그러합니까? 부모들은 어떻습니
까? 자녀들은요? 그렇다면, 어째서 여러분은 그러한 개인적인 관계
들에 큰 고통을 당하였읍니까? 그런데, 예수님께 나오니 여러분 자
신의 노력이 허망한 것이며, 자신 속에서 발견할 수 없는 의(義)를
필요로 한다는 걸 고백하지 않으면 안되었지요? 물론 그렇습니다!
그러므로 여러분의 체험은 사도 바울의 체험과 유사합니다. 사도 바
울도 높은 윤리적인 이상을 추구했지만 그리스도를 발견한 뒤 자기가
과거에 이룩했던 것이 가치 없음을 인식하게 되었읍니다(빌 3 : 8).
여러분은 여러분 자신의 도덕 부스러기더미로 돌아가겠읍니까?

"주여 영생의 말씀이 계시매 우리가 뉘게로 가오리이까." 만일 여
러분이 여러분의 과거를 특징지었던 그 허망한 것들로 돌아가고 싶다
면 예수님을 피하여 달아나 어디로 갈 수 있을런지 저는 모르겠읍니
다. 여러분은 분명히 예수님을 피해 달아날 수 없읍니다. 여러분이 예
수님과 함께 있었다는 걸 알고 있는 다른 사람들의 눈초리 마저도 피
할 수 있을런지 모르겠읍니다. 베드로를 생각해 보십시요. 베드로는
맹세하면서 저주로 주님을 부인했읍니다. 그러나 그는 만3년간 주 예
수님과 함께 보냈읍니다. 그러니 그의 말 속에는 예수님을 배반하는
어떤 요소가 있었읍니다. 만일 여러분이 예수님과 함께 있다가 예수
님을 떠난다면, 여러분은 예전의 여러분이 결코 되지 못할 것입니다.
여러분이 어떻게 맹세한다 할지라도 어떤 사람은 여러분을 비웃으며
"분명히 너도 그들 중의 한 사람이다. 너도 그와 함께 있었다"고 선
언할 것입니다. 다윗은 이렇게 물었읍니다. "내가 주의 신을 떠나 어
디로 가며 주의 앞에서 어디로 피하리이까 내가 하늘에 올라갈지라도
거기 계시며 음부에 내 자리를 펼찌라도 거기 계시니이다 내가 새벽
날개를 치며 바다 끝에 가서 거할지라도 곧 거기서도 주의 손이 나를
인도하시며 주의 오른 손이 나를 붙드시리이다"(시 139 : 7～10).

구주께 매여 있음

결론은 이러합니다. 만일 여러분이 주 예수 그리스도를 여러분의 구주로 믿었다면 ─여러분이 거듭남의 이적을 통해서 그리스도와 진정으로 연합했다면─주님을 떠나서 갈 길은 없고 오직 앞으로 나아가는 길 밖에 없습니다. 세 줄이 여러분을 그리스도께 꽁꽁 맵니다. 베드로가 그것에 대해서 말합니다.

첫째로, 다른 데로 갈 데가 없다는 것입니다. 베드로는 그의 질문 속에서 그점을 함축적으로 인정했습니다. 이 강론에서 제가 여러 대안들을 제시할 때 여러분은 그점을 인식했을 것입니다. 예수님과 함께 있다가 여러분이 누구에게로 가겠읍니까? 세상은 예수님을 원하지 않습니다. 그는 죽임을 당하였읍니다. 역사를 통해서 보면 그를 따르는 자들도 죽임을 당하였읍니다. 여러분의 구주를 향하여 문이 이미 닫혀졌을 때 누가 여러분을 끌어들이겠읍니까?

둘째로, 주 예수 그리스도의 말씀 속에 진정한 만족이 있다는 것을 여러분은 배웠읍니다. 참된 만족은 그분 안에서만 찾을 수 있읍니다. 베드로는 "영생의 말씀이 계시매"라고 말합니다. 헬라 속담에 사람이 신들의 진미를 일단 맛보면 인간의 음식에 만족하지 못하기 마련이라는 말이 있었읍니다. 여러분이 그리스도인이라면 바로 그 속담이 여러분의 경우를 묘사하는 것이라 하겠읍니다. 예수님께서는 "나를 마시라 그러면 내가 너의 갈증을 채워줄 것이고, 나를 먹으라 그러면 내가 너의 주림을 채워줄 것이다"라고 말씀하셨읍니다. 여러분이 그랬읍니다. 여러분은 이미 하늘의 음식을 맛보았읍니다. 그밖에 다른 어느 것도 그에 비하면 아무 맛도 없을 것입니다.

끝으로, 베드로가 말하듯이 "우리가 주는 하나님의 거룩하신 자신 줄 믿고 알았삽나이다"라고 말해야 합니다. 그래서 이제 뒤로 물러간다는 것은 믿음의 위기일 뿐아니라, 지성적인 의미에서 자살이요 정직하지 못한 행위가 됩니다. 그럴 수 없습니다. 우리는 너무 많이 알았기때문에 믿음 없는 체하지 못합니다.

저는 여러분의 장래가 어떠할지 말해줄 수 있었으면 좋겠읍니다. 그러나 저는 그렇게 할 수 없읍니다. 장래가 밝을 수도 있읍니다. 저는 가끔 그러한 일을 생각합니다. 왜냐하면(제 견해로 볼 때) 우리 시대의 추세가 기독교를 위해서 넓게 문을 열어놓고 있는 것처럼 보이기 때문입니다. 지금은 기회의 때입니다. 다음 세대는 복음을 선포하고 증거하고 성장하는 데 가장 광범한 기회를 제공하는 시대가 될지 모릅니다. 만일 우리의 시대가 기회의 시대라면, 우리는 진보할 것입니다. 우리는 앞으로 나아가야 합니다. 그러나 기회의 날들이 가끔 무서운 핍박의 날로 돌변할 때가 있고, 일생을 살아가다가 보면 쑥정이를 크게 까불러내는 것 같은 그러한 경우를 만나게 된다는 것도 저는 압니다. 저와 여러분이 핍박을 받을 때가 올 수도 있습니다. 그런 경우에 어떻게 해야겠습니까? 우리보다 앞서 담대하게 죽음을 맞았던 믿음의 저 위대한 순교자들보다 못하면 되겠습니까?

1555년, 영국 옥스포드에서 휴 래티머(Hugh Latimer)라는 종교개혁시기의 영국의 위대한 감독이 화형을 당하게 되었습니다. 리드리(Ridley)도 함께 화형을 당하게 되었습니다. 이 사람들은 헨리 8세가 통치하던 영국에 종교개혁을 주도한 대변자들이었으며, 은혜로 말미암는 구원의 참된 복음을 그 나라에 있던 모든 회의주의자들에게 전하였습니다. 그러나 변화가 왔습니다. 피를 흘리기 좋아하는 메리 여왕이 즉위하자, 경건한 사람들은 어디서나 핍박을 당했습니다. 래티머는 선한 경주를 경주하며 믿음을 지켰던 사람답게 조용히 화형대로 나아갔습니다. 마지막에 그는 이렇게 불렀습니다. "리드리 선생 안심하시오. 인간이 무엇을 하든 내버려 두십시오. 우리는 오늘 이 날 하나님의 은혜로 말미암아 영국에서 결코 꺼지지 않을 촛불을 빛나게 할 것입니다(저는 믿습니다)."

여러분과 제가 그러한 처지에 있게 될 때, 저는 우리도 강해지리라고 믿습니다. 우리는 뒤로 물러갈 수 없습니다. 뒤로 물러갈 곳이 없으니 앞으로만 나아갑시다.

33

마음을 산란케 했던
예수님의 계시

"우리가 주는 하나님의 거룩하신 자신줄 믿고 알았삽나이다 예수
께서 대답하시되 내가 너희 열 둘을 택하지 아니하였느냐 그러나
너희 중에 한 사람은 마귀니라 하시니 이 말씀은 가룻 시몬의 아
들 유다를 가리키심이라 저는 열 둘 중의 하나로 예수를 팔 자러
라"(요 6 : 69~71).

어째서 사도 베드로가 그처럼 제게 큰 호소력을 가지는지 모르겠
습니다. 그러나 제가 그와 많은 면에서 같기 때문이라고 생각
합니다. 베드로가 우리 미국인들과 많은 방면에서 방불하기 때문에
그러하다고도 말씀드릴 수 있습니다. 부정적인 측면에서 볼 때, 그는
열정적인 사람이었습니다. 생각 없이 불쑥 말을 잘하는 사람이었습
니다. 생각없이 말하기 때문에, 그는 거의 언제나 실수를 했습니다.
또 자기 확신에 넘치는 사람입니다. 그래서 베드로가 예수님께 배워
야 할 일들이 많이 있었지만, 그 가운데 하나는 자신이 사실상 무지
하며 약하며 겁장이라는 사실이었습니다. 그 반면에 베드로는 충성심
이 있고, 천성이 착하고, 옳은 것을 배워 행하고 싶어하는 열망이 대

단한 사람입니다. 그래서 그리스도와 가까이 있으면서 성령의 인도를 받을 때 가끔 하나님의 진리에 대한 대단한 통찰력을 가지고 진리를 말하기도 했습니다.

주 예수 그리스도를 향한 위대한 신앙고백을 할 때마다 그러한 모습이 드러납니다. 그 여러번의 신앙고백 가운데 가장 잘 알려진 것은 마태복음 16장에 기록된 것입니다. 베드로는 "주는 그리스도시요 살아계신 하나님의 아들이시니이다"(마 16 : 16) 라 선언합니다.

그보다는 덜 알려졌지만 동등하게 위대한 신앙고백이 이 요한복음 6장 마지막 부분에 나타납니다. 이때 예수님께서는 제자들을 보고, 너희도 갈릴리의 군중들처럼 나를 떠나 가려느냐고 물으셨습니다. 베드로는 다른 사람들을 대표해서 "주여 영생의 말씀이 계시매 우리가 뉘게로 가오리까"라고 대답했습니다. 그런 다음에 "우리가 주는 하나님의 거룩하신 자신줄 믿고 알았삽나이다"(6 : 69) 라고 선언합니다. 베드로는 이 고백에서 구약이나 신약 어디를 보아도 정말 범상치 않은 문구를 사용했습니다 ─"하나님의 거룩하신 자." 사실 이 어구는 거의 통상적으로 쓰여지지 않는 것이기 때문에 초기 신약을 반포할 때 그 신약을 베껴쓰던 필사자들이 그 어구를 바꾸었으면 좋겠다는 생각을 하게 되었고, 아울러 이 고백을 마태복음 16장의 고백과 같은 말로 바꿀 유혹을 받았던 것입니다. 그 결과 번역성경마다 번역이 다 다릅니다. 그러나 가버나움에서 말한 것은 그런 것이 아닙니다. 베드로는 "주는 하나님의 거룩하신 자라"고 말했습니다. 이 어구가 중요한 이유는, 베드로가 그 말을 했을 때 다른 제자들은 자연히 하나님 자신을 위해서 매우 자주 사용되었던 "이스라엘의 거룩한 자"라는 다른 어구를 생각했을 것이기 때문입니다. 다른 말로 해서 베드로가 예수님을 위해서 부여할 다른 지위가 없었다는 것입니다. 예수님은 "주"─여호와이셨습니다. 베드로는 예수님을 사람과 동등되게 말하지 아니하고 하나님과 동등하신 분으로 말하였습니다.

믿음과 이해

　　베드로의 위대한 신앙고백이 흥미 있는 것은, 베드로가 예수님에 대한 이 진리를 알게 된 경위를 지시하는 다른 여러 어휘들 때문입니다. 베드로는 "믿고"라는 말과 "알았삽나이다"(확신합니다)라는 어휘를 사용했습니다. 이 점에 있어서 가장 중요한 요점은 그 두 어휘가 놓인 순서입니다 — 첫째는 믿음이요, 그 다음에 확신입니다. 영적인 일을 참으로 이해하는 데 있어서 하나님께서 놓으신 순서가 그것입니다.

　　우리는 아예 처음부터 이것이 우리의 본성적인 본능과는 맞지 않으며, 일들을 행하는 우리의 본성적인 방식과 걸맞지 않는다는 걸 인정해 둡시다. 인간적인 관점에서 볼 때, 어떤 것을 확신하기 위해서 믿는다는 식으로 말하는 사람을 들어본 적이 있습니까? 우리는 믿기 전에 확신하기를 원합니다. 사람을 믿으려면 그 사람을 먼저 테스트해보고 싶습니다. 하나님께서는 그 순서를 전도시키십니다. 다음과 같은 경우들을 예로 들어보십시오. 다윗은 "내가 산 자의 땅에 있음이여 여호와의 은혜 볼 것을 믿었도다"(시 27: 13)라고 선언했습니다. 예수님께서는 마르다에게 "내 말이 네가 믿으면 하나님의 영광을 보리라 하지 아니하였느냐?"(요 11: 40)고 말씀하셨습니다. 히브리서에서 "믿음으로…… 우리가 아나니"(히 11: 3)라는 말씀을 듣습니다. 물론 그 이유가 있습니다. 하나님의 진리는 우리의 이해를 훨씬 초월한다는 단순한 사실 때문입니다. 하나님의 방식은 우리의 방식과 다릅니다. 그러므로 우리가 하나님을 알고(부분적으로) 하나님을 이해할 때만이 하나님의 방식을 알고 이해하기 시작할 것입니다. 우리가 하나님을 믿음으로써만 하나님을 알기 시작할 수 있습니다. 확신, 통찰력, 지식 — 이러한 것들은 믿음의 열매입니다. 분명히 말해서 예수님이 하나님의 아들임을 이해하게 되는 것은 어떤 교수들의 논증을 청종하거나 가장 최근에 나온 신학서적이나 논문을 읽음으로써가 아니라, 하나님께서 성경에서 자기 아들에 관해서 말씀하신 것을 믿음으로 말미암습니다.

　　사람들 사이의 문제라면 알지 않고 믿는 것은 어리석은 것임을 저도 인정합니다. 그러나 하나님에 대해서는 알지 않고 믿는 것이 논리적입니다. 하나님께서는 때가 되면 반드시 이루실 것만 약속하셨읍니다. 하나님의 말씀이 하나님을 매는 끈입니다. 더구나 우리가 하나님을 믿지 않으면 우리는 사실상 하나님의 성품을 의심하고 있는 것입니다.

예수 그리스도에 관한 주님 자신의 증거를 믿지 않는 사람들에 대하여 하나님께서 강한 말씀을 하시고 계심을 여러분은 아셨읍니까? 우리는 하나님에게서 나온 진술을 다음과 같이 대하게 됩니다. "만일 우리가 사람들의 증거를 받을찐대 하나님의 증거는 더욱 크도다 하나님의 증거는 이것이니 그 아들에 관하여 증거하신 것이니라 하나님의 아들을 믿는 자는 자기 안에 증거가 있고 하나님을 믿지 아니하는 자는 하나님을 거짓말하는 자로 만드나니 이는 하나님께서 그 아들에 관하여 증거하신 증거를 믿지 아니하였음이라"(요일 5 : 9, 10). 이 진술은 크고 모든 것을 싸잡아 표현하는 진술입니다. 그러나 그 진술이 중요한 것은 하나님의 위대한 마음에 대한 통찰력을 제공하기 때문입니다. 하나님께서는 자신을 믿어주기를 바라신다고 말씀하십니다. 더 나아가서, 하나님께서는 우리가 하나님의 됨됨이 때문에 하나님을 믿기를 원하심을 말씀하십니다.

이 구절들은 사람을 믿는 것과 하나님을 믿는 것 사이를 대조시킵니다. 그 구절들은 우리가 사람들을 믿는다고 지적합니다. 우리는 사람들을 믿고 우리가 살아가는 매일마다 사람들이 말하는 것을 믿습니다. 우리가 믿지 않는다면 버스를 탈 수 없을 것이며, 직장에 나가지도 못할 것이며, 연주회도 가지 않을 것이며, 계약도 맺지 못할 것입니다. 이러한 행동들은 다 믿음의 행위를 수반합니다. 사람들은 다 다른 사람의 말을 믿습니다. 때로 다른 사람을 보지 못했더라도 믿는 경우가 있습니다. 하나님께서는 이렇게 말씀하십니다. "그렇다. 만일 너희가 사람들을 믿는다면 나도 믿을 수 있다. 만일 너희가 나를 믿지 않는다면 나를 모독하고 있는 것이다." 너무나 세련되고 예의가 바른 나머지 어느 사람보다도 거짓말쟁이라고 생각할 수 없는 사람들

이 있읍니다. 그럼에도 그들은 불신앙을 통해서 매일 하나님을 거짓
말장이로 만듭니다. 하나님께서 말씀하십니다. 그들이 다른 인간존재
들을 믿는 것과 똑같이 하나님을 믿어야한다고 말입니다.

　영적인 일을 확신하는 지점에 이르는 비결은, 하나님께서 말씀하신
것을 믿는 것입니다. 믿으면 지식도 따라온다는 걸 발견할 것입니다.
이것은 결정적인 사실입니다. 우리가 연구하고 있는 요한복음 6장에
의해서 그 점이 예증됩니다. 베드로가 말한 확신이 일차적으로 그리
스도의 이적을 봄으로써 얻은 것이 아니기 때문입니다 ─물을 변하여
포도주를 만들고 베데스다 못가에 있는 불구자를 치료하고, 오병이어
로 수천 명을 먹이고, 물위로 걸어가시는 것을 보고 그리스도에 대한
확신을 표현한 것이 아닙니다. 오히려 하나님의 거룩하신 자이신 예
수님께서 말씀하시는 "영생의 말씀"을 듣고 믿음으로부터 확신이 생
겼던 것입니다.

하나는 마귀니라

　요한복음 6장은 이 지점에서 일종의 클라이막스에 이르게 되는데,
그것은 베드로의 고백때문입니다. 그리스도를 따르던 사람들이 거의
다 그리스도에게서 떠난 것이 사실입니다. 그럼에도 열 둘이 남아 있
었읍니다. 베드로는 그들을 대표하여 위대한 그리스도에 대한 신앙
을 고백했읍니다. 만일 우리가 복음서를 썼다면, 우리는 이 지점에서
6장을 끝마치고 7장에 나타나는 새로운 주제로 나아갔을 것입니다.
그러나 요한이 그렇게 하지 않은 것은 정말 흥미롭습니다. 왜냐하면
요한은 사실적인 사람으로서, 예수님을 믿는 믿음의 성장만을 그려주
고 있는 것이 아니라, 예수님을 미워하는 증오심이 나타나 심화되는
것도 그려주고 있기 때문입니다. 그러므로 요한복음 6장에는 베드로
의 위대한 신앙고백 다음에 마음을 산란케 하는 계시가 뒤따라 주어
집니다.

　상황은 무언가 아이러닉한 면이 있읍니다. 베드로가 열 두 사람을
대표해서 "우리가 …… 믿고 알았삽나이다"라고 말하였읍니다. 그러

나 예수님께서는 자기 제자들이 알지 못하는 사람의 마음을 아시고 이렇게 대답하셨습니다. "우리라고? 베드로야 너는 '우리'라고 대답했지? 너는 내 말을 지금은 믿지 못할지 모른다. 그러나 나는 너희 중에 한 사람을 얘기하겠다. 이 작은 무리들 중에 들어 있는 한 사람이 마귀요 어느 날에는 나를 팔 것이다." 실제로 그는 이 시점에서 "팔 것이라"고 말씀하지는 아니하셨습니다. 뒤에 가서는 그렇게 말씀하셨지만 말입니다. 이 점을 분명히 하기 위해서 여기서 그 말을 덧붙인 것은 복음서 기자인 요한 자신입니다.

여기에 우리가 주목해야하는 경고가 나타나 있습니다. 사람의 마음을 알고싶지만 우리는 사람들의 마음을 들여다볼 수 없습니다. 때때로 다른 사람들의 성품을 들여보노라고 생각하기도 합니다. 때로 하나님께서 우리에게 통찰력을 주십니다. 그러나 여전히 우리는 보통 외면적인 것만 보고 많은 실수를 저지릅니다. "여호와께서 사무엘에게 이르시되 그 용모와 신장을 보지 말라 내가 이미 그를 버렸노라 나의 보는 것은 사람과 같지 아니하니 사람은 외모를 보거니와 나 여호와는 중심을 보느니라"(삼상 16:7). 그러니 우리는 하나님께서 사람들의 마음을 감찰하는 걸 주목하시고, 다른 사람들을 평가할 때 크게 주의하며 겸비해지도록 합시다.

어째서 유다인가?

우리는 70절과 71절을 통해서, 예수님께서 사람들의 마음을 보시고 유다가 신자가 아니며 어느 날 자기를 팔 것임을 아셨다는 걸 발견하게 됩니다. 그러나 사실이 그러하다면 어째서 예수님은 유다를 택하셨습니까? 어째서 다른 사람이 아니고 유다입니까?

이 질문에 대한 제일차적이고 가장 쉬운 답변은, 성경이 그렇게 예고하셨기 때문에 예수께서 유다를 택하셨습니다. 요한복음 17:12는 우리에게 그 점을 말해줍니다. 왜냐하면 그 구절은 "내게 주신 아버지의 이름으로 저희를 보존하와 지켰나이다 그 중에 하나도 멸망치 않고 오직 멸망의 자식 뿐이오니 이는 성경을 응하게 함이니이다"라고 말하기 때문입니다. 이 구절은 시편 41편 9절과 그와 유사한 대목을 가리키고 있읍니다. 예수님께서 이러한 성경 대목을 성취하기 위해 유다를 선택하셨읍니다. 그러나 그런 식으로만 말하면 문제를 한 단계 더 뒤로 물러가게 하는 것 밖에는 되지 않습니다. 왜냐하면 이제 우리는 "그러면 어째서 하나님께서 성경을 그렇게 쓰셨는가? 어째서 하나님께서는 유다를 열 두 사람 중에 들어가게 섭리하셨는가?" 라고 질문을 던져야하기 때문입니다. 여기에서 우리는 요한복음 주석 중 가장 가치 있는 유에 들어갈 주석을 쓴 핑크(A. W. Pink)가 제시한 사려깊은 여러 개의 논평들을 통해서 도움을 입게 됩니다.

핑크가 지적한 바와 같이, 예수님께서 유다를 선택하신 것은 첫째로 "그리스도로 하여금 그 완전하심을 드러낼 기회를 갖게 하였읍니다." 예수께서 지상에 오실 때 "하나님이여 보시옵소서……하나님의 뜻을 행하러 왔나이다"(히 10: 7) 하셨읍니다. 이 뜻이 "책 중의 책" 속에 기록되어 있었읍니다. 예수님을 팔 자로 유다를 택한 것이 그 책에 기록되어 있읍니다. 의심할 여지 없이 이것은 예수님에게 하나의 시련이었을 것입니다. 예수님의 3년 동안의 공생애 기간 동안 유다는 예수님과 함께 있었읍니다. 가능한 가장 가까운 거리를 두고 함께 다녔읍니다. 그러나 유다는 마귀의 도구였읍니다. 예수님을 비평하는 자들의 악의를 피하기 위해서 열 두 제자하고만 물러가셨을 때, 유다도 예수님과 함께 거기 있었읍니다. 그럼에도 예수님께서는 아버지께서 요구하신 것을 주저 없이 행하셨읍니다. 성육신하신 아들로서 그의 충만한 완전을 평가받을 수 있는 것은 책에 기록된 대로 아버지의 뜻에 온전히 복종할 때입니다.

무언가는 모르지만 여러분들도 시련거리가 있을 것입니다. 그것이 사람일 수도 있고, 좋지 않은 상황에서 일어날 수도 있읍니다. 여러분이 시험을 받고 있다면, 예수님께서 계속 당해야했던 시련들을 기억하십시오. 하나님께서는 열 두 제자 가운데 유다가 들어가도록 섭리하신 것과 똑같이 여러분의 삶 속에도 이러한 시련들을 보내셨다는 것을 배워야 합니다. 어째서요? 다른 이유들이 없다면, 최소한 한 가지 이유는 분명합니다 ― 하나님께서는 여러분이 하나님을 위해서 살려고 애쓸 때 여러분 속에서 예수님의 완전하심을 드러내려 하신다는 것입니다.

유다를 선택한 두번째 이유는 "그리스도의 도덕적 탁월성을 여지없이 증거하기"위함입니다. 핑크는 이렇게 관찰합니다. "그리스도의 아버지, 그리스도의 선구자 세례 요한, 그리스도의 구원을 받은 사도들이 그리스도의 완전성을 증거하였다. 그러나 이러한 증거들을 보고 '편벽된' 증거라고 생각하지 않도록 하기 위해서, 하나님께서는 '원수'도 증거하도록 하셨다. 여기에 '마귀'로 불리우는 사람이 있다. 그 사람은 그리스도의 삶을 할 수 있는 한 가장 가깝게 접근한 사람이다. 공적인 생애나 사적인 생애 모두를 말이다. 또그 사람은 가능하다면 가장 작은 흠이라도 열심히 잡아낼 그런 사람이었다. 그러나 그러한 흠을 잡아낼 수 없었다. '내가 무죄한 피를 팔고 죄를 범하였도다'(마 27:4). 이 유다의 말은 누가 강요해서 나오지 않은 편벽됨이 없는 증인의 증거다."

셋째로, 예수님께서 유다를 선택하심으로써 유다로 하여금 "죄의 무서운 성질을 벗겨낼 기회를 얻게" 하신 것입니다. 유다가 3년 동안 주 예수 그리스도 앞에서 보냈다는 것을 생각하십시요. 그때 유다는 모든 것을 보았읍니다 ― 병든 자를 사랑하시는 하나님의 사랑과, 죄로 말미암아 비천해진 사람들을 사랑하신 하나님의 사랑의 표증들을 보았읍니다. 지혜의 계시들과, 인간적인 성품의 죄악적 국면이 전혀 없는 것과, 교만이나 성냄이나 정욕이나 참지 못함이나 자제력을 잃는 일이나 이기심 같은 일이 전혀 없다는 것을 보았읍니다. 그러한 분을 팔다니 생각좀 해보십시요. 죄는 그처럼 무섭습니다. 구속(救贖)의 충만이 하나님의 사랑의 기이함을 밝혀줍니다. 그러나 구속의 충만함이 속함받고 있었던 죄의 가공스러운 요점을 밝혀줄 것입니다. 더구나, 신적 사랑의 기이함과 죄의 가공스러움이 서로 어우러져 있읍니다. 그리스도의 피로 속함받는 죄의 본질에 대해서 무언가를 알기 시작할 때에야 비로소 높이와 깊이를 이해하기 시작할 것입니다.

　네째로, 유다가 그 열 두 제자들 가운데 더 있다는 것은 "죄인에게 엄숙한 경고를 발하는 효과를 가집니다." 어떤 사람이 예수님과 가장 가까운 접촉을 할 수 있으면서도 구원을 위해서 예수님께 나오지 않을 수도 있습니다. 그리스도의 가르침을 듣고, 큰 이적을 목격하고, 그리스도께 복종하며 믿었던 다른 사람들의 삶이 변화되는 것을 목격할 수 있습니다. 그러면서도 거듭나지 않을 수도 있습니다. 유다는 예수님과 함께 있었습니다. 그는 믿지 않았습니다. 아마 여러분도 그와 같을 수 있습니다. 여러분은 경건한 가정에서 자라났을지 모릅니다. 위대한 설교도 들었을 수도 있습니다. 다른 사람들이 믿는 걸 볼 수도 있고, 여러분 자신의 가정에서 다른 사람이 믿는 걸 볼 수도 있습니다. 그러면서도 개인적으로 믿지 않을 수도 있습니다. 그들의 믿음이 여러분을 구원하지 않습니다. "여러분 자신이" 믿어야 합니다. 그러한 일에 가까이 있었다고 해서 구주를 믿는 믿음이 있다고 생각지는 마십시오.

　다섯번째로, 유다가 열 두 제자 속에 들어 있다는 것은 "예수님을 따르는 자들 속에서도 외식자를 만날 수 있음을 보여줍니다." 유다는 분명히 외식자였습니다. 예수님을 따르는 열 두 제자 가운데 한 사람이 된다는 것은 무엇을 뜻하는지 생각해 보십시오. 가정을 떠나서, 어떤 확실한 거처도 없이 어려운 여행을 감수해야 했고, 예수님께서 가르치신대로 복음을 전해야 했습니다. 유다는 이 모든 일을 다 했습니다. 또 잘해서 우리가 알기로는 제자들 중 어느 누구도 그가 그러한 사람임을 눈치채지 못했습니다. 그러한 모든 것에도 불구하고 그는 주 예수 그리스도의 친구가 아니었습니다. 그는 사실상 예수님을 팔았습니다. 그것을 아무리 미화시켜 말한다 할지라도 다르게 말할 방도가 없습니다. 그런 식으로 말해야 합니다. 오늘날도 예수님을 추종하는 것처럼 보이는 사람들 가운데서도 여러 명의 유다를 발견할 수 있습니다. 그들이 회중석에 앉아 있기도하고, 강단에서 설교도 할 수 있고, 어떤 경우에는 그들의 진상이 드러나지 않을 때도 있습니다. 그들은 주님과 복음을 말과 행실로써 팝니다. 예수님께서는 우리도 그러한 일에 빠지지 않도록 조심하라고 경고합니다. 예수님께 서는 그러한 사람들을 "양의 옷을 입은 이리들"이라 부르셨읍니다.

여섯째로, 열 두 제자 속에 유다가 들어 있다는 것은 "하나님의 생 각과 하나님의 길이 우리의 생각과 길과 얼마나 근본적으로 다르다는 것을 다시 한번 더 예증해 줍니다." 핑크는 이렇게 씁니다. "하나님께 서는 '마귀'를 지명하여 구주에게 가장 가까운 동료 중 하나가 되게 하시고, '멸망의 자식'을 택하여 사랑받는 열 두 사람 중에 속하게 하셨다는 것이 영 믿겨지지가 않아보인다. 그러나 사실 그러하다." 자, 하나님께서(우리의 생각과 정반대됨에도 불구하고) 이러한 처사 에 대해 충분한 이유들을 가지고 계심을 알았으니, 우리로서는 전혀 이유를 알 수 없는 일에서도 하나님을 신뢰하는 법을 배웁시다. 하나 님 앞에 우리 자신을 겸비하게 낮춥시다. 더구나, 하나님의 생각과 우리의 생각이 같지 않음을 알 수 있으니, 우리의 생각이 바꿔져야 함을 배우도록 합시다.

베드로냐 유다냐?

세 구절의 공간 속에 두 사람이 함께 나옵니다 — 베드로와 유다. 한 사람은 위대한 신앙고백을 했읍니다. 그리고 다른 사람에 대해서는 마음을 어지럽히는 계시가 주어졌읍니다. 어느 것이 여러분을 가장 잘 특징 짓습니까? 둘 다 예수님과 함께 있었읍니다. 둘 다 종교에 대해 순전한 관심을 기울인다는 증거들을 갖고 있읍니다. 그러나 한 편은 진실하고 예수님 때문에 거기 있었읍니다. 또 다른 편은 자기 자신만을 위해서 있었읍니다. 그렇지 않았다면 예수님과의 관계를 끊 어버렸을 리 없읍니다. 이것을 보다 더 개인적인 차원에서 말씀드릴 까요? 무엇 때문에 여러분은 기독교에 들어와 있읍니까? 예수님을 위한 것입니까? 아니면 여러분 자신을 위한 것입니까? 주 예수 그리 스도를 진실로 사랑해서 하나님께 나왔다면 길이 평탄할 것이라고 약 속할 수 없읍니다. 함께 그 길에 들어선 사람들은 보통 착합니다. 그 러나 그 길은 험준한 길입니다. 십자가로 연결된 길입니다. 그럼에도 불구하고 제가 약속할 수 있는 것이 있읍니다. 예수님은 여러분이 소망하거나 인식할 수 있는 것보다 훨씬 더 놀라우신 분이며, 십자가 너머에 영광이 있다는 점입니다.

34

지금이 어느 때인가?

"이 후에 예수께서 갈릴리에서 다니시고 유대에서 다니려 아니하심은 유대인들이 죽이려 함이러라 유대인의 명절인 초막절이 가까운지라 그 형제들이 예수께 이르되 당신의 행하는 일을 제자들도 보게 여기를 떠나 유대로 가소서 스스로 나타나기를 구하면서 묻혀서 일하는 사람이 없나니 이 일을 행하려 하거든 자신을 세상에 나타내소서 하니 이는 그 형제들이라도 예수를 믿지 아니함이러라 예수께서 가라사대 내 때는 아직 이르지 아니하였거니와 너희 때는 늘 준비되어 있느니라 세상이 너희를 미워하지 못하되 나를 미워하나니 이는 내가 세상의 행사를 악하다 증거함이라 너희는 명절에 올라가라 나는 내 때가 아직 차지 못하였으니 이 명절에 아직 올라가지 아니하노라 이 말씀을 하시고 갈릴리에 머물러 계시니라 그 형제들이 명절에 올라간 후 자기도 올라가시되 나타내지 않고 비밀히 하시니라"(요 7 : 1~10).

이 세상의 삶을 영위할 때 시간만큼 중요한 것도 별로 없읍니다. 그러나 시간이 허비되어 중요하지 않게 되는 경우가 많읍니다. 더구나, 나중에는 아무런 의미도 없어질 것에 시간을 쓰는 경우도 많읍니다. 삶이 텅비어 있을 때 시간가는 것이 지루합니다. 맥베드(Macbeth)는 그것을 알고 "이 날에서 저 날로 넘어가는 이 좁은 공간 속에 내일 또 내일, 그리고 또 내일이 끼여든다"고 소리쳤읍니다. 삶이 충만할 때, 시간은 날아갑니다. 오비드(Ovid)는 "시간의 흐름은 부드럽게 미끄러져 흘러가 우리가 알기도 전에 과거가 되어버린다"고 선언했읍니다. 인생과 그 인생 앞에 떨어지는 운명의 폭포를 보며 시간을 가리켜 "만사를 삼켜버린 것"이라고 말했읍니다. 세익스피어는 "시간의 이빨"에 대해서 말했읍니다. 윌리암 제임스(William James)는 "인생을 크게 유용하게 사용한다는 것은 인생을 지속시킬 것을 위해서 시간을 쓰는 것을 의미한다"고 선언했읍니다.

그러나 어떻게 그것을 지속시킬 것이 무엇인지 압니까? 우리가 시간에 매여 있는데, 어떻게 그 시간의 한계 너머를 바라볼 수 있읍니까? 주 예수 그리스도께서 지상생애 사역의 마지막 국면에 들어서기 위해서 예루살렘으로 올라가시기 바로 직전에 자기 형제들에게 말씀하신 것이 있는데, 그 말씀 속에 우리 시간을 이 세상 삶 뿐아니라 영원한 세계를 위해서도 계산할 수 있는 방법이 제시되어 있읍니다.

예수님께서는 그러시기 바로 직전에 갈릴리에서의 사역을 마치셨읍니다. 얼마 동안 그곳에 계셨는데, 처음에는 그 사역이 사람들 가운데서 크게 인기를 얻었읍니다. 그러나, 그리스도의 가르침의 참된 본질이 드러나고 그 주장하는 요점들이 무엇인지 알게 되자 이제까지 그를 따랐던 군중들이 점차 제풀에 떠나고 말았읍니다. 결국 예수님은 제자들과만 있게 되었읍니다. 이 본문의 설명을 보고 판단하건대 예수님의 가족들과도 함께 있었던 것 같습니다. 예수님은 갈릴리를 떠나고 싶은 마음이 없었던 것처럼 보입니다. 왜냐하면 6개월 가량 그곳에서 머물러 계셨기 때문입니다. 요한복음 6장의 사건들이 일어났던 유월절 때로부터, 요한복음 7장에 나오는 이야기의 때인 초막절까지의 기간입니다. 요한복음 7장 1절은 그리스도께서 예루살렘으로 바로 돌아가지 않는 이유를 설명하면서, 예수께서 "갈릴리에서 다니시고 유대에서 다니려 아니하심은 유대인들이 죽이려 함이러라"고 말합니다.

이때에 예수님의 형제들이 그에게 나아왔읍니다. 초막절이 가까워졌고, 그래서 그 형제들은 예수님더러 그 명절에 자기들과 함께 올라가 거기서 이적을 베풀기를 간청하였던 것입니다. 아마 그 형제들은, 그렇게 하면 사그러진 예수님의 인기가 다시 올라갈 것이라고 생각했던 것 같습니다. 그들이 제안하는 걸 보면 전혀 이타적인 사람들이 아니었읍니다. 어쨌든, 요한이 일러주는 말을 들어보면 그의 형제들마저도 진실로 그리스도를 믿지 않았읍니다.

예수님의 대답은 강조적이었읍니다. 그 형제들은 예수님이 어디로, 언제 가실것인지는 말하지는 않았읍니다. 그리스도와 그 형제들 사이에는 큰 구렁이 있었읍니다. 그 외에도 그리스도께서 가실 길이 정해져 있었읍니다. 주님의 말씀은 정확히 이러하였읍니다. "예수께서 가라사대 내 때는 아직 이르지 아니하였거니와 너희 때는 늘 준비되어 있느니라 세상이 너희를 미워하지 못하되 나를 미워하나니 이는 내가 세상의 행사를 악하다 증거함이라 너희는 명절에 올라가라 나는 내 때가 아직 차지 못하였으니 이 명절에 아직 올라가지 아니하노라"(요 7 : 6~8). 그런 다음 요한이 말하는 바에 따르면, 잠시 동안 예수님께서는 갈릴리에 머물러 계셨으나 끝내는 은밀히 예루살렘에 올라가셨읍니다.

하나님의 때와 우리의 때

예수님께서 자기 때와 자기 형제들의 때가 같지 않다고 선언하신 뜻이 무엇인지 이해하려면(우리에게 정해진 때에 대한 통찰력을 그 말씀을 통해서 얻으려면) 무엇보다 먼저 하나님의 때와 우리의 때가 다르다는 걸 인식해야 합니다. 사실, 우리가 "때"라는 말을 써서 하나님의 때를 언급할 수 있는지도 의문스럽습니다. 시간은 피조물에게만 해당되는 말입니다. 하나님께서는 시간 속에 매이지 아니하십니다. 하나님은 시간 밖에 계십니다. 그는 영원 속에 서 계십니다. 따라서, 시간의 개념을 하나님께 적용시키는 실수를 범하지 않아야 합니다.

하나님께서 우리가 '때'(시간)라 부르는 것과 어떻게 관계하시는지를 보여주는 좋은 예증이 하나도 없읍니다. 왜냐하면 우리가 끌어

댈 수 있는 모든 예증이나 말이 다 시간적 제한을 지니고 있기 때문입니다. 그럼에도 불구하고, 다음과 같은 예증으로써 어떤 사람들은 도움을 입었습니다. 시골지방을 가로질러 굽이쳐 흐르는 강물을 상상해 보십시요. 그 강줄기는 깊숙한 산골에서부터 시작되어나와, 늘 푸른 숲 속을 지나 광활한 평야를 거쳐 바다로 흘러 들어갑니다. 노젓는 작은 배를 타고 이 강줄기를 따라 내려가는 사람을 생각해 봅시다. 월요일에는 산 속에 있을 것이고, 화요일에는 나무들 사이에 있을 것이고, 수요일에는 평야지에 있을 것이고, 목요일에는 강 하구에 도달할 것입니다. 그 사람에 있어서 산, 숲, 평야, 바다는 하나로 연결되는 시간대 속에 있습니다. 그는 한번에 이 지리적인 여러 지역 중 한 곳 밖에는 볼 수 없습니다. 반면에, 현대형 비행기를 타고 지상 5마일의 높이에서 날아가는 파일롯트를 생각해 보십시다. 그 사람에게 있어서 그러한 모든 지리적인 특징들이 한 눈에 보일 것은 틀림 없습니다. 그는 산에서부터 바다까지 연결되는 강줄기를 한번에 볼 수 있읍니다. 하나님께서 시간에 제한받지 아니하시는 분이니 마치 그 파일롯트와 같이 보십니다. 또 시간을 영화와 같은 것이라고 연상하면 똑같은 요점에 이르게 될 수 있읍니다. 우리는 활동사진의 각 화면이 죽 연결되어 나타나는 것을 보는 것입니다. 하나님께서는 시간을 보시되, 수백만개의 개별적인 시간대를 한눈에 다 보실 수 있읍니다. 그러므로 하나님께서는 자기의 전망으로 아담과 하와, 아브라함과 이삭, 십자가에 달리신 그리스도, 저와 여러분을 동시적으로 한꺼번에 보십니다.

  물론 이것은 흥미 있는 연상놀이가 아닙니다. 하나님과 우리 날들에 대해 하나님이 관계하시는 방식을 이해하는 데 있어서 큰 의미를 가진 것이기 때문입니다. 우리는 그것을 일차적으로 저와 여러분이 "결정"(decision)이라고 부르는 영역 속에서 보게 됩니다. 우리에게 있어서, 시간세계 속에서 사는 삶은 결정들로 가득 차 있읍니다. 우리는 부단히 결정해야 합니다. 변화무쌍함과, 무지와, 이전의 우유부단함과, 그밖에 다른 여러 가지 것들을 대처하려는 노력 속에서 그러한 결정을 내립니다. 우리의 결정은 이전에는 생각되지 않았던 난제들을 처리하려는 시도라 할 수 있읍니다. 하나님의 결정은 이와 다릅니다. 왜냐하면 시간에 대한 하나님의 관계의 성질 때문입니다. 하나님께는 변덕이나 우유부단 같은 것이 없읍니다. 따라서, 그의 결정은 영원한 경륜의 성질을 띄고 있으며, 변하지 않고 또 변할 수 없는 것입니다. 웨스트민스터 소요리문답은 이러한 경륜들을 언급하면서 "하나님의 경륜은 하나님의 뜻에 따른 영원한 하나님의 의도이되, 하나님께서는 그것을 통해서 자신의 영광을 위하여 앞으로 일어날 어떠한 것이든지 미리 정하셨다"고 말합니다.

만일 여러분이 그것을 알 수만 있다면 영적 생활에서 큰 거보를 내디딘 것이라고 저는 믿습니다. 하나님께서는 미리 알지 못하던 어떤 난제를 갑자기 부닥친 다음 결정을 내리는 그런 분이 아닙니다. 그는 앞으로 있을 난제들과 그 해결책을 다 정하십니다. 그는 놀라거나, 균형을 잃어버리거나 하시지 않습니다. 그래서, 그를 좌절케 하는 난제는 하나도 없으며 완성짓지 않을 일은 하시지도 않습니다. 이 때문에 우리의 날들을 주관하실 것을 믿고 그 안에서 안주하고 그를 신뢰할 수 있읍니다.

예수 그리스도의 때

예수 그리스도의 때와 관련해서 이 진리가 중요한 것이 특별하게 더 두드러져 드러납니다. 왜냐하면 영원 가운데 거하시는 하나님이셨던 그분이 이 시간 세계에서 살고 계셨기 때문입니다. 우리는 예수 그리스도의 때에 대해서 무엇을 배웁니까? 예수 그리스도의 때(시대)는 하나님의 영원한 경륜에 의해서 정해졌음을 배웁니다.

신약을 읽을 때, 예수님께서 낳고 살고 죽고 한 것이 하나님의 정하신 계획에 따른 것임을 지시하는 여러 성구들을 보고 놀라게 됩니다. 예를 들어서, 갈라디아서 4 : 4, 5는 "때가 차매 하나님이 그 아들을 보내사 여자에게서 나게 하시고 율법 아래 나게 하신 것은 율법 아래 있는 자들을 속량하시고 우리로 아들의 명분을 얻게 하려

하심이라"고 말합니다. 요한이 요한계시록 13 : 8에서 "창세 전에 죽임을 당한 어린 양"(우리말 개역성경은 그냥 '죽임을 당한'으로 번역하고 있음 - 역자주)에 대해서 말할 때 그리스도의 죽음을 특별히 그러한 맥락 속에 넣고 있습니다. 바울은 고린도전서 15 : 3에서 같은 사건을 성경의 여러 예언들과 관련지어 "성경대로 그리스도께서 우리 죄를 위하여 죽으셨다"고 말합니다.

베드로는 오순절 날에 최초의 진정한 기독교 설교를 행하면서, 예언의 요소와 아버지께서 그리스도가 십자가에 못박힐 시간을 정하신 일을 연관지어 말했습니다. "이스라엘 사람들아 이 말을 들으라 너희도 아는바에 하나님께서 나사렛 예수로 큰 권능과 기사와 표적을 너희 가운데서 베푸사 너희 앞에서 그를 증거하셨느니라 그가 하나님의 정하신 뜻과 미리 아신대로 내어준 바 되었거늘 너희가 법 없는 자들의 손을 빌어 못박아 죽였으나"(행 2 : 22, 23). 후에 베드로는 베드로전서에서 같은 진리를 반복하면서 그리스도인들에게 이렇게 쓰고 있습니다. "너희가 알거니와 너희 조상의 유전한 망령된 행실에서 구속된 것은 은이나 금 같이 없어질 것으로 한 것이 아니요 오직 흠 없고 점 없는 어린 양 같은 그리스도의 보배로운 피로 한 것이라 그는 창세 전부터 미리 알리신바 된 자나 그 말세에 너희를 위하여 나타내신 바 되었으니"(벧전 1 : 18~20).

인용할 수 있는 구절들이 훨씬 더 많다는 것은 자연스러운 일입니다. 그러나 우리는 이상의 인용구들만 가지고도 중요한 모든 결론을 끌어낼 수 있습니다. 1)예수 그리스도의 죽음은 그리스도의 생에 있어서 가장 중요한 사건이었으며, 그 사건은 영원 전에 하나님에 의해서 계획되고 정해졌습니다. 2) 그의 죽음 뿐아니라, 그의 죽음에 속한 상세한 사건들과 그의 탄생과 삶의 다른 자세한 부면들까지 유사한 방식으로 정해졌습니다. 3) 예수께서 이 땅에 오실 때 자기 삶에서 일어나는 여러 가지 사건들이 하나님에 의해서 자신에게 지정되었다는 걸 의식했습니다. 4) 그리고 이러한 것들이 사실이니, 하나님께서 계획하시어 성경에서 우리에게 계시해준 그 모든 것은 다 성취되었다는 필연적인 결론이 성립됩니다.

이로부터 하나의 매우 중요한 결론이 나옵니다. 만일 그리스도의 삶에서 일어난 여러 가지 사건들이 우리가 알았듯이 하나님에 의해서 지정되었다면, 주님의 죽으심에 관해서 말할 수 있는 가장 중요한 요점은 하나님 아버지가 바로 그 일을 유발시키셨다는 점입니다. 하나님 아버지께서 예수님을 사형에 처하도록 내어주셨습니다. 교회역사에서 보면 유대 지도자들이 그리스도를 십자가에 못박는데 작용한 역할을 강조하던 때가 있었습니다. 이것은 매우 부당한 방식으로 대단한 반셈족주의(anti-semitism)를 야기했습니다. 물론 종교지도자들이 그리스도의 죽으심에 일익을 담당했다는 것은 사실입니다. 그러나 이 점은 상대적으로 볼 때 중요하지 않습니다. 이 사상노선을 반대하여 어떤 사람들은 그리스도께 사형을 선고한 자들은 빌라도의 인격을 통한 이방인들이었음을 강조했습니다. 그러나 물론 그것도 사실이기는 하지만 상대적으로 중요한 것이 아닙니다. 중요한 요점은 하나님 아버지께서 예수 그리스도를 죽음에 내어주셨으며, 우리 죄를 속하기 위해서 그렇게 하셨다는 점입니다.

어떤 재판장이 파괴적인 소년비행을 저지른 자기 아들에게 중한 벌금을 부과해야 하는 경우를 생각해 보십시오. 그는 벌금을 부과합니다. 그런 다음에 재판석에서 내려가 그 아들 대신 벌금을 지불합니다. 성육신과 그리스도의 죽음에 대한 하나의 예화라 할 수 있습니다. 성육신은 하나님께서 재판석에서 내려오시는 것을 의미합니다. 십자가는 하나님께서 사랑 가운데서 우리에게 마땅히 부과해야 할 벌금을 대신 지불하시는 것입니다. 여러분은 이 예화를 이해하실 수 있습니까? 그렇다면, 하나님께서 여러분을 사랑하셨고 여러분도 하나님을 사랑하시기 원하기 때문에 하나님께서 여러분 대신 여러분 자리에 서는 것이 십자가임을 알 수 있습니다.

정해진 시간표

요한복음 7 : 6을 이해하고 이 진리들을 우리 자신의 상황에 적용

시키기 위해서 여기에서 우리가 촛점을 모아볼 또 다른 하나의 요점
이 있읍니다. 그 요점은 이것입니다. 예수 그리스도의 삶 속에 일어
난 사건들은 우리가 알았듯이 하나님에 의해서 미리 정해졌을 뿐 아
니라, 그 사건들이 일어난 때도 정해졌었다는 점입니다. 이 진리만이
우리가 다루는 본문의 의미를 부여합니다. 왜냐하면 예수님께서는 어
느 날에는 예루살렘에 가시기를 싫어하시다가, 3, 4일 뒤에 생각을
바꾸시고 그리로 올라가셨기 때문입니다.

  성경은 그리스도의 삶에서 일어나는 사건을 자세히 밝히지 않습
니다. 그러나 다니엘서에 보면 그리스도가 죽을 시간이 너무나
정확히 언급되어 있어서, 그 원리, 시간을 정하는 원리를 그리스
도의 탄생과 사역에 관계된 모든 사건들에게 적용해도 무방합니
다. 그리스도께서 오시는 일에 대해서 다니엘에게 주신 계시는
70주간의 기간 동안에 함축되어 있읍니다. 문맥에서 정확히 나타나
듯이 거기에서 한 주간은 7년을 뜻합니다. 다시 말하면 한 주간이 여
러 해라는 말입니다. 그 말을 우리 언어로 옮긴다면 "헵테드"(Hep-
tad) (이 말은 일곱 개를 한 벌로 치는 7진법 ―역자주)라 할 수 있
읍니다. 여러 해를 한 주간으로 따져서, 70주간이 지나야 바벨론 포
로로 무너진 예루살렘성을 다시 세울 수 있게 됩니다. 그런 다음에
메시야가 오셔서 죽으려면, 그러한 식의 주간으로 따져 62주간의 기
간이 흘러야 합니다. 다니엘의 예언은 이러합니다. "그러므로 너는
깨달아 알찌니라 예루살렘을 중건하라는 영이 날 때부터 기름부음을
받은 자 곧 왕이 일어나기까지 일곱 이레와 육십 이 이레가 지날 것
이요 그때 곤란한 동안에 성이 중건되어 거리와 해자가 이룰 것이며
육십 이 이레 후에 기름 부음을 받은 자가 끊어져 없어질 것이며 장
차 한 왕의 백성이 와서 그 성읍과 성소를 훼파하려니와 그의 종말은
홍수에 엄몰됨 같을 것이며 또 끝까지 전쟁이 있으리니 황폐할 것이
작정되었느니라"(단 9 : 25, 26). 여기에 죄를 위해서 그리스도 예수
께서 대속적인 죽음을 당할 것에 대한 완전한 예언이 나타나 있읍니
다. 예루살렘을 재건하라는 법령이 포고된 해로부터 햇수를 따져서

예언하고 있습니다.

그러나 이 법령이 언제 선포되었습니까? 일곱 가지의 자료를 기초로 하면 주전 445년에 그 법령이 발표되었습니다. 따라서 이 예언대로 하면 메시야가 죽을 시기를 가장 늦게 잡으면 483년 후가 됩니다(곧 여러 해를 한 주간으로 보는 방식으로 해서 육십 구 주간이 지난 다음에나 아니면 7×69를 하여 나온 숫자만큼의 햇수 뒤에).그렇게 계산하면 주후 38년이 됩니다. 예수님께서는 이때에 죽으셨음에 틀림없습니다. 더구나, 영국의 큰 학자인 로버트 앤더슨(Robert Anderson)경이 그의 책 "오시는 임금"(The Coming Prince)에서 계산한 것이 더 정확하다면, 그 연대는 그보다 더 당겨질 것입니다. 앤더슨의 계산으로 483년 후는 주후 32년 4월 6일로 나옵니다. 그러니 그리스도의 생애의 정확한 연수와 날 수와 사건들마저 정해진 것이 분명합니다.

더구나, 이점은 성경의 본질에 대하여 우리에게 대단히 많은 것을 보여줍니다. 17세기 영국에 에드먼드 핼리(Edmund Halley)라는 천문학자가 있었는데, 그는 뉴우톤이 새로 발견한 중력의 법칙을 기초로 하여 1682년 유럽에서 목격되었던 밝은 혜성이 1759년에 다시 나타날 것이라고 공언하였습니다. 핼리는 1742년, 그러니까 그 혜성이 다시 돌아온다고 예고했던 시간보다 17년 전에 죽었습니다. 그러나 1759년에 그 혜성이 예정대로 돌아왔습니다. 그가 그 혜성의 궤도를 계산한 법칙이 증명된 것입니다.

같은 방식으로 구약성경은 그리스도가 오실 때를 예고했습니다. 그 글을 처음 기록하여 전달했던 사람들이나 그 글을 처음 받았던 사람들이 다 죽었지만 말입니다. 그 햇수는 지루하였습니다. 하나님을 믿는 모든 사람들은 세대마다 이 예언들이 이루어지기를 기다리면서 하늘을 쳐다보았습니다. 끝내 한 별이 하늘에 나타났고, 그것을 좇던 현인들이 어린 아기가 있는 베들레헴에 도달했습니다. 그리스도는 탄생하고 삶을 영위하셨고, 다시 십자가에 못박히셨으며, 십자가에 못박히신 다음에 부활하셨고, 그런 다음에 승천하셨습니다. 하나님께서

예수 그리스도에 관하여 계획하시고 정하신 모든 것이 이루어졌습니
다. 성경의 옳음이 입증되었습니다. 그래서 하나님을 확신하는 것과
그리스도가 다시 오실 것을 소망하는 것에 대하여도 우리는 확고한
초석을 받았습니다.

　이에 대한 결론은 간단합니다. 우리의 때가 세상의 때와 같을 수
도 있고, 예수님의 형제들의 때와 같을 수도 있습니다. 그렇지 않으
면 예수님의 때와도 같을 수가 있습니다. 만일 우리의 때가 세상의
때와 같다면, 우리의 때는 아무런 의미가 없습니다 — 어쨌든 우리가
우리의 때에 부여할 수 있는 것 이외에 어떠한 의미도 없습니다. 그
러나 우리의 때가 예수님의 때와 같다면 그것은 의미로 충만해질 수
있습니다. 여러분의 때가 모든 세대를 향하신 하나님의 계획인 이른
바 위대하고 영원한 구원의 드라마의 일부가 될 수도 있습니다. 만일
여러분이 그리스도인이 아니라면, 구원을 위해서 그리스도께 나오라
고 저는 강권합니다. 그리고 그리스도에 맞추어 여러분의 때를 계획
하기 시작하십시요. 그렇게 한다면, 그리스도께서는 여러분의 삶이
의미가 있고, 기회로 충만한 삶이 되도록 하실 것입니다.

　아마 여러분은 이미 그리스도인이면서도 여러분의 때를 의미 있게
만드는 법을 모를 수도 있습니다. 여러분이 그걸 몰랐다고 해서 좌
절하지는 마십시요. 하나님께서는 그걸 알고 계십니다. 하나님께서는
일어나고 있는 일을 아시기도 하시고 계획하시기도 하셨습니다.

　저는 몇년 전에 영 잊지 못할 영화를 본 적이 있습니다. 무디 과학
연구소(Moody Institute of Science)가 만들어낸 영화인데 고속으
로나 저속으로 다 돌릴 수 있는 영화였습니다. 그 영화 제목은 "시간
과 영원"이었습니다. 그 영화가 전제하는 것이 있습니다. 이 세상에
있는 많은 것들이 우리 눈에 띄지 않는 것은 우리가 정해진 시간의
진전과정 속에 묶여 있기 때문이라는 것입니다. 어떤 것들은 우리가
보기에 너무 빨리 움직입니다. 곤충이 날아가는 것이 그 한 예입니다.
그 영화는 매우 빠른 속도로 촬영하기도 하고, 저속으로 촬영하여 보
여주기도 했습니다. 다른 것들은 또 너무 천천히 움직입니다 — 꽃이

자라는 것이나 구름이 이동하는 것등은 너무 느리게 움직입니다. 이러한 것들을 저속으로 촬영하여 정상속도로 영사시키니 자라는 꽃이 춤을 추고 꿈틀거리고, 구름이 정신없이 야단스럽게 움직이는 것이 정말 숨이 막힐 지경이었읍니다. 우리는 각 이러한 것을 물리적인 차원에서 볼 수 있읍니다. 그러나 우리 자신의 시간의 체계에 우리가 묶여 있기 때문에 아름다움을 놓치는 것입니다. 같은 방식으로 하나님께서 친히 우리 삶 속에서 행하시는 것의 아름다움을 흔히 놓치는 것은 하나님께서 각 경우마다 역사하시는 특징들을 볼 수 없어서가 아니라 하나님의 일이 우리가 이해하기에 너무 느려보이거나 너무 빠르기 때문입니다. 그를 의뢰하십시요. 어느 날 여러분은 하나님의 전망을 갖게 된다는 사실을 기뻐하십시요.

35

예수님께 대해서 어떻게
생각하는가?

"명절 중에 유대인들이 예수를 찾으면서 그가 어디 있느냐 하고
예수께 대하여 무리 중에서 수군거림이 많아 혹은 좋은 사람이라
하며 혹은 아니라 무리를 미혹하게 한다 하나 그러나 유대인들
을 두려워하므로 드러나게 그를 말하는 자가 없더라"(요 7 : 11
~13).

'성경연구시간'이라는 라디오 프로그램에서 인터뷰시간을 마련
하기 위해서, 그 프로그램의 스탭들이 필라델피아 거리로 나
아가서 사람들에게 "예수 그리스도가 누구냐?"라는 질문을 던졌습니
다. 때때로 "예수 그리스도가 하나님이라고 생각하느냐?"라는 질문
도 던졌습니다. 그 질문을 던져 사람들로부터 받은 답변은 진상을 밝
혀주는 것이었습니다. 왜냐하면 그 답변들은 많은 사람들의 마음 속
에 나사렛에서 온 이 놀라운 사람이 누구인가에 대하여 대단한 혼란
을 겪고 있다는 걸 보여주었기 때문입니다.
　어떤 소년은 "예수 그리스도는 자기가 하나님이라고 생각한 사람이
었다"라고 반응을 나타냈습니다. 생물학을 전공하는 어떤 다른 아가씨

는 "예수 그리스도는 순수한 에너지의 진수다. 하나님은 내게 있어서 에너지요 전류이다. 왜냐하면 전류는 알려지지 아니한 어떤 것이기 때문이다"라고 대답했읍니다. 어떤 사람은 "그건 당신 스스로 생각할 문제라고 본다. 그러나 예수는 무언가 아름다운 사상들을 가졌었다"는 말을 했읍니다. 또 다른 사람들은 "그분은 우리 지도자로서 우리가 우러러보는 자라"고 대답했읍니다. 또 어떤 이는 "그는 이천년 전에 산 사람으로서 모든 계층의 사람들의 사회적 개선을 위해 관심을 가졌던 사람이었다"고도 대답했읍니다. "그는 꽤 훌륭하게 보인 사람이요 꽤 선한 것을 의도한 사람이었다. 그는 착한 사람이었다"고 대답하는 사람들도 있었읍니다. 질문을 받은 거의 모든 사람들은 그 문제에 대해 다 혼란을 겪고 있었읍니다. 그들은 "나는 생각해 보지 않았는데요……잘 모르겠읍니다……"라는 식으로 답변한 셈입니다.

인터뷰하러 나간 직원들이 발견한 것은 나사렛 예수에 대해서 거의 모든 사람들이 혼란을 겪고 있다는 것뿐만이 아니었읍니다. 그들이 혼돈에도 불구하고 예수님에 대하여 질문을 받은 거의 모든 사람들이 예수님을 전혀 피할 수 없다는 사실을 지적하기도 했던 것입니다. "난 관심 없어요"라고 말하는 사람은 하나도 없었읍니다. 그 질문을 받고 실제로 당황한 빛을 내보이는 사람도 아주 드물었읍니다.

이런 일이 있기 얼마 전에 'Christianity Today'의 설립편집인인 칼 헨리(Carl F. H. Henry)가 토론토 호텔에서 여러 신문기자들과 마주쳤읍니다. 1966년 베르린에서 열렸던 세계 복음주의회의에 참석했다가 알게 된 기자가 거기 있었읍니다. 칼 헨리가 "웬일이십니까?"라고 물었읍니다. 그 기자는 헨리를 보고 자기들을 따라오라고 부탁하였읍니다. 왜냐하면 그들은 많은 사람들이 아는대로 감리교회(Methodist) 목사로서 소명받은 것을 걷어치우고 신약성경이 사해 두루마리(사본)에 의존하고 있다는 식의 과장스런 논란의 요소를 담고 있는 책을 썼던 존 알레그로(John Allegro)와 인터뷰하러 떠난다는 것입니다. 그 사람은 방금 "거룩한 버섯과 십자가"(The Sacred Mushroom and the Cross)라는 책을 내었읍니다. 그 책은 기독교를 고대의 마약(drug) 문화와 수많은 신비종교(cult) 와의 결합이라고 공언했습니다.

헨리가 다음과 같이 말했는데 참 이상한 일입니다 -"대학사회에서 주도적인 관점을 발판으로 하여 책을 쓴 그 교수 주위에 둘러싼 기자들로 그 방은 하나 가득하였다. 대학사회에서 주도적인 관점이란, 기독교는 특별하게 계시된 종교가 아니며, 예수 그리스도는 동정녀로부터 태어나지 않았고, 죽은 자 가운데서 살아나지도 않았으며, 우리는 결국 죄인들이 아니라는 관점이다. 그런데도, 이 사람 - 모든 현대인들이 그렇듯이 - 나사렛 예수를 그 생각에서 완전히 뽑아버릴 수 없었다는 것이 참 주목할만한 일이었다."

예수 그리스도는 누구입니까? 이것은 그리스도 때부터 사람들이 던져온 질문이었고, 각 세대마다 던져보고 해답을 거듭해서 얻을 필요가 있는 질문입니다. 예수님께서는 예루살렘의 초막절에 올라가시기를 더디하셨습니다. 예수님께서 더디하시자 사람들은 그분에 대한 질문을 던지고 있었습니다. 제사장들은 "그가 어디 있느냐?"고 물었습니다. 다른 사람들은 "그가 누구냐?"라고 물었습니다. 그런 다음에 요한은 이렇게 기술합니다. "예수께 대하여 무리 중에서 수군거림이 많아 혹은 좋은 사람이라 하며 혹은 아니라 무리를 미혹하게 한다 하나"(요 7 : 12).

불가능한 것 하나

예수 그리스도가 누구입니까? 저는 그 질문에 대해 답변하도록 여러분을 도와주고 싶습니다. 여러분이 그 질문을 공정하게 대면해 본 적이 없는 경우에 말입니다. 그러나 저는 먼저 한 가지 진정으로 불가능한 대답에 대해서 말씀드리고 싶습니다. 전혀 불가능한 대답이 있는데, 그것은 예루살렘 사람들이 제일 먼저 제시한 답변입니다. 그들은 "그는 좋은 사람이라"고 말했습니다. 오늘날 많은 사람들이 이러한 식으로 답변합니다. 그러나 예수님은 가장 확실히 바로 그런 사람일 수 없습니다.

어째서 그렇습니까? 예수님의 가르침의 특유한 성질 때문입니다. 예수님의 가르침이 가진 가장 명백한 특징들 가운데 하나는 존 스탓트(John R. Stott)가 말하는대로 "자기 중심적인 성격"이기 때문입니다. 예수님의 가르침은 모두 다 예수님 자신 안에 싸잡혀 있습니다. 예를 들어서 예수님께서는 흔히 하나님의 아버지되심에 대해서 말했읍니다. 그러나 예수님께서 그렇게 하실 때마다 언제나 다른 전제가 가지지 못한 이른바 아버지에 대해서 자기가 가진 특별한 관계를 꼭 말하는 것처럼 보였읍니다. 그는 심지어 하나님에 대하여 특별한 어휘를 가지셨읍니다. "아바"(abba)라는 말인데 그 말은 그의 특별한 관계를 나타냈읍니다. 그 말은 "아빠"(daddy)라는 뜻입니다. 당대의 어떤 유대인도 하나님에 대하여 이 말을 쓴 적이 없읍니다. 그렇게 했다면 불경건하고 심지어 하나님을 모독하는 것으로 취급받았을 것입니다. 그런데도 불구하고 예수님께서는 그 말을 썼읍니다. 더구나, 당신이 십자가에서 성취하실 일 때문에, 바로 그 일 때문에 다른 사람들도 그 관계를 누릴 수 있게 된다고 가르쳐 나가셨기 때문입니다.

그리스도의 가르침이 가진 자기중심적인 성격은 "나는……"(I am)이라는 위대한 어투 속에서 발견됩니다. 특히 요한복음에서 그 점은 두드러져 나타나 있읍니다. "나는 생명의 떡이니"라고 그리스도께서 말씀하셨읍니다. "나는 세상의 빛이라." "나는 문이라." 이 어투들 가운데 마지막 경우 —"나는 길이요 진리요 생명이니"—는, 그리스도를 믿는 것이 죄인들이 하나님과 바른 관계를 맺고 하늘로 들어갈 수 있는 오직 유일한 길이라는 가르침 때문에 규범적인 것입니다.

그리스도의 가르침을 자세히 연구해 보면 예수님께서는 구약성경에 주로 자기에 관해서 쓰여졌다고 생각하셨음을 발견하게 될 것입니다. 그는 모세도 "나에 대해서 썼다"고 주장했읍니다(요 5:46). "너의 조상 아브라함은 나의 때 볼 것을 즐거워하다가 보고 기뻐하였느니라"(요 8:56). 예수님께서는 구약성경을 당신의 본문으로 삼아 "자기에 관하여" 기록된 것들을 제자들에게 설명하셨읍니다(눅 24:

27, 44). 이러한 주님의 사고방식을 보여주는 한 큰 실례가 그의 공생애 초기에 나사렛 회당에서 하신 말씀 속에서 발견할 수 있습니다. 유대인 남자이면 누구나 그러했듯이, 예수님께서는 안식일에 선지자들의 글을 읽도록 요구받았습니다. 예수님께서는 이사야서 61 : 1, 2를 찾아 읽으셨습니다. "주의 성령이 내게 임하였으니 이는 가난한 자에게 복음을 전하게 하시려고 내게 기름을 부으시고 나를 보내사 포로된 자에게 자유를, 눈 먼 자에게 다시 보게 함을 전파하며 눌린 자를 자유케 하고 주의 은혜의 해를 전파하게 하려 하심이라 하였더라"(눅 4 : 18, 19). 그러나 이때 주님은 책을 덮고 그 예언을 해석하여 "이 글이 오늘날 너희 귀에 응하였느니라"고 말씀하셨습니다 (눅 4 : 21). 이 말씀은 주목할만한 것이었습니다. 왜냐하면 이사야서가 예수님 당신에 대하여 기록되었으며, 예수님 당신이 이 예언을 성취하고 계시다는 주장 밖에 되지 않기 때문입니다.

예수님께서 자신을 그러한 식으로 평가하시니 사람들더러 자기를 따르라고 촉구하신 것은 놀라운 일이 아닙니다. 사실 예수님께서는 사람들더러 자기를 따르라고 명령하셨고, 다음에는 땅 끝까지 가서 복음을 전하라는 사명을 부여하셨습니다.

예수님께서는 자신에게 지은 죄 뿐만 아니라 다른 사람들에게 지은 죄까지도 용서하실 수 있다고 말씀하신 걸 보면, 예수님을 단순히 선한 사람으로 보는 것이 불가능합니다. 단순한 사람은 아무리 선하다 할지라도 그러한 죄 사하는 일을 할 수 없습니다. 사실 루이스 (C. S. Lewis)가 지적하듯이, "그러한 말을 하는 자가 하나님이 아니라면 정말 우스꽝스러운 소리에 불과하다." 어떤 사람이 자기에게 범죄한 사람을 용서할 수 있다는 걸 상상하는 것은 그리 어렵지 않습니다. 어떤 사람이 여러분을 때렸다면, 여러분은 그를 용서할 권한을 가진 것입니다. "네가 나에게 한 그 잘못에 대해서 더 이상 말하지 말라"고 말할 수 있습니다. 특별히 여러분을 친 사람이 미안해하면 그렇게 말할 수 있습니다. 어떤 사람이 여러분의 것을 도적질해 갔다 할지라도 용서할 수 있습니다. 그러나 그 사람이 다른 사람들을 치고 돌아다니며, 수천의 사람들이 그 사람에게서 맞고 그 사람으로부터 도적질당했다고 상상해 봅시다. 그런 경우에 여러분은 그 사람을 용서할 권한이 없습니다. 만일 어느 사람이 자기와 상관없는 일에 대해서 용서한다고 한다면 그건 참 앞뒤가 맞지 아니하는 생각입니다. 그런데도 불구하고 예수님께서는 바로 그러한 일을 말씀하셨습니다. 언젠가 중풍병자가 사람들에게 떠메워 지붕을 뚫고 주님께서 가르치시는 곳에 내려왔습니다. 예수님께서 "소자야 네 죄 사함을 받았느니라"(막 2 : 5)고 말씀하셨습니다. 또 다른 경우에 예수님께서는 공개적인 방식으로 죄인으로 알려진 한 여인을 용서하셨습니다. 그녀는 예수님께서 먹고 계시는 집에 들어가 울면서 눈물로 예수님의 발을 씻으며 머리칼로 예수님의 발을 닦았습니다. 예수님께서는 그녀에게 "네 죄 사함을 얻었느니라"(눅 17 : 48)고 말씀하셨습니다. 각 경우마다 그러한 일을 하시는 걸 보는 사람들은 반대하면서 "이 사람이 어찌 이렇게 말하는가 참람하도다 오직 하나님 한 분 외에는 누가 누구 죄를 사하겠느냐"고 말했습니다. 옆에서 지켜보던 사람 중 어떤 사람들도 예수님께서 하신 그 주장을 인정하려들지 않았습니다. 그러나 적어도 그들은 그 죄사함의 선포가 발해지는 것을 분명히 보았습니다. 그가 어떻게 죄를 용서하실 수 있는가? 만일 그가 하나님이 아니시라면 그러한 주장은 해괴망측한 것이었습니다.

결국, 예수님을 단순히 선한 사람으로 생각할 수 없다는 것은 예수님께서 공공연히 자신을 하나님이라고 여러번 말씀하셨다는 말씀 속에서 드러납니다. 주님 당시의 유대교의 풍토에서 그러한 말을 공개적으로, 그것도 자주 말할 수는 없었습니다. 왜냐하면 그것은 엄청난 신성모독이었고 가장 큰 범죄였기 때문입니다. 그럼에도 불구하고 예수님께서는 여러번 그러한 주장을 명백히 하셨습니다.

예를 들어서, 요한복음 8장에는 예수님과 유대 관원들 사이의 대화가 나오는데, 유대인들과 아브라함의 관계에 대한 논쟁입니다. 유대인들은 자기들이 아브라함으로부터 나온 육신적인 혈통이니 구원을 받았다고 생각했습니다. 예수님은 그것을 부인했습니다. 그들은 예수님에 대해서 분이 나서 예수님을 공격했읍니다. "네가 아직 오십도 못되었는데 아브라함을 보았느냐?"고 물었읍니다. 예수님께서는 "아브라함이 나기 전부터 내가 있느니라"(요 8 : 58)고 대답하셨읍니다. 이 대답이 그 말을 듣던 사람들을 어찌나 격분케했던지 돌을 들어 주님을 죽이려고 덤벼들었읍니다. 그들이 그렇게 한 것은, 그리스도의 말씀이 자기가 하나님이라고 말하고 있는 것이나 같음을 그들은 알았기 때문입니다. 적어도 이 말씀은 예수님의 선재(先在)를 주장하는 것이었읍니다. 곧 예수님께서는 아브라함이 지음받기 전에 태초부터 하나님과 함께 존재하셨다고 주장했읍니다. 그러나 더 나아가 그 말씀은 자신이 친히 하나님임을 주장하는 내용이었읍니다. 왜냐하면 그리스도께서 "내가"라는 말을 쓸 때, 그 말이 하나님을 가리키는 명칭 -여호와 -이었기 때문입니다. 곧 여호와라는 말은 "나는 스스로 있는 자"라는 의미입니다(출 3 : 14). 이러한 주장 때문에 예수님의 말씀을 듣던 사람들은 돌을 들어 그를 죽이려 하였읍니다.

　부활하시고 나서 얼마 안되어 도마에게 나타나셨을 때에도 역시 그와 같은 주장을 하고 있읍니다. 도마는 그리스도의 손에 나 있는 못자국을 만져보고 그리스도의 허리에 손을 넣어보기 전에는 그리스도의 부활을 믿지 않겠노라고 말했읍니다. 그러나 예수님께서 도마에게 나타나셨을 때 그러한 고집을 계속 피우지 않았읍니다. 오히려 그리스도의 발 앞에 꿇어 엎드려 "나의 주시며 나의 하나님이시니이다"라고 선언하였읍니다. 예수님께서 어떻게 하셨읍니까? 바울과 바나바가 그와 비슷한 상황에서 한 것처럼 "여러분이여 어찌하여 이러한 일을 하느냐 우리도 너희와 같은 성정을 가진 사람이라"(행 14 : 15)라는 식으로 대답하셨읍니까? 천만의 말씀입니다! 주님께서는 의심하는 그 사도 도마가 자기를 지칭하여 부르는 칭호를 그대로 받아들이시면서 "도마야, 너는 나를 본 고로 믿느냐 보지 못하고 믿는 자들은 복되도다"(요 20 : 29)라 덧붙이셨읍니다.

　우리는 이러한 주장들에 대해서 어찌해야 겠읍니까? 우리는 그 예수님의 주장들을 피할 수 없읍니다. 존 스탓트(John R. Stott)가 관찰한 바와 같습니다. "여기에 예수님의 말씀의 주장이 있다. 그 주장들은 신성(神性)의 증거를 그 자체 속에 갖추고 있지는 않다. 그 주장들이 거짓일 수도 있다. 그러나 그 주장들에 대해서 몇 가지 설명할 수 있다. 예수님께서 자신의 가르침의 주요한 주제들 가운데 하나인 자기 자신의 문제에 대해서 그렇게 크게 실수하지 않았다면 예수님을 단순히 위대한 선생으로만 생각하는 건 불가능하다." 같은 방식으로 루이스(C. S. Lewis)도 그렇게 썼습니다. "선택해야 한다. 이 사람이 하나님의 아들이든지 아니면 미친 사람이나 그보다 더 악한 사람이든지 둘 중 하나일 것이다. 어리석은 자라고 몰아붙일 수도 있고 침을 뱉으며 귀신으로 알고 그를 죽일 수도 있다. 그렇지 않으면 그 발 앞에 무릎을 꿇고 그를 주님과 하나님으로 부를 수도 있다. 그러나 그가 위대한 인간선생이라는 식으로 말하여 선심쓰는 체 하면서 넌센스를 범하지 말라. 그는 우리에게 그런 식으로 생각할 여지를 남겨놓지 아니하셨으며 그렇게 일컬음 받기를 원하지도 아니하셨다."

여러 가지의 가능성

저는 예수 그리스도를 단순한 선한 사람으로 설명하는 것이 전혀 불가능하다는 것을 말씀드렸습니다. 그러나 루이스의 글에서 인용하여 드림으로써 이미 참된 가능성은 어떠한 것인지를 암시하기 시작한 셈입니다. 그 가능성들 가운데 세 가지를 소개하겠습니다.

첫째, 나사렛 예수님의 비상하고 자아 중심적인 주장들이 그를 단순하게 선한 사람이나 비상한 선생쯤으로 보지 못하게 한다 할지라도 그가 미치광이일지도 모른다는 생각을 하게 합니다. 또는 다른 방향에서 심한 과대망상증을 앓고 있었을 가능성도 배제하지 않습니다. 요한복음 7장에서 "당신은 귀신이 들렸도다"라고 말했던 사람들의 관점이 그것이었습니다. 다른 사람들에게 있어서 그러한 증상을 보이는 일도 있었기 때문입니다. 히틀러도 과대망상증을 앓고 있었습니다. 나폴레온도 그럴 것 같습니다. 아마 예수가 미쳤거나 귀신이 들린 것이 아닌가?라는 식으로 의문을 제기할 수도 있습니다. 우리가 얼른 이 설명을 착수하기 전에, (우리가 아는대로) 예수님의 전체 성품이 이 의심을 뒷받침하고 있는지 물어볼 필요가 있습니다. 미친 사람처럼 행동했읍니까? 과대망상증으로 고통당하는 사람처럼 말씀하셨읍니까? 복음서를 읽고서 그러한 설명에 만족케 하기는 어렵읍니다. 오히려 예수님께서는 실로 이 세상에 살았던 사람 가운데서 가장 현명한 사람이었다고 결론짓지 않을 수 없을 것입니다. 그는 조용한 권위로 말씀하셨읍니다. 언제나 그는 침착해 보이셨읍니다. 놀래거나 날뛰지 않았읍니다. 그는 우리처럼 쉽게 단정하여 평가를 내리는 일도 하지 아니하시는 것 같읍니다.

찰스 램(Charles Lamb)은 다음과 같이 말함으로써 그 상황을 요약했다는 평을 듣습니다. "만일 세익스피어가 이 방에 들어온다면 우리는 다 일어날 것이다. 그러나 예수 그리스도께서 오신다면 우리는 무릎을 꿇을 것이다."

예수님께서 미친 자일 수 없었던 또 다른 이유가 있읍니다. 예수님에 대한 다른 사람의 반응이 바로 그것입니다. 사람들은 예수님을 그저 덤덤하게 대하지 않았읍니다. 그를 위하든지, 아니면 과격하게 그를 거스리든지 둘 중 하나였읍니다. 미친 사람들에 대해서 우리는 그렇게 하지 않습니다. 미친 사람의 비이성적인 행동을 보고도 우리는 노할 수 있읍니다. 또 무시할 수도 있읍니다. 그가 행하는 일이 위험스럽다면 그를 가두어 둘 수도 있읍니다. 그러나 그를 죽이지는 않습니다. 그러나 예수님을 따르고 싶어하지 않던 사람들은 예수님을 죽이려 하였읍니다.

두번째 가능성은, 예수님께서 사기꾼일 가능성입니다 —7장 12절에 나타나는 사람들이 바로 그러한 관점을 가지고 있었읍니다. 곧, 예수님께서 의도적으로 사람들을 속이려 하신다는 관점입니다. 그는 큰 사람이 되기를 원했다. 그래서 자기를 메시야라고 주장했으며 사람들을 미혹하여 자기들을 믿게 하였다. 그러나 우리가 이 문제에 대해 대꾸하기 전에 먼저 거기에 수반되는 모든 것에 대하여 완전히 명확할 필요가 있읍니다. 첫째로, 예수께서 정말 사기꾼이었다면, 그는 이 세상에 살았던 사기꾼 중에서 '최고의' 사기꾼임에 틀림없읍니다. 예수님께서 자신을 하나님이라고 주장하셨읍니다. 그러나 이 주장이 많은 신상들이나 반신(半神) 개념을 받아들이는 헬라나 로마의 환경 속에서 발해진 것이 아님을 기억해야 합니다. 유일신(唯一神) 적인 유대교의 중심지에서 그러한 주장을 했던 것입니다. 고대의 다른 세계에서 엄격하게 한 하나님을 믿는 곳은 하나도 없었읍니다. 그리스도 때에 오직 유대에서만 그러한 신앙이 있었읍니다. 그것 때문에 유대인들은 조롱을 당하였읍니다. 때때로 핍박도 당하였읍니다. 그럼에도 불구하고 그들은 이 교리를 사수하였고 그걸 지키기 위해서 많은 희생을 감수하였읍니다. 이러한 적대적인 신학적 풍토 안에서 그리스도는 자기가 하나님이라고 주장하셨던 것입니다. 어떤 일이 있었읍니까? 주목할만한 일은 그가 자기를 믿을 사람들을 갖고 있었다는 것입니다 — 남자들과 여자들, 무식한 사람들과 현학자들, 제사장들, 심지어 자기 가정의 식구들등 많은 사람들이 있었읍니다. 그래서 만일 예수님이 사기꾼이었다면 그는 결국 최고의 사기꾼이었읍니다.

다른 방면으로 생각할 때, 예수님이 사기꾼(속이는 자)이라면, 그는 역시 '가장 악한' 사기꾼이었읍니다 — 그러니 만일 그가 하나님이 아니셨다면 그를 보고 마귀라해도 무방했을 것입니다. 그걸 분명하고 철저하게 생각해 보십시요. 예수께서는 단순히 "나는 하나님이라"고 말씀하지는 않으셨읍니다. 다만 그러한 식으로 들리도록 말씀하셨읍니다. 예수님께서는 이렇게 말씀하신 셈입니다. "나는 타락한 인류를 구원하기 위해서 온 하나님이다. 난 구원의 방편이다. 너의 생명과 장래 모두를 나에게 맡기고 나를 믿으라." 예수님께서는 하나님이 거룩하시며, 우리가 거룩지 않기 때문에 하나님께 나아갈 길이 막혔다고 가르치셨읍니다. 우리는 기도할 수 없읍니다. 영적 진리를 이해할 수도 없고 하나님의 면전에 나갈 수도 없읍니다. 더구나 예수님께서는 우리의 난제에 대해 무엇인가를 하기 위해서 오셨다고 가르치셨읍니다. 죄를 위해서 죽으실 것입니다. 우리의 심판을 스스로 담당하실 참입니다. 자기를 믿는 모든 사람들은 구원을 받을 것이라고 말씀하셨

읍니다. 이것은 정말 좋은 소식입니다. 참 위대한 소식입니다 - 그러
나 그것이 진리일 경우에만 그러합니다. 진리가 아니라면 우리는 모
든 사람들 가운데서 가장 비참한 자들이고, 예수님께서는 지옥에서온
악마로 미움을 받아야합니다. 진리가 아니라면, 예수님께서는 수백만
의 사람들을 망하게 했읍니다. 속기 쉬운 여러 세대의 사람들을 영원한
절망에 빠지게 한 셈입니다.

그러나 예수께서 그렇게 하셨읍니까? 예수님이 속이는 자입니까?
"온유하고 겸손한" 분으로 알려졌던 분에게 그러한 설명만이 가능합
니까? 궁핍한 자를 돕고 다른 사람들에게 멸시를 받는 자들을 가르
치시기 위해서 가난한 순회 복음전도자의 위치를 차지하셨던 그분에
대해서 그렇게 밖에는 설명할 수 없읍니까? "수고하고 무거운 짐진
자들아 다 내게로 오라 내가 너희를 쉬게 하리라"고 말씀하셨던 분을
그런 식으로만 설명할 수 있느냐 말입니다. 어쨌든 사실들이 그런 차
원에서는 맞지를 않습니다. 우리가 예수님께서 살아간 삶의 노정을
통해서 나타난 사실들과 그 가르침을 대면하면서 예수님보고 속이는
자라고 부를 수 없읍니다. 그러면 어떻게 하겠읍니까? 만일 예수님
이 속이는 자가 아니고 미친 자가 아니라면, 오직 한 가지 가능성만
이 남았읍니다. 예수님은 예수님께서 말씀하신대로의 바로 그런 분입
니다. 예수님은 하나님이시고 우리는 그를 따라야 합니다.

피할 수 없는 그리스도

여러분은 그것을 믿습니까? 저는 여러분이 그러기를 바랍니다. 아
니면, 적어도 여러분이 그것을 믿으려는 자세를 가지고 있기를 바랍
니다. 예수 그리스도가 누구십니까? 여러분은 결코 그 질문을 회피하
려고 해서는 안됩니다.

어떤 사람은 도망침으로써 그 질문을 회피하려고 애씁니다. 만일
여러분이 그렇게 하고 있었다면, 저는 여러분에게 이 질문에 대해서
스스로 정직하라고 도전하겠읍니다. 증거없이 그리스도를 믿고싶지
않을 것입니다. 그러나 증거들을 생각해봅시다. 어떠한 복음서라도 읽

어보십시요. 주의깊게 따져가면서 읽어보십시요. 그리고 예수님은 미쳤는가? 예수는 사기꾼인가? 하나님인가?라는 질문을 던져보십시요. 읽기 전에 기록된 것을 이해할 수 있도록 도와달라고 하나님께 구하십시요. 심지어 여러분은 아주 확실하게 하나님을 믿지 않아도 됩니다. 다만 이렇게만 기도하십시요. "하나님 (하나님이 계시다면), 하나님께서는 내가 정직하게 진리를 추구하는 자임을 알아주옵소서. 나는 예수 그리스도가 누구인지 이해하고 싶습니다. 그 큰 문제에 대해서 편벽될 수 있다는 걸 전 압니다. 그러므로 만일 하나님께서 나사렛 예수가 진실로 하나님의 아들이요 우리의 구세주라면 그에게 복종하고 그를 따르겠다고 약속하겠읍니다." 만일 여러분이 이러한 기도를 하면 하나님께서 여러분을 진리로 인도하실 것이 틀림없다고 저는 보증합니다. 주님께서는 친히 몇절을 나가지 못해서 이렇게 선언하십니다. "사람이 하나님의 뜻을 행하려면 이 교훈이 하나님께로서 왔는지 내가 스스로(내 권위에 입각해서) 말하는지 알리라"(17절).

결국 여러분은 이미 그리스도의 주장들이 진리라는 걸 이지적으로 확신하면서도 자신을 그리스도께 맡기지 못하여 개인적으로 주님을 알지 못한 분일 수도 있읍니다. 만일 여러분이 이러한 입장에 있다면 그 입장은 유지할 수 없는 것임을 알아야 합니다. 지체하지 마십시요. 여러분이 정직하다면 마땅히 아는 것에 반응해야 합니다. 하나님의 사랑이 여러분을 예수님께 이끌고 있읍니다. 그러니 이렇게 말하십시요. "주 예수 그리스도여, 저는 지금까지 내 길로 행하려고 애써왔던 것이 사실입니다. 나는 당신을 피하려고 무진 애썼읍니다. 제가 잘못했읍니다. 더 이상 그러지 않겠읍니다. 지금부터 저는 저를 위해서 죽으신 당신의 죽음을 받아들이겠읍니다. 그리고 이제 주님을 따르겠다고 약속하렵니다."

36

사람의 교훈, 하나님의 교훈

"이미 명절의 중간이 되어 예수께서 성전에 올라가사 가르치시니
유대인들이 기이히 여겨 가로되 이 사람은 배우지 아니하였거늘
어떻게 글을 아느냐 하니 예수께서 대답하여 가라사대 내 교훈은
내 것이 아니요 나를 보내신 이의 것이니라 사람이 하나님의 뜻
을 행하려 하면 이 교훈이 하나님께로서 왔는지 내가 스스로 말
함인지 알리라 스스로 말하는 자는 자기 영광만 구하되 보내신
이의 영광을 구하는 자는 참되니 그 속에 불의가 없느니라"
(요 7 : 14～18).

우 리는 이제 이 요한복음 7장을 연구하면서 주 예수 그리스도에
관해서 야기되는 두번째로 중요한 문제에 이르게 되었습니다.
우리가 지난 강론에서 살펴본 첫번째 문제는 그의 인격에 관한 것이
었습니다. "그가 누구냐?"라는 형식으로 그 문제가 표현되었습니다.
우리는 그 문제에 답하면서 나사렛 예수는 선한 사람이나, 속이는 자,
또는 미친자일 수 없음을 알았습니다. 그러니 그는 하나님이 틀림없
습니다. 그의 가르침에 관한 두번째 문제는 "그것이 진리이냐? 믿을
수 있는 것이냐?"라는 것입니다. 그리스도의 당대에 살던 사람들이
바로 그러한 질문을 제기하였읍니다.

"이미 명절의 중간이 되어 예수께서 성전에 올라가사 가르치시니 유대인들이 기이히 여겨 가로되 이 사람은 배우지 아니하였거늘 어떻게 글을 아느냐 하니 예수께서 대답하여 가라사대 내 교훈은 내 것이 아니요 나를 보내신 이의 것이니라 사람이 하나님의 뜻을 행하려 하면 이 교훈이 하나님께로서 왔는지 내가 스스로 말함인지 알리라 스스로 말하는 자는 자기 영광만 구하되 보내신 이의 영광을 구하는 자는 참되니 그 속에 불의가 없느니라"(7 : 14~18). 우리는 이 본문으로부터 다음과 같은 것을 인식합니다. 예수께서 명절의 전반기에 그러하셨듯이 군중들로부터 떠나 숨어계시는 한 사람들이 던지는 의문들은 그리스도의 인격에 관한 것이었다는 점입니다. 그러나 예수님께서 갑자기 나타나셔서 가르치기 시작하셨을 때, 그가 누구냐는 문제로부터, 그가 무엇을 말씀하고 있느냐의 문제로 질문 형태가 변하게 됩니다. 예수님의 가르침들은 놀라운 가르침입니다. 사람들은 그와 같은 것을 들어본 적이 없습니다. 랍비의 학교에서 수련을 받지 않았던 사람에게서 그러한 교훈이 나오다니요.

"그가 이러한 교훈을 어디서 얻었는가?" 그들이 던지는 질문 속에는 그처럼 혁신적이거나 새로운 것을 믿을 수 있느냐하는 의문이 깊게 깔려 있습니다. 오늘날 많은 사람들이 참된 기독교 교훈을 처음 들었을 때 그러한 질문을 던지는 걸 보면, 그 질문이 중요하다는 것을 깨닫게 됩니다.

인간에게서 기원한 것이 아님

그리스도께서 어떻게 대답하시는가를 주목하는 것은 흥미롭습니다. 왜냐하면 그리스도의 대답은 모든 인간적인 교훈과, 신적 기원을 가진 교훈 사이에 존재하는 엄청난 괴리를 강조하셨기 때문입니다. 만일 우리가 이러한 상황에 있었다면, 우리는 우리 자신에게서 그 교훈이 나왔다고 강조하고 싶은 생각이 들었을 것입니다. 어떤 의미에서 예수님 자신도 그렇게 하실만 하다는 생각이 듭니다. 그러나 만일 예수님께서 그렇게 하셨다면 —예수님께서 스스로 배웠고 아무런 선생이 없다고 말씀하셨다면 —대번에 불신당했을 것입니다. 왜냐하면 예수님 시대에 어떠한 사람도 자기 스스로에게서 나왔다고 자랑하는 사람이 하나도 없었기 때문입니다. 랍비는 다른 랍비의 가르침을 인용하여 가르쳤읍니다. 특별히 자기들보다 먼저 산 사람들의 말을 인용했던 것입니다. 오늘날 유대인의 탈무드(Talmud)는 주로 그러한 랍비의 말을 인용해 놓은 것입니다. 그래서 예수님께서도 스스로 배웠다고 말씀하지 아니하셨읍니다. 오히려 그 문제에 대하여 질문받았을때 외적 권위의 필요성을 부인하지 않으셨으나 가장 높은 권위를 인정하면서 대답하셨읍니다. "내 경우는 내 것이 아니요"라고 말씀하셨읍니다. 그런 다음에 "나를 보내신 이의 것이니라." 예수님께서는 하나님의 유전을 따라서 말씀하셨던 것입니다.

그러나 예수님이 하신 말씀대로 그게 진정이라면, 인간의 유전과 하나님의 계시 사이에 엄청난 괴리가 존재한다는 필연적인 귀결이 성립됩니다. 다른 말로 해서 사람의 교훈과 하나님의 교훈 사이에 큰 구렁이 있다는 것입니다. 이 둘은 서로 같지 않습니다. 이 둘은 한 가지 기본적인 원리를 다양하게 나타낸 것도 아닙니다. 하나님의 교훈과 사람의 교훈은 서로 반대가 됩니다. 따라서 모든 영적인 일에 있어서 우리는 계시를 필요로 합니다. 그러니 사람에게서 나왔다고하는 어떠한 가르침도 의심할 필요가 있읍니다.

많은 차이점

하나님께서는 사람들에게 말씀하시면서 "내 생각은 너희 생각과 다르며 내 길은 너희 길과 다르다"(사 55 : 8)고 말씀하셨읍니다. 그렇습니다. 모든 위대한 영적 문제에 대해서 가르치신 하나님의 교훈과 세상의 가르침과 관점들을 비교해보면 그것이 뚜렷이 드러납니다.

"하나님 자신의 교훈"을 생각해봅시다. 세상은 하나님에 대해서 어떻게 생각합니까? 세상은 다른 관점들을 가지고 있읍니다. 영국의 작가요 성경번역가인 필립스(J. B. Phillips)는 "너의 하나님은 너무작다"(Your God Is Too Small)라는 책에서 세상의 관점을 몇을 인용하고 있읍니다. 경찰 같은 하나님, 부모의 유산 같은 하나님, 거대한 늙은 사람 같은 하나님, 사장 같은 하나님 등의 관점을 가지고 있읍니다. 만일 여러분이 철학에 관한 책들에 시선을 돌린다면 보다 더 세밀하게 구성하기는 했으나 조금도 나을 것이 없는 여러 가지 정의들을 대하게 될 것입니다. 하나님을 '이념'(理念)이라고 보기도 하고, '원동력'(Prime Mover)으로 보기도 합니다. 보다 현대적인 용어로는 확장하는 우주를 더 넓게 하는 "대폭발"을 만든 자로 보기도 합니다. 이 모든 개념 속에 깔려 있는 사상은, 하나님께서는 이 세상의 삶 속에 특별하게 관여하지 않는다는 것입니다. 또는 하나님께서 살아계신다 할지라도 이 세상의 사람들의 삶에 관여하시는 방식이 의롭거나 특별하게 공정하지 못하다는 사상입니다.

이 관점은 기독교의 관점과는 얼마나 다릅니까, 예수 그리스도의 가르침에 따르면 하나님께서는 영원과 모든 시간세계의 역사를 주관하시는 거룩하고 주권적인 하나님이십니다. 그 하나님은 창세부터 세상을 계획하셨읍니다. 하나님의 완벽한 계획에 따라서 모든 일들이 일어나게 하십니다. 지금 우리가 사는 삶을 지탱해주시고 역사를 인도하십니다. 타락한 인류를 구속하기 위해서 그의 아들의 인격 속에서 오셨읍니다. 부단히 간섭하셔서 사람들을 구원하심으로써 자신의 은혜를 나타내십니다. 더구나 어느날 그는 의롭고 최종적인 판단을 내리실 것입니다.

우리는 "성경"에 관한 교리에 있어서 사람들의 관점과 하나님의 진리가 어떻게 차이나는가를 볼 수 있읍니다. 성경이 무엇입니까? 많은 사람들은, 성경은 하나님을 추구하는 사람의 노력을 기록해놓은 것이며 하나님에 대한 사람의 관점을 기록해놓은 것이라고 대답할 것입니다 – 사람들이 성경에 대해서 더 나쁘게 말하지 않는다면 그런 식으로 말합니다. 그러나, 하나님께서 하시는 말씀을 들어보면, 성경은 사람에 관한 하나님의 말씀이요 타락한 사람에게 주신 하나님의 말씀입니다. 성경이 인간에게서 기원되었읍니까? 그렇다면 별로 중요한 것이 아닙니다. 하나님에게 기원되었읍니까? 그렇다면, 비틀거리는 세계 속에서 오직 유일하고 확실한 기초가 될 것입니다.

불행히도, 그리스도인들 마저 때때로 성경에 대해서 궤도를 벗어난 짓을 합니다. 예를 들어서 광신자들에게 이 점이 해당됩니다 ─ 그들은 열심이 중요한 것이고 가르침은 문제가 되지 않는다고 느끼는 사람들입니다. 그러나 가르침이 문제가 됩니다. 이런 식으로 생각하는 사람들은 2차대전이 끝난 후 바로 집을 마련한 부부와 같습니다. 그당시 집이 그렇게 튼튼하게 지어지지 않고 있었읍니다. 그러나 이 부부는 자기들이 좋은 집을 발견했다고 생각했읍니다. 그 밖에 그들은 그 집에 벽난로가 있다는 걸 주목했읍니다. 그 당시 새 집에 벽난로가 있기는 매우 드문 일이었읍니다. 그들이 그 집을 사서 맞은 첫번째 밤은 싸늘하고 바람이 부는 밤이었읍니다. 그래서 남편은 그 벽난로에 불을 지피기로 결심했읍니다. 남편은 그 불을 지피면서 그 불이 타는 걸 지켜보았읍니다. 그런데 갑자기 불이 바닥 밑으로 꺼져들어 갔읍니다. 벽난로를 조사했더니 바닥이 없는 것이었읍니다. 마룻장 외에는 그 불을 받칠만한 것이 없었읍니다. 하나님의 말씀의 확고한 가르침과 논리에 기초하지 아니하고 다른 것에 기초하여 종교적인 열광주의의 불을 지피려고 하는 사람마다 그와 유사하게 허망하게 아무런 유익도 얻지 못할 것입니다.

사람의 교훈과 하나님의 교훈은 ‘사람 자신’이 관련된 문제에있어서도 다릅니다. 사람의 교훈은 사람의 표준에 의한 것이고, 사람의표준에 의해서 보면 사람은 그렇게 나쁘지를 않습니다. 어쨌든 사람의 표준으로 볼 때 거의 모든 사람들은 그렇게 나쁘지 않고, 거의 누구나 막론하고 어떤 일에 있어서 다른 사람보다 좀 나아보이면 그 사실을 통해서 위안을 얻을 수 있게 됩니다. 만일 도덕성을 키를 재는 자로 표현하자면, 난장이 뿐만 아니라 월튼 챔버레인 같은 거인도 있음을 모두 다 인정할 것입니다. 그래서 우리가 평범한 사람보다 무언가 위에 있다(우리 자신의 견해로)는 사실 속에서 위안을 얻습니다.

그러나 하나님께서는 사람의 시각을 가지고 사람을 보시지 않습니다. 하나님 자신의 시각을 가지고 보시는데, 그 관점대로 하면 모든 사람들이 하나님이 요구하시는 수준에 턱도 없이 모자랍니다. 물리적인 높이를 예로 들어서 생각해보자면, 하나님께서는 마치 엠파이어 스테이트 빌딩에서 사람을 내려다보시는 것 같습니다. 그 빌딩이 서 있는 거리로 내려가보면 사람마다 키가 달라 어떤 사람은 4피이트, 어떤 사람은 5, 또는 6피이트가 될 것이고, 그 키는 중요하게 보일 것입니다. 그러나 하나님의 시각에서 보면 모두다 난장이들과 같습니다. 성경은 "모든 사람이 죄를 범하였으매 하나님의 영광에 이르지 못하더니"(롬 3 : 23)라고 말합니다. 만일 하나님께서 여러분에게 내리시는 판결을 의심하거나 여러분의 성품에 대한 하나님의 평가가 의심스럽다면, 성경의 법정에 나아가 여러분의 사정을 아뢸 필요가 있읍니다. 율법을 연구해보십시요. 만일 여러분이 그렇게만 한다면 여러분 자신이 이전에 생각했던 것보다 훨씬 더 죄인이라는 사실을 인정하게 될 것임을 저는 확신합니다.

얼마 전에 샌프란시스코 경찰관 한 사람이 시끄러운 소음기를 달고 다닌다고 해서 차 하나를 잡았읍니다. 그 경찰관은 그 소음기가 등록되지 않은 것을 발견했읍니다. 그가 법원에 조회해보았더니 그 차가 쉰 다섯번이나 정차위반을 했고 벌금이 총 1217불이나 되는 것을 발견했읍니다. 그런데 알고보니 그 차의 운전수는 다름아닌 그 샌프란시스코 시장 조셉 알리오토의 아들이었읍니다. 벌금 독촉장이 그 시장에게 도달했을 때 크게 분을 내었읍니다. 그러나 역시 그는 자기가 족 중 어떤 사람에게 그것을 지불하도록 명령했읍니다. 알리오토라는 성(姓)을 가진 다른 여덟 사람들 ―시장 자신과 자기 아내와 자기의 네 아들들을 포함하여―이 스물 두번이나 교통위반을 하여 422불을 더 내야한다는 걸 알았을 때, 그 시장은 얼마나 놀랐는지 생각해 보십시요. 그는 그 모든 것을 다 지불했읍니다. 같은 방식으로 율법은 우리의 죄를 폭로하고 하나님 앞에 선 우리의 진정한 위치를 가르쳐줍니다.

"주 예수 그리스도"에 대한 사람들의 견해와 아버지 하나님의 견해 사이에 또 다른 차이가 나타납니다. 요한복음 7장은 그러한 인간적인 견해들로 가득 차 있읍니다. 어떤 사람은 예수님을 "선한 사람"

(12절)이라고 불렀읍니다. 이것은 모든 관점 가운데 가장 불가능한 관점입니다. 어떤 사람은 그리스도를 "속이는 자"(12절)라 불렀읍니다. 또 어떤 사람들은 그를 "선지자"로 불러줄 용의를 가졌으며(40절) 어떤 사람들은 귀신이 들렸다고도 해서 그가 미쳤음을 말한 것입니다 (20절). 또 어떤 사람은 예수님은 매우 용기 있는 사람이라고 느꼈읍니다(26절). 또 우리가 "넋을 잃었다"고 표현하는 경우와 같은 그러한 사람으로 보는 자들도 있읍니다(46절). 문제의 진상은, 예수님이 하나님이라는 사실입니다.

우리는 "예수 그리스도의 죽으심"에 시선을 돌려야 합니다. 역시 여기서도 사람과 하나님 사이에 차이가 나타납니다. 어떤 사람들은 십자가는 비극이라고 말합니다. 또 어떤 사람들은 용감한 고난의 실례라고 합니다. 성경은 십자가가 대속적인 희생의 장소였다고 가르치고 있읍니다. 그리고 예수님께서 죄인들을 위해서 그 십자가에서 죽으셨읍니다. 이 위대한 희생은 창세 전에 계획된 것으로써, 하나님은 그 방편을 통하여 구원하시기로 전에 작정한 사람들을 구원하실 참이었읍니다.

여러분은 "그러나 그것은 이해하거나 받아들이기 어렵다"고 말할 것입니다. 옳습니다. 바로 정곡을 찌른 것입니다. 이러한 것들은 이해하거나 받아들이기 어렵습니다. 그러나 바로 그 이유 때문에 하나님께서는 시간을 들이셔서 그러한 것들을 설명하십니다. 예수 그리스도의 희생제사의 경우에서 본다면, 하나님께서는 구약시대로부터 사람들에게 그 점을 가르치기 시작하셨는데 바로 그 이유 때문입니다. 유대인들은 더 이상 지체하지 아니하고 우리보다도 더 재빨리 대속 희생제사의 개념을 받아들여야만 했읍니다. 그러나 하나님께서는 어느 날 완전하신 어린 양 되신 자기의 아들이 세상 죄를 위해서 오셔서 죽으신다는 걸 가르치시기 위하여 동물로 제사드리는 방법을 사용하셨읍니다. 그 규례는 하나님께서 세우시고 제정하신 것이었읍니다.

끝으로, 우리는 "심판"에 대해서 생각해봅시다. 사람들은 그 심판을 비웃어 버립니다. "우리가 아는 지옥이란 우리가 이 땅에서 스스로 만드는 지옥뿐이라고 그들은 주장합니다. 그러나 성경은 말합니다. "알지 못하던 시대에는 하나님이 허물치 아니하셨거니와 이제는 어디든지 사람을 다 명하사 회개하라 하셨으니 이는 정하신 사람으로 하여금 천하를 공의로 심판할 날을 작정하시고 이에 저를 죽은 자 가운데서 다시 살리신 것으로 모든 사람에게 믿을만한 증거를 주셨음이니라"(행 17 : 30, 31). 여러분은 이 교리를 기각시킬 수 있습니까? 그리스도와 전체 하나님의 말씀의 가르침으로 그것을 받아들이지 않아야합니까?

아무런 만족도 없음

사람의 교훈과 하나님의 교훈 사이에 존재하는 이 엄청난 차이는 몇 가지의 결론을 유도합니다.

첫째로, 만족해 하는 것은 하나님의 교훈 뿐입니다. 사람들은 사색 속에는 어떠한 위안도 발견할 수 없습니다. 최소한 위기의 순간에서 마저 그렇습니다. 만일 우리가 흔들릴 수 있다면, 우리 마음과 우리 속에서 나온 것도 흔들릴 수 있습니다. 수년 전 유럽에서 살았던 로마 카톨릭교도인 한 조각가에 대한 이야기를 들은 적이 있습니다. 그는 죽어가고 있었습니다. 신부(神父)가 그를 방문했습니다. 그 신부는 그 사람과 대화를 나누면서 그가 얼마나 아픈가를 알고 그에게 마지막 견진을 베풀려고 하였습니다. "당신은 지금 죽어가고 있습니다"라고 말하면서 아름답게 생긴 십자가를 쳐들었습니다. "자, 당신의 하나님을 보십시요. 당신을 위해서 죽으신 하나님을 보시란 말입니다."

그 조각가는 그걸 바라보면서 이렇게 소리쳤습니다. "아니, 그건 제가 만든거예요." 우리 자신에게서 나온 산물 속에는 어떠한 만족도 얻을 수 없습니다. 인간의 이론은 죽음의 시간에 아무런 만족을 주지못합니다. 오직 하나님의 진리만이 견고합니다.

만족

하나님의 교훈이 우리에게 이상해 보인다 할지라도 하나님의 교리

를 확신할 수 있다는 두번째 결론을 얻게 됩니다. 어떻게? 예수께서
이 본문말씀 속에서 그 방식을 말씀하셨읍니다. 하나님께 복종할 용
의를 가지고 참된 교훈이 인도하는 방향대로 따르면 문제의 열쇠를
얻을 수 있음을 보여 주셨읍니다. 우리가 그것이 무엇인지 알기 전에
라도 그렇게 하면 열쇠를 얻을 수 있다는 말입니다. 주님은 말씀하셨
읍니다. "사람이 하나님의 뜻을 행하려 하면(문자 그대로 번역한다
면, '그분의 뜻을 행하기 결심한다면')이 교훈이 하나님께로서 왔는
지 내가 스스로 말함인지 알리라"(17절).

　하나님께서는 호기심을 만족시키기 위해서만 영적인 일들을 보증
하시지 않습니다. 그는 진리를 따라서 살아가지 아니할 사람들에
게 신적 진리를 가르쳐주지 아니하십니다. 그러나 만일 진리를 따라
살겠다는 마음의 결심을 한다면 -그가 하나님께 대하여 진지한 자세
를 가지고 - 그렇다면 하나님께서 하나님의 진리를 그에게 열어보여
주실 것입니다. 특히 주 예수 그리스도에 관한 진리를 주님을 따르겠
다는 마음의 결심을 한 사람들에게 밝혀주실 것입니다.

　해리 아이언사이드(H. Ironside)는 그렇게 행한 한 젊은 사람에대
한 이야기를 하고 있읍니다. 그는 아리조나에서 소를 치는 사람이었
읍니다. 그는 하나님을 멀리 떠나 있었읍니다. 몇년 동안 그는 성경
을 조롱하였고 거부하였읍니다. 그러나 결국 자기의 깊은 죄책감을
느끼게 되었을 때 어떤 사람이 "어째서 너는 스스로 돌이켜 하나님께
나아와서 그 죄를 말끔히 씻어달라고 구하지 않느냐?"라고 말했읍
니다. 그는 이 말씀을 마음으로 받아들였읍니다. 어느 날밤 그는 침
대 밑에 무릎을 꿇고 기도했읍니다. "오 하나님, 하나님이 계셔서 이
불쌍한 길 잃은 죄인을 내려다 볼 수 있고, 내 기도를 들을 수 있으
며, 예수 그리스도가 당신의 아들이시라면, 내게 그 진리를 밝혀주소
서. 만일 그렇게 하시면 내 남은 여생 당신을 섬기기로약속하겠나이
다."그 사람은 성경을 탐사하기 시작했읍니다. 후에 그의 말에 의하
면 무어라고 설명할 수는 없지만 변화가 일어났고, 3일만에 의심
할 여지없이 주 예수 그리스도가 진실로 하나님의 아들이시요 자기

구주라는 걸 알게 되었다고 말했읍니다. 이 사람은 많은 햇수 동안 주님의 진실한 종이 되어 봉사하던 중에, 하나님께서 그를 영원한 본향으로 데려가셨읍니다.

"그러나 난 성경을 믿을 수 없어요"라고 말씀하신다면 어째서 그럴 수 없는가를 여러분에게 말씀드리겠읍니다. 그것은 하나님의 진리가 인도하는 대로 가겠다는 마음의 결심을 하지 않았기 때문입니다.

그러나 만일 그러한 결심만 한다면 이러한 일들의 진리를 알게 될 것입니다. 그것이 여러분에게 어떠한 것입니까 – 하나님의 교훈입니까, 사람의 교훈입니까? 진리입니까, 오류입니까? 진리를 구하십시요. 하나님의 진리는 모든 특별손님 가운데 가장 좋은 손님입니다. 그것을 즐기십시요. 아브라함이 방문하는 천사들에게 복을 받은 것과 같이 그것이 여러분에게 복될 것입니다.

37

바른 판단력으로 판단하는 일

"모세가 너희에게 율법을 주지 아니하였느냐 너희 중에 율법을
지키는 자가 없도다 너희가 어찌하여 나를 죽이려 하느냐 무리가
대답하되 당신은 귀신이 들렸도다 누가 당신을 죽이려 하나이까
예수께서 대답하여 가라사대 내가 한 가지 일을 행하매 너희가
다 이를 인하여 괴이히 여기는도다 모세가 너희에게 할례를 주었
으니(그러나 할례는 모세에게서 난 것이 아니요 조상들에게서 난
것이라) 그러므로 너희가 안식일에도 사람에게 할례를 주느니라
모세의 율법을 폐하지 아니하려고 사람이 안식일에도 할례를 받
는 일이 있거든 내가 안식일에 사람의 전신을 건전케 한 것으로
너희가 나를 노여워하느냐 외모로 판단치 말고 공의의 판단으로
판단하라 하시니라"(요 7 : 19〜24).

인 간 마음이 저지르는 근본적인 영적인 오류는, 사람이 자신의 천
성적인 노력으로 하나님을 기쁘시게 할 수 있다고 생각하는 것
입니다. 그러나 이 오류는 다른 오류들을 불러옵니다. 예를 들어서 그
리스도의 인격과 사역을 평가하는데 있어서도 오류를 범하게 만듭니
다. 만일 우리 자신의 노력으로 모든 일을 바르게 한다면, 또 우리가
그렇게 바르게 하고 있다고 생각한다면, 우리는 분명히 그리스도 자
신과 그렇게 크게 다르지 아니하여 구주를 필요치 않는다고 생각합니

다. 그것은 하나님의 율법에 대해서도 잘못된 오류를 범하게 만듭니다. 왜냐하면 율법이 주어진 것도 구원의 방식으로 따르도록 주어진 것이라고 믿도록 용기를 얻기 때문입니다. 성경 어느 곳에서도 그런 식으로 가르치는 곳이 없습니다. 오히려 율법은 죄인들을 정죄하고 그 율법의 정죄를 느끼는 사람으로 하여금 주 예수 그리스도를 믿도록 하기 위해 주어진 것입니다.

이 후자의 오류 — 율법을 구원의 방식으로 지키도록 주어졌다고 생각하는 오류 — 는 다음의 이야기 뒤에 깔려 있습니다.

유대에 있는 그리스도

주 예수 그리스도께서는 1년 중 더 좋은 시절인 몇 개월 동안 갈릴리에서 사역을 행하고 계셨습니다. 갈릴리는 유대 북쪽에 위치해 있었으며, 그보다 더한 것은 전적으로 다르고 독립적인 사마리아 땅에 의해서 유대와 갈릴리는 서로 나뉘어져 있었습니다. 그러므로 북쪽에서 행하신 일은 상대적으로 유대의 관원들에게는 그렇게 큰 관심거리가 아니었습니다. 그러나 북쪽에서 공중(公衆)의 관점을 돌려놓으시고 난 뒤, 예언된 십자가에 못박힐 시간이 점점 가까와지자 예수님께서는 예루살렘으로 돌아오셔서 즉시 예루살렘 지도자들의 적대감 속에 뛰어드셨습니다.

예수님께서 북쪽에서 행하신 일은 사실상 이 종교지도자들의 마음에 그리 대단한 것은 아니었습니다. 그러나 그 지도자들 중 어느 한 사람도 1년전 예루살렘을 방문했을 때 예수께서 손마른 사람을 안식일에 치료하여 자기들의 안식일 이해를 파괴했음을 망각하는 자가 하나도 없었습니다. 그들의 안식일 이해로 보면 병자를 고치는 일은 일이었습니다. 율법은 이렇게 말했습니다. "안식일을 기억하여 거룩히 지키라 엿새 동안은 힘써 네 모든 일을 행할 것이나 제 칠일은 너희 하나님 여호와의 안식일인즉 너나 네 아들이나 네 딸이나 네 남종이나 네 여종이나 네 육축이나 네 문 안에 유하는 객이라도 아무 일도 하지 말라"(출 20 : 8~10). 예수님께서 안식일에 그러한 일을 하실 수 있었다는 것은 분명히 위험스러운 것이었습니다. 그는 죄인이었고 다른 사람들에게 죄를 지으려고 가르치고 있는 것처럼 보였습니다. 이 이적을 행할 때 그래서 지도자들은 그를 죽이려고 했습니다. 예수님이 피하여 달아나셨습니다. 그러나 지금 예수님께서 다시 돌아오셨습니다. 그 지도자들은 그것을 기억하였습니다.

대체로 평범한 사람들은 그들의 지도자들 편에서 예수님을 향하여 쏟고 있는 그 악의에 찬 증오를 알아차리지 못했습니다. 그러나 예수님은 아셨습니다. 그러나 그들은 알지 못했습니다. 따라서 그들은 어째서 예수님께서 이 지도자들에게 대꾸하실 때 그런 식으로 말씀하시는지 이해하지 못했습니다. 우리가 이 점을 인식하게 될 때 그 대화가 풍기는 몇 가지 모호한 요점이 사라지게 됩니다. 더구나, 율법의 목적이 우리에게 또한 명백하게 드러납니다. 왜냐하면 하나님이 율법을 주실 때 율법에 대한 바른 자세와 그릇된 자세를 함께 가르쳐 주신 이유를 예수님께서 말씀하고 계시기 때문입니다.

그리스도께서 이 백성들과 지도자들과 나눈 대화의 끝부분에서 특별히 이 점은 분명하게 드러납니다. 왜냐하면 예수님께서 "외모로 판단하지 말고 공의의 판단으로 판단하라"고 결론지으셨기 때문입니다 (24절). 우리가 바르게 판단하기 위하여, 특히 율법이 어디에 관계되는지를 확실히 이해하기 위해서 그리스도의 진술들을 면밀히 살펴볼 필요가 있습니다.

율법은 정죄한다

주 예수 그리스도께서는 먼저 율법을 의뢰하는 자마다 율법의 정죄를 받을 것이라고 진술하셨습니다. 왜냐하면 아무도 그 율법을 온전히 지켜낼 사람이 없기 때문입니다. 저는 이 특별한 대화 속에서 무언가 베일 속에 그 점이 숨기어져 있음을 압니다. 그것은 그리스도께서 자기를 미워하는 자들에게 직접 말씀하셨다는 사실 때문입니다. 그럼에도 불구하고 이것은 보편적인 가르침입니다. 예수님께서는 "모세가 너희에게 율법을 주지 아니하였느냐 너희 중에 율법을 지키는 자가 없도다 너희가 어찌하여 나를 죽이려 하느냐"(19절)라고 말씀하셨습니다. 이 사람들이 율법을 자기들의 표준으로 삼을까요? 그렇다면 율법이 그들을 정죄할 것입니다. 그들은 율법을 사용하여 예수 그리스도가 죄인임을 증거해내려고 무진 애를 썼습니다. 그러나 그런 일을 하고 있는 동안에 마저 그들의 혐오에 찬 살인적인 관계 때문에 율법은 그들을 정죄할 것입니다.

율법은 언제나 그러합니다. 율법은 정죄합니다. 어떤 분이 제게 말하기를, 다른 사람을 손가락질하며 "그가 책임있다"고 해서는 안된다고 말했습니다. 다른 사람에게 한 손가락을 가지고 지적할 때마다 자신을 향해서는 세 손가락으로 지적하는 셈이기 때문입니다. 여러분은 하나님의 의로운 표준 앞에서 또 다른 죄책을 발견하려고 하겠습니까? 여러분 자신이 정죄받습니다. 여러분은 율법을 따라서 살아가겠습니까? 율법은 여러분에게 판단을 내릴 것입니다.

우리는 다윗 왕의 생애 속에서 일어난 한 사건을 통해서 이 점에 대한 큰 예증을 발견합니다. 다윗은 밧세바를 범함으로 간음죄를 저질렀고, 그런 다음에 그녀의 남편을 죽이는 죄를 범했습니다. 그래서 하나님께서는 그 왕에게 나단 선지를 보냈습니다. 나단 선지는 왕에게 이러한 이야기를 들려주었습니다. "한 성에 두 사람이 있는데 하나는 부하고 하나는 가난하니 그 부한 자는 양과 소가 심히 많으나 가난한 자는 아무 것도 없고 자기가 사서 기르는 작은 암양 새끼 하나뿐이라 그 암양 새끼는 저와 저의 자식과 함께 있어 자라며 저의 먹는 것을 먹으며 저의 잔에서 마시며 저의 품에 누우므로 저에게는 딸처럼 되었거늘 어떤 행인이 그 부자에게 오매 부자가 자기의 양과 소를 아껴 자기에게 온 행인을 위하여 잡지 아니하고 가난한 사람의 양 새끼를 빼앗아다가 자기에게 온 사람을 위하여 잡았나이다"(삼하 12 : 1∼4). 다윗은 크게 분내었습니다. 정말 대단한 분노감이 치밀어 올랐습니다. "여호와의 사심을 가리켜 맹세하노니 이 일을 행한사람은 마땅히 죽을 자라." 나단은 다윗이 그 말을 끝마칠 때까지 참아주었습니다. 그런 다음에 나단은 다윗에게 당신이 바로 그 사람이라고 말했습니다. 율법이 무엇을 합니까? 율법은 정죄합니다. 율법은 우리가 율법을 범했다는 걸 보여줍니다. 그래서 율법을 지킴으로 구원얻을 소망을 전혀 가질 수 없습니다.

이 점에 대한 또 다른 예증이 있습니다. 하나님의 율법의 본질 속에서 그 이유가 발견됩니다. 하나님의 율법은 완전을 요구합니다. 율법은 말합니다. "무릇 율법 행위에 속한 자들은 저주 아래 있나니 기록된바 누구든지 율법 책에 기록된대로 온갖 일을 항상 행하지 아니하는 자는 저주 아래 있는 자라 하였음이라"(갈 3 : 10; 신 27 : 26은 참조). 만일 구원이 율법을 지킴으로 올 수 있다면, 그것은 하나님의 율법으로 말미암아 올 것입니다. 하나님의 율법은 완전합니다. 그러나 어떤 사람도 그 율법을 지키지 못합니다. 그러니 그 율법의 완전성 자체가 우리를 정죄합니다. 그리스도의 첫번째 요점은 중요한 것입니다. 율법을 의뢰하는 자마다 율법으로 정죄를 당합니다. 만일 우리가 구원받으려하면, 그 구원은 전적으로 다른 경로를 통해서 와야만하는 것입니다.

외식(外飾)

둘째로, 예수님께서는 율법을 의뢰하는 것은 사람을 외식자로 만드는 것임을 보여주셨습니다. 왜냐하면 율법주의자는 자신 안에서는 핑계대는 것을 다른 사람에게서 발견하면 그걸 정죄할 것이기 때문입니다. 안식일에 병을 고친다고 그리스도를 정죄했던 유대 지도자들이 있었습니다. 그러나 그들은 근본적으로 전혀 다름이 없는 일들을 자기 스스로 행하였음을 인정하려 들지 않았습니다. 예수님께서는 할례 의식을 행하는 것과 관련하여 이점을 밝히셨습니다.

그의 논증은 이와 같이 진행되었습니다. 남자 아이는 난지 8일만에 할례를 받아야 한다는 건 구약의 율법이었습니다(레 12 : 3). 자연히 제 8일이 안식일이 되는 경우가 있었을 것입니다. 그러나 미쉬나(Mishnah)에 기록된 랍비의 가르침에 보면 "할례를 위하여 필요한 모든 것"은 안식일에도 행해질 수 있다고 되어 있습니다. 예수님께서

는 말씀하셨습니다. "자 너희가 행하는 것을 알지 못하겠느냐? 너희
는 모세를 통해서 너희에게 준 율법, 곧 안식일에 관한 율법들을 포
함하고 있는 율법을 온전히 지키고 있다고 말한다. 안식일의 율법은
일하는 걸 금한다. 너희는 생명을 구원하기에 절대적으로 필요한 것
외에 어떠한 유의 행동도 해서는 안된다는 식으로 그 안식일을 해석
한다. 너희는 그것을 허락한다. 너희가 그렇게 하는 건 옳다. 그러나
할례가 일종의 절단이다. 사람의 몸을 치료한다고 나를 비난하는 너
희가 얼마나 외식적인가, 종교를 위해서 제 칠일에도 몸 중 일부를 절
단하면서도 사람의 몸을 온전하게 하는 걸 비난하니 얼마나 외식적인
가!."

이 논증은 그리스도의 때에 편만한 특별한 타잎의 의식에 걸맞는 비
상하게 복잡한 논증입니다. 그러나 그 원리는 우리 자신에게도 똑같
이 해당됩니다. 율법 중에는 외식을 가져옵니다. 그러하니 이러한 이
유 때문에 율법은 전능하신 하나님과의 구원얻는 관계를 위한 기초가
될 수 없습니다. 그 밖에도 율법은 사람으로 하여금 굳게 만듭니다.
유대 지도자들이 모세가 어째서 안식일에 할례를 행하는 것을 허락하
는지 그 이유를 이해했다면, 모리스(Leon Morris)가 지적하듯이
"그들은 그가 방금 하신 일과 같은 긍휼의 행실이 사람들을 위해서 허
용돼야 할 뿐 아니라 마땅히 행해져야 한다는 걸 알았을 것입니다."

율법의 용도

이 시점에서 우리는 요한복음 6장에서 율법에 대해 그리스도께서
가르치신 교훈의 끝에 이르게 되었습니다. 그러나 우리는 여전히 한
문제를 남겨두었습니다. 만일 율법으로 구원받는 사람이 하나도 없고
율법을 따라 살려고하는 노력은 사실상 사람으로 하여금 외식자로 만
드는 경향이 있다면, 어째서 하나님께서는 율법을 주셨는가? 하나님
께서는 정죄하기 위해서 율법을 주셨는가? 하나님께서 죄악적인 인류
에게 율법의 선고를 내리는 걸 기뻐하시는가? 율법이 주어진 것은 사
람들의 시선을 모아 그리스도를 바라보도록 하기 위한 것이라고 대답

해야 합니다. 하나님께서 율법을 주신 것은 어느 사람이라도 그것을 지켜 구원얻게 하려는 의도에서 주신 것이 아닙니다. 율법은 사람들로 하여금 자기들의 진정한 절망적인 조건을 깨닫게하여 자신의 노력으로 구원받으려는 데서 떠나 은혜로 구원받기 위해 하나님께로 나오도록 하기 위해서 주어진 표준입니다.

율법은 거울과 비교할 수 있읍니다. 거울의 기능은 얼굴을 보여주는 데 있읍니다. 만일 얼굴이 더럽다면, 거울은 여러분의 얼굴이 더럽다는 걸 보여주는 것입니다. 거울의 목적은 얼굴을 씻는데 있는 것이 아닙니다. 어떤 사람이 하루 종일 고되게 일을 한 후 집에가서 거울을 들여다 보았더니 자기 얼굴이 더러워졌읍니다. 그런데 그 사람이 거울을 벽에서 떼내어 그 거울로 자기 얼굴을 씻으려고 노력한다고 생각해보십시요. 얼마나 우스꽝스럽습니까! 그렇습니다. 그러나 율법의 의로운 표준으로 의롭게 될 수 있다고 생각하는 사람의 어리석음만큼은 우습지 않습니다. 거울의 목적은 사람으로 하여금 비누와 물을 바라보도록 촉구하는 데 있읍니다. 그와 유사하게, 율법의 기능은 율법을 방편으로 자기 죄를 발견한 사람으로 하여금 그리스도께 나아가도록 촉구하는 데 있읍니다.

그러나 어떻게 그리스도에 대해서 압니까? 특별히, 구약시대에 살고 있던 유대인이 구주가 계시다는 걸 어떻게 알 수 있었읍니까? 그에 대한 대답으로 하나님께서는 율법을 주심과 동시에 희생제사에 대한 규례들을 가르쳐주셨읍니다. 모세는 주셨었지만 동시에 아론을 주셔서 대제사장으로 세우셨읍니다.

하나님께서는 마치 한 순간에 다음과 같이 선언하시는 것과 같습니다. "이것을 하지 말라. 그러나 나는 너희가 할줄을 안다. 그래서 여기 그것에서 피할 길을 준다."

물론 구약시대에 세워진 모든 희생제사제도는 그리스도를 가리킵니다. 그러나 희생제사의 의미는 대속죄일에 이스라엘 사람들이 언제나 드렸던 두 희생제물을 통해서 특별하게 드러납니다. 첫번째 제사는 광야에 가서 죽도록 광야에 내쫓아내는 염소의 경우입니다. 아론에게 그 염소를 가지고 갑니다. 또는 아론의 뒤에 일어난 대제사장들에게 가져갑니다. 대제사장은 그 염소의 머리에 손을 얹고 자신과 백성들을 그 염소와 일치되게 합니다. 그런 다음에 그 백성들의 죄를 고백합니다. 상징적으로 그 백성들의 죄를 이제 광야로 쫓아보낼 염소에게 전가시킵니다. 성경 본문은 말합니다. "염소가 그들의 모든 불의를 지고 무인지경에 이르거든……"(레 16 : 22).

또 다른 제물은 성전 뜰에서 드려지는 큰 제사였읍니다. 아론은 자신을 위해서 제사를 드린 다음에 또 다른 염소를 취하여 죽여 그 피를 가지고 지성소로 들어가, 그룹들의 날개 아래 있는 언약궤 위의 시은좌(施恩座, 속죄소)에 뿌립니다. 그 언약궤 속에는 부서진 모세의 율법 돌판이 있었읍니다. 그룹들이 날개를 뻗히고 서로 마주 대하고 있는 것은 하나님의 임재를 상징했읍니다. 무죄한 대속물의 피가 없이는 엄격한 판단과 불가피한 정죄 밖에는 나타나지 않습니다. 하나님께서는 모든 사람들이 어긴 율법을 내려다보십니다. 어긴 율법 때문에 사람들은 죽어야합니다. 그러나 염소의 피가 하나님의 임재와 율법 사이에 뿌려집니다. 그런 다음에 하나님의 진노는 가라앉혀집니다. 죽음이 있었읍니다. 죄가 징벌을 받았읍니다. 이제 하나님께서는 죄인을 은혜로 보십니다.

예수님이 오시기 전에 살았던 사람들 거의 대부분이 예수 그리스도의 탄생과 생애와 죽음에 관한 위대한 구원의 계획을 얼마나 이해하고 있었는지 잘 모릅니다. 의문의 여지 없이 어떤 사람은 많은 것을 이해했고 또 조금밖에 이해하지 못하는 사람들도 있었을 것입니다. 그러나 이것만은 압니다. 제사제도를 세우신 것은 구원이 임하는 방식을 보여 주기 위한 것입니다. 그래서 사람이 율법을 방편으로 구원얻을 소망이 없을 때 구세주를 바라볼 수 있도록 하신 것입니다.

예수 그리스도는 바로 그 구주십니다. 만일 여러분이 아버지께서 예수님께 주신 자 중에 속해 있다면 그분은 여러분의 죄를 스스로 담당하셨읍니다. 광야에 내쫓기는 염소가 민족의 죄를 걸머지고 갔던 것처럼 그리스도는 여러분의 죄를 걸머졌읍니다. 그는 하나님의 진

노와 여러분이 어긴 율법 사이에 끼어드셨읍니다. 대 속죄일에 대제
사의 제물의 피가 끼어든 것처럼 말입니다. 그는 여러분을 위해서 죽
으셨읍니다. 여러분이 그 안에서 하나님의 의가 되게 하려하기 위해
서 죽으셨읍니다. (고후 5 : 21).

　　우리는 찬송가에서 그것을 이렇게 노래합니다.

　　"내 죄를 어찌하면 씻을까?
　　　예수의 피 밖에 없네
　　　내가 어떻게 온전히 될 수 있는가?
　　　예수의 피 밖에 없네
　　　나를 눈처럼 씻게 하는 그 보배로운
　　　피가 흘러나오니
　　　나는 다른 샘을 알지 못하네
　　　오직 예수의 피 밖에 없네"

그렇지 않으면 다시 이렇게 노래합니다.

　　"내 손의 수고 주의 율법의 요구를
　　　이룰 수 없고
　　　내 열심 아무리 크고 내 눈물
　　　언제나 흐르나
　　　지은 죄 모두 속죄할 수 없네
　　　만세반석 주께서 만이 나를 위하여
　　　구원하실 수 있으니
　　　나를 당신 안에 감추소서"

죄로부터 깨끗케 함을 입음

오래전 12세기 말엽 스코틀랜드의 대왕 로버트 부르스가 영국 군

인들에게 추격을 당하고 있었읍니다. 영국 군인들이 거의 그를 따라 잡을 때쯤 되어서, 그는 아무리 빨리 달려간다 할지라도 그들에게 붙잡히겠다는 생각을 해서 가던 길을 떠나서 황무지로 재빨리 뛰어들어가 깊은 숲속으로 도망해 들어갔읍니다. 그리해야만 피하겠다고 생각했던 것입니다. 로버트가 여러 마일을 달려갔읍니다. 이제 자기는 에드워드 왕의 복수를 피했다고 스스로에게 안심시키고 있는데, 무슨 소리를 듣고 그만 피가 얼어붙는 것 같았읍니다. 글쎄 자기가 기르던 무서운 사냥개가 짖는 소리가 났던 것입니다. 영국왕은 군대가 로버트를 수풀에서 잃어버릴까봐 로버트의 개를 풀어 그의 뒤를 쫓게 했던 것입니다. 자기 주인을 충성스럽게 보호할 것이라고 생각되는 짐승들이 이제는 그를 뒤쫓아와 영국 왕을 섬기고 있었던 것입니다. 로버트는 자기를 쫓아오는 그 사냥개 앞에 자기 냄새를 잃어버리게 할 수 있는 어떤 것을 놓지 못하는 한 모든 것이 끝장이 났다는 걸 알았읍니다. 절망에 겨워 지친 그는 우연히 깨끗한 산골 물을 만나게 되었읍니다. 그는 얼른 그리로 뛰어들어 그 물살에 휩쓸려 1, 2마일을 떠내려갔읍니다. 그런 다음에 그 숲의 반대편으로 나왔읍니다. 거기서 몸을 숨기고 있는데 개들이 물까지 왔다가는 더 이상 가지 못하는 것을 알게 되었읍니다. 냄새가 사라진 것입니다. 그 왕은 원수들의 추격에서 피한 것입니다.

　이것을 쉽게 적용시킬 수 있읍니다. 우리는 선하게 할 것 같은 율법이 실제로는 우리를 해롭게 하고 우리를 배반하게 됩니다. 우리가 죄의 냄새를 영원히 씻어버릴 그 오직 한 시냇가에 뛰어들지 않으면 우리는 생명을 잃고 맙니다. 여러분은 그에게 오시겠읍니까? 그를 마시지 않겠읍니다. 그의 피가 여러분을 씻도록 하시지 않겠읍니까?

38

예수님보다 더한 일을 한 사람이 누구냐?

"예루살렘 사람 중에서 혹이 말하되 이는 저희가 죽이고자 하는 그 사람이 아니냐 보라 드러나게 말하되 저희가 아무 말도 아니 하는도다 당국자들은 이 사람을 참으로 그리스도인줄 알았는가 그러나 우리는 이 사람이 어디서 왔는지 아노라 그리스도께서 오 실 때에는 어디서 오시는지 아는 자가 없으리라 하는지라 예수께 서 성전에서 가르치시며 외쳐 가라사대 너희가 나를 알고 내가 어디서 온 것도 알거니와 내가 스스로 온 것이 아니로라 나를 보 내신 이는 참이시니 너희는 그를 알지 못하나 나는 아노니 이는 내가 그에게서 났고 그가 나를 보내셨음이니라 하신대 저희가 예 수를 잡고자 하나 손을 대는 자가 없으니 이는 그의 때가 아직 이 르지 아니하였음이러라 무리 중에 많은 사람이 예수를 믿고 말하 되 그리스도께서 오실지라도 그 행하실 표적이 이 사람의 행한 것 보다 더 많으랴 하니"(요 7 : 25 ~ 31).

질문을 던진다는 것은 좋은 일입니다. 그러나 대답을 얻지 못할 질문을 던진다는 건 아무런 의미가 없습니다. 미련한 사람이나 어린 아이들만이 질문을 던지기 위해서 질문을 던집니다. 우리가 지금 살펴보려고 하는 본문 속에 세 질문이 나타나 있읍니다. 그 질문마다 주 예수 그리스도의 하신 일 일부를 목격했던 한 무리의 사람들이 던진 질문들입니다. 각 질문마다 중요합니다. 또 그 세 질문 가운데 한 질문은 정말 중요합니다.

그런데도 그 질문에 대한 답은 없읍니다. 그러므로 우리는 질문자체를 위해서라기 보다 그 질문의 대답을 알아보기 위해서 질문에 시선을 돌려야 할 것입니다. 특별히 주 예수 그리스도와, 우리가 주 예수 그리스도에 대해서 가진 관계에 대하여 우리 자신이 내리는 평가에 관련된 그 질문에 해당하는 가장 중요한 해답을 얻기 위해서입니다.

세가지 질문

첫번째 질문은 25절에서 발견됩니다. 예루살렘에서 있었던 일들에 대해서 알고 있는 것 같은 사람들에 의해서 던진 질문입니다. 백성들은 거의 다 종교 지도자들이 예수님을 향하여 가진 적대감에 대해서 알지 못했읍니다. 그러나 어떤 사람들은 그것을 알았읍니다. 이 사람들은 예수님이 계속 가르치도록 내버려두는 것을 보고 이상해했읍니다. 그들의 질문은 "이는 저희가 죽이고자 하는 그 사람이 아니냐?" 요한은 이 질문에 대한 답변을 소개하지 않습니다. 그러나 그 답변은 명백합니다. "그렇고 말고!" 예수님께서 죄 없으신 하나님의 아들이시니, 이 답변은 인간 마음의 부패에 관해서 많은 것을 말해줍니다.

두번째 질문이 첫번째 질문을 던진 다음에 즉각 따라오는데, 그것은 첫번째 질문을 던졌던 사람들이 이치적으로 당연히 던져야 할 질문입니다. "당국자들은 이 사람을 참으로 그리스도인줄 알았는가?" (26절). 대답은 "그렇지 않다"는 것이었읍니다 — 그것은 그들이 알고 싶어하지 않았기 때문입니다. 이 답변은 사람들의 상실된 조건을 진정 밝혀주고 있읍니다. 왜냐하면 보지 못할 사람들처럼 소경이 없고 듣지 못할 사람들처럼 귀머거리가 없기 때문입니다.

끝으로, 또 한 무리가 던진 질문이 있는데, 그들은 예수님을 진실로 믿는 사람들입니다. 그들의 질문은 그리스도의 행동에 대한 것인데, 다음과 같이 표현됩니다. "그리스도께서 오실지라도 그 행하실 표적이 이 사람의 행한 것보다 더 많으랴?"(31절). 요한이 여기서 대번에 답변을 제시하지 않지만, 이 질문에 대한 답변은 분명히 "그렇지 않을 것이다"라는 것입니다. 예수께서 그리스도시며, 우리가 그를 구주로 믿어야 한다는 결론이 성립됩니다.

여러분은 그를 믿으시겠습니까? 여러분의 구주십니까? 그렇지 않다면 이러한 질문을 스스로 던져보십시오.

메시야가 오신다면 예수님보다 더 많은 것을 하시거나 하실 수 있겠습니까?

그리스도와 성령

저는 여러분에게 여러분이 대답하실 수 있도록 조금 도와드리려 합니다. 예수님께서 하신 일들 중 몇 가지를 생각나게 함으로써 여러분을 도우려 합니다. 첫째로, "예수님께서는 홀로 성경을 성취하셨습니다."

예수님께서 그렇게 가르치셨습니다. "내가 율법이나 선지자나 폐하러 온 줄로 생각지 말라 폐하러 온 것이 아니요 완전케 하려 함이로다"(마 5 : 17).

그 점은 관찰해 보면 역시 사실임을 발견하게 됩니다. 세례요한의 빛나는 사역이 끝나갈 무렵 옥에 갇힌 후 요한의 정신이 연약해졌었습니다. 결국 친구들을 예수님께 보내어, 오실 메시야가 당신이니이까, 아니면 자기와 자기 추종자들이 다른 이를 기다려야 할까 여쭈어보도록 하였습니다. 예수님께서 직접 대답하지 아니하시고 예수님의 사역을 상세하게 말하고 있는 이사야의 말씀을 인용하여 돌려보냈습니다. "예수께서 대답하여 가라사대 너희가 가서 듣고 보는 것을 요한에게 고하되 소경이 보며 앉은뱅이가 걸으며 문둥이가 깨끗함을 받으며 귀머거리가 들으며 죽은 자가 살아나며 가난한 자에게 복음이 전파된다 하라 누구든지 나를 인하여 실족하지 아니하는 자는 복이 있

도다 하시니라"(마 11 : 4 ~ 6). 예수님의 주장은 성경의 호소를 기초
한 것이었습니다. 그리고 그의 요점은 그만이 그 성경을 성취하신다
는 것이었습니다. 우리가 아다시피 때가 되매 그 성경을 온전히 이루
었습니다. 자기의 죽음과 부활의 상세한 국면에 관한 예언들까지 이
루게 되었습니다.

　다른 메시야가 온다 하더라도 예수님께서 행하신 것보다 구약의 상
세한 예언들을 더 잘 성취할까요?

예수님은 하나님이심

　둘째로, 성경을 이루시고 그밖에 다른 여러 이유들 때문에 "예수
께서는 자신이 인간 육체로 나타나신 하나님이심을 수천 수백만 사람
들에게 확증시키셨습니다." 또한 당신만이 인생의 깊은 난제에 대한
해답을 갖고 계심도 확증시켜 주셨습니다. 오늘 우리들이 성육신하신
하나님을 믿는 것이 어렵지만 그리스도의 당대 사람들에게는 그것이
쉬웠다고 생각해서는 안됩니다. 헬라 사람들이나 로마 사람들이 그
성육신하신 하나님을 믿는 것이 쉬웠을지 모릅니다. 왜냐하면 그들의
신화 중 많은 부분이 그와 유사한 개념들을 내포하고 있었기 때문입
니다. 그러나 예수님 당대의 유대인들에겐 그것이 쉽지 않았습니다.
복음이 최초로 발판을 얻었던 정통 유대인들 중에서는 쉬웠습니다.
수세기 동안 존재했던 열렬한 일신론을 배경으로 하고 있는 문화 속
에서 성장했던 사람들이 있었습니다. 그들은 회당에서 "이스라엘 아
들아 우리 하나님 여호와는 오직 하나인 여호와시니"(신 6 : 4) 라고
선언했습니다. 그들은 당시 이방문화에 속한 다신론(多神論)을 혐오
했습니다. 그럼에도 불구하고 이 사람들이 예수님과 대화를 나눠보고
낯선 가르침을 접하고 선행(善行)을 보면서 예수님이야말로 사람 이
상의 존재이며, 성육신하신 하나님이라는 걸 믿게 되었습니다. 그들
가운데 많은 사람들은 후에 그 믿음을 버리기보다는 순교를 택하여
죽었습니다. 베드로는 "주는 그리스도시요 살아계신 하나님의 아들이
시니이다"(마 16 : 16) 라고 선언했습니다. 도마는 예수님 보고 "나의

주시며 나의 하나님이시니이다"(요 20 : 28)라고 불렀읍니다. 바울은
그가 "성결의 영으로는 죽은 가운데서 부활하여 능력으로 하나님의
아들로 인정되셨으니 곧 우리 주 예수 그리스도시니라"(롬 1:4)라고
썼읍니다.

오늘날도 마찬가지입니다. 수천 수백만의 사람이 예수님께서 자신
에 대하여 선언한 그대로 신앙을 고백합니다. 예수 그리스도께서 살
았고 사역을 행하셨던 시대와 우리 사이에는 십수세기가 지났읍니다.
회의론의 정신이 배있는 세속적인 관점은 예수가 하나님이라는 결론
을 내리지 못하도록 압력을 가하고 있읍니다. 그럼에도 불구하고 예
수님께서는 당신의 생애를 연구하고 감동을 받은 우리들에게 자신이
하나님이시며 인생의 난제들에 대한 해답을 갖고 계심을 말씀하셨고
확증하셨읍니다. 어느 다른 누구가 예수님께서 행하신 것처럼 이 진
리를 수천 수백만 사람들에게 확증시켰읍니까?

다른 메시야가 오더라도, 예수님께서 자신의 신성에 대하여 사람들
에게 확증해 주신 것보다 그의 신성을 더 많은 사람에게 확증하는 일
이 있겠읍니까?

사회적인 혁명

세째로, 예수님께서는 세상이 알고 있는 한에서 "유일한 위대하고 지
속적인 사회변화를" 출범시키셨읍니다. 물론 그것은 하나의 규범적인
진술입니다. 그러나 그 진술이 옳음을 잘 증명할 수 있다고 믿읍니다.
그리스도께서 오셨을 때 세상은 잔인과 공포가 난무하는 세기였읍니
다. 노예제도가 보편적으로 시행되었고 받아들여졌읍니다. 수백만의
눈들이 흥겨워하는 앞에서 투기사들이 정말 목숨을 내걸고 싸웠읍니
다. 필요치 않다고 생각하는 어린 아이들을 언덕에 버려 죽게 했읍니
다. 자유인과 노예가 구분이 되어 있었읍니다. 유대인들과 이방인,
남자와 여자, 로마인과 헬라 사람이 서로 경쟁의식을 갖고 나뉘어져
있었읍니다. 그 시대는 휄리니(Fellini)가 그의 『새티리콘』(Satyric-
on)과 『로마』(Roma)라는 책에서 잘 묘사한 것과 같이 야만적인 세

대입니다. 그 시대의 역사가들도 그렇게 보고했읍니다.

그러나 예수님께서는 그 시대를 변화 시키셨읍니다. 그는 사회적인 프로그램만을 가지고 오시지 않고 자기를 따르는 모든 사람들 속에 자기의 생명을 불어넣고, 그 새 생명 위에 세워진 새로운 윤리를 가지고 오셨읍니다. 그 변화가 즉각적으로 일어난 것은 아닙니다. 처음에 복음을 전하는 사람들에게는 딱 한번만이라도 복음전할 기회를 얻게 된다면 행운이었읍니다. 그러나 시간이 지남에 따라서 부활하신 주님의 생명이 최소한 몇 사람들을 사로잡았고, 그리스도인들이 아닌 사람들마저 반응을 나타냈읍니다.

가장 큰 변화는 콘스탄틴(Constantine) 황제와 유스티니안(Justinian) 황제 통치기간 동안에 일어났읍니다. 투기장의 운동과 같은 잔인한 스포츠가 제재를 받았읍니다. 그리스도인들이 그러한 스포츠들을 반대했기 때문입니다. 노예를 보호하는 법이 제정 되었읍니다. 더 이상 노예에게 소유주를 나타내는 인장을 살에다 박는 일은 없었읍니다. 또한 노예주인의 회초리에 맞아죽는 노예도 없게 되었읍니다. 그리스도인들은 이전에 가지지 못했던 법적인 권리들을 갖게 되었읍니다. 병원과 고아원이 생겨났읍니다. 어떤 경우에 그 진전속도는 느렸읍니다. 방해가 있었읍니다. 중세는 여러 방면에서 야만주의로의 회귀였읍니다. 그리스도인의 이름을 가졌던 사람들이 혼히 그리스도인들이 해서는 안되는 일을 행했읍니다. 그러나 종교개혁시기 동안 복음이 회복되었을 때 기독교의 사회양심이 되살아났읍니다. 쯔빙글리(Zwingli) 같은 사람은 쮸리히에서 사회개혁을 착수하였고, 칼빈도 제네바 거리에 배회하고 있는 수천의 실업자들을 위해서 일거리를 만들었읍니다.

쯔빙글리는 전도자의 수도원을 바꾸어 매일 양식이 없는 사람들에게 양식을 나누어주는 구호소로 만들었읍니다. 구걸하는 일이 사라지게 되었읍니다. 일을 배우는 사람들에게 장려금이 수여되었읍니다. 가난한 집 아이들에게 옷을 주었읍니다. 거지들을 돌보는 법규서류가 지금도 존재하는데, 그 서류의 맨 상단에 이렇게 기록되어 있읍니다.

"주께서 말씀하시기를 하늘에 계신 너희 아버지가 인애하신 것처럼
너희도 인애하라."

　제 말을 오해하지 마십시요. 역사를 이런 식으로 나열한다고 해서
그리스도인들이 아닌 사람들은 훌륭한 행실을 전혀 하지 않았다고 말
씀드리는 건 아닙니다. 그리스도인들이 언제나 그렇게 좋은 일만 했
다고 말씀드리는 것은 더욱 아닙니다. 고대에 어떠한 개인들이 행한
사랑의 실천행위들이 있었습니다. 우리 시대에도 그리스도인의 표준
에서 보더라도 훌륭한 일이 비그리스도인에 의해서 행해집니다. 그러
나 예수님이야 말로 그러한 선행의 출발점입니다. 그 분 만이 사람들
을 고쳐시켜 오늘날 우리가 사회관심과 사회활동이라 부르는 일을 행
하도록 했을 뿐만 아니라 그 일을 계속 견지하도록 하셨던 것입니
다.

　다른 메시야가 오더라도, 주 예수께서 이루신 이러한 사회적인 변
화들보다 더 큰 변화를 이룩하실까요?

해방자

　네째로, "예수님께서는 수천 수백만의 영혼들을 자유케 하셨습니다."
예수님께서 공생애를 시작하신 초기의 어느 때인가 나사렛에 있는 회
당에 들어갔습니다. 예수께서는 어릴 적부터 회당에서 자라나셨는데,
거기에 들어가시니 구약 교훈을 읽으라는 요구를 받으셨습니다. 그는
이사야의 두루마리를 들어 63장부터 읽기 시작했습니다. "주의 성령
이 내게 임하셨으니 이는 가난한 자에게 복음을 전하게 하시려고 내
게 기름을 부으시고 나를 보내사 포로된 자에게 자유를, 눈 먼 자에
게 다시 보게 함을 전파하며 눌린 자를 자유케 하고 주의 은혜의 해
를 전파하게 하려 하심이라 하였더라"(눅 4 : 18, 19). 그런 다음에
"이 글이 오늘날 너희 귀에 응하였느니라"(21절)고 선언하셨습니다.

　이 위대한 구약 인용구 중에서 두 어구가 자유케 하는 일에 대해서
말합니다. "포로된 자에게 자유를"이라는 어구와 "눌린 자를 자유케
하고"라는 어구입니다. 이 자유케 하는 일은 그리스도의 사역에 있어

서 가장 중요한 부분 중 하나이기도 하였읍니다. 그리스도의 때에 사람들은 육체적으로도 얽매여 있었읍니다. 그러나 더 큰 진리는 우리 시대 뿐 아니라 그 시대에도 많은 사람이 영적 굴레를 쓰고 있었다는 것입니다. 그들은 죄의 결박을 받았읍니다. 어느 시대에도 지상에 살고 있는 사람들의 1/2 또는 2/3 이상이 육체적인 노예의 굴레에 사로잡혔던 적은 없었읍니다. 그러나 어느 시대에나 막론하고 모든 사람들은 죄에게 포로잡혀 있었읍니다. 예수님께서 수천 수백만의 사람들을 자유케 하셨읍니다. 어떤 사람들은 술의 노예가 되어 있었으나 그리스도께서 그들을 풀어주셨읍니다. 어떤 사람들은 마약의 노예가 되어 있었으나 그 결박을 풀어주셨읍니다. 어떤 사람들은 교만과 과격과 이기심과 다른 수천의 완고한 일들에 사로잡혀 있었으나 그러한 사람들을 주님께서는 자유케 하셨읍니다.

　주님께서 여러분을 위해서 그러한 일을 하셨읍니까? 아니면 아직도 여러분이 스스로 자유케 할 수 없는 어떤 일에 매여 있읍니까? 주께서 여러분을 자유케 하실 수 있읍니다. 무엇보다 여러분의 영혼을 자유케 하실 수 있읍니다. 찰스 웨슬레는 그것에 대해서 위대한 찬송시를 썼는데 그 한 연을 소개해드립니다.

『오랫 동안 내 영혼 죄와 본성의
　밤 속에 단단히 결박되어 갇혀
　있었네
　주의 눈이 살리는 눈부신 광채를
　발하시니 나는 깨었고
　지하 감옥이 빛으로 환하게 밝혀졌네
　내 사슬은 끊어지고 내 마음은 자유케
　되고 나는 일어나 나가 주를
　따랐네』

다른 메시야가 오더라도, 예수님께서 자기에게 오는 자들에게 베풀어 주신 분량보다 더 큰 영적인 자유를 주겠읍니까?

상한 심령의 치료자

끝으로, 제가 앞에서 읽은 말씀 속에는 "예수께서 상한 심령을 고치시는" 분임을 말해주는 어구가 있읍니다. 예수님께서는 하나님이 자기를 보내사 "상한 심령을 고치게" 하셨다고 말씀하셨읍니다. 이 일은 예수님만이 하셨읍니다.

우리는 상한 심령에 대해서 자주 말하지 않습니다. 왜냐하면 그 문제는 너무나 개인적인 것이기 때문입니다. 그럼에도 상한 심령을 갖고 있는 사람들이 수도 없이 많습니다. 우리 주위에 그런 사람들로 가득 찼습니다. 우리는 혼히 우리 마음이 상한 심령이 될 때를 자주 만나게 됩니다. 여기에서 제외된 사람은 한 사람도 없습니다. 정조를 지키지 못하는 아내를 가진 사람들과 얘기를 나눈 적이 있읍니다. 어떤 경우에 목회를 하는 사람들 중에도 그러한 사람들이 있읍니다. 남편을 다른 여자에게 빼앗긴 여자들, 그러나 아직도 자기 남편을 사랑하는 여인들과도 이야기를 나눈 적이 있읍니다. 어떤 사람들은 가족의 죽음으로 마음 상해 있고, 자기 자녀들이 집을 떠나 있어서 마음 상하기도 하고 뻔뻔스럽게 그리스도를 배척하고 기독교를 포기하는 사실 때문에 마음상한 일도 있읍니다. 어떤 사람들은 인생에서 실패했읍니다. 어떤 사람들은 가정이 없읍니다. 이러한 경우들이 상한 심령을 가진 인간 존재들입니다. 만일 예수 그리스도께서 해답을 가지고 계시지 않다면 다른 해답은 없읍니다.

그러나 해답은 물론 있읍니다. 주님께서 가지고 계십니다. 예수님께서는 하나님이 자기를 보내신 것은 상한 심령을 고치려 하기 위함이라고 말씀하셨읍니다. 예수 그리스도께서 그러한 일을 못하시겠읍니까? 아브라함은 하나님께서 자기에게 주신 일을 이루어냈읍니다. 모세도 그랬읍니다. 다윗도, 다른 그 밖에 성경에 나타난 많은 사람들도 그랬읍니다. 예수 그리스도만이 그 맡기신 사역을 못하시겠읍니까? 천만의 말씀입니다. 아버지께서 하라고 주신 수천 수백만의 일들을 다 행하셨읍니다. 아직도 오늘날 그는 그 일을 하고 계십니다. 마음이 상하는 일이 모든 사람들에게 실질적인 문제일 수 있읍니다. 그러나 그리스도의 사랑과 능력을 아는 사람들은 자기들의 삶의 문제를 가지고 그분에게 나아가 기쁨을 얻을 수 있었읍니다. 호라티우스 보나르는 이렇게 노래했읍니다.

『주 밖에 나의 도움 없사오니
내 기댈 곳 당신의 팔 밖에 없네
나의 주여
주님의 팔이면 족하나이다
내 힘은 당신의 능력 그 능력
안에만 있사옵니다.』

예수께서 상한 심령을 치료하십니다. 다른 메시야가 오더라도 예수님께서 행하신 그 일보다 더 많은 일을 하겠읍니까?

예수님께 나오십시요.

미국 남북전쟁 때 아직 10대였던 한 젊은 사람이 북군에 의해서 군법회의에 회부되었고 총살형을 선고받았읍니다. 그는 전쟁에 나갈 나이도 아닌데 미리 전쟁에 나간 것입니다. 그 친구가 그 전쟁터에 지원하여 나갔기 때문입니다. 어느 날 밤 그는 우정으로 자기 친구가 다른 곳에 간 사이 보초를 서줄 마음을 먹고 섰읍니다. 불행히도 그 전날 밤에도 그는 보초를 섰었읍니다. 두 밤을 꼬박 새웠기 때문에 졸음을 견딜 수 없어 그만 초소에서 깊이 잠이 들고 말았읍니다. 이 때문에 사형선고를 받은 것입니다.

뉴잉글랜드에 사는 그 소년의 부모들에게 그 소식이 전달되었을 때 그들의 마음은 부서지는 것 같았읍니다. 그들의 하나 밖에 없는 아들이 총살형을 당하다니! 그 소년의 누이, 링컨의 생애를 읽고 링컨이 자기 자녀들을 얼마나 사랑하는지를 안 어린 소녀가 이렇게 말했읍니다. "만일 아브라함 링컨이 내 아버지와 어머니가 내 오빠를 얼마나 사랑하는지 알았다면 총살당하도록 내버려두지 않을텐데." 그 어린 소녀는 대통령을 면담하기로 결심했습니다. 그 당시에는 오늘날처럼 대통령 경호가 그렇게 엄격한 것은 아니었습니다. 그래서 그 어린 소녀가 백악관에 찾아가 보초를 선 사람에게 자기 사정을 이야기하였습니다. 그 초병은 그녀의 애원하는 표정에 감동을 받아 링컨의 개인비서에게 그 소녀를 안내하여 그 사연을 이야기하도록 하였습니다. 그 소녀는 링컨 집무실에 들어갈 수 있는 허락을 받게 되었고, 링컨의 장군들이 모여 있는 곳에 들어가게 되었습니다. 어린 소녀는 자기의 사연을 간단히 말하면서 자기 부모들이 얼마나 슬퍼하는가를 강조했습니다. 링컨이 감동을 받았습니다. 링컨은 그 선고를 기각시키고 그 소년을 가석방시키라는 명령서를 급송하게 했습니다. 그래서 그 소년은 고향에 있는 자기 부모에게로 돌아갈 수 있었습니다.

이 이야기는 사람이라도 연민에 의해서 얼마나 감동받을 수 있는가를 보여주는 일입니다. 그러나 그 이야기는, 사람이 그렇게 감동받을 수 있다면 예수 그리스도야 말로 사람 보다 얼마나 더욱 연민어리게 마음을 고쳐줄 채비가 되어 있는지 그 요점을 드러내주고 있습니다. 여러분의 필요를 그분에게 가져가십시오. 그분이 여러분에게 주실 수 있는 위안을 받아들이십시오. 수로 헤아릴 수 없는 수많은 사람들이 그랬듯이 예수님보다 더한 일을 할 수 있는 분이 하나도 없음을 배우십시오.

39

"너희가…나 있는 곳에 오지도 못하리라"

"예수께 대하여 무리의 수군거리는 것이 바리새인들에게 들린지라 대제사장들과 바리새인들이 그를 잡으려고 하속들을 보내니 예수께서 이르시되 내가 너희와 함께 조금 더 있다가 나를 보내신 이에게로 돌아 가겠노라 너희가 나를 찾아도 만나지 못할 터이요 나 있는 곳에 오지도 못하리라 하신대 이에 유대인들이 서로 묻되 이 사람이 어디로 가기에 우리가 저를 만나지 못하리요 헬라인 중에 흩어져 사는 자들에게로 가서 헬라인을 가르칠터인가 나를 찾아도 만나지 못할 터이요 나 있는 곳에 오지도 못하리라 한 이 말이 무슨 말이냐 하니라"(요 7: 32~36).

요한복음의 처음 일곱 장을 읽고도 종교 지도자들이 예수 그리스도에 대해 가진 적대감이 자라나고 있었음을 의식하지 못하거나, 앞으로 있을 갈등의 본질을 짐작하지 못하는 일은 있을 수 없읍니다. 복음서 초두에서 우리는 예수께서 자기 백성에게 오셨으나 "영접지 아니하였다"는 경고의 말씀을 들었읍니다(1 : 11). 뒤에 가서 그 민족의 지도자들이 되풀이해서 예수님을 죽이려고 모의했다는 걸 듣게 됩니다. 그러나 이때까지는 예수님께 대하여 공공연하게 드러난 어떤 일을 행하지는 아니하였읍니다. 그러나 이제는 달라졌읍니다. 예수님을 체포하려는 움직임이 보이기 때문입니다. 요한은 이렇게 씁니다. "예수께 대하여 무리의 수군거리는 것이 바리새인들에게 들린지라 대제사장들과 바리새인들이 그를 잡으려고 하속들을 보내니"(7 : 32).

우리는 이 요한복음 7장에 선과 악, 빛과 어두움이 이상하게 섞여 있는 것을 발견합니다. 한편으로는 어떤 사람들이 그리스도에게 호의적인 반응을 나타내는 것을 봅니다. 이 반응은 바리새인들의 행동을 재촉하는 조짐이었읍니다. 반면에 예수님을 제지하려는 공식적인 시도가 나타남을 봅니다. 여기에 '바리새인들과 대제사장들'이 보입니다 —그 어구는 일반적으로 요한복음 내에서는 산헤드린의 공식적인 집단을 지시하는 말입니다. 산헤드린 공회가 예수님을 재판하려고 할 때 그러한 어휘를 썼읍니다. 다음에 나오는 구절들에서 그 산헤드린 공회원이던 니고데모가 예수님을 변호하는 걸 발견하게 됩니다. 심지어 예수님을 잡으려고 하는 것이 역시 똑같은 모호함을 드러내줍니다. 왜냐하면 이 대목을 보면 하속들이 예수님을 잡아오라는 명을 받았는데, 조금 뒤에 가보면 그들이 그 임무를 수행하지 못하고 되돌아가는 것을 발견하기 때문입니다. 그들은 "어찌하여 잡아오지 아니하였느냐?"는 책임추궁을 받게 됩니다.

하속들은 "그 사람의 말하는 것처럼 말한 사람은 이 때까지 없었나이다"고 대답했읍니다.

그러면 이 시점의 상황은 어떠하였읍니까? 어떤 사람들은 각성을 받아 믿음을 갖게 되었고, 반면에 다른 사람들은 가장 깊은 증오심에 휘말려 들어갔읍니다. 이러한 상황 속에서 주 예수 그리스도께서 자기를 대적하는 사람들에게 어떻게 반응을 나타내시는지 연구하는 건 큰 가치가 있읍니다. 왜냐하면 예수님의 반응은 그와 유사한 상황을 맞을 때 우리를 도와줄 수 있기 때문입니다.

가장 중요한 구절들은 33절과 34절입니다. "예수께서 이르시되 내가 너희와 함께 조금 더 있다가 나를 보내신 이에게로 돌아가겠노라 너희가 나를 찾아도 만나지 못할 터이요 나 있는 곳에 오지도 못하리라 하신대."

내가 너희와 함께 조금 더 있다가

이 예수님의 반응으로부터 배울 수 있는 교훈들이 많습니다. 그러나 그 중에서 가장 가치 있고 제일되는 교훈은, 하나님의 종은 하나님께서 하라고 맡기신 일을 끝마치기 전에는 일을 중도에 그만둘 수 없고, 또는 그 일을 마치기 전에 죽임당하는 일이 없다는 점입니다. 그래서 예수님께서는 가장 먼저, 그들이 어떠한 일을 하려 한다 할지라도 그들과 "조금 더" 있을 것이라고 대답하셨습니다.

물론 그 기간이란 그렇게 긴 기간이 아닐 것입니다. 불과 6개월 밖에 되지 않습니다 ─ 이 사건의 연대로 추정되는 이른바 그 해 가을 초막절이 시작되는 때부터 그리스도께서 십자가에 못박히는 봄까지 6개월 밖에는 되지 않습니다. 그러니 이 6개월이 지나기 전에는 아무도 그를 죽일 수 없었습니다. 복음서 기자가 30절에서 말하듯이 아직 그의 때가 이르지 아니한 것입니다.

오늘날도 마찬가지입니다. 루터는 자기 생애 속에서 그와 유사한 어려움을 만났었는데, 그는 이 구절에 대해서 이렇게 썼습니다. "누가 그리스도의 보호자냐? 누가 그의 원수들을 막아섰느냐? 아무도 없다…… 말탄 수천 의 군사들이나 삼천 명의 보병들이 그를 둘러 진쳤다는 말이 하나도 없다. 아니, 그의 갑옷이라는게 고작해야 십자가에 못박혀 죽기까지 그에게 허락된 짧은 기간 뿐이다. 그 때가 아직 임박하지 않았다. 그때가 아니니 그의 원수들이 아무리 그를 잡으려고 갖은 수를 쓴다 할지라도 소용없었다." 루터는 그런 다음에 결론을 내려, 언제나 그럴 것임을 지적합니다. 하나님의 분명한 명령이나 섭리에 부합하지 않으면 아무도 그리스도인에게 손댈 수 없습니다.

마귀의 증오와 간계에 대해서도 이 점이 적용됩니다. 저는 성경에 나오는 위대한 이야기들 가운데 하나를 통해서 이 점을 예증해보겠습니다.

구약에 나아가 보면 시편 바로 앞에 욥기라는 책이 나옵니다. 그 욥은 부자였으나 욥기에 나오는 내용이 아니었더라면 그저 무의미한 훌륭한 농부라고 말할만한 사람이었습니다. 그러나 그 사람은 하나님께서 그의 생애 속에서 일어나도록 허락하신 일 때문에 영적인 일에 있어서 위대한 사람이 되었습니다. 하나님께서는 욥이 사단의 습격을 받아 큰 어려움을 겪도록 허락하셨습니다. 그러나 앞을 내다보시는 하나님께서 그걸 허락하신 것은 당신이 주실 힘을 통하여 그의 종 욥이 승리할 것을 아셨기 때문입니다. 우리에게 가장 흥미 있는 그 이야기의 요점은, 사단이 하나님의 허락이 떨어지기 전에는 욥에게 어떤 일도 할 수 없었다는 것입니다. 그런 경우에서라도 욥이 이길것을 하나님께서 아셨기 때문에서만 그 일이 허락되었던 것입니다. 다른 말로 해서 욥기의 이야기는 고린도전서 10 : 13의 말씀을 예증하는 것입니다. "사람이 감당할 시험 밖에는 너희에게 당한 것이 없나니 오직 하나님은 미쁘사 너희가 감당치 못할 시험 당함을 허락지 아니하시고 시험당할 즈음에 또한 피할 길을 내사 너희로 능히 감당하게 하시느니라."

하나님의 산울(울타리)

성경은 욥이 우스 땅에 살았으며, 대단한 부자였다고 말합니다. 물론 오늘날 대단히 큰 땅을 소유한 사람이나 큰 농장을 소유한 사람의 표준에서 볼 때는 그렇지 않겠지만 그 당시에는 대단한 부자였습니다. 그의 재산목록은 양이 칠천, 약대가 삼천, 황소가 오백 겨리, 암나귀가 오백 마리나 되었습니다. 그밖에도 그러한 가산을 지키기 위해 필요한 모든 종들을 다 갖추고 있었습니다. 또한 욥에겐 일곱아들과 세 딸이 있었습니다. 성경은 욥이 "순전하고 정직하여 하나님을 경외하며 악에서 떠난 자라"(욥 1 : 1)고 말했습니다.

그러나 하나님의 아들들과 사단이 여호와 앞에 섰던 때가 있었습니다. 하나님께서 대화를 시작하시며 사단에게 먼저 질문을 던지십니다. "네가 어디서 왔느냐?" 사단은 "땅에 두루 돌아 여기저기 다녀왔다"고 대답했읍니다.

그런 다음에 중요한 질문이 던져집니다. "여호와께서 사단에게 이르시되 네가 내 종 욥을 유의하여 보았느냐 그와 같이 순전하고 정직하여 하나님을 경외하며 악에서 떠난 자가 세상에 없느니라"(1 : 8) 그 질문이 중요한 것은, 욥의 고난이 사단이 꼭 받을 필요가 있는 하나님의 허락에 의해서 뿐아니라 하나님의 지시에 의해서도 시작되었음을 나타내기 때문입니다. 왜냐하면 대화의 주제로 욥을 먼저 거론하신 것은 하나님이지 사단이 아니었기 때문입니다.

사단은 의심할 여지없이 욥에 대해서 들었읍니다. 아마 사단보다 작은 귀신도 욥을 주의하여 보았을 것이고, 사단도 욥을 조사해보았을 것입니다. 우리는 그 국면에 대해서 상세한 것을 알수는 없읍니다. 우리가 아는 것은 다만 사단이 하나님께서 질문을 던지셨을 때쯤 해서 욥에 대해서 알고 있었다는 것입니다. 하나님께서 "네가 내 종 욥을 유의하여 보았느냐?"라고 물으셨을 때, 사단이 즉각적으로 "욥이 어찌 까닭 없이 하나님을 경외하리이까 주께서 그와 그 집과 그 모든 소유물을 산울로 두르심이 아니니이까 주께서 그 손으로 하는 바를 복되게 하사 그 소유물로 땅에 널리게 하셨음이니이다"(1 : 9, 10) 라 대답한 걸 보면 분명히 그러합니다. 또한 사단은 거기에 이렇게 덧붙였읍니다. "이제 주의 손을 펴서 그의 모든 소유물을 치소서 그리하시면 정녕 대면하여 주를 욕하리이다"(1 : 11).

이야기가 보여주듯이 물론 이 대답의 마지막 부분은 진리가 아닙니다. 왜냐하면 욥은 그의 가산(家産)을 다 잃어버렸을 때라도 하나님을 저주하지 않았기 때문입니다. 그럼에도 불구하고 우리는 첫번째 부분이 사실임을 주목해야 합니다. 그리고 그 부분에 대해서는 크게 인정해야 합니다. 사단은 욥이 나쁜 동기를 가지고 하나님을 섬긴다고 둘러씌웠음에 틀림없읍니다. 욥이 하나님을 섬기는 것은 다만 욥이 하나님의 보호를 입기 때문이라는 암시를 하였던 것입니다. 그러나 진정한 부분 —흥미 있는 부분— 은, 하나님께서 욥을 보호해 오셨다는 점입니다. 사단도 그 점을 인정합니다. 다른 말로 해서 사단은 하나님께서 욥을 위하여 산울로 둘러 주신 것을 인정하면서, 하나님께서 그 은혜를 신뢰하는 모든 사람들을 위하여 보호장벽을 쳐놓고 있기 때문에 사단 자신이 그 졸개중 어느 누구도(그 졸개들 가운데 많은 자들이 한꺼번에 합세한다 할지라도) 욥을 공격하여 성공하지 못했다는 걸 인정하고 있었던 것입니다.

사단은 할 수만 있으면 그 산울을 뛰어넘으려고 했을 것입니다. 그러나 그렇게 할 수 없었읍니다. 가능만했다면 대번에 그 산울을 넘어 뜨렸을 것입니다. 그러나 가능하지 못했읍니다. 하나님께서 애굽 사람들과 이스라엘 사람들 사이에 어떻게 장벽을 치셨는지를 우리는 압니다. 다윗과 사울 사이에, 헤롯과 베드로 사이에, 주 예수 그리스도와 그리스도를 방해하여 어찌하든지 아버지의 뜻을 행하지 못하게 하던 모든 사람들 사이에 쳐놓았던 장벽을 우리는 압니다. 우리는 그와 같은 방식으로 보호를 받고 있읍니다.

사단의 공략

사단도 자기가 욥을 건드릴 수 없음을 인정했읍니다. 그러나 사단은 욥이 하나님께 대한 믿음을 지키는 것은 오직 바로 그 사실 때문이라고 송사하였읍니다. 그래서 하나님께서는 문제의 진상을 명백히 하고 사단의 참소가 진리가 아님을 증거하기 위해서 그 산울을 낮추시겠다고 대번에 대답하셨읍니다. 그 산울을 완전히 제거하지는 않을 것입니다. 그러나 그 산울을 낮추사 욥 개인을 제외하고 욥이 가진 모든 소유를 사단의 손에 일임 하시겠다는 것입니다.

사단의 그 포악한 노(怒)가 이 성숙한 성도에게 퍼부어졌읍니다. 종 한 사람이 와서 폭도들이 욥의 소와 나귀를 갈취해갔고 그 떼들과 함께 있던 종들도 죽었다고 보고했읍니다. 또 다른 종이 와서 양들뿐만 아니라 그 양들과 함께 있는 자들도 죽임을 당하였다는 소식을 전합니다. 세번째 종이 와서 갈대아 사람들이 이르러 약대를 훔쳐갔으며 그 약대를 지키던 종들도 죽었다고 보고했읍니다. 마지막으로 한 사자가 와서 회오리바람이 욥의 자녀들이 먹고 있는 집에 불어닥쳐 그

자녀들이 다 즉사했다고 말했읍니다. 의심할 여지 없이, 사단은 뒤로
물러서서 욥이 자기가 짐작한대로 행하기를 지켜보고 있었읍니다-곧
하나님을 저주하기를 말입니다. 그러나 욥은 든든히 섰읍니다. 그는
말로 할 수 없는 슬픔과 비통에 잠겼읍니다. 그러나 믿음은 사단이
바라고 있던 그 넘어짐을 방어해주었읍니다. 욥은 저주하는 대신 "일
어나 겉옷을 찢고 머리털을 밀고 땅에 엎드려 경배하며 가로되 내가
모태에서 적신이 나왔사온즉 또한 적신이 그리로 돌아가올지라 주신
자도 여호와시요 취하신 자도 여호와시오니 여호와의 이름이 찬송을
받으실지니이다"(1 : 20, 21) 라고 말했읍니다. 욥이 이겼읍니다.

다시 때가 이르러 하나님의 아들들이 여호와 앞에 섰고 같은 질문
들이 던져졌읍니다.

"여호와께서 사단에게 이르시되 네가 어디서 왔느냐?"

"땅에 두루 돌아 여기저기 다녀왔나이다."이때 사단이 한 대답은
무언가 모호해보입니다. 왜냐하면 모든 하늘의 천군들은 사단이 욥의
뒤뜰에 있었음을 알고 있었기 때문입니다.

하나님께서 계속 말씀하십니다. "내 종 욥을 유의하여 보았느냐 그
와 같이 순전하고 정직하여 하나님을 경외하며 악에서 떠난 자가 세
상에 없느니라 네가 나를 격동하여 까닭없이 그를 치게 하였어도 그
가 오히려 자기의 순전을 굳게 지켰느니라."

사단이 대답했읍니다. "가죽으로 가죽을 바꾸오니 사람이 그 모든
소유물로 자기의 생명을 바꾸올지라 이제 주의 손을 펴서 그의 뼈와
살을 치소서 그리하시면 정녕 대면하여 주를 욕하리이다"(2 : 1~5)
이것도 역시 진리가 아니었읍니다. 사단이 이전에 냈던 도전장의 여
러 국면과 같이 말입니다. 그러나 하나님께서는 그 도전을 허락하셨
읍니다. 욥의 몸에 손을 대도록 사단에게 허락 하셨읍니다. 그러나 그
생명만은 손대지말라 하셨읍니다. 즉시 사단이 일어나 "그 발바닥에
서 정수리까지 악창이 나게" 하는 종기로 욥을 괴롭혔읍니다. 어떤 일
이 일어났읍니까? 다시 한번 욥은 믿음으로 든든히 섰읍니다. 그 아
내가 그를 향하여 돌아서고 그 친구들도 그에게 세상적인 방식으로

권면하였지만 그럴 때라도 결코 흔들리지 않았읍니다.

하나님의 축복

자, 우리는 이제 욥기의 마지막에서 하나님께서 다시 욥을 축복하
시되, 그 전에 욥에게 주셨던 것의 갑절을 축복하신 것을 발견합니다.
그 친구들은 와서 욥이 그런 고통을 당하는 것은 어떤 죄를 지었기
때문이라고 설득하려고 애썼읍니다. 그때 욥은 논증에 논증을 거듭하
면서 그들을 반박하였읍니다. 그러나 결국 하나님께서 말씀하셨을 때
욥은 침묵을 지켰읍니다. 욥은 청종했읍니다. 그런 다음에 위대한 믿
음의 진술을 했고 자기를 악하게 말했던 자기 친구들을 위해서 기도
하였읍니다. 이 시점에서 주님께서는 욥을 공략하도록 사단에게 허락
한 것을 철회하시고 주께서 욥을 사랑하신다는 외적인 표시를 다시
회복시켜주셨읍니다. 우리는 이러한 말씀을 읽습니다. "욥이 그 벗들
을 위하여 빌매 여호와께서 욥의 곤경을 돌이키시고 욥에게 그전 소
유보다 갑절이나 주신지라"(욥 42 : 10).

얼른 보기에 우리가 지적하고 있는 요점과 별 상관이 없어보이지만,
그 이야기는 모든 신자들이 자기 자녀들에 대해서 가져야 할 바른 자
세를 가르쳐 주는 위대한 교훈을 내포하고 있음을 지적하고 지나가야
겠읍니다. 그 교훈인즉, 신자들의 자녀들은 결코 그대로 잃어버릴 수
없다는 점입니다. 비록 자녀들이 죽는다 할지라도 그 자녀들은 여전
히 그 신자들의 것이며, 하나님 앞에서 어느 날 그 자녀들과 함께 재
연합하게 될 것이기 때문입니다.

욥의 가족과 소유를 열거하는 처음 목록과, 하나님께서 갑절로 축
복하셨다고 말하는 책 끝의 목록을 서로 비교해보면 그 진리를 알수
있읍니다. 전에는 욥이 양이 칠천이었으나, 이제는 만 사천이 되었고
전에는 약대가 삼천이었으나 이제는 육천이 되었읍니다. 전에는 소나
암나귀가 오백이었는데 지금은 천이 되었읍니다. 그러나 자녀들의 수
에 이르게 되면 같다는 것을 발견하게 됩니다. 그전에 일곱 아들과 세
딸이었는데 지금도 일곱 아들과 세 딸을 주셨읍니다. 무언가 잘못됐

읍니까? 절대 아닙니다. 왜냐하면 원래의 아들과 딸들이 −불멸의 영혼을 소유하지 않은 동물들과는 달리 −욥을 완전히 떠난 것이 아니라는 것을 말씀하시는 하나님의 방식이 바로 그것이기 때문입니다. 결국 그는 열 네 아들과 여섯 딸을 가지게 되었읍니다. 그들 중 절반은 영광 가운데서 하나님과 함께 있었읍니다. 자기 자녀를 잃은 모든 그리스도인 부모들마다에 이 점이 해당됩니다.

욥처럼 여러분이 자녀를 잃었다면, 그전에는 자녀가 있었으나 지금은 없다고 말하지 마십시요. 한 자녀가 있었으나 지금은 하늘에 있다고 말하십시요.

지금이 바로 그 때임

이 이야기는 우리로 하여금 본 궤도를 약간 멀리 벗어나게 하였읍니다. 그러나 예루살렘에서 자기를 반대하는 사람들에게 예수님께서 대답하신 응답의 첫번째 위대한 요점을 예증해주고 있읍니다. 그들은 예수님을 잡으려고 위협하고 있었읍니다. 예수님께서는 할 일이 남아 있는 한 아무도 자기에게 손을 댈 수 없다고 대답하십니다. 다른 말로 해서 우리의 하늘 아버지의 완전하고 사랑에 찬 뜻으로 먼저 걸러지기까지는 어떠한 것도 그리스도(또는 우리 자신들도)를 건드릴 수 없읍니다. 우리는 그점을 통해서 위안을 받고, 우리에게 맡겨진 일을 행하면서 강건해야 합니다. 그러나 또 다른 한 가지 교훈이 있읍니다. 예수님께서는 "내가 너희와 함께 조금 더 있다가"라고 자신을 가리켜 말씀하셨읍니다. 그러나 그런 다음에 잠시 동안 지금 그들과 함께 있기는 하지만 그들을 위한 하나님의 은혜의 날이 영원토록 지속되지는 않음을 그 말씀을 듣는 무리들에게 상기시켜주셨읍니다. "너희와 함께 조금 더 있다가 나를 보내신 이에게로 돌아가겠노라 너희가 나를 찾아도 만나지 못할 터이요 나 있는 곳에 오지도 못하리라." 역사적으로 볼 때 유대교에 바로 그 말씀이 그대로 적용되었읍니다. 그리스도께서는 3년 동안 유대인들 가운데 계셨읍니다. 예수님이 특별히 사도로 선택하신 사람들에 의해서 그 예수님의 3년의 공생애가   40

년간의 전도사역으로 이어집니다. 그러나 예루살렘이 로마에 함락되고, 그리스도인들이 사방으로 흩어져 복음을 전하게 되었습니다. 아이러니칼하게도 그들은 그리스도의 말씀을 듣던 사람들이 던진 질문 속에서 언급된 사람들에게로 갔습니다. "이 사람이 어디로 가기에 우리가 저를 만나지 못하리요 헬라인 중에 흩어져 사는 자들에게로 가서 헬라인을 가르칠 터인가?"(35절). 그리스도인들이 흩어진 유대인들과 헬라인들에게 갈 때 유대교를 위해 민족적인 기회로 주어졌던 날이 결국 잠시만에 끝나버렸습니다.

하나님께서 정하신 때가 되면, 이 세대를 끝막음하실 것이고, 그리되면 이방인들에게도 역시 그 기회가 없어질 것입니다. 오늘밤이 여러분의 마지막일지 모릅니다. 여러분의 믿는 믿음의 상태는 어떠합니까? 예수님을 찾아 발견했읍니까? 예수님께 맡김으로 깊은 안전에 들어갔읍니까? 저는 여러분이나 다른 사람이 지금 자신을 주님께 의탁하시기를 바랍니다. 그분은 여러분을 사랑하십니다. 여러분을 위해서 죽으셨읍니다. 그분은 여러분이 그분을 위해서 살기를 바라십니다. 성경은 "너희는 여호와를 만날만한 때에 찾으라 가까이 계실 때에 그를 부르라"(사55 : 6)고 말합니다. "보라 지금은 은혜 받을만한 때요 보라 지금은 구원의 날이로다"(고후6 :2).

40

초청과 약속

"명절 끝날 곧 큰 날에 예수께서 서서 외쳐 가라사대 누구든지 목마르거든 내게로 와서 마시라 나를 믿는 자는 성경에 이름과 같이 그 배에서 생수의 강이 흘러나리라 하시니 이는 그를 믿는 자의 받을 성령을 가리켜 말씀하신 것이라(예수께서 아직 영광을 받지 못하신 고로 성령이 아직 저희에게 계시지 아니하시더라)" (요 7:37~39).

해 마다 우리는 많은 초청장들을 받습니다. 그 가운데 받아서 반가운 초청장도 있습니다. 좋은 친구의 결혼청첩장도 있고, 어느 친지가 저녁을 초대한다는 초청장도 있고, 연주회 초청장, 저녁에 와서 조용히 얘기하자는 초청장도 있습니다. 그러나 그밖의 초청장은 그렇게 달갑지가 않습니다. "내가 거기에 가야하나?"라고 자문해보든지, 또는 "어떻게 하면 그 초청에 응하지 않을 수 있나?"라고 궁리를 해보는 경우도 있습니다. 이 요한복음 7장에서는 저와 여러분이 받을 수 있는 초청장 중에서 가장 중요하고 행복한 초청장을 발견하게 됩니다. 그것과 함께 위대한 약속도 주어져 있습니다. 그것은 예수님의 말씀 속에 들어 있습니다. "명절 끝날 곧 큰 날에 예수께서 서서 외쳐 가라사대 누구든지 목마르거든 내게로 와서 마시라 나를 믿는 자는 성경에 이름과 같이 그 배에서 생수의 강이 흘러나리라"
(7 : 37, 38).

배경

　지금쯤 우리는, 이 요한복음 7장끝에서 예수님께서 하신 이 말씀
이 주어진 배경과 익숙해져 있습니다. 예수님께서는 초막절의 대명절
을 지키러 예루살렘으로 올라가셨읍니다. 그리고 거기서 말씀을 전파
하기 시작하셨읍니다. 거의 모든 사람들은 그의 가르치심에 놀랐고,
이 사람이 모든 사람이 고대하는 메시야가 아니냐고 자문해보고 있었
읍니다. 반면에 지도급에 있는 사람들은 예수님에 대한 증오심을 더
욱 더 가중시켰고, 어떻게 하면 그를 잡아 없앨까를 갈수록 궁리하게
되었읍니다. 짧은 시간 내에 이 적대감은 절정에 달했고, 그리스도를
십자가에 못박으려 하였읍니다. 더구나 많은 사람들이 다른 여러 곳
에서 이 명절을 지키러 올라왔고, 그들은 예수님께서 유대에 계실 동
안 금방 돌아갈 사람들이기 때문에 그리스도를 더 이상 보지 못할 것
입니다.

　이러한 상황에 비추어 보면 그리스도의 가르침 속에서 새로운 심오
함을 발견하게 됩니다. 이 날은 8일간 계속되는 명절의 마지막 날이
라는 말을 듣습니다. 그 다음 날이면 그 수많은 무리들이 가버릴 것
입니다. 그리스도께서 "서서 외쳐"말씀하셨을 때 그 초청장을 발한
것입니다. 그 초청은 강렬한 호소력과 큰 단순성을 가지고 있읍니다.
여기에 복음의 정수가 보입니다. 더 깊은 가르침과 제이차적인 문제
들을 위해서는 지금이 아니라도 또 다른 기회들이 있을 것입니다. 그
러나 지금은 그러한 문제들을 다룰 때가 아닙니다. 지금은 사람들의
영혼을 접촉하여 그 영혼들을 그리스도께 인도하여 구원받게 할 때입
니다. 많은 사람들에게 지금 아니면 기회가 없읍니다. 그래서 주님께
서는 초청하셨던 것입니다. 그리스도께서 그들에게 "너희가 갈증이
나느냐?"라고 물었읍니다. "구원을 원하느냐? 그러면 내게로 오라
여기서만 그 구원을 발견할 것이다."

그 당시의 수많은 무리들과 달리 우리가 다 예수께 나와서 값없이 그를 마시기만 한다면 지금 이 날은 얼마나 놀라운 날이 되겠읍니까! 어째서 우리는 그에게 오지 못하게 되는 것입니까? 그리스도의 초청의 범위와 그 초청에 부가된 약속의 성질을 이 강론에서 탐사해 볼 때, 우리 하나님의 살아계신 성령께서 그 초청의 일을 이루소서.

위대한 초청

우리는 그리스도의 초청의 범주를 이해해야합니다. 한편으로 그 초청은 전인류에게 해당됩니다. 왜냐하면 예수님께서는 "누구든지" 라고 말씀하시기 때문입니다. 그 시대에 그러하듯이 그 초청에 다 수반되어 있읍니다.

예수님 당시 본래 예루살렘 회중의 범주를 생각할 때 이 초청의 넓이에 대한 의식을 얻게 됩니다. 그 명절에 거기에 있었던 자가 누구였읍니까? 유대인들이 있었읍니다. 팔레스타인 각 지역에서 온 유대인과 로마제국의 여러 곳에서 온 유대인들이 있었읍니다. 유대인들은 언제나 이 명절 때마다 예루살렘으로 올라왔읍니다. 더구나, 이방인들도 거기 있었읍니다 ─의심할 여지 없이 어떤 사람들은 개종한 사람들이었을 것이며, 또 어떤 사람들이 흥미롭게 구경하며 지켜본 사람들이었을 것입니다. 오순절날 베드로가 설교할 때, 바대인과 메대인과 엘람인과 또 메소보다미아, 유대와 가바도기아, 본도와아시아, 브루기아와 밤빌리아, 애굽과 구레네에 가까운 리비아 여러 지방에서 온 사람들이 그 설교를 들었다는 걸 생각하면, 이 무리들 속에 여러 성질의 사람들이 있었음을 이해하게 됩니다. 이러한 초기 시대에 있어서 그와 유사한 상황이 존재했을 것입니다. 그럼에도 불구하고 우리는 예수님께서 당신의 약속에 제한을 두시는 걸 발견하지 못합니다. " '누구든지' 목마르거든 내게로 와서마시라! " 모든 사람이 다 올 수 있읍니다. 오늘날 모든 참된 기독교 강단에서 그와 똑같은 소리가 흘러나옵니다. 미국에서 그리스도를 신실하게 증거하는 모든 사람들로부터도 그러한 소리가 나옵니다.

여러분은 그 소리를 들어보셨읍니까? 이 위대한 초청의 말씀을 들어보셨읍니까? 여러분이 이 구절에서 예수께서 갈증의 본질을 상세하게 말씀하지 않는다는 걸 주목하셨는지 의문스럽습니다. 우리의 기대로는 예수님께서 상세하게 말씀해주실만도 합니다. 한 때 예수님께서는 "의에 주리고 목마른 자는 복이 있나니"(마 5 : 6)라고 말씀하셨읍니다. "선과 깨끗함과 거룩에 주리고 목마른 자는 복이 있나니 저희가 배부름을 얻을 것이요"라고 말씀하실만도 합니다. 또한 "누구든지 목마르거든 나를 찾아 와서 마시라"고 말씀하실 수도 있었을 것입니다. 그러나 주님께서는 그렇게 특별하게 꼬집어 말씀하시지 아니하셨읍니다. 제한을 두지도 아니하셨읍니다. 갈증이 있읍니까? 그러면 오십시요! 주 예수 그리스도께서 바로 여러분에게 말씀하고 계십니다.

"나는 쾌락에 목마릅니다. 내가 추구하는 쾌락은 기독교적인 것이 아니예요"라고 말씀하실지 모릅니다. 좋습니다. 그러나 만일 여러분이 진정한 즐거움, 지속적인 참만족을 주는 즐거움을 원한다면 그리스도 안에서 그걸 발견할 것이지 여러분이 가는 방향에서 발견하지 못할 것입니다. 성경은 "주의 앞에는 기쁨이 충만하고 주의 우편에는 영원한 즐거움이 있나이다"(시 16 : 11)라고 말합니다.

어떤 다른 분은 이렇게 말씀하실지 모릅니다. "나는 즐거움에는 관심이 없어요. 나는 부(富)에 관심이 있읍니다. 예수님 안에서 그 부(富)를 발견할까요?" 어떤 의미에서 그걸 발견하지 못합니다. 그러나 더 훌륭한 의미로는 그렇다고 대답해야 합니다. 우리가 하나님의 자녀들이라면 우리는 후사(後嗣), "곧 그리스도와 함께 한 하나님의 후사"라고 성경은 말합니다(롬 8 : 17). 또한 "사람이 만일 온 천하를 얻고도 제 목숨을 잃으면 무엇이 유익하리요"(막 8 : 36)라고 말합니다. 오늘날도 목마른 사람들이 있을 수 있읍니다. 심지어 나쁜 것을 추구하는 것도 냉담보다는 더 나을 것입니다. 오, 사람들이 그에게 나올 수만 있다면!

이 말씀 속에는 인류 전체를 향한 초청장이 들어 있읍니다.

반면에 어떤 의미에서 이 본문의 위대한 범주를 사실적으로 따져보면 서글프게도 좁아져 있읍니다. 주 예수 그리스도께서 "누구든지"에게나 다 초청장을 보내신 것은 사실입니다. 그러나 조건을 붙여 초청하고 있다는 사실을 거의 놓칠수가 없읍니다. 예수님께서는 "누구든지 목마르거든"—그 말씀은 목마른 사람이 그렇게 많지 않을 수도 있음을 인정하는 것이나 마찬가지입니다.

이 때에 우리 주님의 눈이 당신의 말씀을 듣고 있는 광범한 회중을 훑어보셨다고 상상할 수 있읍니다. 주님을 쳐다보는 눈 속에 나타난 표현은 우리 시대의 것과 같았을 것입니다. 어떤 사람들은 굳은 모습을, 어떤 사람들은 미워하는 모습을 나타냅니다—그 눈초리들은 예수님이 망하기를 바라는 눈초리들입니다. 어떤 사람들은 냉담한 모습을 보일 것입니다. 또 다른 경우는 촛점을 잃고 이해하지 못하겠다는 식의 눈초리입니다. 모든 설교자들은 이 점을 체험했읍니다. 저는 복음을 전하는 일에 절대 망설이지 않습니다. 그러나 복음을 이해하지 못하는 사람들도 많고, 심지어 복음을 이해한다 할지라도 구주를 받아들이지 않을 사람들도 많다는 사실을 깨닫게 되었읍니다. 우리는 그러한 사람들에게 영혼의 만족을 설교합니다. 그리스도의 초청을 전합니다. 그러나 영적인 불모지에 처하여 있으면서도 그들은 바로 그 시점에서 마시려들지 않습니다. 우리는 그들에게 위험을 경고해줍니다만 그들은 그것을 가볍게 넘겨버리고 맙니다. 우리는 율법의 정죄를 말하지만 그들은 그러한 케케묵은 대목을 들고 나오지 말라고 비웃어버립니다. 거의 대부분의 사람들은 구원을 위하여 갈증을 느끼지 않습니다. 여러분은 목마르십니까?

여러분이 "나는 그런지 안그런지 잘모르겠다"라고 말씀하실지 모릅니다. 좋습니다. 알아내십시요. 여러분 내부로 눈을 돌려 "내 속에 목마른 것이 있는가? 나는 어떤 것에 불만을 품고 있지는 않는가? 내 삶의 어떤 영역 속에 채우지 못한 부분이 없는가?"만일 여러분이 그러한 경우라면, 하나님께서는 여러분 속에 주림과 목마름을 넣어두셨읍니다. 기뻐하십시요! 그리고 예수님께 다 오십시요! 예수님께서는 "누구든지 목마르거든 내게로 와서 마시라……그 배에서 생수의 강이 흘러나리라"고 하셨습니다.

내게로 오라

저는 이미 제가 말씀드릴 다음 요점을 예기한바 있습니다. 여러분도 아시겠지만 그것은 방향과 관계를 가지기 때문입니다. 그 방향은 어떠한 것들입니까? 여러분으로 하여금 예수님을 바라보게 하는 방향표시입니다. "그러나 내가 어떻게 믿는가? 내가 어떤 교리들을 받아들여야 하는가?"라고 말하지 마십시요. 시간이 되면 알게 될 것입니다. 그러나 지금은 그러한 문제를 생각지 마십시요. 목마르거든 예수님께 나오십시요. 예수님께서는 "내게로 오라"고 말씀하셨습니다.

무엇보다도 하나의 제도로서 교회로 나오는 것이 예수님께 나오는 것이라고 오해하지 마십시요. 또는 교회의 의식과 예식에 미리 사로잡혀지는 것이 예수님께 나오는 것이라고 생각하지 마십시요. 의식들은 여러분으로 하여금 그리스도를 바라보도록 하기 위해서 제정된 것입니다. 만일 그 의식들 자체들만 바라본다면 그것들이 여러분을 속일 것입니다. 그리스도의 때에도 그러하였습니다. 이 시절에 일어났던 여러 일들을 통해서 그 점이 잘 예증됩니다. 초막절에는 8일이 걸렸습니다. 매일마다 어떤 공적인 의식이 집행되었습니다. 그 모든 것들은 백성들로 하여금 하나님께서 광야에서 방황하는 날 동안 그들을 먹이신 일을 생각나게 하고, 그들을 모두 다 채워주실 메시야를 고대하도록 지시하기 위한 것입니다. 제 8일에 예수님께서는 서서 외쳐서 이 초청장을 발하셨는데, 그날에 진행되는 예식들은 특히 인상적이었습니다. 그날에 예배하는 사람들과 함께 나온 제사장들은 그 성 밖에 있는 실로암 못으로 갔습니다 —후에 예수님께서는 소경을 그 못으로 보냈습니다. 여기서 그들은 금으로 된 주전자에 물을 가득 채웠습니다. 그런 다음 예루살렘 성으로 돌아와 제단 주위를 일곱번 돌고 마지막으로 제단에 그 못에서 떠온 물을 붓습니다. 분명히 그 의식은 그들로 하여금 광야 40년 동안 백성들로 물을 마시게 하셨던 하나님을 기억나게 하였읍니다.

　제가 말씀드렸듯이 이 일은 명절의 마지막 큰 날에 행해졌읍니다. 예수님께서 소리치며 "누구든지 목마르거든 내게로 와서 마시라"고 하신 것도 이러한 배경을 기초한 것이었고, 매우 절정에 이른 순간에 하신 말씀이었을 것입니다. 그 의식들은 하나님께서 과거 백성들을 먹이신 일을 기억나게 하는 데 가치가 있었읍니다. 우리도 그러한 의식들은 비웃어서는 안됩니다. 그러나 역시 그 의식들은, 예수님이야말로 참된 만족을 주시는 분임을 지적하기도 했읍니다. 그래서 예수님께서는 사람들의 시선을 그 의식으로부터 돌려 자기에게로 오도록 촉구하신 것입니다.

　여러분은 그리스도의 초청이 의미하는 대로 했읍니까? 그 초청은 두 부분으로 표현되어 있읍니다. 그 두 부분들은 같은 뜻입니다. 다시 말하면 그 두 부분은 서로 각 부분을 강화시켜주고 해석해줍니다. 먼저, 여러분은 "와야" 합니다. 그것은 어렵지 않읍니다. 특히 여러분더러 오라고 하시는 그분이 그처럼 사랑스러우시니 말입니다. 그분에게 가기 위해서 멀리까지 갈 필요가 없읍니다. 왜냐하면 예수님께서는 이미 여러분에게 오시는 길목 중 가장 긴 부분을 지나오셨기 때문입니다. "온다"는 뜻은 그를 믿고 신뢰하며 자신을 맡긴다는 뜻입니다. 여러분은 그렇게 하셨읍니까? 저는 일찌기, 가면서 교리들로 충만해질 것이라고 말씀드린바 있읍니다. 그러나 만일 여러분이 예수님께 나오면, 그것은 예수님, 여러분을 구원하시러 이 땅에 오셔서 여러분의 죄를 위해서 십자가에서 죽으시고 다시 살아나시며 그 아버지 하나님께 영화를 받으신 그 분께 나오는 것임을 지금이라도 주목해야 합니다. 요한복음기자는 승리하는 그리스도의 모습을 온전히 그려내려는 의도를 가지고 있읍니다. 왜냐하면 다음 본문에서 "예수께서 아직 영광을 받지 못하신고로"라고 지적함으로써 그 점을 넌지시 암시하고 있기 때문입니다.

　둘째로, 샘에서 물을 마시듯이 그리스도로부터 "마시라"는 초청을 여러분은 받고 있읍니다. 그리스도께 오라는 것에 대하여 말했던 모든

것이 이 말에도 역시 적용됩니다. 그러나 마신다는 것은 한 가지의
개념을 더 수반합니다. 그것은 자신에게 적용시키는 것을 의미합니
다. 마시는 것은 여러분의 일부가 됩니다. 만일 그 물이 건전한것이
라면 여러분을 자라게 도울 것입니다. 그리스도께서는 그처럼 여러분
의 삶과 인격의 일부가 되고 싶어하십니다.

그리스도께 나오시겠읍니까? 마시겠읍니까? 목마른 인간 영혼을 위
해서 다른 처방은 없읍니다. 예수 밖에는 다른 마실 물이 없읍니다.
지체치 말고 나오십시요. 전에 여러분이 나오지 않았을지도모르는데,
그것은 잘못입니다. 그러나 '지금'이라도 나오실 수 있읍니다. 그것
이 바로 예수님의 위대한 초청장입니다.

위대한 약속

끝으로, 예수님의 말씀 속에는 위대한 약속도 들어 있음을 알아야
합니다. 예수님께서는 "누구든지 목마르거든 내게로 와서 마시라"고
말씀하셨읍니다. 그런 다음에 "나를 믿는 자는 성경에 이름과 같이
그 배에서 생수의 강이 흘러나리라"고 덧붙이셨읍니다.
만일 여러분이 그런 유의 말을 했거나 아니면(인간적으로 말해서) 요
한복음기자였다면, 그 구절을 그런 방식으로 썼을까 의문스럽습니다.
저는 오히려 그렇게 쓰지 않았을 것이라고 생각됩니다. 만일 저나 여
러분이 그 구절을 썼다면, 우리는 "누구든지 목마르거든 내게로 와서
마시라 그러면 만족함을 얻으리라 그 갈증이 해소되리라"라고 쓰지
않았겠읍니까? 물론 그랬을 것입니다. 그러나 이 약속의 성질은 그
것이 아닙니다. 그리스도께서 언급하시는 것은 우리가 만족함을 얻을
것이라는 사실이 아닙니다. 오히려 우리 자신은 물론이고 다른 사람
들도 만족케 하는 방편이 될 것이라고 말씀하고 계신 것입니다. 이 말
은 그리스도 중심이 된다는 것은 자기 중심이 되지 않는다는 말입니
다. 그것은 다른 사람들을 중심해서 생각한다는 말입니다. 또한 그것
은 하나의 축복이 된다는 것입니다.

이제 우리 자신이 만족함을 얻을 것이라는 말은 하지 않고 그냥 지

나칩시다. 사실 우리도 만족함을 얻어야 합니다. 여기서 그리스도께서는 우리가 흘러넘치는 그릇이 될 것이라고 말씀하고 계십니다. 그러나 먼저 그 그릇이 채워지기 전에는 흘러넘칠 수 없습니다. 그렇게 흘러넘치면 우리도 만족함을 얻을 것이 틀림없습니다. 그러나 요점은, 우리가 그를 마시면 우리의 마음은 필연적으로 우리 자신의 만족에만 머물지 아니하고 다른 사람들의 만족에도 영향을 미친다는 것입니다.

오늘날의 기독교에 있어서 크게 부족한 것은 바로 그점입니다. 거의 모든 그리스도인들마다 하는 대화를 들어보면, 그리스도가 오신 유일한 목적은 그리스도인들을 구원하고 그리스도인들을 만족시키는 것이었다는 생각을 하게 할 것입니다. 물론 그것도 하나의 목적입니다. 그러나 성경에서 묘사되는 그리스도의 삶은 그런 것이 아닙니다. 그런 유의 기독교는 우리가 생각하고 있는 진리로 말미암아 균형을 잃어버림으로써 천박하고 체험중심적이고 내향적인, 급기야는 삶을 이기적인 방식으로 접근하게 하며, 결국 우리 주위에 있는 사람들도 그런 이기적인 생각으로 보게 만듭니다. 우리는 그렇게 하라고 부르심을 받지 않았습니다. 예수님께서 죽으신 것은 우리에게 따스한 느낌을 주기 위한 것이 아닙니다. 성령의 역사 —이 약속은 궁극적으로 성령에 관한 것임 —는 여러분으로 하여금 그리스도께서 이 세상에 계셨던 방식대로 행하도록 만드는 것입니다. 그 말은 여러분 자신을 벗어나서 다른 사람들에게 관심을 두고 쓸모 있는 사람이 된다는 말입니다. 여러분은 이 약속에 들어갔습니까? 다른 사람들이 여러분을 통해서 축복의 풍성함을 체험하고 있습니까?

그렇지 않다면 여러분은 하나님께 고할 필요가 있습니다. 스스로 그리스도를 마신 만족한 신자로서 자신의 필요를 충족시킨 사람으로 만드실 뿐 아니라 자기 가족과 이웃과 교회를 축복으로 흘러넘치게 하는 쓸모 있는 신자가 되게 해달라고 구해야 합니다. 여러분이 다른 사람들을 위해 그러한 통로가 되지 못하는 한, 여러분 자신의 만족의 참된 범위를 알지 못할 것임을 저는 확신합니다.

축복의 홍수

우리 각자가 예수님을 구주로 알면서 다른 사람에게도 그러한 축복의 통로가 된다면 어떤 일이 일어나겠읍니까? 우리 각자가 그러한 강처럼 된다면 하나님의 축복의 넘치는 홍수를 만나게 될 것이라고 생각합니다.

저는 그러한 홍수를 갈망합니다. 여러분도 그렇지 않습니까? 그렇게 되는 것이 얼마나 놀라운 일입니까! 스펄전은 19세기에 그것을 말하면서, 그것을 마치 테임즈강에 흘러들어오는 조수가 그 강 가에 있는 큰 거룻배를 들어올리는 것과 같다고 하였읍니다. 조수가 나갈 때 강바닥 진흙벌과 모래벌에 버티고 있는 거룻배를 들어올릴 것이 하나도 없읍니다. 사람들 여럿이 그 배를 떠밀어 보려 할지라도 움직이지 않습니다. 기계도 그것을 움직여 바다로 끌고갈 수는 없읍니다. 그러나 조수가 들어올 때 금방 그 배들이 뜹니다. 조수가 들어오면 어린 아이라도 손으로 그 배를 움직일 수 있읍니다.

오, 하나님의 은혜의 홍수 같은 물결이여! 그렇게 뜰 필요가 있는 배들을 우리는 알고 있읍니다. 그 배들은 하나님을 위해서 일하지 않습니다. 그들은 다른 사람들의 영적인 복락에 대해서 관심을 두지 않습니다. 그들은 기도회에 나가지 않습니다. 증거하지 않습니다. 저는 그들을 움직일 수 없읍니다. 그들은 뜰 필요가 있읍니다. 저와 함께 기도하여 깊이 만족된 심령들을 통하여 하나님의 은혜의 홍수가 넘쳐, 우리 모두 다 함께 일어나 다른 사람들에게도 이와 같은 일이 힘 있게 일어날 수 있기 위하여 기도합시다. 하나님이시여, 그들과 세상을 위하여 그것을 허락하옵소서.

41

사람들로 분쟁케 하시는 그리스도

"이 말씀을 들은 무리 중에서 혹은 이가 참으로 그 선지자라 하
며 혹은 그리스도라 하며 어떤 이들은 그리스도가 어찌 갈릴리에
서 나오겠느냐 성경에 이르기를 그리스도는 다윗의 씨로 또 다윗
의 살던 촌 베들레헴에서 나오리라 하지 아니하였느냐 하며 예수
를 인하여 무리 중에서 쟁론이 되니 그 중에는 그를 잡고자 하는
자들도 있으나 손을 대는 자가 없었더라"(요 7 : 40∼44).

주 예수 그리스도께서 어찌하여 사람들로 분쟁케 하시는지 그 이유
에 대하여 모든걸 우리가 알고 있지는 못하다는 걸 확신합니다.
그러나 사실이 그러합니다. 또한 그것이 후회스럽다는 생각은 가지지
않습니다.

그 한 가지 예로, 예수께서 친히 경우가 그렇게 될 것이라고 예언
하셨읍니다. "내가 세상에 화평을 주러 온 줄로 생각지 말라 화평이
아니요 검을 주러 왔노라 내가 온 것은 사람이 그 아비와, 딸이 어미
와, 며느리가 시어미와 불화하게 하려 함이니 사람의 원수가 자기 집
안 식구리라"(마10 : 34∼36).

또 하나의 예로 진리에 관한 한 그 분쟁은 자연스러운 일입니다.
강한 교훈일수록 그러한 분쟁을 야기시킵니다. 위대한 침례교 설교자

찰스 하돈 스펄젼은 한번 목회사역을 하던 중에 이러한 실상에 대해서 이렇게 쓴 적이 있습니다. "나는 종교가 하나도 없기 때문에 종교적인 다툼이 전혀 일어나지 않는 어떤 교구에 대해서 들어본 적이 있다. 다툴만한 가치있는 것이 하나도 없기 때문에 종교적인 다툼이 전혀 없다는 것이다. 내가 즐거워할 수 있는 것은 그러한 상태가 아니다."

어느 사람도 그러한 상황을 즐거워할 수 없습니다. 동시에 예수님에 대해서 사람들 사이에 분쟁이 있다는 것은, 어떤 사람들은 그리스도를 믿지 않거나 어떤 사람들은 구원을 위해서 그리스도에게 온다는 것을 뜻하는 것이니 그 사실을 슬퍼해야 합니다. 우리는 많은 사람들이 그리스도께 나오기를 원합니다. 이것이 바로 한 절 한 절 연구하는 중에 도달한 본문의 요점입니다. 그 본문은 이 시점에 이른 그리스도의 사역에 대하여 "무리 중에서 쟁론이" 일어났다고 말합니다(7 : 43).

불신자들 사이의 쟁론

첫째로, 예수님 때문에 불신자들 사이에 쟁론이 있었습니다. 실로 이 본문은 이 쟁론에 대해서 먼저 말합니다.

예수님을 "그 선지자"로 생각했던 사람들이 있었습니다(40절). 이 말은 그들이 '예수님의 주장 중 어느 부분을 기꺼이 받아들이나' 그 주장 모두를 받아들이지는 않았다는 뜻입니다. 물론 신명기 18 : 15에서 모세를 통해서 예언된 메시야는 그 선지자였습니다. 그러나 그리스도 때도 그 선지자라는 말이 일반 대중 속에서 사용될 때는 메시야보다 앞서서 올 것으로 기대되는 선지자를 지시하였습니다(말 4 : 5, 6), 다른 말로 해서, 사람들의 필요를 채워주는 해답을 제시하는 자로서의 선지자를 생각하기는 하나, 그 선지자 자신을 해답으로 생각지는 않았다는 말입니다. 예수님을 이러한 칭호로 불렀다는 것은 예수님을 지혜롭게 말하는 선한 선생쯤으로 인정하고 있었다는 것입니다. 그들은 또한 하나님에 의해서 보내졌음을 지시하는 상당한 위대함이 예수님께 있다는 걸 인정하고 있었읍니다. 그러나 예수님께서 주장하는 것들을 다 인정하고 있지는 않았읍니다. 예수님이 하나님이시고 예수님께 옴으로써만 영적만족을 얻을 수 있다는 주장은 인정하지 않았다는 것입니다.

오늘날도 그러한 식으로 행동하는 사람들이 많읍니다. 예수 그리스도와 그의 가르침에 대해서 말합니다. 그러한 식으로 행동하는 사람은 예수님에 대해서 말해진 것을 단순하게 가려내어 취함으로써 자기들에게 개인적으로 적용시킬 수 있는 것은 모두 배제시켜버립니다. 그들은 감동어린 생각들을 얻기 위해서 예수님께 나올 것입니다. 아마 그들은 주일에 교회에 나오는 것도 그렇게 나옴으로 "선한 것"을 얻기 때문일 것입니다 – 또는 자녀들을 교회에 보내기도 합니다. 그러나 그들이 예수님을 따르지는 않을 것입니다. 그들은 예수님을 자기들의 주로 인정하지 않을 것입니다.

둘째로, 더 멀리까지 나가는 사람들도 있었읍니다. 이사람들은 "예수님께서 주장하신 것을 그대로 인정할 의향을" 가진 사람들이었읍니다. 그들은 "이는 그리스도라"고 말했읍니다(41절). 그러나 그리스도의 주장들을 인정하면서도 절대 필요한 한 가지 일은 하지 않습니다. 그들은 그리스도께 나옴으로써 자기들이 믿는 바대로 행동하는게 이치에 맞는데도 그렇게 하지를 않습니다.

어느 교회의 회중들이나 기독교인의 무리 속에 이러한 방식으로 묘사될 수 있는 사람들이 있음을 암시하는 것이 너무 지나칩니까? 아마 어떠한 경우에서든지 그러한 국면이 있기 마련일 것입니다. 여러분중에도 그러한 경우에 해당되는 사람들이 있을 것이라고 확신합니다. 여러분은 오랫동안 기독교 복음을 들어왔읍니다. 우리가 말하고 있는 것이 무엇인가도 이해합니다. 성경의 진실성도 부인하지 않습니다. 그것을 긍정합니다. 예수 그리스도가 하나님의 독생자라는 것도 의심하지 않습니다. 그 사실을 믿습니다. 십자가에 못박히신 것이 사실이라는 것도 의심하지 않으며, 여러분으로 생명을 얻게하기 위하여 그리스도께서 죽으셨다는 것도 의심하지 않습니다. 그것을 이해합니다.

여러분을 위해서 죽으셨다는 것도 압니다. 사실 여러분이 다른 곳에 가서 다른 복음을 듣는다면, 대번에 그것이 다르다는 걸 알고 "그러나 그것은 보이스 박사가 가르치는 것과는 다른데요"라고 말할 것입니다. 그것이 다 사실입니다. 그런데도 불구하고 예수 그리스도를 여러분의 개인의 구주로 영접하지 않을 수도 있습니다. 그를 따르려고 마음의 결심을 하지 않을 수도 있습니다. 얼마나 서글픈 상태입니까! 정통적인 머리를 갖고 있으면서 패역한 마음과 결혼한다는 것은 얼마나 비극입니까! 어째서 여러분은 오늘이라는 날을, 모든 걸 버리고 예수 그리스도를 여러분의 구주로 받아들이는 날로 삼지 않으십니까?

세째로, "예수님을 완전히 거부한" 사람들이 있었습니다. 그들은 비꼬는 투로 그리스도를 거부하였읍니다. 그들의 친구들이 "이는 그리스도다"라고 말했읍니다. 그러나 그들은 "그리스도가 어찌 갈릴리에서 나오겠느냐 성경에 이르기를 그리스도는 다윗의 씨로 또 다윗의 살던 촌 베들레헴에서 나오리라 하지 아니하였느냐?"(41, 42절). 다른 말로 해서, 예수의 말은 구약에서 메시야에 대해서 예언한 것 중 하나도 만족시키지 못했다고 그들은 생각했다는 말씀입니다. 그래서 그들은 예수님을 기각시켜버렸읍니다. 그들은 예수님이나 그 가르침에 아무런 관심을 두지 않았읍니다.

이 점은 그들 마음의 참된 본질을 얼마나 잘 드러냅니까! 요한은 얼마나 아이러니하게 그들의 반응을 기록합니까! 예를 들어서, 바로 이 반응이 그 반응을 나타낸 사람들 속에 있는 큰 교만을 얼마나 잘 드러냈는지 주목하지 않을 수 없습니다, 이 사람들은 주로 예루살렘에서 온 사람들이었거나 유대의 외곽지대에서 온 사람들이었읍니다. 갈릴리는 먼 북쪽에 위치하여 있었고 그들의 사고방식에서 "시골 벽지"였읍니다. 그래서 "그리스도가 어찌 갈릴리에서 나오겠느냐?"라고 말할 때 그들은 사실상 예수야말로 자기들의 지도자가 되기에 충분한 학식을 갖추지 못했다고 암시하고 있었던 셈입니다. 우리는 오늘날 그리스도인들을 보고 교육받지 못한 사람들이라고 생각한 자들 속에서 그러한 반응을 발견합니다. 그들은 기독교가 자기들의 사회 수준보다 아래에 있다고 생각합니다.

더 나아가, 이러한 반응을 보이던 사람들은 이상한 외식을 드러내 줍니다. 왜냐하면 그들은 비꼬는 투로 예수님을 백안시하면서 예수님의 주장을 자세히 살펴보려들지 않았기 때문입니다. 특히 예수님께서 정말 이 특별한 조건을 만족시켰는지를 살펴보려 하지 않았다는 말씀입니다. 그 조건은 이중적인 것이었습니다. 다윗의 혈통에서 메시야가 날 것이라는 조건이고(메시야는 다윗의 보좌에 앉게 될 것임), 두번째 조건은 베들레헴에서 탄생한다는 것이었습니다(미 5 : 2). 예수님께서는 두 조건을 다 이루셨습니다. 그는 다윗의 혈통에서 나셨으되, 다윗의 혈통을 마감하는 방식으로 나셨습니다. 그는 요셉을 통해서는 왕의 혈통과 관계하였고, 마리아를 통해서는 법적인 혈통을 계승하였습니다. 많은 사람들이 나사렛에서 자라나셨다는 사실 때문에 그점을 모르고 있기는 했지만 베들레헴에서 나셨습니다. 예수님께서는 구약의 요구조건들을 다 이루셨습니다. 그런데도 불구하고 예수님을 거부한 사람들은 이 요구조건들을 자세히 조사해보려고 하지 않았읍니다.

여러분은 비꼬면서 예수 그리스도를 거부해왔던 사람입니까? 가인이 그 아내를 어디서 얻었는지 이해할 수 없다고 해서 예수님께 오기를 거부한 분은 아닙니까? 아니면 어떻게 죄인들을 하나님께서 심판할 수 있느냐? 어째서 우리가 동정녀 탄생과 부활을 믿어야 하느냐? 등의 문제를 내걸면서 예수님께 나오지 않은 것은 아닙니까? 이러한 질문들에 대한 대답들이 있읍니다. 여러분은 때가 되면 그러한 것들을 알게 될 것입니다. 그러나 여러분이 그리스도를 개인적으로 받아들이지 않는데 대한 핑계로 그러한 것들을 사용해서는 안됩니다. 예수님을 자세히 조사해보십시요. 그의 삶과 그의 주장들을 연구해보십시요. 그러나 정직해야 합니다. 정직하다면, 그 주장들의 진실됨이 드러나면 그를 따르기로 결심해야 할 것입니다.

사람들이 진실로 그리스도의 주장들을 잘 조사해본다면 얼마나 놀라운 변화가 일어날까요! 오래 전에 해리 아이언사이드의 한 친구가

건강이 악화되어서 인도에서의 선교사역을 그만 두지 않으면 안되었
읍니다. 그 선교지에서 돌아오고 나서 얼마 뒤에 그가 설립한 인도
교회의 한 장로로부터 편지를 받게 되었읍니다. 그 편지에는 "선교사
님이 가심으로 우리가 얼마나 많은 것을 잃었는지 모른다"고 써 있었
고, "선교사님이 없어서 우리는 더 많이 기도하고 더 많이 성경을 읽
고 있다"는 말도 써있었읍니다. 그 편지는, 그들이 진정한 "새로운
성경"을 가지고 있음을 알려주었읍니다. 그렇습니다. 그 장로들이 옳
았읍니다. 왜냐하면 성경을 기도하는 심정으로 연구한다면 영적인 통
찰력과 순전한 "부흥"이 따라올 것이기 때문입니다.

끝으로, 그 명절에 예수님의 말씀을 들었던 사람들 중에는 "그를
해하고 싶은" 사람들도 있었읍니다. 요한은 이렇게 말합니다. "그 중
에는 그를 잡고자하는 자들도 있으나 손을 대는 자가 없었더라"(44
절). 우리는 이 무리에 대해서 어떻게 이해해야겠읍니까? 그것을 이
해할 방도가 없었읍니다. 영광의 주를 십자가에 못박을 사람들을 이
해할 길은 없읍니다.

주님을 아는 우리는 어떻게 해야겠읍니까? 주님에 대한 진리를 알
지 못하는 사람들을 위해서 기도해야 합니다. 하나님께서 그들의 눈
을 뜨게 해달라고 말입니다. 부분적으로는 아나 예수님에게 자신들
을 의탁하지 못하는 사람들을 도와야 합니다. 우리는 증거해야 합니
다, 그들을 사랑해야 합니다. 실로 원수들까지도 사랑해야 합니다.
왜냐하면 그 사랑을 통하여 하나님께서는 어떤 사람들을 부르실지 모
르기 때문입니다.

불신자와 신자들

그때 믿지 않는 사람들 사이에 그리스도에 관하여 쟁론이 있었읍니
다. 그러나 주목하십시요. 불신자들과 신자들 사이에 더 크고 뚜렷한
쟁론이 있읍니다.

이 차이를 과대평가하는 건 불가능합니다. 한편에는 그리스도인
이 아닌 사람이 있읍니다. 성경은 그를 "죄와 허물로 죽은 자"로 묘

사합니다. 그는 "공중 권세잡은 자를 따라 이 세상 풍속을 따르는 자" 입니다. 그리고 "육체와 마음의 원하는 것"을 행하는 사람입니다. 그는 "진노"의 자녀입니다. 반면에 하나님의 은혜로 말미암아 그리스도 안에서 "살리심"을 받은 신자도 있습니다. 그 신자는 "그리스도 안에서 하늘에 앉힌바 되었고," "그리스도 예수 안에서 선한 일을 위하여 지으심을 받은" 자입니다(엡 2 : 1~10). 이 차이는 그 사람이 구주와 어떤 관계에 있느냐에 따라 결정됩니다.

우리는 그들의 삶의 실제적인 열매 속에서 그 차이를 발견하게 됩니다. 신자는 그리스도를 신뢰합니다. 실로 그리스도는 신자에게 있어서 모든 것 중의 모든 것입니다. 그리스도는 전적으로 신뢰할 수 있는 오직 유일한 분입니다. 불신자는 자신이나 다른 사람들을 의지합니다.

신자가 그리스도를 사랑하지 않고 어떻게 하겠읍니까! 예수님께서는 하늘의 영광을 사양하시고 사람이 되셔서 그 믿는 자를 위해서 죽으신 분입니다. 하나님께서는 사랑하시기 때문에 구주를 보내사 그 대신 죽게 하셨읍니다. 그러니 신자도 그리스도를 사랑합니다. "그가 먼저 우리를 사랑하셨으니 우리도 그를 사랑합니다." 불신자는 구주를 사랑하지 않습니다.

신자는 역시 그리스도를 섬깁니다. 신자는 그리스도를 섬기라고 부르심을 받은 사람입니다. 신자는, 그리스도께 오기 전에 죄에 매여 있던 지난 과거를 생각하면서 예수님께서 죽으심으로 말미암아 자기를 구원하신 일에 대해서 무언가 알기 때문에, 자신이 더 이상 자신의 것이 아니라 주님의 것임을 인정합니다. 그는 바울의 도전이 진리임을 인정합니다. "너희의 것이 아니라 값으로 산 것이 되었으니 그런즉 너의 몸으로 하나님께 영광을 돌리라"(고전 6 : 20). 불신자는 삶을 통해서 섬기는 일이 무엇인가조차 알지 못합니다.

끝으로, 그리스도인은 예수님처럼 투쟁하고 있습니다. 그는 그리스도를 그렇게 많이 닮지 못할 수도 있읍니다. 때로 그리스도와 다른 모습을 많이 보일 수도 있읍니다. 그럼에도 불구하고 그의 목표는 그리스도를 닮는 데 있읍니다. 그래서 바울처럼 말할 수 있읍니다. "형제들아 나는 아직 내가 잡은 줄로 여기지 아니하고 오직 한 일 즉 뒤에 있는 것은 잊어버리고 앞에 있는 것을 잡으려고 푯대를 향하여 그리스도 예수 안에서 하나님이 위에서 부르신 부름의 상을 위하여 좇아가노라"(빌 3 : 13, 14). 불신자는 이 세상의 문화의 산물과 자기 자신의 소원을 목표로 삼고 있읍니다.

여러분은 그러한 대조중 어느 편에 속해 있읍니까? 여러분은 예수님을 신뢰하고 사랑하고 섬기고 예수님처럼 되려고 애쓰고 있읍니까? 아니면 여러분 자신을 위해서 살거나 여러분 자신을 섬기고 있는 것은 아닙니까? 두번째 경우라면, 예수님 자신의 능력과 사랑과 성품에 대한 어떤 것이 여러분에게 미칠지도 모른다고 저는 믿읍니다. 그러니 여러분은 그에게 나와야 할 것이고 그것도 지체 없이 나와야 할 것입니다. 지체하는 것이 위험한 것은 끝이 올지도 모르기 때문입니다. 여러분이 죽거나 아니면 주님이 다시 오실 수도 있읍니다. 이세상에서 구분지어진 것이 영원토록 그대로 고정되어버리고 말 것입니다.

신자들을 위한 연합

끝으로, 예수님께서 이러한 쟁론의 원인이시라는 건 사실이지만, 신자들 사이에서 가장 강하고 행복한 연합을 이루는 원인이 예수님이라는 것도 사실입니다. 예수님께서 나누십니까? 그렇습니다. 그러나 예수님을 아는 자들에게 있어서는 예수님이야말로 우리를 함께 끌어모으는 분이십니다.

그분은 우리를 하나로 모이게 하시는 오직 유일하신 분입니다. 우리 그리스도인들은 삶의 한 방향에서 온 사람들이 아닙니다. 물론 우리의 배경이나 우리가 공통적으로 지니고 있는 문화적인 환경에 의해서 하나일 수는 있지만 말입니다. 우리는 한 민족에서 난 사람들이 아닙니다. 물론 인종적으로는 하나일 수 있지만 말입니다. 우리는 나라나 성이나 지식의 정도나 신분에 있어서 하나가 되지 않습니다. 대체로 세상을 분쟁케 하는 요인들이 기독교회 내에 다 들어 있읍니다. 그러나 차이나는 요점이 있읍니다. 교회 내에서와 그리스도인들에게 있어서는 이러한 구분이 간단히 멈춰진다는 것입니다. 우리는 하나입니다. 사도바울은 말했읍니다. "너희는 유대인이나 헬라인이나 종이나 자주자나 남자나 여자 없이 다 그리스도 예수 안에서 하나이니라" (갈 3 : 28).

저는 여러분과 그러한 연합에 대한 최초의 실례를 생각해보겠읍니다. 주후 56년쯤 해서 사도 바울은 고린도에서 로마에 있는 그리스도인들에게 보낼 편지를 쓰고 있었읍니다. 이런 일을 하면서 가이오라는 한 부자의 집에서 머무르고 있었는데, 그 가이오라는 사람은 최근에 그리스도께 회심하고 돌아온 사람이었음에 틀림 없읍니다. 그는 그 집의 노예들 가운데서 서열이 세번째인 노예를 시켜 바울의 편지를 받아 쓰게 하였읍니다. 그 노예의 공식적인 이름은 더디오였읍니다. 그 말은 "셋"이라는 뜻입니다. 아마 바울이 이 편지를 작성하는 데 한 동안 걸렸을 것입니다. 그가 그 편지를 받아 쓰게 할 때 여러 사람들이 그 주위에 모여들었을 것입니다. 이제 그 편지를 다 써가는 그날에 이 사람들 가운데 몇이 다시 바울에게 와서 그 편지를 끝맺어 가는 걸 들었을 것입니다. 그들은 그 편지의 중요성을 직감했읍니다. 바울의 동역자들도 거기에 있었읍니다 ―디모데와 루시오와 야손과 소시바더 등도 있었읍니다. 가이오도 있었고 그의 친구 에라스도도 있었읍니다. 그 사람은 선출되어 고린도시의 공회원이었읍니다. 고고학자들은 대리석조각에 에라스도의 이름과 그 사람의 지위가 함께 써 있는 것을 발견했읍니다. 노예들도 있었읍니다. 더디오(셋이라는 뜻) 와 구아도(넷이라는 뜻) 도 있었읍니다.

바울이 그 편지를 끝막음할 때 어떤 일이 있었을까 생각해 보십시요, 바울은 이미 로마의 그리스도인들에게 문안인사 하였고, 그들 중 많은 사람들의 이름을 언급했읍니다. 바울은 그들이 다 잘 있기를 바랐고 축도도 했읍니다. 이제 그는 자기 주위를 돌아다보면서 그 방에 있는 사람들이 로마의 그리스도인들에게 보내는 문안인사를 쓰기 시작했읍니다.

　　나의 동역자 디모데와 나의 친척
　　누기오와 야손과 소시바더가 너희에게
　　문안하느니라……

　바울은 멈추었으나 바울의 말을 대필하는 더디오가 계속 써내려갔
읍니다. 때로 고대에는 노예들이 그런 일을 했읍니다.

　　이 편지를 대서하는 나 더디오도
　　주 안에서 너희에게 문안하노라……

　그런 다음에 바울이 구술을 시작하고 더디오가 바울 대신 계속 써
나갔읍니다.

　　나와 온 교회 식주인 가이오도
　　너희에게 문안하고 이 성의 재무
　　에라스도와 형제 구아도도 너희에게
　　문안하느니라……

　여기서 마지막으로 언급된 구아도는 그 방에서 가장 중요성이 적은
사람이었으나, 그도 로마에 있는 그리스도인들에게 다른 사람들과 똑
같은 형제애를 느꼈읍니다. 그는 자기만 빠질까 두려워하여 손을 들
어 바울의 주의를 끌었읍니다. 바울은 즉시 "형제 구아도도 너희에게
문안하느니라"라고 덧붙입니다. 이제 모든 사람들의 이름이 다 그 편
지에 쓰여졌읍니다. 선출되어 고린도시의 공회원이 되었던 가장 주요
한 인물로부터 가이오의 집에서 가장 낮은 노예의 이름까지 다 그 편
지에 적혀졌읍니다. 모든 사람들이 수백마일 떨어진 로마 그리스도인
들에게 느끼는 정을 표현했읍니다. 그 로마 사람들 가운데 대부분은
그 문안하는 사람들을 보지도 못하였고, 아마 하늘나라에서 만나기까
지는 그후에도 만나지 못했을 것입니다.

　여기에 그리스도 안에서 그리스도인이 하나 된다는 실상과, 그리스
도인의 형제애에 대한 실상을 보여주는 위대한 실례를 얻게 되는 것
입니다. 그리스도는 사람들로 분쟁케 하시는 분입니다. 그러나 그리
스도께서는 역시 그리스도인들에게 있어서 가장 복되고 영광스럽게
변화되는 연합을 이루는 원천도 되십니다.

42

예수 같으신 이가 없다

"하속들이 대제사장들과 바리새인들에게로 오니 저희가 묻되 어찌하여 잡아오지 아니하였느냐 하속들이 대답하되 그 사람의 말하는 것처럼 말한 사람이 이때까지 없었나이다 하니 바리새인들이 대답하되 너희도 미혹되었느냐 당국자들이나 바리새인 중에 그를 믿는 이가 있느냐 율법을 알지 못하는 이 무리는 저주를 받은 자로다 그 중에 한 사람 곧 전에 예수께 왔던 니고데모가 저희에게 말하되 우리 율법은 사람의 말을 듣고 그 행한 것을 알기 전에 판결하느냐 저희가 대답하여 가로되 너도 갈릴리에서 왔느냐 상고하여 보라 갈릴리에서는 선지자가 나지 못하느니라 하였더라"(요 7 : 45~52).

우 리는 요한복음 강해 제 1권에서 예수 그리스도의 독특성을 말하는 구절을 강론할 때, 어떠한 척도로든지 예수님과 같으신 분이 없다는 사실을 말씀드린바 있습니다. 그 구절은 1장에 나오는데 (15~18절), 우리가 그 본문을 생각할 때, 예수님은 그 기원에서 독특하시며, 사람들에게 축복을 주시는 오직 유일한 원천으로서 독특하시며, 은혜와 진리가 충만하시고 그를 통해서만 하나님을 볼 수 있다는 의미에서 독특하다는 것을 알아보았습니다. 이 강론에서는 또 다른 의미에서 예수님의 독특성을 말하는 본문을 연구하게 되었습니다

―곧 그의 말씀의 독특성입니다. 이 본문은 성전을 지키는 하속들이 예수님의 가르침을 듣고 나타낸 반응을 보여주고 있읍니다. 의심할 여지 없이 그들은 수많은 죄수들이 하는 말을 들었을 것입니다. 그러나 예수님을 잡아오라는 명을 받고 파송된 그들이지만, 빈 손으로 와서 "그 사람의 말하는 것처럼 말한 사람은 이때까지 없었나이다"(46절)라고 말했읍니다.

이 말은 분명히 매우 큰 중요성을 가진 것으로서 이 강론을 위해 도약의 발판을 제공할 것입니다.

이야기의 줄거리

그 하속들이 예수님을 잡으려고 헛수고를 얼마쯤 했는가를 인식하면 그 말을 이해하는데 약간은 도움을 받을 것입니다. 32절에서 처음 언급된 그 시도 자체는 바리새인들과 제사장들에 의해서 주도된 것이었읍니다. 왜냐하면 예수가 자기들의 가르침에 위협적인 존재임을 알기 때문입니다. 그들은 한 동안 예수님을 지켜보았고, 예수란 자는 율법주의나 그들 스스로가 자랑하는 종교체계로 구원받는다는 사상을 철처히 배격한다는 걸 잘도 인식했던 것입니다. 그러므로 예수님이 자기들에게 위협적인 존재임을 알게 되었읍니다. 그밖에, 자기들이 보는대로 예수가 하나님과 자신을 동등하게 취급하고 있는 걸 보니 그는 분명 하나님을 모독하는 자라고 생각하였던 것입니다.

동시에, 예수님께서 비교적 인기가 높았다는 것도 사실이었읍니다. 그들은 자기들이 하나님의 참 사람, 곧 선지자를 반대하는 자들로 다른 사람들에게 비쳐질 위험이 없는 오직 유일한 일을 하였읍니다. 그들은 자기들의 하속들 ―로마 군인들이 아닌 ―을 보내면서 예수님을 지켜보다가 기회가 적당할 때 체포하라고 명령하였던 것입니다. 그들은 "그를 체포하되 조용하게 그 일을 해내라"고 말했읍니다. 6개월 후 유월절에 그들은 같은 행동거지를 나타내며 밤중에 겟세마네 동산에서 예수님을 체포하는 데 성공했던 것입니다. 하속들을 보내서 예수님을 잡아오라고 처음 명령할 때와, 여기 본문에서 하속들이 돌아와서 자기를 보낸 자들에게 보고할 때 사이의 시간적인 간격이 얼마나 되는지 알 수는 없습니다. 그러나 얼마간의 시간은 걸렸을 것이라는 것을 알 수 있습니다. 37절에 의하면 적어도 하루는 걸렸을 것입니다. 아마 그보다 더 걸렸을 수도 있습니다. 모든 사건들을 감안할 때 이 본문은 하속들이 그리스도께서 사람들을 가르치는 얼마 동안 군중들 주변에서 서성거린 광경을 보여줍니다.

어떠한 이유로든 주 예수님 주위에서 서성이는 것은 위험스럽습니다. 그의 가르침에 접촉하는 것은 위험스럽습니다. 시간이 경과하자 이 하속들은 예수님께서 말씀하시는 것에 깊은 인상을 받게 되었고, 자기들은 도저히 받은 명령을 수행해나갈 수 없다는 인상을 받게 되었습니다.

하나님께로부터 보냄받음

이 사람들이 정확히 예수님으로부터 어떠한 가르침을 들었을까요? 그들이 들었던 것은 예수님이 하나님께로부터 보냄 받았다는 말씀이었습니다. "예수께서 성전에서 가르치시며 외쳐 가라사대 너희가 나를 알고 내가 어디서 온 것도 알거니와 내가 스스로 온 것이 아니로라 나를 보내신 이는 참이시니 너희는 그를 알지 못하나 나는 아노니 이는 내가 그에게서 났고 그가 나를 보내셨음이니라"(28, 29절).

우리가 하나님의 말씀을 연구할 때 말씀 중 가장 작은 부분에까지 특별한 주의를 기울일 필요가 있을 때가 종종 있습니다. 여기가 바로 그러한 경우입니다. 가장 작아보이는 말에도 세심한 주의를 집중시켜 보면 예수님에 대해 매우 중요한 것이 있음을 알게 됩니다. 예수님께서 자신은 하나님"께로부터" 보내심 받았다고 하시는 말씀을 주목하십시요. 하나님"에 의하여" 보내심받았다고 말씀하지 아니하십니다. 물론 하나님에 의해서 보내심을 받았다는 것도 사실이고 중요한 일입니다. 그러나 예수님께서는 하나님"께로부터" 보내심 받았다고 말씀하셨습니다. 이 점은 예수님이 그 전에도 하나님과 함께 존재하셨음을 함축합니다. 다시 말하면 성육신(成肉身)하시기 전에도 하나님과

함께 살아계셨읍니다. 이 점은 바꾸어 말하여 그의 충만한 신성을 지
시합니다. 하나님에 의해서 보내심을 받은 사람들이 많습니다. 구약
선지자들도 이 부류에 듭니다. 세례 요한도 그렇습니다. 그러므로 다
른 의미에서 오늘날 하나님의 백성들 모두 다 그러한 사람들입니다.
왜냐하면 우리는 이 세상에 증거하라고 하나님에 의해서 보내심받은
사람들이기 때문입니다. 많은 사람들이 하나님에 의해서 보내심을 받
았읍니다. 그러나 하나님"께로부터" 보내심받은 분은 오직 한 분 주
예수 그리스도 뿐입니다.

　더구나, 이것만이 우리의 가장 깊은 궁핍과 갈망을 채웁니다. 우리
는 오늘날 하나님의 "형상"에 대해서 말하는 것을 많이 듣습니다. 그
러한 대화에서 수반되는 질문은 이러합니다 ─ "우리는 어떻게 하면 하
나님을 그리거나 형상화시킬 수 있는가?" 물론 구약은 하나님의 형
상 만드는 일을 금하고 있습니다. 그러다 보면 우상숭배로 빠질 위험
이 있기 때문입니다. 오히려 구약성경은 우리가 하나님의 이름들의
차원에서 하나님을 생각해야 함을 암시합니다 ─ 여호와, 아도나이, 엘
샤다이, 엘 엘론등, 이 이름들은 하나님의 본질을 밝혀줍니다. 그러
나 우리가 이 국면의 가치를 인정함과 동시에, 그 이름들은 보다 깊
고 보다 개인적인 방식으로 하나님을 알고싶어하는 사람들에게 완전
히 충분한 것은 아님을 인정합니다. "우리가 결코 하나님을 볼 수 없
는가?"고 묻습니다. "우리가 하나님을 알 수 없는가?" 바로 이 시점
에서 그리스도께서 자신과 자신의 기원에 관한 진술들이 부각되어 나
타납니다. 왜냐하면 우리가 아버지를 아는 것은 그리스도 안에서이기
때문입니다. "본래 하나님을 본 사람이 없으되"라고 요한은 일찌기
말한바 있읍니다. 그럼에도 불구하고 "아버지 품 속에 있는 독생하신
하나님이 나타내셨느니라"(1 : 18) 고 말하였읍니다. 예수님께서 하나
님께로부터 오셨다는 사실, 예수님이 하나님이시라는 사실은 어떠한
것이든지 간에 이전에 존재할 수 있었던 신비를 다 불식시키며 우리
의 갈망을 채워줍니다.

　우리가 그리스도의 가르침에 관해서 이 점을 알게 될 때, 예수님께

서는 특이한 것을 말씀하신 나머지 우리에게 바른 인상을 심어주고야
만다는 걸 알게 됩니다. 마치 그를 잡아오라고 보냄을 받았던 하속들
에게 그 그리스도의 말씀이 인상을 끼쳤듯이 말입니다.

그의 삶은 하나님에 의해서 통제됨

둘째로, 예수님께서 하나님께로부터 보내심을 받으셨기 때문에 그
의 삶의 상세한 국면까지 하나님의 주관과 통제를 받는다는 사실을
알고 가르치셨읍니다. 다시 말하면, 아버지께서 예수님의 삶 속에 넣
지 않으신 것은 어떠한 것도 들어오지 못한다는 것입니다. 예수님께
서는 구약성경을 통해 미리 윤곽적으로 그려진 자기 삶의 계획을 벗
어나는 일은 하나도 하지 않으셨읍니다. 어떤 의미에서 그가 하신 말
씀들 중 많은 부분이 이 점을 함축하고 있읍니다. 그러나 이 요한복
음 7장에 기록된, 명절에 올라가기 바로 직전에 자기 형제들에게 하
신 말씀은 그점을 가장 노골적으로 밝히고 있읍니다. 그 형제들은 예
수님께서 예루살렘으로 올라가 예수님께 대한 사람들의 인기 추락을
다시 만회하시기를 바랐읍니다. 예수님께서는 "내 때는 아직 이르지
아니하였거니와"(6절)라고 대답하셨읍니다.

예수님께서는 어떠한 기초에서 그러한 진술을 하실 수 있었읍니까?
그의 형제들은 자기들이 원하는 곳이면 어디든지 갈 수 있었읍니다.
어쨌든 그들의 때는 언제나 그들의 손에 있었기 때문입니다. 그들 자
신이 자기들의 때에 어떤 의미를 줄 수 있느냐에 따라서만 그들의 때
가 의미를 가집니다. 예수님께서는 그들이 요구하는 때에 명절에 올
라가실 수 없었읍니다. 왜냐하면 예수님의 때는 아버지의 손에 있었
고, 예수님의 때는 아버지께서만 주시는 의미를 가졌기 때문입니다.

하나님께로부터 온 말씀

세째로, 예수님은 당신이 하나님께로부터 보내심을 받았고 자기의
삶의 모든 상세한 국면이 다 하나님께 통제 받는다는 사실만을 가르
친 것이 아닙니다. 당신의 말씀도 하나님께로부터 왔음을 가르치셨읍

니다. 그래서 예수님 당신의 말씀을 듣는 어느 누구도 다 하나님의 말씀을 듣는 셈이 됩니다. 그점에 관해서 주님은 다음과 같이 말씀하십니다. "예수께서 대답하여 가라사대 내 교훈은 내 것이 아니요 나를 보내신 이의 것이니라 사람이 하나님의 뜻을 행하려 하면 이 교훈이 하나님께로서 왔는지 내가 스스로 말함인지 알리라"(요7 : 16, 17).

이 점은, 어째서 그의 말씀이 듣는 사람들을 그렇게 감동하며, 오늘날도 사람들을 계속해서 감동하고 변화시키는지 그 의문에 대한 참된 해답을 제공합니다. 만일 예수님의 말씀이 단순한 인간의 말에 불과하더라도 역사적인 가치, 또는 심지어 영감어린 가치를 지닐 수는 있습니다. 그러나 궁극적인 영향과 지속적인 권위를 가질 수는 없습니다. 그러나 예수님의 말씀이 하나님께로부터 '온 것이기 때문에 다른 말과는 달랐습니다. 실로 충만한 권위를 가지고 있습니다. 한 가지 이유 때문에 그 점은 사실입니다. 하나님께서는 진리 자체이시고 하나님께로부터 나오는 말씀은 언제나 진리이기 마련입니다. 우리는 그점을 헤아릴 수 있어야 합니다. 더구나 말씀들은 능력이 있습니다. 왜냐하면 하나님의 말씀은 말씀하신대로 세상이 창조되었다는 사실속에서 드러난 창조적 능력에 속한 것을 전달하기 때문입니다.

한번은 문둥병자가 믿음으로 외치면서 예수님께 나아왔습니다. "원하시면 저를 깨끗케 하실 수 있나이다." 예수님께서는 "내가 원하노니 깨끗함을 받으라." 그랬더니 그 무서한 질병이 떠났습니다. 한번은 자기 딸이 방금 죽은 야이로라는 사람의 집에 가셨던 적이 있었습니다. 예수님께서 "소녀야 내가 네게 말하노니 일어나라"고 말씀하셨습니다. 그랬더니 대번에 소녀가 살아났습니다. 예수님의 친구 나사로의 무덤 가에서 큰 소리로 "나사로야 나오너라"고 외치셨습니다. 그랬더니 나사로(나흘 전에 죽었던)가 무덤에서 나왔습니다. 얼마나 놀라운 능력입니까! 얼마나 기이한 사랑입니까! 여러분이 그리스도의 말씀에 반응하게 될 때에도 이 능력이 여러분에게 적용될 수 있다는 걸 말씀드리는 건 정말 제게 있어선 특권입니다. 왜냐하면 예수님께서는 당신을 자기들의 구주로 받아들이는 모든 사람에게 죄사함과 새 생명을 약속하셨기 때문입니다.

주림과 목마름

네째로, 예수님께서는 자신이 인간 궁핍에 대한 해답이라고 선언하셨읍니다. "명절 끝날 곧 큰 날에 예수께서 서서 외쳐 가라사대 누구든지 목마르거든 내게로 와서 마시라 나를 믿는 자는 성경에 이름과 같이 그 배에서 생수의 강이 흘러나리라 하시니"(37, 38절).

일찌기 그리스도께서 '내가 생명의 떡이라'고 외치실 때도 그와같은 개념이 표현되었읍니다.

사람들의 마음에 어떠한 주림과 어떠한 목마름이 있읍니까? 물론 그 굶주림과 갈증이 분명하게 드러나지 않을 때도 있읍니다. 사람들은 풍요로운 때에 모든 것을 다 가지고 있는 것처럼 보이고, "그런사람들에게 무엇이 더 부족한가?"라고 스스로 자문할 때도 있읍니다. 때로 우리는 "내가 무엇이 더 필요한가?"라고 묻기도 합니다. 그러나 목마름이 있읍니다. 그 목마름은 일반적으로 불안과 염려와 침체를 통해서 모습을 드러냅니다. 때로 자살이나 다른 과격한 행동을 통해서도 드러납니다. 역사상 어떤 경우에는 —아마 우리가 지금 그러한 시기로 나아가고 있는 것 같음 — 주림이 명백하게 드러납니다. 사람들이 자신들을 만족시킬 걸 찾아 여기저기 헤매고 있읍니다. 그러나 그것을 만날 수 없는 사람들의 모습을 봅니다.

그리스도께서 만족을 주십니다. 오늘 이 강론을 듣는 사람들의 마음 속에 그 말만이라도 깊이 스며든다면 저는 족하겠읍니다. 그리스도께서 만족케 하십니다! 사람의 문제의 핵심이 되어온 죄를 없애심으로써 만족케 하십니다. 그런 다음에 그 죄사함을 기초로 개인과 하나님, 그 사람과 다른 사람들간의 관계 등, 죄가 깨뜨린 관계를 회복시키십니다.

다른 사람들에게 복락이 되게 하심

끝으로, 예수님께서는 역시 자기에게 나오는 모든 사람들로 하여금 다른 이들에게 복이 될 수 있게 한다고 외치셨읍니다. 사실, 이 외침은 제가 방금 인용한 구절들에 함축되어 있읍니다. 왜냐하면 예수님께서는 자기로부터 마시는 사람은 그 배에서 생수의 강이 흘러넘칠 것이라고 말씀하셨기 때문입니다(38절).

그외에 우리 세대의 큰 난제들을 해결받을 다른 방도를 저는 알지 못합니다. 무엇이 우리들이 겪는 난제의 원천입니까? 주림이나, 질병이나, 불법적인 착취나, 편협성이나 전쟁등 그것이 무엇이든지간에, 그 난제의 원천은 무엇입니까? 그런 것들은 어디서 오는 것입니까? 환경에서 오는 것이 아닙니다. 물론 어떤 경우에선 환경이 동인(動因)이 되기도하지만 말입니다. 그것은 권세자들에게만 고유한 악이 아닙니다. 왜냐하면 그 권세자들도 권세를 잡은 자리에 있다 뿐이지 우리 자신과 하등 다를 바가 없기 때문입니다. 원인은 인류 자체, 특히 인간의 죄에 있읍니다. 그 문제가 처리되기 전에는 강하고 지속적인 해결책은 없읍니다. 그러므로 우리는 먼저 우리의 죄, 저와 여러분의 죄부터 시작해야합니다. 그런 다음 우리의 죄가 처리되고 하나님을 앎으로부터 오는 기쁨으로 충분하게 되면, 무엇인가 다른 사람들에게 줄 것을 가지게 될 것입니다. 우리가 복이 될 때, 그런 경우에만 모든 사람들에게 영향을 미치는 그 외부적 난제들을 해결할 수 있을 것입니다.

사람들의 말

그렇습니다. 예수님의 말씀은 놀랍습니다. 그 말씀은 우리의 위치를 말해줍니다. 그러나 예수님의 말씀과 사람의 말, 또는 인간의 가르침과 예수님의 가르침은 얼마나 다릅니까. 이 본문의 이야기 속에서 그 대조가 우리에게 드러나 보입니다. 왜냐하면 그 하속들이 보고한 내용—"그 사람의 말하는 것처럼 말한 사람은 이때까지 없었나이다"—을 묘사하고 나서 본문은 바리새인들과 대제사장들이 그 보고에 대하여 나타낸 반응을 보여주고 있기 때문입니다. 하속들의 보고를 듣고 나타낸 여러 반응들 가운데 하나는 가득찬 교만입니다. 그들은 "너회도 미혹되었느냐 당국자들이나 바리새인 중에 그를 믿는 이가 있느냐?"(47, 48절)고 말하였읍니다. 그들은 분명히 다른 사람들보다 자기들이 낫다고 생각하고 있었읍니다. 그들의 또 다른 대답은 평범한 사람들에 대한 경멸로 가득 차 있었읍니다. "율법을 알지 못하는 이 무리는 저주를 받은 자로다"(49절). 실제로 사람들은 율법을 매우 잘 알고 있었읍니다. 그러나 바리새인들은 자기들처럼 랍비의 학교에서 교육받은 기회가 없었던 사람들을 멸시했읍니다. 더구나, 그들의 대답을 통해 그들이 참된 상황을 전혀 모르고 있음을 발견하게 됩니다. 왜냐하면 당국자들 가운데 예수 믿는 사람이 하나도 없다고 말하자마자 그 당국자들에 속한 니고데모란 사람이 그를 위해서 일어나 말하였기 때문입니다. 그들이 율법을 모르는 자들이라고 조소를 퍼붓자마자 니고데모는 일어나 오히려 그들이 율법을 무시하고 있다고 책하였읍니다 -"우리 율법은 사람의 말을 듣고 그 행한 것을 알기 전에 판결하느냐?"(51절). 그밖에 그들은 니고데모의 질문에 답하면서 구약성경 중 선지서에 대해서 마저 무지함을 보여주었읍니다. 왜냐하면 사실 요나가 갈릴리 출신이며, 또 다른 선지자들도 그런 경우가 있는데도 불구하고, 갈릴리에서 어떠한 선지자도 나올 수 없다고 말하였기 때문입니다.

   가장 훌륭한 사람들의 가장 훌륭한 말 속에도 교만과 경멸과 무지가 들어 있읍니다. 그러나 많은 사람들은 이점을 알지 못합니다. 사실, 먼저 주 예수 그리스도의 말씀을 청종하고 주 예수님께 사로 잡히기 전에는 아무도 그점을 알지 못합니다. 여러분은 그의 말씀을 들으셨읍니까? 예수님과 같으신 이가 하나도 없다는 것을 인정하셨읍니까? 그의 말씀을 청종하십시요. 그가 여러분에게 말씀하십니다. "수고하고 무거운 짐진 자들아 다 내게로 오라 내가 너희를 쉬게 하리라."또 "내게 와서 마시라"고 말씀하십니다. 그리고 여러분은 마음으로 "그 사람의 말하는 것처럼 말한 사람은 이때까지 없었나이다. 주 예수여 내가 당신께 나아오나이다"고 말씀하십시요.

43

간음 중에 잡힌 여인

"다 각각 집으로 돌아가고 예수는 감람산으로 가시다 아침에 다
시 성전으로 들어오시니 백성이 다 나오는지라 앉으사 저희를 가
르치시더니 서기관들과 바리새인들이 간음 중에 잡힌 여자를 끌
고 와서 가운데 세우고 예수께 말하되 선생이여 이 여자가 간음
하다가 현장에서 잡혔나이다 모세는 율법에 이러한 여자를 돌로
치라 명하였거니와 선생은 어떻게 말하겠나이까 저희가 이렇게
말함은 고소할 조건을 얻고자 하여 예수를 시험함이러라 예수께
서 몸을 굽히사 손가락으로 땅에 쓰시니 저희가 묻기를 마지 아
니하는지라 이에 일어나 가라사대 너희 중에 죄 없는 자가 먼저
돌로 치라 하시고 다시 몸을 굽히사 손가락으로 땅에 쓰시니 저
희가 이 말씀을 듣고 양심의 가책을 받아 어른으로 시작하여 젊
은이까지 하나씩 하나씩 나가고 오직 예수와 그 가운데 섰는 여
자만 남았더라 예수께서 일어나사 여자 외에 아무도 없는 것을
보시고 이르시되 여자여 너를 고소하던 그들이 어디 있느냐 너를
정죄한 자가 없느냐 대답하되 주여 없나이다 예수께서 가라사대
나도 너를 정죄하지 아니하노니 가서 다시는 죄를 범치 말라 하
시니라"(요 7 : 53~8 : 11).

유 대 지도자들은 성전 하속들을 통해 예수님을 체포하려는 시도
가 실패하자 즉각 예수님을 넘어뜨릴 새로운 계략을 꾸몄읍니

다. 네 복음서에 기록된 이 사람들의 야비한 행동 중 가장 비열한 것이 바로 그 음모입니다. 동시에 이 사람들이 꾸민 계략은 예수님으로 하여금 공의와 지혜와 긍휼의 깊이를 드러내게 하였고, 자기에게 오는 자들에게 소망과 위대한 평안의 메시지를 제시하는 기회를 드렸읍니다. 이것은 간음하다 잡힌 여인의 이야기입니다. 이 이야기중에서 예수님이 직면해야했던 문제점은 죄를 장려하거나 죄인을 정죄함 없이 공의와 긍휼을 어떻게 조화시킬 수 있느냐하는 것이었읍니다. 이 방면에서 생각할 때 그것은 요한복음에 있어서 중추적이고 중요한 요점입니다.

본문상의 여러 난제들

이 이야기를 연구해나가기 전에 먼저 이 이야기가 심각한 본문상의 난제로 우리들을 끌고간다는 걸 솔직이 인정해야겠읍니다. 초기 요한복음 사본들의 증거를 보고 현대 주석가들 대부분은 이 이야기가 원래 요한이 쓴 것이 아니라고 할 정도였읍니다. 자유주의학자들만 이러한 입장을 취한 것이 아닙니다. 고등비평학파에 속한 다른 많은 사람들처럼 불트만은 이 본문의 부분을 삭제합니다. 그러나 현대의 복음적인 주석가들 중에서 가장 훌륭한 레온 모리스(Leon Morris)같은 사람도 그렇게 합니다. 그리고 프레데릭 고델(Frederick Godet)도 이 이야기가 나오는 본문 대목 전체를 1세기 이후에 삽입된 것으로 취급하고 있읍니다.

간단히 말하여 이 본문의 난제는, 요한복음의 최초 사본들 대부분이 이 대목을 포함하고 있지 않으며, 더 나아가 가장 훌륭한 사본들 가운데 몇몇 사본마저도 그렇게 하고 있다는 데 있읍니다. 이 이야기에 대한 가장 훌륭한 증거는 지금 영국 캠브리지의 대학 도서관에 소장 중인 5, 6세기경의 것으로 보이는 코덱스 베자(Codex Bezae) 사본 속에 있읍니다. 그러나 보다 오래 된 코디체스 시나이티크스나 바티카누스 사본 등에는 없읍니다. 또는 와싱턴 사본이나 코리데티 사본에도 없읍니다. 보다 오래 된 사본들 가운데 여덟 개의 사본이 그 이야기를 완전히 생략하고 있읍니다. 물론 두 사본은 그 이야기가 들어갈 공간을 남겨두기는 했지만 말입니다. 중세 사본에 이르기까지 그 이야기가 정규적으로 포함되지는 않은 것 같읍니다. 어떤 초기 사본들은 그것을 다른 곳에 붙입니다. 누가복음 21 : 38 이후나 요한복음 끝에 붙이고 있읍니다.

그러한 것을 보니 이 본문을 팽개쳐 두어야만 하겠읍니까? 또는 가경적인 복음서와 같은 범주에 넣어야 할까요? 정말 흥미롭게도, 매우 소수의 학자들(자유주의 학자들은 많이)이 그러한 의향을 가진 것 같읍니다. 다른 편에서 좋은 논리를 제시할 수 있다는 사실 때문에 이 본문을 다루는 방식에 대해서 주의를 기울여야 합니다.

본문 비평적 증거의 힘도 인정하지만 저는 다음과 같은 이유 때문에 이 이야기가 사실이라고 생각합니다. 물론 요한이 이 복음서를 쓸 때 그 이야기가 처음부터 요한복음서에 들어 있었던게 아니라 할지라도 말합니다.

1. 초기 사본들 거의 대부분이 이 이야기를 생략하고 있는 것은 사실입니다. 그러나 그 이야기를 누가 썼느냐, 또는 그 이야기가 본래 요한복음에 들어 있었느냐에 문제에 대해서는 어떻든지 그 이야기 자체가 오래 된 것임에는 틀림 없읍니다. 우리는 "사도의 규약"(The Apostolic Constitutions)이라고 불리우는 3세기에 쓰여진 책 속에서 그것을 발견합니다. 교회 역사가인 유세비우스(Eusebius)는 파피아스(주후 100년이 조금 넘어 죽었던)가 "많은 죄 때문에 송사받아 주님 앞에 나온 한 여인"의 이야기를 알고 있었다고 말합니다. 후에 제롬(Jerome)은 의심할 여지 없이 그 이야기를 라틴 벌겟역(Latin Vulgate)에 포함시키고 있읍니다.

2. 이 이야기는 요한복음 중 바로 이 부분에 포함된데 대하여 훌륭한 논리를 제시할 수 있읍니다. 그 한 예로, 그 이야기가 없으면 7장 52절과 8장 12절 사이의 사상의 흐름이 자연스럽게 연결되지 못합니다. 이 이야기가 없다면 요한복음 8장 12절의 말씀을 하시는

예수님이 어디에 계신지, 누구에게 말씀하고 계신지 다 모르게 됩니다.
또 다른 예로, 이 이야기를 이 시점에서 소개한 것과, 요한이 1장부
터 줄곧 견지해온 기술 양태와 걸맞아 보입니다. 요한복음 5장 이후
에 나오는 각 경우마다 그 다음에 따라나올 가르침의 테마를 세우기
위해서 한 이야기가 사용됩니다. 그래서 요한복음 5장 초두에서 꼼
짝 못하는 불능자를 치료하는 이적도 다음에 따라 나올 설교의 본문
역할을 합니다. 요한복음 6장에서 수천명을 먹이신 이적도 생명의
떡이신 그리스도에 대한 강론으로 연결됩니다. 요한복음 7장에는 명
절에 올라가는 문제를 사이에 두고 예수님과 형제들이 의견을 나누는
장면이 나오는데, 그것은 그리스도께서 명절에 올라가셔서 하실 말씀
에 대한 서론입니다. 그와 같이 예수님께서 간음하다 잡힌 여인을 다
루시는 이 이야기도 그리스도 안에 있는 의와 자유의 조화에 관한 말
씀의 서론입니다. 7장 나머지 부분은 그리스도께서 그 의와 자유의
조화를 성취하신다고 선언합니다.

3. 세째로, 초기 사본들에는 그 이야기가 생략되어 있을 하나의
훌륭한 이유가 있습니다. 부도덕한 이방 종교와 대치된 상태에서 복
음을 반대하는 원수들이 그 이야기를 이용하여 그리스도께서 음행을
용납했다고 억측을 부릴 수 있었을 것임을 짐작하는 건 쉬운 일입니
다. 실로, 4세기 말엽과 5세기 초엽에 어거스틴과 암브로우스도 이
이야기를 생각했는데 바로 그 이유 때문입니다.

4. 이 대목을 다루는 네번째이자 마지막 이유는, 많은 사람들이 느
끼는 바이지만, 이 이야기가 그리스도의 본성에 진실로 부합된다는
느낌입니다. 그리스도의 완전한 거룩과 완전한 지혜와 깊은 긍휼이 모
든 면에서 잘 부합된다는 건 사실입니다.

우리가 이 이야기에 시선을 돌리면서 우선적으로 알아야 할 것은
세 가지입니다. 첫째로 죄의 가공성, 둘째로 모든 환경을 주관하시
는 하나님, 세째로 죄인을 향하신 구주의 말씀 등입니다.

죄의 가공성

첫째로, 이 이야기는 죄의 가공성을 드러냅니다. 물론 제가 그 여인의 죄를 뜻하는 것은 아닙니다. 그 당시 지배자들의 죄를 뜻합니다. 간음은 분명한 죄입니다. 여인은 그 죄를 지었습니다. 그러나 예수님을 넘어뜨리려고 그녀를 이용한 사람들의 죄에 비하면 그녀의 죄는 작습니다 - 그들의 눈에 들어 있는 들보에 비하면 그녀의 죄는 눈에 들어있는 티에 불과합니다(마 7 : 1~5).

이 사람들이 하고 있는 일을 정확히 이해하려면, 예수님께 그들이 나아온 것이 하나의 계략이었을 뿐만 아니라 그 여인으로 하여금 그러한 죄를 짓도록 이미 일을 벌였음을 이해해야합니다. 사실 그들의 증거나, 이런 경우나 다른 법정에 소송한 경우에서 유대 율법이 정확히 요구하는 것에 비추어볼 때 다른 방향으로 생각될 수가 없습니다.

예수님 당시의 유대 율법의 성질에 관해서 말씀드릴 때마다 그것은 율법주의로 구원을 받으려는 정당치 못한 체계라고 호되게 말씀드렸습니다. 구원의 체계로 볼 때 그 판단은 옳습니다. 왜냐하면 그것은 하나님 앞에 사람들을 겸손하게 하는 대신 자기 의를 의지하고 자랑하게 만듭니다. 더구나 그것은 그리스도께서 오셨을 때 그리스도를 받아들이기 어렵게 만들었습니다. 그러나 또 다른 관점에서 볼 때 - 저는 여기서 매우 공정을 기해야 합니다 - 유대 율법은 모범적인 면도 가지고 있었습니다. 특히 법정에 송사된 문제를 심리하는 데 있어서 그러하였습니다. 제가 의미하는 바는, 유대 율법은 선고를 내릴 때 전혀 논란의 여지가 없을 정도의 범행의 증거를 갖추어야 했다는 뜻입니다. 그 결과 어떤 사람을 사형에 처하는 것은 거의 불가능했으며, 완전히 명백한 경우가 아니면 그런 일이 어려웠습니다.

물론 이 경우는 의도적이었습니다. 다음과 같이 선언하는 미쉬나(Mishnah)의 한 대목을 보면 그 증거를 얻을 수 있습니다. "산헤드린 공회는 7년에 한번 정도로 사람에게 사형선고를 내림으로써 살육의 집이 되었다."(Makhoth 1, 10).

자, 이제 간음의 경우를 생각해봅시다. 구약 율법이 간음한 자를 죽이라고 한 것은 사실입니다. 레위기 20 : 10과 신명기 22 : 22의 본문들은 바로 그 경우를 가리킵니다. 그러나 그리스도 때와 그리스도 이후의 시대에 랍비들이 운용하던 유대 율법 아래서는 간음죄를 지었다고 송사하려면, 먼저 그러한 간음 행위를 목격한 사람들이 많이 필요가 있었습니다. 모든 경우들을 종합해볼 때, 간음죄를 지은 것이 명백한 경우에도 그러하였습니다. 그래서 어떤 학자(J. Duncan M. D-errett)는 다음과 같이 지적합니다. "(목격자들)이 간음을 행하는 남녀가 '상황을 더럽히는 걸' 보았음에 절대적으로 틀림없다. 예를 들어서 그 간음한 남녀가 그들만 있던 방에서 나오는 걸 보았든지 같은 침대에 함께 누워 있는 것을 보았든지 했음에 틀림 없다. 두 남녀의 육체의 움직임이 다르게 설명될 가능성이 전혀 없었을 것임에 틀림없다. 목격자들은 그 간음행위가 벌어지는 걸 직접 그 자리에서 목격했음이 분명하다. 그러니 그 목격자들도 모든 방면에서 똑같은 간음의 의향을 가지고 있었던 것이다."

이러한 조건들을 감안할 때 상황 자체를 재현하지 않았다면 간음의 증거를 얻는다는 것이 거의 불가능했을 것입니다. 그러므로 그 여자와 간음행위를 한 바로 그 남자가 그 간통행위를 주선하였다는 상상을 할만한 충분한 이유가 있습니다. 그가 산헤드린 공회원이었을까요? 경우야 어쨌든 그렇게 간통죄가 되도록 꾸몄다는 것은 목격자들로 하여금 그 방에 있게 하거나 열쇠구멍으로 바라보게 하였음에 틀림 없습니다.

다른 방식으로 보더라도 이 사람들의 죄의 가공스러움을 볼 수 있습니다. 왜냐하면 그 여자만 예수님께 끌고 왔다는 사실이 그들의 부정직함을 드러냅니다. 만일 간음을 행하는 남녀를 본 목격자의 증언만으로도 그 간음죄를 판별할 수 있었다면, 또한 그 주관자들이 주장하는대로라면, 이야기에 관계하는 남자는 어디 있습니까? 어째서 여자와 함께 그 남자를 끌고 오지 않았습니까? 모든 것을 감안해 볼 때, 그 당국자들이 남자로 도망가도록 내버려두었던 것입니다. 가장 악한 방향으로 생각한다면 그 남자도 그 음모를 꾸미는 데 있었고 미리 그 죄에 대한 책임을 면해주겠다는 약속을 받았을 것입니다. 얼마나 무섭습니까! 그렇습니다. 그러나 그것은 오늘날도 여전히 존재하는 이중적 기준을 보여주는 옛 실례에 지나지 않습니다. 그런 경우에 남자들도 여자들과 같은 위치에 서야 합니다. 그러면서 자기들도 똑같은 죄를 지었다고 고백해야 합니다. 어떤 경우로 따지든지 사실상 남자들의 죄가 더 큽니다. 그러나 그렇게 하지 않습니다. 그래서 그 가련한 여인만이 수치를 혼자 뒤집어써야 했습니다.

이 이야기를 통해서 배우십시요. 무엇보다도 죄의 가공성을 배우십시요. 저는 그 점을 분명하게 말씀드리겠습니다. 만일 여러분이 예수님께서 하신대로 밤을 새워 기도하지는 않고 비유적으로든지 문자 그대로든지 다른 사람의 열쇠구멍을 통하여 그 사람을 송사할 거리를 찾고 있다면, 여러분은 주 예수 그리스도의 성령보다는 마귀를 따라서 행동하고 있는 것이 틀림없습니다. 주 예수 그리스도께서는 언제나 죄인을 향해서 사랑으로 행동하셨습니다.

경우들을 아시는 하나님

이 본문에 대해서 말할 것이 많이 있지만 이 본문이 소개하는 주제가 죄의 가공성만이 있는 것이 아닙니다. 이 본문은 역시 모든 경우를 다 아시는 하나님을 밝혀주고 있습니다.

이것이야말로 주님께서 직면한 심각한 문제였다는 걸 의식하면 이야기의 이 국면을 보다 더 잘 이해할 것입니다. 이것은 주님께서 전에 도전받으셨던 난제들과는 다른 것이었습니다. 예수님이 공생애를 시작하신 초기에 죽은 후의 삶을 믿지 않는 사두개인들이 부활에 관해 함정 있는 문제를 가지고 예수님께 나왔었습니다. 그들은 일곱 형제와 차례로 결혼했던 한 여인의 경우를 상정하였고, 그 각 형제가 다 죽었으며 자녀도 하나도 없었다면 어떻게 되느냐고 물어 보았습니다. 그들은 "그런즉 저희가 다 그를 취하였으니 부활 때에 일곱 중에 뉘 아내가 되리이까?"라고 물었습니다. 그 질문은 미련하고 참으로 유치한 질문이었습니다. 그래서 예수님께서는 너희가 실수를 범하고 있으며, 성경도 하나님의 능력도 모른다고 대답하셨습니다. 다른 경우에 어떤 지도자들이 세금 문제를 가지고 와서 예수님을 넘어뜨리려 하였습니다. 그러나 다시 이것은 사람들의 일반적인 감상과 로마 율법 사이의 갈등을 다루는 것이었습니다. 그래서 예수님께서는 그것을 쉽게 해결하셨습니다.

간음한 여인의 문제는 그와 달랐습니다. 이 경우에 세 가지 중요한 문제가 거론됩니다. 1) 여인의 삶, 2) 예수님의 나라의 긍휼어린 성질에 관한 예수님 자신의 가르침, 3) 하나님께로부터 받은 모세의 율법등입니다. 문제가 제기된 방식상 의심할 여지 없이 예수님께서는 이 항목 중 하나를 포기해야만 했을 것입니다 – 그 지도자들에게도 그렇게 보였을 것입니다.

주 예수 그리스도의 사역이 긍휼의 특징을 지니고 있었다는 걸 누구나 알고 있었습니다. 그는 사랑이 하나님의 본성의 핵심에 놓여 있다고 가르치셨습니다. 그는 세리들과 죄인들 가운데 계셨습니다. 버림받은 사람들에게 친구가 되어주셨습니다. 예수 그리스도께서는 "수고하고 무거운 짐진 자들아 다 내게로 오라"(마 11 : 28) 고 말씀하셨습니다. 그러나 예수님께서 자신의 이 가르치심과 부합되게 행동하시고, 여인을 향한 긍휼때문에 모세의 율법을 실제로 굽게 한다면, 그 지도자들은 위험스럽고 거짓된 선지자라고 예수님을 당당히 기각할 수 있었을 것입니다. 무슨 선지자가 율법을 쳐서 말할 수 있겠습니까? 예수님께서는 이미 안식일 규례에 대한 태도때문에 율법을 쳐서 말한다는 혐의를 받고 있었습니다. 만일 예수님께서 모세의 판단을 거부하였다면, 그들은 예수님을 잡았을 것입니다. 반면에 예수님께서 율법을 높이 세운다면 – '그런 여자는 죽이라' 고 말씀하셨다면 – 예수님이 자기들 손에 있다고 분명히 확인했을 것입니다. 왜냐하면 그들은 다음과 같은 반응을 나타냈겠기 때문입니다. "만일 그가 그렇게 말한다면 그의 평생동안 우리는 그를 조롱할 것이다. '수고하고 무거운 짐진 자들아 다 내게로 오라' 고 하였는데 막상 그렇게 하니 돌로 치라하더라' 고 말할 것이다."

여러분도 아다시피 그것이 정말 큰 난제였습니다. 왜냐하면 이 사

람들은 마귀적인 안목을 가지고, 죄인이 하나님께 대하여 가진 관계
의 차원으로 볼 때 '모든' 난제들 가운데 가장 큰 '난제'를 들어맞
혔기 때문입니다. 그 난제는, 어떻게 하면 하나님께서 죄인을 사랑
하시면서도 불의하지 않을 수 있는가하는 것이었습니다. 바울은 그
난제를 이렇게 진술합니다. "자기도 의로우시며 또한 예수 믿는 자를
의롭다하려 하심이라"(롬 3 : 26). 인간적인 관점에서 그 난제는 풀리
지 않습니다. 이 점에서 그 난제를 예수님께 가지고 나온 유대지도자
들은 옳았습니다. "만일 예수께서 사랑을 보이고싶다 할지라도 그럴
수 없을 것이다"라고 장담했습니다. 그러나 그들이 대하고 있는 예수
님은 단순한 사람이 아니라는 것을 알지 못했습니다. 그들은 하나님
과 대면하고 있었던 것이며, 하나님께는 어떠한 일도 다 가능합니다.

대번에 예수님께서는 그들을 무시하는 것처럼 보이셨습니다. 대답
하는 대신 몸을 굽혀 땅에다 무엇인가를 쓰기 시작했습니다.

어째서 땅에다 쓰셨는지 저는 그 이유를 모른다고 솔직이 말씀드리
겠습니다. 더구나 누구라도 그 이유를 아는 사람이 있다고 믿지 않
습니다. 이 구절에 대해서 많은 주석들을 읽어보았습니다(다른 구절
들에서와 같이). 그리고 그 주석들마다 다 다른 대답을 하고 있다는
걸 발견하고 깜짝 놀랐습니다. 어떤 사람들은 시간을 얻기 위해서 땅
에다 쓰셨다고 제안했습니다. 또 어떤 주석가들은 송사하는 자들로
하여금 자기들의 고소하는 것을 되풀이 말하도록 하기 위해서 그렇게
하셨다고 논증했습니다. 그렇게 되풀이해서 말할 때 그 상황의 수치
가 더욱 더 분명히 드러날 것을 생각하셨다는 셈이지요. 법률가들은
법정에서 때로 이러한 양식을 취하는 경우도 있습니다. 어떤 이는 예
수께서 친히 나사로의 무덤에서나 예루살렘성을 내려다보시면서 느꼈
던 수치와 공포로 어찌할바를 모르셨다고 말하기도 했습니다. 또 어
떤 사람들은 상징적인 행동으로 보면서 예레미야 17 : 13을 그 고소
자들이 생각하도록하셨다고 설명합니다. 곧 예레미야 17 : 13은 "이스
라엘의 소망이신 여호와여 무릇 주를 버리는 자는 다 수치를 당할 것
이라 무릇 여호와를 떠나는 자는 흙에 기록이 되오리니 이는 생수의

454 / 요한복음 강해설교   요 7 : 53 ~ 8 : 11

근원이신 여호와를 버림이니이다"라고 말합니다. 아마 예수님께서 그들의 마음을 아셨기 때문에 그들의 죄를 땅에다 쓰고 계셨을 것이라고 말하는 이들도 있습니다. 또 예수님께서 후에 말씀하실 말을 쓰기도 하셨을 거라고 생각하는 이들도 있습니다. 경우야 어쨌든 그리스도께서 땅에다 쓰신 걸 보고도 유대 지도자들은 아무런 감동을 받지도 않고 계속해서 거칠게 예수님의 답변을 받아내려하였읍니다. 죄가 가져오는 서글픈 결과들 중 하나는 죄가 죄인을 완고하게 만든다는 것입니다.

잠시 후 예수님께서는 일어서시더니 "너희 중에 죄 없는 자가 먼저 돌로 치라"(7절)고 대답하셨읍니다. 그 대답은 얼마나 난제를 깨끗히 해결하는 말씀입니까! 그래서 본문에는 "저희가 이 말씀을 듣고 양심의 가책을 받아 어른으로 시작하여 젊은이까지 하나씩 하나씩 나가고 오직 예수와 그 가운데 섰는 여자만 남았더라"(9절)고 되어 있읍니다. 분명히 주 예수 그리스도의 시선 속에는, 또는 그의 목소리의 어조 속에는, 또는 단순히 그의 임재의 능력 속에는 이 사람들에게 영향을 미쳐 아무리 회개치 않는 완고한 마음을 가진 자라도 어쩔 수 없게 만드는 무엇인가가 있었읍니다. 그들이 이제까지 예수님을 넘어뜨리려고 애썼던 노력들을 생각해보십시요! 음모를 꾸민 일을 생각해보십시요! 그럼에도 불구하고 그들은 모든 경우를 완전하게 대처하시는 하나님을 대면한 순간에 부서지고 말았읍니다.

예수님께서 모든 경우를 아시고 그 경우에 합당하게 행하시는 분이라는 걸 생각할 때 얼마나 기쁜지요. 왜냐하면 여러분도 아다시피 그러한 경우들을 제 자신도 만날 때가 있기 때문입니다. 율법은 '나를' 거스려 판단합니다. 송사자들이 있읍니다. 만일 하나님께서 우리 전체 인류에 관계되는 그러한 경우들 뿐만 아니라 내 경우들을 다 아시고 대처하시는 주가 되지 아니하신다면, 저나 다른 모든 사람들은 하나님의 기준 앞에서 속수무책 송사를 당할 것이고 정죄받을 것입니다. 그러나 하나님께서는 내 경우를 위해서 다 준비를 해놓으셨읍니다. 바로 이 예수 그리스도의 십자가가 그것에 대한 증거입니다.

죄인들에게 하신 말씀

결국 예수님께서는 그 여인에게 돌아서시면서 그녀를 향해 처음으로 말씀하셨습니다. "여자여 너를 고소하던 그들이 어디 있느냐? 너를 정죄한 자가 없느냐?"

그 여자가 "주여 없나이다"라고 대답했습니다.

"나도 너를 정죄하지 아니하노니 가서 다시는 죄를 범치 말라"(10, 11절).

예수님은 어떠한 기초에서 "나도 너를 정죄하지 아니하노니"라고 말씀하셨습니까? 어떤 사람들은 이 시점에서 예수님이 법정에서 증인심문을 할 때 두 세 증인을 필요케 했던 율법조항의 이점(利點)을 이용하셨다고 주장합니다. 예수님께서 모든 것을 아시니 고소자도 될 수가 있었을 것입니다. 그러나 다른 사람들이 다 가버렸습니다. 그래서 그 율법의 요구가 만족될 수 없었다는 것이지요. 부분적으로 생각하면 이 말도 옳은 것 같습니다. 분명히 그 법은 예수님이 그 여인을 정죄하는 자리에서 벗어나게 하였습니다. 그러나 그 문제를 그런 식으로 다루는 것은 이야기의 진정한 본 의도를 놓치는 셈입니다. 왜냐하면 "어째서 예수 그리스도께서 판단을 내리지 아니하시는가?"라고 물을 때 우리가 얻을 수 있는 오직 궁극적이고 실증적인 만족을 주는 대답은 다음과 같은 것이기 때문입니다. 오늘날 주님에게 나오는 사람들을 판단하지 아니하시는 이유와 똑같은 이유로 그 여인을 판단하지 아니하신 것은, 예수님께서 지실 십자가 때문입니다. 예수님께서는 아버지께서 자기에게 주신 자들이 지은 모든 죄에 대하여 부어질 하나님의 진노의 완전한 벌책을 그 십자가에서 담당하셨던 것입니다. 예수님께서 쉽게 용서하지 아니하셨습니다. 죄인 대신 고난을 받으심으로써만 용서하실 수 있다는 오직 유일한 이유에서 그렇게 하신 것입니다. 그것이 복음입니다. 그것만이 하나님께서 의로우시면서도 여전히 죄인을 용서하실 수 있는 난제의 유일한 해결책입니다. 우리에게 있어서는 구원이 값없이 주어집니다. 그러나 하나님의 아들이 우리 대신 값을 지불하셨기 때문에 값없이 주어지는 것입니다.

끝으로, 예수님께서는 그 여인더러 더 이상 죄를 짓지 말라고 말씀하셨습니다. 이는 언제나 하나님께서 죄를 용서하신 다음에 하시는 당부의 말씀입니다. 왜냐하면 우리가 하나님께 구원을 받고 나서 우리가 하고싶은대로 계속 할 수 없기 때문입니다. 우리는 죄 짓기를 멈춰야 합니다. 동시에 예수님께서 보여주신대로 순서가 그렇다는 걸 보고 우리는 기뻐할 수 있습니다. 왜냐하면 만일 예수님께서 "가서 더 이상 죄를 짓지 말라 그러면 내가 너를 정죄치 않을 것이다"라고 하였다면 무슨 소망이 있었겠습니까? 우리는 모두 다 죄를 짓습니다. 그러므로 죄 사함을 받는 일이 그렇게 되면 없을 것입니다. 오히려 예수님께서는 "내가 죽는 걸 기초하여 너를 용서한다. 이제 네가 용서를 받았으니 더 이상 죄를 짓지 말라"고 말씀하십니다.

여러분은 이것을 체험한 사람이길 바랍니다. 예수님의 이 말씀을 듣고 이해하셨으면 좋겠습니다.

여러분은 여러분 자신을 이 이야기 중 어느 지점에든지 놓아야 합니다. 서서 지켜보는 군중들과 같지는 않습니까? 이 사람들은 죄 사함을 받는 모습을 지켜보았습니다. 그러나 그들은 그 죄사함을 맛보지 못했습니다. 여러분은 여인을 끌고 온 유대 지도급에 있는 사람들과는 같지 않습니까? 이들은 여인처럼 죄인들입니다. 그러나 예수님으로 부터의 용서의 말을 듣지 못하고 예수님을 떠나 돌아갔습니다. 또는 여러분은 복음의 메시지를 들었을 뿐만 아니라 영접한 여인과 같습니까? 그날 거기에 있었던 모든 사람들 가운데서 단연코 가장 훌륭한 사람은 여인입니다. 군중들은 언제나 그렇듯이 냉담하였습니다. 지도급에 있는 사람들은 그리스도를 떠나 어둠 속으로 들어가 6개월 뒤에는 죄 없는 하나님의 아들을 죽였습니다. 그러나 그 여인은, 여러분이 누구이든지 여러분의 죄를 위해서 죽으신 그리스도로 말미암아 용서를 받았습니다.

44

결코 "물건"이 아님

(요 7 : 53~8 : 11)

"**두** 세계, 곧 비인격적인 세계와 인격들의 세계가 있다. 그 말은 사물들의 세계와 사람들의 세계라기보다, 사람들이나 사물들에 대하여 인격적인 관점과 비인격적인 관점이 있다는 말이다. 이 두 세계 사이의 우리 자신 속에 존재하는 이른바 눈에 보이지 않는 경계선이 있는데 그걸 건너가기란 어렵다."(Paul Tournier).

이 말은 스위스 외과의사요 저자인 폴 투니어가 지적한 말인데 우리 시대의 큰 난제를 지적해주고 있습니다. 그 난제란 사람들을 거꾸로 물건처럼 취급하는 문제입니다. 이 폴 투니어의 말은 우리에게 부닥쳐오는 거의 모든 난제들의 경우, 그 난제의 원천이 우리 자신속에 있다고 매우 바르게 암시하고 있읍니다. 물론 사람들은 사물들이 아닙니다. 하나님은 사람을 사물들로 창조하지 않으셨읍니다. 하나님자신도 사람들을 물건들로 취급하지 않습니다. 그런데도 불구하고 다른 사람들을 물건들로 취급하기를 우리는 잘합니다 ─ 우리가 사람들을 우리 자신의 목적에 이용하려고 할 때마다, 또는 사람들의 말을 청종하지 못하거나 그리스도께서 위하여 죽으신 자들로 생각하지 않으려 할 때 그러한 잘못을 범하는 것입니다. "내가 그러저러하기 위해서 메어리를 얻을 수만 있다면 참 좋겠는데"라는 말을 들은 적이 없습니까? 그렇지 않다면 "죠에 대해서 무슨 걱정이야? 그는 문제가 되지 않아"라는 말을 들어보지도 않았습니까? 아니면 "그를 싹 무시해버리자"고 하는 말은 어떠합니까?

만일 여러분들이 이러한 말들이나 그와 유사한 말을 들은 적이 있다면, 우리들 모두가 다 마찬가지지만, 투니어(Paul Tournier)가 묘사하고 있는 잘못을 여러분도 범한 셈입니다. 주 예수 그리스도께서 사람들을 향하여 어떠한 자세를 가지는가를, 간음하다 잡힌 여인의 이야기 속에서 두드러지게 뚜렷이 발견하게 되는데, 그것은 여러분을 위한 것으로서 여러분에게 도움을 줄 것입니다.

유대 지도자들의 태도

그러나 우리가 제일 먼저 주목해야 하는 요점은 그 여자를 향한 종교지도자들의 태도입니다. 왜냐하면 그들의 태도는 예수님의 태도와 정반대였기 때문입니다. 간단히 말해서 그 당국자들은 그 여자를 이용하려들었습니다. 상황 자체가 미리 계획된 것이라는 사실 속에서그 점을 발견합니다. 랍비의 법을 가지고 따진다면 간음의 경우에 사형선고를 내리는건 정말 불가능합니다. 두, 세사람의 목격자들이 있어야 하고, 이 목격자들은 단순히 어떤 상황을 추측해내는 정도만 가지고는 안되고 그 간음행위를 직접 관찰했어야 합니다. 더구나 그들은 증거할 때 서로 모든 부면에서 일치되어야합니다. 그런 점에서 실패한 실례가 외경(外經)에 나오는 수산나의 이야기 속에서 발견되는데, 그 이야기 속에서 그 여자가 간음을 했다고 퍼뜨리며 작당 모의했던 증인들이 그 간음행위를 실제로 했다는 동산의 나무 이름을 대는데 서로 엇갈린 답변을 하였습니다. 그 때문에 죄없는 수산나는 사면됩니다.

그러한 상황을 고려해볼 때 그 지도자들이 하나의 계략으로써 간통을 행하도록 해놓고 목격자들을 그 방에 두었거나 열쇠구멍을 통해서 보게 한 것이 틀림 없습니다. 그것은 오늘날 간음행위를 증명하기 위해서 사설탐정들이나 사진사들을 이용하는 것과 비슷한 경우였습니다.

더구나, 여기에 잡혀온 여인이 나이가 젊었을 가능성이 높다는 걸 생각하면 이 여자를 무지막지하게 이용해먹으려는 악함의 가공성은 더욱 더 크게 드러납니다. 그러나 그 악함의 가공성은 여인을 고소하던 자들이 요구하였던 특별한 벌책의 의미를 생각하면 더 힘 있게 투영되어 나타납니다. 이 사람들은 돌을 들어 쳐죽이고자 생각하였읍니다. 돌을 들어 쳐죽이는 형벌은 특별하게 보통 어린 나이의 약혼한 신부가 저지른 간음의 경우에만 해당된 것입니다. 그점이 중요한 요점입니다.

간음의 경우에 사형을 부과한 보편적인 본문은 레위기 20 : 10입니다. "누구든지 남의 아내와 간음하는 자 곧 그 이웃의 아내와 간음하는 자는 그 간부와 음부를 반드시 죽일찌니라" 여기서 그 형벌은 죽음이었읍니다. 그러나 죽게 하는 방식이 특별하게 지적되지 않았읍니다. 예수님 당시 유대에서 실행되는 사형방식은 교수형이었읍니다. 반면에 신명기 22 : 23, 24에는 돌로 쳐죽이는 사형법이 나와 있습니다. 그러나 이 경우에는 다른 남자와 여러번의 관계를 맺음으로써, 약혼남에게 부정한 것이 드러난, 약혼녀의 경우에만 적용되었읍니다. 약혼이란 불가피하게 어린 사람들에 대한 것이었읍니다. 열 서너살 정도의 나이 또래였읍니다. 그러니 예수님 앞에 끌려나온 여자도 아마 그런 경우가 아니었나 생각됩니다. 그러한 첫번째 범죄였을지도 모르는 경우에 붙잡혀온 어린 소녀였을 것입니다. 아마 그녀의 범법사실을 확증하기 위해서 필요했던 것이 있었다면 그것은 아마 그녀가 유혹을 받고 배반당한 경우였을 것입니다. 이 모든 것은 그 상황을 보다 더 가공스러운 것으로 만듭니다.

더구나, 이들이 이 여자를 사용할 때 인용할 성구를 찾고 있었다는 것을 주목할 필요가 있읍니다. 왜냐하면 그들은 율법과 그 율법의 형벌조항을 가리켰기 때문입니다. 그것은 서글프고 아이러니칼 합니다. 그러나 사실 그랬읍니다. 사람들을 이용할 때 하나님의 말씀을 사용

하는 많은 사람들이 있읍니다 - 그들은 말씀이 전달하는 하나님의 은
혜와 긍휼을 떠나서 자기 자신들의 목적을 위해서 그 성경말씀을 이
용합니다.

그 당국자들이 구약성경을 더욱 주의깊게 보지 못했다는 건 참 안
된 일입니다. 왜냐하면 그들이 성경의 온전한 가르침을 이해했다면
하나님의 눈앞에서 모든 사람 각자가 다 특별한 목적으로 하나님께
지음받았으며, 하나님의 말씀은 단지 사람을 교묘하게 다루기 위한 더
나은 도구로 사용될 수 없다는 것을 이해했을 것입니다.

제가 앞에서 인용한 폴 투니어는 "성경의 빛에 비추어본 의사의 사
례집"이라는 책에서, 그가 부르는바 대로 성경의 특이한 "인격주의"
라는 것에 대하여 말하고 있읍니다. "성경의 하나님과 다른 모든 종
교의 신들 사이의 차이는, 성경의 하나님은 인격적인 하나님으로서
사람에게 인격적으로 말씀하신다는 데 있다"고 논증합니다. 하나님
께서는 아브라함을 이름으로 부르시면서 그 자신의 고향에서 다른 새
땅으로 이끌어가십니다. "하나님께서는 인격적인 명령에 대하여 아브
라함이 인격적인 순종을 하는 걸 통하여 아브라함을 한 인격으로 만
드신다. 인격적인 하나님은 사람을 인격으로 만드신다." 투니어는 하
나님께서 모세에게 나타나 어떻게 부르시며 "나는 스스로 있는 자라"
(출33 : 17)라고 말씀하셨는지를 보여줍니다. 그는 고레스에게 "너로
너를 지명하여 부른 자가 나 여호와 이스라엘의 하나님인줄 알게 하
리라"(사45 : 3)고 말씀하셨읍니다. "성경을 읽는 사람은 성경 속에
서 바른 이름이 얼마나 중요한가를 보고 깜짝 놀라게 된다. 성경의어
느 장들은 온전히 긴 족보만을 말하고 있다. 내가 어렸을 때 그 족보
들은 정경(正經)에서 떼어내버렸으면 더 좋을뻔했다고 생각하곤했다.
그러나 이 일련의 고유한 이름들을 성경적인 안목에서 볼 때, 사람은
어떤 물건이나 추상이나 개념이나 種이거나, 막스가 본 것처럼 큰 대
중이라는 덩어리의 파편이 아니라, 하나의 인격이라는 사실을 증거한
다는 걸 늦게사 깨달았다."

투니어는 이상의 모든 말 속에서 매우 바른 판단력을 발휘합니다.

그리스도인들더러 성경적인 자세를 가지라고 촉구한 것은 바른 일입니다. 그는 이렇게 첨가하여 말합니다. "내가 내 환자 이름을 잃어버렸다면, 어떻게 할까! 저 내가 언젠가 본 그 쓸개타입의 환자 또는 폐병 환자 등으로 말한다면 나는 그들의 인격보다는 그들의 쓸개나 폐에 더 관심을 보이고 있는 것이다."

그렇습니다. 종교 지도자들도 분명히 바로 그 잘못을 저질렀으며 더 악하게 저질렀습니다. 우리도 다 정도의 차이는 있지만 그러한 죄를 지은 사람들입니다. 그 종교지도자들에게 있어서는 그 여인이 하나의 사례에 지나지 않았습니다. 아무런 느낌도 없고, 미래도 없고 구원받을 필요도 없는 여자로 보았습니다. 그녀가 긍휼을 얻고 그녀의 인격적 대우를 다시 얻게 된 것은 오직 주 예수 그리스도 앞에서였습니다.

예수님의 태도

이제 우리는 주 예수 그리스도께서 그 여인에게 나타낸 태도를 살펴봐야겠습니다. 우리 스스로 이렇게 질문을 던져봅니다. 예수님의 태도의 특징은 무엇이었는가? 그 질문에 대한 대답은 여럿 입니다.

첫째, 그 예수 그리스도의 태도는 "이해"로 특징지을 수 있었습니다. 다른 모든 것도 바로 이 시점에서 시작합니다. 왜냐하면 예수님께서는 그 사람들의 태도와 행동에서나, 그 여자의 삶 속에서 어떤 일이 진행되고 있는지를 분명히 아셨습니다. 예수님은 환경에 휩싸여 진실을 보지 못하거나 외모만 보시는 그런 분은 아닙니다. 그는 지도자들의 종교적인 어투로 속아넘어갈 분이 아닙니다. 고소당한 사람의 부당한 행동을 보고도 그럴 분이 아닙니다. 군중들이 어떠한 것을 기대한다 할지라도 그것이 주님을 움직이지 못했습니다. 간단히 말해서 주님께서는 선악간에 다 아시고 거기에 따라서 행동하셨습니다.

만일 우리가 예수님 같이 되려한다면 그러한 이해의 측면에서 성장해야 합니다. 이러한 이해가 없이는 사람들을 대하는데 두 가지 오류를 범하게 됩니다. 첫번째는 순진함의 오류입니다. 이 오류는 사람들을 볼 때 진실보다 더 선하다고 믿는 오류입니다. 그것은 죄와 악을 간과함으로부터 옵니다. 이러한 잘못을 범하는 사람들은 극히 낙관주의자들일 수 있습니다. 그는 모든 사람들을 다 사랑하고 모든 사람들에 대해서 다 좋게 생각할 수 있습니다. 그 결과 인격적인 경우에서 많이 속아넘어갑니다. 보다 덜 양심적인 사람이나 보다 더 실질적인 사람에 의해서 이용당할 것입니다. 그러한 사람이 자신의 오류를 깨닫게 되면 또 다른 오류인 조소주의로 재빨리 빠져듭니다. 이것은 가장 선한 행동들 속에서도 낮은 동기가 있지 않은가 의심하게 만들고, 극단적인 경우에서는 다른 사람들과 의미 있는 관계를 전혀 맺지 않으려는 데까지 들어갑니다.

순진함이나 조소주의의 오류를 피하는데 있어서 예수님은 우리의 본이 됩니다. 왜냐하면 예수님께서는 놀라거나 당황하지 않고 가장 악한 유의 삶을 사는 사람들을 쳐다볼 수도 있고, 그러면서도 죄인을 향하여 순결한 마음으로 사랑을 베풀어 주실 수도 있었습니다. 일찌기 요한은 말하기를, 예수님은 "친히 사람의 속에 있는 것을 아시므로 사람에 대하여 아무의 증거도 받으실 필요가 없었다"(2 : 24, 25)고 하였읍니다.

자연히, 우리는 다른 사람을 완전히 이해할 수 없을 것입니다. 왜냐하면 우리의 지식이라는 건 죄와 인간적인 안목으로 인하여 제한되어 있기 때문입니다. 그럼에도 불구하고 우리의 이해 때문에 우리가 다른 사람들에게 도움을 줄 수 있거나 어떤 일을 해줄 수 있는 것보다 그들을 더 잘알 수 있다는 건 사실입니다. 그러한 이해가 어디서 나옵니까? 하나님의 말씀에서 나옵니다. 우리가 인간 본성과 인간의 난제들에 대한 통찰력을 얻을 수 있는 곳은 하나님의 말씀 뿐입니다. 성경은 인간이 개인적인 삶이나 공동적인 삶 모든 부면에서 부패했음을 보여줍니다. 또한 하나님께서 예수 그리스도 안에서 죄를 위해 완벽한 처방을 주신 결과로 구속받은 인간이 만날 운명도 보여줄 것입니다.

둘째로, 주 예수님의 태도를 "긍휼"로 특징지워 말할 수 있습니다.

이것도 그의 이해와 연결되는 것입니다. 예수님께서는 대번에 그 여인을 알았읍니다. 그녀의 죄와 수치를 알았고 그녀의 잠재력을 알았읍니다. 예수님께서 그녀를 알았기 때문에 그녀를 사랑하셨읍니다. 예수님은 언제나 그러합니다. 예수님께서는 사람들을 보실 때 목자없는 양으로 보시고 구주 없는 죄인으로 보십니다. 그러한 이해로부터 긍휼이 나옵니다.

그러한 긍휼을 설명하기는 곤란합니다. 우리는 긍휼이 이해와 연결된다는 걸 지적할 수 있읍니다. 그러나 그렇게 지적한다고 해서 긍휼의 진정한 기원을 설명하는 것은 아닙니다. 또한 그렇게 말한다고 해서 이상적인 상황에서 긍휼을 설명하지도 못합니다. 그냥 긍휼은 긍휼대로 따로 생각해야 합니다. 또 의로우신 하나님께서 죄인을 사랑하신 일을, 불가피한 어떤 의무 상황 속에서 설명한 것도 아닙니다.

잠시 동안 여러분이 부모라고 생각해 보십시오 여러분의 자녀가 무릎 위에 앉아 있읍니다. 그 애가 "아빠(또는 엄마) 나 사랑하지?"라고 말합니다.

그러면 부모는 "그렇구말구"라고 말합니다. 부모는 자식에게 뽀뽀해줍니다.

그런 다음 그 애가 "왜 나를 사랑하지?"라고 말합니다. 여러분은 그 질문에 대해서 말할 수 있겠읍니까? 대답할 말이 없읍니다. "네가 착하니 내가 널 사랑하지"라고 말할 수 없읍니다. 왜냐하면 사실 그렇지 않기 때문입니다. 오히려 그 아이가 손해를 끼칠 수도 있읍니다. 자식이 나쁠 때도 사랑할 것입니다. 머지않아 그 자식도 분명히 그렇게 될 것입니다. 부모는 자식이 착하기 때문에 자기를 사랑하는 걸로 생각해주지 않기를 바랍니다. 왜냐하면 자식이 부모를 낙심케 할 때 그 자식은 부모의 사랑을 의심하게 될 것이기 때문입니다. 그러니 다시 "네가 아름다워서 사랑한다"라고 말할 수도 없읍니다. 아름답지 않더라도 자식을 사랑합니다. 더럽고 추해보여도 자식을 사랑할 것입니다. "네가 내것이기 때문에 내가 너를 사랑한다"라고 말할 수도 없읍니다. 왜냐하면 그 자식이 양자로 들어온 아이라도 부모는 사랑할

것이기 때문입니다. 어째서 부모가 자식을 사랑합니까? 부분적으로
는 자식을 이해하기 때문에 사랑합니다. 그러나 그것이 부모의 사랑
을 전부 설명하는 것은 아닙니다. 사랑은 설명될 수 없습니다. 고작
해야, 사랑은 신적인 것이고 하나님께서 친히 우리를 사랑하셨으니
부모가 자식을 사랑하는 것이라고 말할 수 밖에 없습니다.

이것을 그 여자를 사랑하신 그리스도의 사랑에 적용해 보십시요.
그걸 어떻게 설명하겠습니까? 이유로 따질 수가 없습니다. 만일 이
유로 따진다면 어떠한 경우라도 그리스도는 그녀를 정죄해야 마땅할
것입니다. 그녀는 율법을 어겼읍니다. 자신의 인격을 비열하게 했읍
니다. 그리스도께서 교회를 사랑하시고, 교회가 그리스도를 사랑하는
일을 예증하는 예화, 곧 결혼관계를 깨뜨려버렸읍니다. 왜냐하면 결
혼은 모든 관계 중에서 가장 위대한 관계를 예증하기 위해서 하나님
이 주신 것이기 때문입니다. 그런데도 그리스도께서는 그녀를 사랑했
읍니다. 그녀를 아끼고 구하고 싶었읍니다. 그녀를 고소하는 자들의 태
도 속에는 어떠한 사랑도 들어 있지 않았읍니다.

세째로, 주 예수 그리스도의 태도는 "용서함"으로 특징지어 말할
수 있읍니다. 처음부터 예수님은 그것을 발하셨읍니다 — 그가 구부려
땅에다 무언가를 쓰는 순간부터, 그 여자에게 "나도 너를 정죄하지
아니하노니 가서 다시는 죄를 범치 말라"고 말씀하신 마지막 순간까
지 용서해주고 싶으셨읍니다.

그러나 죄를 용서한다는 건 쉬운 일이 아닙니다. 디이트리히 본회
퍼가 흔히 일러 말하였던 "싸구려 은혜"와 같은 것도 아닙니다. 그것
은 값비싼 댓가를 지불해야합니다. 왜냐하면 예수님께서 용서한다는
것은 스스로 죄인에 대하여 쏟아지는 하나님의 의로운 진노를 담당하
셔야함을 뜻하기 때문입니다. 성경은 "죄의 삯은 사망"이라고 말합
니다(롬 3 : 23). 주 예수 그리스도께서 용서해주고싶은 사람들을 위
해서 바로 그 일을 하셨읍니다. 죽음은 분리를 의미합니다. 육체적인
의미의 죽음은 영과 혼이 몸에서 떠나는 것을 의미합니다. 영적인 의
미에서의 죽음은 영과 혼이 하나님과 분리되는 것을 의미합니다. 예

수님은 우리 대신 그런 일을 당하셨읍니다. 그런 일이 구주께 어떠한 의미를 가졌는지 그 충분한 뜻을 아마 다 이해하지 못할 것입니다. 그러나 십자가에서 못박히신 그의 입술에서 쥐어짜듯이 나오는 그 무서운 울부짖음을 통하여서 그 일이 어떠한 의미를 가졌는지에 대한 느낌을 얻게 됩니다 - "나의 하나님 나의 하나님 어찌하여 나를 버리셨나이까?" 그 순간에 하나님 아버지께서는 성자 하나님께 등을 돌려 대셨읍니다. 그래서 예수님께서는 영적 죽음과 분리의 실상을 맛보셨읍니다. 그 여인에게 말씀하시던 그때에는 아직 그 일을 만나지 못했읍니다. 그러나 그 여인을 용서해준 것은 다가올 그 일을 기초로 한 것입니다.

오늘날 우리는 그리스도의 희생을 되살펴보아야 합니다. 그가 우리를 위해서 담당한 일이 얼마나 무서운가를 알게 되면 그에게 나아가지 않고는 배길 수 없읍니다. 어떤 사람은 "다른 신은 하나도 상처를 입지 않았다"고 말했읍니다. 그렇습니다. 죄인을 위해서 자신을 죽음에 내어줄 수 있는 신은 하나도 없었읍니다.

네째로, 주 예수 그리스도의 태도는 "도전"이라고 특징지을 수 있읍니다. 예수님께서는 "가서 다시는 죄를 짓지 말라"고 말씀하셨읍니다. 이 말씀은 단순히 그 여자더러 가보라는 그러한 말씀이 아니었읍니다. 용서받았으니 네 하고싶은대로 하라는 그런 말이 아니었읍니다. 용서를 받았지만 더 선하게 살라는 말씀을 주신 것입니다. 간단히 말해서 그것은 죄 없는 삶을 촉구하는 도전장이었읍니다. 예수님께서는 우리들에게도 같은 방식으로 도전하십니다. 그는 우리를 이해하십니다. 사랑하시고 용서하십니다. 그러나 우리가 죄 짓지 않기 위해서 그렇게 하십니다. 더구나, 그 도전의 요소는 그리스도인이 다른 사람들과 맺는 관계를 특징지어야합니다.

끝으로, 그녀를 향하신 주 예수 그리스도의 태도는 "경고"의 특징을 가지고 있었읍니다. 왜냐하면, 가서 죄 짓지 말라는 도전속에는 죄를 계속 지을 수 있는 가능성도 있음을 함축하는 것이고, 그것은 어떤 여러 가지의 귀추들을 만나게 될 것이라는 함축적인 의미도 됩

니다. 우리 모두가 그렇듯이 그녀는 선택권을 가졌읍니다. 그 선택의
결과는 엄청납니다. 그리스도인들이 죄 지을 수 있읍니까? 물론 죄
를 지을 수 있읍니다! 죄를 짓습니다. 그래서 우리 그리스도인들은
누구나 다 그리스도의 경고를 주목할 필요가 있읍니다.

인격이냐 물건이냐?

결론은, 다른 사람을 향한 우리의 태도는 주 예수 그리스도께서 우
리를 향하신 태도와 같아야지, 그 여인을 고소하던 지도자들의 태도
여서는 안된다는 것입니다. 그들은 그 여인을 이용했읍니다. 예수님
은 그녀를 구원하셨읍니다. 물론 그리스도는 하나님이시지만 인간들
은 단지 죄악적인 인간 존재에 불과하다고 말할 수 있읍니다. 물론
그렇습니다. 그러나 그것은 별로 도움이 되지 않는 말입니다. 도움을
주는 것은, 예수님께서 이 사건이 일어나기에 앞서서 감람산에서 밤
을 지새웠다는 걸 주목하는 일입니다. 다른 자료를 종합해볼 때 거기
서 주님은 늘 기도하느라고 시간을 보내시곤하였읍니다. 반면에 그때
종교지도자들은 자기들을 위해서 밤을 지새면서 서로 계략을 꾸몄고
(그들 중 어떤 자들은) 열쇠구멍을 통하여 방을 들여다 보았읍니다.

실제적인 경험으로 볼 때, 다른 사람들을 향한 이 긍휼어린 자세는
어디서부터 옵니까? 그것은 오직 우리의 하늘 아버지와 교제하는 데
서만 옵니다. 우리가 우리 자신이 인격임을 알 때만이 다른 사람들
에 대해서도 인격적으로 대하게 됩니다. 우리가 하나님 앞에서 자신
을 인격들로 볼 때만이 우리 자신을 인격으로 알게 되는 것입니다.

45

"나는 세상의 빛이라"

"예수께서 또 가라사대 나는 세상의 빛이니 나를 따르는 자는 어두움에 다니지 아니하고 생명의 빛을 얻으리라"(요 8 : 12).

주 예수 그리스도께서 자기가 세상의 빛이라고 말씀하신 것이 요한복음 8장 도입 부분의 간음하다 잡힌 여인의 이야기 바로 다음에 나온다는 것은 우연이 아닙니다.

간음하다 잡힌 여인의 이야기는 요한복음이 본래의 본문 속에는 들어 있지 않았을지도 모릅니다. 다시 말하면 요한이 요한복음을 썼을 때 그 원본에는 없었을지 모른다는 것입니다. 그러나 그 이야기가 처음에 있었든지 없었든지간에, 그 이야기를 넣을 장소를 최종적으로 잘 선정하였다는 데 아무도 의심할 자가 없을 것입니다. 왜냐하면 그 이야기는, 예수님을 체포하려고 했던 이스라엘의 당국자들이 몰래세운 계획이 실패한 다음 바로 뒤에 나타나기 때문입니다. 또한 그 이야기는, 그리스도께서 당신이 세상의 빛이라고 말씀하신 진술을 자연스럽게 유도하기 때문입니다. 그 여인과 그녀를 고소했던 사람들의 이야기는 요한복음에 기록된 그 어느 것보다도 죄의 어두운 본질을 더 크게 드러냅니다. 또한 그 이야기 속에서 예수님의 깨끗함과 밝음이 눈부시게 비춰나옵니다.

그 이야기로부터 시선을 돌려 주 예수님께서 "나는 세상의 빛이니 나를 따르는 자는 어두움에 다니지 아니하고 생명의 빛을 얻으리라" (8 : 12)고 말씀하시는 모습을 주목하는 것은 합당한 일입니다.

이미 요한복음은 예수님을 빛으로 묘사했었습니다. 1장에서 요한은 "그 안에 생명이 있었나니 이 생명은 사람들의 빛이라" (4 절)고 썼습니다. 그 맥락 속에서 빛을 여섯번이나 언급합니다. 3 장에서도 역시 빛을 말합니다. "그 정죄는 이것이니 곧 빛이 세상에 왔으되 사람들이 자기 행위가 악하므로 빛보다 어두움을 더 사랑한 것이니라" (19절). 이 구절과 그 다음에 바로 이어 나오는 구절들은 예수님을 빛이라고 다섯번이나 말합니다. 이 경우마다 그 상징어는 요한의 말속에서만 나타납니다. 그러므로 우리가 이러한 구절들만 읽고 더 이상 읽어내려가지 않으면, "어째서 요한이 예수님을 이런 식으로 지칭하는가? 어디에서 이 상징어를 얻었는가? 어떻게 이 개념을 발전시켰는가?"라는 질문을 던지게 됩니다. 우리가 그 질문에 대한 답변을 발견하는 것은 우리가 지금 본문으로 잡은 구절들에 이르게 될 때입니다. 요한이 예수님을 빛으로 지칭한 것은 예수님께서 친히 자신을 빛으로 지칭하셨기 때문입니다. 실로, 요한은 분명히 이 점을 기억하고 이 복음서와 요한 1서에서도 그 상징어를 발전시켜나갑니다.

예수께서 자신이 세상의 빛이라고 하신 주장은, 요한복음의 독특한 특징이 되는, "나는"이라는 양식으로 말씀을 발하시는 일곱번의 경우에서 두번째에 해당합니다. 다른 경우는 "내가 곧 생명의 떡이니" (6 : 35). "나는 문이니"(10 : 7, 9). "나는 선한 목자라"(10 : 11, 14). "나는 부활이요 생명이니"(11 : 25). "나는 길이요 진리요 생명이니"(14 : 6). "나는 참 포도나무요"(15 : 1, 5)입니다.

광야에 있던 구름

만일 우리가 예수님께서 자신을 가리켜 세상의 빛이라고 말씀하신 의도를 충분히 이해하려면, 예수님께서 의심할 여지 없이 가리켜 말쓸하시는 것이 무엇인가를 보아 거기에 비추어 이 구절을 이해해야 합니다. 이 구절이 특히 중요한 이유는 우리가 가장 자연스럽게 생각할만한 것이 아니기 때문입니다. 우리는 이 구절을 "나는 세상의 빛이니"라고 읽습니다. 우리는 태양에 대해서 생각해봅니다. 사실 이 상징어가 다른 곳에서 사용되는 걸 보고 그렇게 하고 싶은 용기를 갖게 됩니다. 말라기에서 보면 오실 메시야를 말하면서 "의의 태양이 떠올라 치료하는 광선을 발하리니"라고 말합니다. 우리가 여기서 예수님의 말씀을 듣고 태양을 생각하는 것은 그리 나쁜 것이 아닙니다. 또 그 태양을 상징적으로 생각하여 배울 것이 많습니다. 그러나 요한복음 8장 12절에서 예수님께서 사용하시는 상징어는 그것이 아닙니다.

예수님께서 사람들에게 말씀하실 때 의중에 어떤 생각을 가졌는지를 이해하려면, 이 말씀들이 성전 뜰 안에서 진행된 대초막절 바로 뒤에 주어진 것임을 기억해야합니다(20절). 그 성전 뜰 안에서 그 명절의 일부로 의식들이 진행되었읍니다.

우리는 이미 그 의식들 가운데 하나를 주목한바 있읍니다. 그 명절의 8일 동안 매일 아침에는 이스라엘의 제사장들이 모여서 행렬을 이루어 실로암 못가로 가서 물주전자에 물을 떠왔읍니다. 다시 그 물을 가지고 성전에 돌아와서 그 물을 희생 번제단에 부었읍니다. 제사장들이 그렇게 할 때 그 제사장들과 함께 있던 많은 사람들은 노래를 불렀고 찬송을 영창하였읍니다. 그때 노래 가사로 사용된 말씀은 이사야 12 : 3이었읍니다. "그러므로 너희가 기쁨으로 구원의 우물들에서 물을 길으리로다." 또 시편 114 : 7, 8도 사용되었읍니다. "땅이여 너는 주 앞 곧 야곱의 하나님 앞에서 떨지어다 저가 반석을 변하여 못이 되게 하시며 차돌로 샘물이 되게 하셨도다." 시편 114 편이 사용되었다는 것은 일차적으로 그 의식이 이스라엘 백성들이 광야에 있을 때 하나님께서 물을 공급하여주신 일을 기념하기 위한 것이었음을 보여줍니다. 물론 그 의식은 역시 장차 하나님께서 임하시는 날 하나님께로부터 사람들이 마실 영적인 물을 예지하였읍니다. 예수님께서 "누구든지 목마르거든 내게로 와서 마시라 나를 믿는 자는 성경에 이름과 같이 그 배에서 생수의 강이 흘러나리라"(요 7 : 37, 38)고 외치시면서 그 축제분위기를 깨뜨렸던 것은, 이 의식이 절정에 이르렀을 때였을 것입니다.

두번째 의식도 그와 유사하였읍니다. 명절의 첫날 밤부터 계속해서 그 명절이 진행되는 날 밤마다 해가 지면 큰 등불 둘을 성전 뜰에 밝혀놓았읍니다. 그 불빛이 예루살렘 성의 온 지경을 밝혔다는 이야기가 있읍니다. 그 등불은 이스라엘 사람들이 광야에 있을 때 백성들과 함께 있었던 큰 구름기둥과 불기둥을 상기시키기 위해서 주어진 것입니다. 백성들이 애굽을 떠나던 날에 그 구름이 나타났으며, 홍해를 건너기 전날 밤에 이스라엘 진과 추격하는 애굽의 군사들 사이에 서 있었읍니다. 그래서 이스라엘 사람들이 공격당하지 않도록 지켜주었읍니다. 후에 그 구름기둥과 불기둥은 광야에서 백성들을 인도하였읍니다. 또 낮에는 그 구름이 그들 위에 펴져서 그늘을 제공하였고 밤에는 밝음과 따스함을 제공하였읍니다. 그러므로 제가 믿기로는, 예수님께서 자신을 가리켜 이 세상의 빛이라 말씀하실 때 등불을 밝히는 의식을 생각하고 계셨음이 틀림없으며, 자연히 그 이적적인 구름기둥 자체도 생각하고 계셨읍니다.

그외에도 요한복음 6장, 7장, 그리고 8장에서 광야생활을 연상케 하는 세 큰 상징어가 두드러지게 연속적으로 나타난다는 사실은 그 결론을 뒷받침해줍니다. 6장에서는 예수님께서 자신을 하늘로부터 내려온 새 만나로 말씀하십니다. 7장에서는 반석에서 이적적으로 나는 물로 말씀하십니다. 8장에서는 예수님이 구름으로 비유됩니다. 그러므로 우리는 구름 자체로 돌아가 그 기능을 알아보아야만 합니다. 그래야 요한복음에서 "나는"이라는 양식으로 시작되는 진술 중 두번째 경우인 이 본문의 온전한 의미를 알아낼 수 있읍니다.

하나님의 임재

왜 그 구름이 중요합니까? 구름이 중요한 분명한 이유는, 구름이 하나님께서 백성들과 함께 계시다는 걸 상징하였기 때문입니다. 구름이 빛을 발하였다는 사실로부터 그 점은 명백해집니다. 왜냐하면 인위적인 빛의 풍성함을 알지 못하던 시대에 있어서 빛은 언제나 하나님의 임재를 암시하기 마련이기 때문입니다. 그 외에 그 구름이 너무나 거대하고 엄청나 그 자체만 가지고도 하나님의 나타나심을 암시했을 것입니다.

우리는 이것을 비추어서 보아야합니다. 예를 들어서 구약에서 그 구름이 처음 언급될 때, 분명히 그 구름과 주님이 함께 계시다는 걸 말해주었읍니다. "여호와께서 그들 앞에 행하사 낮에는 구름 기둥으로 그들의 길을 인도하시고 밤에는 불 기둥으로 그들에게 비추사 주야로 진행하게 하시니 낮에는 구름기둥, 밤에는 불 기둥이 백성 앞에서 떠나지 아니하니라"(출 13 : 21, 22). 다른 대목도 하나님께서 구름 가운데서 말씀하셨다고 말하고 있읍니다. 때로는 그 구름으로부터 갑자기 임하셔서 사람들의 죄를 심판하셨다고도 말합니다. 어떤 두드러진 구절에서는 하나님이 구름으로 상징되어 불리워지는 경우도 있읍니다. 구름이 올라갈 때 하나님 자신도 올라가시고 구름이 내려올 때 하나님 자신도 내려오시는 것으로 표현하고 있기 때문입니다. "궤가 떠날 때에는 모세가 가로되 여호와여 일어나사 주의 대적들을 흩으시고 주를 미워하는 자로 주의 앞에서 도망하게 하소서 하였고 궤가 쉴 때에는 가로되 여호와여 이스라엘 천만인에게로 돌아오소서 하였더라"(민 10 : 35, 36). 이스라엘 사람들이 광야에 있을 때 하나님께서 자기들과 함께 계시고 그들이 행하는 모든 일에 있어서 하나님의 임재가 그들 위에 드리워 있다는 사실을 망각할 수 있을 때가 없었읍니다.

이제 이 점을 주 예수 그리스도의 말씀에 적용해보십시다. 정말 오래 전에 하나님의 영광의 구름이 이스라엘로부터 떠났읍니다. 그리스도께서 서 계신 그 성전의 지성소를 그 구름이 채웠던 적이 있었읍니다. 이제는 가장 거룩한 곳도 비어 있읍니다. 심지어 이스라엘을 떠났던 구름을 기념하는 등불마저도 꺼졌읍니다. 이러한 배경과 맥락

속에서 예수님께서는 "나는 세상의 빛이다. 나는 구름이다. 나는 너
희와 함께 있는 하나님이다"라고 외치셨던 것입니다. 여기서 하나님
께서는 다시 한번 자기 백성들과 함께 계셨습니다.

　여러분은 예수님 안에서 하나님을 발견하셨습니까? 예수님, 곧 하
나님께서 여러분과 함께 계십니까? 다른 곳에서는 그 어디서고 하나
님을 발견할 수 없습니다. 만일 하나님을 발견한 적이 없다면 예수님
께 나와서 요한과 모든 세대의 신자들이 말했던 것처럼 말하는 법을
배우십시오. "말씀이 육신이 되어 우리 가운데 거하시매 우리가 그 영
광을 보니 아버지의 독생자의 영광이요 은혜와 진리가 충만하더라"
(요 1 : 14).

보 호

　둘째로, 그 구름이 중요한 것은 하나님께서 백성들을 보호하는 제
일차적인 수단으로 그 구름을 사용하셨다는 데 있읍니다. 그 구름이
없이 백성들은 가나안 땅에 들어가기 전 오래 전에 멸절당하였을 것
입니다. 바로나 그 군대와 같은 인간 원수들로 뿐만 아니라 사막의
자연적인 위험 때문에 멸절당하였을 것입니다.

　우리는 이 시점에서 이스라엘 사람들이 애굽에 있었을 때 아마 이
백만은 되었을 것이라는 걸 기억해야 합니다. 성경은 남자 장정만 육
십만이라고 말합니다. 물론 그 육십만에다 아녀자의 수도 더해야 합
니다. 이 엄청난 무리가 사막지역으로 인도함을 받고 있었읍니다. 사
막에 가본 사람이라면 어느 누구라도 그곳은 지상에서 가장 황량한
지역 중 하나라고 말할 수 있을 것입니다. 낮에는 기온이 화씨 140
도 내지 150도까지 올라갑니다. 밤에는 영하로 떨어집니다. 그러한 지
역에서 살아남기 위해서 이스라엘의 대군은 물이나, 태양빛을 가리운
피난처가 필요하였읍니다. 하나님께서는 모세를 시켜 반석을 쳐 물을
내도록 하셨읍니다. 구름을 통해서 햇빛을 가리는 역할을 하게 하였
읍니다. 그 구름이 사람들의 진 위에 넓게 펴져서 보호하여 주었읍니
다. 이 특별하고 이적적인 조치가 없었다면 사람들은 죽었을 것입니

다.

　우리가 부르는 찬송가 중에 하나님께서 백성들을 보호하시는 것을 노래하는 찬송가가 있는데, 아마 그 찬송을 부르는 많은 사람들이 그걸 잘 이해하지 못할 것입니다.

　　백성이 거하는 거처마다
　　주위에 하나님의 영광을 나타내고
　　백성들을 덮어주기위하여
　　구름과 불이 나타났네
　　그 구름과 불은 주께서 가까이
　　계심을 보여주겠네!
　　그래서 그들의 깃발이신
　　하나님으로 부터 나와
　　밤에는 등불로 낮에는 그늘로,
　　백성들이 기도할 때 주신 만나를 먹고
　　그들은 안전하였네

　같은 방식으로 주 예수 그리스도께서는 자기에게 나와 자기를 따르는 모든 사람들을 보호하시는 분이십니다.

구름의 이동

　세째로, 구름이 중요한 것은 백성들이 광야에 있을 때 그 백성들을 인도하시는 제일차적인 방편으로 하나님께서 그 구름을 사용하셨기때문입니다. 광야에는 이정표가 거의 없읍니다. 사람들은 그 이정표를 보았을지라도 무엇인가 알아보지 못했을 것입니다. 아마, 사막의 열기가 아지랭이를 일으켰을 것이고 멀리 보이는 사물의 상(像)을 일그러뜨렸을 것이며 거의 모든 형체들을 알아볼 수 없게 만들었을 것입니다. 그런데 백성들이 어떻게 자기들의 갈 길을 발견했겠읍니까? 백성들이 어떻게 자기들을 대적하는 원수들이 사는 영토에 들어가방

황하거나 그 주위에 가까이 가는 일을 피했겠읍니까? 하나님께서 주
신 해답은 구름이었읍니다. 구름이 이동할 때 그들도 이동해야했읍
니다. 실로 이동하지 않으면 안되었지요. 왜냐하면 구름은 이동하는
데 그들이 그냥 그 자리에서 머물러 있으면 낮에는 사막의 열기로,
또는 밤에는 냉기로 금방 죽었을 것입니다. 구름이 어떤 곳에 머물면
그들도 머물렀읍니다.

　민수기에 나오는 하나의 긴 대목의 말씀은 그 점을 명백하게 해줍
니다. "구름이 성막에서 떠오르는 때에는 이스라엘 자손이 곧 진행하
였고 구름이 머무는 곳에 이스라엘 자손이 진을 쳤으니 이스라엘 자
손이 여호와의 명을 좇아 진을 쳤으며 구름이 성막 위에 머무는 동안
에는 그들이 유진하였고 구름이 장막 위에 머무는 날이 오랠 때에는
이스라엘 자손이 여호와의 명을 지켜 진행치 아니하였으며 혹시 구름
이 장막 위에 머무는 날이 적을 때에도 그들이 다만 여호와의　명을
좇아 유진하고 여호와의 명을 좇아 진행하였으며 혹시 구름이 저녁부
터 아침까지 있다가 아침에 그 구름이 떠 오를 때에는 그들이 진행하
였고 구름이 밤낮 있다가 떠오르면 곧 진행하였으며 이틀이든지　한
달이든지 일년이든지 구름이 성막 위에 머물러 있을 동안에는 이스라
엘 자손이 유진하고 진행치 아니하다가 떠 오르면 진행하였으니　곧
그들이 여호와의 명을 좇아 진을 치며 여호와의 명을 좇아 진행하고
또 모세로 전하신 여호와의 명을 따라 여호와의 직임을 지켰더라"(민
9 : 17～23).

　그리스도의 진술에 어떻게 이것을 적용할 수 있을까를 쉽게 알 수
있읍니다. 그리스도께서 광야에서 이스라엘이 방황할 때 그들을 인도
하는 표로 주신 구름을 분명히 생각하면서 세상의 빛이라고 주장하셨
는데, 그 말씀을 통해서 자신은 자기 백성들에게 하나님이실 뿐아니
라 백성들을 보호하실 분이며, 더 나아가 백성들을 인도하실 자임을
주장하고 계셨기 때문입니다. 그가 어느 곳에 머무르면 우리도 역시
거기에 머물러야 합니다.

　더구나, 우리는 두 가지 오류를 피해야 합니다. 첫번째 오류는 주

님을 앞질러가는 것입니다. 곧 구름이 움직이는 것을 너무 바싹 붙어서 구름이 움직이는 방향을 오판하고 다른 방향으로 나아갈 수 있다는 것입니다. 이러한 실수를 범할 성향이 우리에게 있다면, 우리는 마땅히 구름이 법궤 위에서 떠오르는 것을 보면 그 인도하는 법궤와 백성들 사이에 분명한 간격이 있었음을 기억해야 합니다─약 이천규빗쯤 되었읍니다(3～5마일 되는 거리임). 그래서 백성들이 가는 길을 오판하는 일은 전혀 없었읍니다. 이 문제에 대해서 알렉산더 맥클라렌(Alexander Maclaren)은 이렇게 관찰했읍니다. "우리의 인도자가 어디로 가게 할 것인지 안다는 너무 지나친 확신을 나타내어 우리의 인도자를 바싹 뒤쫓아가는 것은 경건하지도 못하고 지혜롭지도 못하다."

반면에 너무 늦어져도 안됩니다. 맥클라렌이 진술한 바와 같이 "진영을 덮고 있는 불의 따스함이나 장막을 치고 있던 그늘진 곳의 유쾌함 때문에 구름이 떠나가는데도 거기에 머물러서는" 안됩니다. 진정한 축복을 받는 오직 유일한 장소는 하나님의 임재의 그늘 아래입니다.

여러분도 따르시겠읍니까 ?

요약하여 말하면, 주 예수 그리스도께서 자신을 세상의 빛이라 주장하실 때 자기 백성들을 위해서 세 가지 요점을 주장하고 계셨던 셈입니다─자기는 그들과 함께 있는 하나님이시며, 보호의 원천이시며, 자기 백성들을 인도하실 자라고 주장하고 계셨던 것입니다. 이 주장은 위대한 주장입니다. 그러나 그를 따르는 자들에게만 그 주장이 해당된다는 사실을 묵과해서는 안됩니다. 주님께서는 "나를 '따르는 자는' 어두움에 다니지 아니하고 생명의 빛을 얻으리라"고 말씀하셨읍니다. 그리스도를 따른다는 것은 그리스도를 믿는다는 것과 거의 방불한 뜻입니다. 왜냐하면 예수님께서는 다른 곳의 병행구절에서 같은 상징어를 사용하시며 "나는 빛으로 세상에 왔나니 무릇 나를 믿는 자로 어두움에 거하지 않게 하려 함이로다"(요12 : 46)라고 선언하셨으니 말입니다. 그리스도를 믿는다는 것은 그리스도를 따른다는 것입니다. 또는 그리스도를 믿는다는 것은 적어도 그리스도를 따르는 결과를 유발합니다. 그리스도를 따르는 것은 그를 믿는 자들에게만 가능한 일입니다.

   여러분은 그리스도를 믿습니까? 그래야 합니다. 만일 여러분이 그리스도를 따르고 있다면 어두움에 다니지 아니하고 생명의 빛을 얻는다는 그리스도의 약속을 받은 셈입니다. 마지막 소절은 그리스도를 믿는 여러분이 그리스도 자신을 소유하게 될 것이라고 말하는 것이나 다름 없읍니다. 내세에 가서 그리스도 자신은 여러분에게 모든 것이 될것입니다. 성경은 말하기를, 그리스도는 우리에게 "지혜와 의로움과 거룩함과 구속함이" 되셨으며, 그를 따르는 것은 기쁨이라고 합니다 (고전 1 : 30).

46

증인들의 일치

"바리새인들이 가로되 네가 너를 위하여 증거하니 네 증거는 참
되지 아니하도다 예수께서 대답하여 가라사대 내가 나를 위하여
증거하여도 내 증거가 참되니 나는 내가 어디서 오며 어디로 가
는 것을 앎이어니와 너희는 내가 어디서 오며 어디로 가는 것을
알지 못하느니라 너희는 육체를 따라 판단하나 나는 아무도 판단
치 아니하노라 만일 내가 판단하여도 내 판단이 참되니 이는 내
가 혼자 있는 것이 아니요 나를 보내신 이가 나와 함께 계심이라
너희 율법에도 두 사람의 증거가 참되다 기록하였으니 내가 나를
위하여 증거하는 자가 되고 나를 보내신 아버지도 나를 위하여
증거하시느니라"(요 8 : 13∼18).

만 일 여러분이 무법한 사람으로서 어떤 증인에 의해서 범죄자로
법정에 고소당한다면, 그 증인의 증거의 영향력을 무산시키려
면 어떻게 하겠읍니까? 물론 우리들 거의 대부분은 아무 일도 하지
않을 것입니다. 특별히 우리가 죄가 없을 때 그러합니다. 그러나 여
러분이 죄가 있고 역시 혐의가 있다면, 여러분에게 열려진 세 경로의
행동방식이 있다고 저는 생각합니다. 저는 첫째로, 증인을 없앨 수
있읍니다. 그를 죽일 수도 있읍니다. 아마 증인을 위협하여 입을 다
물게 할 수도 있을 것입니다. 우리가 아다시피 사실상 형사재판에서

그러한 일은 여러번 있었읍니다. 둘째로, 증인의 말은 거짓말이라고 억측을 부릴 수도 있읍니다. 만일 여러분이 그 증인이 좋지 못한 성품을 가지고 있다는 것과, 또는 법정 앞에서 거짓말을 하였음을 보여 줄 수만 있다면, 사람들은 그런 경우에서 그 증인이 말하는 것을 곧이 듣지 않게 할 수 있읍니다.

세째로, 전문적인 방식으로 그 증인을 법정 밖에서 몰아내려고 애쓸 수 있읍니다.

무법한 사람이라면 어느 사람이든지 세 방면의 공격을 받게 됩니다. 제가 여기서 그 세 방면의 공격을 언급하는 것은 예수 그리스도의 증거를 신용하지 아니하려는 사람들이 바로 그 세 노선을 따르는 공격을 시도하기 때문입니다. 예수님께서 하나님의 본질과 구원을 필요로 하는 사람의 처지에 대해 증거하는 걸 믿어주지 아니하려는 사람들이 그런 식으로 공격을 해왔읍니다.

첫번째 노선의 공격은 그를 몰아내려는 것이었읍니다. 우리는 7장 마지막 부분에서 그 시도를 보았읍니다. 그 부분의 본문말씀들은 그리스도 당시의 이스라엘 지도자들(당국자들)이 그를 잡으려고 한 시도를 기록하고 있읍니다. 그때 그들은 실패했읍니다. 그러나 후에는 성공했읍니다. 그래서 예수님께서 재판을 받게 되고 처형된 것입니다. 둘째로, 그들은 예수님의 성품을 의심케 하므로써, 그가 무슨 말을 하든지 아무도 그의 말을 청종하지 않도록 그를 불신케 만들려고 시도하였읍니다. 실패는 했지만 간음하다 잡힌 여인의 사건을 통해서 함정에 빠뜨리려 했던 것도 바로 그러한 의도가 숨어 있었읍니다. 최종적인 시도는 전문성을 동원하여서 그의 증거의 힘을 무산시켜버리는 것이었읍니다. 한 절 한 절 요한복음을 연구해오던 중에 우리는 바로 그 부분에 도달하게 된 것입니다.

두 세 증인

우리가 지난 강론에서 다루었던 요한복음 8 : 12에 보면 주 예수 그리스도께서 엄청난 주장을 하시는 걸 발견합니다. 확실히 말해서, 요한복음에서 예수님은 그처럼 엄청난 주장들을 많이 하셨습니다. 그러나 이 8장 12절에서는 자신을 하나님이라고 주장하는 것과 거의 같은 것을 진술하십니다. "나는 세상의 빛이니 나를 따르는 자는 어두움에 다니지 아니하고 생명의 빛을 얻으리라"(8 : 12). 하나님을 빛과 생명의 차원에서 생각하고, 그 외침이 광야의 이스라엘 백성들과 함께 하셨던 하나님의 임재를 상징했던 구름을 염두에 둔 것이기 때문에, 그리스도의 말씀들은 듣는 사람들에게 과격하게 보이고 거의 하나님을 모독하는 것처럼 들렸음에 틀림없습니다. 어떠한 기준으로 보든지 그 외침은 적어도 예수님이 사람들의 추종을 받을 당당한 권리가 있음을 주장하는 것이었습니다. 당국자들은 그 외침이 가리키는 두 가지 추론을 다 거절하였습니다.

그러나 어떻게 하면 이 증거를 무산시킬 수 있는가? 그들은 이미 예수님을 체포하려고도 해보았습니다. 그러나 실패했습니다. 여인의 문제에서 예수님은 그들이 아무런 흠을 잡지 못할 정도로 자신의 옳음을 드러내셨습니다. 아마 전문성을 동원하기도 했을 것입니다. 그들은 모든 사건 때마다 그러한 시도를 해볼 것입니다.

유대법에는 아무리 해도 한 사람만의 증인으로는 어떤 사람도 죄인이라 혐의를 씌울 수 없었습니다. 언제나 두 세 증인을 요구하였습니다. 이 원리는 민수기 35 : 30에서 표현되어 있습니다. "한증인의 증거만 따라서 죽이지 말 것이요." 신명기 17 : 6은 "죽일 자를 두 사람이나 세 사람의 증거로 죽일 것이요 한 사람의 증거로는 죽이지 말 것이며"라고 말합니다. 신명기 19 : 15는 "사람이 아무 악이든지 무릇 범한 죄는 한 증인으로만 정할 것이 아니요 두 증인의 입으로나 세 증인의 입으로 그 사건을 확정할 것이며"라고 말했습니다. 랍비적인 권위들을 가진 사람들이 가장 광범한 방식으로 이 원리를 해석하여 급기야는 모든 증거에 그 원리를 적용시키게 되었습니다. 두 사람 이상이 인증할 수 없는 것이면 아무 것도 믿지 말아야 했습니다. 물론 아무도 자신에 관한 증거를 할 수는 없습니다. 이제 당국자들은 이 원리를 예수님께 적용시켰습니다. 그들이 노리는 요점은, 그의 주장이 참이든지 그렇지 않든지간에 증거의 관한 국면에서 적어도 그 주장이 확고한 기반을 가지고 있지 못하다는 것입니다. 어떤 사람이라도 자기 혼자만 증거하는 것이면 믿어주지 말아야 합니다. 요한은 이렇게 기록합니다. "바리새인들이 가로되 네가 너를 위하여 증거하니 네 증거는 참되지 아니하도다"(13절).

저는 이 시점에서 어떤 방면에서는 우리가 다루고 있는 그 문제는 전문적인 문제요 과거 세대에 속한 문제였음을 인정해야겠읍니다. 그러나 어떤 방면에서는 그 문제가 오늘날의 사람들에게는 단순하고 적절합니다. 그리스도의 증거가 반드시 참이 아니라서기 보다는 증거를 평가하는 자기들 나름의 방식에 따라서 그것이 참인지 아닌지를 판단할 길이 없기 때문에 그리스도의 증거를 믿지 않으려는 사람들이 많습니다. 그들은 그리스도를 진정으로 불신앙하는 것이 아닙니다. 그러나 그리스도에 관한한 그들은 불가지론자들입니다. 특히 그러한 사람들, 사실 우리 모두에게도 이 당국자들의 도전에 대한 그리스도의 대답은 큰 중요성을 가진 것입니다.

더 높은 지식

예수님께서는 자신에 관해서 증거하는 것이 전문적인 기초 위에서 볼 때 견고하지 못하다는 비난에 대처하시면서 세 가지 요점을 말씀하십니다. 첫번째 요점은 당신이 증거하고 있는 문제의 종류상 더 높은 지식의 원천을 가진 인격만이 그러한 것을 알아볼 수 있으며, 자기만이 그러한 지식을 가지고 있다는 것입니다. 주님 자신의 말로 대답을 들어봅시다. "나를 위하여 증거하여도 내 증거가 참되니 나는 내가 어디서 오며 어디로 가는 것을 앎이어니와 너희는 내가 어디서 오며 어디로 가는 것을 알지 못하느니라"(14절). 다른 말로 해서, 이 문제가 인간 체험이나 이해의 체제 속에서 다루어질 문제에 불과하다면, 랍비의 공리(公理)가 참을 가려내고 소용될 거라는 것입니다. 그러나 하나님을 아는 것의 차원에서는 하나님만이 증거하실 수 있읍니다. 이 경우에서 성자 하나님께서는 자신과 하나님 아버지를 다 증거하고 계십니다. 이러한 독특한 경우 때문에 그 증거를 받아들여야 합니다.

주님의 이 대답에서는 또 다른 유대의 법적인 원리를 간접적으로 시사하고 있습니다. 왜냐하면 증인의 성품과 신분여하에 따라서 그 증거를 받고 안받고하는 걸 결정하는 것은 또 다른 원리이기 때문입니다. 이 원리는, 성품이나 직업이나 의문스러운 행동들 때문에 증인으로서는 적합치 않을 사람들의 명부를 작성하는 일을 통해서 주로 모습을 드러냅니다. 그런 사람들 중에는 도적들도 있고, 목자들도 있었읍니다(왜냐하면 목자들은 자기 양들이 다른 사람의 소산을 해치고 지나가도록 버려두는 것 같았기때문입니다). 또 그 명부에는 포악한 사람들과, 돈 문제에 있어서 신용이 없는 모든 사람들이 포함되어 있었읍니다. 그 돈 문제로 명부에 오른 사람들 중에는 세관원과 세금을 거두어 들이는 사람들도 들어 있었읍니다.

예수님의 논증은 그렇게 진행되어나갑니다. 만일 랍비들이 못믿을 사람들로 취급하는 자들의 증거를 거절하고, 정직한 사람의 증거를 받아들이되 또 다른 정직한 증인의 증거로 그 증거가 입증될 때 받아들인다면, 어째서 그들은 예수님의 경우에는 사람보다 더한 분의 증거를 받아들이지 않는가? 그분만이 다른 어느 누구도 알 수 없는 자기의 기원과 신성(神性)을 알고 계십니다(14절). 그분은 그를 반대하는 자들처럼 육체를 따르지 않고 진리를 따라서 판단하십니다(15절). 그분은 아버지 하나님과 영적으로 완전한 연합을 이루며 역사하십니다(15, 16절).

예수님께서 요한복음 8 : 17에서 법적원리를 인용하시면서 원래의 어구에는 "두 증인"이라 되어 있는 것을 "두 사람"으로 바꾸심으로써 단순히 인간적이고 제한적인 증거와, 자신의 증거 사이에 존재하는 큰 차이를 강조하셨읍니다. 그 사실을 통해서 우리가 이 대목을 앞에서 이해한대로 이해할 용기를 얻게 됩니다.

여러분은 이 차이를 인식하시겠읍니까? 만일 예수님께서 말씀하신 대로 그런 분이시라면 그분은 하나님에 대해서 증거하실 수 있고 우리가 다른 방향으로서는 도저히 배울 수 없는 인간에 관한 어떠한 것들을 증거하실 수 있다는 걸 아셨느냐는 말입니다? 만일 그분이 하나님이 아니시라면 우리는 하나님을 아는 확실한 지식을 하나도 갖지 못하게 됩니다. 만일 그분이 하나님이라면 그의 진술과 외침들을 믿을 수 있습니다.

공평한 증거

둘째로, 예수님께서는 자기의 증거가 공평하다는 걸 기초로 하여 하나님과 사람에 관한 증거를 할 수 있는 권리를 주장하셨습니다. 15절과 16절에서 말씀하시는 의도가 바로 그것입니다. "너희는 육체를 따라 판단하나 나는 아무도 판단치 아니하노라 만일 내가 판단하여도 내 판단이 참되니." 이 구절에서 "육체"라는 말은 하나님의 것과 반대되는, 사람 속에 있는 인간적인 모든 것을 다 표현하는 말입니다. 그 말은 지식이나 객관성에 있어서 한계가 있음을 함축하는 이른바 인간 존재의 제한적인 요점들을 싸잡아 표현하고 있습니다. 사람들에 대해서 증거하였던 사람들이 여기 있었읍니다. 그들은 사람들을 평가할 때 편벽되었읍니다. 그들은 자신들과 다른 사람들을 위해서는 변명을 늘어놓았읍니다. 예수님께서는 이와 반대로 자기의 판단이 그들의 판단처럼 한계가 전혀 없고 공평하다고 선언하십니다.

더 나아가서 예수님의 판단은 죄가 없읍니다. 성경의 언어에서 "육체"에 속한다는 것은 죄악적이 된다는 걸 함축합니다. 예수님께서는 이 점도 역시 부인하십니다. 그는 죄가 없으신 분입니다. 그러므로 죄의 제약들이 그의 증거를 왜곡시키기 위해서 들어오지 못합니다.

인간의 증거와 판단이 있는 곳에는 언제나 죄가 들어옵니다. 변호사들이 버지니아 출신의 정직하지 못한 재판장에 대해서 말하는 이야기를 들어본 적이 있읍니다. 재판관은 두 철도에 관한 소송을 결판내려야 했읍니다. 두 변호사로 부터 그 두 철도를 대표하는 변호서를 송달받았는데, 거기에는 뇌물도 들어 있었읍니다. 첫번째 변호사는 만불을 보냈고 두번째 변호사는 만 오천불을 끊어 보냈읍니다. 재판관은 두 수표를 보고 한 동안 생각하더니 그 비서를 불렀읍니다. "오 천달라를 여기서 찾아서 두번째 철도를 대표하는 변호사에게 보내시오. 이 사건은 그 시비곡직에 따라 판단하겠소."

사람들은 아무리 잘해도 죄악적입니다. 그러므로 우리는 어떠한 사람이 하는 증거보다도 죄 없으신 분의 증거를 받아들여야 합니다.

아버지의 증거

끝으로, 주 예수 그리스도께서는 공생애 초기에 그러하였듯이 최종적인 단계에서 자기의 증거가 자기 혼자만의 것이 아니라 하나님 아버지의 말씀으로 뒷받침된다는 걸 지적하셨읍니다. 그럼으로써 두 세 사람의 증인들의 입으로 말미암아 확증해야 된다는 랍비의 요구를 만족시킨 것입니다. 주님께서는 이렇게 말씀하십니다. "너희 율법에도 두 사람의 증거가 참되다 기록하였으니 내가 나를 위하여 증거하는 자가 되고 나를 보내신 아버지도 나를 위하여 증거하시느니라" (17, 18절). 하나님 아버지의 증거는 세례 요한을 통한 증거와(5 : 33, 34), 그리스도의 표적의 증거와(5 : 36), 그리고 구약성경의 증거(5 : 39~47)로 구성되어 있읍니다.

그러니 그리스도의 증거에 대해서 어떠한 말을 할 수 있읍니까? 우리가 그 모든 것을 종합해볼 때 예수님께서 친히 하신 증거는 초월적인 지식과 공평성의 특징을 가진 것이고, 아버지의 증거로 뒷받침된 것입니다. 두 위대하고 두 가장 높은 증거들이여! 그 증거들이 서로 합치합니다!

그러한 증거를 누가 불신할 수 있읍니까? 아무도 그것을 불신할 수 없읍니다. 많은 사람들이 그 증거를 시험해 보았지만 아무도 불신할 만한 요점을 발견하지 못했읍니다.

세 가지 적용

이 주님의 가르침 속에는 우리 자신의 삶 속에 적용해야 할 몇 가지 중요한 요점이 있읍니다. 첫째로, 영적인 문제에 있어서 우리 자신의 판단을 의뢰하지 말아야 합니다. 우리의 지식이란 한계가 있읍니다. 우리는 공평하지 못합니다. 우리는 사물들을 바라보는 우리 자신의 방식을 의뢰하지 말아야합니다. 잠언 3 : 5, 6의 요점이 그러합니다. "너는 마음을 다하여 여호와를 의뢰하고 네 명철을 의지하지 말라 너는 범사에 그를 인정하라 그리하면 네 길을 지도하시리라"

둘째로, 우리는 주 예수 그리스도의 말씀을 무조건 신뢰해야 합니다. 우리 자신 외에는 아무도 신뢰하지 말아야하나 그리스도가 그러한 분이시니 그분을 신뢰해야합니다. 기독교 신앙에는 우리가 이해하지 못하는 것이 많이 있을 수 있읍니다. 기독교 진리에는 우리가 좋아하지 않고 제거될 수 있었으면 좋겠다고 생각할만한 국면들이 있을 것입니다. 그러나 그것은 우리 마음대로 될 수 있는 일이 아닙니다. 예수께서 무엇을 말씀하시든지 의문의 여지 없이 믿어야 합니다. 영적 문제에 대해서 우리 스스로 따지고 드는 일을 포기해야 합니다. 성경은 "모든 이론을 파하며 하나님 아는 것을 대적하여 높아진 것을 다 파하고 모든 생각을 사로잡아 그리스도에게 복종케 하는" 바른 목표를 지적해줌으로써 이러한 노선들을 따라서 나아갈 우리의 의무를 말하고 있읍니다(고후10 : 5).

세째, 예수 그리스도의 말씀이 진리라면, 우리는 그분을 우리의 구주로 받아 들이고 우리의 주로 알고 따라야합니다. 여러분은 그렇게 하셨읍니까? 그렇지 않다면 저는 여러분에게 그리스도의 증거를 시험해보고 그 증거가 참이라면 따라야 할 것이라고 촉구하렵니다.

위대한 성경교사요 성경강론자인 토레이(Reuben A. Torrey) 는 이 도전을 받아들인 한 사람에 대해 말하고 있읍니다. 토레이가 시카고에서 여러 학생들에게 강론을 하고 있었읍니다. 그 강론을 마칠 때 쯤해서 한 사람이 토레이에게 도전해왔읍니다. 그 사람은 자기가 체험한 것은 토레이가 말하는 것과 다 맞아들어가지 않는다고 주장했읍니다. 토레이는 영적인 문제들에 대해서 일어나는 의심을 어떻게 극복할까를 강론해왔읍니다. 이 사람은, 자기가 토레이가 제시한 모든 것을 다 해보았으나 깨달음이 없다는 느낌을 가졌던 것입니다.

토레이는 그 사람에게 이렇게 답변하였습니다. "자, 이 점에 대해서 우리가 분명합시다." 토레이는 자기의 비서를 시켜 받아쓰게 하면서 이렇게 말했습니다. "바른 것과 그릇된 것 사이에는 절대적인 차이는 있다고 나는 믿습니다. 그래서 나는 바른 것 편에 서서 바른 것이 나를 어디로 인도하든지 따르렵니다. 나는 예수 그리스도가 하나님의 아들인지 알아보려고 정직하게 연구하겠다고 약속하겠습니다. 만일 그가 하나님의 아들인 것을 발견하면, 나는 그를 내 구주로 받아들이고 세상 앞에서 그분에 대한 공개적인 신앙고백을 하겠습니다." 그 비서는 그것을 받아 써서 두 부를 만들어 가지고 왔습니다. 토레이는 "당신, 여기에다 서명하시겠소?"라고 요구했습니다.

그 방문자는 "물론요"라고 말했습니다. 그리고 한 부는 자기가 서명을 하고 또 한 부는 토레이에게 넘겨 주었습니다. 그런 다음에 그 방문자는 "그러나 그건 쉬운 일이죠. 그러나 내 경우는 매우 독특해요"라고 덧붙였습니다.

"자 다른 문제가 있습니다. 당신은 하나님이 계시지 않다는 걸 확실히 알고 있나요?"라고 토레이가 말했습니다.

그 사람의 대답은 "아니요. 하나님이 계시지 않다는 걸 전 잘몰라요. 저는 그 문제에 대해서 불가지론자예요. 긍정도 부정도 하지 않지요."

토레이는 계속했습니다. "그런 경우라면 하나님께서 기도에 응답하시지 않는걸로 알고 있는 것도 아니군요."

"그렇지요."

"자 그럼 좋습니다. 예수 그리스도가 하나님의 아들이신지 당신이 연구하기 위해서 한 실마리가 여기 있습니다. 기도해야 합니다. 이와 같이 기도하세요. '하나님, 하나님이 계시다면, 예수 그리스도가 당신의 아들인지 아닌지 보여주세요. 만일 예수 그리스도가 당신의 아들임을 보여주신다면 그분을 내 구주로 영접하고 세상 앞에서 그러한 신앙을 고백하겠습니다.' 그렇게 하시겠습니까?."

"예, 뭐 그것도 하지요. 그러나 그건 별 문제가 되지 않아요. 내 경우는 매우 독특해요."

"자 마지막 하나의 문제가 있읍니다. 요한복음 20장 31절에서 요한은 '오직 이것을 기록함은 너희로 예수께서 하나님의 아들 그리스도이심을 믿게 하려하며 또 너희로 믿고 그 이름을 힘입어 생명을 얻게 하려 함이니라'라고 말씀합니다. 여기서 요한은 자기 복음서를 쓴 목적은 예수께서 그리스도시요 하나님의 아들이시라는 증거를 사람들에게 보여주기 위한 것이라고 말하고 있읍니다. 당신이 그 증거를 읽어 보시겠읍니까? 그리고 그것을 읽을 때마다 언제나 제가 제시한대로 기도하시겠읍니까?" 그 사람은 다시 그러겠노라고 대답했읍니다. 그러나 다시 그 사람은 그게 무슨 큰 의미가 있겠느냐고 덧붙였읍니다.

두 사람은 헤어졌읍니다. 각각 자기의 일을 보러 갔읍니다. 두 주간이 지난 후 토레이의 강의실에서 두 사람이 다시 만났읍니다. 이때 그 회의론자는 "당신이 아다시피 무언가 있던데요. 당신이 하라는대로 하고 나서부터 마치 내가 사로잡혀 나이애가라 강가를 따라서 끌려가고 있는 것 같은 느낌을 받았어요. 당신은 이제 나는 열정적인 그리스도인이 될 거라는 걸 알아주십시요."

토레이는 그때 매우 감동하여 "주를 찬양하나이다!"라고 외쳤읍니다.

다시 수 주간이 흘러갔읍니다. 그 주간 동안 토레이는 동부에서 성경을 가르쳤읍니다. 그러나 그가 돌아왔을 때 그 사람은 그를 기다리고 있었읍니다. 그는 그리스도인이 되어 있었읍니다. 그의 증거는 이러하였읍니다. "저는 내가 지금 어떻게 해서 다른 것을 듣게 되었는지 이해할 수 없어요."

만일 여러분이 아직 그리스도인이 아니라면 증거를 대면해보십시요. 그렇다면 이 이야기가 여러분의 이야기가 될 수 있읍니다. 여러분은 그 증거를 대면하시겠읍니까? 하나님께서는 여러분이 혼돈 가운데 처하여 있는 것을 원치 아니하십니다. 기독교 신앙을 아는 지식을 분명히 가지기를 원하십니다.

47

세 가지 질문

"이에 저희가 묻되 네 아버지가 어디 있느냐 예수께서 대답하시
되 너희는 나를 알지 못하고 내 아버지도 알지 못하는도다 나를
알았더면 내 아버지도 알았으리라 이 말씀은 성전에서 가르치실
때에 연보 궤 앞에서 하셨으나 잡는 사람이 없으니 이는 그의 때
가 아직 이르지 아니하였음이러라 다시 이르시되 내가 가리니
너희가 나를 찾다가 너희 죄 가운데서 죽겠고 나의 가는 곳에는
너희가 오지 못하리라 유대인들이 가로되 저가 나의 가는 곳에는
너희가 오지 못하리라 하니 저가 자결하려는가 예수께서 가라사
대 너희는 아래서 났고 나는 위에서 났으며 너희는 이 세상에 속
하였고 나는 이 세상에 속하지 아니하였느니라 이러므로 내가 너
희에게 말하기를 너희가 너희 죄 가운데서 죽으리라 하였노라 너
희가 만일 내가 그인줄 믿지 아니하면 너희 죄 가운데서 죽으리
라 저희가 말하되 네가 누구냐 예수께서 가라사대 나는 처음부터
너희에게 말하여 온 자니라 내가 너희를 대하여 말하고 판단할
것이 많으나 나를 보내신 이가 참되시매 내가 그에게 들은 그것
을 세상에게 말하노라 하시되 저희는 아버지를 가리켜 말씀하신
줄을 깨닫지 못하더라"(요 8 : 19~27).

언제가 저는 우리 제십장로교회의 한 성도와 많은 신학적인 논쟁
의 경로에 대해서 조크를 던지면서, 그러한 논쟁이 그 질에 있

어서 떨어지고 결국은 인신공격으로 끝을 맺는 수가 흔하다는 걸 지
적한바 있습니다. 우리는 이 교회의 강단과 이 교회에서 전해지는 유
의 교리를 반대하는 사람 사이에 그런 논쟁이 벌어진다면 어떻게 되
겠는가를 생각해 보았습니다. 우리를 반대하는 그 사람을 존 스미쓰
라고 해놓고 한번 상상해 보겠습니다. 스미쓰는 제가 가르치는 개혁
주의 신앙교리에 맞지 않아 그 교리들을 의문시하는 한 책을 씁니다.
그 책이 "칼빈주의를 관찰하고 나서"라는 제목의 책으로 불리어집니
다. 논쟁의 두번째 단계가 내가 대답할 차례입니다. 그 책의 제목은
"알미니안주의를 논박함"이라는 제목입니다. 이제 존 스미쓰는 대단
히 장황하게 늘어놓습니다. "제임스 몽고메리 보이스의 교훈을 파헤
치다"는 제목을 붙인 세 권의 책을 한 질로 만들어 발행합니다. 나는
"존 스미쓰의 이단성"이라는 제목의 책으로 응답합니다. 이러한 논쟁
이 결국 가장 마지막으로 이 쟁론을 출발시킨 사람이 발행한 팜프렛
이 나오게 됩니다. 그 팜프렛 제목은 "그들 가운데서 나와 따로 떨어
져라"는 것이 됩니다.

　　물론 우리는 그저 우스개소리로 그렇게 하고 있었을 뿐입니다. 저
는 존 스미쓰라는 사람을 알지도 못합니다. 그러나 불행히도 우리가
조크를 던지며 말하고 있었던 그 일은 많은 신학논쟁의 진로(進路)를
예증해 줍니다. 더구나, 요한복음 8장과 관련해서 제가 지적하고 싶
은 요점을 예증해줍니다.

바리새인들의 조소

　　이 요한복음 8장의 정신에 온전히 몰입되기 위해서 예수 그리스도
와 백성들의 지도자들 사이의 관계가 악화되어가고 있었다는 걸 이해
할 필요가 있습니다. 적어도 인간적인 관점에서 우리는 그 관계를 그
런 식으로 묘사할 것입니다. 요한복음 5장에서 8장까지 지도자들이
예수님을 배척하는 걸 기록하고 있습니다. 처음에는 5장에서 안식일
문제로 예수님을 반대합니다. 그러다가는 8장에서는 완전한 단절로
끝을 맺습니다. 사실 다음에 나오는 장들을 새로운 테마를 시작할 것

입니다. 예수님과 아버지께서 예수님께 주신 자들과의 관계와, 그들을 위해서 예수님께서 베풀어 주시는 문제를 다룰 것입니다. 그러나 요한은 아직도 이 시점에서 예수님과 지도자들 사이의 악화되는 관계를 추적하고 있으며, 이제 그 관계가 새로운 하향곡선을 그리기 시작했음을 보여주고 있습니다.

물론 이미 그 관계의 곡선은 아주 낮게 떨어졌었습니다. 첫째로, 예수님을 체포하려는 시도가 있었습니다(7 : 32). 일이 실패하였습니다. 다음에는 간음하다 잡힌 여인의 일로 예수님을 함정에 빠뜨리려고 시도하였습니다(8 : 3∼11). 예수님께서는 이 상황에서 그 지도자들에게 자신이 너무나 기민하다는 걸 보여주셨습니다. 세번째 경우에는 법률적 전문성을 기초로 하여 예수님의 증거를 무산시키려고 시도하였습니다(8 : 13). 이것마저 예수님은 대처하셨습니다. 그래서 예수님께서 체포되는 것을 피하시고 시험에서 그들을 이기시고, 자기 증거를 반대하는 그들의 태도에 답하신 후, 바리새인들과 다른 지도자들은 가장 낮은 수준으로 내려앉았고 인격적으로 주님을 우스개거리로 만들기 시작했습니다. 그들은 그 일을 했습니다.

세 질문이 나옵니다. 첫번째 질문은 "네 아버지가 어디 있느냐?"(19절). 적어도 이 질문은 예수님의 주장을 증거하는 두번째 증인이 있다는 진술을 조소적으로 거부하는 것이었습니다. 그러나 그것은 예수님의 탄생을 둘러 싼 여러 가지 사실들의 독특한 성질을 넌지시 가리키며 요셉이 그리스도의 아버지가 아니라고 믿고 있음을 암시하는 것일 수도 있습니다. 그들은 그런 질문을 던지면서 모독적이고 야비한 어조로 말했습니다. 이러한 비방은 뒤에 나오는 말로써 명백해질 수 있습니다. "우리가 음란한 데서 나지 아니하였고"(41절).

두번째 질문은 "저가 자결하려는가?"(22절)였습니다. 이 의문 속에 들어 있는 의도는 자결하는 사람들은 가장 낮은 음부로 들어간다는 유대교의 믿음에서 드러납니다. 예수님께서 방금 "저가 나의 가는 곳에는 너희가 오지 못하리라"고 말씀하셨습니다. 그들은 예수님께서 자기의 죽음을 말한다는 걸 이해하는 면에서는 옳았습니다. 그러나 자

기들은 틀림없이 하늘에 속했으니 그가 지옥에 갈 것은 뻔하고 그것
도 가장 낮은 곳에 가는 것을 의미하는 것이라고 생각했읍니다.

마지막 질문은 "네가 누구냐?"(25절)이었읍니다. 사실상 예수님을
보고 '너는 아무 것도 아니라'고 말하는 것이나 다름이 없읍니다. 그
질문은 이전에 예수님께서 자신에 대해서 말씀하신 모든 것을 다 거
절한다는 것을 함축하였읍니다.

그러한 질문을 받으신 예수님은 어떠한 반응을 나타내셨읍니까? 그
들이 나타낸 조롱투의 자세에 대해서 어떻게 반응하셨읍니까? 그리
스도께서는 요한복음에 나오는 이른바 중생치 않은 사람의 운명에 관
하여 나열하신 가장 강력한 일련의 진술들로써 답변하셨다는 것은 흥
미롭습니다.

하나님께서 그들을 버리셨음

이 사람들의 조소어린 질문을 받고서 주 예수 그리스도께서 말씀하
신 첫번째 요점은, '자기를 아는 사람들은 그러한 질문을 던지지 않
는다'는 것이었읍니다. 그러므로 그러한 질문을 던지는 사람들은 자
기나 하나님 아버지를 알지 못한다는 것입니다. 이 요점이 너무나 중
요하기 때문에 예수님께서는 그걸 말씀하시고 나서 다른 차원에서 다
시 되풀이 말씀하십니다. 처음에는 "너희는 나를 알지 못하고 아버지
도 알지 못하는도다 나를 알았다면 내 아버지도 알았으리라"(19절)
고 말씀하셨읍니다. 그런 다음에 "너희는 아래에서 났고 나는 위에서
났으며 너희는 이 세상에 속하였고 나는 이 세상에 속하지 아니하였
느니라"(23절)고 덧붙이셨읍니다. 다른 말로 해서 이 사람들(그들의
지위와 학식에도 불구하고)은 하나님을 알지 못했읍니다. 그러기 때
문에 그러한 조소어린 질문을 던지게 된 것입니다.

이 점은 우리에게 있어서도 매우 중요합니다. 왜냐하면 사물들을 보
는 우리의 육신적인 방식을 거스리기 때문입니다. 우리의 사고방식에
따르면 질문을 던지는 것은 좋은 일입니다. "질문을 던지지 않는다면
우리가 어떻게 배우겠는가?"라고 말합니다. 그 말은 어느 정도까지

는 옳습니다. 성경을 연구하는 데서 조차 그 방식은 어느 정도 옳습니다. 왜냐하면 "이 책이 누구에게 보내진 것이냐? 누가 말하고 있느냐? 그것은 무엇을 말하고 있느냐? 그것은 내게 어떠한 의미를 가지느냐?" 우리의 성경연구에 도움을 얻으려면 그러한 질문을 던질 필요가 있습니다. 동시에 영적인 문제에 있어서는 질문형식이 전혀 도움이 되지 않는다는 것을 인식할 필요가 있습니다. 이러한 질문형태는 진리를 발견해내려는데 보다 진리에 항거하려는 목적을 가지기가 쉽습니다. 하나님께서 이미 우리에게 알려주신 것을 믿지 않는 것을 정당화시키려는 시도가 됩니다.

로마서 1장에서 하나님께서 바로 그것을 말씀하고 계십니다. 로마서 1장에 보면 하나님께서 어떤 사람들을 그 배역한 마음대로 행하도록 내버려두셨다고 말합니다. 왜냐하면 "저희가 그 마음에 하나님 두기를 싫어하였기"(1 : 28) 때문입니다. 하나님에 관한 어떤 일들은 모든 사람들에게 다 알려졌습니다. 로마서 1장 20절은 그것들을 말합니다. 그러나 사람들이 자기들이 아는 것을 싫어하고 그 아는 것으로부터 연유되어 나오는 결론들을 인정하고싶지 않기 때문에 이 하나님을 아는 지식을 가지기를 거부하고 그럼으로써 의도적으로 하나님을 배척합니다.

다윗은 약간 다른 언어로 그 점을 말합니다. 시편 77편 3절에서 "내가 하나님을 생각하고 불안하여 근심하니"라고 말했습니다. 예수 그리스도의 죽으심으로 말미암아 하나님과 화평을 누리지 못한 마음을 가진 사람들에게 있어서 하나님은 언제나 근심거리일 것입니다. 그러므로 마음 속에서 근심하고 싶지 않고 그들의 양심의 가책을 싫어하기 때문에 사람들은 할 수 있는 모든 일을 강구하여 자기들의 지식에서 하나님을 추방하려고 합니다. 그러기 위한 한 가지 방식이 질문을 던지는 것입니다. 신학자들이나 많은 목회자들도 바로 그러한 유의 질문을 던집니다. 하나님이 누구냐? 예수가 진정 어떠한 분이냐? 오늘날 사람들에게 있어서 십자가는 어떠한 의미를 가지느냐등의 질문을 던집니다. 서글픈 일은 그럴 필요가 없다는 것입니다. 왜냐하면,

예수 그리스도의 인격과 성경안에서 하나님이 계시되어 있으니,하나
님을 아는 지식은 그 지식을 가지려는 사람들이 손에 잡을만큼 가까
이 존재하기 때문입니다.

　이 본문은 또 하나의 진리를 더 생각나게 합니다. 그 마음에 하나님을
아는 지식을 두기를 싫어한 사람들에게 하나님께서 주시는 경고의 형
태를 띤 진리입니다. 하나님께서 "저희를 내버려두셨다"는 말씀을듣
습니다. 헬라어로 된 본문은 사람들이 하나님을 버렸으니 하나님께
서 사람들을 버리셨다는 사상을 전달합니다. 그들이 하나님을 포기했
읍니다. 그래서 하나님께서도 그들을 버리셨읍니다.

　"하나님께서 저희를 내어버려두사"라는 구절은 무서운 구절입니다.
로마서 1장에 그 말이 세번이나 나타납니다. 첫번째 경우에서는 사
람들이 하나님을 알되 하나님으로 영화롭게도 아니하고 감사치도 아
니하기 때문에 그들을 더러움에 내어버려두셨다고 말합니다(24절).
그것은 성적인 범죄를 가리킵니다. 둘째로 사람들이 하나님의 진리를
거짓 것으로 바꾸어 창조주보다 피조물을 더욱 더 섬기고 경배하기
때문에 하나님께서 그들을 비열한 욕심에 내어버려 두셨다고 말합니
다(26절). 그것은 성적 도착을 가리킵니다 -남성간의 동성애나 여성
간의 동성애 등을 가리킵니다. 끝으로, 사람들이 그 마음에 하나님 두
기를 싫어한다고 말한 다음에 하나님께서 이러한 성적인 범죄보다도
훨씬 더 악한 일을 행하도록 내버려두셨다고 말하고 있읍니다. 하나
님께서는 그들을 상실한 마음대로 내어버려두셨읍니다(28절). 그들이
자기 자신의 부패한 판단대로 행하도록 방치해두셨다는 것입니다. 28
절 이후에 나타나는 가공스런 죄목들을 통해서 증명되듯이 그것은 무
서운 운명에 빠집니다. 그 죄들은 사람의 상실한 마음의 판단에서 나
오는 것으로 하나님은 말씀하십니다.

하나님의 은혜의 날

　둘째로, 예수님께서는 '하나님의 은혜의 날이 영원토록 지속되지
않을 것이라'고 가르치셨읍니다. 예수님은 그 점을 두 방면에서 가르

치셨읍니다. 첫째는, 자신이 죽으실 것과 떠날 것을 가리킴으로써 가르치셨읍니다. 주님께서 떠난 후 사람들이 그를 찾아도 그를 발견할 수 없을 것이라는 것입니다. 두번째는 그들도 역시 죽게 된다는 사실을 언급함으로써 그점을 가르치셨읍니다(8 : 21). 역사적인 차원이나 개인적인 차원에서 하나님의 은혜의 날은 끝이 없는 게 아닙니다. 주 예수 그리스도를 믿음으로 말미암아 하나님과 바른 관계를 맺는 개인적인 일을 지체해서는 안됩니다. 지체한다는 것은 어리석습니다.

사람들이 매일의 일상적인 수천의 일들에는 상식을 발휘하면서도 영원의 문제에 대해서는 상식을 전혀 발휘하지 못하는데 그 이유는 무엇입니까? 사람들은 자신들을 위해서는 돈을 아낌없이 씁니다. 자기들이 더 이상 일할 수 없기 전에 은퇴의 날을 위해서 저축도 합니다. 또한 자기들의 건강을 위해서 보양도 합니다. 아프면 의사에게 갈 뿐 아니라 정규적인 검진을 받으면서 예방약도 씁니다. 잘 먹기도 합니다. 휴가도 즐기고 운동하는 시간도 마련합니다. 사람들은 이러한 모든 일에 있어서 가장 칭찬할만한 상식을 행사합니다. 그러나 이 일, 곧 하나님의 은혜의 날에 하나님을 만나려들지는 않습니다.

몇년 전에 한 복음전도자가 "하나님을 만날 준비를 하라"는 내용의 설교를 했습니다. 그의 첫번째 요점은 "하나님을 만날 준비를 해야 되는 가장 큰 이유는 하나님을 반드시 만난다는 데 있다"는 것이었읍니다. 정말 그렇습니다. 하나님의 법정에 서기 전에 주 예수 그리스도에 대하여 인격적인 반응을 보임으로써 여러분의 문제가 해결되지 않으면 하나님의 심판대 앞에 나타나 그리스도를 배척한 데 대한 답변을 해야 될 것입니다. 여러분은 그리스도 예수께 인격적으로 반응하시겠읍니까? 성경은 선언합니다. "보다 지금은 은혜받을만한 때요 보라 지금은 구원의 날이로다"(고후 6 : 2).

핑계댈 수 없음

세째로, 예수님께서는 바리새인들의 조롱섞인 질문에 대하여, 만일 그들이 자기를 메시야와 구주로 믿지 않을 것이면 '그들의 죄 가운데서 죽을 것이라'(21, 24절)는 진리로 답하셨읍니다. 성경에 의하면 죽는데는 두 길이 있읍니다. "주 안에서" 죽을 수도 있읍니다 ─계시록 14 : 13은 "자금 이후로 주 안에서 죽는 자들은 복이 있도다"라고 말합니다 ─그렇지 않으면 "죄 가운데서" 죽을 수도 있읍니다. 죄 가운데서 죽는다는 것은 자신의 죄짐을 스스로 짊어지고 죽어, 그 결과로 죄의 벌책을 당하지 않으면 안된다는 것을 의미합니다. 그것은 영적인 죽음입니다. 하나님께서는 "죄의 삯은 사망이라"(롬 6 : 23) 고 말합니다. 육체적인 죽음은 몸에서 영과 혼이 분리되는 것입니다. 영적인 죽음은 영과 혼이 하나님께로부터 분리되는 것입니다. 죄 가운데서 죽는 것은 하나님과 분리되어 영원토록 그 상태로 남아 있는 것을 뜻합니다.

더구나, 여러분이 이것을 알든 모르든 그것은 전혀 문제가 되지 않습니다. 그럼에도 불구하고 그것은 진리입니다. 이 점에 대해서 여러분이 잊어버리려고 애쓸지 모릅니다. 그러나 심판날은 많은 사람들이 세상의 귀하다하는 것들과 여러 활동들로 덮어 보이지 않게 애썼던 죄를 들추어낼 것입니다.

사람들이 애써왔던 것은, 거듭 쓴 양피지 사본(寫本)이라 불리우는 특별한 유의 사본을 들어 예증할 수 있읍니다. 그 거듭 쓴 양피지사본이란 한번 그 양피지 위에 무엇인가를 썼다가 나중에 그 위에다 덮어서 전혀 다른 것을 쓴 사본을 의미합니다. 그 사본을 처음 쓸 때는 다른 사본과 똑같은 양식으로 씁니다. 그래서 한 줄 한 줄 고대 사본의 특징을 그대로 반영해 나타나게 됩니다. 그러나 뒤에 가서 먼저 쓴 것이 뭔가 희미해지고 또 쓸 종이도 없을 때 어떤 사람이 옛 양피지나 파피루스를 가지고 와서 가로 세로를 바꾸어 그 위에다 새로운 글을 씁니다. 이 거듭 쓴 양피지는 질에 있어서 다양하였읍니다. 어떤 것은 두 글이 분명하게 나타나 보일 수도 있었읍니다. 어떤 경우에는 새로 쓴 것이 옛날에 써 놓았던 것을 거의 다 덮어버린 경우도 있었읍니다. 학자들은 흔히 산성시험을 통해서나 자외선을 비추어서나 X─Ray광선을 투사함으로써 더 오래 되고 더 가치 있는 글을 복원하였읍니다. 사람의 마음도 그러합니다. 인류가 존재한 최초시대에 하나님께서는 사람의 마음에 행위의 표준을 써주셨읍니다. 그러나 사람이 하나님의 주신 그 표준을 부숴버리고 그 양심이 그 사실로 고통을 받았을 때, 사람은 원래 써 있던 것을 희미하도록 내버려두었고, 급기야는 그 마음판을 돌려서 인간 자신의 어두운 행실의 더 짙은 잉크로 하나님이 쓰신 것을 덮어썼읍니다. 그러나 어느 날 하나님의 심판의 산성시험이 나중에 쓴 것을 지워버리게 될 것입니다. 그러면 사람들이 하나님께서 모든 사람들의 삶과 양심속에 원래 넣어주셨던 그 표준으로써 판단받아 죄인으로 드러날 것입니다.

하나님과의 분리

끝으로, 예수님께서는 가장 심각한 것을 말씀하셨읍니다. 사람들이 자기를 믿기를 계속 거부하여 그 죄 가운데서 죽는다면 '그들은 하늘에 가지 못하고 지옥에 가게 될 것이라'고 말씀하셨읍니다. 예수님께서 다른 곳에서는 지옥이라는 명칭을 들먹이시지만 이 구절에서는 그 명사를 언급하지 않았다는 건 물론 사실입니다. 그러나 지옥의 존재와, 자기를 거절하는 자들의 운명은 지옥이라는 사실이 여전히 진술되고 있읍니다. 예수님께서는 "너희는 죄 가운데서 죽겠고 나의 가는 곳에는 너희가 오지 못하리라"고 말씀하셨읍니다. 그가 어디로 가고 계셨읍니까? 하늘나라로 가실 참이었읍니다. 그러므로 만일 그들이 그가 계신 곳에 올 수 없다면 그들은 하늘에 올 수 없고 하나님 없이 하나님을 떠나 있는채로 영원토록 존재할 것입니다.

이 진술이 얼마나 무서운가는 거기에서 피할 도리가 없다는 것입니다. 만일 그것이 인간이 재판하는 것의 문제에 불과하다면 적어도 피할 가능성이 있을 것입니다. 예를 들어서 어떤 범인의 범죄가 드러나지 않고 그가 범인이라는 것을 아무도 발견해낼 수 없다면 그 범행에 대한 처형을 면할 수 있을 것입니다. 사실 그런 일이 자주 있읍니다. 많은 경우에 있어서 경찰이 볼 때 범행을 저지른 것은 분명한데도 그 혐의점을 찾아낼 수 없을 때가 있기 때문입니다. 다시 그 범인이 사법권의 영역에서 벗어날 수도 있습니다. 세금 포탈죄로 벌받는 걸 피하기 위해서 남미로 도망친 재정관계관처럼 말입니다. 결국, 전문적인 차원에서 볼 때 범행자가 피할 수도 있습니다.

인간의 법을 여긴 자가 그 법의 판단을 피할 수 있는 세 길이 바로 그것입니다. 그러나 하나님의 판단에선 피할 도리가 없습니다. 여러분은 범행이나 그 범행을 저지른 사람을 하나님이 모르신다고 생각하십니까? 하나님의 사법적인 처사를 피할 수 있다고 생각하십니까? 기술적으로 하면 방면될 수 있다고 생각하십니까? 땅에서는 법을 남용하는 그러한 일들도 아무 일들도 없이 지나칠 수 있습니다. 왜냐하면 인간의 재판이라는 건 불완전하기 때문입니다. 그러나 하늘나라는 그러한 것들이 통할 수가 없습니다. 피할 길이 전혀 없습니다. 전혀 없고 말고요! 여러분은 하나님을 만나서 여러분의 죄에 대한 책임을 져야합니다.

어떤 사람은 이렇게 말씀하실지 모릅니다. "그러나 그건 굉장히 무서운 일인데요. 당신은 그러한 일들이 나를 황망하게 할 것이라고 말씀하고 계시지요?" 어떤 의미에서 그렇습니다. 왜냐하면 저는, 여러분이 주 예수 그리스도께서 주신 경고를 통해서 깜짝 놀라 죄로부터 돌아서서 그를 꼭 붙잡기를 바라기 때문입니다. 복음은 예수님께서 여러분의 죄를 위해서 죽으셨다고 말합니다. 그는 육체적으로나 영적으로 다 죽으셨읍니다 ─ 그는 하나님께로부터 분리당하셨읍니다. 그래서 여러분과 다른 모든 사람들이 영적으로 죽지 않게 된 것입니다. 그가 여러분의 죄를 없이하셨읍니다. 그래서 그를 믿는 사람들은 영생을 얻고 그를 따라 하늘로 갈 수 있습니다.

여러분이 주 예수 그리스도와 맺고 있는 관계를 바리새인이 제기한 질문에 대해서 어떻게 대답하는지 그 방식을 따라 평가해볼 수 있습니다. 또 어떤 방식으로 그러한 질문에 대답하는지에 따라 가늠해볼 수 있습니다. "너의 아버지가 어디 계시냐?"라고 묻는다면, 여러분은 "그분의 아버지는 전능하신 하나님이시요 그분은 하나님의 아들이시다"고 말할 수 있습니까?

"그가 자결을 하려는가?"라고 묻는다면, 여러분은 "어떤 의미에서 그렇다. 왜냐하면 그는 우리를 위해서 자신을 내어 주셨기 때문이다"라고 말할 수 있읍니까?

"네가 누구냐?"라고 묻는다면, "주는 그리스도시요 살아계신 하나님의 아들이시요 내 구주시니이다"라고 말할 수 있읍니까?

$$48$$

들리움 받은 그리스도

"이에 예수께서 가라사대 너희는 인자를 든 후에 내가 그인 줄을
알고 또 내가 스스로 아무 것도 하지 아니하고 오직 아버지께서
가르치신 대로 이런 것을 말하는 줄도 알리라 나를 보내신 이가
나와 함께 하시도다 내가 항상 그의 기뻐하시는 일을 행하므로
나를 혼자 두지 아니하셨느니라"(요 8 : 28, 29).

이 본문은 주 예수 그리스도께서 "들리움을 받을 것"을 말하고 있
    읍니다. 또한 그리스도께서 들리우실 때 그 결과 어떠한 귀추
들이 따라올 것을 말하고 있읍니다. "든다"라는 말은 요한복음에 나
오는 몇 가지 놀라운 진리를 우리에게 소개해줍니다.

  우리는 처음부터 요한이 예수님의 들리우는 사실을 세 다른 곳에서
말하고 있음을 주목해야합니다. 또한 이 세 경우를 순서대로 바르게
잘 놓아야 그리스도의 가르침의 온전한 의도를 깨닫게 된다는 것도미
리 말씀드려야겠읍니다. 첫번째 본문은 3 : 14, 15입니다. "모세가
광야에서 뱀을 든 것 같이 인자도 들려야 하리니 이는 저를 믿는 자
마다 영생을 얻게 하려 하심이니라." 그 구절은 그리스도의 십자가에
못박히실 필연성을 강조합니다. 두번째 본문은 우리가 이제 연구하려
는 요한복음 8 : 28, 29입니다. "이에 예수께서 가라사대 너희는 인

자를 든 후에 내가 그인 줄을 알고 또 내가 스스로 아무 것도 하지 아니하고 오직 아버지께서 가르치신대로 이런 것을 말하는 줄도 알리라 나를 보내신 이가 나와 함께 하시도다 내가 항상 그의 기뻐하시는 일을 행하므로 나를 혼자 두지 아니하셨느니라." 마지막 경우는 요한복음 12장 32절에 나타나는 저 유명한 예수님의 외침입니다. "내가 땅에서 들리면 모든 사람을 내게로 이끌겠노라."

세 대목 다 예수께서 들려져야한다는 진리를 강조하는데, 우리를 복음의 심장으로 이끌어주고 예수님이 들림으로 따라오는 귀추들을 강조합니다. 그러므로 세 대목을 각각 주의깊게 연구함으로써 이 주제를 파헤쳐 보아야 합니다.

예수님은 죽어야합니다.

첫번째 본문은 요한복음 3 : 14, 15입니다. 이 본문부터 시작하는 것이 좋습니다. 왜냐하면 예수님께서 "들리운다"는 이 비상한 어구가 무엇을 뜻하는지를 분명하게 밝혀주기 때문입니다. 때때로 설교자들은 세 경우 중 마지막 경우를 사용하여 - "내가 땅에서 들리면 모든 사람을 내게로 이끌겠노라" - 마치 그 어구가 설교할 때 그리스도를 높일 필요가 있음을 말하는 구절처럼 해석합니다. 물론 우리가 설교할때 그리스도를 높이 들어야만할 필요가 있습니다. 그러나 설교 때에 그리스도를 높인다면 그리스도께서 사람들을 그리스도 자신에게로 이끌 것은 사실이지만, 그 은유적인 표현이 가진 제일차적인 의미는 그것이 아닙니다. 죽으실 때 십자가 위에 높이 들려진다는 뜻입니다. 그것은 그리스도께서 십자가에 못박히심을 가리키는 말씀입니다. 따라서 요한복음 3 : 14는 광야에서 방황하던 이스라엘 사람들이 죽이는 독사에 물려 죽어갈 때 장대 끝에 놋뱀을 높이 들었듯이 그리스도께서는 들려져야 함을 말하고 있습니다. 요12 : 33은 간단히 "이렇게 말씀하심은 자기가 어떠한 죽음으로 죽을 것을 보이심이더라"고 말하고 있습니다.

더구나 이 세 대목 중 첫번째 경우는 하나님의 뜻에 의해서 그리스도가 반드시 죽어야 한다는 걸 강조합니다. 왜냐하면 그 본문은 "인자도 '들려야' 하리니"라고 기록되어 있기 때문입니다. 어째서 그렇습니까? 어째서 그리스도가 반드시 죽으셔야했습니까?

죄인을 구원하시려는 하나님의 영원한 계획 속에 그리스도가 죽는 일이 들어 있었기 때문에 그리스도는 반드시 죽으셔야했습니다. 그러나 그것은 너무나 일반적인 대답이라서 많은 사람을 돕기에는 미흡합니다. 더 훌륭한 답변을 하려면, 예수님의 죽으심 외에 어느 것도 하나님의 목적을 성취할 수 없었기 때문에 반드시 죽으셔야했다고 말하면 될 것입니다. 첫째로 우리의 죄의 대가를 지불함으로써 우리 죄가 용서받고 우리를 자유케 하실 수 있는 다른 인격이 존재하지 않았읍니다. 어떤 사람도 그 일을 해낼 수 없었읍니다. 사람들은 죄인들입니다. 각자(그리스도께 속한 자들을 제외하고) 다 자기 자신의 범법에 대한 대가를 지불해야합니다. 단순한 사람에 불과하지도 아니하시며 죄도 없으신 오직 그분 예수님만이 죄의 대가를 지불하고 우리를 구원하실 수 있으셨읍니다. 우리가 찬송을 부르는대로 그분은 그러한 일을 하셨읍니다.

> 죄의 대가를 지불할만큼 선한 이가
> 예수 밖에 없었네
> 그분만이 하늘의 문을 여시고
> 우리로 들어가게 하실 수 있네

그리스도께서 죽을 필요가 있었읍니다. 왜냐하면 다른 어느누구도 죄인들을 구원할 죽음을 죽을 수가 없었기 때문입니다.

더 나아가, 그리스도께서 죽으실 필요가 있었던 것은 십자가에 못박힌 그리스도가 아니고서는 그 어느 것도 사람들을 하나님께 인도할 수가 없기 때문입니다. 이 이외에는 어느 것도 사람들을 이끌어 말씀을 듣게 하지 못할 것입니다. 자유주의가 사람들을 끌지 못했읍니다. 이단들이 큰 무리의 사람들을 끌지 못합니다. 사람이 중심이 된 종교에 사람들이 와서 오래 머물지 않을 것입니다. 그러나 십자가에 못박힌 그리스도를 전파해보십시요 —성령의 권능으로 그를 전해보십시요 —그러면 사람들이 그리스도께 나오기 시작할 것입니다. 그들은 교외에 있는 자기들의 안락한 집을 떠나서 도심에 있는 교회로 몰려올 것입니다. 그 외에 다른 이유라면 그리로 올 리가 없습니다. 그들은 휴가를 맞아서도 빌 고탈드(Bill Gothard) 세미나 같은 모임에 참석하거나 성경연구모임에 참석할 것입니다. 때로는 최근 한국에서 열렸던 빌리그레함 전도집회에서와 같이 수백만이 한꺼번에 모이기도 할 것입니다.

십자가에 못박히신 그리스도 말고 다른 그리스도를 전파해보십시요. 그러면 사람들을 오랫동안 끌지 못할 것입니다. 그러나 사람들을 위해서 죽으심으로써 사람들의 죄를 속하신 구주의 복음을 전파해보십시요. 그러면 그런 설교자가 전하는 말씀을 듣는 사람들이 생길 것입니다. 더구나 그리스도를 높이면 그 말을 듣는 사람들 가운데 많은 이들이 믿을 것입니다.

지식의 원천

두번째 본문은 요한복음 8:28입니다. 이 본문에서는 백성의 지도자들이 그리스도를 죽인 후에야 그리스도에 대해서 어떤 것을 알아보고 그리스도에 대한 진실을 알아보기 위해서 올 것이라는 사실에 강조점을 두고 있읍니다. 따라서 이 본문은 영적인 일에 있어서 참된 지식을 얻는 오직 유일한 기초가 십자가임을 가리킵니다. "이에 예수께서 가라사대 너희는 인자를 든 후에 내가 그인 줄을 알고 또 내가 스스로 아무 것도 하지 아니하고 오직 아버지께서 가르치신대로 이런 것을 말하는 줄도 알리라."

두 의미에서 이 말씀은 진리입니다. 첫째로, 인간의 완고하고 패역한 의지가 꺾이는 것도 오직 그리스도의 십자가 앞에서 이기 때문에 그러합니다. 하나님의 진리를 받아들인 데 있어서 주요한 장애물은 패역적인 인간의 의지이며, 그 장애물이 십자가에서만 제거되기 때문에, 하나님의 계시의 빛이 영혼을 밝힐 수 있는 것도 오직 십자가 뿐입니다. 예수님께서 "사람이 하나님의 뜻을 행하려 하면 이 교훈이 하나님께로서 왔는지 내가 스스로 말함인지 알리라"라고 말씀하셨읍니다. 우리가 그런 일을 할 수 있게 되는 것도 십자가에서입니다.

그러나 그리스도의 신성과 그리스도의 가르침에 대한 가장 충만한 증거는 십자가의 영광과 그 십자가를 둘러싼 하나님의 능력의 나타남(특히 부활로써) 속에서입니다. 그러므로 그 증거는 사람들을 인도하여 지식을 갖게 합니다. 예수님께서 자기가 "들리운다"고 말씀하실 때 사용하신 말이 그점을 시사합니다. 영어에서 "들리운"(우리말 개역 성경에서는 수동형으로 하지 않고 능동형으로 '든'이라 하였음 – 역자주)으로 번역된 헬라어는 서로 다른 말입니다. 가장 보편적으로 사용되는 말은 '아이로'인데, 그 말을 기초하여 여러 합성어들이 나옵니다 – 에게리요, 에스파이로 등의 말이 나옵니다. 요한은 우리가 연구하는 구절에서 이러한 말들을 쓰지 않습니다. 오히려 "높이다" 또는 "높아지다" 또는 "상승하다"는 뜻을 가진 '합수'라는 동사를 사용합니다. 이 말의 어조로 보아 요한이 그리스도의 십자가에 못박히심에 대해서 쓸 때마저 그리스도의 영광을 생각하고 있었음을 보여줍니다. 그럼으로써 그 영화에 이르는 첫 단계인 십자가가 그리스도의 가르침을 증거하는 하나의 증거임을 보여준 것입니다.

예수님께서 말씀하시기를, 자기가 들리운 후 – 십자가에 못박힘으로써 들리워지고, 급기야는 부활과 승천을 통해서 아버지께로 들리워짐 – 백성들의 지도자들이 더 이상 그가 누군지를 모르는 가운데 잊지 않게 될 것이고, 그가 실로 여호와이심을 알게 될 것이라고 말씀하셨읍니다. 이 말씀은 정말 심각한 말씀입니다. 만일 그 말씀이 사실이라면 – 예수께서 말씀하셨으니 사실일 수 밖에 없음 – 그 말씀은 지도자들은 후에 자기들이 기독교를 배척한 것이 그를 아는 지식이 모자라기보다는 죄 때문임을 알게 된다는 뜻입니다. 그들은 그가 누군지를 알았읍니다, 적어도 그들 가운데 많은 사람들이 알았읍니다. 그럼에도 불구하고 그들은 그를 자기들의 구주로 모시지 않았읍니다.

아마 상황은 오늘날에도 반복되고 있을 것입니다. 왜냐하면 오늘날 역사상 그 어느 시대보다 예수 그리스도에 관해 더 많은 지식을 가지고 있으면서도, 그를 기꺼이 따르고자하는 사람이 그렇게 적을 때가 없었기 때문입니다. 잘 교육받고 많은 정보를 얻고 있는 시대에 속한 현대인들이 지식이 모자라서 그렇게 했다는 식의 핑계를 댈 수는 없습니다.

크게 끄는 힘

우리가 숙고하려는 세 구절 중 마지막 구절은 매우 중요합니다. 왜냐하면 들리움 받은 그리스도의 끄는 능력에 대해서 말하기 때문입니다. 그는 큰 끄는 힘을 가지고 있다고 말합니다. "내가 땅에서 들리면 모든 사람을 내게로 이끌겠노라." 어째서 십자가에 못박히신 하나님의 아들이신 예수께서 사람들을 자기에게로 이끕니까? 두 가지 이유가 있습니다. 토레이(R. A. Torrey)가 "들리움 받은 그리스도"에 대한 위대한 메시지를 전한 것이 있는데, 그것을 여러분과 함께 나누어보기로 하겠습니다.

토레이는 이렇게 쓰고 있습니다. "무엇보다 십자가에 못박힌 그리스도께서는 모든 사람들로 하여금 자기에게 나오도록 끄십니다. 왜냐하면 십자가에 못박히신 그리스도께서는 인간의 제일되고 가장 깊고 가장 크고 가장 근본적인 필요를 충족시키시기 때문입니다. 사람의 최고되고 가장 크고 깊고 가장 근본적인 필요는 무엇입니까? 구세주? 어디서부터 그 구세주를 필요로 합니까? 다른 무엇보다도 죄책 때문에 구세주를 필요로합니다. 인류에 속한 모든 사람은 다 죄를 범하였습니다. 바울이 로마서 3:22, 23에서 '차별이 없느니라 모든 사람이 죄를 범하였으매 하나님의 영광에 이르지 못하더니'라고 말합니다. 이 요점에 있어서 이방인이나 유대인이나 다름이 없고, 영국 사람이나 독일 사람이나 이 점에 있어서 하등 차이가 없습니다. 이 점에 있어서는 미국 사람이나 일본 사람이나, 유럽 사람이나 아시아 사람이나, 미국 사람이나 아프리카 사람이나 차이가 전혀 없습니다.

"차별이 없느니라(왜냐하면) 모든 사람이 죄를 범하였으매 하나님의
영광에 이르지 못하더니." 모든 족속 모든 사람은 다 죄인입니다. 이
점에서 "차별이 없습니다. 모든 사람은 이 우주를 다스리시는 무한
히 거룩하신 하나님 앞에서 자기의 죄에 대한 책임을 져야할 것입니
다. 그러므로 모든 사람들은 죄를 속하시는 구주를 필요로 합니다.
그것도 자기의 속죄하는 죽음으로써 화목을 이루시고 우리의 죄를 덮
으실 수 있는 그런 구주를 필요로합니다……

"온 우주에 기독교 외에 어떠한 다른 종교도 속죄하는 구주를 제공
하지 못합니다. 모하멧교도 모하멧을 제공하고, '선지자', 교사 등을
제공하지만 구주는 제공하지 못합니다. 불교가 부처, 적어도 놀라운
선생으로 추앙받아 '아시아의 빛'으로 불리우는 부처를 제시하지만
속죄하는 구주는 아닙니다. 유교도 그 당시에는 대단히 앞선 놀라운
선생인 공자를 제시합니다. 그러나 속죄하는 구주는 아닙니다. 기독
교 외에 어떠한 종교도 속죄하는 구주나 어떤 진정한 성격의 속죄를
베풀지 못합니다. 기독교와 이 세상에 있는 어떤 모든 다른종교와의
근본적인 차이점이 바로 그것입니다. 그런데도 불구하고 어떤어리석
은 설교자는 기독교부터 이 다른 모든 종교와 근본적으로 차이나는
요점을 제거하려고 애쓰고 있습니다.

"그러나 그처럼 골자를 빼버린 기독교는 사람들의 필요를 충족시키
지 못할 것이고 사람들을 이끌지 못할 것입니다.. 결코 사람들을 끌어
모으지 못하고 있습니다. 결코 앞으로도 이끌어오지 못할 것입니다.
성경과 역사는 이 점에 있어서 하나입니다. 예수 그리스도께서는자신
을 내주어 우리대신 저주를 받으사 율법의 저주에서 우리를 구속하기
위해서 십자가 위에 높이 들리우셨습니다. '그리스도께서 우리를 위
하여 저주를 받은바 되사 율법의 저주에서 우리를 속량하셨으니기록
된바 나무에 달린 자마다 저주 아래 있는 자라 하였음이라'(갈 3 : 13)
사람들은 그들의 필요를 압니다. 그들은 그것을 잊으려고 애쓸지도
모릅니다. 부인하려고도 할지 모릅니다. 또는 술을 마시거나 돈을 함
부로 씀으로써 그러한 의식을 낮추려고 할지도 모릅니다. 또는 세상

적인 쾌락을 추구하거나 마구 돈을 벌거나 정통적인 교회의 강단으로 여겨지는 곳에서 거짓된 설교자의 말을 들음으로써 그런 의식을 없애 보려고 할지도 모릅니다…… 그러나 사람들이 아무리 그러한 노력을 통해서 죄의식을 낮추거나 무디게 하려거나, 또는 아예 그 의식이 살아나지 못하게 하려고 애를 쓴다 할지라도, 거룩한 하나님 앞에서 가지는 양심의 가책은 우리 모두가 다 가지고 있읍니다. 마치 망령처럼 그 의식은 찾아들지 않는 것입니다. 예수 그리스도의 속죄하는 피 밖에는 그 가책어린 양심에 지속적인 평안을 주지 못합니다. 그래서 그리스도께서 '들리우신 후' 모든 사람들을 그에게로 이끕니다. 심지어 사단에게 가장 악하게 종노릇했던 사람들 마저도 이끕니다…… 때때로 그런 사람들마저 그러한 의식을 느끼고 '십자가에 못박히신 그리스도', 곧 참된 그리스도에게 피해옵니다. 사단에게 종노릇하던 그 모든 악한 자들이 다 그렇게 되었으면 하고 바랍니다……

"그 이끄심에 복종하는 사람은 복이 있읍니다. 그 이끄심을 항거하는 사람은 화가 있읍니다. 마지막으로는 절망과 낙담과 좌절이 그들의 몫이 될 것입니다."

사랑에 이끌림

토레이는 계속 이렇게 말합니다. "둘째로, 십자가 위에 높이 들리우신 그리스도, 곧 십자가에 못박히신 그리스도는 모든 사람들을 자기에게로 이끄십니다. 왜냐하면 십자가에 들리우셔서 우리를 위해서 죽으신 그분은 그의 놀라운 사랑을 보여주시고 우리를 향하신 아버지의 놀라운 사랑을 보여주시기 때문입니다. '그가 우리를 위하여 목숨을 버리셨으니 우리가 이로써 사랑을 알고'(요일 3 : 16), 그리고 '우리가 아직 죄인되었을 때에 그리스도께서 우리를 위하여 죽으심으로 하나님께서 우리에게 대한 자기의 사랑을 확증하셨느니라'(롬 5 : 8). 사랑처럼 사람을 이끄는 것은 없읍니다. 사랑은 어느 지역에서든지 모든 사람을 이끕니다. 그러나 하나님의 사랑처럼 이끄는 사랑이 없읍니다. 요한복음 3장 16절을 들어보십시요. '하나님이 세상을 이처럼 사람하사 독생자를 주셨으니 이는 저를 믿는자마다 멸망치 않고 영생을 얻게 하려 하심이니라.' 그 말씀은 굳은 수천의 사람들의 마음을 부셔놓았읍니다."

토레이는 그런 다음에 다음과 같은 이야기를 합니다. "오래 전에 시카고에서 기독교 사역자들을 위한 모임이 있었읍니다. 그때 저는 주일밤에 제일감리교회에서 설교하였읍니다. 저는 설교가 끝난 다음에 그리스도에게 초청하는 순서를 가졌읍니다. 그런데 일어선 수많은 사람들 가운데서 아름답게 차려입은 젊은 한 여자가 눈에 띄었읍니다. 그러나 그 여자는 다른 사람들과 함께 강단 앞으로 나오지 않았읍니다. 다음날밤 저는 그녀가 그 모임의 정규적인 집회에 참석하고 있는 걸 보았읍니다. 그래서 다른 사람에게 의자를 교회 뒤로 갖다달라고 부탁하였읍니다. 그 집회가 끝나면 그녀에게 말을 걸어볼 참이었읍니다. 축도가 끝나자마자 저는 황급히 그 좌석으로 가서 예배가 끝나 나가기 전에 서 있는 그녀를 만나 말씀드릴 게 있으니 좀 앉아달라고 말했읍니다. 전날밤에는 일어서기는 했는데 어째서 결신자의 자리에 앉지않았느냐고 물었읍니다. 그녀는 밝고 천진한 웃음을 띄면서 '오,목사님은 제 인생을 몰라요' 라고 말했읍니다. 그러더니 제가 말을 꺼내기도 전에 아무런 부끄러움도 없이 술술 자기의 죄악적인 이야기를 털어놓기 시작했읍니다. 그녀는 지난 부활절을 어떻게 보냈는지를 말해주었읍니다. 그런 다음에 웃으면서 '부활절은 참 재미있어요.그렇지요?' 나는 그 모든 일을 말하면서 아무런 부끄러움을 느끼지 않는 것을 보고 섬뜩한 생각이 들었읍니다. 왜냐하면 그녀는 좋은 신분을 가진 여자였기 때문입니다. 나는 그저 내가 가지고 있던 작은 성경을 펴 요한복음 3 : 16을 가리키면서 그걸 읽어보라고 요구했읍니다. 그 성경책의 인쇄는 깨끗했읍니다. 그녀는 그 책을 자기 눈에 바싹 갖다대고 읽어야만했읍니다. 그러더니 경박하게 읽기 시작했읍니다. '하나님이 세상을 이처럼 사랑하사' 거기까지 읽더니 그만 갑자기 조용해졌읍니다. 그런 다음에 또 읽기 시작했읍니다. '독생자를 주셨으니.' 그러나 그녀의 눈에서 눈물이 샘처럼 솟아나오는 것이 보였고 그녀가 입고 있는 아름다운 가운에 눈물방울이 떨어졌읍니다. 하나님의 사랑이 이기고 있었읍니다. 하나님의 사랑이 그녀를 이끌고 있었읍니다. 들리워진 그리스도의 모습이 수백만 사람을 이겼읍니다." (토레이의 'The Uplifted Christ' 라는 책에서).

그리스도께서 들리워졌다는 것은 의미없는 것으로 쉽게 무시될 수 없는 것입니다. 그것은 너무나 중요합니다. 세 가지 이유에서 그러합니다. 첫째로, 그것이 절대로 필요했기 때문에 중요하며, 죄인을 구원하시는 하나님의 영원한 계획 안에 그것이 들어 있었기 때문에 중요합니다. 둘째로, 영적인 문제에 있어서 모든 참된 지식을 얻는 확실한 기초가 바로 그것이기 때문에 중요합니다. 만일 여러분이 하나님을 알려거나, 아니면 더 하나님을 알고 싶으면 십자가로 나와야 합니다. 끝으로, 들림받으신 그리스도는 죄악적이고 무죄하고 패역한 사람들을 자기에게 이끄시며 그 십자가에서 드러난 사랑으로 그들을 이기고 계셨다는 사실 때문에 중요합니다.

그 사랑이 여러분의 마음을 정복할 수 있기를 바랍니다. 아직 그 사랑이 여러분을 이기지 못했다면 지금 예수님을 보십시요. 여러분을 위해서 십자가에 높이 들리우사 여러분 대신 그분, 자기가 채찍에 맞으심으로 여러분이 낫도록 하기 위해서 여러분의 범죄 때문에 상처를 받으신 그 주님을 바라보십시요. 그리고 그분에게 나오십시요. 세상은 그러한 구주를 전에 본 적도 없었고 앞으로도 다시 보지 못할 것입니다.

49

예수님을 믿는다는 것

"이 말씀을 하시매 많은 사람이 믿더라 그러므로 예수께서 자기
를 믿은 유대인들에게 이르시되 너희가 내 말에 거하면 참 내 제
자가 되고 진리를 알지니 진리가 너희를 자유케 하리라"(요 8 :
30～32).

어느 주일에든지 미국 전역에 걸쳐 설교자들은 수천편의 설교를
통해서 그리스도인들답게 살라고 그리스도인들에게 강권합니다.
그리스도인이 아닌 사람들에게 예수를 믿으라고 강권하는 설교는 그
보다 훨씬 더 많이 전해질 것입니다. 그러나 저는,이미 기독교의 교
리를 믿으며 자기들도 그렇게 생각하지만, 주 예수 그리스도를 개인
적인 구주로 받아들이는 지점까지는 오지 못한 사람들에게 해당되는
설교가 많이 전해지는지 의문스럽습니다. 바로 이번 시간의 강론은
그러한 사람들을 위한 것입니다.

제가 방금 묘사해드린 상황에 있어서 흥미로운 요점은, 기독교 설
교를 듣고 있는 거의 모든 사람들이 제가 바로 앞에서 말씀드린 그러
한 범주에 속한다는 것입니다. 저는 확신합니다. 다시 말하면 그들이
진정으로 거듭난 그리스도인들은 아니면서도 기독교를 대적하지는 않
는다는 것입니다. 그들은 교리를 믿습니다. 그러나 그들은 자신들을

예수 그리스도에게 의탁하지도 않았고 진정한 의미에서 그리스도에게 속한 사람들도 아닙니다. 그들은 믿지만 제자들은 아닙니다. 그리스도를 부인하지는 않지만 그렇다고해서 그를 따르는 것은 아닙니다. 이 문제가 엄청나다는 것은, 영국이나 미국에서 어떤 여론 조사에 응한 사람들 중 90퍼센트 이상이 자기들은 인격적인 하나님을 믿는다고 주장한다는 사실에서 엿볼 수 있습니다. 그러나 그 하나님에 대해서 어떤 일이라도 하는 사람은 불과 소수에 지나지 않습니다. 많은 경우에서 기독교에 접촉조차 하지 않고 있습니다.

우리는 이러한 상황에 대해서 무어라고 해야겠읍니까? 보다 특별하게 우리는 그러한 사람들에게 어떠한 자세를 나타내야겠읍니까?바른 대답은, 주 예수 그리스도의 입술에서 나옵니다. 당시 주님의 말씀하시는 것은 믿으면서도 자신들을 주님께 의탁하지 않는 사람들에게 이렇게 말씀하셨읍니다. "너희가 내말에 거하면 참 내 제자가 되고 진리를 알찌니 진리가 너희를 자유케 하리라"(8 : 31, 32).

믿음의 두 표지(標識)

주 예수 그리스도께서 이 본문에서 말씀하고 계신 것을 이해하고 바르게 적용시키기 위해서 먼저 우리는 단순히 예수님을 믿는 것과, 정말 예수님 "안에서" 또는 예수님에게 자기를 맡겨 믿는 것 사이에는 큰 차이가 있음을 이해해야합니다.

요한복음 이 대목에서는 여러 영역본(英譯本)들이 그렇게 큰 구분을 나타내지 않습니다. 어떤 경우에는 모호한 번역마저 있습니다. 그러나 헬라어에서는 이 구분이 뚜렷합니다. 요한복음 8장 30절에서 요한은 진실로 예수님을 믿으며 자기들 자신을 예수님께 의탁한 자들에 대해서 쓰고 있습니다. 요한은 "이 말씀을 하시매 많은 사람이 믿더라"고 말합니다. 그러나 다음 구절에서 "자기를 믿은……"이라는 말로 표현된 사람들에 와서는 그 문구가 달라집니다. 불행히도 흠정역이나 개정역(RS)에서는 "believed on"또는 "believed in"등으로 똑같은 어휘로 번역하고 있습니다. 그러나 새 영어성경(NEB)과 새

미국표준성경(NASB)이나 다른 번역본들은 구별을 하고 있습니다. 새 영어성경은 가장 뚜렷한 구별을 하고 있습니다. 그 새 영어성경은 "예수께서 이 말씀을 하시매 많은 사람들이 믿더라(Many put their faith in him) 그러므로 예수께서 자기를 믿은(had believed him) 유대인들에게 이르시되……." 다른 말로 해서 구원을 위해서 예수님을 믿었던 청중들과 단순히 예수님께서 말씀하신 어떤 것을 믿은 사람들 사이의 차이를 드러내고 있다는 것입니다.

이 대조 — 단순히 교리를 믿는 사람들과 예수님을 인격적으로 믿는 사람들 사이의 차이 — 가 다른 곳에서도 지적되어 있음을 지적하는 것은 가치 있습니다. 그 한 예로 6장에서 예수님은 "하나님의 보내신 자를 믿는 것이 하나님의 일이니라"고 말씀하심으로써 구원받는 믿음을 가질 것을 촉구하시는 예수님을 발견합니다(29절). 그러나 바로 뒤에 그러한 차원에서 믿기를 거절했던 사람들은 "그러면 우리로 보고 당신을 믿게 행하시는 표적이 무엇이니이까?"(30절)라고 발설합니다.

어떤 분은 "그리스도에 관한 어떤 것이나 그리스도의 말을 믿으면서도 그를 믿지 못하는 것이 가능할 수 있는가?"라고 말씀하실지 모릅니다. 물론 그렇습니다. 더구나 우리는 정확히 이 가능성의 실례들을 가지고 있습니다. 그 한 예가 유다입니다. 유다는 매우 특권을 받은 제한적인 그리스도의 제자들의 부류 속에 들어 있던 사람이었습니다. 유다는 분명히 예수님에 대해서 무엇인가를 믿었습니다. 그는 초기에는 전도자 중에 한 사람이 될 정도로 믿었습니다. 예수님께서 둘씩 짝지워 제자들을 보내실 때 유다도 함께 갔음에 틀림없습니다. 그런데도 불구하고 유다는 구원받지 못했습니다. 마술사 시몬도 그러한 경우입니다. 베드로나 다른 사도들이 행하는 이적들과 표적들을 보고 그가 믿었다는 말씀을 듣습니다. 세례를 받고 교회의 일원이 됩니다. 그러나 참된 신자는 아니었습니다. 후에 베드로에게 불신앙 때문에 책망을 듣습니다. 모든 경우 중에서 가장 큰 실례는 우리가 말씀에서 보는바대로 "믿고 떠는" 귀신들입니다. 이 각 경우마다 예수님에 관해서 어떤 것들을 믿습니다. 그러나 구원을 받기 위해서 믿은 것은 아닙니다.

오늘날도 그러한 사람이 많다고 해도 과언이 아닙니다. 만일 여러분이 그러한 사람 중에 한 사람이라면, 그 모든 길을 버리고 예수님을 인격적으로 믿으라고 권면하고 싶습니다. 그처럼 많은 것이나 교리들을 믿으면서도 구원에 이르지 못한다는 것은 불쌍한 일입니다.

19세기로 거슬러 올라가면 온 세계가 잘아는 한 유명한 묘기자가 있었읍니다. 그의 본명은 장 프랑스와즈 그라바레였읍니다. 그러나 그는 브론딘이라는 무대명으로 알려졌읍니다. 브론딘은 1824년 프랑스에서 유명하게 되었읍니다. 좀더 나이가 먹어감에 따라서 재주와 솜씨가 금방 대단한 경지에 이르게 되어 유럽과 미국에서 많은 사람들의 갈채를 받았읍니다. 가장 많은 주의를 끌었던, 가장 놀라운 묘기는 나이애가라폭포를 가로지르는 로프를 타고 건너가는 것이었읍니다. 길이 1100피이트, 물에서의 높이 160피이트가 되도록 줄을 매놓고 건너가는 묘기였읍니다. 한번은 바퀴 하나를 밀고 건너갔고, 다른 경우에는 반쯤 건너가다가 말고 거기에서 오무렛을 만들어 먹었읍니다.

브론딘이 한번은 비상한 묘기를 보여준 다음에 한 사람을 등에 없고 나이아가라폭포를 건너갔다가 다시 돌아왔읍니다. 등에 탄 사람을 내려놓은 다음에 그 묘기자는 그것을 지켜보고 있던 수많은 군중들을 바라보면서 자기 가까이에 있는 사람에게 "내가 선생도 등에 업고 건넜다 올 수 있다고 믿습니까?"라고 물었읍니다.

그 사람은 "물론, 이제 금방 그걸 보았잖아요"라고 말했읍니다.

브론딘은 "좋습니다. 자 여기 제 등에 올라 타세요. 제가 선생을 건너다 드리겠습니다."

그 사람은 "아이구, 그런 소리 말아요!"라고 대답하였읍니다.

그것이 바로 어떤 것을 지적인 차원에서만 믿는 것과, 성경이 주 예수 그리스도를 믿으라고 말할 때 요구하는 그 믿음의 의미에서 믿는 것 사이의 차이입니다. 성경적 의미에서 믿는다는 것은 여러분 자신을 그리스도에게 맡기는 것을 의미합니다. 그리스도에게 맡기고 요동치는 큰 폭포와 생의 야단스러운 소용돌이 위를 건너주도록 그분을 의뢰하는 것입니다. 그와 다른 믿음은 단순히 이지적인 찬동 밖에는 되지 않습니다. 하나님께서는 첫번째 경우의 믿음을 원하십니다. 그런데도 불구하고 —우리 마음 속에 명확히 못박아두어야하는 요점은 바로 그것임 —예수님의 말씀은 바로 믿지 않고 합당치 않게 이지적으로만 믿었던 사람들에게 주어진 것입니다. "너희가 내 말에 거하면 참 내 제자가 되고 진리를 알지니 진리가 너희를 자유케 하리라"라고 말씀하셨는데 그것은 이러한 믿음이 약한 사람들에게 주신 말씀입니다.

믿음을 위한 눈

이 사실은 우리로 하여금 자연히 매우 중요한 두번째 요점에 이르게 합니다. 예수께서는 이러한 합당치 못한 믿음 마저도 주목하시면서 용기를 북돋아 주시려하신다는 점입니다. 이지적인 믿음은 구원받는 믿음은 아닙니다. 그러나 구원받는 믿음이 그러한 믿음으로부터 출발할 수 있습니다. 그러므로 예수님께서는 자기의 가르침들을 믿기만 하는 사람들에게 말씀하시면서 그들을 더 멀리까지 인도하시려고 애쓰셨습니다.

스펄전은 이 문제에 대해서 한번 이렇게 썼습니다. "'인자가 올 때에 세상에서 믿음을 보겠느냐?' 라는 말씀이 있습니다. 분명히 예수님께서는 그 어느 누구보다도 믿음을 알아보실 수 있습니다. 그는 믿음을 알아보는 매우 기민한 눈을 가지고 계십니다. 우리가 소년시절에 부싯돌을 가지고 놀면서 장난을 쳤던 때에 했던 것처럼 작은 믿음도 눈여겨보십니다. 우리가 부싯돌로 불똥을 일으키면 그 부싯돌은 부싯깃에 옮겨 붙었습니다. 그때 우리는 그것을 재미 있게 쳐다보았습니다. 그게 그 불똥에 옮겨붙으면 부드럽게 불어대어 그 불길을 일으키려고 열심히 내었었습니다. 그래서 우리가 가지고 있는 성냥에 불을 킬 수가 있었던 것입니다. 우리 주 예수께서는 사람의 마음 속에 있는 믿음에 가녀린 섬광을 보실 때 그 자체로는 구원을 얻을만한 충분한 것은 아니지만 소망을 가지시고 관심을 두시며 지켜보십니다. 그리하여 이 작은 믿음이 좀더 커질 수 있도록 부추기시는 것입니다. 꺼져가는 심지도 끄지 아니하시고 상한 갈대도 꺾지 아니하시는 우리의 긍휼에 풍성하신 주님의 방식이 그것입니다."

예수님께서는 작은 믿음을 깔보지도 아니하시고 또 칭찬하지도 아니하십니다. 예수님께서는 머리로만 믿는 사람에에게 말씀하십니다. 그러나 조건절을 붙여서 말씀하십니다. "너희가 내 말에 거하 '면'" - 그렇습니다. 주님께서는 그러한 사람들을 쫓아보내지 아니하십니다. 그러나 그런 사람들에게 곧장 그리스도인의 삶의 축복을 약속하지 않습니다. 오히려 할 일이 있습니다. 배울 말씀이 있습니다. "너는 무엇인가를 믿고 있다. 더 믿어라. 너희가 끝내 네 구주인 내 안에서 안주하기까지 내 말에 계속 거하라"고 주님은 말씀하신 것 같습니다.

저는 가끔, 자주 인용되는 산상설교에 나오는 도전의 말씀이 그와 유사한 방면의 말씀이 아닌가하고 생각될 때가 있습니다 - "좁은문으로 들어가라 멸망으로 인도하는 문은 크고 그 길이 넓어 그리로 들어가는 자가 많고"(마 7 : 13). 많은 사람들은 이 구절을 다음과 같은 뜻으로 이해했습니다. 곧 구원이란 무엇인가를 해야하는 것이거나, 아니면 그리스도인이 구원의 길을 떠나서 영원토록 버림받게 되는 죄로 미끄러져 떨어지지 않기 위해서 조심스럽게 지켜야하는 무엇이라고 말하고 있다는 것입니다. 그러나 그렇지 않습니다. 이 구절의 요점은 그 구절의 역사적인 맥락 속에서 보아야합니다. 예수님께서는 초기 공생애 기간 동안 아직 주님이 죽으시고 부활하실 것에 대한 것을 전혀 알지 못하는 사람들에게 말씀하고 계셨습니다. 물론 아직 그들은 구원받지 못한 상태였습니다. 그들은 주님을 믿었습니다(요한이 지금 이 본문에서 언급하고 있는 사람들처럼). 그러나 구원이 달려있는 사건들이 일어나려면 아직 3년이나 더 있어야했습니다. 그 3년이라는 기간 동안은 낙담할만한 기간이었습니다. 그 기간 동안에 처음에 열심을 내던 갈릴리 사람들이 예수님께 적대감을 보였고 급기야는 예수님을 핍박하는 데로 돌아섰던 것입니다. 이 3년이라는 기간 동안에 이 사람들에게 어떤 일이 있어야했읍니까? 그들이 용기를 잃고 낙담해야만 되겠읍니까? 멀리 떨어져 나가야만 되겠읍니까? 예수님은 분명히 그들더러 자기가 가르치시는 교훈의 좁은 길을 계속따라나가라고 용기를 주고 계셨던 것입니다. 결국 십자가를 지고 주님 자신으로 말미암아 좁은 문으로 통과하여 구원에 이르기까지 그교훈의 좁은 길을 지키라는 것입니다.

여기 요한복음에서도 예수님께서는 그와 똑같은 방식으로 자기 말씀을 듣는 사람들에게 용기를 주며, 말씀을 지키려고할 때 따라오는 어려움에 좌절하거나 주님께서 하시는 말씀에 마음 상해서는 안된다고 용기를 주고 계셨던 것입니다. 오히려 그들은 하나님의 은혜로 용기를 얻어 예수님을 자기들의 개인의 구주로 영접할 수 있기까지 계속 나아가야합니다. 아마 예수님께서 여러분에게도 이와 똑같은 방식으로 말씀하고 계실지 모릅니다. 그런 경우라면, 여러분이 기억해야할 것은 오늘날은 믿기 위해서 3년간을 기다려서는 안된다는 걸 기억하십시요 심지어 한 순간도 지체해서는 안됩니다.

계속 길을 따라오라는 격려의 말씀

여러분이 머뭇거리고 계십니까? 그렇다면, 계속 내 말에 거하라고 용기를 북돋아준 후에도 그저 단순히 믿기만했던 사람들에게 말씀을 멈추지 아니하셨음을 주목하십시요. 예수님께서는 그들더러 계속 거하라고 권고하신 것이 사실입니다. 그러나 예수님께서는 이 일을 더 확실히 하기 위해서 그들에게 좋은 것들을 약속하여 주십니다. 그 좋은 것이 세가지 있읍니다.

첫째로, 예수님께서는 자기를 믿는 그 유대인들에게 "너희가 내 말에 거하면 참 내 제자가 되고"라고 말씀하셨읍니다. 예수님께서는 그들에게 "참 제자정신"을 약속하셨읍니다. 오늘날 우리 교회들 가운데 있는 많은 사람들처럼 그저 말로만 제자들이 된다는 말이 아니라 참 제자들이 된다는 것입니다. 우리 교회들 가운데 있는 어떤 사람들은 그리스도의 제자들이라고 스스로 고백은 하면서도, 그들의 행실을 보면 전혀 그런 것을 발견하지 못합니다. 몇년 동안 그들을 알았는데도 뚜렷하게 그리스도인다운 결심이나 행위를 주목한 적도 없고 뚜렷한 그리스도인다운 말을 들어본 적도 없습니다. 그것은 제자가 아닙니다. 그저 잠깐 동안만 반짝하는 신자가 되지 마십시요. 언제나 꾸준한 제자가 되십시요. 예수님께서 약속하신 첫번째 좋은 것은, 그리스도의 말씀에 계속 거함으로써 그러한 제자가 될 것이라는 것입니다.

두번째 좋은 것은, 진리를 알게 된다는 것입니다. 영적인 일에 있어서 '확실한 지식'을 가지게 될 것이라는 약속입니다. 물론 모든 것을 다 알지는 못할 것입니다. 모든 것을 다 아시는 분은 하나님 뿐입니다. 그러나 여러분이 무엇인가를 확실히 알게 될 것입니다. 모든 것이 확실하지 못한 사람들을 보면 안타깝습니다. 그들은 이러저러한 것을 믿는다고 생각합니다. 그러나 상황이 변하면 그들은 그것도 믿지 않을 것입니다. 또 그들이 도전을 받는다면 마음을 바꿀 것입니다. 얼마나 서글픈 처지입니까! 얼마나 가련한 상황입니까! 그리스도께서 약속하신 것은 그것이 아닙니다. 진리와 진리의 확실성을 약속하십니다.

끝으로, 예수님께서는 '너희가 자유케 되리라'고 약속하십니다. "진리가 너희를 자유케 하리라." 예수께서 친히 여러분을 자유케 하십니다. 그러므로 여러분의 자유는 사람들이 줄 수 있는 것보다 더 높고 위대한 차원에 속할 것입니다.

또 한 가지 예로, 명목상의 자유만 아닐 것입니다. 저는 홍콩에서 어떤 그리스도인들이 82세 난 노파와 나눈 이야기를 들어본 적이 있읍니다. 그 노파는 바로 얼마 전에 중공에서 풀려난 사람이었읍니다. 그녀는 그리스도인이었읍니다. 그러나 그녀의 어휘는 공산주의의 전문술어로 가득 차 있었읍니다. 그리스도인들이 그녀에게 "당신이 중공에 있을 때 다른 그리스도인들과 모여서 예배를 볼 자유를 얻었읍니까?"

"아, 아니예요. 해방 후에 그리스도인들이 모여서 예배드리는 일을 허락받은 적이 없어요."

"그러나 작은 그룹이 모여서 기독교 신앙에 대해서는 토론할 수 있었잖아요?"

"아닙니다. 해방 이후 그러한 모든 모임이 다 금지되었어요."

"성경을 읽을 자유는 있었잖아요?"

"해방 이후 성경을 읽을 자유를 얻은 사람도 없어요."

이 이야기의 요점은 분명합니다. 자유는 말로만 "해방"(해방 - 공산주의자들도 자기들의 혁명에 의해서 나라를 점령하면 그걸 해방이라고 말함 - 역자주)을 의미하는 것이 아닙니다. 그러나 하나님의 진리는 실질상의 자유를 가져옵니다. 더구나 그 자유는 적극적인 자유입니다. 그리스도 안에서 우리는 세 가지 무서운 주인, 죄와 자아와 사단으로부터 자유케 됩니다. 우리는 자유케 되어 예수님을 섬기게 됩니다. 그러한 자유를 여러분은 체험하셨읍니까? 만일 여러분이 그리스도의 말씀에 계속 거하며 그를 진정으로 믿게 된다면 그러한 자유를 누릴 수 있읍니다.

50

정말 자유케 된다!

"저희가 대답하되 우리가 아브라함의 자손이라 남의 종이 된 적이 없거늘 어찌하여 우리가 자유케 되리라 하느냐 예수께서 대답하시되 진실로 진실로 너희에게 이르노니 죄를 범하는 자마다 죄의 종이라 종은 영원히 집에 거하지 못하되 아들은 영원히 거하나니 그러므로 아들이 너희를 자유케 하면 너희가 참으로 자유하리라"(요 8:33~36).

일찌기 앵글로색슨방언이 규범적인 영향을 영어에 미치고나서부터 "free"나 "freedom"이라는 말은 서구사회와 그 문화에 있어서 중요한 말이 되었습니다. 불행히도 자유라는 말이 의미하는 것이 언제나 일치하지 않게 되었습니다. 프랭크린 데라노 루즈벨트 대통령이 1941년 1월 6일 네 가지 자유에 대한 위대한 연설을 통해서 주로 인간의 권리를 말했습니다. "언어와 표현의 자유 - 세상모든 곳에서 모든 각 사람은 자신의 방식으로 하나님을 예배할 자유가 있고 - 세상 어느 곳에서나 궁핍으로 부터의 자유, …… 공포로부터의 자유를 누릴 권리가 있습니다." 18세기 영국의 맨스필드의 최초 백작인 윌리암 머레이는 이렇게 썼습니다. "자유한다는 것은 법에 의한 정부 밑에서 산다는 것이다." 보다 반역적인 기질을 띤 다른 사람

들은 자유란 법으로부터의 도피라고 말했읍니다. 미국문화에 있어서
지배적인 개념은 불공정한 압박으로부터의 자유입니다. 뉴욕항의 '자
유의 여신상'에 새겨놓은 것과 같이 말입니다.

『너의 지치고 가난하고 너를 괴롭히는 문제들을 내게 맡기고 부지런
히 자유를 숨쉬라.』

자유란 무엇입니까? 보다 특별하게 말한다면, 성경이 자유라 말할
때 무엇을 뜻합니까? 이 지점에서 우리는 이 질문이나 이 질문에 대
한 답변을 회피하기가 어렵습니다. 왜냐하면 우리가 이 시간에 다루
는 본문 속에는 예수께서 사람들을 자유케 하실 수 있다는 진술이 들
어 있기 때문입니다. 주님의 말씀은 정확히 "그러므로 아들이 너희를
자유케하면 너희가 참으로 자유하리라"입니다. 이 문맥에서 "자유가
무엇이냐?"라는 질문에 대해 두 가지 답변이 주어지고 있읍니다. 첫
번째는 무지로부터의 자유, 두번째는 죄로부터의 자유입니다. 더구
나 사람이 그리스도로 말미암아서만 자유케 되며, 그리스도께서 주시
는 진리와 그리스도께서 갈보리에서 성취하신 구속을 통해서만 사람
이 자유케 된다는 진리를 여기서 듣습니다.

무지로부터의 자유

첫째로 성경이 말하는 자유는 무지로 부터의 자유입니다. 그 말은
일차적으로 영적인 일들에 대한 무지로부터 자유라는 뜻입니다. 우리
가 다루는 본문 바로 앞에 나오는 구절에서 그점이 명백해집니다. 왜
냐하면 예수님께서는 그 구절에서 자기를 반대하는 사람들에게 "너희
가 내 말에 거하면 참 내 제자가 되고 진리를 알지니 진리가 너희
를 자유케 하리라"(31, 32절) 고 말씀하셨기 때문입니다.

우리는 모두 일반적인 의미에서 무지가 속박을 당하게 한다는 것은
알고 있읍니다. 모르는 사람은 제한을 받기 마련입니다. 교육을 받지
못한 사람은 자기를 막아서는 문들을 갖게 마련입니다. 직업을 얻지

못하게 됩니다. 손으로 일할 수는 있으나 화이트 칼라의 일을 할 수는 없습니다. 글을 모르는 사람은 닫힌 문을 많이 만나게 될 것입니다. 또한 직업을 얻는 데 있어서도 대단히 어려워서 가장 천한 일을 해야만할 것입니다. 우리는 이러한 것들의 진리를 알고 있습니다. 그러므로 우리 나라에서는 일반적으로 교육을 강조하고 있습니다.

그러나 만일 그것이 일반적인 차원에서도 진리라면 영적인 차원에서는 적어도 동등하게 진리이거나 아니면 그보다 훨씬 더 높은 진리일 것입니다. 하나님의 말씀의 가르침을 알지 못하는 사람은 영적으로 풍성해질 수가 없습니다. 기독교 신앙의 근본 진리를 알지 못하는 사람들은 구원을 위해서 예수 그리스도께 나올 수 없습니다.

그러나 이 상황에 있어서 진정한 문제거리는, 기독교신앙에 대해서 지식이 없어서 무지로 인하여서 속박 당하고 있는 많은 사람들이 자기들이 무지한 것 조차도 알지 못하고, 자기들을 자유케 하려고 도와주는 어떠한 노력도 항거한다는 데 있습니다. 그들은 고집센 어린 아이들 같습니다. 어른들이 아는 것을 모른다고 어린 아이를 꾸짖을 사람은 아무도 없습니다. 그러나 누구나 어린 아이라도 배우려는 의지를 가지길 바랄 것입니다. 만일 그러한 의지를 갖고 있지 못하다면 무언가 잘못되어 있습니다. 많은 사람들은 영적으로 그와 같습니다.

또 다른 예를 들기 위해서 더 나아갈 필요가 없습니다. 왜냐하면 우리가 연구하고 있는 본문 속에 그 한 실례가 나타나기 때문입니다. 예수님께서는 자기의 말을 듣고 있었던 이 사람들에게 자유에 대해서 말씀하셨습니다. 그러나 "자유"라는 말을 하자마자 그들은 거친 반응을 나타냈습니다. "너희가 진리를 알지니 진리가 너희를 자유케 하리라"고 예수님은 말씀하셨습니다.

그러나 예수님께서 그런 말씀을 하셨을 때 그들은 즉각적으로 반응을 나타내면서 "우리가 아브라함의 자손이라 남의 종이 된 적이 없거늘 어찌하여 우리가 자유케 되리라 하느냐?"(33절). 물론 이 말은 조롱이 섞여 있는 말입니다. 오랫동안 유대인들은 애굽에서 종노릇하였습니다. 사사시대에도 최소한 일곱번이나 이방사람들의 통치를 받

있었읍니다. 70년 동안 포로잡힌 때도 있었읍니다. 그들이 예수님께
그렇게 말하고 있었지만 사실은 자기들의 호주머니에 로마의 지배를
나타내는 이른바 로마황제의 상이 그려진 동전을 넣고 다녔읍니다.
그러나 그들은 "우리가 남의 종이 된 적이 없었다"고 말했읍니다.

　우리는 이러한 유의 자기 기만을 보고 웃읍니다. 그러나 영적인 문
제에 있어서 무지의 노예로 있으면서도 자기들이 노예로 있다는 것을
인정치 않는 사람들의 자기 기만보다 더 우스꽝스러운 것은 아닙니다.
그들은 하나님을 알지 못합니다. 그럼에도 불구하고 알아야 할 모든
걸 다 알고 있다는 식으로 하기 때문에 예수님에 대해서 배우려 하거
나 그에게 나오지 않습니다.

진리가 구원한다

　우리는 이제까지 무지로부터 자유가 어째서 중요한지 두 가지 이유
를 살펴보았읍니다. 첫째는 지식 자체가 중요하기 때문입니다. 지식
을 갖지 못하면 그 사람은 제한을 받습니다. 두번째로 우리 자신이
무지하기 때문입니다. 세번째 이유도 있읍니다. 무지로부터의 자유가
중요한 것은 하나님께서 죄와 자기 자신들과 사단으로부터 구원하시
는 것은 영적 진리를 아는 지식을 통해서이기 때문입니다.

　저는 전형적인 실례를 하나 말씀드리겠읍니다. 여기 여러분의 도시
에 살고 있는 어떤 사람을 상상해봅시다. 그 사람은 보통 평범한 사
람이었읍니다. 그는 아침 아홉시에서 저녁 다섯시까지 일을 하는 정
상적인 직업을 가지고 있읍니다. 가족도 있읍니다. 금요일 밤에 그는
볼링장에 가서 리그전을 합니다. 주일에는 골프를 즐깁니다. 밖에 나
가 다른 일을 하지 않을 때는 텔레비젼을 봅니다. 그것은 평범한 생
활입니다. 그는 그런 일에 매우 만족해하고 있읍니다. 하나님을 거의
생각지 않읍니다. 하나님에 대해서 생각했다 할지라도 하나님에 관
해 생각해야 마땅한 것을 진실로 알지는 못할 것입니다. 그 생각에
하나님이 없읍니다.

　자 어떤 사람이 그에게 영적인 일에 대해서 말하기 시작합니다. 시

간이 지남에 따라서 그는 성경이 가르치는 것 중 어떤 것을 배우기 시작하는 상황에 돌입합니다. 교회에 나올 수도 있읍니다. 또는 가정 성경공부에 참석할 수도 있읍니다. 라디오를 들을 수도 있고 기독교 서적을 읽을 수도 있읍니다. 어쨌든 그는 몇 가지 기본적인 진리를 배우기 시작합니다. 그가 첫번째 배우는 요점은 자기가 죄인이라는 것입니다. 자기는 다 옳다고 생각했었읍니다. 왜냐하면 자기 아내를 구박한 적도 없었고 어떤 사람의 것을 도덕질한 적도 없었기 때문입니다. 이제 그는 죄는 하나님이 원하는 수준에 완전히 미치지 못하는 것임을 배우게 됩니다. 또한 교만과 이기심과 분노와 염려 속에서 그러한 죄를 발견한다는 걸 배우게 됩니다. 처음에 그의 삶 속에서 그는 무엇인가 혼란을 느끼기 시작합니다. 다음에 그는 하나님이 심판의 하나님임을 배웁니다. 심판날이 오게 될 것이라는 것을 배웁니다. 이것도 실로 그 사람을 산란케 합니다. 어느 날 자기가 이 세상에 살 때 행했던 일을 직고해야 할 것이라는 사실을 전혀 생각해본 적이 없읍니다. 이제 그는 죽음과 죽음 이후에 대해서 생각하며 밤중에 벌떡 일어나 앉읍니다. 결국, 이 사람은 주 예수 그리스도에 관해서 듣습니다. 어떻게 그가 자기 백성들을 위하여 죽으셨으며, 어떻게 그들을 사랑하셨는지를 듣게 됩니다. 이 진리가 전에 심판을 생각할 때 사로잡혔던 것과 같은 강력한 힘으로 그를 사로잡습니다. 그런 다음에 그는 자기가 구원받도록 하나님께서 그리스도 안에서 부르신 사실을 발견합니다. 성령에 의해서 자기에게 의미 있게 되고 마음에 적용된 기독교 진리가 그 사람을 구원합니다. 진리가 그를 자유케 하였읍니다.

여러분이 그러한 체험을 가질 수 있읍니다. 여러분은 기독교의 진리를 듣고 예수 그리스도를 여러분의 구주로 영접할 필요가 있는 사람들이지요? 여러분은 지금 오실 수 있읍니다. 아무 것도 하실 필요가 없이 그저 오셔서 여러분의 삶을 그분에게 맡기십시오. 이 진리들을 믿으십시오. 곧 여러분이 죄인이라는 것과, 심판날이 있다는 것과, 예수님께서 여러분의 죄를 위해서 죽으셨다는 것을 믿으십시오. 이 진리 위에 견고히 서십시오! 더 이상 영적 무지의 굴레 속에서 머물러 있지 마십시요.

죄로부터의 자유

둘째로, 예수 그리스도께서는 죄로부터의 자유를 말씀하십니다. 34 절에 그 진리가 함축되어 있읍니다. "예수께서 대답하시되 진실로 진 실로 너희에게 이르노니 죄를 범하는 자마다 죄의 종이라."예수님께 서 이 구절에서 죄책에 대해서 말씀하고 계시지 않다는 걸 주목하십 시요. 우리가 죄책에서 자유케 된다라고 말씀하시지 않습니다. 예수 님께서 말씀하시는 것은 죄의 능력입니다. 죄가 우리를 장악하는 힘 과 지리멸렬하여 패배하는 그리스도인의 삶에 대해서 말씀하고 계십 니다. 주님의 요점은 이러한 굴레에서 사람을 자유케 하실 수 있다는 것입니다.

여러분은 그러한 자유를 소원하십니까? 아마 여러분은 어느 정도 그러한 자유를 가졌을 것입니다. 그리스도께 나오신 이후 심판의 두 려움에서 자유하셨을 것입니다. 죽음을 두려워하지 않습니다. 죄책이 무겁게 여러분을 짓누르지 않습니다. 여러분은 막연하나마 그리스도 를 아는 지식 안에서 자라날 자유를 얻었다고 느낍니다. 그런데도 불 구하고 여러분이 분쇄할 수 없는 것처럼 보이는 죄가 있읍니다. 여러 분은 어떤 기질을 가지고 있는데 그것을 제어할 수 없습니다. 여러분 의 사려깊지 못한 행동으로 인하여 사람들의 마음을 상하게 합니다. 어떤 성적인 죄에 사로잡혀 그것을 피해나갈 수가 없습니다. 저는 여 러분의 삶 속에서 어떤 요점 때문에 실패하는지 잘 모릅니다. 그러나 예수님께서 친히 그 패배에 대한 답변이 되신다는 걸 알고 있읍니다. 그분이 여러분을 자유케 하도록 허락하십시요. 그분에게 나오십시요! 그분에 대해서 배우십시요, 그분을 요청하십시요, 그분의 약속을 믿 고 나가십시요! 그분이 "그러므로 아들이 너희를 자유케 하면 너희 가 참으로 자유하리라"고 말씀하셨습니다.

다른 사람들이 이 자유를 얻도록 도와주기 위해서 그리스도인이 할 역할이 있습니다. 의심할 여지 없이 하나님께서만이 할 일도 여럿 있읍니다. 죽은 영혼에 새 생명을 넣으시는 것도 하나님만이 하시는 일입니다. 우리 중 어느 누구도 사람을 거듭나게 할 수 없읍니다. 하나님만이 그런 일을 하셔야 합니다. 그러나 일단 하나님께서 한 사람을 살리시면, 하나님께서 우리에게 맡기사 다른 사람의 온전한 구원을 이루는데 담당할 일이 있읍니다.

몇 가지 성경적인 실례를 들어드리겠읍니다. 주 예수 그리스도께서 친구 나사로를 죽은 자 가운데서 도로 찾게 해주셨을 때, "나사로야 나오너라"고 부르신 이는 주님 자신이셨읍니다. 주님께서 여전히 수의로 동이고 있는 나사로를 밖으로 나오게 하신 다음에는 그 주위에 서 있는 사람들에게 나사로에게 온전한 자유를 주도록 손을 쓰라고 촉구하셨읍니다. "풀어놓아 다니게 하라." 하나님께서 사도 바울을 다메섹 도상에서 부르셨을 때, 바울을 부르사 바울에게 새 생명을 주신 분은 오직 하나님이셨읍니다. 바울과 함께 있던 다른 사람들은 하나님께서 말씀하시는 그 말을 듣지 못했읍니다. 그럼에도 불구하고 바울이 다메섹으로 인도되었을 때 아나니아가 바울을 찾아가 세례를 주어 볼 수 있게 하는 데 사용되었던 것입니다. 하나님께서는 빌립을 사용하셔서 에디오피아 사람들에게 복음의 빛을 주도록 하셨읍니다. 또한 브리스길라와 아굴라를 사용하셔서 아굴라에게 진리를 더 온전히 깨우쳐주도록 하셨읍니다. 같은 방식으로 각 그리스도인마다 한 사람이나 여러 사람의 삶에 도움을 주는 일을 하게 됩니다.

많은 사람들이 그러듯이 "나는 도울 은사가 없어요"라고 말씀하고 계시지는 않습니까? 그렇게 말한다 할지라도 저는 여러분의 말을 믿을 수가 없읍니다. 모든 그리스도인마다 무엇인가를 할 수 있읍니다. 왜냐하면 모든 그리스도인마다 적어도 한 은사를 주셨기 때문입니다. 거의 모든 사람들마다 자기들이 하는 것보다 더 많은 일을 할 수가 있읍니다. 자기들이 생각지 못하는 일들을 할 수가 있다는 말입니다.

달라스 신학교의 하워드 헨드릭스 박사(Howard G. Hendricks)는 최근에 발행된 어떤 책에서 그리스도의 사역에 동참했으면 좋을 어떤 사람과 나눈 대화를 소개했읍니다. 박사는 그 사람이 가정 성경

연구반에서 조장역할을 해주었으면 좋겠다고 말했읍니다. 그러나 그 사람은 "아니, 저는 가르치는 은사가 없어요"라고 반대했읍니다. 그 말을 듣고 헨드릭스는 대답했읍니다. "빌, 그걸 어떻게 알아요, 당신이? 하나님께서 어느날 밤 한 장의 종이를 하늘로부터 내려주어서 그렇게 말했나요?"

"아니 저는 그런 것을 받아본 적이 없어요." 그는 그 사실을 인정했읍니다.

"가르친 적은 있읍니까?"

"아니 가르친 적도 없어요."

"그렇다면 친구여, 가르치는 은사가 없다고는 말하지 마십시오. 왜냐하면 그 은사가 있는지 없는지 당신은 모르기 때문입니다." 헨드릭스는 그렇게 대답했읍니다. 그 사람은 조금 생각하더니 가르쳐 보겠다고 합의했읍니다. 헨드릭스는 "아주 훌륭한 전문적인 사람들보다 더 많은 것을 전달하는 법을 아는 한 사람을 제가 가르치는 학생들에게 보여주고 싶으면, 빌에게 가서 들어보라고 말한다!"고 했읍니다.

아마 여러분도 "그러나 빌은 그렇지만 나는 가르치는 은사가 없어요, 나는 정말 그걸 알아요! 내가 무엇을 할 수 있어요?"라고 말씀하실지 모릅니다. 저는 또 다른 신약의 이야기를 들려드리겠읍니다. 여러분은 탕자를 기억하시지요? 탕자가 집으로 왔을 때 아버지가 그를 만났읍니다. 종들에게 "가서 그를 만나라" 하지 않고 아버지가 직접 나가서 그 아들의 목을 안고 입을 맞추었읍니다. 아버지는 직접 탕자를 용서하였고 그 가정에서 그 위치를 회복시켜주었읍니다. 그럼에도 불구하고 아버지는 그런 일을 하더니 옆에 서 있는 종들에게 "제일 좋은 옷을 내어다가 입히고 손에 가락지를 끼우고 발에 신을 신기라 그리고 살진 송아지를 끌어다가 잡으라 우리가 먹고 즐기자"고 말했읍니다. 제가 말씀드리는 요점은 종들이 네 가지 할 일을 각각 맡았다는 것입니다.

첫째로, 그들은 가장 좋은 옷을 내어다가 그 젊은 사람에게 입혔읍니다. 그것은 훌륭한 기독교 교육을 예증해줍니다. 성경에서 의복은 혼히 그리스도의 의를 말합니다. 그러므로 우리는 실제로 죄인에게 그리스도의 의의 옷을 입히는데 일익을 담당합니다. 그리스도를 전하는 것으로 만족해서는 안됩니다. 사람들이 그리스도로 옷입기를 원해야 됩니다. 또 우리가 그런 일을 그들이 하도록 돕기를 원해야 합니다. 하나님께서는 빌과 같이 많은 사람들을 가르치는 일과 복음전도 사역에 사용하십니다.

둘째로, 그들은 손에 가락지를 끼워주었습니다. 이것은 교제를 상징합니다. 가르칠 수 없는 사람들은 그럼에도 불구하고 그리스도인들이 된 다른 사람들을 알아줌으로써 이 일을 할 수 있습니다. 그들과 친구가 되어주고 기독교활동에 다른 사람들과 함께 참여하는 것입니다.

세째로, 종들은 탕자의 발에 신을 신겨야했습니다. 걸어갈 길이 있기 때문에 신이 필요한 것입니다. 유사한 방식대로 어떤 사람들은 다른 사람들을 도와 인생의 여정을 준비케 할 수 있습니다. 네째, 송아지를 잡고 즐거워하는 일은 양육해야 할 그리스도 안에 있는 갓난 아이들이 있음을 말해주고 있습니다. 용기를 북돋아주고 잘 맞아들여야 하는 사람들이 많습니다. 해야할 일이 많습니다. 그리스도인마다 하나님을 섬기는 데 있어서 다른 사람들을 도와줄 책임이 있습니다.

성도들과 죄인들을 위하여

만일 여러분이 그리스도인이 아니라면 지체 없이 즉각 자유를 주신다는 그리스도의 약속에 반응을 나타내야 합니다. 요한복음 이 대목에는 바로 그리스도인이 아닌 사람을 위한 구절이 있습니다. 예수님은 무언가 수수께끼 같이 이렇게 말씀하십니다. "종은 영원히 집에 거하지 못하되 아들은 영원히 거하나니"(35절). 이 말은 무슨 뜻입니까? 아버지의 재산을 이어받을 아들, 그 권리들을 박탈 당할 수 없는 아들과, 아들과 똑같은 집에 있는 특권을 누리면서도 어느 때에든지 팔려가 그 특권을 잃어버릴 수 있는 종과의 대조를 보여주고 있습니다. 분명히 이것은 그리스도의 말씀을 듣는 사람들에게 해당되었읍니다. 그들이 유대인이었지마는 거듭남으로 말미암은 하나님의 아들들은 아니었읍니다. 그들은 유대인들이 되는 특권을 가졌읍니다. 그러나 그리스도께 나와 구원을 얻지 못하면 그 특권들을 영원히 가질 수 없었읍니다. 심지어 예루살렘이 멸망하고 유대인들이 흩어질 날이 올 판이었읍니다.

기회는 어느 사람에게나 언제나 영원토록 존재하는 것은 아닙니다. 만일 여러분이 그리스도인이 아니라면 그 기회가 언제나 있는 것은 아닙니다. 그리스도께서 지금 여러분에게 자유를 약속하십니다 — 무지로부터의 자유, 죄의 세력으로부터의 자유를 약속하십니다. 여러분은 복음을 듣고 그리스도인 친구들에게 질문을 던지고 기독교를 관찰할 수 있는 자리에 있습니다. 언제 그러한 상황이 바뀔지 누가 압니까? 다른 도시로 이사가야만할 때도 있겠지요. 병이 들 때도 있을 것이고 죽을지도 모릅니다. 지금이 믿을 때입니다.

끝으로, 이미 구주를 그리스도로 받은 사람들에게도 이 진리가 해당됩니다. 여러분은 무지와 죄로부터 자유함을 받았읍니까? 그렇다면, 할 일이 있읍니다. 왜냐하면 게으름으로부터 자유하지 못했기 때문입니다. 여러분이 자유를 얻은 것은 하나님을 섬기라고 얻은 것입니다. 만일 여러분이 그리스도인이라면, 하나님께서는 여러분이 그리스도를 섬김으로 따르기를 바라십니다. 왜냐하면 그것이 자유이기 때문입니다. 그것이 참으로 진정한 자유입니다!.

51

아브라함의 자손들

"나도 너희가 아브라함의 자손인 줄 아노라 그러나 내 말이 너희 속에 있을 곳이 없으므로 나를 죽이려 하는도다 나는 내 아버지 에게서 본 것을 말하고 너희는 너희 아버지에게서 들은 것을 행 하느니라 대답하여 가로되 우리 아버지는 아브라함이라 하니 예 수께서 가라사대 너희가 아브라함의 자손이면 아브라함의 행사를 할 것이어늘 지금 하나님께 들은 진리를 너희에게 말한 사람인 나를 죽이려 하는도다 아브라함은 이렇게 하지 아니하였느니라" (8 : 37∼40).

그리스도인이 되기 위해서 예수 그리스도에게 인격적인 의탁이 필 요하다는 개념은, 오늘날 많은 사람들의 사고에 있어서 전혀 생 소한 개념입니다. 그러나 그것은 진리입니다. 오늘날 그것을 강조할 필요가 있습니다.

몇년 전 저와 제 아내는 종교적인 가정에서 자라난 한 여인과 만나 는 기회가 있었습니다. 그녀는 자기가 그리스도인이라고 생각하고 있 었지만 그리스도인이 아니었습니다. 그녀의 아버지는 영국교회에서 교구대표로 일했습니다. 그는 아주 어릴 때부터 주일학교에 다녔읍니 다. 성가대에서 노래를 부르기도 하였읍니다. 어떤 의미에서 영국교회가 가르치는 모든 것을 믿었읍니다. 왜냐하면 - 많은 것을 모르기는 했지만 - 39개 조항을 찬동하지 않는다는 생각을 해본 적도 없었고, 기도서에 나오는 어떤 것을 인정하지 않는다는 생각을 해본 적이 없었기 때문입니다. 그녀에게 있어서 영국의 한 여인으로 태어난다는 것은 영국교회의 일원이 되는 것이라고 생각하였고, 교회의 일원이 되는 것은 곧 그리스도인이 되는 것이라고 생각하였읍니다. 그것은 전통의 문제였읍니다. 그녀가 기독교의 실상을 발견하고 자신의 삶을 주 예수 그리스도께 개인적으로 의탁한 것은 우리와 한동안 대화를 나눈 뒤였읍니다.

그 이야기는 물론 비상한 것은 아닙니다. 그러나 중요한 이야기입니다. 제가 묘사한 그 체험이 그처럼 일반적인 것에 불과하다 할지라도 그러합니다. 자신들이 기독교 부모에게서 태어났다거나, 기독교회에서 자라났다거나 단순히 자기들의 삶의 환경 속에서 다른 종교적인 전통을 전혀 접촉한 적이 없다는 이유 때문에 자신들을 그리스도인으로 생각하는 사람들이 있읍니다. 만일 여러분이 기독교 신앙을 가졌다고 하면서 그 신앙의 내용이 주로 그러한 것들로만 이루어진 사람이라면, 요한복음에 나오는 이 매우 중요한 구절들을 면밀히 살펴보아야 합니다.

모 순

이 본문은 요한복음 8장에 나오는 본문입니다. 이 본문은 예수님께 대한 유대 백성의 어떤 지도자들의 반응을 다룹니다. 예수님께서는 영적인 일에 대해서 이 사람들에게 말씀하고 계셨읍니다. 그러나 그들의 삶에 부족한 것이(그리스도께서 채우실 수 있으셨던) 있다는 말씀을 하실 때마다 그들은 과격하게 변명조로 반응을 나타내었읍니다. 8장 마지막 부분에 가보면 예수님을 돌로 치려는 걸 발견하게 될 것입니다. 물론 그런 식으로 그들이 반응을 나타낸 것은 불쌍한 일입니다. 오늘날도 사람들이 이와 같이 행동하는 일이 흔하다는 것은 더욱 더 불쌍한 일입니다. 그럼에도 불구하고 그것이 인간본성입니다. 심지어 가장 비참한 사람들마저 자기들의 삶이 보다 더 나아질 수 있음을 넌지시 말해도 자기들을 방어하는 반응을 나타낼 것입니다.

이 사람들은 자기들에게 무엇인가가 부족하다는 그리스도의 진단을 듣고, 자기들은 종교적인 전통으로 말미암아 필요한 모든 것을 가졌노라고 주장하면서 그 말씀에 맞섰습니다. 그들은 자기들의 혈통을 거슬러 올라가 아브라함까지 들먹거리면서 "우리는 아브라함의 자손이기"때문에 모든 권리를 가지고 있노라고 주장합니다. 아브라함과 그 후손에게 하나님께서 약속하신 것은 사실입니다(창17 : 7 ; 22 : 16 ~18). 그들은 육체적으로 아브라함의 혈통에서 나온 사람들이었읍니다. 그러므로 그들은 논리를 펴기를, 자기들이야말로 아브라함 안에서 축복을 받았으며, 그러므로 영적으로 걱정할 거리가 하나도 없다는 것이었읍니다.

이러한 유대인의 답변을 듣고 예수님께서 어떻게 하셨읍니까? 예수님께서는 이 사람들로 하여금 참된 진상을 이해케 할만한, 여러가지의 의표를 찌르는 진술들을 하셨읍니다. 그 진술들은 아마 오늘날 우리들에게도 도움을 줄 것입니다.

첫번째 진술은 '그들의 삶에 이상한 모순이 존재한다'는 것이었읍니다. 그들이 고백하는 것과 실제의 그들의 삶의 모습 사이에 모순이 존재하였읍니다. 그들은 한편으로는 종교적인 사람들이라고 주장하였읍니다. 아브라함은 하나님께 인정을 받은 사람이었읍니다. 그는 하나님과 동행했읍니다. 하나님께 칭찬을 들었읍니다. 자기들도 그러하다고 주장했읍니다. 그런데도 예수님께서 지적하시는바와 같이 그들은 예수님을 "죽이려" 하였읍니다. 그래서 예수님의 "말씀이 그들 속에 있을 곳이" 없다는 걸 과시하였읍니다. 이러한 사실들 중 그 어느 것도 아브라함에게 해당되는 것은 없었읍니다. 우리는 주 예수 그리스도의 이러한 관찰을 오늘날 우리 세대에 적용해봅시다. 자기가 그리스도인이라고 생각하면서도 그 사람의 기독교가 그 사람의 삶의 방식을 거의 바꾸지 않은 경우에 해당되는 사람들이 있읍니다. 아마 여러분도 그럴지 모릅니다. 그렇다고 해서, 만일 그리스도께서 육체

를 입으시고 실제 지상에 계셨다면 여러분도 그를 "죽이려" 하였을
것이라고 말씀드리는 건 아닙니다. 물론 우리가 생각하는 것보다 훨
씬 더 그 사실이 우리에게 해당될지 모르지만 말입니다. 그러나 여러
분 개인의 인격과 관련된 경우에는 그를 죽이려 할 것입니다—여러
분의 삶 밖으로 그를 몰아내려 한다는 말입니다. 여러분은 그리스도
인이라고 말합니다. 그러나 여러분의 삶에 기독교의 초석이 되시는
분이 설 자리는 없습니다. 그가 살으셨고 죽으셨다고 여러분은 믿습
니다. 다시 사신 것도 믿습니다. 그러나 그것이 여러분에게 어떠한
차이도 가져오지 않습니다. 그분 때문에 여러분은 삶에 있어서 그 어
느 것도 변화되지 않았습니다.

　또한 그리스도의 말씀이 여러분 속에 거하지 않는다는 것도 사실입
니다. 그렇다고 해서 여러분이 그리스도의 가르침을 전혀 들어보지
못했다거나 그걸 기억할 수 없다는 말씀은 아닙니다. 물론 "하나님은
스스로 돕는 자를 돕는다"라든지 "마귀는 가장 뒤에 숨어 있다"라는
말들이 성경에 있다고 생각한다면 그리스도의 가르침에 대해서 별로
많이 알고 있지 못한 셈이지만 말입니다. 그러나 주님의 말씀이 여러
분의 인격적인 결심에 영향을 미칠 정도로 충분한 역할을 하고 있지
못하다는 말씀입니다. 어떤 사람이 여러분에게 아주 간사한 계략을
써서 속였다면, 그런 경우에 "기록되었으되 원수 갚는 것이 내게
있으니 내가 갚으리라고 주께서 말씀하시니라"—그런 말씀이 여러분
에게 그런 경우에 아무런 의미가 없어집니다. 집으로 돌아와서는 아
내를 욕하고 자녀들을 구박합니다. "서로 사랑하라"는 그리스도의 계
명이 마음에 들어오지 않습니다. 이게 어찌 된 일입니까? 그것이 이상
한 모순이 아닙니까? 그것이 여러분을 괴롭히지 않습니까? 그리스
도를 따르는 사람들이나 그리스도의 방식은 그것이 아닙니다.

여러분의 조상은 누구인가?

　둘째로, 예수님께서는 이 모순의 원인을 설명해나가십니다. 이 종
교지도자들의 참된 조상문제를 통해서 그점이 설명됩니다. 그들은 자

기들이 아브라함의 육신적인 혈통이라고 주장했읍니다. 이런 차원에
서만 따진다면 그들의 주장은 옳습니다. 그런데 문제는 그들이 육신
적으로만 아브라함의 혈통이라는 데 있었읍니다. 곧 내면적인 것보다
는 외면적인, 영적인 것보다는 혈통적인 차원에서만 그렇다는 것입니
다. 영적인 차원에서 보면(예수님은 거기에 관심이 있음) 그들의 조
상은 전혀 달랐읍니다. 그 조상은 마귀였읍니다. 우리는 그점을 말하
는 데 담대해야 합니다. 영적으로 '그들은 자기들의 진짜 아버지 마
귀의 자녀들이었읍니다.'

　저는 우선적으로 이것이 거의 모든 사람들에게 충만한 의미로 해당
되는 것은 아니라고 말씀드리렵니다. 어떤 경우에 설교자들은 세상에
는 두 권속이 있다고 말합니다. 하나님의 권속과 마귀의 권속 말입니
다. 그러면서 하나님을 섬기지 않으면 사단을 섬기는 것이라고 암시
합니다. 충만한 의미에서 그렇지는 않습니다. 그러나(거듭 말씀드려
야겠읍니다) 충만한 의미에서만 그렇지 않다는 것입니다. 실제적으로,
거의 모든 사람들은 자신들을 섬기고 있읍니다. 사단을 섬기는 일이
나 하나님을 섬기는 일에 별 관심이 없읍니다. 이 사람들은 거의 모
든 사람들이 그러지 않을 것 같은 방식으로 사단의 도구가 됩니다.
하나님을 죽이려는 구체적이고 사악한 노력을 통해서 그점을 입증했
읍니다.

　반면에, 어떤 의미에서 하나님께 속하지 아니한 것들은 모두 다 추
적해보면 사단과 관련이 있는 것을 발견할 수 있읍니다. 죄가 세상에
처음 들어온 것도 사단으로 말미암기 때문입니다. 여러분이 죄를 짓
습니까? 어떤 다른 사람에게 분을 격발합니까? 다른 사람에게 화를
낸 적이 있읍니까? 사업이나 결혼문제에만 급급하고 다른 것들은 제
이차적인 것으로 생각합니까? 그렇다면, 어떤 의미에서 여러분은 적
어도 마귀의 자녀임을 증거하고 있읍니다. 그러한 일들은 주 예수 그
리스도의 아버지께로부터 오는 것이 아닙니다.

　예수께서 한번은 이 진리를 비유로 가르치시면서, 좋은 열매가 나
쁜 나무에서 열리지 않는다고 지적하셨읍니다. 좋은 열매를 내는 것

은 좋은 나무입니다. 그와 같이 나쁜 열매도 좋은 나무에서 맺혀질
수 없습니다. 나쁜 나무가 나쁜 열매를 맺습니다. 같은 방식으로 여
러분의 영적 나무의 진상을 알아보려면 거기에서 열리는 열매를 보면
됩니다. 여러분의 삶 속에서 나타난 열매가 무엇입니까? 여러분의 말
에서 나타나는 것은 어떻습니까? 여러분의 행동에서 어떠합니까? 예
수께서 유대 지도자들에게 말씀하시면서 이 두 영역을 다 염두에 두
실 것을 촉구하신 것은 흥미롭습니다. 왜냐하면 하나님께 속한 것과
사단에게 속한 것 사이를 대조하면서 "나는 내 아버지에게서 본 것을
말하고 너희는 너희 아버지에게서 들은 것을 행하느니라"(38절) 라고
하셨기 때문입니다.

거듭남

이 강론의 명백한 결론은 이러합니다. 만일 사람이 사단의 권속으
로부터 하나님의 권속으로 옮겨지려면 마땅히 체험해야 할 것을 체험
해야 한다는 것입니다. 곧 이 진리가 육신적으로 따져서 진리라면 말
입니다. 한 가족 영역에서 다른 가족 영역으로 넘어가려면 어떻게 해
야 합니까? 한 권속에 대해서는 죽어야하고 '다른 권속으로 거듭나
야' 합니다. 물론 이런 일은 육체적으로는 불가능합니다. 이론적인
논쟁에 불과합니다. 그러나 기독교복음의 영광은 영적으로 그런 일이
일어난다는 것입니다. 성령의 역사로 십자가 위에서 죽으신 그리스도
의 죽음을 기초로 하여 거듭나는 일이 가능합니다.

우리가 이 요점을 지적하기 전에 ─ 사람이 거듭날 수 있다고 말할
수 있기 전에 ─ 먼저 사람이 반드시 '거듭나야한다' 는 중요한 요점을
동등하게 지적해야 합니다. 또한 단순한 육신적인 출생으로는 그를
구원할 수 없기 때문에 그렇다는 걸 지적해야 합니다.

이 요점은 성경의 다른 두 매우 중요한 지점에서 지적되어 있습니
다. 첫째는 세례 요한이 지적하였습니다. 요한은 유대 광야에서 말씀
을 전파하고 있었고, 많은 사람들이 세례를 받으러 그에게 나아왔습니
다. 그들 가운데 어떤 사람들은 회개하지 않았습니다. 그래서 요한

은 그 사람들에게 "속으로 아브라함이 우리 조상이라고 생각지 말라 내가 너희에게 이르노니 하나님이 능히 이 돌들로도 아브라함의 자손이 되게 하시리라 이미 도끼가 나무 뿌리에 놓였으니 좋은 열매 맺지 아니하는 나무마다 찍혀 불에 던지우리라"(마 3 : 9, 10). 요한은 이 사람들에게, 하나님의 역사만이 그들을 거듭나게 하사 선한 열매를 맺게 할 수 있으며 그들을 구원할 거라고 말하고 있었읍니다.

이 요점을 말하는 두번째 중요한 진술은 바울이 쓴 갈라디아서에 있읍니다. 어떤 의미에서 갈라디아서 전체는 그 요점의 진술이라 할 수 있읍니다. 예루살렘으로부터 온 선생들이 갈라디아 교회들에 와서는 먼저 아브라함의 자손, 곧 유대인이 되어야만 구원을 받을 수 있다고 말했읍니다. 그리스도를 믿는 것은 좋은 일이다. 그러나 먼저 아브라함에게 속해야 한다. 믿음도 좋다. 그러나 율법도 있는 것이다. 육신적인 혈통의 조상이 있어야 한다. 그런 식으로 그들은 말했읍니다. 바울은 이 경우에서 그들이 가르치는 교훈에 어찌나 강하게 맞섰던지 사실상 이렇게 말했읍니다. "너희가 만일 할례를 받으면 그리스도께서 너희에게 아무 유익이 없으리라"(갈 5 : 2). 아무 것도 중요하지 않고 오직 그리스도 안에서 "새로 지으심을" 받은 존재뿐입니다 (갈 6 : 15).

그렇습니다. 여러분도 그리스도 안에 있는 새로운 피조물입니까? 하나님의 권속으로 거듭났읍니까? 언젠가 예수님께서는 그렇게 혈통적으로나 종교적인 유전으로 볼 때 모든 이점을 갖춘 사람에게 말씀하신 적이 있읍니다. 그의 이름은 니고데모였읍니다. 그는 유대인이었고 선생이었고 영향력 있는 사람이었고 특권을 가지고 있었읍니다. 그러나 예수님께서는 "너는 거듭나야겠다"고 말씀하셨읍니다(요 3 : 7). 이 일은 하나님의 역사(役事)입니다. 그러나 사람이 사람으로부터 파생되어 온, 소위 유리하다고하는 그러한 이점을 등지고 대신 그리스도께 가까이 나와서 구원을 위해서 그를 신뢰할 때 그런 일이 일어난 것입니다. 하나님의 참 자녀들은, 완벽한 종교적인 조상을 가지고 있는 자들이라기보다는 아브라함이 믿었던 것처럼 믿고, 아브라함이 순종했던 것처럼 순종하는 자들입니다.

아브라함의 본 (本)

이 종교적인 지도자들에게 답변하신 예수님의 말씀의 마지막 요점은, 예수님께서 말씀하신 모든 것에도 불구하고 그렇게 하려한다면 그들의 조상들로부터 배울 수도 있다는 것입니다. 분명히 말해서, 이 점을 직설적으로 말한 것은 아닙니다. 그러나 그리스도께서 마지막으로 아브라함을 들어 말씀하실 때 그점을 함축하고 있는 것 같습니다. 예수님께서는 그들이 자기를 죽이려고 하는 것은 하신 말씀을 좋아하지 않기 때문임을 지적하셨습니다. 그런 다음에 "아브라함은 이렇게 하지 아니하였다"(40절)고 덧붙이셨습니다. 아브라함이 그리스도를 죽이려고 하지도 않았을 것이고 그리스도를 배척하지 않을 것은 뻔한 이치이니 그러면 아브라함은 어떻게 했읍니까? 하나님의 말씀을 기꺼이 받고 구원을 위해서 하나님을 믿었다고 대답해야 할 것입니다.

저는 그 다음의 요점에 대해서는 분명하지 못합니다. 그러나 제가 볼 때 아마 예수님은 그렇게 말씀하실 때 아브라함의 생애 중 어느 특별한 사건을 생각하고 계셨던 것 같습니다. 여러분은 소돔을 멸망시킬 것을 아브라함에게 와서 말한 세 초자연적인 존재들에 대한 이야기를 기억하십니까(창 18장)? 이 사실들은 이상한 방식으로 묘사되어 있읍니다. 어떤 때는 세 존재로 묘사되어 있읍니다. 그러다가 때로는 하나로 묘사됩니다. 그들이 하는 말이 때로는 "여호와께서 가라사대"라는 진술로 시작되기도 합니다. 이 존재들은 누구였읍니까? 이 인격은 누구였읍니까? 적어도 천사들을 대하고 있었다고 해야겠는데, 천사들로 일컬어지지를 않읍니다. 그러므로 어떤 사람들은 성육신하기 전에 주 예수 그리스도 자신이 나타나신 것이라고 생각하기도 하였읍니다. 그래서 아브라함이 문자 그대로 주 예수님을 보았다는 것이지요.

그것이 진리라면 ─ 저도 그럴 것이라고 믿습니다 ─ 아브라함은 문자 그대로 이 종교지도자들이나 오늘날 많은 사람들이 행하는 일과는 정반대의 일을 하였읍니다. 종교지도자들은 예수님을 배척하고 있었읍니다. 그러나 아브라함은 그에게 달려나가 그를 영접하여 자기 장막에 모셨읍니다. 저는 그것을 우리 각자에게 적용시켜보겠읍니다. 여러분은 주 예수님을 진정으로 믿는 조상을 두고 있읍니까? 여러분의 종교적인 감정이 여러분과 가까운 어떤 사람의 순전한 체험에서 연유된 것입니까? 그렇다면 그것은 아주 나쁜 것은 아닙니다. 그러나 그 관계만을 의뢰해서는 안됩니다. 여러분도 그런 이가 한 것처럼 해야합니다. 아브라함처럼 해야합니다. 여러분의 아버지가 경건하였읍니까? 그가 예수님께 행하고 예수님을 따른대로 행하십시요. 여러분의 어머니가 기도하는 어머니였읍니까? 그렇다면 여러분의 죄가 용서받고 여러분도 예수님을 따르는 사람이 되기 위해서 어머니가 한대로 행하시고 기도하십시요. 어떤 이도 외식자가 되지 않기를 저는 바랍니다. 여러분이 고백해왔던 것을 진정으로 여러분의 삶 속에서 체험하도록 하십시요.

예수님께 달려나가십시요! 예수님을 영접하십시요! 예수님을 모셔드리십시요. 여러분의 장막이나 집만이 아닌, 여러분 자신의 삶 속에 예수님을 모셔드리십시요. 그러면 그가 여러분을 축복하실 것을 발견할 것이며, 하늘나라 사신이 아브라함을 가르친 것과 똑 같이, 예수님은 당신이 뜻과 방식에 대한 놀라운 것을 가르치실 것입니다.

그리스도인들을 위한 말씀

그리스도인들을 위해서 마지막으로 할 말이 있읍니다. 이 강론의 주된 주제는 대체로 그리스도인이라 고백하면서도 실제 행실로는 그 사실을 부인하는, 이른바 이상한 모순에 관한 것이었읍니다. 그러나 진정으로 그리스도인들이면서도 그리스도다운 행실을 보이지 못하는 경우에 또 다른 이상한 모순이 발생합니다. 물론 이러한 일이 혼합니다. 거기에는 이유가 있읍니다. 그리스도인들이 되면 그것으로 옛 본성을 버리는 것은 아닙니다. 옛 본성이 여전히 살아 있읍니다. 그럼에도 불구하고 그것은 이상한 일입니다. 그러한 일이 일어날 수 있다는 건 사실이지만 그리스도인의 행동의 특징은 그래서는 안됩니다. 그리스도인은 삶 속에서 그리스도의 손을 나타내야 합니다.

몇년 전에 한 젊은 치과 대학생이 필라델피아에서 공부를 하고 있었는데, 그를 지도하는 치과의사는 아말감 의치(義齒)를 만드는 완벽한 방식으로 잘알려진 의사였읍니다. 그것을 어찌나 잘 만들었던지 충치먹은 곳에 박아 넣는 봉과 같이 보였읍니다. 정상적으로 하면 휠씬 더 단단하고 값도 비쌌읍니다. 그 의치를 만드는 충전제가 어찌나 좋았던지 그 치과의사는 "아말감왕"으로 알려졌읍니다. 시간이 감에 따라서 그 젊은 학생이 그 과정을 다 마치고 군대에 들어가게 되었읍니다. 그는 군대에서 치과 일을 보았고 결국 필라델피아 시에 있는 자기 집으로부터 3000마일 떨어진 서부해안에서 복무를 마치게 되었읍니다. 어느 날 입소한 사람이 치아에 문제가 생겨 그 사무실에 오게 되었읍니다. 필라델피아에서 공부했던 그 젊은 사람은 그 충치에 넣었던 충전제를 검사하기 시작했읍니다. 갑자기 소스라쳐 놀라면서 "당신 필라델피아에서 왔소?"라고 물었읍니다.

그러자 "예"라고 그 신병은 대답했읍니다.

그 젊은 치과 의사는 "나도 그렇게 생각했소. 당신의 치아를 보니 아말감왕인 와드 밀러(Ward C. Miller) 박사의 솜씨요."

저는 여러분이 제가 말씀드리는 것이 무엇인지를 이해했을 줄 믿습니다. 우리가 이 세상에 살 때 우리의 삶의 모든 국면에 다 주 예수 그리스도의 혼적을 드러낸다는 것은 결코 불가능한 일입니다. 그러나 어떤 국면들에선 주님의 모습과 같을 수 있어야 합니다. 다른 사람들이 당신을 보고 "이건 위대한 의사 예수 그리스도의 솜씨다. 왕 중 왕이신 분의 솜씨야"라고 말할 수 있어야 합니다.

52

다른 권속

"너희는 너희 아비의 행사를 하는도다 대답하되 우리가 음란한데
서 나지 아니하였고 아버지는 한분 뿐이시니 곧 하나님이시니라
예수께서 가라사대 하나님이 너희 아버지였으면 너희가 나를 사
랑하였으리니 이는 내가 하나님께로 나서 왔음이라 나는 스스로
온 것이 아니요 아버지께서 나를 보내신 것이니라 어찌하여 내
말을 깨닫지 못하느냐 이는 내 말을 들을 줄 알지 못함이로다 너
희는 너희 아비 마귀에게서 났으니 너희 아비의 욕심을 너희도행
하고자 하느니라 저는 처음부터 살인한 자요 진리가 그 속에 없
으므로 진리에 서지 못하고 거짓을 말할 때마다 제 것으로 말하
나니 이는 저가 거짓말장이요 거짓의 아비가 되었음이니라 내가
진리를 말하므로 너희가 나를 믿지 아니하는도다 너희 중에 누가
나를 죄로 책잡겠느냐 내가 진리를 말하매 어찌하여 나를 믿지
아니하느냐 하나님께 속한 자는 하나님의 말씀을 듣나니 너희가
듣지 아니함은 하나님께 속하지 아니하였음이로다 유대인들이 대
답하여 가로되 우리가 너를 사마리아 사람이라 또는 귀신이 들렸
다 하는 말이 옳지 아니하냐 예수께서 대답하시되 나는 귀신들린
것이 아니라 오직 내 아버지를 공경함이어늘 너희가 나를 무
시하는도다 나는 내 영광을 구치 아니하나 구하고 판단하시는 이
가 게시니라"(요 8 : 41~50).

"보 편적인 하나님의 부성애와 보편적인 사람의 형제애"라는 인기 있는 어구를 누가 처음 말하기 시작했는지 저는 잘 모르겠읍니다. 그러나 19세기의 자유주의의 산물이라고 짐작합니다. 그것이 참된 기독교를 바르게 표현한 것은 아님을 저는 압니다. 그 어구는 멋지게 들립니다. 모든 사람들이 여러 가지 차이에도 불구하고 모든 사람들이 사실상 형제라는 것과, 어떠한 이름으로 부르든지간에 모든 사람은 다 같은 하나님을 예배하고 있음을 암시합니다. 그러나 사실은 그렇지 않습니다. 하나님의 말씀이나 역사가 그것을 반박합니다. 우리가 이번 시간 강론을 통해서 알아볼 본문말씀 속에서 그것의 참된 진상이 드러납니다.

고조된 논쟁

우리는 지난 여러 시간의 강론을 통해서 예수님과 종교지도자들 사이의 쟁론이 더욱 더 가세되고 심화되어왔음을 상기할 수 있읍니다. 이 사람들이 행동에서 뿐만 아니라 말투에서 그점은 이미 명백해졌읍니다. 이제 그들의 말조차도 더욱 더 귀에 거슬리는 말투였읍니다. 처음에는 아브라함의 후손들이라고 역설하는 데서부터 시작했읍니다. 곧 하나님께서 특별한 민족의 아버지가 되게 하시겠고 또 많은 사람들에게 복의 근원이 되게 해주겠다고 약속하셨던 사람의 후손들이라는 것입니다. 그러나 예수님께서 그러한 주장이 잘못된 것임을 논박하시니, 그들은 그 주장을 더 강하게 하며 자기들은 실지로 하나님의 자녀들이라고 말했읍니다(41절). 예수님 편에서도 역시 그러한 역설은 잘못이라고 더 강하게 말씀하셨읍니다. 그들이 영적으로 아브라함의 자손이 아님을 말씀하는 일부터 시작합니다. 거기에다가 그들이 하나님의 자녀라는 것도 부인합니다. 결국 예수님께서는 공개적으로 그들의 아비는 마귀라고 말씀하십니다.

바로 이 마지막 진술에 대한 그들의 반응은 대단한 것이었음에 틀림 없읍니다. 그러므로 이 몇 절 뒤에 가서 이 종교지도자들이 돌을 들어 치려고 하는 모습을 발견할 때 놀라서는 안됩니다. 예수님께서는 그들이 그러한 것을 아시고 말씀하셨는 바 그 말씀들이 그들의 분노를 일으켰습니다. 그러나 예수님의 말씀은 진리였습니다. 진리는 사람들이 좋아하든 좋아하지 않든 전해져야 합니다.

물론 오늘날도 같습니다. 왜냐하면 사람들의 마음을 상하게 하고싶지 않다는 생각을 가르치는 문제의 척도로 삼는다면 하나님의 말씀의 가르침 가운데 사람들에게 전할 수 있는 것은 거의 없을 것입니다. 몇년 전 어느 전도자가 네바다에 있는 작은 마을로 집회를 인도하러 갔습니다. 그 집회가 열리는 교회의 목회자를 만났는데 목회자는 이런 말을 하였습니다. "자, 실례지만 제가 말씀드릴 게 있습니다. 여기서는 말해서는 안되는 몇 가지 사항이 있습니다. 어떤 죄들에 대해서는 말해서는 안됩니다. 예를 들어서 이혼에 대해서 말하지 마십시오. 이곳은 미국에서 이혼이 가장 많은 곳입니다. 우리 교회나오는 사람들 가운데 많은 사람들이 결혼을 했다가 여러번 이혼했습니다. 그들은 그 문제만 나오면 과민해집니다. 술을 마시는 것에 대해서도 말해서는 안됩니다. 여기서는 양주산업이 큰 사업입니다. 돈 문제도 언급하지 마십시오."

그 가련한 전도자는 그 목회자를 바라보면서 "그럼 제가 누구의 죄를 말할까요?"라고 물었습니다.

"피으테 인디안들의 죄를 말하십시오. 그들은 어쨌든간에 교회에 나오지 않을 테니까요."

자, 사람들이 마음의 상처를 받든 안받든, 진술할 필요가 있는 진리들이 있습니다. 예수님께서 이 점을 아셨기 때문에 여기서 진리를 말씀하셨습니다. 우리의 관점으로 볼 때 그렇게 하신 것은 잘하신 일입니다. 왜냐하면 그 결과로 우리는 이 대목에서 사단에 관한 가장 명백한 가르침을 대하게 되며, 하나님께서는 모든 사람들의 아버지도 아니고 모든 사람들이 다 형제도 아니라는 진리를 요한복음중에서 가장 분명히 발견하게 됩니다. 사실상 여기 말고 요한복음에서 사단이 언급되는 것은 딱 한 곳입니다. 그 부분은 사단에 대해서 그렇게 많은 것을 말하지 않습니다. 마귀가 가룻 유다에게로 들어갔다는 말씀을 듣게 될 뿐입니다(13 : 2, 27).

인격체(人格體)로서의 마귀

이 대목의 말씀이 사단에 관해서 무어라고 우리에게 말하고있읍니까? 무엇보다도 사단이 있다고 말합니다. 사단은 우리 인간이 상상해낸 상상의 산물이 아닙니다. 그는 단순히 희미하거나 추상적인 악의 개념이 아니기 때문에 하나의 인격적인 존재입니다. 예수님께서이름을 들어 마귀를 가리켜 말씀하시고 인칭대명사 '그'라는 말로 지칭하실 때 그 점을 시사하십니다.

물론 기독교회 가운데 여러 교단들이 귀신이 인격을 가지고있다는 개념을 부인하였읍니다. 오늘 현대사회에서는 그 개념이 가장 우스개거리가 되었읍니다. 최근 요 몇년 사이, 마법이나 사단주의의 부흥에 기인하여 오늘날은 그전처럼 그렇게 큰 우스개거리로 취급되지를 않습니다. 실로 많은 사람들은 마귀가 실제로 존재한다는 것에 대하여 그렇게 심각하게 생각하지 않을 것입니다. 일반 대중들의 생각 속에서 마귀(귀신)는 긴 빨간 속옷을 입은 재미있는 작은 사람으로 뿔과 꼬리를 가진 존재로 생각합니다. 그래서 사람들은 이러한 논증을 폅니다. "빨간 속옷을 입고 뿔이 달리고 꼬리가 달린 우스꽝스러운 작은 사람을 믿지 않기 때문에 나는 마귀의 존재를 믿을 수 없다"는 식으로 논증해나갑니다. 그런 식으로 생각하는 사람들 중에는 성경에서 묘사되고 있는 사단의 모습과 그것이 얼마나 다른가를 아는 사람이 거의 없읍니다. 또 뿔달린 작은 사람의 모습을 사람들이 생각해내도록 한 것이 사단의 계략인 것을 아는 사람들은 더적습니다(심지어 그리스도인들 가운데도 그런 사람이 있음).

사도 바울은 고린도전서에서 우리가 그 사단의 궤계를 알지 못하는 바가 아니라고 지적하였읍니다(고후 2 : 11). 여기서 "궤계"라는 말은 "계략, 음모, 꾀, 궁리, 전략"등의 의미입니다. 그러므로 요점은 그리스도인들이 사단의 계략을 알아야 한다는 것입니다. 사단은 사람들의 마음을 어둡게 하여 자기 편이 되도록 하는 계략을 꾸미고 있읍니다. 역사의 여러 시점 가운데서 사단이 사용하는 계략들 가운데 하나는, 사단이 존재하지 않는다고 사람들을 믿도록 부추기는 것입니다. 물론 언제나 그랬던 것은 아니지만 말입니다.

뿔 달린 재미있는 작은 사람에 대한 개념은 어떤 점에서는 성경과 관련을 맺어 흥미 있게 발전된 것입니다(물론 잘못 발전된 것이기는 하지만). 거의 모든 사람들이 글자를 알지 못해서 성경의 기본적인 이야기들과 교리를 가르치기 위해서 교회가 마술극을 사용했던 중세 시대에, 무대에서 금방 알아차릴 수 있도록 마귀를 나타낸 어떤 배역을 만들 필요가 있었습니다. 그런 일은 글을 통해서 되어질 수 있는 일이 아닙니다. 사단이 뿔이 달린 괴물과 같은 모습을 하고 있다는 식으로 생각하는 개념이 이교도 사상 속에는 있었습니다. 이 형식이 사용되었습니다. 더구나, 사단을 그런 모습으로 보게 된 데는 성경의 뒷받침이 있다고 생각을 하였습니다. 이사야 선지서로 거슬러 올라가면, 바벨론을 쳐서 한 예언 가운데 몰락하고 황폐한 그 도성에 어느 날 어떤 이상한 존재가 나타나 이리저리 어슬렁거리면서 거닐 것에 대한 언급이 나타나 있습니다. 이 짐승에 대한 히브리어는 "사이르(Sair)"인데 —그 말은 들양(羊)이라는 뜻 —그러나 그 말이 무엇을 의미하는가를 아는 사람이 거의 없었습니다. 그래서 성경을 처음 번역할 때 그것을 "사티르(Satyr)"라 하여 반은 사람이고 반은 짐승 모양을 한 이른바 신화에 나오는 존재명칭을 붙였던 것입니다. 그래서 성경이 흔히 사람들이 생각하고 있는 사단의 모습과 같은 피조물을 묘사한 것으로들 생각하고 있었습니다. 중세시대에 행한 것을 보면 그럴듯 했습니다. 현대에 와서는 역시 그 충분한 근거가 없지만 마귀를 일종의 파우스트(Faust)를 유혹한 현학적인 학자로 보았습니다. 또는 미국의 인기 있는 연극무대에서나 영화 "댐 양키스"(Damn Yankees)에서 나오는 유혹자로 묘사하기도 합니다.

마귀의 모습이라고 꾸며낸 것이 거의 가련할 정도로 믿기지 못할 것이기 때문에, 수백만 —그러한 꾸며진 모습 이외에는 아무 것도 알지 못하는 —사람들이 마귀를 별로 큰 존재로 생각하고 있지 않는 것은 놀라운 일이 아닙니다. 그러나 우리는 그러한 실수를 범하지 말아야 합니다. 예수님에 의하면 마귀가 있고 또 마귀를 따르는 사람들도 있습니다. 사실 예수님께서는 제자들에게 "시험에 들게 하지 마옵시며 다만 악(악한 자)에서 구하옵소서"라고 기도하라고 경고하셨습니다(마 6 : 13).

타락한 존재

두번째로, 예수님께서는 마귀가 타락한 존재라고 가르치십니다. 예수님은 두 가지 방식으로 그 점을 가리킵니다. 첫째로, 마귀가 어떠한 높은 지점에서 타락했는가를 보여주십니다("저는……진리에 서지 못하고"), 둘째로 그가 빠져들어간 깊이를 보여주십니다("거짓을 말할 때마다 제것으로 말하나니 이는 저가 거짓말장이요 거짓의 아비가 되었음이니라"). 그 두 요점과 "저는 처음부터 살인한 자요"라는 말씀이 함께 병행합니다.

불행히도, 오늘날도 너무나 많은 사람들이 이 요점을 거부합니다. 심지어 마귀의 존재가 있음을 인정한다고 하는 자들까지도 말입니다. 그들은 사단이 전에 있었던 원래의 위치에서 타락되었다고 믿기보다는 사단을 영웅으로 생각하기를 좋아합니다. 또는 타락한 사람의 선봉장쯤으로 생각하기를 좋아합니다. 존 밀턴(John Milton)은 이점에 있어서 가장 큰 실수를 범한 사람일 것입니다. 왜냐하면 그의 "실락원"의 처음 몇 페이지에서 사단이 하늘로부터 떨어지는 것을 묘사하는 것은 사실입니다. 그런데 그 실락원의 더 많은 부분과, 그 서사시의 제 1권은 지옥의 깊은 곳에서부터 올라오려고 노력하는 루시퍼의 영웅적인 노력을 묘사합니다. 또한 그가 생각하는 새 나라에 대한 어떤 것을 하려고 애쓰는 모습을 묘사합니다. 밀턴의 글 속에서는 사단이 그 일을 명석하게 해냅니다. 너무나 명석한 나머지 어떤 주석가들은 그 책에 나오는 영웅이 예수님이라기보다는 사단이라고 말할 정도였습니다. 성경에서 우리에게 계시되는 것은 그런 것이 아닙니다.

처음부터 사단이 지옥에 있었던 것이 아니고 또 지옥을 지배하는 것도 아닙니다. 성경은, 하나님께서 지옥을 만들어 놓고 마귀와 그 천사들의 몫으로 그것을 예비하셨다고 말하고 있습니다. 또 사단은 어느 날 그곳에서 그 운명을 끝장낼 것입니다. 예를 들어서, 성경은 어느 때에는 지혜로 충만하고 완전한 아름다움을 갖춘 존재였었다고 묘사합니다. 그는 한때 "하나님의 동산인 에덴에" 있었다고도 말합니다. 창조될 때부터 그 속에서 죄가 발견될 때까지 모든 방면에서 그는 "완전"하였다고 말합니다(겔28 : 12~15). 이사야에서 보면 그의 타락은 교만으로 말미암았으며 하나님의 자리를 차지하려고 하는 건방진 소욕때문에 타락된 것입니다. 그 대목에서 사단은 이렇게 말하고 있읍니다. "내가 하늘에 올라 하나님의 뭇별 위에 나의 보좌를 높이리라 내가 북극 집회의 산 위에 좌정하리라 가장 높은 구름에 올라 지극히 높은 자와 비기리라 하도다"하였읍니다. 그의 그러한 죄 때문에 하나님은 "음부 곧 구덩이의 맨 밑에 빠차우리로다"고 응답하셨던 것입니다(사14 : 13~15). 그것은 영웅적인 존재의 모습이 아니라 몰락한 존재의 모습입니다. 그것은 어느 사람도 공포에 질려 가까이 하지 못할 존재의 모습입니다.

더구나, 사단은 인류에 대해서도 엄청난 손해를 끼쳤읍니다. 예수님께서 당신의 말씀을 듣는 사람들에게 말씀하셨듯이, 사단은 살인자요 살인을 주도한 자였읍니다. 아담과 하와가 타락한 후 저질러진 범죄는 살인이었읍니다. 왜냐하면 타락의 결과로 가인이 그 동생을 죽였기 때문입니다. 요한복음 13장에 가보면 사단이 유다의 마음 속에 들어가 그리스도를 원수들의 손에 팔아 그를 죽이도록 합니다. 사단의 역사는 피로 기록되어 있읍니다.

또한 사람의 역사는 속임의 역사입니다. 왜냐하면 그는 그리스도께서 말씀하셨듯이 거짓말장이입니다. 사단은 하와에게 거짓말을 하였읍니다 "너희가 결코 죽지 아니하리라"(창 3 : 4). 그러나 하와는 영적으로 죽었고 하나님과의 교제를 상실했읍니다. 열왕기상에 보면 거짓말하는 영들이(아마 귀신들일 것임) 아합의 선지자들 속에 들어가 앗수르를 대적하여 전장에 나가게 하고 라못 길르앗에서 넘어지게 하는 걸 보게 됩니다(왕상22 : 21~23). 사도행전에 보면 사단이 아나니아의 마음 속에 들어가 자기 소유를 판 값에 대하여 거짓말하게 하였읍니다. 그 결과 그는 죽었읍니다.(행 5 : 3). 사단은 오늘날도 거짓말을 합니다. 따라서 우리는 사단이 위험스럽고 잘 속이는 사악한 존재로 생각해야 합니다. 그러나 무엇보다도 죄악적인 존재요 실패한 존재로 여겨야 합니다. 하나님께서 그에게 주신 높은 소명 속에 머물러 있지 못할 때 범죄하였읍니다.

한계 있는 존재

세째로, 예수님께서는 사단이 한계 있는 존재라고 시사하십니다. 다시 말하면 하나님이 전지전능하시고 무소부재하신 것처럼 그런 존재가 아니라는 것입니다. 물론 이 부근에서 성경의 다른 부분에서와 같이 그점이 노골적으로 진술되지는 않았읍니다. 왜냐하면 사단이 처음부터 살인자라면 그는 윤리적인 생활의 영역에서 한계가 있읍니다. 만일 그가 거짓말장이요 거짓말장이의 아비라면 이해에 있어서도 한계가 있읍니다. 만일 그가 예수님께서 다음에 말씀하시듯이 심판대 앞에 서게 되면 그는 분명히 능력의 한계를 드러냅니다. 왜냐하면 심판대를 피할 수 없기 때문입니다. 우리가 사단에 대해서 정신을 차리고 경계를 해야 하지만 그럼에도 불구하고 그 시험자를 하나님과 동등한 능력을 가진 악한 무엇으로 생각하는 습관에 빠지지 않도록 해야 합니다.

이 문제는 자세히 숙고할만한 문제입니다. 사단은 원래 처음부터 모든 것을 다 아는 존재가 아닙니다. 하나님께서는 모든 것을 다 아십니다. 그러나 사단은 그렇지 못합니다. 무엇보다 그는 장래를 알지 못합니다. 의심할 여지 없이 사단은 여러 가지 추측은 할 수 있읍니다. 왜냐하면 인간의 본성과 역사의 성향들을 잘 알기 때문입니다. 소위 영매들이나 행운을 점치는 사람들의 여러 계시들-그런 점치는 사람들의 예언이 맞을 수도 있음-이 다 이 범주 속에 들어갑니다. 그러나 그것은 앞으로 일어날 일에 대한 참된 지식은 아닙니다. 그래서 그들이 짐작하며 예고하는 일이 모호하며 일반적으로 허술합니다. 하나님께서 어느 때에 모든 거짓된 신들에 대하여 다음과 같은 도전적인 형식으로 그 점을 진술하셨읍니다. "나 여호와가 말하노니 너희 우상들은 소송을 일으키라 야곱의 왕이 말하노니 너희는 확실한 증거를 보이라 장차 당할 일을 우리에게 진술하라 또 이전 일의 어떠한 것도 고하라……후대사를 진술하라 너희의 신 됨을 우리가 알리라 또 복을 내리든지 화를 내리라 우리가 함께 보고 놀라리라 과연 너희는 아무 것도 아니며 너희 일은 허망하며 너희를 택한 자는 가증하니라"(사41 : 21~24).

사단은 전능하지도 못합니다. 그래서 그는 자기가 하고 싶은 모든 걸 다 할 수 없읍니다. 신자들의 경우에서 하나님께서 허락하신 것만을 할 수가 있읍니다. 이에 대한 좋은 실례는 욥의 경우입니다. 하나님께서 욥을 위하여 둘러친 산울을 낮추기까지 욥은 안전하였읍니다. 그런 경우라도 하나님께서는 하나님의 가치 있는 목적을 위해서 그런 일을 하셨고 욥이 죄 짓지 못하도록 지키셨읍니다.

결국, 사단은 아무 데나 있지 못합니다. 그 말은 동시에 어떤 곳에나 있어 모든 자를 시험하지 못한다는 뜻입니다. 하나님은 어느 곳에나 계십니다. 하나님을 부르는 모든 사람을 동시에 도우실 수 있읍니다. 그러나 사단은 한번에 한 사람씩 밖에는 시험하지 못합니다. 사단과 함께 타락했던, 이른바 지금 귀신들로 존재하는 천사들을 통해서 작용해야만 합니다. 이 때문에 나타나는 흥미 있는 귀추는, 사단은 여러분이 알고 있는 어떤 그리스도인이나 여러분을 한번도 시험하지 않은 경우도 있다는 것입니다. 성경에서마저 사단에게 직접적으로 시험을 받은 사람이 그렇게 많지 않습니다. 사단에게 직접적으로 시험을 받은 사람들 중 누가 생각납니까? 물론 하와가 있읍니다. 또 그리스도께서도 시험을 받으셨읍니다. 베드로도 시험을 받았읍니다. 마귀가 아나니아의 마음 속에 들어가 땅을 판 값에 대하여 거짓말을 하게 하였고, 유다에게도 들어갔읍니다. 그러나 그것이 전부입니다. 어느 때 바울은 자기의 계획이 사단에 의해서 막혔다고 말합니다(살전

2 : 18). 그러나 다른 경우에는 자기를 찌르는 사단의 사신(使臣)에 대해서 말합니다(고후12 : 7). 그와 유사하게 다니엘에게 계시를 전해주는 천사를 반대하는 것은 오직 보다 낮은 귀신들이었습니다(단 10 : 13, 20). 비록 열왕기하 6 : 16이 군인들 뿐 아니라 대군의 귀신들이 도단에 있는 엘리사를 둘러싸고 있었음을 뜻한다 할지라도 — 그러나 주의 천군이 그보다 훨씬 더 많은 숫자로 엘리사를 보호하고 있었음 — 사단이 직접 그들 가운데 있었다는 말은 없습니다.

그 말은, 그리스도인이 사단과 그의 계략에 대해서 무시하거나 낮게 평가해서도 안되지만 그렇다고 너무 지나치게 사단을 높이 평가해서도 안된다는 것을 뜻합니다. 무엇보다 하나님을 떠나서 사단에게 시선이 사로잡히는 지점까지 가서는 안된다는 것입니다. 하나님은 우리의 능력이요 우리의 망대십니다. 하나님은 사단을 제한하십니다. 그래서 하나님께서는 그리스도인이 감당할 수 없는 시험당함을 결코 허락하지 아니하실 것입니다. 또한 시험을 감내할 수 있는 피할 길을 언제나 제공하실 것입니다(고전10 : 13). 사단이 가야 할종착지는 불못입니다(마25 : 41).

두 길

우리 앞에 두 길이 놓여 있습니다. "어떤 길은 사람의 보기에 바르나 필경은 사망의 길이니라"(잠14 : 12). 이것은 사단의 길입니다. 생명으로 인도하는 길"(마 7 : 14)도 있습니다. 곧 하나님의 길입니다. 각 개인의 앞에 두 길이 놓여 있습니다.

한 길에서 사단이 약속을 합니다. 그러나 그는 거짓말의 아비입니다. 그의 말은 믿을 수가 없습니다. 그는 지혜를 약속합니다. 에덴 동산에서 하와에게 했던 것처럼 말입니다 —"그것을 먹는 날에는 너희 눈이 밝아 하나님과 같이 되어 선악을 알줄을······" —그러나 사단의 지혜는 영적인 일에 어리석음으로 인도합니다. 사랑을 약속합니다. 그러나 그 종말은 증오입니다. 즐거운 것을 약속합니다 —"세상의 만국과 그 영광"을 약속합니다. 그러나 사단을 따르는 자들에게는 결국 고통만 있을 뿐입니다.

다른 길에서 예수님께서 약속을 가지고 서 계십니다. 어떤 의미에서 그 약속은 사단의 약속과 정반대입니다. 예수님께서는 "너희는 눈이 멀었다!"라 말씀하십니다. 그러나 예수님께서는 보게 하시고 지혜를 주십니다. 예수님께서는 증오의 메시지를 가지고 계십니다. "나는 죄를 증오한다"고 선언하십니다. 그러나 예수님께서는 죄로부터 여러분을 벗어나게 하고 위대한 사랑으로 자신에게로 여러분을 이끄십니다. 마지막으로 예수님께서는 고통에 대해서 경고하십니다. 성경에서 다른 어느 누구보다도 예수님께서 지옥에 대해서 더 많은 말씀을 하십니다. 그러나 자기를 따르는 자들에게 즐거움을 약속하십니다. 그의 모든 길은 "즐거움"입니다. 그의 모든 길은 "평강입니다" (잠 3 : 17). 여러분은 그를 따르시겠읍니까? 여러분의 구주로 그를 믿고 자신을 맡기지 않겠읍니까?

53

마지막 원수

"진실로 진실로 너희에게 이르노니 사람이 내 말을 지키면 죽음
을 영원히 보지 아니하리라"(요 8 : 51).

얼마 전에 저는 81세난 어떤 부인으로부터 편지를 받았읍니다.
그는 죽는 것이 무섭지 않다고 하였읍니다. 그는 그리스도인인
데 지상의 삶의 마지막이 가까울수록 무서움이 덜해갔읍니다. 그러나
그녀는 다른 사람들이 느끼면서도 말하지 않는 어떤 것을 여전히 두
려워하고 있으며, 또 그 두려움을 솔직이 표현하였읍니다. 그녀의 두
려움을 보고 영적인 사망 문제는 해결되었다는 걸 그녀에게 보여주는
것은 하나의 특권이었읍니다. 심지어 육신적인 죽음도 그리스도인들
에게는 전혀 그 의미가 달라졌다는 것을 말씀드리는 좋은 기회를 얻
기도 하였읍니다.

많은 사람들의 마음 속에 죽음에 대한 두려움이 깊이 자리잡고 있
읍니다. 때로 그것이 그렇게 깊이 자리잡고 있지 않은 경우도 있읍니
다. 성경은 "너는 흙이니 흙으로 돌아갈찌니라"(창 3 : 19)고 말합니
다. 성경은 사망을 원수로 부릅니다. 바울은 고린도전서에서 그 문
제를 다루면서 논평하기를 "멸해질 마지막 원수는 사망"이라고 했읍

니다. 사망을 "우리의 여정이 끝날 때 쯤해서 우리를 영접하러 나오는 친구의 말처럼 아름다운" 것으로 묘사한 제임스 로웰(J. R. Lo-well)과 같이 시인들은 죽음을 가볍게 말할 수도 있읍니다. 그러나 프란시스 베이컨은 "어린 아이들이 어두움을 무서워하는 것처럼 사람들은 죽음을 무서워한다"는 걸 인정함으로써 그 죽음의 진상에 더 가까워져 있는것을 보게 됩니다. 사전을 만들었던 사무엘 존슨박사는 어떤 친구가 죽을 병에 걸린 것을 보았을 때 많은 사람들이 느꼈던 것을 이렇게 표현합니다. "나는 이 마지막 투쟁을 보면서 전에는 전혀 느끼지 못한 감정을 느꼈다. 마음이 산란해지고 무서운 슬픔의 고요함과 그 무어라 형용할 수 없는 음울한 공포가 밀려왔다."

우리의 두려움에 비추어 볼 때 우리가 이 강론에서 다루는 본문에서 말씀하시는 예수님의 약속은 얼마나 위안을 줍니까. 예수님은 정확히 "진실로 진실로 너희에게 이르노니 사람이 내 말을 지키면 죽음을 영원히 보지 아니하리라"고 말씀하셨읍니다(요 8 : 51). 이 약속은 위대한 약속으로서 세 부분으로 나누어 생각할 수 있읍니다. 그 약속이 자리잡고 서 있는 기본적인 조건, 둘째는 그 약속 자체, 세째는 그 약속을 신뢰할 수 있는 보증 등으로 나누어 생각할 수 있읍니다.

조건들

첫번째 사항은 약속을 기초하고 있는 조건입니다 ―"만일 사람이 내 말을 지키면". 그것은 조건입니다. 왜냐하면 예수님께서는 "만일"이라는 말로써 그 어구를 시작하셨을 때 그 약속이 이루어지기 위해서 우리가 해야 하는 것이 있음을 시사하기 때문입니다.

물론 예수님께서 그렇게 그 조건을 그런 식으로 말씀하신 것은 기쁜 일입니다. 왜냐하면 "만일 사람이 내 말을 지키면"이라는 말씀은 그 약속을 모든 종류의 사람들에게 열어놓기 때문입니다. 사람의 다른 특징들은 이 조건에 비하면 별로 중요하지 않게 됩니다. 사람이 믿음이 아주 약해져서 영적인 일의 실상을 의심하는 경우도 자주 있을 수 있읍니다. 그러나 그리스도의 말씀을 지키면 결코 죽음을 보지 않을 것입니다. 또 겁장이거나 수줍음을 타 마음으로 정말 믿는 것을 표현하기를 두려워할 수도 있읍니다. 그러나 만일 그리스도의 말씀을 지키면 그는 결코 죽음을 보지 않을 것입니다. 그리스도께 발견되어 구원을 받기 전에 큰 죄인일 수 있읍니다. 또 매우 정직한 사람일 수도 있읍니다. 심지어 자기 자신이 이룩한 높은 성취도를 보고 교만으로 가득 찬 지점에까지 이를 수가 있읍니다. 만일 그가 그리스도의 말씀을 지킨다면 결코 죽음을 보지 않을 것입니다. 이점은 중요한 요점입니다. 제가 그것을 반복하는 것도 그 이유 때문입니다. 그 조건은 "사람이 내 말을 지키면"입니다. 여러분은 주님의 말씀을 지킵니까? 여러분은 그것을 지키고 있읍니까? 그렇다면 결코 죽음을 보지 않을 것입니다.

그러나 어떤 분이 "그리스도의 말씀을 지킨다는 건 무슨 뜻이냐?"고 물을지도 모른다는 생각을 해봅니다. 좋은 질문입니다. 그 질문은 답변할만한 가치가 있읍니다. 그 뜻은 여러가지로 나누어볼 수 있읍니다.

첫째로, '그리스도의 말씀을 들어야' 한다는 뜻입니다. 다시 말하면 이해하려는 마음을 가지고 들어야 합니다. 그 그리스도께서 말씀하신 뜻이 무엇인지를 이해하려는 마음으로 듣지 않는다면 어떻게 그 말씀을 지키겠읍니까? 그리스도의 생각 속에 그 점이 함축되어 있다는 것은 명백합니다. 왜냐하면 여기 있는 말씀과 거의 정확한 병행을 이루는 5장에 나오는 진술 속에서 그 점이 분명하게 밝혀졌기 때문입니다. 그 구절에서 예수님께서는 "내가 진실로 진실로 너희에게 이르노니 내 말을 듣고 또 나 보내신 이를 믿는 자는 영생을 얻었고 심판에 이르지 아니하나니 사망에서 생명으로 옮겼느니라"(24절).

저는 다음의 이야기를 통해서 그리스도의 말씀을 듣는 일에 어떤 일이 수반되는지를 예증하여 드리겠읍니다. 수년 전 뉴기니아의 두나 인디안 부족에게 복음을 전하던 선교사 데니스 코취레인(Dennis Cochrane)이 두나 부족의 언어로 성경이 믿음이라고 말할 때 뜻하는 것을 전달할 말이 없는가 찾고 있었읍니다. 두나 부족은 믿음에 해당하

는 말이 있었읍니다. 그러나 그 말은 필연적인 행동을 함축하지 못했
읍니다. 믿음은, 하나님을 믿고 그 믿음 위에서 행동하는 것입니다.
행동도 함축하는 다른 어떤 말이 없는 것 같았읍니다. 결국 몇 개의
두나민속 동화를 기록으로 옮겨놓음으로써 그 언어와 더 친숙해지려
고 하던 중에, 한 이야기를 알게 되었읍니다. 그 이야기 속에서 나오
는 다람쥐 같은 작은 짐승이 개에게 쫓겨 나무에 올라가게 됩니다.
개는 "내 너에게 쫓아가겠다"라고 말했읍니다. 그 말이 그 다람쥐 같
은 작은 짐승에게는 통하지가 않았읍니다. 개는 나무를 탈줄 모른다
는 걸 알았기 때문입니다. 그 이야기는 그 다람쥐가 위협적인 말을
들었다는 걸 인정합니다. 그러나 그 말을 들었지만 한 귀로 듣고 한
귀로 흘려버리게 하였읍니다. 여러번 더 위협적인 말로 으르렁거리
다가 끝내는 "좋아 내 친구에게 이를테야……"라고 말하면서 나무를
탈 수 있는 짐승 이름을 대었읍니다. 이야기는 여기에서 그 다람쥐
같이 생긴 짐승은 그 말을 다른 의미로 들었다고 말하고 있읍니다.
이 때 동사는 문자 그대로 "그 말이 그 귀에 들어가 막혔다"는 뜻이
었읍니다. 그 말이 그 귀에 들어갔읍니다. 그 결과 개가 나무를 오를
수 있는 친구를 찾자마자 그 다람쥐는 숲속의 다른 지역으로 달아나
기 시작했읍니다. 코취레인이 "믿음"이라는 말을 번역하기 위해서 사
용한 말은 바로 그 마지막 말입니다. 왜냐하면 그 말은 "듣고이해하
여 그에 따라 행동했다"는 뜻이기 때문입니다.

　그리스도의 말씀을 지킨다는 것은 바로 그러한 자세를 의미합니다.
우리가 그 말을 듣고 그것이 우리 이해 속에 침잠하도록 해야 합니다.
　둘째로, 그리스도의 말씀을 지킨다는 것은 자신을 그리스도에게 맡
기거나 '그를 꼭 믿는' 것을 의미합니다. 5장에 있는 구절에서도 그
점이 함축되어 있읍니다. 왜냐하면 예수님께서는 "내가 진실로 진실
로 너희에게 이르노니 내 말을 듣고 또 나 보내신 이를 '믿는 자는'
영생을 얻었고 심판에 이르지 아니하나니 사망에서 생명으로 옮겼느
니라."그리스도를 믿는다는 것은 그리스도의 말을 믿는 것과는 다릅
니다. 그리스도의 말을 믿는다는 것은 그리스도의 말을 듣되, 제가 방

금 설명한 방식대로 듣는 것을 의미합니다. 그가 말하는 것을 이해하고 그가 말하는 것이 진리임을 인정하는 정도에 머무는 것입니다. 그것도 좋습니다. 우리도 그렇게 해야 됩니다. 그러나 그것만으로는 부족합니다. 이런 의미에서라면 귀신들도 믿습니다. 왜냐하면 성경은 귀신들도 믿고 떤다고 말하고 있기 때문입니다. 필요한 것은 이보다 한 단계 더 나아가는 것입니다. 처음 그의 말을 믿고, 그 다음에 구원을 위해서 실제로 자신을 그분에게 의탁한다는 의미에서 믿어야 합니다. 그 점을 예증의 형식으로 표현하자면, 어떤 젊은 남자의 말을 믿고 거기다 그 남자와 결혼할 것을 동의하는 어떤 아가씨의 믿음의 형태라고 그 믿음을 정의하여 말할 수가 있습니다.

끝으로, 그리스도의 말씀을 지킨다는 것은 분명히 '그를 순종한다'는 뜻입니다. 실로 이 문장에서 "지킨다"는 말의 일차적인 의미 가운데 하나가 순종한다는 것입니다. 거기에 상관된 다른 의미는 간수가 범인을 지킨다는 의미입니다. 그러므로 전체 개념은 자기에게 맡겨진 범인을 지키듯이 정신을 차리고 그리스도의 말씀을 지키고 "순종하는" 것입니다. 그런 의미에서 여러분은 그리스도의 말씀을 지키십니까? 그리스도의 말씀을 듣고, 믿고, 그 가르침을 순종합니까? 그렇지 않다면, 여기서 멈추어 서서 그분과 여러분의 관계를 시험해볼 필요가 있습니다. 왜냐하면 예수님의 약속이 바로 그렇게 행하는 사람들에게만 해당되기 때문입니다.

약 속

이제 우리는 약속 자체를 생각해보아야겠습니다 —"죽음을 영원히 보지 아니하리라." 그 말은 무슨 뜻입니까? 일차적으로 육신적인 죽음을 가리키는 것이 아님은 틀림없습니다. 왜냐하면 예수님께서도 죽으셨고, 그 이후 그를 따르는 모든 사람들이 죽었기 때문입니다. 어떤 사람들은 이러한 의미에서 마저 죽음을 보지 않을 수도 있습니다. 왜냐하면 그리스도께서 재림하실 때 살아 있는 사람들은 죽지 않을 것이기 때문입니다. 그럼에도 불구하고, 숫적으로 따질 때 육체적인 죽음을 겪게 되는 다른 많은 사람들과 비교할 때 소수에 지나지 않습니다. 예수님께서는 그 수를 무시하고 일차적으로 육체적인 죽음을 말씀하고 계신 것이 아님은 틀림없습니다. 여기서 다시 5장의 병행 구절은 우리의 이해를 도와줍니다. 거기에 "영생을 얻었고 심판에 이르지 아니하나니 사망에서 생명으로 옮겼느니라"라는 어구와 " 영원히 죽음을 보지 아니하리라"는 어구가 서로 병행됩니다. 다른 말로 해서 여기 주님께서는 일차적으로 영적인 죽음을 가리키고 있습니다. 그리스도의 말씀을 지키는 사람은 하나님의 심판의 결과인 그 최종적인 죽음을 겪지 않을 것이라고 약속하고 계신 것입니다.

죽음이 분리라는 걸 인정할 때 그 점은 더 분명히 나타납니다. 육체적인 죽음은 영과 혼이 몸에서 분리되는 것을 의미합니다. 영과 혼이 떠납니다. 몸은 여전히 남습니다. 영적인 죽음의 경우에는 영과 혼이 하나님과 분리됩니다. 정말 무서운 것은 두번째 경우입니다.

그러나 예수님께서는 자기를 믿는 모든 사람들을 위해서 그 영적인 죽음을 없애셨습니다. 그리스도의 죽음이 아니고서는 어떠한 사람도 이런 의미에서의 죽음을 반드시 겪게 될 것입니다. 성경은 "범죄하는 그 영혼이 죽으리라"(겔18 : 4, 20)고 말합니다. 또 "죄의 삯은 사망이요"(롬 3 : 23) 라고 말합니다. 이 죽음은 하나님과의 분리입니다. 우리의 죄의 직접적이고 불가피한 귀추가 바로 그것입니다. 그러나 주 예수 그리스도께서 십자가에 달리셨을 때의 그 어두움의 시간 동안 우리를 위해서 그 분리의 아픔을 당하셨을 때, 자기를 믿는 사람들을 위해서 그 죽음을 영원토록 없애신 것입니다. 그리스도를 믿는 사람들은 살아가면서 그 죽음을 두려워 하지 않습니다. 오히려 하나님과 분리되는 죽음을 더 이상 만나지 않을 것이므로, 바울처럼 "사망아 너의 쏘는 것이 어디 있느냐 사망아 너의 이기는 것이 어디 있느냐?"(고전15 : 55) 라고 노래합니다.

우리도 역시 영적인 죽음에서 벗어나게 되었으니 육체적인 죽음을 바라보는 방식도 달라졌다고 말합시다. 어째서 그렇습니까? 다음과 같은 이유 때문입니다. 만일 무덤이 심판의 공포나, 영원토록 하나님과 분리되는 법정적인 분리를 주장하지 못한다면, 무덤은 하나님과의 완전한 연합의 전망을 제공합니다. 이 말은 바울이 빌립보서에서 말한대로 죽는 것도 유익하다는 뜻입니다. 이 세상에서 떠나는 것은 하나님과 함께 있는 것입니다. 그래서 비록 실제 육체적인 죽음이 고통을 동반한다 할지라도 그것은 언제나 영광의 서곡이요 본향에 가는일입니다. 무디가 죽으면서 "이것이 죽음인가? 별로 나쁘지 않구나. 골짜기가 하나도 없어 축복 뿐이다. 이건 참 영광스럽다"라고 말했듯이 말입니다. 다른 사람들도 유사한 간증을 하였습니다. 그 그리스도의 죽음 때문에 그리스도인들이 접촉하는 죽음은 죽음의 실상보다는 죽음의 그림자에 불과합니다.

보 증

예수님께서 당신의 말씀을 믿을 수 있음을 보여주기 위해서 주신 보증을 생각해보고 싶습니다. 그는 이 구절 처음에 "진실로 진실로"라는 말을 통해서 그 약속을 보증하고 있습니다. 헬라어에서는 "아멘, 아멘"입니다.

"아멘"이란 말은 세계의 거의 모든 언어에서 발견되는 말인데, 그 범주에 들어갈 수 있는 불과 몇 개의 어휘 중에서 하나입니다. 물론 그 아멘이란 말은 "팔로 바치다" 또한 "나르다"는 의미를 가진 히브리 동사에서 나온 것입니다. 그 동사가 자동사의 형태를 띨 때는 "받쳐진 것" 또는 "떠받쳐지는 것"이라는 뜻을 가지게 됩니다. 그래서 그 말은 "견고한" 또는 "흔들릴 수 없는"이라는 뜻이 되었읍니다. 그 말은 본래의 의미에서 이사야 22 : 23에서 나오는데 어떤 벽에 못을 박을 수 있는 견고한 곳을 가리킵니다.

시간과 지남에 따라서 특별히 성경언어에서 "아멘"은, 그 두 용법이 지배적인 위치를 차지하게 되었읍니다. 첫째는, 하나님께 그 말이 사용되어 하나님의 속성 중 한 가지를 나타내게 되었읍니다. 물론 그것은 놀라운 일이 아닙니다. 왜냐하면 그 말이 "흔들릴 수 없는 것"을 뜻한다면, 그 말을 하나님께 사용하는 것은 아주 자연스럽기 때문입니다. 그래서 하나님을 아멘이라고 말하는 걸 발견하게 됩니다. 어떤 번역본이 번역하였듯이 진리의 하나님이라는 뜻이기도 합니다. 이사야는 하나님께서 자기 백성들을 향하여 심판과 신실함을 행할 것을 예언하는 문맥 속에서 하나님께서 하시는 말씀을 이렇게 인용하고 있읍니다. "이러므로 땅에서 자기를 위하여 복을 구하는 자는 진리의 하나님을 향하여 복을 구할 것이요 땅에서 맹세하는 자는 진리의 하나님으로 맹세하리니 이는 이전 환난이 잊어졌고 내 눈앞에 숨겨졌음이니라"(사65 : 16). 하나님의 위대한 속성 중 하나는 아멘이라는 것입니다. 또는 신실하다는 것입니다.

그 말의 두번째 용법은 가장 잘 쓰이는 용법입니다. 사람들이 하나님께서 말씀하신 것에 대하여 찬동을 표현할 때 그 말을 씁니다. 그래서 가나안을 정복한 바로 뒤에 공식적인 집회에서 이스라엘 사람들에게 그리심산과 에발산 위에서 율법이 낭독되었을 때, 모든 백성들은 "아멘"이라고 화답하였읍니다. 그래서 우리도 그 말로 기도를 마칩니다. 왜냐하면 그럼으로써 기도에서 말해진 것을 찬동할 뿐더러 하나님의 약속을 우리가 믿는다는 걸 재확인하는 것입니다.

신약성경에서 "아멘"이라는 말이 사용될 때 이러한 모든 특징들이 한꺼번에 나타나는 것을 발견합니다. 그러나 그보다 더한 것이 나타납니다. 더한 것이란 요한복음에 나오는 예수님의 말씀에 대한 큰 중요성을 부각시키는 말이라는 것입니다. 신약성경에서 그 말이 백이십 칠개의 구절 속에서 발견됩니다. 그 가운데는 예수님께서 그 말을 사용하실 때 자주 반복적으로 사용하신 경우가 많습니다. 이가운데서 76회에 걸쳐 "아멘"이라는 말이 문장의 처음에 나옵니다. 각 경우마다 -이것은 새로운 요점임- 말씀하시는 분은 하나님이십니다. 다른 48개의 구절은 "아멘"이란 말이 문장의 끝에 나타납니다. 이 경우에는 사람이 말하는 주체가 되어 있읍니다. 이 점은 엄청납니다. 왜냐하면 하나님께서 말씀하실 때 하나님께서는 당신이 말씀하시는 것이 진리라는 확인표를 앞에다 두신다는 뜻이기 때문입니다. "나는 내가 말하려고 하는 것이 진리임을 엄숙히 확인하노라"라고 말씀하시는 셈

입니다. 그 말씀을 하신 뒤 그 백성들이 그 말을 메아리로 사용하는
데, 그걸 통하여 "우리는 하나님의 신실함을 인정하고 믿습니다"라
는 뜻을 나타냅니다.

하나님의 진리는 모든 진리와 모든 생명의 기초입니다. 상부 구조
는 하나님의 신빙성을 믿는 우리의 믿음입니다. 하나님께서 "아멘"
이라고 말씀하시면 우리는 그에 따라 "아멘, 아멘"이라고 반향을 나
타냅니다.

예수님께서는 요한복음 8장의 몇 절 전에 "진실로 진실로 너희에
게 이르노니 죄를 범하는 자마다 죄의 종이라"(8 : 34)고 말씀하십
니다. 우리는 그의 진술을 듣고 우리의 마음은 슬프게 "아멘 아멘"이
라고 말합니다. 예수님께서 "내가 진실로 진실로 너희에게 이르노니
인자의 살을 먹지 아니하고 인자의 피를 마시지 아니하면 너희 속에
생명이 없느니라"(6 : 53)로 말씀하십니다. 그러면 우리는 "아멘 아
멘"이라고 말합니다. "진실로 진실로 너희에게 말하노니 나는 양의
문이라"(10 : 7). "내가 진실로 진실로 너희에게 이르노니 내 말을 듣
고 또 나 보내신 이를 믿는 자는 영생을 얻었고 심판에 이르지 아니
하나니 사망에서 생명으로 옮겼느니라"(5 : 24). "진실로 진실로 너
희에게 이르노니 사람이 내 말을 지키면 죽음을 영원히 보지 아니하
리라"(8 : 51). 이 위대한 말씀에 대해서 우리 마음은 "아멘"이라고
반응을 나타냅니다.

이제 최종적으로 말씀드릴 한 구절이 하나님으로부터 시작하여 우
리 마음이 화답하는 이 위대한 아멘의 결과를 암시해 줍니다. 이사야
28 : 16에는 "내가 한 돌을 시온에 두어 기초를 삼았노니……그것을
믿는 자는 급절하게 되지 아니하리로다." 마지막 소절인 "급절하게 되
지 아니하리라"는 말씀은 "혼란에 빠져 황급히 도망하지 않을 것이다"
는 뜻입니다. 그 약속은, 그리스도를 믿는 사람들이 그렇게 되지 않
을 것이라는 것입니다. 여러분은 "그러나 우리가 연구하고 있는 주제
가 그것과 무슨 상관이 있느냐?"고 말씀하실지 모릅니다. 그 관계는
이러합니다. "믿다"로 번역된 말은 실제적으로 "아멘"이라는 말의 동

사형입니다. 그러므로 하나님께서 실제로 말씀하시는 것은, 하나님의 진리 선포에 대해서 아멘이라 하는 자는 혼돈과 곤경에 빠지지 않을 것이라는 말씀입니다.

하나님께서 기초를 놓으실 때 "아멘"이라 말씀하십니다. 그 백성들이 그 위에 세우면서 "아멘"이라 말합니다. 이것은 그리스도인의 삶에서 일어나는 범사에 보증과 확신을 갖게 되는 비결입니다. 마지막 원수인 죽음을 만나서도 우리는 그 확신과 보증을 갖게 됩니다. "진실로 진실로 너희에게 이르노니 사람이 내 말을 지키면 죽음을 영원히 보지 아니하리라." 아멘, 아멘.

54

그리스도와 아브라함

"유대인들이 가로되 지금 네가 귀신들린 줄을 아노라 아브라함과 선지자들도 죽었거늘 네 말은 사람이 내 말을 지키면 죽음을 영원히 맛보지 아니하리라 하니 너는 이미 죽은 우리 조상 아브라함보다 크냐 또 선지자들도 죽었거늘 너는 너를 누구라 하느냐 예수께서 대답하시되 내가 내게 영광을 돌리면 내 영광이 아무 것도 아니거니와 내게 영광을 돌리시는 이는 내 아버지시니 곧 너희가 너희 하나님이라 칭하는 그이시라 너희는 그를 알지 못하되 나는 아노니 만일 내가 알지 못한다 하면 나도 너희 같이 거짓말장이가 되리라 나는 그를 알고 또 그의 말씀을 지키노라 너희 조상 아브라함은 나의 때 볼 것을 즐거워하다가 보고 기뻐하였느니라"(요 8 : 52~56).

우리는 이제 요한복음 8장에 기록된대로 예수님과 당대의 종교지도자들 사이에 오간 대화의 마지막에 도달하게 되었습니다. 따라서 우리는 요한복음 중 가장 중요한 대목의 끝에 이른 것입니다.

요한복음 처음 장들(1~4장)은 주로 주 예수 그리스도를 소개하는 데 할애되어 있습니다. 그 대목에서는 당시의 사람들이 예수님을 영접하는 가장 아름다운 부분을 기록하고 있습니다. 적어도 그 대목에서는 적대적인 반응이 하나도 나타나지 않습니다. 그러나 5장에서

8장까지의 대목에서는, 처음에는 반갑게 주님을 영접하다가 나중에
가면 갈수록 종교지도자들 편에서 예수님께 대한 증오심이 일어나는
것이 기록되어 있습니다. 그래서 이 대목은 안식일 논쟁으로부터 시
작하여, 8장에 기록된 예수님과 그 지도자들 사이의 대화로 마무리
짓고 있습니다. 우리는 그 대화를 생각해 보았습니다.

이 대화에서 지도자들은 갈수록 예수님께 대한 적대감을 드러냅니
다. 예수님께서는 갈수록 그들의 진정한 조상이 누구인가를 분명히
하셨습니다. 두 경우 다 아브라함의 인품과 모범에 중심을 맞추고 있
습니다. 그런 만큼 종교지도자들이나 예수님이 아브라함을 언급한 경
우는 요한복음 8장에서 열 한 차례나 됩니다. 요한복음의 다른 부분
에서는 아브라함이 전혀 언급되지 않는다는 사실 때문에 그 요점은
이중적으로 주목할만 합니다.

아브라함이 제일 처음 지목된 것은 33절입니다. 지도자들이 한 가
지의 주장을 하였습니다, 그들은 "우리가 아브라함의 자손이라"고 말
했습니다. 그 말은 자기들이 아브라함과 가진 관계를 기초하여 구원
의 문제에 대해 확신하고 있다는 뜻입니다. 하나님께서는 아브라함과
그 자손들에게 약속하셨습니다. 육체적으로 말하면 그들은 아브라함
의 자손입니다. 그래서 그들은 이러한 반응을 나타냅니다. "그러므로
우리는 복을 받았다. 우리가 걱정할 게 하나도 없다." 주님께서는 영
적인 문제를 그처럼 기만적으로 생각하는 것을 공박하시면서 하나님
께 있어서 문제는 육체적인 혈통보다 영적인 노선임을 지적해나가셨
습니다. 예수님께서는 "너희가 아브라함의 자손이면 아브라함의 행사
를 하였느냐?"고 질문하셨습니다.

우리가 이제 살펴보려는 본문 속에서 그 요점은 특별하게 두드러
져 보입니다. 그래서 이 구절은 특별히 우리로 하여금 아브라함의 본
을 생각하게 합니다. 육체적인 혈통이 중요한 것이 아니라는 걸 전제
해 둡시다! 하나님께서는 가족의 계보라는 나무에는 별 관심이 없으
시다는 것도 인정합시다! 그러나 하나님이 인상깊게 주목하시는 것
이 무엇이겠습니까? 그걸 보다 더 나은 언어로 표현한다면, 아브라함

이 하나님을 기쁘시게 하기 위해서 어떤 일을 행했는가? 우리는 이러저러한 대목들을 기초로 하여 다음과 같이 대답할 수 있읍니다. 1) 아브라함은 세상의 존귀보다 하나님의 부르심을 위에 놓았읍니다. 2) 아브라함은 여러 환경에도 불구하고 하나님을 믿었읍니다. 3) 아브라함은 주 예수 그리스도가 오시는데 궁극적인 소망을 두었고, 그가 오시는 걸 즐거워하였읍니다.

하나님의 소명

무엇보다 먼저 아브라함은 세상에서 존귀를 받는 것보다 하나님의 부르심을 더 크게 생각하였읍니다. 이 세상에서도 얻을만한 존귀가 있었읍니다. 왜냐하면 아브라함은 부자였고 의심할 여지없이 갈데아 우르 지방에서 뛰어났기 때문입니다. 하란에서도 그랬읍니다. 그러나 이러한 것들이 그를 억류하지 못했읍니다. 하나님께서 부르셨을 때 그는 즉각 과거를 뒤에 두고 하나님께서 그에게 보여 주시는 땅을 향해 출발하였읍니다.

창세기 12장에 그 이야기가 다음과 같은 말씀으로 묘사되어 있읍니다. "여호와께서 아브라함에게 이르시되 너는 너의 본토 친척 아비집을 떠나 내가 네게 지시할 땅으로 가라 내가 너로 큰 민족을 이루고 네게 복을 주어 네이름을 창대케 하리니 너는 복의 근원이 될찌라. 너를 축복하는 자에게는 내가 복을 내리고 너를 저주하는 자에게는 내가 저주하리니 땅의 모든 족속이 너를 인하여 복을 얻을 것이니라 하신지라. 이에 아브라함이 여호와의 말씀을 좇아 갔고 롯도 그와함께 갔으며 아브라함이 하란을 떠날때에 그 나이 칠십오세 였더라. (창12 : 1~4).

이것은 요한복음 8장의 주제에 잘 어울립니다. 또한 어째서 그렇게 많은 사람들이 예수 그리스도를 자기들의 주로 받기를 꺼려하는지에 대한 더 큰 난제에 대해서도 아주 정확한 해답을 줄만한 것입니다. 여기에 그들 자신이 존귀를 받고싶어했던 뛰어난 종교적인 인물들이 있읍니다. 또 그들이 소원하는 보잘 것 없는 세상의 존귀와 비교할 때 정말 그건 아무것도 아닐 정도로 하나님께 존귀을 입은 예수님이 계십니다. 그들은 존귀를 얻었읍니다. 그러나 예수님은 진리를 말씀하셨읍니다. 그들이 권세를 가지고 있었으나 예수님께서는 소경으로 보게하실 수 있으셨고 앉은뱅이로 걷게 하실 수 있었읍니다. 더구나, 예수님께서는 하나님을 알고 복종함으로써 하나님을 존귀케 했읍니다(55절).

그들은 "너는 나를 누구라 하느냐?"라고 물었읍니다. 그 질문은 모독적인 투로 던져졌음에 틀림 없읍니다. 왜냐하면 그들은 예수님이 자기들의 조상인 아브라함이나, 그 뒤에 나타났던 선지자들보다 볼상사납게 더 크게 생각하고 있다는 식의 암시를 하고 있기 때문입니다.

예수님께서는 대답하셨읍니다. "내가 내게 영광을 돌리면 내 영광이 아무 것도 아니거니와 내게 영광을 돌리시는 이는 내 아버지시니 곧 너희가 너희 하나님이라 칭하는 그이시라"(54, 55절).

이 사람들은 세상적인 존귀에 관심이 있읍니다. 그러므로 이러한 배경에 대하여 아브라함은 오직 하나님께로부터 오는 존귀만을 구하는 사람의 한 표증이 됩니다. 이는 얼마나 지혜롭습니까! 모든 참된 지혜는 하나님께로부터 옵니다. 모든 다른 지혜는 의미없고 지나가버리는 것입니다. 바클레이는 이 점에 대해서 다음과 같이 지각있는 말을 합니다. "자신을 영예롭게 하는 것은 어렵지 않다. 일종의 인위적인 환으로 자신을 두르는 일은 아주 쉽다. 정말 쉽다. 자화자찬의 태양빛에 일광욕을 하는 것은 정말 쉽다 -정말 치명적으로 쉽다. 사람들로부터 존귀를 얻어내는 것은 그렇게 어려운 일이 아니다. 세상은 성공적인 사람이나 야심적인 사람을 존귀케 한다. 그러나 영원만이 참된 존귀를 밝혀낼 수 있다. 영원의 선고는 시간의 선고와는 다르다."

그러면 이 점을 우리는 우리 자신에게 어떻게 적용시킬 수 있을까? 다음과 같은 방식입니다. 그리스도인이 이 세상에 살 때에 하나님의 부르심을 받고 아브라함처럼 그 부르심에 응하기 시작할 때, 그는 틀림없이 세상으로부터 오는 낙담케 하는 소리를 듣게 될 것입니다. "너

무엇을 위해서 그걸 하고싶어하느냐?"라는 질문을 받게 될 것입니다.
"네가 선교사가 될지도 모른다는 걸 넌 모르냐? 네가 포기해야만 되
는 모든 좋은 시절을 생각해보라 이 세상에서 저 사람과 같은 우두머
리가 결코 될 수 없다는 걸 넌 알지 못하느냐?" 그런 식으로 세상이
논평하는 것은 끝이 없습니다. 그러나 그리스도인은 간단히 대답해야
합니다. "그럴 수도 있고 그렇지 않을 수도 있다. 난 모르겠다. 내가
아는 것은 다만 세상의 존귀보다 하나님의 부르심을 더 위에 놓기로
결심했다는 사실이다."

   아브라함이 바로 그러한 경우였습니다. 이 때문에 아브라함은 하나
님에 의해서 천거되었읍니다. "믿음으로 아브라함은 부르심을 받았을
때에 순종하여 장래 기업으로 받을 땅에 나갈쌔 갈 바를 알지 못하고
나갔으며 믿음으로 저가 외방(外邦)에 있는 것 같이 약속하신 땅에
우거(寓居)하여 동일한 약속을 유업(遺業)으로 함께 받은 이삭과 야
곱으로 더불어 장막에 거하였으니 이는 하나님의 경영하시고 지으실
터가 있는 성을 바랐음이니라."(히 11 : 8 ~ 10).

믿음이 환경을 이김

   둘째로, 아브라함은 여러 가지 환경에도 불구하고 하나님을 믿었읍
니다. 그 환경은 역시 어려운 환경들이었읍니다. 그 한 예로 아브라
함이 들어간 새 땅에 기근이 들어왔읍니다. 그 기근이 "심각한" 정도
였다고 성경은 말합니다. 이때 아브라함은 잘하지 못했읍니다. 왜냐
하면 약속의 땅을 떠나 애굽으로 갔기 때문입니다. 그러나 그는 그러
한 체험을 통해서 점차 하나님을 신뢰하는 법을 배웁니다. 그의 가족
상의 문제도 일어납니다. 그의 조카 롯이 아브라함을 떠나게 되고 롯
이 자기를 위해서 좋은 땅을 선택하게 됩니다. 그때 아브라함은 덜 매
력적이고 산지로 되어 있는 땅 밖에는 차지하지 못하게 되었읍니다.
그러나 그때 그는 하나님을 더 가까이 하였읍니다. 성가시게 하는 사
막의 족속들로부터 끊임없는 위험이 도래하였읍니다. 한때는 이 족속
들 가운데 네 족속들이 합세하여 소돔 골짜기에 있는 성들을 공격하

고 롯과 그 가족을 사로잡아갔습니다. 아브라함은 이 왕들을 뒤쫓아 가 그 가족과 노략물을 도로 찾았습니다. 이러한 모든 시련 속에서 아브라함의 믿음은 환경을 극복하고 자라났습니다.

아브라함의 믿음을 시험하고, 또 아브라함의 믿음을 가장 빛나게 했던 가장 큰 시련이 있었는데 그것은 하나님께서 아브라함에게 아들을 주실 수 있다는 걸 믿으라는 하나님의 도전이었습니다. 처음에 그는 그것이 그렇게 큰 믿음을 요구하는 약속은 아닌 것처럼 보였습니다. 왜냐하면 아브라함은 자녀들을 가질 것이라고 기대했기 때문입니다. 그러나 여러 해가 지나도 자녀를 얻지 못했습니다. 그것은 갈수록 더 큰 문제가 되었습니다. 물론 상속자의 문제가 대두되었습니다. 아브라함의 큰 부를 상속할 자가 누구냐? 한동안 아브라함은 그 행운이 다메섹의 엘리에셀이라는 자기 종에게 돌아갈 것이라고 생각했습니다. 그러나 하나님께서는 엘리에셀은 아브라함의 상속자가 아님을 보여주셨습니다. 잠시 동안 아브라함의 믿음이 넘어졌습니다. 그리고 이스마엘에게 그 소망을 두기 시작했습니다. 그 이스마엘은 그가 86세 때 첩을 통해서 얻어낸 아들이었습니다. 그는 심지어 하나님께서 이스마엘을 상속자로 받아달라고 기도하였습니다 ―"그 이스마엘이나 주 앞에 살기를 원하나이다." 그러나 하나님께서는 이스마엘도 그 약속의 아들이 아니라고 대답하셨습니다. 약속의 성취로 올 아들은 나이 많은 그 족장 아브라함과 사라에게서 난다는 것이었습니다.

결국, 아브라함은 99세에 당도하였고, 사라도 그와 비슷한 나이가 되었습니다. 이때쯤에는 그들이 한 자녀라도 가질 수 있다는 약속이 터무니없어 보였습니다. 그런데도 불구하고 그건 약속이었습니다. 하나님께서 약속하신 것입니다. 그래서 아브라함은 하나님을 믿었습니다. 그의 믿음의 표증으로 그의 이름을 바꾸는 지점에까지 하나님을 믿었습니다. 하나님께서는 그 이름을 아브람('많은 사람들의 아비') 이라는 것에서 아브라함('큰 무리의 아비'라는 뜻)으로 바꾸셨습니다. 그러고 나서 1년 안에 약속의 아들이요 주 예수의 조상인 이삭이 이적적으로 태어났습니다.

성경은 이 경우에 아브라함을 다음과 같이 말합니다. "그가 백세나 되어 자기 몸의 죽은 것 같음과 사라의 태(胎)의 죽은 것 같음을 알고도 믿음이 약하여지지 아니하고 믿음이 없어 하나님의 약속을 의심치 않고 믿음에 견고하여져서 하나님께 영광을 돌리며 약속하신 그것을 또한 능히 이루실 줄을 확신하였으니"(롬 4 : 19~21).

만일 여러분이 주 예수 그리스도를 믿는 자라면, 여러분과 저는 한 주권적인 하나님을 믿고 있는 것입니다. 그는 만물을 통치하시는 분입니다. 하나님께서는 최선이라 생각되시면 여러분의 환경을 더 유쾌하게 만들 수 있습니다. 장애들을 제거하실 수 있습니다. 난제들을 제거할 수 있습니다. 그러나 하나님께서 그렇게 하시지 않는다면 그것은 하나님이 가지신 어떤 목적 때문입니다. 그런 경우에라도 하나님을 신뢰해야 합니다. 하나님께서 가지신 그러한 목적들 가운데 하나는 여러분으로 하여금 하나님을 신뢰하도록 "가르치려는" 것임에 틀림없습니다. 여러분의 삶 속에 들어온 모든 것이 유쾌하고 삶의 순례길이 언제나 쉬워보인다면 하나님을 전혀 신뢰하지 않을 것입니다.

그리스도의 날

끝으로, 아브라함은 예수 그리스도의 오심에 소망을 두었고 그 오시는 걸 즐거워하였습니다. 예수님께서 "너희 조상 아브라함은 나의 때 볼 것을 즐거워하다가 보고 기뻐하였느니라"(56절)고 말씀하실때 이 점을 시사하십니다.

물론 이 구절이 이해하기 어려운 난해구절이고, 또 이 구절에 대한 해석도 분분하다는 것을 인정하지 않을 수 없습니다. 가장 인기 있는 방식은 아브라함이 그때 낙원에서 살고 있었고 그리스도의 사역을 즐거워하였다는 걸 예수님이 말씀하신다고 상상하는 방식입니다. 이 관점에 있어서 문제는, 여기서 다루어지는 주제가 무덤 너머에서 아브라함이 계속적으로 의심을 가지고 있다는 것보다는 그리스도의 선재(先在)라는 데 있습니다. 그 다음 구절은 "아브라함이 나기 전부터

내가 있느니라"고 말합니다. 그밖에도, 만일 그리스도께서 아브라함
이 여전히 살아서 그리스도의 탄생과 사역을 즐거워한다고 말하고싶
으셨다면, 동사의 시제를 현재로 하시는 것이 훨씬 더 자연스러웠을
것입니다("아브라함은 나의 때를 보고 즐거워하고 있다. 그는 그것
을 보고 기뻐한다"라고 말입니다.) 그런 경우에는 예수님의 말씀이 그
리스도께서 지상에 내려와서 사역을 하시는 당시에 일어났던 일보다
는 아브라함 때로 거슬러 올라가 그 아브라함 때에 일어났던 어떤 것
을 가리키는 것으로 보는 것이 적당할 것입니다.

장면을 아브라함 자신의 때로 거슬러 올라가는 것 자체는 난제를
해결하지 못합니다. 왜냐하면 거의 모든 랍비들이 그렇게 하기는 하
지만 ─곧 메시야가 나타나는 모습을 아브라함이 보았을 것이라고 말
하는 방식─ 그것이 어떻게 일어났는가에 대해서는 의견을 같이 하
지 않기 때문입니다. 그들 중 어떤 사람들은 창세기 12 : 3에 기록
된 이른바 아브라함에 대한 하나님의 최초의 약속부터 시작합니다.
창세기 12 : 3은 "땅의 모든 족속이 너를 인하여 복을 얻을 것이니
라"고 되어 있읍니다. 랍비들은 이 약속이 주어질 때 아브라함은 그
것이 메시야의 강림을 가리킨다는 걸 알았고 그래서 하나님의 약속을
즐거워하였다고 가르쳤읍니다.

또 다른 관점은 창세기 15 : 8∼12에 기록된 이스라엘의 장래 역
사에 대한 비견으로부터 시작합니다. 그 비견은 메시야의 강림까지
포함할 정도로 포괄적이라는 것입니다. 또 다른 두 관점이 있는데 그
것도 성경을 잘못 해석한 데서 연유한 것입니다. 한 관점은 창세기
17 : 17에 기록된바 하나님으로부터 아들을 약속받은 나이 많은 아브
라함과 사라가 웃은 것은 믿겨지지 않는다는 표정이라기보다는 이삭
이 낳게 되면 이스라엘을 구원할 자가 오게 된다는 걸 생각하고 행복
해서 웃은 것이라고 해석했읍니다. 또 다른 관점은 창세기 24 : 1을
문자 그대로 읽어내어 해석합니다 ─"아브라함이 나이 많아 늙었고"라
는 말을 문자 그대로 "때가 지났고"라는 말로 해석하여, 아브라함이
장래를 내다보는 것을 가리키는 것으로 해석합니다. 이 관점들은 우

리에게 이상해보입니다. 응당 그러해야 합니다. 레온 모리스(Leon Morris)가 그의 요한복음 주석에서 이러한 자료들을 많이 소개하면서 인정하듯이 그 관점들은 믿기 어렵습니다.

그러나 다 그렇습니까? 더 이상 무슨 말을 할 수 있습니까? 더 말할 것이 있다고 믿습니다. 왜냐하면 그리스도 때를 아브라함이 바라본 경우는 모리아 산상(山上)에서 이삭을 제사드리려하는 이야기 속에서 발견되기 때문입니다. 그때 아브라함은 새로운 방식으로 "여호와께서 준비하실 것이다"는 걸 배웠습니다. 하나님께서 아브라함에게 오셔서 약속의 후사인 그 아들을 잡아서 3일 길을 여행하여 그 산에서 제사드리라 하셨습니다. 그날 저녁 하나님의 명령과 씨름하듯이 그 늙은 사람은 무서운 투쟁을 겪었을 것임에 틀림 없습니다. 그러나 그 밤을 지새면서 어느 시각엔가 해답을 얻었습니다. 그는 하나님께 복종하는 것이 아무리 나빠보인다 할지라도 복종해야 한다는 걸 알았습니다. 그러나 하나님은 당신의 말씀대로 하시는 하나님이심을 알았고 이삭을 통해서 큰 민족을 이루신다고 약속하셨다는 걸 알았습니다. 이때 이삭은 자녀가 하나도 없었습니다. 그러므로 만일 하나님께서 아브라함더러 이삭을 죽이라고 말씀하고 계신다면, 이삭이 태어날 때 이적을 행하신 하나님께서는 그가 죽을 때에도 이적을 행하실 것임에 틀림없다는 걸 알았습니다. 다른 말로 해서 부활의 이적이 있을 거라는 것입니다.

물론 이것은 소설처럼 들립니다. 적지 않은 사람들이 이런 식으로 그 이야기를 가르치는 걸 들으려 하지 않습니다. 그러나 그것이 성경의 가르침입니다. 왜냐하면 그 이야기는 아브라함이 제사를 드린 후 이삭과 함께 도로 산을 내려올 것이라는 확실한 기대를 가지고 있었음을 시사하기 때문입니다(창22 : 5). 더구나 히브리서기자는 그점을 노골적으로 진술합니다. "아브라함은 시험을 받을 때에 믿음으로 이삭을 드렸으니 저는 약속을 받은 자로되 그 독생자를 드렸느니라 저에게 이미 말씀하시기를 네 자손이라 칭할 자는 이삭으로 말미암으리라 하셨으니 저가 하나님이 능히 죽은 자 가운데서 다시 살리실줄로 생각한지라 비유컨대 죽은 자 가운데서 도로 받은 것이니라"(히 11 : 17~19).

자, 그러니 아브라함은 하나님께서 이삭을 죽은 자 가운데서 도로 살리시는 이적을 행하실 것이라는 걸 믿었습니다. 히브리서에 나오는 본문의 특별한 언어가 시사하듯이 하나님 아버지께서 아들 예수 그리스도를 죽은 자 가운데서 살리신 이적과 똑같이 말입니다.

그러나 그것도 전부를 말하는 것은 아닙니다. 왜냐하면 그 시련이 끝났고 하나님께서 간섭하셔서 이삭을 구원하시고 그 소년 대신 번제할 수양을 주셨을 때, 아브라함은 기뻐하면서 그곳의 이름을 여호와 이레라 불렀기 때문입니다. 그 말은 "여호와께서 준비하신다"는 뜻입니다(창 22 : 14). 일찍이 그들이 산을 오를 때 아브라함은 이것을 그 종들에게 말하였는데, 그 말은 "여호와께서 이삭의 부활을 친히 준비하실 것이다"라는 의미일 수 있습니다. 그러니 이삭이 죽는 대신 수양을 예비하신 그 하나님께서 어느 날 우리 구원을 위한 완전한 대속물이요 희생제물로 자기 자신의 아들을 준비하실 거라는 뜻일 수밖에 없습니다.

제가 믿기로, 이 순간에 아브라함은 예수님이 오실 것을 분명히 보았습니다. 예수님의 죽음과 부활의 의미를 알게 되었습니다. 그래서 아브라함은 예수님이 오실 것을 바라보고 기뻐하였습니다.

하나의 표본

아브라함은 여러분을 위한 하나의 표본일 수 있습니다. 경건한 어떤 사람이라도 우리의 표본이 될 수 있듯이 말입니다. 그러므로 이러한 질문을 던질 수 있습니다. 여러분은 아브라함처럼 행합니까? 더 특별하게, 1) 여러분은 하나님의 부르심을 지상의 존귀보다 위에 두십니까? 2) 여러 환경에도 불구하고 하나님을 믿습니까? 3) 예수께서 여러분을 위해서 죽으시러 이 세상에 오셨다는 사실에 소망을 두며 그 오심을 즐거워하십니까? 아브라함과의 육신적인 관계, 또는 어떤 경건한 사람과의 육신적인 관계가 있다 할지라도 그것이 여러분을 구원하지 못합니다. 아브라함처럼 행하면 여러분은 구원을 받을 것입니다. 아브라함의 하나님은 여러분의 하나님이 되어야 합니다.

여러 해 동안 미국의 서구 해안에서 매우 효과적인 사역을 행한 중국의 복음전도자 레란드 왕(Leland Wang)은 자기 선교부(The Chinese Foreign Missionary Union)의 인쇄된 서한 용지의 상단에 구약성경에서 세 구절을 따서 인쇄해놓았읍니다.

"해로 서게 하고"
"도끼로 떠오르게 하는"
"이 하나님이 우리의 하나님"

우리는 아브라함의 하나님을 우리의 하나님으로 삼고, 아브라함처럼 우리도 행합시다.

55

예수님이 하나님이신가 ?

> "유대인들이 가로되 네가 아직 오십도 못되었는데 아브라함을 보
> 았느냐 예수께서 가라사대 진실로 진실로 너희에게 이르노니 아
> 브라함이 나기 전부터 내가 있느니라 하시니 저희가 돌을 들어
> 치려 하거늘 예수께서 숨어 성전에서 나가시니라"(요 8 : 57~59).

수년 전에 실존주의자였던 어떤 정신 의학자로부터 들은 이야기
가 생각납니다. "이 세상에는 두 가지의 큰 문제만이 있을 뿐입
니다. 내가 누구인가? 그리고 어디로 가고 있는가?" 저는 그 진술을
듣고 그 질문들이 큰 것들임을 부분적으로 인정했습니다. 그러나 제
가 부분적으로 인정했다는 말은 일부만 인정했다는 뜻입니다. 왜냐하
면 이러한 질문들이 큰 것들이긴 하지만 우리가 던져보고 해답을 얻
어야하는 가장 큰 질문들은 아니기 때문입니다. 더 큰 질문은 이 강
론의 제목처럼 예수 그리스도가 누구냐? 예수 그리스도가 하나님이
시냐?하는 것입니다. 그 질문에 대한 답변에 우리의 운명이 달려 있
읍니다.

시의 (時宜)에 맞는 이슈

예수 그리스도가 누구입니까? 이 질문은 요한복음 가운데서 가장

중요한 질문입니다. 우리가 보았듯이 실로 이 요한복음은 거의 전적
으로 그 질문에 답변하기 위해서 쓰여졌습니다. 그 복음서는 그리스
도의 신성(神性)에 대한 온전한 진술로부터 시작합니다. "태초에 말
씀이 계시니라(곧 예수님) 이 말씀이 하나님과 함께 계셨으니 이 말
씀은 곧 하나님이시니라"(1 : 1). 또 요한복음은 다음의 진술로 끝
을 맺습니다. "예수께서 제자들 앞에서 이 책에 기록되지 아니한 다
른 표적도 많이 행하셨으나 오직 이것을 기록함은 너희로예수께서 하
나님의 아들 그리스도이심을 믿게 하려 함이요 또 너희로 믿고 그 이름
을 힘입어 생명을 얻게 하려 함이라"(20 : 30, 31). 1 : 1부터 20 : 31
까지에서 그리스도가 하나님이라는 자신의 주장을 뒷받침하기 위해
서 많은 증거가 제시되었습니다.

　그러면 요한복음의 가운데 중심부분인 이 대목에서 부상되는 이슈
는 무엇입니까? 그의 가르침의 독특한 성질입니까? 안식일 문제 자
체입니까? 그리스도의 선한 행실 문제입니까, 아니면 그리스도의 선한
행실이 모자라다는 것에 대한 문제입니까? 그것이 이슈가 아닙니다.
오히려 이슈는, 예수 그리스도가 누구냐? 예수가 하나님이냐? 하는
데 있습니다.

　예수께서 하나님이십니까? 만일 그가 하나님이 아니시라면 그렇게
말해야 할 것입니다 —그러나 그렇게 말하려면 증거를 숙고해본 다음
에 말해야 할 것입니다. 예수님이 하나님이시라면, 예수님은 우리의
충성과 복종을 요구할 권리를 가지고 계십니다. 우리는 그분을 따라
야 합니다. 여러분이 정직하다면 예수 그리스도에 대해 냉담할 수 없
읍니다. 그분은 그러한 개념을 여러분이 가지도록 내버려두지아니하
셨습니다. 그래서 여러분은 그 분을 여러분의 하나님이요 주로 따라
야 합니다. 그렇지 않다면 예수님 당시의 종교지도자들과 같이 예수
님을 여러분의 삶으로부터 추방해내도록 추구해야 합니다. 그 둘 중
어느 것입니까? 이것이 바로 요한의 위대한 질문입니다. 기독교가 제
기했던 위대한 질문도 그것입니다. 또 우리 시대를 위한 질문이기도
합니다. 육체로 오신 하나님이신 그리스도냐? 아니면 네 자신이 "하

나님"이 될 것이냐? 그리스도가 자신이 선언하신대로 정말 그러한 분이시라면 그리스도는 여러분의 하나님이요 주가 되셔야 마땅합니다.

그리스도의 주장

우리가 연구하려는 본문에서 예수님께서는 자신이 하나님이라고 노골적으로 주장하셨습니다. 예수님은 언제나 그 점을 노골적으로 말씀하신 것은 아닙니다. 그러나 이 경우에는 노골적입니다. 이 노골적인 진술이 깜짝 놀랄 결과들을 가져왔습니다. 백성들의 지도자들은 그가 말하는 모든 것을 도전해왔고, 아브라함이 자기 때에 될 것을 바라보고 즐거워하였다는 말씀에 대해서도 비난을 퍼부었습니다. 그들은 "네가 아직 오십도 못되었는데 아브라함을 보았느냐?"라고 말하였습니다.

예수님께서는 가장 엄숙한 어조로 말씀하시면서 "진실로 진실로 너희에게 이르노니 아브라함이 나기 전부터 내가 있느니라"(57, 58절)고 대답하셨습니다. 이것이 그들을 어찌나 격노케 했던지 대번에 돌을 들어 예수님을 치려 하였습니다.

우리의 사고방식대로 하면 언뜻 어째서 그 말씀에 그렇게 지독한 반응을 일으켰는지 그 이유를 알기가 좀 어렵습니다. 하나님을 모독하거나 스스로 자기를 하나님으로 만드는 잘못에 대한 벌책이 돌을 들어치는 것이었습니다. 그러니 그 사람들은 예수님께서 하나님을 모독하고 있다고 이해했던 것입니다. 그러나 그 말을 듣고 어떻게 해서 신성모독죄를 범하고 있다고 느꼈는지요? 어떤 의미에서 예수님은 그렇게 말씀하고 있었습니까? 그 말 자체로 보면 예수님께서는 아브라함이 낳기 전에도 존재하셨다는 주장을 하고 계셨음에 틀림없습니다. 예수님께서 자신이 영원토록 선재(先在)하셨다는 걸 주장하고 계셨다는 것은 그 동사의 시제로 보아 명백합니다 —아브라함이 나기 전부터 내가 있느니라(I am)." 그러나 우리가 생각할 때 이러한 일로만은 돌을 들어 치기에 충분한 이유가 되지 못할 것 같습니다. 그들이 그러한 과격한 반응을 나타낸 참된 이유는 예수께서 "내가 있느니라"

라고 말씀하셨다는 사실 속에서 발견됩니다. 예수님께서는 사실상 신적 명칭을 사용하시고 계셨던 것입니다. 다시 말하면 하나님께서 타는 떨기나무 불꽃 가운데서 모세에게 자신을 계시하셨던 이름을 쓰고 계셨던 것입니다. 모세가 "내가 이스라엘 자손에게 가서 이르기를 너희 조상의 하나님이 나를 너희에게 보내셨다하면 그들이 내게 묻기를 그의 이름이 무엇이냐 하리니 내가 무엇이라고 그들에게 말하리이까?"라고 여쭈었을 때, 하나님께서는 "나는 스스로 있는 자니라……너는 이스라엘 자손에게 이같이 이르기를 스스로 있는 자가 나를 너희에게 보내셨다하라"고 대답하셨읍니다(출 3 : 13, 14). 히브리어로 그 말은 "여호와"라는 말입니다. 예수님께서는 이 말씀을 통해서 그 어휘를 자신에게 쉽게 적용시키신 것입니다. 예수님께서는 "여호와"라는 어휘 자체를 사용하심으로써 자신이 여호와임을 드러내셨읍니다. 예수님께서 주장하는 것이 무엇인지를 대번에 알아차린 유대인들이 그를 죽이려고 덤볐던 것도 바로 그 때문입니다.

많은 주장들

우리는 그 주장이 비상하게 직접적이고 위압적인 주장이라고 말씀드렸읍니다. 그렇습니다. 그러나 예수님께서 자신을 하나님과 동등되다고 선언하시기 위해서 직접 간접으로 많은 주장들은 하셨는데 여기 본문말씀 속에서 하시는 주장은 그 중의 하나에 불과하다는 사실을 간과해서는 안됩니다.

실제적으로 예수님께서 말씀하시는 모든 것들은 간접적으로 예수님의 신성(神性)을 증거하는 것이었읍니다. 그의 최초의 설교가 한 예가 됩니다. 세례 요한이 하나님의 나라가 당도했다고 전파하였을 때, 세례 요한은 스스로 그 나라를 구현시킬 분을 가리켜 말하였던 것입니다. 예수님께서 오셔서 첫번째 행한 설교도 천국이 왔다는 선언이었읍니다. "때가 찼고 하나님 나라가 가까왔으니 회개하고 복음을 믿으라"(막 1 : 15). 후에 예수님께서는 바리새인들에게 자신에 대해서 말씀하시면서 "하나님의 나라는 너희 안에 있느니라" (눅17 : 21)고 말씀하셨읍니다. 이 주장은 다름 아니라 구약의 예언들이 자신에 대해서 한 것이며 자신 안에서 그 예언들을 이룬다는 사실을 주장하는 말씀이었읍니다.

구약에 대한 그리스도의 모든 말씀들은 역시 이 범주에 다 들어갑니다. 왜냐하면 예수님은 자신의 가르침을 요약하여서 "내가 율법이나 선지자나 폐하러 온 줄로 생각지 말라 폐하러 온 것이 아니라 완전케 하려 함이로다"(마 5 : 17)고 말씀하셨읍니다. 사람들더러 자기를 따르라고 초청하실 때 — "나를 따라 오너라 내가 너희로 사람을 낚는 어부가 되게 하리라"(마 4 : 19) — 자신이야 말로 따를 가치가 있는 충분한 지위에 있음을 암시하셨읍니다. 죄를 용서하실 때도 자신이 하나님만이 하실 수 있는 일을 하고 있다는 것을 아시면서 그 일을 행하셨읍니다. 지상생애를 끝마칠쯤해서 당신이 떠난 후에 제자들과 함께 있도록 하나님의 성령을 보내주실 것을 약속하셨읍니다. 그것도 그리스도의 신성을 함축하는 것입니다.

그리스도의 주장들 가운데서 괄목할만한 것은 하나님을 자기 아버지라고 독특하게 부르셨다는 것입니다. 영어에서처럼 그것이 유대교에서는 일상적인 표현 형식이 아니었읍니다. 어떠한 유대인도 하나님을 직접 내 아버지로 말한 적이 없었읍니다. 그럼에도 불구하고 예수님께서 그 호칭을 사용하셨을 뿐 아니라 특별히 기도하실 때 자기 특유의 하나님 호칭을 사용하셨읍니다. 그것은 그리스도께서 아버지에 대해서 가진 독점적인 관계를 호칭하는 것이었읍니다. 예수님께서는 "나와 내 아버지는 하나이라"(요10 : 30)고 말씀하셨읍니다. 또 "아버지여 때가 이르렀사오니 아들을 영화롭게 하사 아들로 아버지를 영화롭게 하게 하옵소서 …… 의로우신 아버지여 세상이 아버지를 알지 못하여도 나는 아버지를 알았삽고 저희도 아버지께서 나를 보내신줄 알았삽나이다"(17 : 1, 25)라 말씀하셨읍니다.

급기야는 당신의 제자들보고도 하나님을 아버지라 부르라고 가르쳐 주셨읍니다. 그것은 그들 제자들이 예수님 자신과 가진 관계 때문에 그렇게 부를 수 있다는 것입니다. 그러나 이런 경우에서도 그리스도와 하나님과의 관계에서 아버지라는 것과, 제자들이 하나님과 가진 관계에서 아버지라는 것은 다릅니다. 그래서 예수님은 막달라 마리아에게 "너는 내 형제들에게 가서 이르되 내가 내 아버지 곧 너희 아버지, 내 하나님 곧 너희 하나님께로 올라간다 하라"(20 : 17)고 말씀하셨습니다. 그는 "우리 하나님께"나 "우리 아버지께"라는 말을 사용하지 아니하셨습니다.

　존 스타트(John Stott)는 이렇게 씁니다. "그리스도와 하나님과의 관계가 어찌나 긴밀하던지 사람이 자신에 대해서 가지는 태도를 사람이 하나님께 대하여 가지는 태도와 동일시했다. 그래서 그를 아는 것은 하나님을 아는 것이요(요 8 : 19; 14 : 7); 그를 보는 것은 하나님을 보는 것이요(요12 : 45; 14 : 9); 그를 믿는 것은 하나님을 믿는 것이요(요12 : 44; 14 : 1); 그를 영접하는 것은 하나님을 영접하는 것이요(막 9 : 37); 그를 미워하는 것은 하나님을 미워하는 것이요(요15 : 23); 그를 공경하는 것은 하나님을 공경하는 것(요 5 : 23)이다."

　예수께서 "나는"이라는 말씀을 여러번 하셨는데 그 말이 들어 있는 말씀은 특별히 주목할 가치가 있습니다. 왜냐하면 예수님께서는 자신이 충만한 영적 삶을 위해서 사람들이 필요로 하는 모든 것 되신다고 주장하셨기 때문입니다. 하나님만이 그러한 주장을 당당히 하실 수 있습니다. "나는 생명의 떡이다"(6 : 35). "나는 세상의 빛이라"(8 : 12; 9 : 5). "나는 문이라"(10 : 7, 9). "나는 선한 목자라"(10:11, 14). "나는 부활이요 생명이라"(11 : 25), "나는 길이요 진리요 생명이다"(14 : 6). "나는 참 포도나무다"(15 : 1, 5).

　그리스도께서 자신에 대해서 가진 독특한 개념을 드러내 보여 주는 하나의 위대하고 그러면서도 최종적인 실례는 부활하신 후 그날 도마가 끼어 있는 제자들 사이에 나타나셨던 경우입니다. 예수님께서는 도마가 없을 때에도 제자들에게 나타나셨습니다. 그러나 도마가 예수님이 나타나셨다는 말을 다른 사람으로부터 들었을 때 그는 이렇게 대답했습니다. "내가 그 손의 못자국을 보며 내 손가락을 그 못자국에

넣으며 내 손을 그 옆구리에 넣어보지 않고는 믿지 아니하겠노라"(20
：25). 이제 주님께서는 다시 한번 제자들에게 나타나셨는데 그 때에
도마도 있었습니다. 예수님께서는 도마더러 하고싶은대로 시험해보라
고 말씀하셨습니다. "네 손가락을 이리 내밀어 내 손을 보고 네 손을
내밀어 내 옆구리에 넣어보라"(27절). 그리스도의 면전에 압도당한
도마는 대번에 땅에 엎드려 그를 경배하면서 "나의 주시며 나의 하나
님이시니이다"(28절)라 말하였습니다. "주시며 하나님!" 그 말을 생
각해보십시오. 아나도이! 엘로힘! 여호와! 예수님께서는 그 칭호를
그대로 받아들이셨습니다! 그 칭호를 거부하지 아니하셨습니다! 이
러한 증거에 비추어볼 때 요한이 이 이야기로서 모든 것을 끝마감하
면서 요한복음의 추신으로 삼겠다고 생각했던 것은 이상한 일이 아닙
니다.

　이상 우리가 생각한 것은 그리스도께서 주장하신 것들 중 몇 개에
불과합니다. 우리가 그 주장들 자체만 가지고 어떻게 생각한다 할지
라도 그리스도께서 그러한 주장을 하신 것을 조금도 의심할 수가 없
읍니다. 더구나 그 주장들은 변하지 않고 그대로 남아 있읍니다. 역
사는 그리스도께서 자신이 하나님이라는 주장을 지워버리지 않았읍니
다. 시간이 그것을 변경시키지 않았읍니다. 그때 그러한 주장을 하신
예수님께서는 오늘 우리 세대에 생존해계시는 바로 그 예수님이십니
다. 성경은 우리에게 말하기를 예수님은 "어제나 오늘이나 영원토록
동일하시다"고 합니다. 그분은 여러분들 더러 따르라고 촉구하십니
다. 다른 모든 것을 희생하고서라도 주님을 따르시겠읍니까? 만일
그가 하나님이 아니시라면 그를 무시해도 안전하겠지요. 그러나 하나
님이시라면 온전히 그분에게 복종하는 것이 아니면 다 어리석고, 전적
으로 충성하는 것이 아니면 우상을 숭배하는 것이나 마찬가지입니다.

만세반석 (萬歲盤石)

　우리가 숙고하고 있는 본문에 세 부분이 있읍니다. 첫번째 부분은
그리스도의 주장("아브라함이 나기 전에도 내가 있느니라"). 우리는

이 강론에서 거의 다 그 부분에 대해서만 생각해왔읍니다. 그부분은 중요합니다. 그러나 또 다른 부분들도 시간을 들여 연구할만한 가치가 있읍니다. 두번째 부분은 예수님의 그 주장에 대한 종교지도자들의 반응입니다("저희가 돌을 들어 치려 하거늘"). 세번째 부분은 서글픈 결과입니다("예수께서 숨어 성전에서 나가시니라").

돌을 들어 친다는 것은 다른 것들을 의미할 수 있읍니다. 단순한 불쾌감을 나타내는 것이 아니라 어떤 사람을 죽이고싶다는 소원이 들어 있는 것입니다. 그와 같이 돌로 그리스도를 치려했다는 것은 그리스도를 배척하는 사람들이 그리스도에 대해서 나타내는 반응을 어느 정도로 표현한 것이라 할 수 있읍니다. 몇 년 전에 제가 요르단에 가서 알곡만 모으려고 키질을 하는 사람의 모습을 사진찍으려 했더니 그 사람이 돌을 들어 나를 향하여 던졌던 일이 생각납니다. 그는 나를 죽이려고 한 것은 아니었읍니다. 그러나 자기 사진을 찍으려는 내가 싫었읍니다. 그런 식으로 그는 불쾌함을 나타낸 것입니다. 때로 거지나 동물의 경우에서와 같이 돌을 들어 치는 것이 어떤 사람이나 동물을 멀리 쫓아내는 방편으로 사용합니다. 그러나 이 이야기에서는 그와는 좀 다릅니다. 그것은 처형의 한 방편으로 사용된 것입니다. 그것을 현대적인 용어로 표현하자면 어떤 사람들은 단순히 예수님에 대하여 불쾌함을 나타내는 반면에 또 다른 사람들은 (기본적으로 동일한 반응을 나타내면서도) 자기들의 삶에서 예수님의 임재를 제거하려고 노력합니다.

이 이야기에 있어서 이상한 일은 그런 짓이 어리석다는 것입니다. 왜냐하면 예수 그리스도께서는 그렇게 쉽게 제거될 수 있는 분이 아니기 때문입니다. 만일 그가 하나님이시라면 영원하신 분입니다. 그는 항상 계신 분입니다. 옛적부터 항상 계신 분을 어떻게 자기 시대에서 쫓아낼 수 있읍니까? 그분은 생명의 주이십니다. 어떻게 해서 생명의 주를 자기 삶에서 축출할 수 있읍니까? 몇개의 돌을 들어서 만세반석을 부수려는 어리석음을 상상해보십시요!

주 예수 그리스도는 여전히 만세반석이십니다. 그분에게 어떤 것들

을 던진다 할지라도 그분을 제거하지 못할 것입니다. 그분은 우리가
도저히 피할 수 없는 분입니다. 그분은 생명 속에 심기워져 있습니다.
그래서 지금 그분과 타협하든지 아니면 심판날에 그렇게 하든지 둘
중 하나를 택해야 합니다. 여러분이 모루 위에 나무조각을 내리치면 그
나무조각을 부숴뜨릴 수 있는 것처럼 여러분이 그분 자신을 공격하면
여러분 스스로를 멸망시키는 셈입니다. 아니면 여러분은 그분 위에
자신을 세울 수 있습니다. 여러분은 어째서 그분 위에 서지 않으려
합니까? 만세반석은 위대한 기초가 되십니다. 예수님께서는 자기 위
에 세우는 사람은 반석 위에 집을 세우는 사람 같아서 비가 내리고 홍
수가 몰려와도 끄떡하지 않을 것이라고 말씀하셨습니다. 어째서 여러
분은 한번 그분 위에 서보려 하지 않습니까? 어째서 여러분은 정말
그분이 그러한지 시험해보지 않습니까?

예수께서 나가시니라

끝으로, 본문은 예수님을 제거하려고 애썼던 사람들의 행동이 가져
온 서글픈 결과를 지시합니다. "저희가 돌을 들어 치려하거늘 예수께
서 숨어 성전에서 나가시니라"(59절). 이 말씀은 슬픈 말씀입니다. 그
말씀은 이 대목을 끝마치면서 부가적인 영속성의 효과를 가지기 때문
에 이중적으로 서글픕니다.

예수께서 나가셨다는 말씀은 무슨 뜻입니까? 첫째, 이 사람들이 예수
님을 해하지는 않았지만 예수님으로부터 은택을 입을 수 없었다는 뜻입
니다. 여러분도 여러분의 삶에서 그리스도를 쫓아내려고 하면 똑같은
결과를 만나게 될 것입니다. 예수께서 여러분의 삶에서 하나님이 되
게 하지 않으시면 여러분이 그를 해하지는 못할 것입니다. 항거할 수
없고 전능하신 하나님을 해할 수 없습니다. 그러나 그분으로부터 은
택을 입지 못할 것입니다. 주 예수 그리스도께서 여러분에게 오셔서
그 하나님의 은택들을 가져오셨습니다. 그는 생명이십니다. 그는 여
러분에게 생명을 주러 오셨고, 풍성한 삶을 허락하러 오셨습니다. 그
는 빛이십니다. 여러분을 비추시기를 원하십니다. 여러분의 어두움을

밝히시고 인도하시기를 원하십니다. 그 분은 여러분이 먹고 자랄 수 있는 떡이십니다. 그는 여러분의 영적인 갈증을 해소시킬 수 있는 생명수입니다. 만일 여러분이 여러분의 삶에서 그 분에게 마땅한 자리를 내어드리지 않는다면 이러한 은택들을 박탈당할 것입니다.

둘째로, 이 구절은 예수께서 그냥 지나치신 어떤 사람들이 있다고 말합니다. 우리는 모든 사람들이 다 구원을 받을 것이라는 자아만족에 겨운 만인구원론의 도그마에 사람들이 자신들을 팔아버린 세대에 살고 있읍니다. 그러나 그러한 결론을 내리기에 정당한 것이 하나님의 말씀 속에는 하나도 없읍니다. "어째서 하나님은 모든 사람들을 구원하지 않으시는가?"라고 대꾸하시겠지요. 저는 왜 그런지 모릅니다. 그러나 하나님께서는 모든 사람들을 구원하지 아니하십니다. 여기에 그 한 경우가 소개되어 있읍니다. 예수님은 종교 지도자들과의 대화 전체를 통해서 이 종교지도자들을 회심시키려고 노력해본 적이 없다는 것을 주목해야 합니다. 이미 예수님께서는 그들의 죄를 파헤쳐오셨읍니다. 더구나 예수께서 급기야는 나가셔서 당신의 갈 길을 가셨다는 말씀을 듣습니다. 로마서는 하나님께서 버린 사람들이 있다고 말합니다(1 : 24, 26, 28). 만일 족속들이 의로운 기준대로 살아가지 않으면 그 족속들을 버리십니다. 교회들이 처음 사랑을 떠나면 그 교회를 버리십니다. 개인도 버리십니다. 주 예수 그리스도께서 그냥 지나쳐 버리시는 사람에게 화가 있으리로다!

끝으로, 이 구절은 어떤 방식으로든지 하나님께서 구원하시는 사람들이 있음을 알게 합니다. 제가 어떤 "방식으로든지"라고 말한 것은 우리 모두, 심지어 그리스도인들이 된 사람들도 사실은 그들대로 한다면 지나쳐버리기에 합당한 사람들이라는 걸 인정하기 때문입니다.

이 점을 인식하십시요. 요한복음 8장의 영어번역에서 보면 그 8장의 마지막 말이 "passed by"라는 말입니다. 정말 이 종교지도자들과 그리스도의 만남은 그처럼 비극적으로 끝나버렸읍니다. 그러나 9장의 처음 구절에 보면 몇 단어를 지나 또 다시 그 말이 이야기 속에서 나타납니다. "예수께서 '길 가실 때에' 날 때부터 소경된 사람을 보신지라." 그런데 그 사람을 구원하셨읍니다. 소경된 그 사람은 주 예수님을 볼 수 없었읍니다. 그런데도 예수님께서는 그를 보았고 육신적인 눈도 뜨게 하셨고 영적으로도 보게 하여 주셨읍니다. 그는 그리스도를 구할 수 없었읍니다. 그런데도 불구하고 그는 그리스도께 발견되었읍니다. 얼마나 놀라운 일입니까! 그것은 죄인을 위해서 얼마나 큰 소망입니까! "예수께서 가시다"(옆으로 지나가시다). 그렇습니다. 그러나 "예수님께서 지나가실 때" 이 사람을 보시고 그를 구원하셨읍니다. 예수님께서는 바로 그와 같은 사람들을 통해서 자기 교회를 세우시기 시작하셨읍니다. 여러분도 그러한 사람 중에 들어갑니까? 어째서 여러분이 그런 사람 중에 들어가지 않습니까? 어째서 여러분이 예수님을 발견하지 못한 사람이 되어야 합니까?

역자후기

하나님 우리 아버지와 이 책의 주인공이신 예수 그리스도와 우리로 하여금 언제나 예수님을 바라보도록 주장하시는 성령님께 영광과 존귀와 찬송을 드리나이다.

제 1권을 번역할 때도 느낀 바이지만 제 2권을 번역하면서 이 저자 목사님이야말로 강해설교가 무엇이라는 걸 분명히 알고, 그 강해설교의 본질과 영광, 또한 그 강해설교가 하나님께 쓰여져 어떠한 영향력을 영혼들에게 미치는지를 잘 알고 있는 분임에 틀림 없다는 생각이 듭니다. 모든 본문을 하나님을 경외하는 심정으로 접근하면서 그 본문 속에 하나님의 성령께서 나타내시려는 의도를 믿음으로, 그러면서도 성실한 연구를 통하여 풀어나가는 저자의 자세를 따라갈 때 독자들은 틀림없이 "마음이 뜨거워지는 것"을 느끼게 될 것입니다. 하나님의 말씀의 깊이와 영광과 그 위엄을 더욱 더 인식하게 될 것입니다.

특히 본 역자가 이 강해서를 번역하면서 한 가지 크게 고무적인 용기를 얻었던 적이 있었습니다. 얼마 전 미국 교포교회에서 목회를 하는 친구 동역자 목사님이 한국에 오셨을 때 자리를 같이하면서, 이분에 대한 근황을 물어보았던 적이 있습니다. 이 강해서에 대해서는 전혀 말하지 아니하고 다만 "제임스 몽고메리 보이스" 목사님을 아느냐는 질문만 변죽을 울리듯이 던졌을 뿐입니다만, 그 질문을 받은 목사님은 무릎을 치면서 "그분을 알고말고요. 그분은 마틴 로이드 존즈와 똑같은 맥락의 사람입니다"라고 대답하였습니다. 그러면서 영국의 로이드 존즈와, 존 스타트와 제임스 패커와 맥을 같이 하는 청교도의 후예로서 철저한 강해설교로 미국에서도 큰 영향력을 끼치고 있으며, 그의 책은 미국의 여러 신학교에서 교재로까지 사용되고 있다는 것이었습니다. 저는 그제사 그책을 번역하고 있다고 대답하자, 그 목사님은 대단히 큰 용기를 제게 주었습니다.

본인은 어찌하든지 우리 하나님의 사랑을 크게 입은 한국교회가 먼저 강단에서부터 새롭게 되어야 한다고 믿는 사람으로서 이러한 강해서가 많은 말씀 사역자들에게 읽혀지고, 또 일반 뜻있는 성도들에게 읽혀져 큰 말씀 사역에 새 전기와 충격을 일으키기를 간절히 바라는 것입니다.

흔히 요한복음은 어렵다고 하며, 또 요한복음 해석이 잘못하면 풍유적인 해석으로 흘러가거나, 아니면 철학적인 관념론적 해석으로 빠져 버릴 위험이 있음을 누구나 주지하는 바일 것입니다. 그러나 이 책은 정통적인 기독교 입장을 벗어나지 않은 한에서 정통적이고 성경적인 방식으로 본문을 접근하며, 성경 전체에 걸쳐 흐르는 진리의 맥과 그 성경체계의 조명을 따라서 본문을 해석하고 적용하는 놀라운 강해설교입니다. 그런 면에서 마틴 로이드 존스와 같은 노선을 취하고 있는 것이 틀림없습니다. 요즘 요한복음에 대한 강해서가 많이 나와 많은 사역자들을 돕고 있는 것은 감사한 일입니다. 어떠한 요한복음 강해집이나 주석서를 가졌다 할지라도 이 책은 다른 책들이 가지지 못한 큰 영적인 힘과 유익을 끼칠 것이라고 확신합니다.

우리는 앞으로도 이와 같은 강해서가 한국교회에 많이 소개되어 한국교회 강단을 위임받은 사역자들이 진정한 말씀 수종을 통해서 하나님께 영광을 돌릴 수 있도록 하기 위하여 기도해야 할 것입니다.

언제나 부족함을 느낍니다. 그러나 하나님께서 제 부족함을 감추어 주시고 하나님의 진리만이 크게 나타나게 역사하시기를 간절히 바랍니다. 원고를 정리하느라 수고한 김현주 선생에게도 감사합니다. 옆에서 힘과 용기를 북돋아 주며 초고가 나오면 제일 먼저 읽어보고 은혜를 받으며 하나님께 영광을 돌리는 제 아내에게도 감사합니다.

끝으로 이 책이 예수 그리스도를 모르는 사람들에게 예수님을 알게 해주는 지침서가 되며, 예수 그리스도를 더 알기 원하는 사람들에게 예수 그리스도와 더 가깝게 하는 큰 촉매제로 사용되어 하나님께 영광을 돌리는 도구가 될 수 있기를 기도합니다.

予 예배와 삶의 일치

복음에는 하나님의 의가 나타나서
믿음으로 믿음에 이르게 하나니; 기록된바,
"오직 의인은 믿음으로 말미암아 살리라" 함과 같으니라.

로마서 1:17

요한복음 강해 2

초판 1쇄 인쇄 : 2017년 10월 20일
초판 1쇄 발행 : 2017년 11월 15일

저자 : 제임스 몽고메리 보이스
역자 : 서문 강
발행인 : 이원우 / 발행처 : 쉴만한물가
주소 : (10881)경기도 파주시 문발로 123 파주출판문화정보산업단지
전화 : (031)992-8692 / 팩스 : (031)955-4433
Email : vsbook@hanmail.net
등록번호 : 제18-99호
공급처 : 솔라피데출판유통
전화 : (031)992-8691 / 팩스 : (031)955-4433

Copyright ⓒ 2017Quiet Waters Communications
Printed in Korea
값 18,000 원
ISBN 978-89-90072-15-3 04230(제2권)
ISBN 978-89-90072-13-9 04230(전5권)